THOMSON REUTERS

Comentários ao Código de Processo Civil

VII

ARTIGOS 381 AO 484

Diretora de Conteúdo e Operações Editoriais
JULIANA MAYUMI ONO

Gerente de Conteúdo
MILISA CRISTINE ROMERA

Editorial: Aline Marchesi da Silva, Diego Garcia Mendonça, Karolina de Albuquerque Araújo Martino e Quenia Becker

Gerente de Conteúdo Tax: Vanessa Miranda de M. Pereira

Direitos Autorais: Viviane M. C. Carmezim

Assistente de Conteúdo Editorial: Juliana Menezes Drumond

Analista de Projetos: Camilla Dantara Ventura

Estagiárias: Ana Amalia Strojnowski, Bárbara Baraldi, Bruna Mestriner e Mirna Adel Nasser

Produção Editorial
Coordenação
ANDRÉIA R. SCHNEIDER NUNES CARVALHAES

Especialistas Editoriais: Gabriele Lais Sant'Anna dos Santos e Maria Angélica Leite

Analista de Projetos: Larissa Gonçalves de Moura

Analistas de Operações Editoriais: Alana Fagundes Valério, Caroline Vieira, Damares Regina Felício, Danielle Castro de Morais, Mariana Plastino Andrade, Mayara Macioni Pinto, Patrícia Melhado Navarra e Vanessa Mafra

Analistas de Qualidade Editorial: Ana Paula Cavalcanti, Fernanda Lessa, Thaís Pereira e Victória Menezes Pereira

Designer Editorial: Lucas Kfouri

Estagiárias: Bianca Satie Abduch, Maria Carolina Ferreira, Sofia Mattos e Tainá Luz Carvalho

Capa: Chrisley Figueiredo

Adaptação capa: Linotec

Projeto Gráfico: Carla Lemos

Líder de Inovações de Conteúdo para Print
CAMILLA FUREGATO DA SILVA

Equipe de Conteúdo Digital
Coordenação
MARCELLO ANTONIO MASTROROSA PEDRO

Analistas: Gabriel George Martins, Jonatan Souza, Maria Cristina Lopes Araujo e Rodrigo Araujo

Gerente de Operações e Produção Gráfica
MAURICIO ALVES MONTE

Analistas de Produção Gráfica: Aline Ferrarezi Regis e Jéssica Maria Ferreira Bueno

Assistente de Produção Gráfica: Ana Paula Evangelista

Dados Internacionais de Catalogação na Publicação (CIP)
(Câmara Brasileira do Livro, SP, Brasil)

Marinoni, Luiz Guilherme

Comentários ao Código de Processo Civil: (artigos 381 ao 484) / Luiz Guilherme Marinoni, Sérgio Cruz Arenhart. -- 3. ed. rev., atual. e ampl. -- São Paulo : Thomson Reuters Brasil, 2021. -- (Coleção comentários ao código de processo civil ; v. VII / Diretor Luiz Guilherme Marinoni ; Coordenadores Sérgio Cruz Arenhart e Daniel Mitidiero)

Bibliografia.
ISBN 978-65-5991-997-0

1. Processo civil - Legislação - Brasil I. Marinoni, Luiz Guilherme. II. Arenhart, Sérgio Cruz. III. Mitidiero, Daniel. IV. Título. V. Série.

21-64849 CDU-347.9(81)(094.46)

Índices para catálogo sistemático: 1. Brasil : Código de processo civil comentado 347.9(81)(094.46) 2. Código de processo civil : Comentários : Brasil 347.9(81)(094.46)

Cibele Maria Dias - Bibliotecária - CRB-8/9427

Luiz Guilherme Marinoni
Sérgio Cruz Arenhart

Comentários ao Código de Processo Civil

VII

Artigos 381 ao 484

Luiz Guilherme Marinoni
Diretor

Sérgio Cruz Arenhart
Daniel Mitidiero
Coordenadores

3ª edição revista, atualizada e ampliada

59º 2017 JABUTI LIVRO PREMIADO

Thomson Reuters
Revista dos Tribunais™

Luiz Guilherme Marinoni

Sérgio Cruz Arenhart

Comentários ao Código de Processo Civil

Volume VII (artigos 381 ao 484)

1ª edição: 2016; 2ª edição: 2018

3ª edição revista, atualizada e ampliada

Diretor

Luiz Guilherme Marinoni

Coordenadores

Sérgio Cruz Arenhart e Daniel Mitidiero

Thomson Reuters Brasil Conteúdo e Tecnologia Ltda.

Juliana Mayumi Ono

Diretora Responsável

Av. Dr. Cardoso de Melo, 1855 – 13º andar – Vila Olímpia

CEP 04548-005, São Paulo, SP, Brasil

Central de Relacionamento Thomson Reuters Selo Revista dos Tribunais

(atendimento, em dias úteis, das 09h às 18h)

Tel. 0800-702-2433

e-mail de atendimento ao consumidor: sacrt@thomsonreuters.com

e-mail para submissão dos originais: aval.livro@thomsonreuters.com

Conheça mais sobre Thomson Reuters: www.thomsonreuters.com.br

Acesse o nosso *eComm*

www.livrariart.com.br

Impresso no Brasil [06-2021]

Profissional

Fechamento desta edição [04.05.2021]

ISBN 978-65-5991-997-0

Sobre os Autores

Luiz Guilherme Marinoni

Vice Presidente da *International Association of Procedural Law*. Presidente da Associação Brasileira de Direito Processual Constitucional. Professor Titular da Universidade Federal do Paraná. Pós-Doutorado na Universidade de Milão e na *Columbia University*. *Visiting Scholar* na *Columbia University* e na *Fordham University*. Além de muitos livros publicados no Brasil, possui 20 livros publicados em vários outros países da América Latina e na Europa, entre eles "*Il diritto di azione come diritto fondamentale*", publicado pela Editora Giappichelli. Diretor da Revista *Iberoamericana de Derecho Procesal*, publicada na Espanha pela Editora Bosch. Membro do Conselho de várias revistas nacionais e internacionais. Recebeu o prêmio Jabuti em 2009 e 2017 e foi indicado ao mesmo Prêmio em 2007, 2010 e 2015. Advogado e Parecerista.

Sérgio Cruz Arenhart

Pós-Doutorado pela Università degli Studi di Firenze. Doutor e Mestre em Direito pela Federal do Paraná – UFPR. Professor associado de Direito Processual Civil nos cursos de graduação, mestrado e doutorado da Faculdade de Direito da Universidade Federal do Paraná – UFPR. Publicou mais de 20 livros – um deles no exterior – e diversos artigos em revistas especializadas. Foi o mais jovem Juiz Federal do Brasil e atualmente é Procurador Regional da República na 4.ª Região, tendo ingressado no Ministério Público Federal mediante concurso nacional aprovado em 1.º lugar. Recebeu o Prêmio Jabuti em 2017.

Apresentação

Desde a formação da ciência jurídica como a conhecemos, a prática do direito orientou-se pela doutrina formada em torno de textos dotados de autoridade – primeiro com a *Glosa* e logo em seguida com os *Comentários*. Esse hábito de argumentar invocando a *communis opinio doctorum* é particularmente tão arraigado na tradição luso-brasileira que a glosa de Accursio e a opinião de Bartolus constituíam fonte subsidiária do direito nas Ordenações Afonsinas e Manuelinas, tendo inclusive mantido esse mesmo patamar nas Ordenações Filipinas – com a única diferença de que a glosa de Accursio e a opinião de Bartolus não poderiam ser contrárias à *communis opinio doctorum* para então figurarem como fonte do direito.

Nesse cenário, em que se refletem as mais fundas raízes da cultura jurídica brasileira, é natural que os *Comentários* tenham tido grande proeminência na conformação da prática do direito brasileiro. Especialmente no campo do processo civil, não só o Código de 1939 despertou a atenção para a redação de textos com intenção sistemática, mas também o Código de 1973 experimentou idêntico interesse.

Atenta à tradição – e ao mesmo tempo ciente de seu compromisso em renová-la à luz das necessidades atuais – a Editora Thomson Reuters Revista dos Tribunais organizou não só duas coleções de *Comentários ao Código de 1973* (a primeira organizada por Sérgio Bermudes e a segunda por Ovídio Baptista da Silva), mas igualmente se preocupou em convidar-nos para coordenar estes *Comentários*, os primeiros a constituírem uma coleção completa entregue à cultura jurídica nacional a respeito do Código de 2015. A fim de que o seu conteúdo pudesse espelhar os diferentes fios que se entrelaçam para dar sustentação ao processo civil brasileiro, a coleção é composta de autores do mais alto nível de formação acadêmica, atuantes em diferentes segmentos da prática jurídica e pertencentes a todos os quadrantes do nosso país.

Estes *Comentários* estão voltados a todos aqueles que trabalham diariamente com o Código de Processo Civil. É por essa razão que é uma grande alegria apresentar esta coleção de *Comentários ao Código de Processo Civil*, ao mesmo tempo em que agradecemos a confiança depositada pela Editora em nosso trabalho, pelos nossos coautores em nossa capacidade de levar adiante o projeto e pelo público interessado em torná-los seus instrumentos de trabalho. Enredar-se na tradição a fim de torná-la sempre viva e comprometida com a prática do direito é motivo de enorme felicidade para nós – ainda mais quando o seu objeto é o processo civil, ramo das leis mais rente à vida, sem o qual a tutela dos direitos não passa de uma mal-acabada impressão.

Luiz Guilherme Marinoni
Sérgio Cruz Arenhart
Daniel Mitidiero

Sumário

Seção IV
Do depoimento pessoal

Seção VI
Da exibição de documento ou coisa

Seção VII
Da prova documental

Subseção I
Da força probante dos documentos

Subseção II
Da arguição de falsidade

Subseção III
Da produção da prova documental

Seção VIII
Dos documentos eletrônicos

Seção IX
Da prova testemunhal

Subseção I
Da admissibilidade e do valor da prova testemunhal

Subseção II
Da produção da prova testemunhal

Seção X
Da prova pericial

Seção XI
Da inspeção judicial

Seção II
Da produção antecipada da prova

Art. 381. A produção antecipada da prova será admitida nos casos em que:

I – haja fundado receio de que venha a tornar-se impossível ou muito difícil a verificação de certos fatos na pendência da ação;

II – a prova a ser produzida seja suscetível de viabilizar a autocomposição ou outro meio adequado de solução de conflito;

III – o prévio conhecimento dos fatos possa justificar ou evitar o ajuizamento de ação.

§ 1.° O arrolamento de bens observará o disposto nesta Seção quando tiver por finalidade apenas a realização de documentação e não a prática de atos de apreensão.

§ 2.° A produção antecipada da prova é da competência do juízo do foro onde esta deva ser produzida ou do foro de domicílio do réu.

§ 3.° A produção antecipada da prova não previne a competência do juízo para a ação que venha a ser proposta.

§ 4.° O juízo estadual tem competência para produção antecipada de prova requerida em face da União, de entidade autárquica ou de empresa pública federal se, na localidade, não houver vara federal.

§ 5.° Aplica-se o disposto nesta Seção àquele que pretender justificar a existência de algum fato ou relação jurídica para simples documento e sem caráter contencioso, que exporá, em petição circunstanciada, a sua intenção.

1. Considerações preliminares

Em regra, a produção da prova ocorre no curso do processo, especialmente na audiência de instrução e julgamento. Excepcionalmente, essa produção ocorre em momento diverso, como ocorre com a prova pericial, com a inspeção judicial e com a prova documental. De todo modo, porém, a produção da prova normalmente ocorre *dentro* do processo para o qual ela é destinada.

Pode suceder, todavia, que uma prova que venha a ser relevante para o processo corra o risco de desaparecer antes que o *iter* procedimental chegue ao momento oportuno para sua produção. Também poderá suceder que sua obtenção prévia seja relevante, quer para determinar o curso da futura demanda, quer para evitar a sua propositura, quer ainda para que efetivamente esse processo se mostre necessário.

Por isso, possibilita o CPC que, mesmo antes que se proponha a demanda judicial, seja possível a *obtenção* de provas. Note-se que não se trata, a rigor, de *produção antecipada de prova*, ao contrário do que faz supor o título que recebeu a figura disciplinada a partir do art. 381. É que, na realidade, a medida em estudo se limita a "fixar" a prova que pode interessar a outro (futuro) processo, permitindo que ela seja *neste* produzida. Vale dizer que a efetiva produção da prova – no processo para a qual essa prova se destina – dependerá das etapas anteriores (requerimento e admissão), promovidas neste segundo processo, de modo que o magistrado *deste processo* não está vinculado à "admissão" da colheita da prova, deferida na medida autônoma de obtenção de prova. Logicamente, ademais, se o juiz do processo a que se destina a prova sequer está vinculado à "admissão" da colheita da prova – deferida na medida preparatória – *a fortiori* não estaria vinculado a eventual "valoração" da prova que pudesse ter ocorrido neste primeiro procedimento. Por isso mesmo, e considerando que sequer é papel do magistrado deste procedimento a análise e valoração da prova cuja colheita ele preside, a lei processual *proíbe* o magistrado da medida de antecipação de prova de formular qualquer juízo a respeito da prova obtida (art. 382, § 2.°).

Em outros termos, porque o processo (principal) ainda não existe, não há ainda requerimento para que nele ocorra a produção de qualquer prova, nem admissão sobre esse tema. Recorde-se que essas fases não são tomadas em abstrato, mas de modo concreto, segundo aquilo que se tornou relevante e controvertido, em face do litígio apresentado e das questões efetivamente discutidas no feito (v.g., art. 374 do CPC). Seria, portanto, incongruente admitir-se que uma prova foi produzida – em procedimento prévio – sem sequer saber se ela terá utilidade no feito "principal".

Daí por que se diz que, no processo em exame, não ocorre, a rigor, a produção de uma prova, mas apenas a sua asseguração. A finalidade da medida aqui analisada é simplesmente a de preservar alguma prova, para que ela possa vir a ser utilizada na sequência. Prefere-se, assim, designar a figura em estudo de medida de asseguração de prova.

Mesmo naqueles casos em que a prova será tomada apenas para subsidiar mecanismos de autocomposição ou para a avaliação sobre a desnecessidade da demanda (incs. II e III, do art. 381), o raciocínio permanece o mesmo. Neste caso, ainda que a prova possa subsidiar as partes na busca de melhores informações sobre a necessidade ou não da demanda judicial, ou na opção pela autocomposição, é certo que a verdadeira admissão e consequente valoração da prova só ocorrerá na eventual demanda futura, em que essa prova vier a ser empregada.

Por meio desta medida, então, consegue-se apenas documentar algum fato, que pode desaparecer no futuro, de modo que se possa utilizar desse elemento em processo subsequente, razão pela qual se costuma designar a prova aí obtida de prova *ad perpetuam rei memoriam*. Com a asseguração de prova, logra-se obter o registro de um fato, de modo que se possa, no futuro, requerer a incorporação desse registro em outro processo e, em sendo isso admitido, produzir a prova desse fato nessa outra demanda.

2. Meios de prova que podem ter sua obtenção assegurada

Embora o código não ponha restrição aos meios de prova que podem ser objeto da "produção antecipada", é fato que nem toda medida qualificada pelo código como instrutória pode ser objeto desta figura.

a) depoimento da parte e interrogatório livre

Quanto ao depoimento da parte, deve-se de início observar[1] que ele não se confunde com o interrogatório livre. Com efeito, o interrogatório livre é disciplinado pelo art. 139, VIII, CPC, embora o art. 385, em sua parte final, também trate dessa figura. Por meio do interrogatório livre, admite-se que o magistrado, de ofício, determine a oitiva das partes, em qualquer momento do processo, e por quantas vezes forem necessárias, para esclarecer os fatos da causa. Desse modo, o interrogatório livre tem por objetivo o esclarecimento do juiz, razão pela qual pode ser determinado de ofício pelo magistrado, em qualquer fase do processo, podendo ocorrer mais de uma vez.

Já o depoimento da parte, regido a partir do art. 385 do CPC, tem outra finalidade: destina-se a induzir o depoente à confissão. Por isso, esse depoimento só será tomado a requerimento da parte adversária, não podendo ser requerida pelo próprio depoente, nem pelo juiz. Mais que isso, há um momento específico para que essas declarações sejam tomadas (na audiência de instrução e julgamento, conforme prescreve o art. 361, II, CPC) havendo preclusão sobre a colheita dessa fonte de prova.

São, portanto, institutos absolutamente distintos o depoimento da parte e o interrogatório livre.

1 Ver, sobre isso, com mais detalhes, os comentários à Seção IV (do depoimento pessoal).

A fonte de prova, que pode ser objeto da "produção antecipada", não pode ser, obviamente, o interrogatório livre – que, como dito, tem por finalidade o esclarecimento do juiz da causa sobre os fatos controvertidos. Em princípio, apenas se poderia cogitar da asseguração da prova em relação ao depoimento da parte.

Porém, o grande problema em aceitar a asseguração do depoimento das partes está na sua consequência processual. A finalidade do depoimento da parte é tentar obter dela a confissão. Por isso mesmo, o não comparecimento injustificado da parte para a colheita da prova, a negativa dela em responder às perguntas formuladas ou o emprego de outros subterfúgios para evitar o depoimento permitem a aplicação da sanção de confissão ficta (art. 385, § 1.°, e 386, CPC). Essa sanção gera as mesmas consequências da confissão efetiva, de modo que se devem presumir verdadeiros os fatos afirmados pela parte contrária, e que se pretendia comprovar por meio dessa prova. Surge aí a grande questão: é possível que o juiz, no procedimento de asseguração de prova, aplique a consequência de confissão, seja a ficta, seja a efetiva?

A resposta deve ser negativa. Recorde-se que a medida aqui estudada não se destina à produção da prova, mas apenas à asseguração do meio. A sua finalidade, então, é simplesmente documentar o fato, para que se possa utilizar esse registro no processo subsequente. Desse modo, porque não houve ainda a produção efetiva da prova – que só ocorrerá no processo principal – não se há também de cogitar de sua valoração, que constitui a etapa seguinte. Ora, é só na valoração da prova que tem cabimento pensar em caracterizar confissão efetiva, em vista das declarações da parte, ou ficta, por conta da omissão em prestar declarações ou em razão das evasivas empregadas na resposta.

Desse modo, é evidente que, embora cabível a colheita do depoimento da parte por via antecedente, as consequências e a própria avaliação do conteúdo das declarações obtidas não estão a cargo do juiz da medida de asseguração de prova. Tais questões cabem, exclusivamente, ao juiz do processo principal e, somente, após passadas todas as etapas anteriores da produção da prova. Tocará, portanto, a este último magistrado avaliar se as declarações contidas representam ou não hipótese de confissão efetiva, bem como se, em vista da conduta da parte diante da ordem de seu depoimento, deve incidir a sanção de confissão ficta.

Vale sublinhar, ainda, que há casos em que a lei exclui o dever de colaboração da parte no tocante ao seu depoimento (art. 388 do CPC). Mesmo esses aspectos só podem ser avaliados pelo juiz do processo principal. À parte, então, mesmo que albergada por uma das hipóteses de exclusão do dever de depor, tocará comparecer à audiência designada para a colheita de suas declarações, e, se se recusar a depor, o magistrado, diante dessa conduta, só poderá registrar a negativa da parte, deixando ao juiz do processo principal a avaliação da legitimidade ou não da conduta do depoente.

Isso, todavia, não elimina a possibilidade de que seja procedida, por via antecedente, a colheita da prova do depoimento da parte.

b) prova documental

Estão sujeitos à asseguração de prova os bens, os documentos e a escrituração comercial, os balanços e os documentos de arquivos.

Obviamente, a permissão de asseguração de prova em relação a bens móveis atrela-se à existência de interesse na apresentação desse bem para fins probatórios. Assim, só se cogita na apresentação de bem móvel em asseguração de prova na medida em que o interessado possa invocar a finalidade de valer-se desse bem como prova. Caso contrário, havendo outro objetivo para a apresentação desse bem, então não será o caso de lançar mão da medida de asseguração de prova, mas sim de outra figura, eventualmente de natureza cautelar.

No passado, discutia-se sobre se seria viável a asseguração de prova - então veiculada por meio da exibição preparatória - em relação a *bens imóveis* e a *semoventes*. Com a unificação dos institutos da exibição e da "produção antecipada de prova", a discussão então existente perdeu seu interesse, e a conclusão que deve ser acolhida vai no sentido da possibilidade também da apresentação desses bens.

Em todos os casos, a exibição pode ter por base um interesse de cunho material ou processual. De fato, pode-se cogitar no direito de sócio de empresa ter interesse em examinar a escrituração contábil da pessoa jurídica, simplesmente por conta do exercício dos poderes decorrentes de sua condição. Pode-se também, por outro lado, imaginar que esse direito à exibição se apresente pelo interesse do sócio em usar daquela escrituração em ação judicial, v.g., contra a empresa.

c) prova testemunhal

Também se deve admitir a asseguração de prova testemunhal. Novamente, convém recordar que não compete ao juiz valorar a prova a ser tomada, mas apenas documentar o que será declarado perante ele.

Porque a asseguração de prova não se destina a produzir a prova testemunhal, é certo que qualquer atividade que dependa dessa produção não terá aqui espaço. Por conta disso, não se pode admitir a dispensa da colheita do depoimento, sob a invocação da inexistência do dever de depor (art. 448 do CPC). Como dito, as causas de exclusão não interferem no dever de comparecimento da testemunha, mas simplesmente no dever de depor sobre determinado fato. Como somente ao magistrado do caso concreto cabe avaliar a extensão e a qualidade do depoimento prestado, e também sobre o valor a ser dado às declarações prestadas, é evidente que só ele é o destinatário da regra do art. 448 do CPC. Por isso, tocará ao juiz da asseguração de prova limitar-se a registrar a negativa de depor da testemunha, deixando a critério do magistrado da ação principal a análise da legitimidade ou não dessa conduta.

Do mesmo modo, não cabe na asseguração de prova a acareação de testemunha (art. 461, II, CPC). Isso porque a acareação pressupõe a avaliação do depoimento, a fim de verificar se houve contradição entre este e outra declaração, prestada por outra testemunha ou por parte. Ora, se não cabe ao magistrado da asseguração realizar a avaliação do depoimento, não tem ele autorização para reconhecer a contradição em questão. Mais uma vez, somente o juiz da causa principal poderá constatar essa contradição e, se entender cabível e se isso ainda for possível, determinar a acareação.

Também haverá restrição quanto à contradita da testemunha (art. 457, § 1.°, CPC). Examinando o rol das situações que excluem alguém de servir como testemunha, vê-se que há causas que são objetivas, no sentido de que interferem na própria habilidade do sujeito de compreender os fatos ou de transmiti-los adequadamente (incapacidade, prevista no art. 447, § 1.°, CPC). Outras causas são subjetivas e, normalmente, dependem de análise da relação da pessoa com a causa posta para julgamento ou com as partes envolvidas (impedimento e suspeição, previstas respectivamente nos §§ 2.° e 3.° do art. 447 do CPC). De todo modo, importa lembrar que admite o Código o depoimento de alguns sujeitos, se essencial ao deslinde da questão (art. 447, § 4.°, CPC).

Em vista disso, parece claro que não compete ao juiz da asseguração de prova recusar a colheita do depoimento de pessoas menores, suspeitas ou impedidas, mesmo porque o magistrado da ação principal poderá admitir a sua oitiva, na condição de informante. Ademais, algumas das causas arroladas como causas de impedimento e de suspeição (v.g., o que tem interesse no litígio) dependerão da análise dos termos da ação principal, que ainda não foi ajuizada. Nesses casos, portanto, a contradita apresentada à testemunha sob alegação de incidir ela em uma dessas razões jamais poderá conduzir à rejeição da colheita da prova. Quando muito, diante de um dos motivos de suspeição e impedimento, entendendo plausível a existência do defeito, poderá o magistrado deixar de tomar o compromisso do depoente, deixando a critério do juiz da ação principal a avaliação sobre a utilidade e a eficácia do depoimento assim prestado.

Situação peculiar se põe se a contradita tem por base a incapacidade. Excetuada a hipótese peculiar do menor, que – mesmo quando qualificado como incapaz – sempre teve seu depoimento autorizado, excepcionalmente, é de se recordar que o tema recebeu novo tratamento a partir da Lei 13.146/2015. A intenção dessa lei é a de autorizar o depoimento de pessoas com deficiência, em igualdade de condições com qualquer outra pessoa (art. 228, § 2.°, CC, na redação dada pela Lei 13.146/2015). Todavia, há casos em que certamente essa igualdade não tem como ser preservada. Assim, por exemplo, não tem cabimento o depoimento daquele que é cego ou surdo, sempre que a ciência do fato dependa dos sentidos que lhe faltar. A situação continua sendo qualificada como incapacidade, não admitindo a colheita de depoimento.

Para esses casos, *por se tratar de condição objetiva*, que inviabiliza ou inutiliza o depoimento a ser prestado, trata-se de questão a ser examinada pelo juiz da asseguração de prova, sob pena de ocasionar procedimento claramente imprestável.

d) prova pericial

Com relação à prova pericial, a solução não é diferente de tudo o que já se disse em relação aos outros meios de prova. Porque a asseguração não se presta para a valoração antecipada da prova, não será admissível pretender-se prova pericial que exija essa condição. Sabe-se que a prova pericial pode assumir três formas distintas: a vistoria, o exame e a avaliação (art. 464 do CPC).

Dessas formas, as duas primeiras se destinam a analisar bens, pessoas ou semoventes, para considerar aspectos técnicos neles envolvidos. A última, porém, tem por finalidade conferir expressão econômica a alguma coisa. Daí resulta a inviabilidade de se obter tal tipo de prova pericial por meio da asseguração de prova. É que, como mostrou Ovídio Baptista da Silva, essa valoração ou não terá importância nenhuma para o juízo da ação principal, que desconsiderará a opinião técnica lançada na perícia antes procedida, ou, no extremo oposto, vinculará a atuação do juiz, tolhendo-o de afastar-se daquelas conclusões. Em um caso, portanto, a asseguração seria inútil; no outro, extrapolaria claramente a dimensão da simples proteção da prova, perpassando a sua produção e até uma valoração prévia.

Por conta disso, e diante da função desempenhada pela asseguração de prova, somente se deve admitir o seu emprego para a realização de exames e vistorias. Curiosamente, no sentido contrário, o Código de Processo Civil de 1939, ao disciplinar a medida de asseguração de provas no art. 676, VI, autorizava-a para vistorias, arbitramentos e inquirições.

e) inspeção judicial

Finalmente, poder-se-ia cogitar do cabimento da medida de asseguração de prova para autorizar a inspeção judicial. A questão é controvertida, na medida em que a inspeção exige, como elemento intrínseco, a imediata e direta percepção dos fatos pelo juiz, o que seria eliminado no caso de inspeção preventiva.

Com efeito, a admissão da inspeção em medida assecuratória poderia implicar o mesmo problema examinado acima, quando vista a questão das avaliações. Ou as impressões tomadas e registradas pelo juiz da asseguração serão desconsideradas na ação principal – caso em que a medida antecedente seria totalmente inútil – ou ela acabaria por vincular esse próximo magistrado, caso em que haveria clara invasão da esfera de valoração deste último.

Ao que parece, porém, é possível sim a admissão de medida de asseguração de prova que consista em inspeção judicial. É claro que o magistrado desta ação deve estar consciente de que não deverá emitir juízo de valor sobre os fatos por ele presenciados. Sua atuação está limitada apenas à descrição precisa daquilo que viu e examinou, deixando ao juiz da ação principal a avaliação dessa descrição e a extração de conclusões em face desses elementos. Note-se que a lei autoriza que, no registro da inspeção, possa o juiz instruir essa peça com "desenho, gráfico ou fotografia" (art. 484, parágrafo único, CPC), sendo certo que esses elementos – meramente representativos – podem ter elevada importância na formação da convicção do juiz da causa principal, sem que denotem qualquer invasão, pelo juiz da asseguração de prova, da esfera de cognição daquele.

3. Asseguração de prova sem caráter contencioso

A medida de obtenção antecipada de prova pode ter caráter contencioso ou não (art. 382, § 1.º).

O procedimento de obtenção antecipada de prova sem caráter contencioso tem o único propósito de documentação do interessado. Assim, aquele que tem interesse, apenas, em obter prova para resguardar seus direitos – sem qualquer intuito de empregá-la em processo futuro e eventual – pode também valer-se desta medida. Neste caso, não é necessário sequer aludir a qualquer litígio ou pretensão, bastando a existência de interesse justificável na obtenção da prova. A medida de obtenção antecipada de prova, sem caráter contencioso, sequer exige a citação de outros sujeitos, mesmo porque não há "requeridos" em face de quem a prova vá ser empregada (art. 382, § 1.º). O procedimento, então, limitar-se-á ao pedido do interessado, seguido pelo deferimento e pela colheita da prova, em juízo. Tomada a prova, os autos devem permanecer em cartório por um mês, sendo depois entregues ao promovente (art. 383, e seu parágrafo único).

4. Asseguração de prova com caráter contencioso. Hipóteses

Já a obtenção antecipada de prova *com caráter contencioso* será admitida em três casos. Segundo o art. 381, essa medida pode ser empregada sempre que "I – haja fundado receio de que venha a tornar-se impossível ou muito difícil a verificação de certos fatos na pendência da ação; II – a prova a ser produzida seja suscetível de viabilizar a autocomposição ou outro meio adequado de solução do conflito; III - o prévio conhecimento dos fatos possa justificar ou evitar o ajuizamento de ação". Diz-se que a asseguração da prova aí possua caráter contencioso não exatamente porque será empregada em alguma outra demanda judicial. Seu caráter contencioso se relaciona ao fato de que essa prova está ligada à existência de algum litígio - que poderá ou não ser, futuramente, judicializado.

Como se vê, um dos motivos que autoriza a obtenção antecipada da prova se relaciona ao risco de seu desaparecimento até a oportunidade adequada para sua produção no processo, ou ainda à imprestabilidade da obtenção da prova *apenas* no momento "normal" do processo em que será empregada. Assim, aqui, tanto se inserem hipóteses em que se teme que a testemunha, a ser ouvida no processo, possa falecer, como ainda situações em que é necessária a realização de prova pericial para avaliar lesões em certa pessoa (que desaparecerão com o tempo, ou serão consideravelmente reduzidas). Em tais casos, a depender da urgência que se tem na obtenção da prova, é possível que o interessado se valha da medida em estudo - a ser ajuizada antes da propositura da demanda "principal" - como ainda, em se tratando de prova oral, da faculdade exposta no art. 449, parágrafo único -[2] se a demanda onde a prova será empregada já foi iniciada. Obviamente, embora o art. 449, parágrafo único, não se refira à possibilidade de *prova pericial* antes do momento comum, sempre que for necessário, também na pendência da causa "principal" será possível a antecipação da perícia, quando a situação concreta o reclamar, ainda que nesse caso não se apliquem as regras da antecipação de prova, descritas nos arts. 381 e 383. Nesse caso, observar-se-á o rito tradicional da produção da prova pericial (aqui, efetivamente, tratar-se-á de *produção* da prova), apenas com a antecipação do seu momento.

As outras duas hipóteses em que se autoriza a obtenção antecipada de provas se relacionam a instrumentos para evitar o conflito judicial ou para permitir um melhor dimensionamento de sua condução. Assim, o primeiro desses casos (inc. II) objetiva fornecer subsídios que permitam às partes buscar uma solução extrajudicial de seu conflito, seja por conciliação, por mediação ou mesmo por arbitragem. A outra das situações trata da situação em que a prova pode determinar seja a propositura de demanda judicial, seja o seu não ajuizamento. Na maior parte dessas duas situações, como se vê, a obtenção da prova tem por objetivo exatamente *a não necessidade de sua produção* - que já, ressalvada a situação em que a prova possa indicar a propositura de uma ação, nos outros casos a tendência

2 Art. 449, parágrafo único: "quando a parte ou a testemunha, por enfermidade ou por outro motivo relevante, estiver impossibilitada de comparecer, mas não de prestar depoimento, o juiz designará, conforme as circunstâncias, dia, hora e lugar para inquiri-la".

é de que jamais ocorra um processo judicial contencioso. O objetivo, então, será predominantemente extrajudicial.

Recorde-se, por fim, que o rol de hipóteses em que é admissível a asseguração de provas *não é exaustivo*. Há várias outras situações que autorizam a "produção antecipada de prova", além dos casos previstos no rol do art. 381. Assim, por exemplo, a simples pré-constituição de prova para emprego de demanda que exija prova escrita ou o emprego de prova em processo administrativo.[3]

5. Competência

Em todos os casos, a medida de obtenção antecipada de prova deve ser ajuizada ou no local em que deva ser colhida a prova ou no domicílio do eventual réu da futura demanda (art. 381, § 2.°) e não tem o efeito de prevenir o juízo para esta ação seguinte, se houver (art. 381, § 3.°). Ademais, o CPC prevê a delegação de competência federal para a Justiça Estadual (art. 109, § 3.°, da CF) para a obtenção antecipada de prova requerida em face da União, autarquia ou empresa pública federal, sempre que o município não seja sede de vara federal (art. 381, § 4.°).[4]

A escolha entre o local em que deva ser colhida a prova ou o domicílio do réu cabe exclusivamente ao autor – exceto, obviamente, a situação da exibição não contenciosa, em que sequer haverá réu, de modo que só resta o local da obtenção da prova. Ambas as hipóteses favorecem a efetividade da medida, seja pela proximidade com a prova a ser tomada, seja por favorecer o contraditório do réu. Por isso, pode o autor eleger qual dos dois lugares é mais apropriado para este procedimento.

Logicamente, caso, na asseguração de prova com caráter contencioso, o autor tenha escolhido outro foro para processar a demanda que não um daqueles indicados no art. 381, § 2.°, CPC, poderá o réu opor-se a essa escolha, arguindo a incompetência. A amplitude da escolha dada ao autor, portanto, está limitada a um dos dois foros indicados no art. 381, § 2.°, do código.

6. Arrolamento

A finalidade do arrolamento é prevenir o extravio ou a dissipação de bens.

Tradicionalmente, até o código de 1973, o arrolamento objetivava, exclusivamente, descrever bens – sem qualquer constrição – para permitir ulterior inventário.

---

3 Eduardo Talamini. "Pré-constituição da prova". *Comentários ao novo código de processo civil*. Coord. Antonio do Passo Cabral e Ronaldo Cramer. Rio de Janeiro: Forense, 2015, p. 591, itens 9 e 12.

4 Recorde-se que, nesses casos, não prevalece a regra de competência fixada pelo CPC, já que a Constituição Federal possui regime próprio para demandas propostas contra a União, autarquia ou empresa pública federal, determinando que essas causas sejam ajuizadas ou no domicílio do autor, ou no local do ato ou fato, ou no do lugar da coisa, ou ainda no Distrito Federal, a critério do demandante (art. 109, § 2.°, CF).

Previa, nessa linha, o art. 676, IX, CPC/1939, que seria admissível medida preventiva que consistisse "no arrolamento e descrição de bens do casal e dos próprios de cada cônjuge, para servir de base a ulterior inventário, nos casos de desquite, nulidade ou anulação de casamento". A medida tinha caráter nítido probatório, servindo para a descrição de bens que compunham uma universalidade, a serem em seguida pleiteados em outra ação. No código de 1973, porém, a medida assumiu outras funções, servindo não apenas para a descrição (elaboração de rol) de bens, mas também para sua apreensão e depósito (arts. 855, 858 e 859, CPC/1973), sobretudo quando o objeto dessas medidas fosse uma universalidade – na linha da inspiração buscada no direito português.

Assim, no direito brasileiro mais recente, a medida de arrolamento caracteriza-se basicamente pela junção da necessidade de apreensão e descrição de um conjunto de bens, que está na posse do requerido, mas que é objeto de pretensão do requerente. Nesse sentido, à vista de seu caráter assecuratório, o arrolamento de regra valer-se-á do rito geral das medidas provisórias de urgência, nos termos dos arts. 294 a 302 e 305 a 310, CPC.

Todavia, sempre que a finalidade da medida se limite apenas à descrição da universalidade – na linha do que se fazia na vigência do CPC/1939 – então o rito a ser empregado será o mesmo da asseguração de prova (arts. 381, § 1.°, CPC). E assim será porque, neste caso, o único objetivo almejado pela parte é a descrição dos bens e, portanto, a elaboração de prova que, eventualmente, possa ser empregada futuramente.

7. Justificação

A justificação judicial é medida que tem por finalidade a constituição imediata de prova de determinado fato, para simples fim de documentação (art. 381, § 5.°, CPC). Embora o texto legal se refira exclusivamente à finalidade de documentação, é evidente que esse documento pode, eventualmente, servir também para utilização em ulterior processo judicial ou administrativo.

Note-se que, por meio da justificação, não se assegura a futura produção (em juízo) da prova – tal como ocorre com a produção antecipada de prova. A finalidade é, desde logo, documentar certo fato, seja no intuito de utilizar-se desse documento ulteriormente em processo, seja apenas para proteger os interesses do requerente. Tem-se, portanto, com a justificação, a constituição imediata de prova, que poderá eventualmente ser utilizada futuramente para a demonstração da legitimidade de pretensão do autor – ou da ausência desta, quando a prova for invocada pelo réu – em eventual processo judicial ou administrativo futuro.

Como aponta Ovídio Baptista da Silva, desde as Ordenações Afonsinas é admitido o procedimento judicial para assegurar a produção de prova. Todavia, a partir da Consolidação Ribas, nota-se separação entre as medidas designadas para essa finalidade, o que deu origem às providências de asseguração de prova e de justificação judicial.[5] A nota que passou a distinguir, desde então, as duas medidas é a desnecessidade de demonstração de risco de perecimento da prova no procedimento da justificação judicial. Vale dizer que a justificação é admitida independentemente da demonstração de que a prova possa vir a desaparecer no futuro, o mesmo não ocorrendo, de regra, com a produção antecipada de prova.

Sem dúvida, o aspecto mais relevante da justificação judicial é precisamente a dispensa de que ela se ligue a situação de risco para a prova. Por dispensar ela a demonstração desse perigo, é cabível para simples precaução genérica do interessado, sem necessariamente ligar-se a processo determinado, seja atual, seja ulterior.

A dicção da regra (afirma-se o cabimento da justificação para aquele "que pretender justificar a existência de algum fato ou relação jurídica") pode induzir alguém a pensar que a finalidade da justificação é estabelecer, de modo definitivo e inquestionável, a existência (ou inexistência) de fato ou de relação jurídica. Há, porém, manifesto engano nessa conclusão.

A justificação judicial não é ação declaratória de existência ou inexistência de fato, nem se confunde com ação declaratória regular (que reconhece a existência ou inexistência de relação jurídica). Não tem essa medida a finalidade de certificar, de modo estável e vinculante, o reconhecimento judicial da existência ou não de certo fato ou relação jurídica. Seu objetivo é muito mais modesto, limitando-se apenas à criação de certa prova de fato ou relação jurídica. Vale dizer: por meio da justificação judicial, não se torna certa a existência de um fato determinado ou de certa relação jurídica. Por via dessa medida, apenas se constitui prova a respeito de tais elementos, sem qualquer caráter vinculativo para processo futuro. Não há, assim, "coisa julgada" sobre o fato ou a relação "justificada". Isso porque o magistrado não se pronuncia, ao "decidir" sobre a justificação, sobre a força probante das provas apresentadas, de modo que não há reconhecimento efetivo (por parte do Judiciário) de que o fato ou a relação jurídica existe concretamente.

Essa é a intenção da expressão "sem caráter contencioso", posta no art. 381, § 5.°, CPC. A inexistência de caráter contencioso esclarece que não há propriamente decisão que certifique a ocorrência de um fato. Trata-se apenas de mecanismo tendente à produção de uma prova – que, em eventual processo futuro, pode ou

5 Ovídio Baptista da Silva, *Curso de processo civil*, cit., p. 342; Francisco Cavalcanti Pontes de Miranda, *Comentários ao Código de Processo Civil*, cit., p. 294-295.

não convencer a autoridade judiciária a respeito da existência do fato ou da relação jurídica.[6]

Por conta disso, é possível dizer que não se está aqui diante de um caso particular de ação declaratória. Como já dito, não se trata de ação declaratória sobre fato, porque o Código expressamente proíbe, de regra, tal tipo de medida, como se observa do art. 19 do CPC. De outro lado, também não se está diante de ação declaratória comum (sobre relação jurídica), sobretudo em razão do caráter não contencioso da medida.

Trata-se, enfim, de simples derivação de procedimento destinado à criação de prova, efetuado em jurisdição voluntária.

Questão fundamental que se deve colocar é examinar a natureza da prova constituída por meio da justificação judicial. O problema assume relevo na medida em que, não raramente, exige a lei prova escrita ou prova documental de certa relação jurídica para gerar certo efeito. Tome-se como exemplo a ação monitória, que exige prova escrita da obrigação para o uso de seu procedimento (art. 700 do CPC). Seria possível utilizar da justificação judicial para criar prova escrita de obrigação, no intuito de valer-se da ação monitória? Poder-se-ia ainda questionar a viabilidade do uso da justificação judicial para suprir a exigência de "início de prova material", normalmente posta pela legislação previdenciária para a demonstração de tempo de serviço rural ou de dependência.

Por óbvio, pelas características próprias da justificação judicial, não tem ela o condão de alterar a natureza das provas ali produzidas. A função do juiz nesse processo está limitada à certificação da regularidade da produção da prova, sem atribuir ao resultado (a prova produzida) qualquer eficácia distinta. Por isso, se na justificação foram apenas ouvidas testemunhas, o resultado da justificação não será a formação

6 "Processual civil. Valor probante da justificação. Contraditório. Prova testemunhal. 1 – A justificação, ao servir de prova no processo principal, não tem eficácia absoluta, uma vez que, como todas as provas, se sujeita ao contraditório judicial e ao princípio do livre convencimento do juiz. 2 – Através do processo de justificação, justifica-se a existência de relação jurídica, porém não há, como resultado do processo de justificação, a declaração da existência ou inexistência de relação jurídica, conforme prevê o art. 4.°, I, do CPC, como objeto da ação declaratória. O mesmo se dá com a existência de algum fato objeto de justificação, conforme o art. 861. A justificação do art. 861 fica a meio caminho entre a asseguração da prova e as ações declaratórias sobre a existência de uma relação jurídica. O juiz do processo regular, onde a prova já constituída será utilizada, poderá recusá-la se contar, para tanto, com prova contrária suficientemente idônea para invalidar a força probante da justificação (...)" (TRF 2.ª Região, 3.ª T., AC 165911, rel. Juiz Fed. Conv. Wanderley de Andrade Monteiro, *DJU* 24.03.2004, p. 88). No mesmo sentido: TRF 1.ª Região, 1.ª T., AC 9401196176, rel. Juiz Leite Soares, *DJU* 06.10.1997, p. 81.967; STJ, 6.ª T., RMS 10311/GO, rel. Min. Fontes de Alencar, *DJU* 01.08.2000, p. 342.

de uma prova escrita ou material. Ter-se-á apenas uma prova testemunhal, mas agora registrada (documentada). Todavia, por óbvio, se forem juntados documentos na justificação, estes já serão (porque sempre o seriam) o início de prova escrita (ou material) exigido pela lei, de modo a suprir a exigência.[7] De toda forma, o importante é perceber que a justificação não altera a natureza da prova ali produzida, não sendo apta a criar provas documentais ou provas escritas até então inexistentes.[8]

8. A produção coletiva da prova

A tutela coletiva, no sistema processual vigente, presta-se basicamente para duas distintas funções: a proteção de direitos metaindividuais e a proteção de direitos individuais de massa. Para esse fim, tem-se a possibilidade do emprego de diversos instrumentos processuais, tais como a ação popular, o mandado de segurança coletivo e a ação civil pública. Normalmente, qualquer desses instrumentos tem por finalidade a proteção de uma *pretensão metaindividual* ou a proteção de *diversas pretensões individuais de forma agrupada.*[9]

No entanto, nada impede que se utilize do processo coletivo também para a obtenção de prova que poderá ser futuramente utilizada, seja em outro processo coletivo seja em processos individuais (das vítimas que eventualmente tenham sofrido prejuízo com a lesão coletiva).

Na situação de direitos metaindividuais (difusos ou coletivos), não há qualquer dúvida a respeito da possibilidade do emprego da medida de produção antecipada de prova para a tutela de provas que podem desaparecer futuramente ou que podem, por exemplo, viabilizar a autocomposição extrajudicial ou judicial.

Para os direitos individuais homogêneos, todavia, poderia surgir alguma dúvida a respeito dessa possibilidade. Poderia haver dúvida, por exemplo, sobre a existência

7 Nesse sentido, v. STJ, 5.ª T., AgRg no REsp 877238/SP, rel. Min. Felix Fischer, *DJU* 14.05.2007, p. 392; STJ, 6.ª T., AgRg no REsp 935688/SP, rel. Min. Hamilton Carvalhido, *DJU* 10.09.2007, p. 338.

8 "'Não é admissível prova exclusivamente testemunhal para reconhecimento de tempo de exercício de atividade urbana e rural (Lei 8.213/1991, art. 55, § 3.°)'. Tribunal Regional Federal da 1.ª Região, Súmula 27. 2. Para comprovação de tempo de serviço perante a Previdência Social, a lei exige início razoável de prova material, a ser complementada por outros meios de prova, inclusive depoimento de testemunhas (Lei 8.213/1991, art. 106 e Lei 8.212/1991, art. 55, § 3.°). 3. A justificação judicial, apesar de constituir meio hábil a servir de prova em processo regular, conforme previsão expressa nos arts. 861.° a 866.°, do Código de Processo Civil, quando baseada apenas em depoimentos de testemunhas, não tem validade para o reconhecimento de tempo de serviço para fins previdenciários. 4. Precedente desta Seção" (TRF 1.ª Região, 1.ª S., AR 200101000487830, rel. Des. Fed. José Amílcar Machado, *DJU* 11.12.2003, p. 3).

9 V., sobre isso, ARENHART, Sérgio Cruz. A tutela coletiva de interesses individuais. 2ª ed., São Paulo: RT, 2015; ARENHART, Sérgio Cruz. *Curso de processo civil coletivo.* 2ª ed., São Paulo: RT, 2020.

no ordenamento brasileiro de medida que tenha esse conteúdo e que possa colher provas que possam ser empregadas para além de um outro processo coletivo (para a tutela de direitos individuais homogêneos), sendo aproveitada também para processos individuais que veiculem pretensões das vítimas isoladamente.

Essas suspeitas, porém, são infundadas. Recorde-se que o art. 83, do Código de Defesa do Consumidor – elemento fundamental do microssistema de tutela coletiva e, portanto, núcleo principiológico de toda a tutela coletiva nacional – é enfático em afirmar que "para a defesa dos direitos e interesses protegidos por este código são admissíveis todas as espécies de ações capazes de propiciar sua adequada e efetiva tutela". Logo, desde que a produção antecipada de prova seja útil para a tutela coletiva de direitos individuais, não há razão excluir a possibilidade de seu emprego.[10]

No entanto, para que a ferramenta possa ter alguma concreta utilidade, é fundamental compreender a mecânica pela qual a instrução probatória funciona. De fato, uma coisa é produzir uma prova; outra, bem diferente, é ter por certificada a ocorrência do fato a que se refere aquela prova. Por outras palavras, produzir determinada prova que possa ser utilizada em diversos processos não significa ter por certo que todos os juízes que examinarão o seu conteúdo concluirão da mesma forma a respeito da ocorrência do fato probando. É que, como já visto, não há coincidência entre a produção da prova e a sua posterior avaliação; entre elementos como a elaboração de um laudo pericial, ou a oitiva de uma testemunha, e a valoração a ser a partir deles posteriormente formada. Sendo assim, caso a ferramenta se limite a uma produção de prova que possa ser empregada em vários processos, a produção antecipada de provas poderá tornar-se apenas um instrumento de economia dos custos com a realização da prova, sem gerar o desejado impacto de estabilizar um fato para todas as demandas futuras.

Logicamente, isso é ínsito à medida da produção antecipada de provas e, portanto, é nesse ambiente que se deve examinar a figura. No entanto, seria desejável a possibilidade de, no ambiente coletivo, criar outros instrumentos capazes de ir além, certificando a ocorrência de um fato que importe para várias pretensões individuais.[11]

Art. 382. Na petição, o requerente apresentará as razões que justificam a necessidade de antecipação da prova e mencionará com precisão os fatos sobre os quais a prova há de recair.

---

10 V., detidamente, PASCHOAL, Thais Amoroso. *Coletivização da prova*. São Paulo: RT, 2020.

11 Sobre essa questão, sustentando a existência dessa ferramenta, v., ARENHART, Sérgio Cruz. OSNA, Gustavo. "A cooperação nacional como mecanismo de coletivização: algumas questões preliminares". *Revista de processo*. Vol. 45, n. 310, dez-2020.

§ 1.° O juiz determinará, de ofício ou a requerimento da parte, a citação de interessados na produção da prova ou no fato a ser provado, salvo se inexistente caráter contencioso.

§ 2.° O juiz não se pronunciará sobre a ocorrência ou a inocorrência do fato, nem sobre as respectivas consequências jurídicas.

§ 3.° Os interessados poderão requerer a produção de qualquer prova no mesmo procedimento, desde que relacionada ao mesmo fato, salvo se a sua produção conjunta acarretar excessiva demora.

§ 4.° Neste procedimento, não se admitirá defesa ou recurso, salvo contra decisão que indeferir totalmente a produção da prova pleiteada pelo requerente originário.

1. Legitimidade para a asseguração de prova

Na vigência do CPC/1973, a medida aqui estudada era qualificada como uma "cautelar", ajuizada em processo autônomo, mas que impunha à parte interessada: a) a demonstração do interesse na obtenção de determinada prova para uso em outro processo (dito "principal"); e b) a indicação precisa desse outro interesse (a ser objeto do processo seguinte) que seria protegido pela medida de obtenção de prova.

O modelo atual não contém tais requisitos. Por isso, habilita-se a postular a obtenção antecipada de prova qualquer pessoa que tenha simples interesse jurídico na colheita dessa prova, seja para empregá-la em processo futuro, seja para se precaver de um eventual processo judicial, seja para subsidiá-lo na decisão de ajuizar ou não uma demanda, seja ainda para tentar, com base nessa prova, obter uma solução extrajudicial de seu conflito. Note-se, por isso, que sequer é necessário que o interessado indique para qual "eventual demanda futura" essa prova se destina. Basta que apresente, em seu requerimento, razão suficiente (amoldada a um dos casos do art. 381) para a obtenção antecipada da prova. Por isso, qualquer pessoa que possa apontar uma das causas do art. 381, tem legitimidade para postular a medida em estudo, seja ou não parte em outra demanda judicial futura.

Quanto ao polo passivo deste procedimento, ele será ocupado, quando for o caso, pelo sujeito que em princípio ocupará também o polo oposto ao do requerente da medida no processo judicial futuro e eventual. Assim, se o requerente da medida de obtenção de prova funda a sua pretensão na proteção de prova que possa ser empregada em sua defesa como réu em uma eventual futura demanda – em situação que não pode aguardar pelo momento adequado, neste processo, para a sua colheita (inc. I) – a medida de obtenção antecipada de prova será dirigida contra aquele que provavelmente será o autor desta futura demanda temida. Se, no entanto, aquele que pretende a prova antecipada o faz para subsidiar uma futura demanda, então ocupará o polo passivo deste pleito aquele que figurará provavelmente nesta ulterior ação.

Como dito anteriormente, porém, a medida de obtenção antecipada de provas pode não se referir a uma futura demanda litigiosa. A asseguração de prova pode ter caráter não contencioso, o que implicará obviamente a dispensa na formação de qualquer polo passivo, que, a rigor, sequer existe (art. 382, § 1.º, *in fine*). Nesses casos, tem-se verdadeiro procedimento de jurisdição voluntária, o que reclamará a eventual citação de qualquer interessado e a intimação do Ministério Público, nos termos do que prescreve o art. 721, do CPC.

Outrossim, em casos nos quais se espera a inocorrência de futura demanda (art. 381, III, parte final) haverá evidente dificuldade em formar o polo passivo da demanda. Se a intenção da asseguração da prova é "evitar o ajuizamento de ação", espera-se que não exista litígio futuro (em que a prova seria empregada). Já que, de todo modo, esta asseguração de prova está ligada à ocorrência de algum conflito, será forçoso conceber um polo passivo, a ser ocupado por aquele que seria o virtual réu da demanda a ser evitada.

2. Procedimento da asseguração de prova

O pedido de obtenção antecipada de prova, em termos procedimentais, tem tramitação bastante simples.

Inicia-se por petição inicial, que deve preencher os requisitos do art. 319, naquilo que aqui couber. De fato, nem todos os requisitos da petição inicial "comum" poderão ser aqui observados, em especial no que se refere à indicação do polo passivo da causa que, como já visto, pode sequer existir. Eventualmente, com a petição inicial, trará o requerente a prova da sujeição a um dos casos do art. 381, especialmente quando o motivo da prova antecipada seja o receio de impossibilidade de verificação de certos fatos na pendência da demanda futura.

A medida de antecipação de prova admite a cumulação simples de pedidos, ou seja, que se requeira a colheita de várias provas antecipadamente, desde que todas se relacionem ao mesmo fato e que não acarretem excessiva demora ao procedimento (art. 382, § 3.º). Aliás, como se vê do dispositivo indicado – e, em especial, da expressão empregada no texto, "interessados" – o pedido de colheita de várias provas a respeito do mesmo fato pode ser feito pelo autor do pedido inicial ou ainda pelos interessados citados para a medida. Assim, qualquer dos sujeitos que participam do procedimento pode requerer a colheita de outras provas que se relacionem ao mesmo fato – e desde que, sempre, haja a incidência de uma das hipóteses do art. 381 – com a única condição de que essa cumulação de colheita não acarrete excessiva demora ao procedimento.

Embora seja possível que se requeira provas já no início de processo que possua pedidos outros, não parece razoável que o procedimento em análise possa veicular cumulação de pedidos diversos daqueles referentes a provas. É que, se há outros pedidos a serem formulados, de outras naturezas, já não será o caso de antecipação do momento da colheita da prova *para antes do processo em que ela será usada*; será simplesmente o caso de aplicação da antecipação da *produção* da prova, a que se refere, por exemplo, o art. 449, parágrafo único, do CPC. O procedimento em exame, descrito a partir do art. 381, porque limitado a situações em que esse outro eventual processo ainda não iniciou, não pode contemplar a cumulação de pedidos que não tenham natureza probatória, já que isso implicaria incompatibilidade lógica entre esses pedidos cumulados.

Recebida a inicial, na hipótese de antecipação de prova de caráter contencioso – ou seja, que se destina a ser empregada em demanda futura, judicial ou não ou para prevenir que ela venha a ocorrer (art. 381, *caput*) – serão os outros interessados citados para acompanhar a colheita da prova.

Note-se que estes interessados não terão, neste procedimento, a oportunidade de se defender (art. 382, § 4.°), mesmo porque aqui, como já observado, a prova ainda não é produzida, mas apenas obtida. Assim, somente no processo em que aquela prova seja efetivamente produzida é que terá sentido alguma reação por parte desses interessados. Por isso, esses interessados não são citados para se defender, mas sim para participar da colheita da prova requerida pelo demandante e, eventualmente, para pedir a produção de outras provas que se relacionem ao mesmo fato (art. 382, § 3.°). A citação, portanto, deve dar a esses interessados ciência a respeito do local e da data em que será colhida a prova antecipada, abrindo-lhes oportunidade para eventual pleito de realização das novas provas.

Na verdade, a única impugnação admissível neste procedimento – para qualquer das partes – diz respeito ao objetivo imediato dessa medida: a colheita da prova. Assim, só se admite que as partes impugnem, por meio de requerimentos dirigidos ao juiz da causa ou, eventualmente, por recursos, eventual indeferimento parcial ou total dos pleitos de colheita de prova (art. 382, § 4.°, parte final). O dispositivo apenas se refere à possibilidade de impugnação ou recurso contra o ato judicial que indefere "a produção da prova pleiteada pelo requerente originário". Todavia, certamente a regra diz menos do que deveria. Se o próprio texto legal autoriza a todos os interessados (e não apenas ao requerente inicial) formular pedidos de obtenção de outras provas neste mesmo procedimento, e se esses requerimentos podem ou não ser acolhidos, é evidente que se deve autorizar a impugnação desses eventuais indeferimentos, sob pena de tornar absolutamente inútil a previsão da cumulação e arbitrária a decisão que a examina.

Se esse indeferimento ocorrer no curso do procedimento, será traduzido por decisão interlocutória, que desafiará agravo (art. 1.015, *caput*, c/c art. 382, § 4.°, e art. 1.015, incs. I e VI); caso esse indeferimento seja realizado em ato que conclua o procedimento, então poderá ser discutido por apelação.

Após a convocação dos interessados, segue-se a colheita antecipada da prova, que observará o procedimento adequado para a tomada da prova no regime comum, segundo o meio a que se refere. Assim, por exemplo, tratando-se de prova pericial, será observado o que preveem os arts. 465 e seguintes; caso a colheita se refira a prova testemunhal, será ela colhida em audiência, nos termos do art. 456 e seguintes.

A demanda finda por sentença, que tem o único propósito de atestar o exaurimento da finalidade desse procedimento. Não há propriamente conteúdo decisório a respeito da prova produzida, razão pela qual dificilmente haverá espaço aqui para apelação, porque em regra não há sucumbência que configure interesse recursal.

Art. 383. Os autos permanecerão em cartório durante 1 (um) mês para extração de cópias e certidões pelos interessados.

Parágrafo único. Findo o prazo, os autos serão entregues ao promovente da medida.

1. Conclusão do procedimento

Finda a tomada da prova, o magistrado proferirá sentença meramente extintiva da medida, sem emitir juízo valorativo a respeito da prova colhida, isto é, sem se pronunciar sobre a efetiva demonstração da existência ou não do fato que se queria provar ou sobre eventuais consequências jurídicas decorrentes (art. 382, § 2.°). Os autos do processo, então, ficarão acautelados em cartório, pelo prazo de um mês, para que os interessados possam obter cópias ou certidões de seu interesse. Após esse prazo, os autos serão entregues ao requerente inicial da medida (art. 383).

Obviamente, o código não se preocupou em regulamentar a situação de processo eletrônico. Em tal caso, é certo que será impossível a entrega dos autos ao promovente da medida, podendo-se, quando muito, cogitar a entrega ao promovente de uma cópia de todo procedimento.

Nessa situação, torna-se inviável cumprir o disposto no art. 383, parágrafo único, do código, impondo-se a guarda dos autos eletrônicos na base de dados do Judiciário.

Seção III

Da ata notarial

Art. 384. A existência e o modo de existir de algum fato podem ser atestados ou documentados, a requerimento do interessado, mediante ata lavrada por tabelião.

Parágrafo único. Dados representados por imagem ou som gravados em arquivos eletrônicos poderão constar da ata notarial.

1. Ata notarial

A ata notarial, embora goze de disciplina autônoma no código, certamente não merece esse *status*. A rigor, trata-se de uma prova claramente documental, que poderia bem ser tratada dentro da seção correspondente.

Porém, vem tratada de modo destacado, especialmente porque seu emprego vem crescendo ultimamente, em especial diante da ausência de outros meios de prova específicos, concebidos para lidar com casos particulares de necessidade de registro de informações. De fato, recentemente, esse meio de prova tem-se mostrado essencial para a demonstração da ocorrência de fatos cuja comprovação por outro meio seria muito difícil ou até impossível. Assim, tem-se empregado a medida para a prova de fatos ocorridos na *internet*,[12] especialmente diante da falta de eficiência da regulamentação da prova eletrônica por outro meio.

---

12 Admitindo o emprego da ata notarial como meio de prova de fatos ocorridos na internet ou de modo geral para a comprovação da ocorrência de fatos, v. STJ, Decisão monocrática Min. Ricardo Villas Bôas Cueva, AREsp 322.167, *DJe* 03.10.13; STJ, Decisão monocrática Min. Marco Buzzi. AREsp 32.776. *DJe* 09.10.13; TRF-5ª Região. AC 2004.82.00.00954-64. Rel. Desembargador Federal Emiliano Zapata Leitão. *DJe* 22.06.11, p. 203; TRF-2ª Região. AC 2007.51.01.00442-23. Rel. Desembargador Federal Poul Erik Dyrlund. E-DJF2R 26.04.10, p. 208-209.

A ata notarial foi prevista pelo art. 7.º, III, da Lei 8.935/1994, prestando-se basicamente para que o notário possa atestar a veracidade de fatos, ocorrido em sua presença (art. 6.º, III, da Lei 8.935/1994). Também o CPC segue a mesma linha.

Basicamente, a ata notarial é o instrumento público por meio do qual o notário[13] certifica – por meio da sua condição pública, e do decorrente dever de imparcialidade – a ocorrência de certo fato, por ele presenciado. Por óbvio, considerando que o notário atua aqui com imparcialidade, na função de mero "certificador" da ocorrência do fato por ele verificado, é vedado a ele a emissão de qualquer juízo de valor sobre aquilo que atesta, bem como atestar fatos "supostos" ou por ele não pessoalmente presenciados. Pela mesma razão, não se admite que, por meio da ata notarial, possa o notário emitir juízos técnicos ou científicos a respeito do que presenciou. Esse papel, como é evidente, é reservado à prova pericial, e não pode ser assumido por alguém que, a par de não poder emitir juízos sobre fatos, não tem a capacidade técnica necessária para a adequada valoração do ocorrido.

2. Valor probante da ata notarial

A ata notarial, apesar de seu tratamento apartado, constitui documento público, de autoria de um notário, de modo que seu valor probante é aquele estipulado pelo art. 405. Assim, a ata notarial faz prova não apenas de sua existência, mas ainda dos fatos que o notário atestar que ocorreram em sua presença ou que foram por ele verificados. Em última análise, trata-se de maneira peculiar de criação de documento público, cuja finalidade é, especificamente, servir de meio de prova.

Frise-se, porém, que a prova a que se alude acima diz respeito *aos fatos que o notário atestar que aconteceram na sua presença*. Assim, por exemplo, se a ata notarial retrata o depoimento de um particular, a presunção de veracidade se estende sobre a efetiva existência do depoimento, mas não daquilo que foi declarado por esse particular. O notário, como agente público que é, goza de presunção de legitimidade de seus atos. Mas essa presunção evidentemente não se estende sobre fatos que são declarados por outras pessoas, até porque o notário não tem papel investigativo, não tendo a incumbência de verificar se aquilo que lhe foi declarado é ou não verdade.

13 Note-se que o art. 7.º, da Lei 8.935/94 estabelece como competência exclusiva do tabelião de notas a lavratura de atas notariais, de modo a excluir a atuação de qualquer outro sujeito na elaboração desse documento.

Ademais, por se tratar de documento público, a ata notarial rege-se por toda a disciplina dada pelo código a essa categoria de documentos.

Assim, por se tratar de documento público, os limites ao valor da ata notarial são os mesmos aplicáveis a qualquer outro documento público. Por exemplo, não pode, obviamente, o notário elaborar ata notarial quando impedido (art. 27, da Lei 8.935/1994) ou quando incompetente (art. 407). Em tais casos, bem como quando não for observada formalidade essencial para a elaboração de ata notarial, o valor probante do ato praticado será o mesmo de qualquer documento particular, nos exatos termos do que prescreve o art. 407.

3. Ata notarial e escritura pública

Distingue-se, comumente, a ata notarial da escritura pública, na medida em que esta última se presta para a documentação de atos e negócios jurídicos, certificando a vontade das partes interessadas. Já a ata notarial tem por finalidade específica a descrição de um fato que foi presenciado pelo notário. Basicamente, portanto, a diferença consiste no objeto sobre o qual recai o documento: enquanto as escrituras públicas têm por objeto atos e negócios jurídicos, a ata notarial incidirá sobre fatos ocorridos.

O papel da ata notarial, portanto, é estritamente o de atestar a ocorrência de fato que, porque presenciado por autoridade dotada de fé pública, é capaz de produzir "declaração" que goza de presunção de veracidade. Trata-se, por outras palavras, de modalidade especial de documento público, que retrata a ocorrência de fato verificado por notário, no exercício de seu *múnus* público.

4. Ata notarial e arquivos eletrônicos

Sem dúvida, o mais importante emprego da ata notarial se liga à inexistência de um regime próprio de demonstração de fatos ocorridos ou registrados em ambiente eletrônico. O conteúdo de páginas da *internet*, gravações eletrônicas e de mensagens eletrônicas não têm um tratamento adequado no regime probatório do código atual.[14] Por isso, o emprego da ata notarial pode servir como instrumento melhor para dar um tratamento mais seguro a tais registros.

Seu valor, então, será o mesmo dado aos documentos públicos, ao menos em relação àquilo que o notário certificar que efetivamente viu ou ouviu.

14 V., sobre isso, adiante os comentários aos arts. 422 e 439-441.

Seção IV
Do depoimento pessoal

1. Considerações gerais[15]

Como lembra Mauro Cappelletti,[16] não há pessoa mais bem informada sobre os fatos da causa do que a parte; vezes há, com efeito, em que somente a parte tem completa notícia sobre tais fatos. Por isso se justifica a necessidade inafastável em utilizar a parte como fonte de prova. Não obstante, "se de um lado a parte é de regra, *pelas informações*, teoricamente *a melhor* (quando não *a única possível*) *fonte de prova*, ela, por outro lado, *pelo interesse pessoal* que confere aos fatos, com base nos quais pede ao juiz um provimento, é ao contrário ou pode ser *a fonte de prova menos confiável*".[17] Daí decorre a grande dificuldade no tratamento legal – bem como jurisprudencial e doutrinário – desta fonte de prova.

Em um sistema que adota o princípio da oralidade, crucial é o papel desempenhado pela participação das partes, seja como fonte de prova no processo, seja como mecanismo de esclarecimento ao juiz.[18]

2. Depoimento da parte e interrogatório livre

O código trata de duas figuras distintas, que podem parecer idênticas: o depoimento "pessoal" e o chamado interrogatório livre. Este é tratado, exclusivamente, pelo art. 139, VIII, enquanto os arts. 385 e ss. tratam, em princípio, do

15 A propósito da evolução histórica dos institutos do depoimento pessoal e do interrogatório livre, e de suas formulações no direito comparado, veja-se Mauro Cappelletti, *La testimonianza della parte nel sistema dell'oralità*, Milano: Giuffrè, 1962, vol. 1, especialmente em sua segunda parte (p. 415 e ss.) e Ergas Dirceu Moniz de Aragão, *Exegese do Código de Processo Civil*, Rio de Janeiro: Aide, 1984, vol. 4, t. I, p. 138 e ss.

16 Mauro Cappelletti, *La testimonianza della parte nel sistema dell'oralità*, cit. vol. 1, p. 3.

17 Idem, vol. 1, p. 4 – grifos no original.

18 Já lembrava a propósito Chiovenda que "o princípio da oralidade não se pode limitar a uma *discussão oral* na audiência, como a admitida por nossa lei e que tem lugar – agora poucas vezes – na nossa prática. Em um sistema em que as partes estão obrigadas a expor por escrito não apenas suas declarações e conclusões, mas também 'os motivos de fato e de direito que baseiam a pretensão do concludente (Código de Processo Civil italiano, art. 146; Regramento geral judicial, art. 221) a discussão oral se reduz ordinariamente a uma repetição inútil...'" (Giuseppe Chiovenda, *Principios de derecho procesal civil*, trad. José Casáis y Santaló, Madrid: Reus, 1925, t. II, p. 131). A oralidade implica o contato direto do juiz com as partes, a fim de melhor informar-se sobre a lide e os fatos que a suportam, podendo, com isso, oferecer melhor prestação jurisdicional.

depoimento da parte. As duas figuras não podem ser confundidas, já que recebem regime jurídico diverso em inúmeros aspectos, como se verá adiante.

Em termos amplos, pode-se dizer que o interrogatório livre é uma forma de esclarecimento de que se vale o juiz para melhor inteirar-se dos fatos do processo do que propriamente um meio de prova. Ao contrário, o depoimento pessoal (ou da parte, como parte da doutrina prefere denominá-lo) tem nítido e específico fim probatório, já que normalmente o seu objetivo primário é obter a confissão da parte adversa. Disso decorrem tratamentos específicos para cada um dos institutos, dos quais se pode ter como mais evidentes: o interrogatório é medida adotada de ofício pelo juiz, podendo ser determinado em qualquer fase do processo (art. 139, VIII, do CPC); ao contrário, o depoimento pessoal tem momento próprio no *iter* processual (audiência de instrução e julgamento) e exige o requerimento da parte contrária (art. 385 do CPC).[19] Também em consequência dessa distinção, no interrogatório livre apenas ao juiz é dado o poder de iniciativa no questionamento, não havendo participação nem do advogado da parte inquirida, nem do representante do polo contrário; diversamente, no depoimento pessoal, há a oportunidade para que o advogado da parte contrária formule perguntas ao depoente, de modo análogo ao que ocorre com o depoimento da testemunha. Por fim, diante daquela mesma finalidade, conclui-se que o interrogatório livre pode ser único ou *múltiplo*, no sentido de que a parte pode ser ouvida várias vezes em um único processo; já o depoimento pessoal é sempre único, realizado, normalmente, na audiência de instrução e julgamento.[20]

3. Sujeitos do depoimento

Fundamental, para os fins desta fonte de prova, que se tenha firme o conceito de parte. Afinal, a posição jurídica daquele que depõe em juízo determina a qualificação da prova como prova testemunhal ou como depoimento pessoal. Tal conceito, como cediço, deve ser buscado estritamente no direito processual, sem que seja possível sua influência pelo direito material.

Partes, na definição de Liebman, são os sujeitos do contraditório instituído perante o juiz.[21] Segundo célebre definição proposta por Chiovenda, "parte é aquele que deman-

---

19 O dispositivo, em sua parte final, prevê a possibilidade de o magistrado determinar o depoimento da parte de ofício. Todavia, como se verá nos comentários ao art. 385, não tem o menor cabimento essa possibilidade, que só pode estar reservada ao interrogatório livre.

20 Cf. Moacyr Amaral Santos, *Comentários ao Código de Processo Civil*, 6. ed., Rio de Janeiro: Forense, 1994, vol. 4, p. 74.

21 Enrico Tullio Liebman, *Manuale di diritto processuale civile* – Principi, 5. ed., Milano: Giuffrè, 1992, t. I, p. 81-82. O conceito de parte, em Liebman, revela amplitude excessiva se importado para nosso direito sem as devidas correções; isto porque diante desta definição seria correto ter-se também o

da em seu próprio nome (ou em cujo nome é demandada) a atuação duma vontade da lei, e aquele em face de quem essa atuação é demandada".[22] Pouco importa se estes sujeitos debatam no processo direito que dizem ser seu, ou mesmo que se conclua afinal que o direito não existe. Não importa, ainda, para a definição de "parte" que esta seja *legítima*, mas apenas que possa ela ser identificada com esta condição no processo.[23]

A partir dessa noção de parte, pode-se ingressar no tema relativo aos sujeitos do depoimento pessoal. Com base na definição chiovendiana de parte, poder-se-ia dizer que o sujeito do depoimento pessoal é qualquer pessoa que formula pretensão em juízo, ou em face de quem esta pretensão é formulada. Assim, também se submetem ao depoimento pessoal o denunciado à lide[24] e o chamado ao processo.[25-26]

---

assistente como parte, o que parece impróprio na sistemática processual brasileira (ao menos no que diz respeito ao assistente simples). Aliás, mesmo Liebman observa a generalização extrema de seu conceito, observando logo após expor a noção antes referida que "o ajuizamento da petição inicial, como ato constitutivo do processo, determina também as partes: aquela que pede ao juiz o seu pronunciamento sobre determinado objeto e aquela com relação à qual tal pronunciamento lhe é pedido" (idem, p. 82), conceito este que se aproxima daquele sugerido por Chiovenda.

22 Giuseppe Chiovenda, *Instituições de direito processual civil*, Campinas: Bookseller, 1998, vol. 2, n. 214, p. 278. Este conceito é veementemente criticado por Dinamarco, segundo quem "a noção de parte, proposta por Chiovenda, peca não só pela inadequação conceitual como principalmente pela falta de associação à fundamental ideia do contraditório. Ela considera somente as *partes da demanda*, como se estas exaurissem todas as posições de partes ocupadas no processo, sem tomar por eixo de referência a efetiva ocupação das posições processuais que permitem o exercício dos poderes e faculdades inerentes à participação contraditória" (Cândido Rangel Dinamarco, *Litisconsórcio*, 3. ed., São Paulo: Malheiros, 1994, p. 20, nota de rodapé 12 – grifos no original). Como bem lembra Ovídio A. Baptista da Silva (*Curso de processo civil*, 4. ed., São Paulo: Ed. RT, 1998, vol. 1, p. 238), contudo, a distinção entre partes da demanda e partes do processo – aliás, efetivada também por Carnelutti, entre parte formal e parte material – parte da equivocada premissa de que existem duas lides; como salienta Ovídio A. Baptista da Silva, "não pode haver, por definição, uma lide diversa daquela descrita pela parte em sua petição inicial. Como a lide será, necessariamente, o conflito narrado pelo autor em seu pedido de tutela jurídica, partes da lide, serão sempre as mesmas partes do processo" (Idem, p. 238-239).

23 Diz Dinamarco, a este propósito, que "enquanto se pensar somente no tratamento que a lei atribui aos sujeitos efetivamente integrados ao processo (e não nas exigências para que a pessoa possa legitimamente ser parte: *legitimatio ad causam*), é adequada e suficiente essa noção puramente processual, porque é em torno dela que o direito positivo faz gravitar a disciplina jurídica da parte em relação aos atos processuais a realizar e aos efeitos que receberá dos atos realizados" (Cândido Rangel Dinamarco, *Litisconsórcio* cit., p. 22 – grifos no original).

24 Cf. Francisco Cavalcanti Pontes de Miranda, *Comentários ao Código de Processo Civil*, 3. ed., Rio de Janeiro: Forense, 1996, t. IV, p. 304.

25 Cf. João Batista Lopes, O depoimento pessoal e o interrogatório livre no processo civil brasileiro e estrangeiro. *Revista de Processo*, n. 13, São Paulo: Ed. RT, jan.-mar./1979, p. 98.

26 Quanto ao opoente, não pode mais haver dúvida sobre sua condição de parte, dado que no Código de 2015 a oposição constitui ação autônoma, de sorte que o opoente é evidentemente parte em uma demanda própria.

Quanto à figura do assistente, sua situação peculiar e multiforme - no que respeita à caracterização de sua situação jurídica no processo - gera, consequentemente, tratamento disforme na doutrina e na jurisprudência. João Batista Lopes considera que o assistente litisconsorcial presta depoimento pessoal, enquanto o assistente simples, porque figura como mero auxiliar da parte (art. 121, do CPC), não se submete a esse instituto.[27] Também partilha deste entendimento Ovídio A. Baptista da Silva,[28] sendo esta a visão dominante na doutrina.

4. Representantes e depoimento da parte

Neste mesmo campo, é necessário pensar sobre a figura do representante de pessoa natural ou do presentante de pessoa jurídica: pode ele prestar depoimento pessoal ou mesmo interrogatório?

O problema se põe na medida em que tais pessoas não são propriamente partes no processo, figurando nos atos processuais apenas porque a verdadeira parte[29] (incapaz, pessoa jurídica ou pessoa formal) não pode expressar sua vontade, validamente, por si própria.[30] Ora, se o representante não é a parte, parece claro

---

27 "Quanto ao assistente simples, cuja função é de mero auxiliar da parte - não sendo, portanto, parte - não poderá prestar depoimento pessoal, porque a confissão que daí advier será ineficaz" (João Batista Lopes, O depoimento pessoal e o interrogatório livre no processo civil brasileiro e estrangeiro, cit., p. 98).

28 Ovídio A. Baptista da Silva, *Curso de processo civil*, cit., vol. 1, p. 363. Arruda Alvim, sobre o tema, salienta que "a lei (art. 54), todavia, aludindo a litisconsorte da parte principal, *consideraria* o assistente litisconsorcial como parte não principal, ainda que, em realidade, em tudo e por tudo (exceção feita à não necessária iniciativa do processo, também pelo assistente litisconsorcial), haja identidade com a parte principal" (José Manoel Arruda Alvim, *Tratado de direito processual civil*, 2. ed., São Paulo: Ed. RT, 1996, vol. 2, p. 19 - grifos no original).

29 Parte, avisa Athos Gusmão Carneiro, é quem "*postula 'em nome próprio'*. Quem postula em nome de outrem não é parte; parte será a pessoa em cujo nome a postulação foi feita" (*Intervenção de terceiros*, 10. ed., São Paulo: Saraiva, 1998, p. 6). E, complementando esta ideia, esclarece em nota a este texto que "é, portanto, errôneo propor uma ação em que figura como autora 'Da. Fulana de Tal, representando seus filhos menores impúberes Sicrano e Beltrano'; devem constar 'Sicrano e Beltrano' como autores, 'representados por sua progenitora Da. Fulana'. Em ação de cobrança, será a firma alegadamente credora, 'Manoel da Silva e Cia. Ltda.', e não o sócio-gerente 'Manoel da Silva', apenas presentante da pessoa jurídica (o órgão de uma pessoa jurídica - seu presidente, gerente etc. - *não é representante*, mas *presentante*, pois somente por meio de seus órgãos a pessoa jurídica se faz '*presente*' na via social; representante da pessoa jurídica será, então, por exemplo, o advogado a quem o presentante passar procuração em nome da sociedade)" (Idem, Ibidem).

30 Sobre a questão, é clássica a visão de Arruda Alvim, que comenta que "o representante, em última análise, concorre (*na verdade, significa a sua presença, requisito essencial*) para a realização do direito do representado. Este tem capacidade de ser parte (*alegada* titularidade de Direito material), *legitimatio ad causam*, enquanto aquele (o representante) tem capacidade para exercer processualmente o direito alheio, residindo neste último a *legitimatio ad processum*; ou, com mais precisão,

que não pode ele ser sujeito do depoimento pessoal. Isto se justifica, na medida em que não se pode confundir a condição de representante com a de parte – pena de admitir-se o depoimento pessoal, v.g., do pai do menor, do curador do enfermo, do mandatário etc.

Não obstante a aparente tranquilidade na conclusão, é certo que a jurisprudência admite o depoimento pessoal de representante (*especificamente de pessoas jurídicas*),[31] aparentando discordar daquela última premissa, e equiparando – ao menos para os fins do depoimento pessoal – a parte real e seu representante.

Tal equiparação, contudo, usual em jurisprudência, tem o nítido propósito de aceitar, em juízo, a confissão feita por pessoas jurídicas. Essa orientação, aliás, vem exposta na doutrina, já firmada, que admite tal meio de prova, mas exige que o representante (ou mandatário) possua poderes especiais para confessar, em que se aponte, com exatidão, a vontade determinada a esta prática.[32] Ou seja, a admissão do depoimento pessoal de representantes de empresa tem por fim, exclusivamente, aceitar a confissão de seus representantes em juízo.[33] Do mesmo modo, chancela essa conclusão o contido no art. 392, § 2.º, do código, repetindo o contido no art. 213, parágrafo único, do CC, a dizer que a confissão feita por representante só é eficaz nos limites em que este pode vincular o representado.

---

de acionar a jurisdição, pelo representado, fazendo a afirmação do direito, em nome do e para o representante e, pois, usando da pretensão do representado no interesse *e em nome* deste (titularidade do direito de estar no processo)" (José Manoel Arruda Alvim, *Tratado de direito processual civil*, cit., vol. 2, p. 209 – grifos no original).

31 Veja-se, por exemplo, a decisão proferida pelo 1.º Tribunal de Alçada Cível de São Paulo (*Revista dos Tribunais*, 672/123), em acórdão que tem a seguinte ementa: "PROVA – Depoimento pessoal – Depoente pessoa jurídica – Ato que deve ser realizado por mandatário com poderes especiais e com os necessários conhecimentos técnicos da causa – Realização por simples preposto, que não pôde esclarecer devidamente o juízo, que a tanto não equivale – Confissão caracterizada".

32 Neste sentido, leciona Moacyr Amaral Santos que "a simples cláusula, vaga e genérica – *com poderes para confessar* – não satisfaz à exigência legal de que o procurador seja investido de 'poderes especiais'. Não haverá, está claro, necessidade de se mencionar no instrumento de mandato todos os pontos sobre que deva versar a confissão, mas cumpre que daquele ao menos conste a indicação da causa ou ação, cujos fatos devam ser confessados, ou em linhas gerais, os fatos que o mandante autoriza sejam reconhecidos como verdadeiros" (*Comentários ao Código de Processo Civil*, cit., vol. 4, p. 105 – grifos no original). Veja também, a propósito, Francisco Cavalcanti Pontes de Miranda, *Comentários ao Código de Processo Civil*, cit., t. IV, p. 323.

33 Em nítido aval a esta ideia é a disposição expressa do art. 553, n. 2, do Código de Processo Civil português, com o seguinte teor: "Pode requerer-se o depoimento de inabilitados, assim como de representantes de incapazes, pessoas colectivas ou sociedades; porém, o depoimento só tem valor de confissão nos precisos termos em que aqueles possam obrigar-se e estes possam obrigar os seus representados".

Ocorre, porém, que bem analisada a situação, observa-se que a confissão ocorrida nesses casos não deriva do depoimento de parte. A participação do representante no processo traz o único objetivo de apresentar a confissão, que já ela é desejada pela pessoa jurídica. O representante judicial (ou mesmo o preposto) da empresa apenas vem a juízo, prestar o "depoimento pessoal", como veículo para apresentar a confissão, pois para tanto obteve mandato com poderes específicos.[34]

Pontes de Miranda,[35] aparentemente, discorda destas ponderações ao ensinar que o representante legal da pessoa jurídica não representa esta pessoa, mas sim a *presenta*. Segundo o autor, "o que a vida nos apresenta é exatamente a atividade das pessoas jurídicas *através de seus órgãos*: os atos são seus, praticados por pessoas físicas. Aquela concepção, romanística, foi ultrapassada. Os atos dos órgãos, que se não confundem com os dos mandatários das pessoas jurídicas, são atos das próprias pessoas jurídicas: têm elas vontade, que se exprime; daí a sua responsabilidade pelos atos ilícitos deles, que sejam seus".[36] É bem verdade que a pessoa natural "presentante" da pessoa jurídica age como os "sentimentos" do ente fictício, manifestando-se por este. Em termos de depoimento pessoal, porém, a figura não subsiste. Isto porque a "presentação" da pessoa jurídica se dá, como enfatiza o próprio Pontes de Miranda, nos limites do ato constitutivo da pessoa jurídica (ou em suas posteriores deliberações).[37] E não se concebe preveja o ato constitutivo de empresa poderes ao "presentante" legal para depor sobre tais ou quais fatos. Não tem, por isso, o "presentante legal" da pessoa jurídica poderes de "presentação" dela, no que diz respeito à declaração sobre fatos por ele ("presentante") observados. Daí se conclui que absolutamente inválidas serão suas declarações – ou quando menos ineficazes em relação à pessoa jurídica. Valerão estas declarações, é certo, como a atividade de uma testemunha

34 Atente-se para a manifestação jurisprudencial a respeito. Veja-se, por exemplo, o acórdão proferido pela 7.ª Câmara do Tribunal de Alçada do Rio Grande do Sul (AgIn 196.175.319, Rel. Juiz Perciano de Castilhos Bertoluci, *Revista dos Tribunais* 740/427), que tem como ementa: "PROVA – Depoimento pessoal – Pessoa jurídica – Representação por preposto – Admissibilidade desde que tenha poderes específicos para prestar o depoimento e confessar, além de conhecimento dos fatos discutidos no processo". Desta decisão, colhe-se a seguinte passagem, que bem demonstra o ponto sustentado no texto: "Vê-se, assim, que a finalidade do depoimento pessoal é, além de esclarecer o objeto do litígio, prover o feito com um meio de prova que possa resultar na confissão da parte quanto aos fatos". Ou seja, por outras palavras, admite-se o depoimento do preposto da pessoa jurídica, porque ele é capaz de levar a juízo a confissão daquela.

35 Francisco Cavalcanti Pontes de Miranda, *Tratado de direito privado*, 3. ed., Rio de Janeiro: Borsoi, 1970, t. I, p. 412-413.

36 Idem, p. 413.

37 "O órgão da pessoa jurídica não é representante legal. A pessoa jurídica não é incapaz. O poder de presentação, que ele tem, provém da capacidade mesma da pessoa jurídica; por isso mesmo, é *dentro* e *segundo* o que se determinou no ato constitutivo, ou nas deliberações posteriores" (Idem, p. 412).

que relata o que viu e que é de interesse da causa; daí a dizer, porém, que esta é a versão da pessoa jurídica sobre os fatos vai uma grande distância.

Por isso, não se há de falar em depoimento pessoal de representante de incapaz, de pessoa jurídica ou de pessoa formal. Por não serem partes, não prestam eles depoimento pessoal.[38] Podem, entretanto, apresentar a confissão dos representados (especificamente em relação às pessoas jurídicas e formais), ainda que oralmente, em audiência.

Da mesma forma, tais representantes poderão ser ouvidos no processo – se tiverem algo de relevante a declarar – na condição de testemunhas ou informantes. Então, poderão dizer, por si, o que viram ou sentiram, sem que isto se confunda com a manifestação dos sentidos da pessoa jurídica que "presentam".

5. Natureza jurídica do depoimento

Em relação à natureza jurídica do depoimento pessoal, lembra Pontes de Miranda[39] que três correntes foram observadas. Alguns autores consideravam que o depoimento pessoal era declaração de vontade, semelhante àquilo que aconteceria em qualquer espécie de contrato. Outros viam no depoimento pessoal uma comunicação de vontade. E finalmente, havia quem entendesse a confissão como simples declaração de conhecimento, com único propósito de prova.

No direito brasileiro, esta última foi e é a orientação dominante, até mesmo pela estrutura que o depoimento da parte tem, e por sua força (não vinculativa) para o juiz nacional.

É certo, todavia, que, não obstante tradicionalmente se caracterize o depoimento pessoal como mera declaração de conhecimento, regras existem, no trato da confissão, que não se compatibilizam com esta natureza jurídica. Especialmente releva notar o disposto no art. 393 do CPC, que estabelece a possibilidade de anulação da confissão, emanada de erro de fato ou de coação. O vício da vontade pode, até mesmo, importar para a celebração de negócio jurídico (já que neste é essencial a vontade da pessoa). Contudo, irrelevante é a vontade quando se trata de mera declaração de ciência sobre fatos pretéritos.

---

38 Nesse sentido, veja-se Ovídio A. Baptista da Silva, *Curso de processo civil*, cit., vol. 1, p. 364. Como lembra Arruda Alvim, "existe correspondência entre o direito ou a pretensão do incapaz e o poder exercido pelo seu representante, no plano do processo, pois este 'fala por aquele'" (José Manoel Arruda Alvim, *Tratado de direito processual civil*, cit., vol. 2, p. 215). Porém, somente pode "falar por aquele" – em tema de depoimento pessoal, ao menos – se puder ter condições de expressar aquilo que o representado gostaria de dizer, se lhe fosse autorizada a capacidade processual; como tal é impossível, não há lugar para o depoimento pessoal do representante do incapaz.

39 Francisco Cavalcanti Pontes de Miranda, *Comentários ao Código de Processo Civil*, cit., t. IV, p. 305.

Não obstante esta pequena derivação do Código para corrente outra, é certo que não se pode negar que – ao menos preponderantemente – o depoimento pessoal representa verdadeira comunicação de ciência, simples meio de prova, no qual a parte declara que sabe que certo fato aconteceu de dado modo. A questão será melhor abordada adiante, ao se examinar especificamente a figura da confissão (e então se buscará defini-la de forma a compatibilizar estas duas facetas que a legislação nacional imprime na figura).

Art. 385. Cabe à parte requerer o depoimento pessoal da outra parte, a fim de que esta seja interrogada na audiência de instrução e julgamento, sem prejuízo do poder do juiz de ordená-lo de ofício.

§ 1º Se a parte, pessoalmente intimada para prestar depoimento pessoal e advertida da pena de confesso, não comparecer ou, comparecendo, se recusar a depor, o juiz aplicar-lhe-á a pena.

§ 2º É vedado a quem ainda não depôs assistir ao interrogatório da outra parte.

§ 3º O depoimento pessoal da parte que residir em comarca, seção ou subseção judiciária diversa daquela onde tramita o processo poderá ser colhido por meio de videoconferência ou outro recurso tecnológico de transmissão de sons e imagens em tempo real, o que poderá ocorrer, inclusive, durante a realização da audiência de instrução e julgamento.

1. Depoimento da parte

Neste artigo, o Código inicia a regência do "depoimento pessoal". Como lembra a doutrina, o primeiro reparo necessário diz com a denominação utilizada.[40] Depoimento pessoal é evidente redundância, já que todo o depoimento, mesmo o da testemunha, é pessoal. Melhor seria, então, denominá-lo de depoimento da parte, à semelhança do que faz o Código de Processo Civil português (art. 452).

Figura nitidamente distinta do interrogatório livre, o depoimento da parte tem clara função probatória. Com ele, busca a parte obter a confissão do adversário, objetivando, com isso, lograr alcançar prova robusta em seu favor, e capaz de dis-

40 V., entre outros, Egas D. Moniz de Aragão, *Exegese do Código de Processo Civil*, cit., vol. 4, t. I, p. 146 e João Batista Lopes, O depoimento pessoal e o interrogatório livre no processo civil brasileiro e estrangeiro, cit., p. 91.

pensar outros elementos probatórios aos fatos por ela trazidos aos autos (art. 374, II, do CPC). Sobre a figura, Carnelutti define-a, dizendo que "por meio dele a parte é convidada a fazer a sua declaração de ciência sobre determinados fatos contrários ao seu interesse afirmados especificamente pelo adversário (art. 216, CPC) e é gravada do ônus de comparecer e de responder, já que quando 'não compareça ou recuse de responder, ter-se-ão como admitidos os fatos deduzidos, salvo se justificar um legítimo impedimento' (art 218, CPC)".[41]

Objeto do depoimento pessoal são apenas os *fatos*, que sejam controversos, além de verossímeis, concludentes e não notoriamente inexistentes.[42]

Registre-se, contudo, que não apenas os fatos contrários ao interesse do depoente é que constituem prova, ou mesmo objeto do depoimento da parte.[43] É certo que a confissão é elemento de prova de alta envergadura e valor em processo, mas não é menos certo que vigora em nosso ordenamento o sistema da livre apreciação da prova, razão pela qual o juiz também pode valer-se, no depoimento da parte, de afirmações feitas pelo depoente e favoráveis ao seu interesse. Basta, para tanto, que justifique seu convencimento quanto à aceitação de tais declarações como verdadeiras. Nessa linha de pensamento, ressalta Egas Moniz de Aragão que "o litigante pode produzir prova a seu próprio favor (*pro se declaratio*) não só quando presta 'depoimento pessoal', como em outras situações igualmente reconhecidas nas leis processuais (p. ex.: confissão, art. 354; assentamentos mercantis, art. 379). Em todos esses casos fica afastada a ideia de o testemunho da parte (ou de outro figurante do processo, como o litisconsorte, p. ex.) só ter valor naquilo em que contraria seu próprio interesse (*contra se declaratio*). A partir do momento em que foi atribuída ao juiz ampla liberdade na apreciação da prova, as restrições ao testemunho *pro se* enfraqueceram-se sobremodo".[44]

---

41 Francesco Carnelutti, *Lezioni di diritto processuale civile*, Padova: Cedam, 1986, vol. 3, n. 234, p. 267 – as referências legislativas referem-se ao direito italiano.

42 Giuseppe Chiovenda, *Instituições de direito processual civil*, Campinas: Bookseller, 1998, vol. 3, p. 123.

43 Em sentido contrário, salienta João Batista Lopes que, "em verdade, enquanto o depoente relata fatos que lhe são favoráveis, nenhum resultado prático obtém o requerente do depoimento. O valor probante do depoimento pessoal exsurgirá, porém, a partir do momento em que o depoente admitir fatos que lhe são desfavoráveis" (O depoimento pessoal e o interrogatório livre no processo civil brasileiro e estrangeiro, cit., p. 92). Neste mesmo sentido, confira-se Francesco Carnelutti, *Lezioni di diritto processuale civile*, cit., p. 267; e Giuseppe Chiovenda, *Instituições de direito processual civil*, cit., vol. 3, p. 122.

44 Egas D. Moniz de Aragão, *Exegese do Código de Processo Civil*, cit, vol. 4, t. I, p. 146 – grifos no original. Nesse mesmo sentido é a visão de Pontes de Miranda (*Comentários ao Código de Processo Civil*, cit., t. IV, p. 303-304).

Daí por que é correto dizer que o depoimento da parte é também fonte de prova, em relação a fatos benéficos ao depoente. Isto, porém, não retira a finalidade específica do requerimento da parte – que pede o depoimento da parte contrária – que é, evidentemente, a de obter desta a confissão.

Aliás, é mesmo em função deste objetivo específico (confissão) que o dispositivo apresenta a peculiaridade expressa no seu *caput*, segundo o qual cada parte apenas poderá requerer o depoimento de outra parte – e jamais de si mesma (art. 385, CPC). Também por isso mesmo é que não se admite que o juiz da causa determine o "depoimento pessoal" das partes, mas apenas seu interrogatório. Se não é objetivo do juiz obter a confissão das partes, sendo ademais ilógico admitir que a parte pretenda produzir prova contra si mesma,[45] fica patente que apenas a parte adversa é que tem interesse no "depoimento pessoal" da outra parte.

2. Requerimento de depoimento de partes do mesmo polo

Mas, fixada esta premissa, seria possível que uma parte requeresse o depoimento pessoal de outra parte, que se apresente no mesmo polo que aquela?

Normalmente, esta situação seria inconcebível, merecendo resposta pela negativa. Se dois litisconsortes existem, não há, em princípio, nenhum interesse em que um deles obtenha a confissão do outro – que pode até ser prejudicial aos interesses daquele. Entretanto, situações há em que pertinência a um mesmo polo da relação processual não implica necessário consórcio nas partes (ou mesmo afinidade de interesses). Tal é o que se verifica, comumente, no chamamento ao processo ou na denunciação da lide. O denunciado, embora em relação ao polo adversário seja litisconsorte do denunciante, guarda lide própria (de regresso) frente a este. Pode, então, no interesse da exclusão da pretensão ao regresso, postular o "depoimento pessoal" do denunciante, a fim de encontrar prova que satisfaça seu objetivo. O mesmo se dirá em relação, por exemplo, ao chamado ao processo. Neste caso, o chamado se vê na iminência de ter de responder por dívida comum, juntamente com outros codevedores (art. 132 do CPC); poderá, diante dessa condição, ter interesse em desvencilhar-se de tal encargo, deixando a responsabilidade pela dívida, exclusivamente, com outro corréu. Enfim, em todas estas situações exemplificativas, evidencia-se o interesse em se requerer – e ver deferida – a oitiva de parte componente do mesmo polo do requerente. E, havendo este interesse, sem que se possa encontrar qualquer óbice legal a esta possibilidade, fica nítido o cabimento deste pleito.

Aliás, o Código de Processo Civil português é claro neste sentido, dispondo que "cada uma das partes pode requerer não só o depoimento da parte contrária, mas também o dos seus compartes" (art. 453, n. 3).

---

45 Muito embora isto seja possível, como se sabe, por meio da confissão espontânea.

3. Depoimento de estrangeiro

Ainda, em relação ao sujeito do depoimento da parte, cumpre advertir que, em sendo parte pessoa de origem estrangeira - que não tenha condições de se manifestar adequadamente em língua nacional -, é dever do juiz providenciar para que ela seja assistida por intérprete.

A propósito, lembra Nelson Nery Jr. que "no correr da instrução, o depoimento pessoal da parte que não conhece a língua nacional deverá ser acompanhado por intérprete, que lhe comunicará os exatos termos das perguntas e traduzirá, para o juízo, os exatos termos de sua resposta. Tem a parte, ainda, o direito de tomar conhecimento de tudo o que ocorrer na audiência realizada para a tomada de seu depoimento pessoal, de sorte que essa tarefa caberá ao intérprete".[46]

Claro, tal providência somente tem sentido se o estrangeiro não tem condições de se comunicar adequadamente no idioma nacional. Caso contrário, embora seja recomendável, não há qualquer irregularidade na ausência deste intérprete, nem seria exigível sua presença.

4. Depoimento de pessoa com deficiência

A Lei 13.146/2015, além de qualificar como medida extraordinária a curatela de pessoas com deficiência, determinou que a extensão dessa medida deve ser proporcional às necessidades e às circunstâncias de cada caso concreto (art. 84, § 3.º). Com isso, não se pode mais de antemão determinar um só regime de curatela, nem se pode supor que toda pessoa com deficiência deva, automaticamente, sujeitar-se a essa restrição.

Ao lado disso, a lei criou o instituto da decisão apoiada (art. 1.783-A, do CC, incluído pela Lei 13.146/2015), como mecanismo capaz de colaborar com a pessoa com deficiência, para que ela possa tomar a melhor decisão em cada caso concreto.

Com tudo isso, a mesma lei incluiu no art. 228, do CC, de um § 2.º, que determina que "a pessoa com deficiência poderá testemunhar em igualdade de condições com as demais pessoas, sendo-lhe assegurados todos os recursos de tecnologia assistiva". Essa igualdade, supõe a lei, é obtida por meio dos institutos acima vistos, que seriam capazes de oferecer suficientes garantias à pessoa com deficiência.

Embora claramente haja casos em que essa igualdade seja inviável, fato é que tal equiparação não deve limitar-se à prova testemunhal. Também para o depoimento da parte está, a partir dessa lei, apta a pessoa com deficiência, em igualdade de

46 Nelson Nery Jr., *Princípios do processo civil na Constituição Federal*, 2. ed., São Paulo: Ed. RT, 1995, p. 134.

condições com qualquer outro sujeito. Eventualmente, para essa igualdade, haverá a necessidade do apoio de curador ou até de apoiadores.

Caberá ao juiz, ademais, examinar a extensão da incapacidade e, a partir daí, avaliar no caso concreto os limites da compreensão do sujeito para fins de depoimento e de eventual confissão. A depender dessas circunstâncias, pode suceder que se torne inviável o depoimento; em outros casos, porém, ele será perfeitamente admissível.

5. Juízo de admissibilidade do depoimento da parte

Questiona a doutrina se o depoimento da parte é direito da parte contrária ou se, ao revés, deve o juiz analisar a conveniência e necessidade, na determinação desta oitiva.

Como lembra Pestana de Aguiar,[47] exame apressado do dispositivo em comento poderia sugerir que reconhece ele verdadeiro direito potestativo à parte, sem que possa o juiz indeferir tal pleito. É certo, porém, que este entendimento não se sustenta, diante de análise correta da regra. A admissibilidade deste meio de prova depende da obediência aos ditames e requisitos legais, ficando ainda atrelada à necessidade, utilidade e conveniência na sua produção.[48]

Não há, de fato, como lembra o processualista, qualquer vinculação entre o depoimento da parte e o interrogatório do processo penal. Este sim é direito inafastável da parte, até porque constitui momento para a autodefesa do acusado. No processo civil, porém, não é assim; o depoimento da parte é meio de prova, e somente deve ser determinado se houver alguma utilidade a ser retirada de sua colheita, sob pena de criar espaço para a procrastinação indevida e a chicana processual. Assim, tendo em conta a finalidade a que se destina o depoimento da parte (obter confissão), sempre que esta finalidade não puder, em tese, ser obtida - porque, por exemplo, o direito versado no processo é indisponível (art. 392 do CPC) - não há razão para o depoimento da parte.

Diante disso, "o prévio exame da conveniência do depoimento pessoal é atividade que assume papel relevante no novo ordenamento, sendo dever indeclinável do juiz a justificativa de sua concessão ou denegação. Não importa que haja requerimento de prova testemunhal paralela ou da parte adversa, pois esta igualmente depende de decisão concessiva ou denegatória. Além de tudo, o aspecto essencial da admissibilidade repousa na utilidade do depoimento".[49]

---

47 João Carlos Pestana de Aguiar, Op. cit., p. 99.

48 Neste sentido, para o direito alemão, v. Adolf Schönke, *Derecho procesal civil*, Barcelona: Bosch, 1950, p. 238.

49 João Carlos Pestana de Aguiar, Op. cit., p. 99-100.

6. Depoimento e dever de dizer a verdade

Também relevante é saber se a parte que depõe guarda dever de declarar a verdade.

A questão se impõe, na medida em que é comum a tendência de fazer-se analogia à situação do réu – no âmbito do processo penal – concluindo-se então que a parte não tem qualquer dever de declarar a verdade, ou, ao menos, de que tem o direito de calar.

Na realidade, como visto na parte introdutória destes comentários, considerado o Código em seu conjunto, observa-se que a figura do depoimento da parte diverge, essencialmente, daquela do interrogatório penal (ao menos neste tópico). Se o processo penal admite que o réu sonegue a verdade ou mesmo se cale, sem que isso seja interpretado em prejuízo para si, tal se dá em face da presunção de inocência garantida constitucionalmente, e pelo princípio geral da esfera criminal, segundo o qual ninguém é obrigado a produzir prova contra si. O mesmo, porém, não se passa no processo civil. Aliás, o Código de Processo Civil é expresso em determinar, no seu art. 379, I, que é dever da parte "comparecer em juízo, respondendo ao que lhe for interrogado". Daí se extrai que não está a parte autorizada a calar-se ante o questionamento do juízo, no depoimento pessoal. É bem certo, contudo, que o texto legal exagera ao fixar como dever este comando de manifestar-se. Dever, propriamente, não se verifica; o que se encontra na espécie é sim um ônus, cuja sanção vem aplicada pelo § 1.º do art. 385.[50] De todo modo, não tem a parte o direito de calar, na medida em que esta sua conduta implica para si a sanção da confissão.[51]

---

50 Como bem pondera, a este respeito, Egas Moniz de Aragão, trata-se de hipótese de ônus imperfeito, já que a consequência gravosa à parte que descumpre o comando – como se verá adiante – pode ou não advir. Explica o mestre que "em verdade trata-se de ônus imperfeito, pois apesar de o litigante infringir a regra que lhe determina comparecer e depor, nem sempre sofrerá consequências. O juiz apreciará livremente a prova existente no processo (art. 131) e se ela não o convencer da procedência da pretensão do antagonista do faltoso, apesar da presunção em contrário a seus interesses, a causa poderá ser julgada em seu favor. No entanto, se a presunção vier a reforçar o conjunto probatório em sentido contrário à sua posição, o resultado ser-lhe-á adverso. Tudo vai depender do caso concreto" (*Exegese do Código de Processo Civil*, cit., vol. 4, t. I, p. 149).

51 Neste sentido, afirma Pontes de Miranda que "discute-se se o depor é dever, ou apenas ônus. Trata-se de dever, dever de comparência e depoimento (Franz Klein, *Die schuldhafte Parteihandlung*, 49; Richard Schmidt, *Lehrbuch*, 351, nota 2; Leo Rosenberg, *Die Beweislast*, 71), ou ônus? No direito brasileiro, não é dever, é ônus; toca ao autor, ou ao réu, ou a outro figurante, não como tal, e sim como meio de prova. Não se equipara ao dever da testemunha" (*Comentários ao Código de Processo Civil*, cit., t. IV, p. 304 – grifos no original).

E, mais que isso, tendo ônus de responder, tem, aí sim, o dever de declarar a verdade. Isto deflui da interpretação conjunta dos arts. 379 e 77, I, e 80, II do CPC. Em todos estes se observa a clara intenção da lei em impor à parte o dever de colaborar com o Judiciário na reconstrução dos fatos, colaboração esta que deve ser *ativa*, entendendo-se assim o efetivo engajamento da parte na recomposição dos eventos históricos que ensejaram a demanda.

Cappelletti, aliás, analisa bem a questão, situando o dever de veracidade em sua correlação com o princípio dispositivo.[52] Segundo o autor, em relação aos fatos constitutivos, tem a parte a faculdade de alegá-los ou não (como material da causa de pedir), mas em o fazendo, deve declará-los conforme a verdade. O mesmo se daria em se tratando dos fatos impeditivos ou extintivos. E, quanto aos fatos secundários (ou probatórios) sequer se poderia opor o princípio dispositivo à necessidade de declarar a verdade, já que aí a parte – como também qualquer outra testemunha – é ouvida sempre com o dever de declarar a verdade.

É bem certo, contudo, que a exposição acima feita comporta exceções. Tais estão fixadas expressamente no rol do art. 388, e em tais casos admite-se à parte que se cale e não se manifeste sobre tais fatos. Estas situações, entretanto, geram o *direito* da parte a não depor; se, contudo, optar por renunciar a tal direito, depondo sobre estes fatos, deve dizer sempre a verdade.

Observa-se, aqui, orientação semelhante à seguida pelo direito alemão. Naquele país, "pelo § 138 alínea 1 do Código de Processo Civil 'as partes são obrigadas a fazer as suas declarações relativas aos fatos completamente e conforme à verdade'. Esta obrigação de ter de dizer a verdade é limitada pelo fato de que nenhuma parte precise fazer declarações das quais resultem que ela cometeu um ato punível ou desonroso; (...). Além disso, a parte não é obrigada a fazer declaração de fatos que dão a possibilidade à parte contrária de intentar uma ação reconvencional ou de fazer valer uma exceção".[53] Este dever, aliás, existe mesmo no caso do fato ser desfavorável à parte declarante, exatamente porque, perante aquele direito, o motivo deste dever está em impedir as declarações falsas ou incompletas.[54]

Enfim, como explica Egas Moniz de Aragão, "não é absoluto o dever de falar, pois a lei confere à parte o direito [*melhor seria dizer o ônus*] de calar-se. Mas, seja qual for

52 Mauro Cappelletti, *La testimonianza della parte nel sistema dell'oralità*, cit., p. 388-389.

53 Fritz Baur, Les garanties fondamentales des parties dans le procès civil en république fédérale d'Allemagne, In: Mauro Cappelletti; Denis Tallon (coords.), *Fundamental guarantees of the parties in civil litigation*, Milano: Giuffrè, 1973, p. 29.

54 Idem, ibidem.

o caso, se falar, deverá inelutavelmente dizer toda a verdade; nada poderá omitir. O dever absoluto que pesa sobre o litigante, pois, é o de não mentir, nem por omissão".[55]

A violação deste dever de declarar sempre a verdade importa, no sistema brasileiro, a caracterização da litigância de má-fé (art. 80, II, do CPC). Não, porém, mais que isso: não há tipificação penal para a conduta, nem se pode dela extrair confissão. A confissão ficta incide, apenas, em havendo a recusa *infundada* de declarar; não, contudo, se a parte declara, mas o faz falsamente.

7. Intimação pessoal para o depoimento

O § 1.º do art. 385 estabelece que, em sendo admitido o depoimento pessoal da parte, deverá ela ser intimada pessoalmente para comparecer em juízo. A exigência tem nítida vinculação à sanção aplicada pelo Código ao não comparecimento da parte (a confissão). É evidente que, em sendo a intimação ficta, não se pode ter como certo que a ausência da parte ao ato aponta sua desídia ou sua aquiescência com os fatos narrados pela outra parte.

Situação particular é a criada pela disseminação da intimação por via postal. Pode-se aventar a crítica feita ao processo laboral, no sentido de que a intimação (assim como a citação) feita pelo correio gera a incerteza quanto ao efetivo recebimento da missiva pela parte. Ao que parece, a crítica não tem procedência na esfera do processo civil; isto porque neste campo tem aplicação o teor expresso do art. 248, § 1.º (transportado analogicamente para o trato das intimações), que exige, para a validade do ato de comunicação que a carta seja "registrada para entrega ao citando [no caso intimando], exigindo-lhe o carteiro, ao fazer a entrega, que assine o recibo". Desta determinação extrai-se a segura conclusão no sentido de que a parte efetivamente receberá a carta de intimação, razão pela qual não se há de admitir que sua ausência deveu-se a eventual não conhecimento.[56]

Outrossim, importa esclarecer que - conquanto possa parecer que o texto legal exige que o depoimento da parte seja prestado sempre ao juiz da causa - nem sempre isto será exato. Como lembra Egas Moniz de Aragão,[57] somente as partes que residam na sede da comarca onde se processa a causa é que devem depor

---

55 Egas Dirceu Moniz de Aragão, *Exegese do Código de Processo Civil*, cit., vol. 4, t. I, p. 147.

56 Moacyr Amaral Santos diverge deste entendimento, manifestando-se pela impossibilidade de que a intimação da parte - para prestar depoimento - possa dar-se por meio dos Correios (*Comentários ao Código de Processo Civil*, cit., vol. 4, p. 76).

57 Egas Dirceu Moniz de Aragão, *Comentários ao Código de Processo Civil*, 6. ed., Rio de Janeiro: Forense, 1994, vol. 2, p. 148.

perante aquele juízo. As demais podem ter seu depoimento colhido diretamente por aquele juízo, ou podem ser ouvidas por carta (precatória ou rogatória, conforme o caso). Caso o juízo entenda mais conveniente colher o depoimento dessa parte ele mesmo, poderá valer-se para isso de videoconferência ou de outro meio tecnológico semelhante (art. 385, § 3.º, do CPC).

De todo modo, a regra vale, inclusive, para juízos com competência territorial sobre várias cidades: tomando-se o exemplo da Justiça Federal, em sendo a sede do juízo a capital do Estado, os sujeitos que residam em cidades próximas, vinculadas àquela circunscrição judiciária, não estão obrigados a deslocarem-se à sede do juízo federal para prestar seu depoimento; poderão, se assim o desejarem, ser ouvidos em sua cidade (se for esta sede de comarca) ou em cidade mais próxima que possua representação da Justiça Estadual.

É certo, de qualquer forma, que a intimação para depoimento da parte deve ser pessoal, sob pena de invalidade do ato. Desta forma, o mandado de intimação deve estipular, expressamente, a finalidade do comparecimento da parte, bem assim o local, a data e hora em que deve ela fazer-se presente. Deve, ainda, a teor do art. 218, § 2.º, do CPC, ser apresentado à parte com antecedência mínima de quarenta e oito (48) horas, sob pena de não se tornar obrigatório.

Mais que isso, deve constar, obrigatoriamente, do mandado de intimação ou da correspondência respectiva a advertência da "pena de confesso", para o caso de a parte não comparecer ou, comparecendo, se recusar a depor (art. 385, § 1.º, do CPC) ou seja, a *presunção* de se considerarem "confessados" os fatos alegados contra ela. Não havendo esta cláusula, inviável torna-se a imposição da confissão ficta. Aparentemente, pode parecer a alguns que esta singela formalidade não deveria ser compulsória – ou que, quando menos, não deveria gerar consequência tão grave. Contudo, deve alertar-se para o fato de que a confissão ficta (como exceção ao sistema de colheita de provas e à natureza das coisas) deve ser ato de efetiva disposição da parte, não valendo se houver qualquer insegurança sobre a real vontade desta. Assim, a expressa menção da cláusula é necessária para expressar à parte as efetivas consequências de seu não comparecimento (ou de sua recusa em depor), a fim de que sua conduta neste sentido exprima meditado ato de vontade.[58]

58 A propósito, esta é a manifestação da jurisprudência, como se tem do seguinte acórdão do Superior Tribunal de Justiça: "Depoimento pessoal. Pena de confissão. Exegese do artigo 343, §§ 1.º e 2.º, do Código de Processo Civil. Confissão ficta. A pena de confissão – meio de prova, aliás, que conduz a uma presunção relativa, e não absoluta – somente poderá ser aplicada se no mandado intimatório constar expressamente, para ciência inequívoca do intimado, que se o mesmo não comparecer

Barbosa Moreira vê como nula a intimação para o depoimento pessoal se não houver a expressa cláusula de sanção do art. 385, § 1.º.[59] Todavia, parece mais adequado concluir pela possibilidade de se tomar o depoimento da parte que comparece, atendendo à convocação judicial - ainda que do mandado não constasse a advertência legal - desde que o julgador esclareça ao depoente as consequências de seu silêncio. O que não se pode admitir é que o juiz aplique a sanção de confissão ficta para o *não* comparecimento da parte, se no mandado de intimação não havia a menção à aplicação deste sucedâneo.

8. Momento da produção do depoimento

Comporta também observação a circunstância de que o depoimento da parte é sempre único - ao contrário do que ocorre com o interrogatório informal que, como ponderado, pode ser determinado mais de uma vez.

A peculiaridade do depoimento da parte reside, precisamente, no momento em que ele será produzido. Como determina o *caput* do art. 385, o depoimento da parte ocorre na audiência de instrução e julgamento - logo após os esclarecimentos dos peritos e assistentes técnicos (art. 361, II). Ora, se a audiência de instrução e julgamento é, por definição, una, não se concebe possa haver mais de uma oportunidade para o depoimento de cada parte.

Assim, "atendendo à intimação e depondo, satisfaz o depoente o seu dever processual, não estando mais sujeito a novo comparecimento sob pena de confissão".[60] É bom ressaltar, porém, que isto não significa dizer que a parte não possa confessar posteriormente ao seu depoimento pessoal; poderá fazê-lo, pelas vias outras, asseguradas pela legislação. O que não mais poderá ocorrer será o requerimento da parte adversária, para que aquela se submeta novamente ao depoimento pessoal, sob pena de confissão.

9. Confissão ficta

Não atendida a ordem judicial de comparecimento - ou se, comparecendo, a parte recuse-se a depor - tem aplicação a sanção da confissão ficta. Por esta consequência, presumem-se confessados os fatos afirmados contra ela.

---

ou se recusar a depor, se presumirão verdadeiros os fatos contra ele alegados. Não é bastante a sucinta menção à 'pena de confesso'" (REsp 2.340-SP, Rel. Min. Athos Carneiro, *DJU* 10.09.1990, *apud* Sálvio de Figueiredo Teixeira, *Código de Processo Civil anotado*, 4. ed., São Paulo: Saraiva, 1992, p. 210).

59 José Carlos Barbosa Moreira, *O novo processo civil brasileiro*, 17. ed., Rio de Janeiro: Forense, 1995, p. 67.

60 Moacyr Amaral Santos. *Comentários ao Código de Processo Civil* cit., vol. 4, p. 77.

Inicialmente, deve-se objetar, com Barbosa Moreira, à caracterização da figura como verdadeira *presunção*. Em verdade, a confissão ficta representa hipótese de *ficção* e não de *presunção*.[61] De fato, a confissão ficta (e o ficto aí bem demonstra a intuição da doutrina no sentido da ideia ora defendida) decorre precisamente da ausência de confissão; tem-se então em mente não o que normalmente ocorre, mas o que efetivamente não ocorreu.[62]

Posta, de logo, esta crítica, em relação à figura em si, deve-se anotar que, no passado, semelhante sanção (lá não se presumiam os fatos *confessados*, mas sim *verdadeiros*) era prevista, mas com a ressalva de que tal somente ocorreria se esta presunção fosse verossímil e coerente com as demais provas dos autos (art. 229, § 2.º, do CPC/1939). Aquela exceção, contudo, lembra Pestana de Aguiar, retirava força à determinação judicial, já que "a falta de consequências maiores contra a parte omissa estimulava o descumprimento da ordem judicial, em detrimento do prestígio da justiça, atado que se encontrava o magistrado à coerência e verossimilhança determinadas em lei".[63] Atualmente, não estabelece o § 1.º do art. 385 igual restrição, ficando sempre claro, porém, que poderá o juiz relevar a pena de confissão ficta, desde que se convença neste sentido (diante

---

61 A distinção, segundo Barbosa Moreira (As presunções e a prova. In: ______. *Temas de direito processual*. Primeira série. 2. ed. São Paulo: Saraiva, 1988. p. 64-65), reside na vinculação entre o que é suposto pelo legislador e o que acontece, normalmente, no mundo fenomenológico. Diz o autor que "enquanto a presunção *iuris et de iure* encontra uma de suas possíveis (e mais freqüentes) explicações na grande *verossimilhança* do fato presumido, a ficção implica, muito ao contrário, não só que o legislador se abstenha de ver o fato como provavelmente ocorrido, mas que se ache até consciente de que a *verdade é o oposto*, quer dizer, admita que o fato *não se haja verificado* – para em seguida, apesar disso, determinar que se produzam os mesmos efeitos que se produziriam *se o fato fosse verdadeiro*" (p. 65 – grifos no original).

62 Especificamente sobre a questão da confissão ficta, leciona Barbosa Moreira que "aqui não há qualquer 'juízo de probabilidade': estamos diante de algo que sabidamente *não ocorre*, e ao legislador não é dado 'presumir' que ocorra. Nem é isso, aliás, que ele pretende: quer apenas atribuir a um fato *diverso* (o não-comparecimento, ou a recusa a depor) *os mesmos efeitos* que decorreriam do fato *não verificado* (a confissão). Estamos, assim, em pleno domínio da ficção, e não é por acaso que se costuma falar, ao propósito, de *ficta confessio*. Outro seria o enquadramento dogmático, vale notar, se a norma estatuísse que os fatos alegados contra a parte, nas hipóteses de não-comparecimento ou de recusa a depor, 'se presumirão *verdadeiros*'. Aí, sim, existiria realmente *presunção*, isto é, equiparação de efeitos baseada em 'juízo de probabilidade': ao ver do legislador, se a parte, intimada a depor, se absteve de comparecer ou de prestar depoimento, esse modo de proceder, revelando o temor de ser inquirida, autorizaria a conclusão de que as alegações do adversário espelham a verdade. Tal como redigido o dispositivo, porém, o caso é de ficção, e não de *presunção legal*" (As presunções e a prova cit., p. 65-66 – grifos no original).

63 João Carlos Pestana de Aguiar, Op. cit., p. 101.

da aplicação do princípio da convicção motivada, adotada por nossa legislação – art. 371 do CPC).

O escopo essencial da estipulação da confissão ficta é, como cediço, estimular a parte a comparecer ao ato, razão pela qual atrelar-se a sanção à prévia avaliação do conjunto dos autos (em regra expressa de lei) acarretaria a notória desvalorização do instituto. Mais que isto, porém, tem a confissão ficta a finalidade de, impondo às partes atribuições na descoberta dos fatos, acelerar a solução da controvérsia. Desta forma, o cunho punitivo que o instituto tinha em seu nascedouro (*poena confessi*) perdeu força, e hoje cede espaço para atribuição dinâmica: a aceleração e otimização do processo, na busca do resultado mais justo. Eis a conclusão a que chega Chiovenda, dizendo que "o Estado tende à definição da lide pela via mais rápida e com o menor emprego possível de atividade processual. Isso não pode impedi-lo de assegurar às partes a máxima liberdade de defesa, mas quando a parte (voluntariamente, isto é, sem legítimo impedimento) não faz uso de seu direito de defesa, prefere o Estado que os fatos afirmados pela outra parte sejam, sem mais, considerados como admitidos, em vez de abalançar-se à série de atividades necessárias à sua comprovação. Mas isso não o faz para o fim de punir o revel, nem para constrangê-lo a comparecer ou a responder, senão que o faz com o objetivo único de pelo meio mais presto liberar-se a si próprio e à sociedade da lide pendente".[64]

Explica-se. O princípio de índole liberal *nemo ad factum praecise cogi potest* orienta o legislador, instruindo-o de que não é desejável impor à parte o dever de declarar em juízo. Prefere-se, ao invés disso, agregar à conduta desta a consequência de que, em não comparecendo, sujeitar-se-á ao consectário legal, autorizando a presunção (*rectius* ficção) da aquiescência (admissão) com a verdade dos fatos que lhe seriam questionados.[65] Com isso, e diante da presunção referida, autoriza-se o Estado a reduzir o âmbito do conflito de interesses exposto, permitindo-lhe definir mais rapidamente a controvérsia.

10. Ausência justificada ao depoimento

Reparo também merece o § 1.º, do art. 385, no que tange à sua excessiva generalidade. A regra não estabelece assim, porém, ressai da lógica que o não com-

64 Giuseppe Chiovenda, *Instituições de direito processual civil* cit., v. 2, p. 435-436.

65 Neste sentido, pondera Pontes de Miranda que "discute-se se o depor é dever, ou apenas ônus. Trata-se de dever, dever de comparência e depoimento (Franz Klein, *Die schuldhafte Parteihandlung*, 49; Richard Schmidt, *Lehrbuch*, 351, nota 2; Leo Rosenberg, *Die Beweislast*, 71), ou ônus? No direito brasileiro, não é dever, é ônus; toca ao autor, ou ao réu, ou a outro figurante, não como tal, e sim como meio de prova. Não se equipara ao dever da testemunha" (*Comentários ao Código de Processo Civil* cit., t. IV, p. 304 – grifos no original).

parecimento da parte ao ato de seu depoimento somente acarreta a consequência da ficção de confissão caso esta ausência seja injustificada. Em sendo justificada a falta, deverá o magistrado fixar nova data para a colheita da prova (art. 362, II), salvo quando as partes convencionarem pela desistência da prova, sendo esta aceita pelo juiz – diante dos demais elementos de prova.

Outra não poderia ser a resposta, conquanto não haja o Código feito expressa referência no art. 385 sobre esta exceção. Evidentemente, a aplicação da confissão ficta – como figura libertadora do dever do juiz e da parte adversa de provar os fatos da causa – somente teria sentido caso a parte a ser questionada deliberadamente optasse por não comparecer ao ato designado para seu depoimento. Em não sendo esta a hipótese, injusto seria aplicar a sanção a quem não pode comparecer para a data designada.

Embora reste clara e pacífica esta orientação, as situações que ensejam motivo justo para a ausência da parte suscitam, indubitavelmente, controvérsia.

Mas é no fundamento para relevar a sanção que precisamente reside a noção de justo motivo, capaz de impedir a aplicação da confissão ficta à parte ausente: no direcionamento da vontade (para ausentar-se do ato, ou para comparecer a ele). Deve o magistrado portar sensibilidade para a análise casuística das justificativas apresentadas pela parte para sua ausência, a fim de sopesar, caso a caso, a intenção da parte ou, ao menos, sua concreta possibilidade de comparecer ao ato sem sacrifício excessivo a outro bem ou interesse jurídico relevante.

E neste exame entram também a apreciação das circunstâncias pessoais da parte: sua condição econômica, a distância de sua residência até o juízo, seu trabalho etc. Em todos estes dados é possível encontrar relevantes pontos de apoio à deliberação do juízo sobre a intenção efetiva da parte em não comparecer, ou sobre a ocorrência de falta involuntária ou justificada.

11. Imposição da confissão ficta por ausência injustificada do depoente

Desde que, porém, tenha o juiz por injustificada a ausência da parte, haverá de aplicar-lhe a sanção de confissão ficta.

É obrigatória a imposição da pena de confissão pelo juiz. Vale dizer: não fica a critério do magistrado impor ou não esta consequência legal, diante da ausência do réu. A sanção incide pela própria determinação legal, não havendo discricionariedade do órgão judicial na aplicação da regra.

Porém, diante da possibilidade de não incidência da confissão ficta, caso a ausência seja tida por justificada, convém que o juiz, antes de determinar o seguimento do feito, com ulteriores deliberações (como por exemplo, a dispensa de provas, tendo por base o art. 374, II), aguarde, por prazo razoável, eventual apresentação de justificativa pela parte faltante. Embora se tenha por regra a necessidade de que a parte – impossibilitada de depor – apresente ao seu advogado, antes da audiência, a justificativa para sua ausência (art. 362, § 1.º, do CPC), não se pode esquecer que, em certas hipóteses, esta comunicação prévia resta impossibilitada. E é pensando nestas situações (excepcionais, frise-se) que se aconselha o juízo a aguardar, por prazo razoável, antes de deliberar sobre o prosseguimento do feito e formular juízos sobre eventuais consequências na prova do processo. Logicamente, porém, essa situação não deve importar a paralisação da audiência em curso. Eventuais consequências da caracterização da confissão ficta devem ser pensadas futuramente, mas não se deve jogar fora todo o esforço utilizado para a instalação da audiência e a convocação dos outros sujeitos que ali participarão para a instrução do processo. Deve-se, portanto, ultimar a instrução da causa – com a colheita das provas que ali seriam tomadas – e, posteriormente, examinar as consequências da falta verificada.

De toda sorte, após este fato, não mais se cogitará de falta justificada, e a confissão ficta será medida que se imporá como consequência normal, a ser aplicada na sentença (art. 386). Sobre o ponto haverá preclusão, devendo o processo seguir sua marcha normal.

12. Natureza da presunção decorrente da confissão ficta

A veemência do § 1.º do art. 385 do CPC indica a intenção do legislador em tornar obrigatória e absoluta a "presunção" de confissão ficta, para o caso de não comparecimento (ou recusa de depor) da parte a tanto devidamente intimada.

Embora se aluda tradicionalmente a uma "presunção" de confissão ficta, a regra em debate representa hipótese de ficção jurídica e não de própria presunção. Daí resulta que a intenção do legislador foi, efetivamente, a de impor no caso ao juiz o dever de tomar por confessados os fatos narrados contra a parte ausente, seguindo-se então as consequências naturais (art. 374, II). Ou seja, nitidamente, teve ali o legislador a intenção de vincular o juiz à admissão tácita dos fatos alegados contra a parte no processo, o qual deverá julgar tendo por pressuposto a veracidade de tais fatos.[66]

---

66 Mauro Cappelletti, *La testimonianza della parte nel sistema dell'oralità*, cit., p. 388-389. Fritz Baur, Les garanties fondamentales des parties dans le procès civil en république fédérale d'Allemagne, In: Mauro Cappelletti, Denis Tallon (coords.), *Fundamental guarantees of the parties in civil litigation*, Milano: Giuffrè, 1973, p. 29. Egas Dirceu Moniz de Aragão, *Exegese do Código de Processo Civil*, cit., vol. 4, t. I, p. 147.

Não se pode, porém, olvidar que o processo busca vincular-se com a realidade dos fatos. E, por isso, não se admite possa o processo criar um monstro, totalmente alienado do ocorrido, apenas em função do desejo do legislador. Os fins últimos do processo exigem do juiz sua participação ativa na reconstrução dos fatos da causa, e seu engajamento na recriação da verdade. Em outras palavras, não pode o juiz tomar um fato por certo, se nos próprios autos se apresentam dados que contestam esta certeza. Absolutas, neste passo, as palavras de Moacyr Amaral Santos, verberando que "na apreciação do fato da ausência ou do silêncio do litigante – não isoladamente, mas em relação com os fatos litigiosos, com as demais provas dos autos, com a pessoa do próprio litigante e até com os motivos que determinaram o seu não comparecimento ou a recusa a depor, com todas as circunstâncias da causa em suma – irá o juiz buscar as razões constituidoras de sua convicção, para declará-lo ou não confesso. Corresponde uma tal declaração, do ponto de vista lógico, a uma decisão; e esta só poderá resultar da convicção formada no espírito do julgador. Assim, uma vez que à ausência ou ao silêncio do litigante possa admitir interpretação que não corresponda à confissão, a um juiz perspicaz, consciencioso e senhor das funções que desempenha, jamais parecerá jurídico e lógico havê-lo por confesso".[67]

Agregue-se, ainda, a isso, que o princípio maior que vincula o juiz na apreciação dos fatos da causa é o da persuasão racional (art. 371), segundo o qual o juiz apreciará *segundo seu juízo* a prova. A ausência da parte e a determinação legal (da confissão ficta) certamente são circunstâncias fundamentais, a serem consideradas pelo magistrado em seu exame crítico dos autos; mera circunstância, porém, que poderá ser ladeada pelo juiz diante de outros elementos que lhe pareçam mais relevantes para a reconstrução dos fatos da causa.

O que não se admite é a contradição da ficção – obra de imposição arbitrária do legislador, tomada de forma genérica e abstrata – com a prova dos autos. A homogeneidade da lógica e o ideal de justiça ordenam ao juiz que se sirva da regra aqui exposta, mas não se escravize a ela, porquanto comando distante do caso concreto e dos matizes ali revelados.

Tem-se, então, que embora elemento relevante para a definição da controvérsia judicial – e que normalmente, haverá de ser tomado como ponto central de apoio pelo juízo –, a confissão ficta (assim como não o será a confissão real) não pode constituir elemento absoluto, capaz de, por si só, vincular a cognição do juiz, excluindo de sua apreciação qualquer outro elemento de prova. Ao contrário, diante

67 Moacyr Amaral Santos. *Comentários*, op. cit., p. 97-98.

da atual posição do magistrado no processo – e da tendência que se forma, cada vez com maior intensidade no sentido da liberdade do juiz (e de seu compromisso) na busca da justiça e do perfeito delineamento dos fatos da causa –, tem ele plenas condições de afastar a presunção de veracidade dos fatos gerada com a confissão ficta, se de outra forma se convencer, diante da realidade dos autos. Tais situações serão, é verdade, excepcionais, mas não se pode negar que ocorrem na prática (especialmente em países onde a grande massa da população não tem qualquer orientação sobre seus direitos, ou sobre a significação efetiva de suas palavras).

O que se exige para tanto, porém, na linha do que sempre ocorre no modelo da convicção racional do juiz, é a necessidade de justificação concreta e precisa das razões que conduziram o magistrado a afastar a incidência da presunção determinada em lei, dirigindo seu convencimento para outro sentido.

13. Exclusão de efeitos da confissão ficta

Outrossim, também é importante lembrar – embora a conclusão se extraia com bastante facilidade da expressa disciplina dada à confissão, como posteriormente se analisará – que nem sempre a ausência injustificada do réu ao ato designado para tomada de seu depoimento pessoal acarretará a consequência da *ficta confessio*. Ou talvez, em sendo mais preciso, nem sempre o não comparecimento voluntário da parte (ou sua recusa em depor) para prestar depoimento pessoal produzirá os *efeitos* da confissão ficta como se supõe necessariamente adviriam de sua abstenção injustificada.

É que a confissão somente tem valor se disser respeito a direito disponível (art. 392). Assim, mesmo que ausente o réu para a colheita de seu depoimento pessoal, ou ainda que se recuse a depor, tratando a causa de direito disponível, nenhum reflexo terá esta conduta para o julgamento da causa. Havendo expressa determinação legal, no sentido da falta de valor da confissão *expressa* em tais casos, com muito maior razão incidirá a regra quando se tratar de confissão tácita.

O mesmo se poderá dizer em relação a hipóteses de litisconsórcio unitário. Como expressa o art. 391, *caput*, do CPC, a confissão expressa de um dos litisconsortes não prejudica os demais; ocorre que, em havendo litisconsórcio unitário, a solução da causa deverá ser idêntica para todos os litisconsortes, motivo pelo qual a confissão prestada apenas por um dos consortes não tem qualquer relevância (na medida em que não pode obrigar sequer a este). Também aí, então, a regra do art. 385, § 1.º, não terá plena incidência, já que não poderá o magistrado aplicar a sanção de confissão ficta ao litisconsorte, porque não terá ela efetivação prática.

Com efeito, a consequência da ficção de confissão seria tomar-se por admitido um fato contrário ao interesse da parte que deveria depor, e favorável ao interesse da parte adversa. Se esta parte não pode prejudicar os seus litisconsortes, e se a decisão da causa deve ser idêntica para todos os sujeitos do polo, sequer a confissão ficta poderá influenciar a situação do próprio silente.

Ainda situação semelhante ocorrerá na hipótese em que certo fato dependa de prova documental específica. Há situações em que a lei exige – por ser da substância do ato – certo tipo de meio de prova, tal como ocorre com o instrumento público (art. 406). Nestes casos, o ato jurídico, por intenção da lei material, somente estará validamente formado se vazado por instrumento determinado (como aliás expressamente estipulam os arts. 104, 107 e 108 do CC brasileiro). Sem, portanto, o instrumento, não se pode falar em ato jurídico válido, razão pela qual não se admite, em juízo, outra prova que não o instrumento público, que é essencial para a formação válida do ato. E nessa seara, nem mesmo a confissão é capaz de suprir a falta do instrumento, uma vez que o ato não existe, juridicamente, sem a presença do instrumento. Novamente, desta feita, se encontra aí situação em que, conquanto ausente a parte para prestar depoimento pessoal (ou tendo ela recusado a depor), não haverá a incidência dos efeitos da confissão ficta, dado que regra expressa exclui a viabilidade da prova do fato por outro meio que não o instrumento específico. Se a forma do ato é essencial para sua perfectibilidade (segundo a lei material) nenhum outro elemento poderá suprir-lhe a ausência.

14. Antecipação da colheita do depoimento da parte

Enfim, vale lembrar que o depoimento pessoal da parte é de regra tomado na audiência de instrução e julgamento. Porém, nem só neste momento admite o Código a colheita desta prova.

Como exceção à regra, admite-se o depoimento pessoal em outro momento, que não o da audiência de instrução e julgamento, quando, sopesadas as circunstâncias do caso, por enfermidade ou outro motivo relevante, a parte estiver impossibilitada de comparecer à audiência, mas não de prestar depoimento (art. 449, parágrafo único, CPC, por analogia), caso em que o juiz designará novo dia, hora e lugar para a inquirição da parte.

Excepcionalmente, também, a lei admite o depoimento pessoal[68] antes da propositura da ação, caso presente alguma das circunstâncias do art. 381, do CPC.

Particularidade desta medida é o de que o juiz, embora colha o depoimento pessoal da parte, não aplicará, em hipótese alguma, a confissão ao depoente. Sobre o tema, revela Ovídio Baptista da Silva que "não há, realmente, outra alternativa

68 V., a respeito, Barbosa Moreira, José Carlos. *O novo processo civil brasileiro* cit., p. 68.

senão aceitar-se a possibilidade de tomada do depoimento pessoal da parte, em procedimento *ad perpetuam memoriam*, em face da tradição de nosso direito e perante a disposição clara do art. 846; porém, não se lhe há de aplicar a pena de confesso, o que significaria já *produção de prova* e não simples asseguração dos elementos de fato que hão de ser avaliados pelo juiz da demanda satisfativa. Com efeito, se a parte fosse havida por confessa no juízo da demanda cautelar, esse resultado invadiria o processo da ação na qual a prova tivesse de ser produzida, como um resultado já conseguido, antes mesmo que a prova fosse proposta e admitida na ação satisfativa".[69]

A aplicação da sanção de confissão nem mesmo será possível no caso de recusa de depor ou de ausência injustificada da parte (confissão ficta). Mesmo nestes casos, a sanção somente poderá ser determinada pelo juízo da ação principal, a quem a prova se destina. Somente este, avaliando as circunstâncias da recusa de depor, ou mesmo da ausência da parte, é que poderá tê-la como confessa, aplicando-lhe o regime próprio para decidir a causa satisfativa.

15. Isolamento do depoente

O art. 385, § 2.º, do CPC, estipula que cada parte seja ouvida separadamente, isto é, sem a presença dos demais sujeitos, que ainda devem depor.

A regra tem a função de evitar que a parte que ainda não depôs receba alguma influência dos esclarecimentos prestados pela outra parte. Para tanto, as partes que ainda aguardam para depor devem ser mantidas em sala separada daquela onde ocorre a audiência, aguardando o momento de prestarem seu ato – ocasião em que serão convocadas para apresentarem-se à sala de audiências. Após recolhido o depoimento da parte, autorizada é sua presença na audiência, podendo então assistir aos depoimentos dos demais sujeitos e acompanhando os demais atos da audiência.

Moniz de Aragão lembra importante questão, relativa a este isolamento das partes antes de colhidas suas declarações, que é a situação da advocacia em causa própria. De um lado, é direito da defesa da parte assistir os depoimentos das outras partes; de outro, porém, não pode a parte acompanhar estes atos antes que preste, ela, seu depoimento. A este problema, o grande processualista comenta que "evidentemente a parte que, como advogado, inquire ou é inquirida em primeiro lugar leva vantagem sobre o antagonista, com infração manifesta ao princípio da igualdade no processo. À face de dois valores, qual há de prevalecer: *a)* a investigação dos

69 Ovídio A. Baptista da Silva. *Do processo cautelar.* Rio de Janeiro: Forense, 1996. p. 365.

fatos? *b)* o equilíbrio dos direitos? A resposta não é fácil. Solução prática seria a de que, para esse fim específico, os litigantes constituírem advogado. Poderão ser compelidos a tanto? Parece que não (CF, art. 153, § 2.º [CF/67, na redação dada pela EC 1/69]). Se tal hipótese revelar-se inviável resta ao juiz não tomar o depoimento pessoal, pois ao 'dirigir o processo' incumbe-lhe precipuamente 'assegurar às partes igualdade de tratamento' (art. 125, I). A dificuldade não se apresenta em relação ao interrogatório previsto no art. 342, por não ter função probatória".[70]

Parece mais adequada a primeira sugestão oferecida pelo mestre. Não se mostra adequado possa a parte impor ao juiz a não colheita de prova anteriormente admitida, apenas porque pretende fazer prevalecer sua vontade sobre o interesse público que permeia o processo; dispensar, tão somente, o depoimento da parte que pretende defender-se em causa própria seria mesmo forma de autorizar a chicana processual e o desrespeito (indireto) à ordem legal e à função jurisdicional. O direito de defesa não pode converter-se em abuso de direito, e por isso, mesmo esse direito essencial deve manter-se dentro de parâmetros de normalidade. E nem mesmo se poderá objetar a esta conclusão com base no princípio da legalidade.[71] Isto porque é certo que a parte não é obrigada a constituir defensor, porém não pode, também, com esta sua conduta, inibir a atuação da função jurisdicional e a atenção preponderante ao interesse público sobre a vontade particular.

Assim, deverá o juiz providenciar para que à parte que advogue em causa própria, se esta assim o desejar, seja dado defensor nomeado (ou se esta preferir, poderá constituir defensor para o ato). Em não aceitando, ficará ela sem representação na audiência - ao menos até o momento em que deva depor. Isto porque a defesa da parte (ao menos em regra no processo civil) é *direito* seu, não se podendo compelir ninguém a se defender no processo; se não pretende, então, constituir defensor, nem aceita defensor dativo, e estando a parte inviabilizada de fazer-se presente ao ato (por expressa determinação legal), renuncia, implicitamente, à sua defesa, pelo que deve assumir o ônus desta opção.

Art. 386. Quando a parte, sem motivo justificado, deixar de responder ao que lhe for perguntado ou empregar evasivas, o juiz, apreciando as demais circunstâncias e os elementos de prova, declarará, na sentença, se houve recusa de depor.

70 Egas Dirceu Moniz de Aragão, *Exegese do Código de Processo Civil* cit., v. 4, t. I, p. 150-151.

71 Art. 5.º, II, da Constituição Federal (e art. 153, § 2.º, da Constituição anterior).

1. Recusa no depoimento e emprego de evasivas como causa de confissão ficta

Moacyr Amaral Santos[72] enxerga neste dispositivo figura paralela àquela disciplinada pelo art. 385, § 1.º. Segundo o autor, no presente caso, a legislação não trata da situação em que a parte deixa de comparecer para o depoimento pessoal, ou daquela outra em que a parte, conquanto compareça, negue-se a responder sobre qualquer fato. O art. 386, na visão deste processualista, regeria o caso em que "às perguntas que lhe são formuladas deixa de responder ou as responde empregando evasivas".[73]

Não parece, todavia, correta esta orientação. Isto porque é impossível vislumbrar situação distinta entre a recusa de depor e o "deixar de responder ao que lhe for perguntado". Ambas as situações se mostram, quer denotativa, quer conotativamente, idênticas, não havendo motivo nem função na diferenciação.

Em verdade, o artigo em comento praticamente complementa a hermenêutica do art. 385, § 1.º, acrescentando a ele especificações para a incidência da *ficta confessio*. Cotejando os dois dispositivos mencionados, observa-se que o presente acresce àquele o requisito da ausência de motivo justo como causa para a aplicação da sanção ficta. Não basta, portanto, como já visto, que se verifique a ausência de resposta da parte no ato de seu depoimento pessoal, para que sobre ela recaia a incidência da confissão ficta. É necessário que esta falta se dê *sem motivo justificado*. Ou seja, para que se tenha a parte como confessa (ficticiamente) é indispensável que o silêncio da parte ocorra sem motivo justo.

Este mesmo requisito se exige, como sói ser evidente, no caso de falta da parte; também aqui somente se aplica a consequência da confissão ficta para o caso em que a parte não se apresente ao ato de seu depoimento pessoal sem justa razão. Assim é porque se à parte que se cala somente se aplica a confissão ficta se não tiver razão para tanto, o mesmo há de ocorrer para a parte que sequer comparece ao ato; ambas as atitudes se equivalem, no caso específico. E, mais do que isto, existe regra expressa que permite esta conclusão, dizendo que "quando a parte, ou a testemunha, por enfermidade, ou por outro motivo relevante, estiver impossibilitada de comparecer à audiência, mas não de prestar depoimento, o juiz designará, conforme as circunstâncias, dia, hora e lugar para inquiri-la" (art. 449, parágrafo único).

Também, outro complemento ao sistema da confissão ficta dado pelo art. 386 vem da sua parte final. É ali que se encontra mais um argumento para se ter que a

72 *Comentários ao Código de Processo Civil*, cit., vol. 4, p. 88.

73 Idem, ibidem.

ficção da confissão ficta não é absoluta para o juiz. Vale dizer, a determinação de que "o juiz, apreciando as demais circunstâncias e elementos de prova, declarará, na sentença, se houve recusa de depor" demonstra claramente que a presunção gerada com a confissão ficta pode ser demovida se o magistrado entender que o conjunto dos autos aponta para convencimento distinto daquele encontrado com a confissão ficta.

Por fim, o dispositivo em exame ainda deixa claro o momento em que deve ser aplicada a confissão ficta: *na sentença*. Não é a circunstância, por si só, da ausência da parte ao ato de seu depoimento pessoal, que já autoriza o juiz a presumir confessados os fatos afirmados pela parte adversa, considerando tais fatos como indiscutíveis e não sujeitos a contraprova. Esta conclusão somente deve vir na sentença, quando o juiz, avaliando todo o conjunto dos autos, decidirá sobre os fatos que efetivamente considera comprovados ou não. Assim, com efeito, terá o juiz muito mais elementos de prova para subsidiar seu julgamento – e muito maior riqueza de detalhes para formar sua convicção – possibilitando-lhe decisão bem mais próxima da realidade.

2. Motivo justificado

A respeito do motivo justificado, a que alude a lei, bem pondera Egas Moniz de Aragão que estas razões não são apenas aquelas expressamente elencadas no art. 388 do Código de Processo Civil. Como lembra o processualista, ainda na vigência do CPC/1973, "confrontando o teor deste artigo com o dos dois incisos do art. 347 conclui-se que motivos justificados não são apenas os indicados neste último, mas também outros, a ele estranhos. Se o intérprete dessas normas fizer de uma (345) consequência da outra (347), a primeira ficará inócua, o que não se pode admitir no corpo da lei. Qualquer motivo que ao juiz se afigure justificado, afora os referidos no outro dispositivo, poderá autorizar o litigante a calar-se".[74] Realmente, as causas do art. 388 são situações em que o legislador, *a priori*, e excluída qualquer avaliação pelo magistrado, considera justa a recusa pela parte em depor. Daí não se conclui, contudo, que outras circunstâncias não possam também justificar o silêncio da parte. Evidentemente, o legislador não tem condições de prever, em abstrato, todas as causas "justas", que permitem à parte calar-se, razão pela qual fica a critério do magistrado, valorando as particularidades de cada situação, compreender pela omissão justa ou injusta em depor. Solução diversa conduziria a absurdos que não podem ser aceitos, como, por exemplo, a situação daquela parte que declara não depor sobre certo fato por não ter conhecimento

74 Egas Dirceu Moniz de Aragão, *Exegese do Código de Processo Civil*, cit., vol. 4, t. I, p. 152.

dele (sendo este efetivamente o caso, ou seja, a parte realmente não sabe sobre o fato questionado); a exceção não está prevista no art. 388, mas seria absurdo entender que nesta hipótese ter-se-ia situação de confissão ficta (ou mesmo de recusa injustificada de depor).

3. Evasivas que geram confissão ficta

De outra parte, a consequência da confissão ficta também será aplicada para o caso em que a parte, embora depondo, emprega evasivas para deixar de efetivamente responder às perguntas que lhe são formuladas. Assim se considera a parte que responde às questões que lhe são formuladas, mas com a intenção de não as responder. Emprega, ao contrário, respostas de forma vaga e indecisa, demonstrando nitidamente que, embora concretamente tenha "falado" sobre a questão posta, não tinha a intenção de responder à mesma.

Como lembra Moacyr Amaral Santos,[75] há duas vertentes para esta situação. Há aqueles que sustentam que a circunstância de a parte depor de modo evasivo, com respostas ambíguas, vagas e indecisas, tem o nítido propósito de não responder segundo a verdade dos fatos, razão pela qual esta conduta é assemelhada à recusa de responder, merecendo aplicação da sanção da confissão ficta ao ato. E há outros, porém, que se manifestam no sentido de que "as respostas por vagas e indecisas não constituem confissão do fato probando e a tentativa de depoimento deve considerar-se como tendo falhado, 'salvo a faculdade, conferida ao juiz, de deduzir do conteúdo delas as presunções e os indícios que comportarem'".[76]

O ordenamento brasileiro, do que se observa, adotou, com algumas atenuações, a primeira teoria, determinando que o juiz, considerando que a parte emprega evasivas para responder, "apreciando as demais circunstâncias e os elementos de prova, declarará, na sentença, se houve recusa de depor". Em princípio, pois, deverá o juiz, se para tanto também apontarem as demais circunstâncias e elementos de prova dos autos, entender que a ausência de resposta da parte (ou o emprego de evasivas) importa recusa de depor, ocasionando a aplicação da confissão ficta. Porém, entendendo que aquelas outras circunstâncias e o conjunto probatório (tomados em seu contexto) indicam situação outra, poderá sempre o magistrado negar a incidência da confissão ficta, atribuindo ao silêncio da parte outras consequências. Sempre, seja qual for a situação, deve o juiz esclarecer, na sentença, as razões que motivaram sua conclusão pela aplicação ou não da confissão ficta.

75 *Comentários ao Código de Processo Civil*, cit., vol. 4, p. 89.

76 Idem, ibidem.

4. Declaração de motivo justo

Entende Moacyr Amaral Santos que o silêncio da parte só elide a aplicação da confissão ficta, se acompanhado de justificativa do depoente.[77] A conclusão, entretanto, não parece acurada, extrapolando a dicção da lei e a própria finalidade do dispositivo.

O que se exige (para a não incidência da presunção de recusa de depor) é a presença de um motivo justo. Este motivo pode ou não ter sido declarado pela parte. É certo que normalmente a parte se apressará em declarar a razão pela qual não depõe, porém, há situações em que evidentemente isto não ocorrerá. Imagine-se a hipótese em que certa pergunta formulada pelo juízo possa conduzir a parte a confessar algum delito (pense-se, por exemplo, se, questionado o agiota sobre sua atividade laboral).[78] Sabe-se que o direito brasileiro exonera o sujeito da autoimputação criminosa. A resposta da parte certamente implicará o reconhecimento de fato criminoso, com a confissão do próprio depoente. E pior, caso o depoente entenda não responder à questão, justificando o motivo de seu silêncio (diria, por exemplo, "não respondo à questão porque a resposta acarretaria o reconhecimento, de minha parte, de que pratico atividade ilícita") a justificação já se prestaria para afastar o benefício do silêncio criminal, gerando a ideia de que efetivamente há algum fato ilícito que merece investigação e solução. Em casos como este, certamente não se há de forçar o depoente a justificar seu silêncio, muito embora o motivo exista, e seja aceito pelo direito brasileiro.

O exemplo, porém, serve apenas para demonstrar que não é imprescindível que a parte depoente justifique, expressamente, a razão de seu silêncio, bastando que haja motivo para a recusa em falar. E, este motivo pode ser encontrado pelo magistrado em outros elementos de prova dos autos, ou nas circunstâncias da situação, sem necessidade absoluta de que seja declarado pela parte.

5. Esquecimento, ignorância, e confissão ficta

Por derradeiro, em relação às evasivas da parte (e sua, por vezes, tênue distância da justificativa ao silêncio), duas importantes situações são apontadas por

77 "Na primeira hipótese há a considerar se à negativa de resposta se seguiu ou não justificação da atitude do depoente. Havendo justificativa, ao juiz caberá apreciá-la livremente. Não havendo, o silêncio se reflete contrariamente ao depoente, salvo ocorrendo as circunstâncias de que trata o art. 347" (*Comentários ao Código de Processo Civil*, cit., vol. 4, p. 91).

78 A pergunta, em si, não se insere na previsão do art. 388, I, já que não se imputa à parte qualquer atividade ilícita, motivo pelo qual não pode a parte invocar em seu favor aquela regra. Mas a resposta a ser dada pela parte certamente importaria – em função do dever de veracidade e de completude que se viu anteriormente – o reconhecimento pela parte, de que pratica conduta criminosa para seu sustento.

Lessona:[79] o caso em que a parte alega que não pode depor sobre certo fato porque não se recorda dele; e aquele outro, em que a parte afirma ignorar o fato.

A situação de a parte alegar o esquecimento, como razão do silêncio, importa complexa análise pelo juiz. Isto porque todo o exame feito pelo juiz sobre as provas pode indicar apenas situações objetivas - que, quando muito, conduzem a juízos subjetivos. Não há, afinal, forma de perscrutar o subconsciente da pessoa, para apreciar a forma como percebeu e reagiu a certas situações.[80] A solução, então, está em avaliar as circunstâncias que envolvem o suposto esquecimento da parte, a fim de saber de sua sinceridade, ou se a conduta representa verdadeira evasiva, tendente apenas a evitar a resposta. Esta mesma é a solução preconizada por Lessona, que adere à tese de que, em semelhantes casos, "não se poderá admitir nem excluir absolutamente e *a priori* a confissão tácita; tudo depende para estes do critério do juiz, que apreciará a pretendida falta de memória nas suas relações com os fatos e com o estado da pessoa que responde, e reconhecerá, de conseguinte, em dita alegação, uma escusa provável ou um artificioso pretexto".[81]

Como observa Moacyr Amaral Santos, lembrando esta lição de Lessona, é muito importante, neste caso, a criteriosa apreciação do comportamento do inquirido pelo julgador, de maneira "que também na hipótese predomina o princípio da livre apreciação da prova, bem podendo o juiz, conforme o estado do depoente e circunstâncias ocorrentes, atribuir ou não à atitude do interrogado o propósito de recusar-se a depor".[82]

---

79 Carlos Lessona, *Teoría general de la prueba en derecho civil*, 3. ed., Madrid: Reus, 1928, vol. 1, p. 545-546.

80 Interessante, a propósito, é o seguinte exemplo, trazido por Ovídio Baptista da Silva, sobre este problema: "A doutrina e os tribunais alemães tratam com freqüência dos casos de dispensa do serviço militar obrigatório, quando o convocado a prestá-lo procure eximir-se alegando 'razões de consciência'. Nossa Carta Constitucional prevê situação análoga, sempre que o alistado para prestar o serviço militar alegue 'imperativos de consciência', decorrentes de crença religiosa ou convicção filosófica ou política (art. 143, § 1.º). (...) Como se haverá de avaliar a efetiva existência de algum 'imperativo de consciência' capaz de legitimar a dispensa do serviço militar? Diz Walter que, igualmente neste caso, ou se impõe à autoridade uma prova impossível da inexistência do fato psíquico íntimo determinante do alegado 'imperativo da consciência', ou ter-se-á de 'reduzir o módulo de prova', aceitando as alegações verossímeis do conscrito (p. 253). Aqui, por força da 'natureza das coisas', o grau máximo de certeza equipara-se, como disse o Tribunal Constitucional alemão, a um 'elevado grau de verossimilhança'" (Ovídio A. Baptista da Silva, *Curso de processo civil*, Porto Alegre: Fabris, 1993, vol. 3, p. 141).

81 Carlos Lessona, *Teoría general de la prueba en derecho civil*, cit., vol. 1, p. 546.

82 Moacyr Amaral Santos, *Comentários ao Código de Processo Civil*, cit., vol. 4, p. 90.

O mesmo se dará em relação à situação em que a parte depoente afirme ignorar o fato. Novamente aqui, deverá o juiz avaliar e ponderar adequadamente as circunstâncias e elementos da causa, analisando a razoabilidade ou não da escusa.[83] Caberá ao magistrado, então, diante dos elementos que cercam o caso e a situação particular da parte, perscrutar da justeza ou não da omissão verificada. Enfim, somente o juiz poderá dizer, sopesando todos os elementos dos autos, se a parte é efetivamente sincera ao declarar seu esquecimento ou seu desconhecimento, ou se, ao contrário, emprega com estas escusas evasivas. E, este aspecto, insta salientar, dificilmente poderá ser objeto de análise do tribunal em grau de recurso; isto porque, ausente no tribunal a imediatidade e a identidade física do juiz para a colheita da prova, nem sempre o tribunal estará capacitado para mergulhar no mesmo conjunto de dados que o juiz de primeiro grau percebeu e usou para lastrear sua decisão.

De posse de todas estas informações, deverá o juiz concluir pela efetiva ocorrência (ou não) do esquecimento ou da ignorância do fato questionado.[84] Tanto em uma como em outra situação, imprescindível será que o juiz motive, adequadamente, sua conclusão, esclarecendo as razões que o levaram a entender por uma ou outra alternativa (até para que esta decisão possa ser, posteriormente, objeto de recurso ou questionamento).

Outrossim, segundo Moacyr Amaral Santos,[85] caso o magistrado repute falsa a declaração da parte de que ignora ou não tem recordação dos fatos questionados,

---

83 A ideia de razoabilidade pode parecer, de início, altamente fluída e, portanto, inapropriada para uso em direito. Contudo, o recurso à lógica do razoável tem sido cada vez mais frequente e comum em doutrina, até porque, muitas vezes, é a única forma de se adequar a rigidez normativa à flexibilidade da realidade social. Como adverte Recaséns Siches, "o *racional puro* da lógica da inferência é meramente explicativo, explicativo de conexões entre ideias, explicativo de nexos entre causas e efeitos etc.

Ao contrário, o *logos do razoável*, concerne aos problemas humanos – e, portanto, aos problemas políticos e jurídicos – busca 'compreender ou entender' sentidos e nexos entre significações, assim como também realiza operações de valoração, e estabelece finalidades ou propósitos.

É óbvio que em nada, em absoluto, a lógica formal não nos subministra nenhuma iluminação na tarefa de descobrir os valores pertinentes, nem tampouco no trabalho de escolher os fins justificados. A lógica formal é neutral no que respeita aos valores éticos, políticos, jurídicos etc. Pelo contrário, as normas jurídicas têm uma dimensão intensiva, imperativa, valorativa, normativa, a qual é totalmente desconhecida pelas leis da inferência" (Luis Recaséns Siches, *Introducción al estudio del derecho*, México: Porruá, 1996, p. 252-253).

84 A ZPO alemã estabelece também a permissão do silêncio da parte – ou mesmo sua afirmação de desconhecer o fato –, mas restringe-o às situações em que o fato não é próprio à parte ou não tenha sido percebido pessoalmente por ela (§ 138, 4).

85 Moacyr Amaral Santos, *Comentários ao Código de Processo Civil*, cit., vol. 4, p. 90.

ocorrerá situação equivalente à mentira, com as sanções decorrentes desta conduta. "Todavia, da mentira, por si mesma, não resulta confissão presumida, donde não ser possível deduzi-la".[86]

Com a devida vênia do colossal processualista, não parece exata esta última conclusão. Entendendo o juiz que a parte mentiu sobre seu desconhecimento do fato ou sobre seu esquecimento sobre o mesmo, caracterizada resta a evasiva em depor. A evasiva é o subterfúgio, o emprego de desculpa ardilosa para evitar declarar a verdade dos fatos que sabe. E, não se há de negar que a parte que afirma desconhecer ter esquecido um fato (de que efetivamente tem conhecimento) emprega nítido subterfúgio para não declarar sobre aquele fato, caracterizando-se aí o recurso à evasiva. Ocorrendo a evasiva, aplicável a consequência do art. 386, devendo o juiz, "apreciando as demais circunstâncias e elementos de prova", declarar na sentença que houve recusa de depor.[87]

Desse modo, é sim possível assumir a confissão ficta destas declarações da parte, desde que (como em qualquer hipótese de aplicação desta consequência) as demais circunstâncias e elementos dos autos assim o autorizem.

Ainda quanto às alegações da parte de que, desconhece, ignora o fato (ou ainda, de que duvida de sua veracidade), Lessona[88] aponta doutrina antiga do direito europeu, que permite encontrar elementos para a avaliação desta afirmação. Segundo tal orientação, é necessário, diante de afirmações desta espécie, atentar para uma distinção básica: a ignorância ou dúvida em relação a fato de outrem (*in hoc casu potest respondere dubito*) e a ignorância ou dúvida em relação a fato próprio. E, ainda, em relação a esta última espécie, também seria necessário separar os casos em que o fato ignorado ou duvidado (próprio) é atual e recente - caso em que a afirmação equivaleria à confissão ficta (*quia tunc intolerabilis et inexcusabilis est ignorantia in facto proprio et in re sua et in qualitate re sua*) - daqueles em que o fato é antigo e, portanto, o esquecimento, a ignorância ou a dúvida podem ser plausíveis. Conclui Lessona por acolher estes parâmetros, mas desde que se autorize ao juiz, sempre, guiar e conduzir sua decisão em sua livre convicção.[89] Realmente, merecem consideração tais diretrizes, como elementos orientadores da convicção

86 Idem, ibidem.

87 Vale, a propósito, lembrar que o dispositivo constante do Anteprojeto do Código de Processo Civil de 1973 expunha, especificamente, as duas situações como exemplos de evasivas. Assim dispunha o então projeto: "Art. 375. Quando a parte, sem motivo justificado, deixar de responder a algumas perguntas, ou empregar evasivas, como 'não saber' ou 'não recordar', o juiz, apreciando cuidadosamente todas as demais circunstâncias e elementos de prova, declarará se houve recusa de depor".

88 Carlos Lessona, *Teoría general de la prueba en derecho civil*, cit., vol. 1, p. 547.

89 Idem, p. 548.

do juiz de que, realmente, as alegações da parte são inverossímeis. Em tais casos, parece razoável seguir com as conclusões defendidas, ao menos na ampla maioria dos casos. Sempre, porém, há que se ressalvar a avaliação do juiz, que, para o caso específico, deverá sopesar as circunstâncias concretas e apreciar se efetivamente tais assertivas serão ou não consideradas como evasivas.

Vale sempre lembrar que o Código de Processo Civil português expressamente admite que o juiz extraia argumentos de prova da conduta da parte. Como estabelece o art. 519, n. 2, daquele Código, deixando a parte de colaborar com o Judiciário para a descoberta da verdade, poderá o tribunal extrair desta conduta, livremente, valor para fins probatórios, além de facultar-se a inversão do ônus da prova.[90]

> **Art. 387.** A parte responderá pessoalmente sobre os fatos articulados, não podendo servir-se de escritos anteriormente preparados, permitindo-lhe o juiz, todavia, a consulta a notas breves, desde que objetivem completar esclarecimentos.

1. Comparecimento pessoal do depoente. Depoimento por procurador

O presente dispositivo complementa o art. 385, disciplinando a forma da colheita do depoimento da parte.

E este complemento vem com a determinação expressa de que o depoimento da parte deverá ser pessoal, ou seja, incumbe à parte, pessoalmente, comparecer ao ato e responder às perguntas que lhe são formuladas. Não poderá, no ato, ser representada por procurador.

A afirmação supra pode parecer radical, especialmente se cotejada com a orientação jurisprudencial atual, que vem admitindo, sistematicamente, que o depoimento pessoal seja prestado por procurador (desde que munido de instrumento de mandato com poderes especiais). Entretanto, como se verá, a admissão desta figura por representante legal é absolutamente equivocada e imprestável, vindo calcada em erro crasso de hermenêutica.

---

90 "Art. 519. Dever de cooperação para a descoberta da verdade
[...]
2 – Aqueles que recusem a colaboração devida serão condenados em multa, sem prejuízo dos meios coercitivos que forem possíveis; se o recusante for parte, o tribunal apreciará livremente o valor da recusa para efeitos probatórios, sem prejuízo da inversão do ónus da prova decorrente do preceituado no n. 2 do artigo 344 do Código Civil".

Os que admitem o depoimento pessoal prestado por procurador justificam esta posição, sob o suporte de que "é da tradição de nosso Direito processual que o depoimento da parte pode ser feito por meio de procurador, desde que munido de poderes especiais, inclusive para fazer confissões, e por isso dispunha o CPC de 1939, art. 230, que: 'Será válida a confissão da parte, ou de mandatário com poderes especiais', disposição essa que foi transportada para o parágrafo único do art. 349 do vigente CPC, que admite que: 'A confissão espontânea pode ser feita pela própria parte, ou por mandatário com poderes especiais'".[91]

E precisamente nestas considerações é que se encontra o cerne do equívoco cometido: o que a lei admite é a confissão prestada por procurador, mas não o depoimento pessoal. Em todas as decisões que acolherão a tese acima formada (da possibilidade do depoimento pessoal prestado por procurador) esta constante estará presente: a admissão tem por essência a possibilidade de a confissão ser veiculada por mandatário. Porém, para aceitar-se o depoimento pessoal (*rectius* confissão) por mandato, é necessário que neste mandato constem poderes específicos para confessar – e não raramente se exige que o mandato descreva com precisão quais os fatos que poderão ser objeto de confissão pelo procurador.[92]

Ora, à toda evidência, esta disciplina somente tem aplicação em termos de confissão espontânea. Somente nestes casos é possível ao mandante descrever quais os fatos que poderão ser admitidos pelo mandatário, demonstrando aí a nítida intenção de confessar. Na situação de confissão provocada (que ocorre precisamente no depoimento pessoal) não há condições de *a priori* estabelecer-se quais os fatos que poderão ou não ser confessados, já que sequer se tem condições de identificar, antes do ato, quais os fatos que serão questionados em audiência. Por estas razões, a confissão provocada (que pode ter lugar na audiência onde se colhe o depoimento pessoal) somente pode ser pensada quando se concebe a parte comparecendo pessoalmente ao ato. E, por estes mesmos motivos, é que não se pode admitir o depoimento pessoal prestado por outra pessoa que não a parte: é certo que esta outra pessoa poderia comparecer ao ato, simplesmente para apre-

91 Agr. 29.480. 2.º Tribunal de Alçada Cível de São Paulo, *Revista dos Tribunais*, 481/165.

92 Mais que isso, ainda, restringe-se a possibilidade de confessar por mandato ao procurador judicial da parte. Ao causídico, diz-se que pela natureza de sua profissão, não pode ser o veículo da confissão, uma vez que a tanto o impede o dever de guardar sigilo profissional sobre os fatos narrados por seu cliente (*Revista dos Tribunais*, 651/116). O art. 7.º, XIX, do Estatuto da Advocacia (Lei 8.906/1994), aliás, prescreve que é direito do advogado "recusar-se a depor como testemunha em processo no qual funcionou ou deva funcionar, ou sobre fato relacionado com pessoa de quem seja ou foi advogado, *mesmo quando autorizado ou solicitado pelo constituinte*, bem como sobre fato que constitua sigilo profissional" – grifamos.

sentar a confissão espontânea anteriormente preparada pela parte; não se poderá, todavia, confundir esta figura com o depoimento pessoal da parte, tomada de seu mandatário, o que é absolutamente ilógico e despropositado.

Esta ausência de finalidade (em se tomar o depoimento pessoal do procurador da parte) revela-se pela simples circunstância de que este (procurador) não tem nenhum conhecimento dos fatos envolvidos na causa – se os tiver, cumpre seja ele ouvido como testemunha ou informante, conforme o caso. E, ainda que esteja este procurador devidamente instruído sobre os fatos de que deve depor, isto ainda não suprirá a falta da participação presente no evento a ser narrado em juízo, sendo possível a este mandatário, apenas, reproduzir a história que ouviu anteriormente, com as evidentes e normais distorções daí decorrentes. Mais grave ainda, como pondera corretamente Moacyr Amaral Santos, "o simples fato de se conceber a hipótese do depoimento ser prestado por procurador conduz admitir a lei a hipótese de ser alguém instruído para comparecer em juízo e enfrentar as perguntas que lhe serão formuladas, respondendo-as na conformidade das instruções do mandante. Seria modo fácil de safarem-se os litigantes menos 'habilidosos' das consequências que acarreta o depoimento pessoal, fazendo-se substituir por pessoas prevenidas e mesmo por profissionais do foro. Onde se encontraria a verdade, buscada pela prova, com semelhante depoimento?"[93]

Em conclusão, portanto, admite-se que representante da parte possa trazer a juízo a confissão espontânea prestada por esta. Não se conhece, porém, de depoimento "pessoal" prestado por mandatário (ainda que com poderes especiais).[94] O ato é personalíssimo, como estabelece a clara dicção legal, e somente a parte é capaz de representar ao juiz os fatos da causa sob sua ótica.[95]

Estas mesmas palavras aplicam-se (como já visto inicialmente nesta seção) aos depoimentos pessoais prestados por "presentante" de pessoa jurídica, por representante de incapaz ou de pessoa formal, sempre pelos mesmos fundamentos.

93 Moacyr Amaral Santos, *Comentários ao Código de Processo Civil*, cit., vol. 4, p. 93.

94 Neste sentido, com efeito, decidiu o Superior Tribunal de Justiça, em acórdão capitaneado pelo Min. Sálvio de Figueiredo Teixeira (REsp 54.809-MG, 4ª Turma, j. 08.05.1996, *DJ* 10.06.1996, p. 20. 335). Do texto do acórdão, colhe-se as seguintes considerações: "O depoimento da parte é ato personalíssimo, cabendo somente a ela prestá-lo, justamente por se pretender, através dele, um melhor esclarecimento sobre circunstâncias da causa. Ninguém melhor que o próprio detentor do direito material (pelo menos alegado) para esclarecer detalhes dos fatos concernentes à lide existente. (...) É de salientar-se ser esse o sentido da lei instrumental, tanto assim que no art. 346 preconiza que a parte deva responder pessoalmente sobre os fatos articulados".

95 Veja-se, a propósito, nesta mesma linha, José Frederico Marques, *Instituições de direito processual civil*, Rio de Janeiro: Forense, 1962, vol. 3, p. 443; Humberto Theodoro Júnior, *Processo de conhecimento*, Rio de Janeiro: Forense, 1948, p. 462; João Batista Lopes, *O depoimento pessoal e o interrogatório livre no processo civil brasileiro e estrangeiro*, cit., p. 381.

2. Objeto do depoimento

A parte, conforme ainda estabelece o art. 387, responde sobre fatos, e somente sobre fatos. Não deve emitir juízos de valor sobre tais fatos, nem deve ser obrigada a depor sobre sentimentos, emoções ou conclusões, salvo quando estas sejam o preciso objeto do depoimento.[96]

Normalmente, os fatos que podem ser objeto de questionamento à parte são aqueles constantes do arrazoado da petição inicial ou da resposta do réu - já que estes são os fatos que conformam o suporte fático do conflito e, portanto, as questões probantes dos autos. Contudo, pode ocorrer que, durante o depoimento da parte (ou os questionamentos formulados pelo juiz ou pela parte adversa) surja ponto novo, não previamente constante nos autos, mas que exponha circunstância daqueles fatos, a qual pode ser relevante para o completo conhecimento da causa pelo juízo. Em tais situações, é concebível que o juiz - desde que o fato novo seja relevante para a causa e para a reconstrução da verdade - estenda o questionamento também para esse tópico, ainda que o fato não haja sido inicialmente exposto pelas partes na fase dispositiva.

3. Ausência do dever de articulação prévia dos fatos

Ainda sobre os fatos da causa, estabelece o Código que a parte tem o dever de responder sobre os "fatos articulados". Poder-se-ia, aqui, entender que é necessário, antes da colheita do depoimento pessoal, que a parte que tem interesse no depoimento da outra discriminasse quais são os fatos a serem questionados (e sobre os quais eventualmente incidirá posteriormente a confissão) ao seu adversário - como, aliás, faz o Código de Processo Civil português (art. 552, n. 2), estabelecendo que "quando o depoimento seja requerido por alguma das partes, devem indicar-se logo, de forma discriminada, os factos sobre que há de recair".

A ideia, contudo, não prospera em nosso sistema, visto que não há, no nosso Código qualquer menção a este dever. Não há qualquer necessidade de apresentação de "articulação" sobre os fatos que serão objeto do depoimento, porque o modelo de processo brasileiro aboliu há muito a técnica de articulação das alegações de fato. Assim, é totalmente desnecessária a formulação de prévio rol de fatos (em forma de artigos) sobre os quais deverá cingir-se o ato do depoimento da parte adversa.

A menção a fatos articulados tem por escopo, tão somente, traduzir a ideia acima exposta, de que a parte - ao menos em princípio - somente deverá responder sobre fatos que tenham relação com o conflito de interesses da demanda, e não sobre qualquer fato de sua vida ou que tenha presenciado.

96 Francisco Cavalcanti Pontes de Miranda, *Comentários ao Código de Processo Civil*, cit., t. IV, p. 305.

4. Oferecimento oral do depoimento

Estabelece, ainda implicitamente, a lei, que o depoimento será prestado oralmente pela parte. Faz isto quando estabelece a vedação a que para o depoimento a parte possa servir-se de "escritos adrede preparados".

Evidentemente, isto não se aplica aos casos em que a parte não pode falar (mudos ou surdos-mudos, por exemplo), mas é capaz de expressar-se convenientemente. Nestes casos, a parte presta depoimento por escrito, ou por qualquer outro meio que se mostre idôneo para a parte expressar seu conhecimento sobre os fatos da causa, devendo-se fornecer a ela os meios de tecnologia assistiva necessários (art. 228, § 2.º, do CC, incluído pela Lei 13.146/2015).

Em não sendo, contudo, este o caso, deverá a parte, de voz própria, declarar o que souber sobre os fatos da causa, respondendo ainda às perguntas que lhe são formuladas pelo juiz da causa, da forma mais precisa e clara que puder. Observe-se que não se resume o depoimento da parte às respostas às perguntas formuladas pelo magistrado (mesmo em atenção a sugestões solicitadas do advogado da parte adversa); em face do dever de completude da declaração – que complementa o dever de veracidade – poderá e deverá a parte declarar *tudo* aquilo de que tiver conhecimento sobre os fatos da causa, ainda que não haja, sobre ponto específico, questionamento pelo órgão jurisdicional. Torna-se, mais uma vez, à ideia de fato articulado, não se podendo confundir esta noção com a de fato questionado.

5. Escritos e consulta a notas breves

Menciona ainda o dispositivo em exame que a parte não pode servir-se de escritos propositadamente preparados, mas poderá consultar notas breves, "desde que objetivem completar esclarecimentos".

A vedação inicial tem o óbvio sentido de impedir que uma prova nitidamente oral se converta em prova escrita. Não se pode autorizar que a parte venha a juízo para ler declaração anteriormente elaborada por escrito (normalmente com a participação de assessores e advogados); isto, ao lado de revelar manifestação refletida e minuciosamente preparada, retira do juiz a possibilidade de apreciar as nuances específicas do depoimento em si (como a forma de manifestar-se em juízo, a segurança e confiança apresentada pela parte, sua postura e sinais de veracidade ou de falsidade etc.), retirando do ato suas maiores e melhores qualidades. O depoimento da parte deve ser ato espontâneo e livre, não se admitindo seja premeditado ou previamente arquitetado, sob pena de autorizar-se a montagem de declaração, capaz de conduzir a reconstrução dos fatos da causa a resultado preconcebido pela parte, dissonante da realidade. Ademais, pensamento outro corresponderia a verdadeiro sepultamento da confissão provocada, já que a parte que pudesse previamente preparar seu depoimento jamais confessaria sobre fatos que não tivesse a antecipada vontade de fazê-lo.

De outra parte, a permissão à consulta a breves notas dirige-se à melhor reconstrução dos fatos da causa. Efetivamente, alguns dados concretos são de difícil recordação mental, embora se possa facilmente esclarecê-los com a consulta a materiais (caderno de endereços, documentos contábeis, contratos etc.). Com isso, busca-se declaração mais acurada à realidade, e mais minuciosa sobre os fatos da causa, sem exigir-se sacrifício exagerado da parte e evitando o recurso (muitas vezes temerário) ao esquecimento do fato.

Estas notas breves não podem consistir em elementos "anteriormente preparados". Ou seja, tais documentos não devem ter sido preparados pela parte depoente para servirem-lhe de apoio ao ato de depoimento pessoal (ainda que consistam em breves notas). Isto porque mesmo que resumidas e de pequeno porte, tais documentos revelam exatamente o que a lei quis evitar: que a parte pudesse preparar seu depoimento.

O conceito destas breves notas há de ser tomado em relação a documentos e outros elementos documentados, originados para atender a fins diversos do depoimento pessoal, e que contenham dados relevantes para a causa, cuja memorização pela parte não seria justo exigir. Afora estes casos, a autorização de consulta a documentos mostra-se perigosa e injustificável segundo os preceitos legais.

Outrossim, vale lembrar que estas consultas devem ser sempre objeto de apreciação judicial. Tencionando a parte buscar algum dado em notas, haverá a necessidade de intervenção prévia do juiz que, analisando o documento a ser utilizado pela parte (antes mesmo desta poder ter-lhe acesso), decidirá sobre sua admissibilidade ou não.[97]

Mais que isso, deverá a anotação ser mostrada também – antes de a parte poder dela utilizar-se – ao advogado da parte adversa, em nome do princípio do contraditório.[98] Somente desta forma permite-se que a defesa da parte contrária,

97 Diz, a respeito, Barbosa Moreira, que "é vedado à parte, no depoimento, dar respostas preparadas de antemão por escrito; não, porém, consultar notas breves, onde se contenham elementos úteis, que não seria razoável querer memorizados: por exemplo, datas de fatos não muito recentes, dados numéricos etc. (art. 346). Cabe ao juiz, de ofício ou por provocação da parte contrária, determinar a exibição de tais apontamentos, para verificar se se contêm nos limites devidos; no caso negativo, não permitirá que o depoente delas se utilize" (José Carlos Barbosa Moreira, *O novo processo civil brasileiro*, cit., p. 69).

98 O direito anglo-americano, com efeito, considera essencial, para que o depoente (testemunha ou parte) possa utilizar-se de documento como suporte para suas declarações, que o elemento

tendo acesso à anotação, possa colher dali também subsídios para eventuais questionamentos, ou ainda impugnar o uso do elemento pelo depoente.

6. Forma da produção do depoimento da parte

O código atual silencia sobre a forma como deve ser colhido o depoimento da parte. A falha é imperdoável, na medida em que, sem essa regra, torna-se difícil saber que critérios devem ser seguidos nesse procedimento.

Na falta de previsão, porém, parece razoável manter-se a prática anterior, exposta no art. 344, do CPC/1973. Segundo aquela regra revogada, "a parte será interrogada na forma prescrita para a inquirição das testemunhas". Na falta de melhor parâmetro, parece que a mesma técnica deve ser aplicada para cá, com os devidos temperamentos, já que nem toda a disciplina fixada para a colheita da prova testemunhal tem incidência neste campo.

De pronto, observa-se não haver sentido em qualificar o depoente – já que isto ocorreu logo na fase postulatória da demanda – nem espaço para a contradita do mesmo. Eventualmente, poderá o magistrado suprir eventuais omissões da qualificação inicial, quando verificar que isto possa ser importante para a causa.

Não há, também, direito de o advogado da parte que depõe formular perguntas à depoente. Isto é da própria essência e finalidade do instituto, que se destina a obter a confissão provocada da parte. Sendo certo que não pode ser do interesse da defesa da parte depoente produzir prova contra si, não há sentido em autorizar ao advogado desta questioná-la em juízo. Mais justificada ainda fica esta afirmativa, quando se nota que a parte que deseja, espontaneamente, confessar, poderá fazê-lo autonomamente (sem provocação), seja no ato de seu depoimento pessoal, seja em outro momento (extrajudicialmente). A atribuição do defensor da parte depoente resume-se, como adverte Moacyr Amaral Santos, "a função de fiscalizar a inquirição e a redação do depoimento, fazendo as reclamações que julgar oportunas, não lhe sendo lícito intervir senão nisso e para isso durante o interrogatório".[99]

---

tenha sido previamente fornecido à parte contrária para análise e apoio para o *cross-examination* (v. Geoffrey C. Hazard Jr.; Michele Taruffo, *American civil procedure* – An introduction, New Haven: Yale University Press, 1993, p. 140).

99 Moacyr Amaral Santos, *Comentários ao Código de Processo Civil* cit., p. 86. Sobre a questão, Pestana de Aguiar manifesta-se pela possibilidade de o advogado da parte depoente formular indagações, ainda que indiretamente. Sugere o autor: "O que se torna admissível é o advogado da parte depoente consultar o juiz sobre a conveniência de algum esclarecimento, com arrimo no que permite a segunda parte do art. 346, tornando-se *arbitrium judicis* seu deferimento. Em tal caso, a pergunta deverá ser formulada pelo magistrado e do modo que entender conveniente. Se indeferida, não tem propósito sua transcrição no termo, eis que pode a parte, querendo, convertê-la em razões

Permanece, contudo, em face da parte, a necessidade de o magistrado adverti-la para o dever de declarar a verdade (sequer podendo omitir fato verídico de que tenha conhecimento). É que, embora não se aplique à parte sanção criminal pela afirmação falsa (*ex vi* do que prevê o art. 458, parágrafo único, do CPC, combinado com o art. 342 do CP), sofre ela, como visto, penalizações de ordem processual pela violação dos deveres de veracidade e de completude (dever de dizer *toda* a verdade),[100] como, por exemplo, a caracterização de litigância de má-fé (art. 80, II). A fim, portanto, de bem esclarecer as partes das reais consequências de seu depoimento em juízo, permanece imperiosa a manutenção do esclarecimento judicial (*mutatis mutandis*) sobre os sucedâneos da omissão da verdade.[101]

Também em face da mesma regra, cabe ao advogado da parte contrária questionar pessoal e diretamente a parte depoente. Ao juiz toca o papel de supervisionar tais questões, não admitindo perguntas que "puderem induzir a resposta, não tiverem relação com as questões de fato objeto da atividade probatória ou importarem repetição de outra já respondida" (art. 459, *in fine*).

7. Litisconsórcio e produção do depoimento

Uma variação específica se impõe quando houver litisconsórcio. Os tribunais entendiam, na vigência do CPC/1973, que a parte não poderia formular perguntas ao seu litisconsorte.[102] Porém, essa restrição somente pode atingir o litisconsorte unitário.

É que, observando-se a finalidade específica do depoimento da parte (obter a confissão desta), não se pode imaginar qual o interesse que haveria, para o litiscon-

de defesa por ocasião dos debates orais, já que não é pergunta dirigida à outra parte" (João Carlos Pestana de Aguiar, Op. cit., p. 104). Em sentido abertamente favorável às reperguntas pelo advogado da parte depoente é a posição de Egas Moniz de Aragão, (*Comentários ao Código de Processo Civil*, cit., p. 151).

100 Cf. Mauro Cappelletti, *La testimonianza della parte nel sistema dell'oralità*, cit., vol. 1, p. 385.

101 Neste sentido, pondera Pestana de Aguiar que "só caberá ao juiz adverti-la das sanções processuais pelo falso depoimento e ordená-la que preste o compromisso de dizer a verdade do que souber e lhe for perguntado. Evidentemente, um mero compromisso de ordem moral, pois sem sanção, perderia muito do seu valor, só valendo pelo fim jurídico-processual que encerra. Há, porém, que se atentar para as hipóteses previstas no art. 17, sobretudo nos itens I a IV e VI. Prestando falso depoimento pessoal, pode a parte se enquadrar em tais hipóteses, quando sofrerá as sanções processuais previstas no art. 18" (João Carlos Pestana de Aguiar, Op. cit., p. 103).

102 Neste sentido, confira-se o julgamento do Agravo de Instrumento 251.360-1/2, proferido pela 1.ª Câmara do Tribunal de Justiça de São Paulo (*Revista dos Tribunais*, 718/130), que tem, como ementa: "PROVA – Depoimento pessoal – Formulação de perguntas pela parte ao seu litisconsorte – Inadmissibilidade".

sorte unitário do depoente, em questionar seu consorte, *ao menos com o objetivo de obter sua confissão.* Isto porque, como cediço, o litisconsórcio unitário impõe a uniformidade da decisão em relação a todos os litisconsortes; sendo assim, em sendo confessados os fatos por um dos litisconsortes (e não gerando esta confissão efeitos sem a participação dos demais consortes – art. 391) nenhuma função teria a parte, em buscar a confissão de seu par.

Tirante esta situação, não esbarra em nenhum óbice a possibilidade de se autorizar a parte a questionar seu litisconsorte declarante, no depoimento pessoal.[103] Isto poderá até ser necessário para a parte, quando, por exemplo, esta pretenda imputar a responsabilidade pelo fato (objeto da demanda) exclusivamente ao seu litisconsorte, exonerando-se de qualquer gravame.

8. Oralidade do depoimento da parte

O Código de 1939 prescrevia a oralidade do depoimento (art. 245 do CPC/1939). A exigência também permanece no direito atual, implicitamente, embora não haja mais qualquer dispositivo expresso a determiná-lo.

Seguindo ainda a analogia com o sistema da colheita da prova testemunhal, o depoimento da parte é prestado pessoalmente ao juiz, que deverá ouvir as informações da parte, registrando-as. O registro do ato poderá ser feito por qualquer meio idôneo à documentação – devendo, sempre que possível, ser gravado (art. 460). Não sendo possível a gravação, será lavrado termo que, ao final, será assinado pelo juiz, pelo depoente e pelos procuradores (art. 460, § 1.º). Do ato de documentação escrito não necessariamente deve constar todo o teor das afirmações da parte. Embora isto seja recomendável para dar melhores impressões sobre o conflito de interesses, somente o essencial é que obrigatoriamente deve permanecer registrado – o que facilita, certamente, eventual transcrição posterior do registro. Este "essencial" deve ser considerado pelo juiz como os aspectos mais relevantes do depoimento, aí incluída eventual confissão, somados às perguntas (do defensor da parte adversa à depoente) indeferidas pelo juízo, havendo expresso requerimento neste sentido (art. 459, § 3.º).

103 A conclusão é óbvia, já que no litisconsórcio simples, em verdade o que se tem é espécie de cumulação de ações (independentes entre si), unidas por mera conveniência e tendentes a uma sentença *formalmente* única. Diz, a propósito, Dinamarco, que "em casos assim, o que se tem é uma pluralidade jurídica de demandas, também unidas só formalmente; cada um dos litisconsortes é parte legítima apenas com referência àquela porção do objeto do processo que lhe diz respeito e, consequentemente, entende-se que o seu *petitum* se reduz a essa parcela. Trata-se, efetivamente, de um *cúmulo de demandas*, não só subjetivo mas também objetivo, na medida em que à pluralidade de sujeitos corresponde uma soma de pedidos, todos eles amalgamados no complexo objeto que esse processo tem" (Cândido Rangel Dinamarco, *Litisconsórcio*, cit., p. 75-76).

Moacyr Amaral Santos[104] considera ainda que o depoimento pode ser redigido no termo pelo próprio depoente, ficando então ao juiz a atribuição de fiscalizar aquela redação, a fim de que não se omita algo relevante que fora dito, ou se distorça declaração feita em juízo. Para tanto, bastaria que a parte tivesse habilidade suficiente para expressar-se adequadamente no vernáculo. Não parece mais que haja cabimento para isso. De um lado, porque isso praticamente torna o depoimento escrito, desvirtuando a sua "oralidade". De outro, porque o registro promovido por agente público goza, certamente, de maior credibilidade pelas partes, que muitas vezes sequer se preocupam em observar o teor da transcrição; em sendo o texto redigido, porém, pela parte depoente, não é difícil imaginar os problemas que daí poderiam surgir com impugnações ao escrito (especialmente pela parte contrária) seja para fazer constar algo que ficara subentendido no contexto, seja para impor a transcrição de elemento de eventual cunho subjetivo do depoimento, seja apenas para conturbar o ato.

Concluída a redação, quando houver a necessidade de digitação ou de registro por taquigrafia, estenotipia ou outra forma de documentação diversa da gravação, deverá o escrivão ler, em voz alta, o teor dos termos para as partes, momento em que estas podem impugnar o texto quanto a eventuais omissões, equívocos, distorções ou excessos ali constantes. Nestes casos caberá ao juiz decidir sobre tais impugnações, determinando a realização de eventuais correções, se necessário.

Art. 388. A parte não é obrigada a depor sobre fatos:

I - criminosos ou torpes que lhe forem imputados;

II - a cujo respeito, por estado ou profissão, deva guardar sigilo;

III - acerca dos quais não possa responder sem desonra própria, de seu cônjuge, de seu companheiro ou de parente em grau sucessível;

IV - que coloquem em perigo a vida do depoente ou das pessoas referidas no inciso III.

Parágrafo único. Esta disposição não se aplica às ações de estado e de família.

1. Regras de exclusão do dever de depor

Determina o Código, no seu art. 379, I, que é dever da parte "comparecer em juízo, respondendo ao que lhe for interrogado". Não obstante esta determinação

104 Moacyr Amaral Santos, *Comentários ao Código de Processo Civil*, cit., vol. 4, p. 87.

genérica, atendendo a certos dogmas incrustados em nossa sociedade, o legislador exclui, *a priori*, o dever de a parte depor sobre determinados aspectos, que são considerados como excessivamente onerosos.

São quatro as exceções estabelecidas pela lei, e fixadas no artigo em comento: a imputação de fatos criminosos ou torpes; fatos que se sabe por sigilo profissional; fatos que ocasionem risco de desonra própria, a cônjuge, companheiro ou parente em grau sucessível; e fatos que gerem risco de vida para o depoente ou para cônjuge, companheiro ou parente em grau sucessível.

Porém, não somente estas são as hipóteses em que a parte está dispensada de depor. O rol estabelecido no art. 388, conquanto abrangente e genérico, não abarca todas as situações em que a lei dispensa a manifestação da parte.

Exemplificativamente, pode-se mencionar a situação do questionamento a respeito de fato irrelevante e impertinente à causa (como visto nos comentários ao artigo anterior). Nestes casos, em sendo inquirida a parte sobre questões íntimas suas, totalmente alheias ao conteúdo do conflito objeto do processo, não se há de obrigar a parte a manifestar-se sobre tais fatos. O mesmo se dirá em relação ao exemplo anteriormente formulado, da pessoa que, inquirida sobre fato qualquer, para declarar a verdade, deverá dizer sobre fato criminoso.[105]

Em todas estas circunstâncias (e em inúmeras outras que a prática do foro pode ilustrar) observa-se que, embora a previsão legal do art. 388 não as haja especificamente previsto, outras regras e princípios, incidentes sobre tais situações, protegem o depoente contra a obrigação de declarar tais fatos.

Tais outras situações, então, apesar de não expressamente descritas na regra excepcional, certamente autorizam à parte calar-se diante do questionamento judicial. E, para estes casos, é que se dirige a previsão genérica do art. 386, estatuindo que o juiz considerará que houve recusa em depor se a parte deixar, "sem motivo justificado", de responder ao que lhe for perguntado. Conforme se asseverou nos comentários àquele artigo, as razões de dispensa do dever de depor vão além das expressas previsões do art. 388, abrangendo qualquer situação que, a critério do juiz, se mostre legítima e autorizadora do silêncio da parte.

A propósito do tema, esclarece Egas Moniz de Aragão que "no caso aqui analisado, o litigante tem o direito de recusar-se a depor, ou a responder; o juiz o

105 O exemplo anteriormente suscitado seria o daquele que, inquirido sobre sua profissão, deverá declarar (por ser a verdade) que lida com trabalho ilícito (agiotagem, descaminho, rufianismo etc.). Neste caso, não se imputa à pessoa a prática de fato ilícito – não havendo, portanto, a incidência da regra do art. 388, I – mas a resposta a ser dada (em função do dever de veracidade e completude) certamente indicará a prática, pelo depoente, de atividade ilícita e sujeita a sanção criminal.

dever de dispensá-lo. No caso do art. 345, porém, a parte pode somente pleitear a dispensa de responder e o juiz deferirá, ou não, a solicitação se a reputar fundada; nenhum direito ampara a recusa de depor fora daqueles que a lei aponta. Em consequência, se estiver na situação prevista no dispositivo aqui comentado, sua recusa não autorizará a imposição da pena de confissão; contrariamente, se a recusa fundar-se no texto do art. 386 do CPC/1973, e não acolhida, poderá ser-lhe imposta a pena".[106]

A objeção, contudo, não parece exata. Sempre haverá a necessidade de o magistrado apreciar a circunstância da recusa de depor da parte, seja nas hipóteses especificamente desenhadas no art. 388, seja em outras quaisquer situações em que se autorize o silêncio. Em todas as hipóteses, ao menos é o que supõe a parte, haverá alguma regra (ou princípio geral) que autoriza o depoente a calar-se sobre o fato. E em todas estas situações, haverá de intervir o magistrado, cotejando a recusa de manifestar-se com a justificativa existente e apresentada. Como se verá adiante, mesmo nos específicos casos do art. 388, a negativa da parte em depor deverá sofrer o exame do motivo pelo juiz, razão porque, até aquele momento, não se há de falar em direito da parte ao silêncio, nem mesmo naquelas situações.

2. Imputação de fatos criminosos ou torpes

A primeira causa de desoneração do dever de depor, prevista no art. 388, diz respeito à imputação de fatos "criminosos ou torpes".

Torpes são os fatos vergonhosos, desonestos ou impudicos, relativamente à vida pretérita do indivíduo depoente. Em relação aos fatos criminosos, bem como aos torpes, indispensável é que o juiz faça uma avaliação destes de forma abstrata e meramente hipotética, sem adentrar em qualquer elemento específico do caso concreto. Ou seja, a dispensa de depor ocorre tão logo o juiz se aperceba de que o fato questionado à parte é, em tese, típico ou torpe.

A exceção tem origem no princípio geral de direito da inexigibilidade da autoimputação criminosa, colhendo como paradigma a previsão do art. 554, n. 2, do Código de Processo Civil português, que determina que "não é, porém, admissível o depoimento sobre factos criminosos ou torpes, de que a parte seja arguida".

O princípio assenta-se no direito norte-americano, com a previsão, na famosa 5.ª Emenda à Constituição, do *privilege against self-incrimination*. Inicialmente tinha por escopo apenas o processo penal, representando uma garantia ao acusado de permanecer silente, sem necessidade de prestar-se como testemunha contra si mesmo.

106 Egas Dirceu Moniz de Aragão, *Exegese do Código de Processo Civil*, cit., vol. 4, t. I, p. 157.

Todavia, por entendimento da Suprema Corte dos Estados Unidos da América, referido privilégio aplica-se, indistintamente, a qualquer processo, seja de que natureza for.[107]

Busca o texto legal evitar a situação, quase desumana, de impor-se à parte o dever de declarar a verdade e, em conexão, o dever (que inexiste no direito brasileiro) de autoincriminação. Obrigando-se a parte a manifestar-se sobre fatos ilícitos que eventualmente haja praticado, e impondo-lhe o dever de dizer a verdade, certamente estar-se-ia colocando a parte em situação absurda, que sequer o processo penal exige: o ter de confessar um delito. E, na tentativa da preservação do *status libertatis* do indivíduo, certamente a situação forçaria a parte a mentir sobre o fato, incorrendo eventualmente em perjúrio (ou, perante o regime do direito processual civil brasileiro, em sanções processuais, como a litigância de má-fé).[108]

Em razão deste insustentável dilema, autoriza a lei, por questões humanitárias e por acolher, como princípio, o da inexigibilidade de autoimputação criminosa,[109] a dispensa da parte em depor sobre fatos criminosos ou torpes que lhe são imputados.[110]

3. Fatos criminosos ou torpes imputados a terceiros

A propósito da estrutura da norma, indispensável dizer que a regra dirige-se apenas à parte. Ou seja, apenas se escusa de depor a parte sobre fatos *que são imputados a ela*, e que sejam criminosos ou torpes.

107 Hans Smit, Constitutional guarantees in civil litigation in the United States of America, In: Mauro Cappelletti; Denis Tallon (coords.), *Fundamental guarantees of the parties in civil litigation*, Milano: Giuffrè, 1973, p. 463.

108 Chiovenda critica severamente a exclusão dos fatos ilícitos da órbita do depoimento da parte. Diz o autor, a respeito do direito italiano, que "importa, entretanto, não esquecer que o nosso interrogatório se originou das *positiones* do direito comum, e que, por conseguinte, pode compreender todos os fatos, desde que *verossímeis, concludentes* e *não notoriamente inexistentes*, que se poderiam expor nas alegações da parte interrogante. Razão não há, portanto, para excluir o interrogatório sobre *fatos imorais* ou *delituosos*; não cabe aplicar por analogia o art. 1.634 do Código de Processo Civil, que proíbe a delação do juramento sobre fatos delituosos, porque neste caso existe razão especial na lei, e é de não colocar o jurador na alternativa de jurar em falso ou de não jurar um fato que pode comprometê-lo mesmo fora do processo" (Giuseppe Chiovenda, *Instituições de direito processual civil*, cit., vol. 3, n. 329, p. 123).

109 A respeito do direito à não autoimputação, veja-se mais adiante, os comentários iniciais a seção VI (Da exibição de documento ou coisa).

110 Como acentua Antonio Magalhães Gomes Filho, tratando do tema sob o aspecto do processo penal, "diante da presunção de inocência, ao acusado cabe a opção de fornecer ou não a sua versão pessoal sobre os fatos que são objeto de prova, vulnerando a regra constitucional todas aquelas disposições legais que, de forma direta ou dissimulada, pretendem forçá-lo à confissão" (*Presunção de inocência e prisão cautelar*, São Paulo: Saraiva, 1991, p. 40).

Não se cogita, assim, de hipóteses de silêncio autorizado pela regra em comento, quando o fato criminoso ou torpe imputado não o seja à parte, mas a outra pessoa, ainda que intimamente vinculado à parte. Não há, portanto, a incidência para a parte do permissivo contido no art. 448, I, que estabelece, para a testemunha, o direito de não depor sobre fatos "que lhe acarretem grave dano, bem como ao seu cônjuge ou companheiro e aos seus parentes consanguíneos ou afins, em linha reta ou colateral, até o terceiro grau".

Estas últimas razões somente são invocáveis pela testemunha e não pela parte. E é natural que haja a distinção de situações; como lembra Egas Moniz de Aragão, "não lhe será reconhecido, contudo, o direito de não depor sobre os fatos apontados no art. 406, inc. I, porquanto estes constituem razão de escusa para a testemunha, cuja posição no processo é distinta: não toma a iniciativa de promovê-lo, tampouco é seu sujeito passivo; trata-se de terceiro, que presta serviço público relevante".[111]

Aliás, vale ponderar que, tivesse a lei a intenção de tratar uniformemente as razões de escusa da parte e da testemunha, teria feito referência a todas as situações em um único momento – ou, quando menos, utilizado as mesmas expressões em todas as ocasiões. Se não o fez, e se a dicção dos dois artigos é diferente, inquestionável é que pretendeu o legislador tratar de forma diversa as situações de escusa da parte (que poderão referir-se exclusivamente a ela) e as da testemunha (que poderão ser relativas ao depoente ou a parente seu próximo).

Não obstante estas conclusões, é certo que, como estabelecido anteriormente, as causas do art. 388 são meramente exemplificativas – embora seja difícil fugir dos termos abstratos e genéricos ali utilizados. Assim, não fica afastada a hipótese de o juiz compreender (segundo a faculdade que lhe autoriza o art. 386) que alguma razão específica, ainda que vinculada a parente próximo da parte depoente, constitua razão justa para a escusa em depor. E, em sendo este o caso, não se haverá de cogitar na aplicação analógica do art. 448 do CPC, mas em hermenêutica adequada do art. 386, combinado com o art. 388.

Sustenta, outrossim, Egas Moniz de Aragão, que "não se deve tomar ao pé da letra o emprego do vocábulo 'imputados' e dele extrair o significado penal, ou concluir que o litigante só pode esquivar-se quanto aos atos que praticou. Em determinados casos merece maior proteção quem sofreu o ato".[112] Não parece, todavia, que a dicção da regra autorize semelhante conclusão. O texto legal é claro em estabelecer o direito de não se manifestar, quanto a fatos criminosos ou torpes,

111 Egas Dirceu Moniz de Aragão, *Exegese do Código de Processo Civil*, cit., vol. 4, t. I, p. 157.

112 Idem, p. 156.

que são imputados à parte. Não, portanto, à vítima, a parente íntimo da vítima, ou qualquer outra pessoa.

É claro, porém, como já dito anteriormente, que estas circunstâncias poderão ser consideradas, pela prudência do juiz, como respaldadas em alguma outra norma específica, ou em outro princípio geral do direito (inviolabilidade da honra, da imagem, da intimidade etc.), e autorizem, via de consequência, o silêncio da parte. Contudo, não é da regra em exame que emana esta autorização.

4. Dever de sigilo

A segunda hipótese, em que se tem, *a priori*, por legítima a recusa em depor, diz com o dever de sigilo sobre certo fato.

O dever de guardar sigilo se aplica, no direito brasileiro, tanto a hipóteses de relações profissionais, como de atividades religiosas, como também derivadas de função pública exercida por alguém, como ainda ofícios específicos (arts. 154 e 325 do CP brasileiro). Também se entende que pessoas auxiliares daquelas que devem guardar o segredo ficam vinculados, da mesma forma, com o sigilo da informação (p. ex., a secretária do advogado). Em todos estes casos, a manutenção do sigilo é dever que se impõe não apenas em decorrência da determinação do dispositivo em comento, mas ainda porque a violação deste segredo pode importar em crime ou infração ética.

E mais, este segredo deve ser mantido – especificamente em alguns casos determinados – ainda que o interessado consinta na violação do mesmo (ver, p. ex., o art. 7.º, XIX, da Lei 8.906/1994 – Estatuto da Ordem dos Advogados do Brasil).

Nestes casos, é direito do depoente recusar-se a declarar tais fatos, não sendo possível que a parte venha a ser coagida a manifestar-se, nem se pode, desta sua conduta, extrair qualquer consequência gravosa para si ou seus interesses. Entretanto, como pondera Moniz de Aragão,[113] nada impede que o juiz ouça, se assim entender conveniente e necessário, a pessoa interessada na preservação do sigilo (e que manifestara os fatos à parte que deve conservar-lhe o segredo), na condição de testemunha inquirida de ofício, situação em que poderá o magistrado esclarecer-se sobre os fatos que tinha por relevantes.

5. Desonra própria ou alheia

O código ainda exclui a parte do dever sobre fatos que possam implicar para ela ou para seu cônjuge, companheiro ou parente em grau sucessível alguma espécie de desonra.

Há parcial sobreposição entre essa hipótese e aquela em que se exclui do dever de depor a respeito de fatos torpes imputados à parte. Certamente fatos torpes

113 Idem, p. 158.

atribuídos à parte causam-lhe desonra e, nesse sentido, há parcial identidade entre os casos.

Logicamente, porém, este caso é muito mais amplo, na medida em que qualquer circunstância que implique desonra para a parte ou para um dos parentes arrolados no preceito autorizará em tese a exclusão do dever de depor. O conceito de honra é altamente subjetivo e várias circunstâncias poderiam determinar um risco à honra de alguém.

Por isso, parece necessário temperar – e bem – a interpretação a ser dada ao preceito em questão. A norma em comento deve ser considerada como um parâmetro para a exigência judicial do dever de depor, no sentido de só poder ser aplicado quando o magistrado verificar que seria *desarrazoado* exigir do sujeito o depoimento (como parte ou como testemunha), pois isto o colocaria em situação de especial sacrifício, inexigível da comunidade. Em casos outros, a regra não merece aplicação.

Ademais, a noção de desonra há de considerar ainda o ambiente em que a declaração será prestada. Ou seja, a afirmação de "desonra" em ambiente que discuta fatos desairosos imputados como causa da extinção de casamento não pode ser aceita, já que o fato "desonroso" é aí relevante para a decisão da causa e, eventualmente, é o próprio mérito da controvérsia. Em outras circunstâncias, se a intenção da pergunta é apenas colocar a parte em situação vexaminosa, sem nenhuma utilidade para a solução da controvérsia, parece claro que a pergunta não deve ser admitida e que a regra de exclusão merece incidir.

Recorde-se, ainda, nessa linha, com Humberto Theodoro Júnior, que "insistir no depoimento de pessoa na iminência de sofrer prejuízo em razão do próprio testemunho ou de provocá-lo para pessoas caras, representa uma grande possibilidade de ter-se, em defesa, um relato inverídico".[114] Deveras, este foi o intuito da regra, sendo que sua interpretação deve cingir-se, efetivamente, apenas aos casos em que o perigo de uma declaração falsa for justificável socialmente, ou seja, quando não teria cabimento – em hipótese alguma – a exigência de declaração de verdade pelo sujeito.

6. Risco de vida

As observações feitas acima são perfeitamente aplicáveis à última das hipóteses previstas no texto legal. Estabelece a lei como causa de exclusão a hipótese em que o depoimento puder gerar perigo de vida ao depoente, a seu cônjuge ou companheiro ou ainda a parente em grau sucessível.

114 Humberto Theodoro Júnior, *Comentários ao novo Código Civil*, 2. ed., Rio de Janeiro: Forense, 2003, vol. 3, t. II, p. 562.

Mais uma vez, pretende a lei evitar que alguém seja colocado em situação de particular sacrifício ao prestar o depoimento. O risco de vida tratado pelo texto legal deve ser sério, concreto e direto, de modo a tornar efetivamente desarrazoado que se exija o depoimento.

Ademais, é certo que impor o depoimento em casos como estes significaria, indiretamente, forçar a pessoa a mentir. Afinal, dificilmente se imaginará que alguém que é ameaçado de morte (ou que tem um de seus parentes próximos com esse risco) tem condições de manter-se sincero em seu depoimento.

7. Faculdade de depor diante das causas de exclusão

De outra parte, não se pode deixar de frisar que o dispositivo em análise estabelece um *direito* para a parte. A parte "não é obrigada a depor" sobre tais situações, como diz o artigo. Isto não implica dizer, contudo, que a parte não possa, se assim entender conveniente, depor sobre estes fatos.

Tirante a situação em que se verifique a ocorrência de um dever de calar-se – porque a violação do segredo importaria em cometimento de delito ou de infração disciplinar – evidentemente a parte está livre para, querendo, abdicar de seu direito e manifestar-se sobre os fatos. A este respeito, reflete Moacyr Amaral Santos: "(...) aliás, nem por outra razão o próprio texto da lei fala em *dever de guardar sigilo*. Mas transforma um dever jurídico, cujo desrespeito acarreta gravíssimas consequências e implica em sanções de naturezas várias, inclusive penal, em simples dever moral, a juízo da parte. Em nosso entendimento, fundada no *dever* de não revelar o segredo, a parte tem o direito de recusar-se a depor. Mas um direito de que precisa fazer uso, um *direito-dever*, para não incidir na responsabilidade pelo não cumprimento do dever".[115] Não parece que este "direito" seja assim tão amplo, como entende o autor. Ao contrário, como ficou consignado acima, este direito, propriamente falando, somente existe se a violação do segredo não acarretar à parte nenhum gravame (de que ordem seja). Evidentemente, embora todos saibam das condutas tipificadas por nosso ordenamento como crime, sempre se possibilita às pessoas que cometam tais condutas; apenas se estatui que, em agindo daquela forma, ficam sujeitas a certa sanção; daí, porém, não se pode extrair um direito da parte, já que do exercício do direito não advém consequência negativa ao seu titular. O direito de manifestar-se sobre sigilo somente ocorrerá quando o ordenamento jurídico prescrever o dever à manutenção do segredo, mas não estipular sanção negativa para sua violação.[116]

115 *Comentários ao Código de Processo Civil*, cit., vol. 4, p. 97.

116 Imagine-se, por exemplo, o caso em que a violação do segredo, por justa razão, não cause qualquer prejuízo para o interessado. Neste caso, embora tenha ocorrido a violação, não há a incidência do

O que não se admite é que a parte seja forçada a tanto, ou mesmo seja coagida a depor sobre tais questões, sob a ameaça de receber sanções processuais quaisquer. Poderá, então, nestes casos, e ainda que ilegalmente o juiz ameace a parte para que deponha, exercer seu direito de calar-se, já que disso nenhuma consequência (senão a ilegal aplicação da confissão ficta, que poderá posteriormente ser alterada em recurso) advirá à parte silente. O que também não se tolera é que a parte, para preservar o sigilo que lhe fora confiado, minta em juízo; neste caso receberá corretamente sanções processuais por sua conduta, que extrapola os limites da garantia oferecida pela lei.

Ainda, nestas situações, pondera Moniz de Aragão, "desde que o litigante se disponha a depor, ou, ainda, em casos que não envolvam fatos tipicamente criminosos ou verdadeiramente torpes, bem como sobre fatos a cujo respeito não caiba a invocação do sigilo, nada impede que o juiz decida ouvi-lo em segredo de justiça, de modo a preservá-lo de situação embaraçosa, se lhe parecer que o interesse público recomenda tal precaução".[117] Assim efetivamente deve ser. O escopo do juiz, na avaliação probatória, é formar seu convencimento sobre os fatos da causa; e, se para tanto, é necessário colher certas provas sob sigilo de justiça, não há razão para deixar de fazê-lo, já que o fim maior do processo deve aqui prevalecer.

8. Quem deve avaliar a existência de causa de exclusão

Ainda, revela suma importância a perquirição sobre quem é que deve qualificar como criminoso ou torpe o fato a ser inquirido à parte. Ou, ainda nesta mesma linha, a quem compete determinar qual o fato sigiloso ou não.

Evidentemente, a resposta a esta questão não pode ser outra que não a que indica que tal análise incumbe ao Judiciário. Se o Judiciário concluir – em final exame – que certo fato é criminoso, isentará a parte de manifestar-se sobre ele, e relevará eventual consequência de confissão ficta eventualmente imposta anteriormente (por juiz de grau inferior). Se, ao contrário, compreender que o fato sonegado pela parte não se incluía dentre aqueles da previsão do art. 388, nem havia outro justo motivo para o silêncio da parte, aplicar-lhe-á a sanção de *ficta confessio* (ainda que tal não tenha sido aplicado anteriormente por outro juiz de inferior instância), decorrendo daí as consequências naturais.

O mesmo se dirá em relação aos outros casos em que se prevê a exclusão do dever de colaboração: também aqui a avaliação compete exclusivamente ao juiz. É

tipo penal do art. 154 do Código Penal brasileiro, que qualifica como delito a prática de "revelar alguém, *sem justa causa*, segredo, de que tem ciência em razão de função, ministério, ofício ou profissão, e *cuja revelação possa produzir dano a outrem*" – grifo nosso.

117 Egas Dirceu Moniz de Aragão, *Exegese do Código de Processo Civil*, cit., vol. 4, t. I, p. 158.

certo que a parte pode confiar que seu silêncio está albergado pela norma protetiva aqui exposta; contudo, somente o Judiciário poderá dizer, *ultima ratio*, se a conduta daquela estava ou não adequada ao comando legal e, portanto, era ou não justa.

9. Exceções às regras de exclusão

Enfim, estabelece o artigo em exame que as exceções aqui estudadas não se aplicam às causas "de estado e de família".

A exceção, já presente no art. 347, parágrafo único, do CPC/1973, foi alvo naquela época de vigoroso debate, em sua elaboração legislativa, como bem lembra Alexandre de Paula.[118] Segundo o autor, "o sen. Nélson Carneiro sugeriu o cancelamento do parágrafo único, afirmando que 'ninguém, qualquer que seja a ação, deve ser compelido a depor sobre *fatos criminosos ou torpes, que lhe forem imputados.* Há outros meios de descobrir a verdade, sem constranger a parte que muita vez compareceu, a chamada, a juízo' (...) A emenda foi recusada em face do parecer da Comissão: 'O projeto indica as ações nas quais a parte é obrigada a depor de fatos, a respeito dos quais poderá girar a prova principal da causa. Entendo conveniente manter o dispositivo. Pela rejeição'".[119]

Mantida a regra em nosso ordenamento, indispensável ter em mente que, efetivamente, a exceção somente tem razão de existir quando se trate de fato cuja apuração seja essencial para a resolução da causa. Fatos meramente secundários – e com maior razão ainda irrelevantes para a causa – não devem ensejar a supressão da garantia do silêncio, nos casos elencados no *caput*.

Em sendo, contudo, o fato elemento de "prova principal da causa", deve-se admitir que a regra é, notoriamente, exemplificativa.[120] Pontes de Miranda, com efeito, considera o exemplo – a demonstrar a conclusão acima – das ações de indenização por atos ilícitos, pois nestas há ilicitude ou está inclusa a torpeza, ou o ilícito consistiu em ato profissional, como o do médico que ofendeu o seu cliente.[121]

Em verdade, a razão de ser exemplificativo o rol não está apenas na situação acima espelhada. A escusa aqui avaliada sempre deverá ser valorada pelo Judiciário (como já visto) e, por esta razão, somente ele poderá dizer se dada recusa da parte em depor sobre tal fato é legítima ou não, ainda quando esta invoque,

118 *Código de Processo Civil anotado*, 5. ed., São Paulo: Ed. RT, 1992, vol. 2, p. 1.446.

119 Idem, ibidem.

120 Neste sentido, veja-se Francisco Cavalcanti Pontes de Miranda, *Comentários ao Código de Processo Civil*, cit., t. IV, p. 313; Egas Dirceu Moniz de Aragão, *Exegese do Código de Processo Civil*, cit., vol. 4, t. I, p. 159.

121 Francisco Cavalcanti Pontes de Miranda, *Comentários ao Código de Processo Civil*, cit., t. IV, p. 313.

em seu favor, o sigilo profissional, a torpeza do fato etc. Assim, a consideração da inaplicabilidade (contida no parágrafo único) do disposto no art. 388 há de ser interpretada como aberta, porque em todos os casos será admissível ao Judiciário considerar que, em dada situação concreta, ainda que vigorante o sigilo profissional, por exemplo, estava a parte obrigada a declarar sobre o fato. Ao revés, também pode ocorrer, pelas mesmas razões, que mesmo diante de ação de anulação de casamento, por exemplo, esteja a parte autorizada a calar-se, desde que a Justiça assim o considere.[122]

Tudo, com efeito, resume-se em questão de bom senso. O equilíbrio entre as garantias do contato pessoal e inviolável do profissional com seu cliente, da não imputação criminal etc., com o contraposto interesse na descoberta dos fatos, merecerá apreciação, caso a caso, pelo magistrado, na busca de encontrar-se a melhor solução para a situação específica.

De toda sorte, sempre válida a advertência de Moniz de Aragão, no sentido de que "deve ficar bem claro, contudo, que nem por se tratar de direito de família, tampouco por a lei abrir expressa exceção, a parte ficará no dever de depor; trata-se de ônus. O dever é de não mentir".[123]

Seção V
Da confissão

1. Conceito de confissão

Intimamente vinculada à figura do depoimento da parte é a confissão. Como lembra Chiovenda,[124] o depoimento pessoal é uma forma de provocar a confissão da parte adversa. E por esta mesma razão, não há como estudar o depoimento pessoal sem necessárias referências (e constantes vinculações) entre este e a confissão. Também é por este motivo que o Código de Processo Civil trata, logo após reger o depoimento da parte, da confissão.

122 Por exemplo, isto se evidenciará no caso em que certo fato torpe é imputado à parte na ação de anulação de casamento, mas este fato não guarda nenhuma relevância com o objeto da causa. Neste caso, ninguém duvida, a parte não pode estar obrigada a responder, ainda que se trate de ação de anulação de casamento.

123 Egas Dirceu Moniz de Aragão, *Exegese do Código de Processo Civil*, cit., vol. 4, t. I, p. 159.

124 Giuseppe Chiovenda. Instituições de direito processual civil cit., vol. 3, p. 122.

Adianta-se o Código em conceituar o que entende por confissão, logo no artigo que abre a disciplina da figura, dizendo que "há confissão, judicial ou extrajudicial, quando a parte admite a verdade de um fato contrário ao seu interesse e favorável ao do adversário".[125] Desta definição legal desde logo se pode extrair a conclusão de que a confissão é ato exclusivo da parte; somente esta, pessoalmente ou por intermédio de representante, pode confessar, não podendo atribuir esta mesma definição a afirmações de admissão de fatos do processo, promovidas por terceiro.

Também a existência de confissão exige, para sua configuração, a admissão de fato desfavorável ao interesse da parte confitente, mas favorável (ao mesmo tempo) ao interesse da parte adversária. Este prejuízo processual que assume o confitente se abre em duas ordens de consequências normais: a exoneração da prova do fato pela parte contrária (art. 374, II), e a efetivação de prova (quase absoluta) da veracidade sobre o fato confessado. Deste segundo efeito extrai a doutrina, tradicionalmente, a tendência, quase sempre verificada, de abdicação do direito material posto em causa - e que tem por dependência fundamental o fato confessado. Em outras palavras, aquele que confessa um fato essencial da causa (contra seu interesse) tende normalmente a sucumbir na demanda (ou na resistência à demanda), atingindo semelhante resultado àquela oriunda dos atos de disposição do direito material. E, por esta razão, exige-se, para a eficácia da confissão, a capacidade plena do confitente.[126]

Não parece, todavia, que a exigência de capacidade civil plena, como requisito para a confissão válida, tenha em conta a sua equiparação a ato de disposição do direito material. Como se verá adiante, a confissão está longe de assemelhar-se à renúncia do direito material ou ao reconhecimento do pedido. Importa ela em mero meio de prova (embora com fantástica eficácia probatória), mas que opera

125 Neste mesmo sentido, define Chiovenda a confissão dizendo ser esta a "declaração, por uma parte, da verdade dos fatos afirmados pelo adversário e contrários ao confitente" Chiovenda, Giuseppe. *Instituições de direito processual civil* cit., vol. 3, p. 118). Mais amplo é o conceito sugerido por Carnelutti, dizendo que "o testemunho da parte se chama *confissão* quando a parte narra *um fato contrário ao seu interesse*" Francesco Carnelutti. *Lezione di diritto processuale civile* cit., p. 260-261). Finalmente, é de se atentar para a conclusão de Moacyr Amaral Santos, segundo quem, "*confissão* será, pois, o reconhecimento que um dos litigantes, capaz de obrigar-se, faz da verdade, integral ou parcial, dos fatos alegados pela parte contrária como fundamentais da ação ou da defesa" (*Comentários ao Código de Processo Civil* cit., vol. 4, p. 99).

126 Neste sentido, exemplificativamente, conclui Moacyr Amaral Santos, dizendo que "reconhecendo a verdade dos fatos alegados pela parte contrária, a confissão faz sucumbir o direito do confitente, em benefício do direito daquela. Assim, quem confessa pratica atos de natureza a serem emparelhados a atos de verdadeira disposição. Resulta daí que o sujeito da confissão deverá ser *capaz de obrigar-se*" (idem, p. 98).

exclusivamente no plano fático-processual. É, portanto, simples meio de prova (assim como qualquer outro meio) e que, como tal, não pode ser equiparada a figuras de disposição do direito material.

A exigência de capacidade plena para a confissão válida tem, em verdade, por escopo, atender à outra consequência da confissão – desonerar a parte contrária do dever de provar certo fato por ela alegado. Assemelha-se, apenas nessa medida, a verdadeiro negócio jurídico processual (especificamente ato jurídico de disposição de interesse processual),[127] tendente à desoneração acordada do ônus da prova,[128] em situação semelhante à previsão do art. 373, § 3.º, do Código de Processo Civil. Por meio da confissão (efetiva), a parte admite a verdade de fato contrário a seu interesse e favorável ao interesse da parte adversa, e com isso liberta esta última da prova deste fato. Ao mesmo tempo, por meio da confissão, as partes convencionam que certo fato deu-se de tal forma, razão pela qual, *para estas*, não mais se cogitará de prova daquele fato, pela iniciativa própria – claro está, todavia, que o juiz não é obrigado a aceitar esta "verdade" que as partes convencionalmente tiveram por realidade; pode o magistrado esquivar-se desta realidade, se assim se

127 Chiovenda nega a ideia de que se possa ver, na confissão, ato de disposição de direitos. Diz o gigante processualista que "o material da causa não pode ser objeto de disposição das partes; e que, se em verdade o juiz é obrigado a respeitar a confissão das partes, é porque a lei lhe impõe esse dever como conseqüência imediata da *atividade* das partes e não em honra à sua vontade (tanto mais quanto a obrigação do juiz não seria *em favor* do confitente, mas da parte adversa). E nem sequer se pode entender a confissão como uma renúncia ao direito à prova, de vez que, não havendo um *dever* de provar, não há um *direito* renunciável a prova: há tão-só a possibilidade de manter uma atitude passiva, deixando ao adversário o ônus de provar". Giuseppe Chiovenda. *Instituições de direito processual civil* cit., vol. 3, p. 120-121). É certo que não existe dever de provar para a parte, mas não se nega que efetivamente existe para ela o ônus de fazê-lo. E é a este ônus que se liga o interesse à prova, motivo pelo qual a objeção, ao que parece, não tem fundamento, desde que compreendida corretamente a afirmação supra (v. a respeito, Leo Rosenberg. *La carga de la prueba*. Buenos Aires: Ejea, 1956. p. 49-54).

128 Egas Moniz De Aragão (*Exegese do Código de Processo Civil* cit., vol. 4, tomo I, p. 164-165) critica a orientação de que a confissão é negócio jurídico, sob as seguintes premissas: "Quem se inclinar por esta última hipótese (declaração de vontade) atribuir-lhe-á natureza negocial, o que não se afigura acertado – poderia sê-lo, talvez, na medida em que vinculasse absolutamente o julgamento, como sucede perante legislações que lhe confiram efeito de prova plena (...). Mas em leis que não lhe emprestam esse efeito a confissão será declaração de ciência, declaração com efeito probatório, com maior eficácia, dada a proveniência, do que outras declarações não emanadas das partes". Em verdade, não se nega que a confissão seja efetivamente declaração de ciência. Contudo, ao intuito de compatibilizá-la com as determinações expressas em nossa lei, a propósito da capacidade civil para confessar, e da possibilidade de revogação da confissão, inegável é que nesta declaração de ciência – como lembrou Carnelutti, em lição que se analisará no tópico seguinte – envolve também a vontade.

convencer, diante dos demais elementos dos autos.[129] Evidentemente, o fato de que a confissão (enquanto ato voluntário da parte) normalmente não é questionada posteriormente enseja a conclusão pela normalidade em atrelar-se a confissão à disposição do direito – em especial diante da análise da regra do art. 392. Entretanto, a vinculação é imprópria e inadequada, devendo a confissão permanecer contida em seus limites.

A confissão, é, como dito, apenas afirmação convencional de ambas as partes, de que certo fato ocorreu de certa forma. Diante deste acordo de vontades, *para as partes* aquela é a verdade, razão porque não podem (ou não precisam) produzir outras provas sobre aquele fato. Para o juiz, contudo, a vinculação a esta "verdade das partes" apenas ocorrerá se outros meios de prova existentes nos autos não infirmarem esta conclusão lógica. Outras ideias sobre a matéria evidentemente extrapolam os singelos limites da existência deste instituto.[130]

2. Natureza da confissão

Quanto à natureza jurídica da confissão, tem-se, tradicionalmente, que se trata de declaração de ciência sobre certo fato.

Contudo, deve-se advertir, com Carnelutti,[131] que nesta declaração de ciência evidentemente incide, também, a vontade da parte em declarar certo fato como verdadeiro (ou, eventualmente, em mentir sobre ele ou mesmo omiti-lo). Lembra o mestre que, em verdade, o testemunho (figura em que se inclui o depoimento

129 Esta mesma orientação é preconizada por Mattirolo, que assim se manifesta a respeito da confissão: "a confissão judicial expressa, apresenta dois diversos elementos: um *lógico* e o outro *convencional*; o primeiro, comum a todo tipo de prova, consiste na importante obtenção de uma verdade, que se deduz de uma confissão feita em um juízo solene, por uma das partes ou por seu procurador especial, contra os seus próprios interesses. O segundo, isto é, o convencional, existe no tácito acordo das partes de considerar e estimar para os efeitos jurídicos do litígio, como verdadeiro, o fato entre as mesmas partes fixado pela confissão, subtraindo-o assim a ulteriores disputas" (Luigi Mattirolo. *Tratado de derecho judicial civil*. Trad. de Constancio Bernaldo de Quirós e Manuel López--rey y Arrojo. Madrid: Reus, 1933. tomo II. p. 525).

130 Em sentido contrário, considerando a confissão como *prova legal*, manifesta-se Frederico Marques, expondo que "ao dizer que a 'confissão judicial faz prova contra o confitente' (art. 350) e que 'a confissão extrajudicial, feita por escrito à parte ou a quem a represente, tem a mesma eficácia probatória da judicial' (art. 353), o Código de Processo Civil considerou a confissão como 'prova legal' a que está submetido o juiz. E tanto isto é exato, que a este deixou a livre apreciação apenas no tocante à confissão extrajudicial 'feita a terceiro, ou contida em testamento' (art. 353)" (José Frederico Marques. *Manual de direito processual civil*. Atual. Vilson Rodrigues Alves. Campinas: Bookseller, 1997. vol. 2, p. 232).

131 Francesco Carnelutti. *La prova civile*. 2. ed. Roma: Ateneo, 1947. p. 162-166.

da parte) é sempre uma *declaração representativa*, já que "*essencialmente* ou *necessariamente*, o testemunho não tende a procurar o *conhecimento* de um fato, mas apenas a procurar a sua *fixação*; para que a *fixação* siga segundo a verdade, isto é, coincida com o conhecimento, incide toda uma série de pressão exterior, dirigida a impedir a representação de um fato não verídico".[132] Efetivamente, embora por meio do testemunho (ou do depoimento da parte) o declarante venha a juízo afirmar a ciência de certo fato, é certo que quando o faz age com a vontade dirigida para certo fim (que pode ou não ser o de dizer a verdade completa); pode até mesmo ocorrer que a ciência que a parte tenha sobre o fato não corresponda exatamente àquilo que realmente ocorreu, mas apenas ao que sua percepção detectou sobre o fato (e neste caso, novamente, observa-se que o declarante trabalha a ideia que extraiu do fato, criando sobre ele sua representação). Assim, em exame mais profundo sobre a natureza jurídica da confissão, nota-se a presença, nela, dos dois elementos: declaração de ciência e declaração de vontade, que se unem, para formar o que se designou como *declaração representativa*.[133]

Por meio da confissão, o depoente afirma ser verdadeiro um fato, contrário a seu interesse e favorável ao interesse da parte adversária. É certo que, para a eficácia desta declaração, não é indispensável que a parte tenha efetivamente a intenção de descortinar a verdade, ou ainda que aja com interesse lídimo de manter sua conceituação (como pessoa íntegra e proba);[134] também não se cogita de hipótese em que a parte tenha por objetivo favorecer o adversário. Basta, para a validade da confissão, que esta seja produzida de vontade livre e consciente (sob pena de, em não o sendo, faltar ao ato jurídico um dos seus requisitos essenciais: a vinculação da esfera jurídica por vontade própria), pena de ser inválida, porque realizada mediante erro, "dolo" ou coação, como se verá adiante.

---

132 Idem, p. 162.

133 "De acordo que o confitente não queira apenas declarar a verdade, mas queira fixar o fato independentemente disto; isto não tolhe que ele atue este seu intento com uma declaração *representativa*, isto é, com um *testemunho*. De acordo que a sua declaração seja, portanto, um negócio jurídico processual; mas este diz respeito à *eficácia* da declaração, não à sua *estrutura*, que permanece sempre perfeitamente testemunhal" (Francesco Carnelutti. Idem, p. 164).

134 São de Moacyr Amaral Santos as considerações sobre este móvel da parte, para a confissão: "se o confitente reconhece verdadeiros fatos contrários ao seu interesse, é porque sobre este prevalece o seu respeito pela verdade, seja impulsionado pelo amor ou consideração à própria verdade, seja por motivos outros que o impelem a ser verdadeiro e não passar por mentiroso. O principal fundamento da confissão é de *ordem psicológica*, consistente na regra moral que obriga a dizer a verdade" (*Comentários ao Código de Processo Civil* cit., vol. 4, p. 99).

Em verdade, o motivo que leva a parte a confessar é totalmente irrelevante, não merecendo consideração pelo juiz da causa (salvo em hipóteses específicas). Ressalvadas situações específicas, como o daquele que confessa por erro, dolo ou coação – casos em que a confissão pode ser "revogada" (*rectius* anulada, como se verá adiante), e então a razão da confissão passa a ser relevante para o direito – os motivos pelos quais alguém confessa em juízo são totalmente impertinentes ao espectro da ponderação judicial. Também passa a ser relevante o móvel da confissão, quando o juiz verificar que esta é indício da ocorrência de conluio entre os sujeitos processuais, para obter fim proibido ou praticar ato simulado (art. 142).

Salvo tais circunstâncias, absolutamente excepcionais, a razão que motiva a parte a confessar em juízo não merece relevo pelo juiz, sendo indiferente para a realização dos escopos do processo.

3. Elementos da confissão

Moacyr Amaral Santos[135] vê três elementos na confissão: o elemento objetivo, o subjetivo e o intencional.

O elemento objetivo da confissão diz respeito aos fatos. A confissão incide sobre fatos, e exclusivamente sobre eles.[136] Todavia, somente os fatos desfavoráveis ao confitente é que gravitam na órbita da confissão; desfavoráveis ao depoente e favoráveis à parte contrária. Mais que isso, ainda, os fatos deverão ser suscetíveis de prova por via não especial (v. por exemplo o art. 406). Com estas considerações, conclui Moacyr Amaral Santos que pode ser objeto de confissão o fato "que seja próprio e pessoal do confitente, (...) que seja favorável à parte que o invoca e desfavorável ao confitente, (...) que o fato seja suscetível de renúncia, (...) que o fato seja de natureza que a sua prova não reclame forma especial".[137]

No que tange aos fatos sujeitos à confissão, questiona-se por vezes se podem sofrer a consequência da confissão ficta os fatos não expressamente alegados na petição inicial ou na resposta do réu. Ou seja, seria possível fazer incidir a sanção

135 Idem, ibidem.

136 Daí por que não pode haver confissão sobre normas jurídicas, ou mesmo sobre a qualificação jurídica de fatos. Poderá, nestes casos, ter lugar o chamado *reconhecimento*, mas jamais se poderá equiparar esta figura à confissão (v. a respeito, Luigi Paolo Comoglio, Corrado Ferri, Michele Taruffo. *Lezioni sul processo civile*. 2. ed. Bologna: Il Mulino, 1995. p. 639).

137 *Comentários ao Código de Processo Civil* cit., vol. 4, p. 100. Apenas em relação ao terceiro elemento é que parece excessivo o requisito. A renúncia, como se sabe, não incide sobre os fatos (que são ocorrências físicas) mas sobre relações jurídicas, ou, mais precisamente, sobre consequências desta. Não se pode, portanto, ter um fato como renunciável, e logo este não pode ser requisito para a confissão válida.

da confissão ficta sobre fatos internos ao conflito de interesses, mas não expressamente constantes do arrazoado inicial das partes?

A questão merece resposta pela negativa. Não se mostra viável que a parte que deixa de comparecer para seu depoimento, ou que, mesmo comparecendo, nega-se a responder, sofra gravames exteriores e excedentes aos previstos pela lei. A presunção de confissão expressa pela lei somente pode referir-se aos fatos objeto de efetiva e oportuna arguição pela parte adversária, não se concebendo possa ela atingir fatos outros, ainda que relevantes para a demanda (mas que não foram expressamente trazidos aos autos pela parte). O mesmo se dirá se o fato, embora constante do conjunto dos autos, não foi afirmado pela parte contrária, como efetivamente ocorrido; também nestes casos, se a afirmação do fato não existe (enquanto certa e específica), sequer se pode cogitar da prova sobre ele.[138]

Também em relação ao aspecto objetivo da confissão poder-se-ia questionar se a mera afirmação de ciência de um fato já constitui em pressuposto para a confissão. A esta indagação responde Lessona, com razão, que "a *notícia de um fato*, quando é suficiente por si só para constituir um vínculo jurídico, é certamente objeto idôneo de confissão, mas não o é quando o fato, para que seja vinculante, deva ser próprio do confitente".[139]

Quanto ao elemento subjetivo preconizado pelo autor, tem-se que a confissão somente pode ser celebrada pela parte. E, mais que isto, somente a parte plenamente capaz é que tem condições de confessar, segundo o autor, porque somente a parte capaz é que teria condições de renunciar ao direito; em nossa visão, porém,

---

138 Neste sentido, confira-se os seguintes julgados do Supremo Tribunal Federal: "Civil. 1) Responsabilidade civil. Indenização ao pai, pela morte de filho menor, ocorrida em virtude de trabalho com defensivo agrícola, em operação que não teria observado as cautelas necessárias. 2) Confissão ficta, do autor que, intimado para depoimento pessoal, não compareceu (CPC, art. 343, § 2.º). Inaplicável a pena de confissão, se a contestação não afirmava peremptoriamente fatos contrários aos do autor, limitando-se a suscitar dúvidas sobre a propriedade da ação e afirmar genericamente a improcedência do pedido" (RE 96.364-SP – 2.ª Turma – rel. Min. Décio Miranda – *RTJ* 111/681). "Ação de cobrança. 'Confissão ficta do autor que, intimado para depoimento pessoal, não compareceu (CPC, art. 343, § 2.º). Inaplicável a pena de confissão, se a contestação não afirmava peremptoriamente fatos contrários ao autor, limitando-se a suscitar dúvidas sobre a propriedade da ação e afirmar genericamente a improcedência do pedido' (*RTJ* 111/681). Assim, o que a outra parte não afirmou, o depoente revel não poderia ter confessado. Não invocável o art. 136 do Código Civil, no qual estão enumerados os diferentes elementos do conjunto probatório, sem atribuição de valor especial a qualquer deles. Quanto à quitação, por escritura, de parcela do preço cobrado na inicial, a matéria requer reexame probatório (Súmula 279)" (RE 108.272-RS – 2.ª Turma – rel. Min. Célio Borja – *RTJ* 125/288).

139 Carlos Lessona. *Teoría general de la prueba en derecho civil*. vol. 1, p. 404.

este requisito se impõe porque somente o capaz pode praticar validamente atos de disposição *processual* (e não material, como a renúncia), em especial a confissão.

Por esta específica razão, não se admite a confissão praticada por sujeito incapaz.[140] Também fundado nesta mesma restrição é que o Código estabelece situação diferenciada para a confissão relativa a bens imóveis ou sobre direitos sobre imóveis alheios (art. 391, parágrafo único) estabelecendo a lei que nesses casos a confissão de um dos cônjuges não é válida sem a do outro.

Finalmente, no que diz respeito ao elemento volitivo, manifesta-se Moacyr Amaral Santos[141] dizendo que "na confissão se pressupõe a vontade de dizer a verdade quanto aos fatos. É uma declaração de verdade, voluntariamente feita. Na vontade de reconhecer a verdade reside o elemento intencional – o *animus confitendi*. Como declaração *voluntária*, deve resultar do consentimento não viciado. Desde que obtida por erro, dolo ou coação, e assim produto de consentimento viciado, poderá a confissão ser *revogada* (art. 352)".

Como já ponderado, em realidade (e na generalidade dos casos) pouco importa a vontade da parte confitente. Não se há de investigar se a parte confessa por dever de honra, por pena da parte adversa, por amor à verdade ou por temor à Justiça. Importa apenas o fato objetivo da confissão. O motivo da confissão apenas é relevante (como assinala o ilustre processualista no final de suas palavras) para a avaliação de eventual vício na declaração – erro de fato ou coação – ou ainda quando indicar a ocorrência de fraude das partes (que pretendem através do processo realizar ato simulado ou lograr objetivo vedado em lei – art. 142). A perquirição do *animus confitendi* – entendido, porém, não como a vontade *específica* em produzir confissão, mas sim como a vontade *livre e imaculada* manifestada pela parte, portanto, somente interessa como elemento excludente e excepcional, capaz de, em certas circunstâncias específicas, negar eficácia à confissão.[142] No mais dos casos,

140 Art. 392, § 1.º, do CPC. Nesse mesmo sentido, estabelece o art. 213, do novo Código Civil, que "não tem eficácia a confissão se provém de quem não é capaz de dispor do direito a que se referem os fatos confessados".

141 Comentários ao Código de Processo Civil cit., vol. 4, p. 101.

142 Com esta mesma conclusão, adverte Egas Moniz de Aragão que "não se exige do confitente a *vontade* de confessar; é despiciendo que esteja imbuído, ou não, do *animus confitendi*. Os efeitos da confissão decorrem objetivamente da declaração, não da vontade de declarar; se esta fosse essencial à confissão torná-la-ia negócio jurídico no qual, então sim, a presença da vontade é reputada fundamental. Razão assiste a Luigi Montesano, quando afirma que 'demonstrado o erro da teoria do *animus confitendi*, disso resulta que o elemento subjetivo da confissão se reduz àquela mera vontade de declarar, que está presente em todos os atos jurídicos consistentes em declaração'" (Egas Dirceu Moniz de Aragão. *Exegese do Código de Processo Civil* cit., vol. 4, t. I, p. 168).

interessa apenas que a confissão se faça com vontade livre e consciente; se, todavia, esta vontade realmente se dirigia a produzir confissão, isto é algo irrelevante e, em geral, impossível de ser demonstrado (mormente na confissão provocada).

4. Confissão e institutos afins

Em termos de confissão, interessa ainda distingui-la de elementos afins, que muitas vezes têm regime jurídico e consequências distintas.

Inicialmente, convém delimitar a figura da confissão em oposição ao chamado reconhecimento do pedido.[143] E, nesta mesma linha, cumpre diferenciar a confissão da renúncia do direito.

No reconhecimento, assim como na renúncia, há ato de disposição sobre o direito material. A parte abdica do conflito de interesses exposto no processo, ou porque renuncia à pretensão feita inicialmente sobre certo bem da vida (objeto do processo) ou porque deixa de resistir à pretensão da parte adversa. Em ambos os casos, têm-se situação em que se dispensa análise judicial específica sobre a controvérsia inicialmente exposta, já que o conflito de interesses é solucionado espontaneamente pelas partes (art. 487, III, *a* e *c*). Operam estes atos no campo do direito material e vinculam, por isso mesmo, de forma absoluta, o juiz (salvo situações muito específicas, como a questão do direito indisponível). Manifestam, em ambas as hipóteses, o *animus* específico da parte dirigido à extinção do litígio (no plano do direito material), e esta vontade é levada ao processo que, por via de consequência, deve ser concluído pelo magistrado.

Em comparação com estas figuras, fica fácil notar a distância da confissão. Na confissão, ocorre apenas a admissão de um fato (ou de certos fatos) como verdadeiro. Daí não se conclui, inexoravelmente, que o direito objeto do litígio deva atribuir-se à parte contrária, nem se pode logicamente deduzir qualquer solução *a priori* do conflito. A pretensão e a resistência (ao menos em tese) permanecem, e deve o juiz sobre elas manifestar-se; apenas algum fato (ou fatos) do conjunto probatório dos autos recebe prova forte e robusta capaz de - ausentes outros elementos que infirmem esta conclusão - indicar a sua efetiva ocorrência no mundo concreto.

Evidentemente, quando a confissão incidir sobre o fato principal da causa (o fato constitutivo do direito do autor), considerado em sua integralidade, e desde que ausente, na defesa do réu, alguma exceção substancial indireta (afirmação de fato impeditivo, modificativo ou extintivo do direito do autor), pode-se até mes-

143 A respeito da evolução histórica dos conceitos, veja-se Egas Dirceu Moniz de Aragão. Idem, p. 160-161.

mo concluir que, na prática e na generalidade dos casos, a confissão equivale a verdadeiro reconhecimento do pedido. Uma vez reconhecida a existência do fato jurídico que serve de fundamento exclusivo para a demanda, e não havendo fato outro principal a ser analisado, não se cogitará mais de questões[144] fundamentais no processo, equiparando-se, em termos gerais, no plano concreto e surtindo ambas as figuras os mesmos efeitos fáticos.

Ao revés, se a confissão recai sobre mero elemento acidental ou secundário da demanda, então pouca relevância esta terá na decisão da causa (no julgamento de procedência ou improcedência da demanda). Apenas algum elemento acessório é que se tornará incontroverso, daí não advindo nenhum reflexo para a questão principal da causa.

Para Carnelutti,[145] a distinção entre a confissão e o reconhecimento do pedido pode ser mais adequadamente explicada em outra sede: a sua *causa*. Como explica o genial autor, "a confissão, mesmo extrajudicial, é feita, em última análise, para o juiz; a sua causa, que a *praxis* intui obscuramente com a fórmula do *animus confitendi*, se não é aquela de fornecer uma prova ao adversário, é, pelo menos, aquela de criar uma prova; tanto basta para excluir que o confitente queira, sem mais, obter a composição da lide, já que a prova supõe, ao contrário, o juízo como meio de composição".[146] Por via transversa, Carnelutti recupera a mesma conclusão aqui exposta. A distinção básica entre a confissão e o reconhecimento está em que, na confissão, a intenção da parte não é a de extinguir o litígio, mas tão somente a de constituir um meio de prova – de toda sorte, esta sua intenção específica, uma vez formulada a declaração confessória, é abstraída e a confissão é válida mesmo sem o *animus confitendi*. Por outro prisma, no reconhecimento, há a manifesta intenção da parte de extinguir o litígio, uma vez que deixa de opor resistência à pretensão do autor. Em última análise, não deixa Carnelutti de concluir que o reconhecimento dirige-se à pretensão, enquanto a confissão limita-se a algum fato (ou fatos) que conforma o respaldo da pretensão ou da resistência a ela.

Outra figura da qual a confissão se distingue é a admissão (prevista, em linhas gerais, no art. 341, *in fine*, do Código de Processo Civil). Esta distinção tem assento, basicamente, na ideia de que a confissão é conduta nitidamente positiva da parte, enquanto a admissão decorre de omissão sua. A este respeito, afirma Carnelutti que "a confissão é *testemunho* da parte. Pois o testemunho é narração de fatos *no-*

144 Toma-se o termo na acepção carneluttiana, de ponto controvertido.

145 Francesco Carnelutti. Note sull'accertamento negoziale. *Rivista di Diritto Processuale Civile*. Padova, Cedam, 1940. vol. 17, p. 16.

146 Idem, p. 16.

tados pela testemunha, pela via de percepções ou de deduções; a testemunha narra *porque sabe* (ou finge saber). A parte pode afirmar ao juiz a existência de um fato contrário ao seu interesse ou enquanto declara conhecê-lo ou prescindindo desta declaração. Sob esta linha, antes de mais nada, corre a distinção, muito importante, entre *confissão* e *admissão*. Não existe *confissão* sem declaração, explícita ou implícita, do conhecimento do fato confessado por parte do confitente. Quando ao invés a parte não contesta a verdade de uma afirmação adversária sem dizer ou fazer entender que conhece o fato, estamos em tema de *admissão*".[147]

O que diferencia a admissão da confissão é o "sinal" que qualifica a conduta. A confissão é uma conduta ativa, ao passo que a admissão configura uma conduta passiva. Na confissão há a prática de atos ou a declaração da ciência de fatos, enquanto que há admissão quando a parte deixa de contestar, no momento oportuno, a afirmação fática realizada pela parte contrária. Ou seja, na confissão - salvo a hipótese de confissão ficta - existe uma efetiva "ação" da parte, que manifesta o conhecimento sobre determinado fato. Na admissão, ao contrário, há apenas silêncio em relação à afirmação feita pela parte contrária.

Aliás, é por estas conclusões inelutáveis que Carnelutti afirma que o procurador judicial da parte (enquanto no exercício desta sua atividade) não pode confessar, mas apenas admitir.[148] Diz o mestre que "ainda que a declaração do procurador tenha o conteúdo de uma declaração de ciência, ou se trata de ciência da parte e então a declaração do procurador não é uma declaração de ciência própria (o procurador não diz *que sabe* mas *que a parte sabe*) e portanto não pode ser uma confissão; ou se trata de ciência do procurador e então não é a declaração de ciência de um fato contrário ao interesse do declarante porque o fato prejudica à parte e não ao procurador, e portanto ainda não pode ser uma confissão".[149]

Em verdade, a distinção atinge enorme relevância, tanto que vem expressa mesmo pelo próprio Código (art. 374, II e III). A lei atribui a cada uma das figuras diversas consequências jurídicas, a iniciar pelas próprias exceções estatuídas no

147 Francesco Carnelutti. *Lezione di diritto processuale civile* cit., vol. 3, p. 264-265. Outros autores preconizam definição mais ampla da figura da admissão, embora tal conceito não seja aquele adotado por nossa legislação. Para estes, a admissão configura uma declaração de ciência sobre circunstâncias desfavoráveis a quem a faz, que, todavia, não possa ter a eficácia típica da confissão - seja porque incide sobre direito indisponível, seja porque é feita por pessoa incapaz, seja ainda porque realizada no processo, mas fora da audiência de instrução e julgamento (Franco de Stefano. *L'instruzione della causa nel nuovo processo civile*. Padova: Cedam, 1999. p. 93).

148 Assim também, Luigi Paolo Comoglio, Corrado Ferri, Michele Taruffo. *Lezioni sul processo civile* cit., p. 639.

149 Francesco Carnelutti. *Lezione di diritto processuale civile* cit., vol. 3, p. 266.

art. 341, casos em que o silêncio da defesa não importa em admissão (causas estas que não encontram similar em termos de confissão). Mais que isso, não prevê a lei brasileira a desconstituição da admissão, mas apenas da confissão. Por fim, é certo que a admissão - enquanto inação da parte - gera presunção notoriamente mais fraca que a confissão.

5. Confissão efetiva e confissão ficta

Interessa ainda, nesta introdução ao tema, distinguir a confissão efetiva da chamada confissão ficta. O tema já foi abordado anteriormente (V. os comentários ao art. 385 do Código de Processo Civil), mas deve ser retomado, para o esclarecimento específico quanto a alguns pontos, anteriormente omitidos.

Já se observou que a confissão é ato positivo da parte, que declara em juízo ter ciência de que certo fato realmente ocorreu (fato este favorável à parte contrária e prejudicial a si). A lei, todavia, equipara a esta confissão - e para fim de estimular a parte a comparecer em juízo e prestar depoimento sobre os fatos da causa, quando instada a tanto por requerimento da parte adversária - a ausência da parte depoente ao ato de colheita de seu depoimento pessoal, ou ainda a sua recusa em depor (art. 385, § 1.º). A esta ficção jurídica é que se designa como confissão ficta.

As particularidades sobre a confissão ficta, especificamente sobre sua incidência e regência, já foram abordadas anteriormente (comentários ao art. 385), razão pela qual se mostra inconveniente sua repetição nesta sede.

Calham, porém, algumas breves palavras sobre a questão dos efeitos da confissão ficta, especialmente em comparação com a confissão efetiva.

Neste passo, convém ressaltar que a confissão efetiva constitui atitude da parte realmente ocorrida no mundo fático e que, por isso, foi presenciada pelo magistrado (ou trazida ao seu conhecimento), não podendo ser desprezada. Ao contrário, a confissão ficta consiste em mera ficção jurídica - imposição do legislador - sendo impertinente saber se reflete ou não o efetivamente ocorrido. Destas ideias, pode-se desde logo, considerar que a confissão efetiva representa, certamente, ponto de prova robusto e quase insuperável,[150] já que consiste

150 Salvo situações de evidente ilogicidade da aceitação de sua aplicação, onde a atuação da regra da confissão determinaria resultado absurdo, inclusive contrário às máximas da experiência, ou a fatos evidentes. Convém lembrar, a propósito, a lição de Chiovenda, que diz que "por aí se percebe por que não produza a confissão seu efeito normal em relação aos fatos notórios, ou já plenamente provados pelos atos da causa; porquanto, neste segundo caso, realizadas que já foram as atividades processuais necessárias à prova, não há nenhuma razão para que a lei atribua à confissão seu

no reconhecimento pela parte, de que certo fato contrário ao seu interesse e favorável ao interesse da parte adversa efetivamente passou-se da forma como narrado por ela. Já a confissão ficta, como ficção de confissão que é, representa mera imposição legal (de uma regra abstrata e genérica) e desvencilhada dos fatos concretos adquiridos pelo juiz da causa; por isso mesmo, tende a confissão ficta a ceder mais facilmente a outros meios de prova que a confissão efetiva. Ao investigar certo fato, pode o juiz contentar-se com a confissão ficta (para supor-lhe a efetiva ocorrência), mas apenas enquanto outros meios de prova não apontarem para resultado diverso daquele ocorrente com a aplicação da ficção.

Ao lado da evidente diferença de força entre a confissão ficta e a efetiva, há que se considerar o âmbito de extensão do efeito da confissão. Com efeito, e ressalvadas as observações acima efetivadas, a confissão ficta rege-se pelos mesmos ditames da confissão efetiva; sujeita-se às mesmas restrições e abrange as mesmas situações. De todo modo, como bem salienta Chiovenda, em lição plenamente aplicável ao direito brasileiro, "a *ficta confessio* não pode operar senão com respeito aos fatos que poderiam ser eficazmente confessados (não, portanto, com referência aos fatos impossíveis ou notoriamente inexistentes). E ao juiz não é lícito emprestar importância preclusiva à *ficta confessio* a não ser nos processos em que estaria vinculado pela confissão (não, portanto, com referência aos processos sobre casamento e outros processos de Estado; *supra*, 262)".[151] E, mais que isso – e neste ponto a confissão ficta distancia-se nitidamente da confissão efetiva – os efeitos da *ficta confessio* somente se operam no âmbito do processo em que ocorre sua aplicação, enquanto a confissão efetiva tem eficácia probatória para outros processos, futuros, desde que entre as mesmas partes.[152] Esta consequência é evidente, enquanto se observa que a confissão efetiva realmente representa declaração da parte, de que tem ciência de fato específico, contrário ao seu interesse e favorável ao adversário. A confissão ficta, ao contrário, como já dito, representa mera ficção jurídica – derivada do não comparecimento da parte ao ato designado para colheita de seu depoimento, ou sua recusa em manifestar-se – que não pode, por esta específica razão, suplantar os limites postos pela demanda judicial em que ocorre.

---

habitual efeito e a preclusão que o acompanha, e, acerca dos fatos *notórios*, já se obteve a prova pelo modo mais simples possível" (Giuseppe Chiovenda. *Instituições de direito processual civil* cit., vol. 3, p. 122).

151 Giuseppe Chiovenda. *Instituições de direito processual civil* cit., vol. 2, p. 434.

152 Idem, p. 435.

Art. 389. Há confissão, judicial ou extrajudicial, quando a parte admite a verdade de fato contrário ao seu interesse e favorável ao do adversário.

1. Definição legal de confissão

A definição apresentada pelo Código está em perfeita sintonia com a orientação doutrinária, relativa à confissão, e se coaduna com os conceitos contidos em diplomas estrangeiros, como a previsão do art. 2.730 do Código Civil italiano.[153]

Também da definição legal pode-se, desde logo, extrair os elementos que compõem a confissão, sobressaindo, dentre todos, a previsão de que a confissão importa em admissão da veracidade de um *fato*. Somente sobre fatos pode incidir a confissão e jamais sobre relações jurídicas. Aqui está, em essência, o traço distintivo entre a confissão e o reconhecimento do pedido (ou a renúncia da pretensão exposta em juízo); nestas últimas, a admissão situa-se precisamente na relação jurídica (objeto do processo), enquanto no primeiro apenas se admite a procedência de um fato, contrário ao interesse do confitente e favorável ao seu adversário. Por esta mesma razão, não se concebe a equiparação das figuras, seja quanto aos seus efeitos, seja quanto ao seu trato normativo.

Ademais, é certo que o reconhecimento da verdade de um fato (ainda que essencial para a existência ou inexistência de relação jurídica entre as partes, conforme pretensão exposta pelo autor da demanda) não importa, *ipso facto*, o reconhecimento consequente da relação jurídica em si considerada. É função do juiz atribuir aos fatos a sua correta consequência jurídica, não cabendo à parte interpretar o direito ou dizer sobre sua incidência ou não, a certa hipótese fática.

Outro elemento imprescindível para a caracterização da confissão é a declaração sobre fato *desfavorável* ao confitente e *favorável* à parte adversária. Ou seja, o fato, declarado como verdadeiro deve contribuir para a solução do litígio judicial favoravelmente à parte contrária ao confitente, prejudicando o interesse deste e beneficiando o daquela. Estas ideias de prejuízo e benefício devem ser avaliadas de forma imediata e direta, pouco importando se o prejuízo imediato repercutirá em benefício posterior, em situação favorável em outro processo ou mesmo em sua compensação ulterior. Importa apenas a situação atual, diante do contexto da causa em que a confissão ocorre.[154]

---

153 "A confissão é a declaração que uma parte faz da verdade de fatos desfavoráveis a si e favoráveis à outra parte. A confissão é judicial ou extrajudicial."

154 Neste sentido, Luigi Paolo Comoglio, Corrado Ferri, Michele Taruffo. *Lezioni sul processo civile* cit., p. 639, para quem "a natureza favorável ou desfavorável do fato declarado é estabelecida em relação à qualificação jurídica do fato mesmo no âmbito da *fattispecie* controvertida".

Além destes elementos, insertos no dispositivo em comento, dois outros requisitos podem ser extraídos da análise global do instituto da confissão: a capacidade do confitente e a disponibilidade da causa em que a confissão ocorre.

No que toca à capacidade do confitente, já se afirmou que somente é válida a confissão se a parte for absolutamente capaz (não surtindo nenhum efeito se faltar capacidade plena ao agente). Isto se deve porque, como visto, a confissão envolve, além da declaração de ciência sobre certo fato, o elemento volitivo influente nesta declaração - declaração com força de criar para ambas as partes, a vinculação na aquiescência quanto à veracidade de certo fato. A fim de criar esta vinculação, equiparável a um negócio jurídico (ainda que não o seja, em sentido próprio) somente a plena capacidade civil seria admissível (art. 392, § 1.º, do CPC).

A respeito da disponibilidade do direito sobre cujo suporte fático incide a confissão, melhores considerações serão efetuadas nos comentários ao art. 392, *infra*.

2. Força vinculante da confissão. Duplo valor da confissão

Quanto à força vinculativa da confissão já foi dito o essencial. Partindo da concepção exposta, sobre a natureza jurídica da confissão (*expressa*), conclui-se que tem ela duplo caráter: de declaração de ciência sobre fato, e de manifestação de vontade (vinculação) das partes em relação à verdade concebida por ambas.

Tomada como declaração de ciência da parte, merece a confissão prestígio sem igual em outros meios de prova. Considerando que é a parte quem declara que certo fato - contrário a seu interesse no processo - ocorreu de certo modo, é de dar-lhe credibilidade elevada. Sobre a questão manifestou-se Mattirolo, dizendo que "em todos os tempos se concedeu máximo valor à prova produzida pela confissão de uma das partes (...) com efeito, o testemunho que uma delas faz contra si mesma, apresenta tantos melhores visos de credibilidade, quanto mais prejudicial seja aos interesses do confitente; por isso não é de se estranhar que a mesma foi proclamada pelos doutos *regina probationum, probatio probatissima, maxima omnium probationum*".[155]

Ao lado dessa declaração de ciência sobre fato, põe-se a confissão como ato volitivo, de vinculação da parte às declarações prestadas por ela (contrárias a seu interesse e favoráveis aos interesses da parte adversa). Por esta vinculação, a parte fica presa à verdade daquele fato, não tendo legítimo interesse em produzir provas contrárias àquela afirmação.[156] Também, diante desta vinculação, a parte

155 Luigi Mattirolo. *Tratado de derecho judicial civil* cit., t. II, p. 522.

156 Exclui-se desta afirmação a produção da prova pericial, que necessariamente antecede a audiência de instrução e julgamento, sendo caso, portanto, de produção de prova eventualmente contrária à

beneficiada com a confissão fica dispensada de produzir provas outras sobre o fato confessado (art. 374, II) – fica dispensada, mas nada impede que ainda assim pretenda produzir outras provas, para tentar influenciar mais decisivamente ainda a convicção judicial, no seu interesse.

Se, por este lado, goza a confissão de eficácia ímpar, perante as partes, por outro não tem ela este mesmo efeito frente à cognição do juiz. O direito brasileiro adotou como regra o princípio da persuasão racional do juiz; vale dizer, "o juiz apreciará a prova constante dos autos, independentemente do sujeito que a tiver promovido, e indicará na decisão as razões da formação de seu convencimento" (art. 371). Decorre daí que, conquanto as partes fiquem vinculadas pela verdade da afirmação contida na confissão, poderá o juiz suplantar aquele indicativo, desde que, lastreado nos elementos de prova constantes dos autos, convença-se de que o fato ocorreu de forma diversa. Terá ele, não só, condições de afastar a presunção decorrente da confissão efetiva, como, até mesmo, determinar de ofício a produção de provas que entender necessárias para aclarar seu convencimento – provas estas que poderão opor-se, indubitavelmente, às conclusões que ensejaram a confissão.

3. Confissão judicial e extrajudicial

Prossegue o dispositivo em comento, assinalando que a confissão pode ser judicial ou extrajudicial. A distinção encontra fundamento na diversidade de disciplina oferecida a cada qual das figuras (confissão judicial – arts. 390 e 391; confissão extrajudicial – art. 394).

Diz Chiovenda, sobre a questão, que "a confissão é *judicial* ou *extrajudicial*: a judicial é a declaração que a parte ou o seu *procurador especial* faz perante o juiz, ainda que incompetente; a extrajudicial é a que se faz fora do juízo, e esta se pode fazer, ou à parte (ou a quem a represente), e forma, como veremos, prova plena; ou a um terceiro, e não pode subministrar mais que simples indício (arts. 1.355 a 1.358). Não se pode provar por testemunhas a confissão extrajudicial quando se trata de demandas em que a lei não admite prova testemunhal (art. 1.359)".[157]

Precisamente nessa distinção é que reside a tônica da classificação das confissões (em judicial e extrajudicial). Uma é feita perante autoridade que exerce (quando da confissão) função jurisdicional; outra, ao contrário, é oferecida a pessoa outra que não esteja investida de jurisdição no momento em que se dá a confissão.

---

afirmação contida na confissão (mas porque anterior a esta). O mesmo se dirá em relação à prova documental, que normalmente é produzida já na fase postulatória da ação; aqui também pode ocorrer de ser produzida prova contrária à afirmação de veracidade contida na confissão.

157 Giuseppe Chiovenda. *Instituições de direito processual civil* cit., vol. 3, p. 122.

A questão, embora aparentemente simples, suscita diversas questões que merecem análise mais detalhada. Exemplificativamente, considere-se as palavras de Mattirolo quando adverte que, "a fim de que a confissão se revista dos caracteres necessários para que seja judicial, é preciso que se realize em juízo, ou seja perante o Juiz, por isso a confissão realizada no curso de uma *diligência administrativa*, sem formalidades judiciais, em vez de estimar-se como *confissão judicial* será *extrajudicial*".[158]

A mesma questão pode ser enfrentada em relação a outras situações semelhantes. Observe-se, por exemplo, a hipótese da confissão obtida em procedimento arbitral; qual a sua natureza? Evidentemente, a resposta a esta questão deve considerar a natureza que se empresta ao juízo arbitral (se tem ou não caráter jurisdicional). Parece, todavia, predominante em jurisprudência, a orientação no sentido de considerar que o juízo arbitral tem sim caráter jurisdicional[159], razão pela qual também a confissão obtida junto a árbitros será considerada como judicial.

Tenha-se em conta, ainda, a situação da confissão efetuada perante conciliador do Juizado Especial, por exemplo (art. 37, da Lei 9.099/1995). Será esta confissão classificada como judicial ou extrajudicial? É certo que o Juizado Especial tem nítido caráter jurisdicional; contudo, seria possível considerar que a atuação do conciliador (ou mesmo do juiz leigo) é jurisdicional ou não? Mattirolo, tratando do direito italiano, considera que "o que caracteriza a conciliação, pelo menos, quanto ao conciliador italiano ou ao Juiz de paz francês e belga, é que aquele não atua como um verdadeiro *Juiz*, mas como um simples conciliador, e se temos presente que a conciliação não é um juízo, não poderão considerar-se como judiciais os atos e declarações que se fazem no curso da mesma".[160] Tais palavras - não obstante a diversidade de regimes entre o direito italiano e o brasileiro - aplicam-se integralmente no direito nacional. Também aqui o conciliador não exerce verdadeira jurisdição, mas apenas busca atingir a transação entre as partes. Não há, efetivamente, naquele ato, atuação jurisdicional; e, em razão disso, não se pode dizer que a confissão lá obtida (ainda que informalmente) seja judicial.

---

158 Luigi Mattirolo. *Tratado de derecho judicial civil* cit., vol. 2, p. 523.

159 Nesse sentido, STJ, 2ª Seção. AgInt nos EDcl no AgInt no CC 170.233/SP. Rel. Min. Moura Ribeiro. DJe 19.10.20; STJ, 3ª Turma. REsp 1.798.089/MG. Rel. Min. Nancy Andrighi, DJe 04.10.19; STJ, 4ª Turma. Resp 1.733.685/SP. Rel. Min. Raul Araújo. DJe 06.11.18. Logicamente, a orientação é criticável. Independentemente da discussão que se desenvolva, fato é que, considerada jurisdicional a arbitragem, a confissão ali havida será tida como judicial; do contrário, será considerada como extrajudicial.

160 Idem, ibidem.

De outra parte, e aplicando o mesmo raciocínio, ter-se-á como judicial a confissão obtida em processo de *impeachment*, ainda que dada perante membros do Poder Legislativo, já que aqui se reconhece o exercício de jurisdição, ainda que atuado como função atípica deste Poder.

Art. 390. A confissão judicial pode ser espontânea ou provocada.

§ 1.º A confissão espontânea pode ser feita pela própria parte ou por representante com poder especial.

§ 2.º A confissão provocada constará do termo de depoimento pessoal.

1. Confissão espontânea e provocada

Como visto acima, a confissão judicial é aquela obtida perante autoridade no exercício de função jurisdicional. Esta forma de confissão, diz a lei, pode ser espontânea ou provocada, sendo certo que esta classificação apenas tem sentido quando se tratar de confissão efetiva (e não ficta). Espontânea será a confissão obtida por iniciativa própria da parte, sem qualquer instigação nesse sentido por agente externo. Provocada, ao contrário, será a confissão obtida durante o depoimento pessoal da parte, em resposta aos questionamentos do juiz ou do defensor da parte adversa. Moacyr Amaral Santos[161] equipara as situações às confissões "por petição e em depoimento pessoal". Realmente, a confissão provocada somente poderá ocorrer na ocasião do depoimento pessoal. Contudo, a confissão espontânea pode ser feita por escrito - caso em que a denominação "por petição" seria aceitável - mas também pode dar-se oralmente, pela parte, em juízo, seja durante o interrogatório livre da parte, seja em audiência especial (designada para tal fim), seja mesmo no momento designado para seu depoimento pessoal.

Em relação à confissão por escrito, lembra Egas Moniz De Aragão que "consiste em declaração lançada em documento subscrito pela parte, livre de requisitos especiais (Código Civil, art. 129 [*referência do Código Civil revogado*]; este Código, arts. 154 e 158), entregue ao magistrado pessoalmente ou encaminhado através de requerimento".[162] Pode, aliás, a confissão constar diretamente da petição de encaminhamento - sem necessidade de documento apartado; para a validade

161 Moacyr Amaral Santos. *Comentários ao Código de Processo Civil* cit., vol. 4, p. 103.

162 Egas Dirceu Moniz de Aragão. *Exegese do Código de Processo Civil* cit., vol. 4, t. I, p. 169.

desta, contudo, exige-se que assinem o documento tanto o advogado (que tem *ius postulandi* para encaminhar a confissão ao juízo) como a parte confitente (que fez as declarações ali constantes).

Já a confissão provocada é a que se obtém durante o depoimento pessoal da parte, como consequência dos questionamentos formulados ao depoente pelo juiz (inicialmente) e pelo defensor da parte contrária. Somente a oportunidade do depoimento pessoal da parte é o momento correto para a confissão da parte – ao menos com a eficácia que o Código pretende atribuir-lhe. No interrogatório informal (previsto pelo art. 139, VIII), ainda que, respondendo às questões que lhe são formuladas, a parte admita a verdade de um fato contrário ao seu interesse e favorável à parte adversa, não haverá genuína confissão (*provocada*, com a força que detém em nossa legislação), competindo ao juiz apreciar a eficácia que emprestará a este ato.[163]

2. Confissão prestada a juiz incompetente

Por fim, merece alusão a polêmica instaurada na doutrina nacional, em relação à confissão efetuada perante juiz incompetente. Terá esta confissão algum valor? Poderá ela ser usada, de forma vinculante, perante o juiz competente?[164]

---

163 Em sentido contrário, leciona Egas Moniz De Aragão que "a confissão dita provocada pode ser obtida não só através do depoimento pessoal como do interrogatório, pois também neste há pronunciamento 'sobre os fatos da causa'. A referência a 'depoimento pessoal', no texto da disposição comentada, deve ser entendida em sentido amplo (o da epígrafe da secção anterior, que abrange o interrogatório), não restrito, que figura no art. 343, *caput*. Nesses casos, como é óbvio, não será lavrado 'termo' da confissão, pois tanto o interrogatório quanto o depoimento serão necessariamente reduzidos a termo, haja ou não confissão". Egas Dirceu Moniz de Aragão. Idem, p. 170).

164 Resumindo o problema, observa-se os comentários tecidos por Pestana de Aguiar, a respeito da questão: "No direito romano e canônico considerava-se extrajudicial a confissão prestada em juízo incompetente, princípio adotado por nosso velho direito sob a vigência das Ordenações, muito embora se fizesse distinção entre juízo absoluto e relativamente competente. Por isso dizia Moraes Carvalho: 'Se o juiz não é competente, o ato não se pode considerar judicial, salvo se a jurisdição for prorrogável; mas naquelas hipóteses vale a confissão como extrajudicial'.
Na vigência do direito atual (art. 113, § 2.º), que repete disposição do direito anterior sobre os efeitos dos atos processuais praticados no juízo absolutamente incompetente (art. 279 do anterior CPC), sendo só nulos os atos decisórios, vale como judicial a confissão, feita por petição, perante juiz incompetente. Contudo, como bem ressalva Moacyr Amaral Santos, quando feita através de depoimento pessoal, em face do princípio da imediatidade, será defeituosa a confissão desse modo prestada perante juiz incompetente, eis que outro irá julgar a causa. Caberá ao juiz competente, porém, atribuir-lhe o devido valor como confissão judicial que é, podendo determinar que o depoimento se repita" (João Carlos Pestana de Aguiar. *Comentários ao Código de Processo Civil* cit.,

Considerando o que restou dito acima, é de se ter a confissão prestada perante juiz incompetente também como confissão judicial. O fato de carecer o juiz de competência não lhe retira a jurisdição, razão pela qual permanece a confissão sendo judicial.

Por outro lado, não se pode concordar com a distinção feita por Moacyr Amaral Santos e Pestana De Aguiar, quanto aos efeitos da confissão prestada por escrito ou oralmente neste caso. Ambas são confissões judiciais, e ambas vinculam, por este específico motivo, as partes, na forma acima apontada. Em relação ao juiz, nem mesmo a confissão prestada perante o juiz competente terá condições de vinculá-lo de forma absoluta, diante do princípio da persuasão racional do juiz. Sempre deverá o magistrado analisar se a confissão se mostra harmônica com o restante da prova dos autos, convencendo-o da verdade do fato confessado. Sempre, portanto, haverá o magistrado de atribuir à confissão o valor que entender adequado, sendo irrelevante para tanto que a confissão se tenha dado por escrito ou oralmente, ou ainda se fora prestada em sua presença ou não. A toda evidência, porém, sempre que entender necessário e conveniente, pode o juiz determinar a repetição de atos processuais probatórios já praticados sem sua participação, desde que considere que isto será relevante para a decisão da causa (art. 64, § 4.º).

É mais importante, de qualquer forma, saber se a confissão obtida no juízo incompetente tinha como sujeitos as mesmas partes ou não. Se a primeira hipótese é verificada, tem a confissão pleno valor probatório, e irrelevante será a incompetência do juízo onde ela foi apresentada.[165] Se, ao contrário, a confissão foi dada perante partes distintas, então sim é que se questionará do valor da confissão (o tema será objeto de análise nos comentários ao artigo seguinte, item 3).

3. Confissão por representante

Diz o Código que a confissão *espontânea* pode ser feita pela parte ou por representante seu, desde que possua poderes especiais para tanto.

A primeira consideração que a regra exige diz respeito à restrição, contida no texto legal, da possibilidade de confissão por representante apenas à confissão espontânea.

---

vol.4, p. 115). Recorde-se, porém, que o atual art. 64, § 4.º, do CPC/2015, estabelece que os atos praticados por juiz incompetente, salvo decisão judicial em sentido contrário, guardam sua eficácia, não carecendo ser repetidos. Ademais, é discutível a manutenção no ordenamento nacional do princípio da imediatidade, de modo que o argumento não tem mais sentido.

165 Neste sentido, confira-se as conclusões de Luigi Mattirolo. *Tratado de derecho judicial civil.* vol. 2, p. 530.

Com efeito, o tema foi objeto de análise no intróito aos comentários sobre o depoimento pessoal, mas merece retomada, ainda que breve, até mesmo para reafirmar as conclusões antes lançadas. Muitos julgados admitem o depoimento pessoal por representante legal da parte, sob o pressuposto de que estes têm, por autorização legal, poderes para confessar.

De logo se observa o equívoco cometido por estes julgados, ao supor que a permissão da confissão por representante da parte autorize também, por decorrência, o depoimento pessoal por este. A evidência do erro se mostra já no disposto no art. 387 do Código, que determina que a parte deverá responder "pessoalmente" às questões formuladas pelo juiz e pelo advogado da parte adversa. Se as respostas devem ser dadas pessoalmente, significa isso dizer que o Código pretende que o depoimento da parte seja ato personalíssimo seu, não admitindo seja prestado por outra pessoa em seu nome.

Contudo, maior óbice ainda encontra a permissão jurisprudencial diante do dispositivo ora em análise. Esclarece o § 1.º do art. 390 que a possibilidade de a confissão ser prestada por representante resume-se à situação da confissão espontânea. E, se é certo que a confissão espontânea pode ser prestada também na audiência de instrução e julgamento – durante o depoimento pessoal da parte – é ainda mais correto dizer que este momento é o campo adequado para se obter a confissão *provocada* da parte (resultado do depoimento da parte). Vale dizer que a confissão autorizada por lei para o representante é apenas aquela que *não decorre do depoimento da parte*, ou seja, a espontânea. Assim considerado, partindo do pressuposto que o representante só pode confessar "fora" do depoimento da parte, fica claro que ele não pode prestar aquele ato.

Substancialmente, a conclusão aqui manifestada decorre de premissa simples: o representante apenas está legitimado a "conduzir" a confissão espontânea da parte a juízo, não lhe sendo dado falar por esta fora dos limites estritos da procuração outorgada. Decorre, então, que este representante não pode sujeitar-se ao depoimento pessoal simplesmente porque não pode confessar (de forma provocada) em nome da parte representada. Se pode trazer a juízo a confissão espontânea prestada pela parte, não pode, todavia, confessar pela parte mandante, substituindo-se à vontade daquela. E esta regra vale ainda quando a parte tenha, na procuração, autorizado o representante a prestar depoimento por ela.

Confirma o raciocínio aqui exposto a análise das regras do art. 213, parágrafo único, do Código Civil brasileiro e do art. 392, § 2.º, do CPC. De acordo com o que se prevê nesses dispositivos, a confissão feita por um representante só é eficaz nos limites em que ele pode vincular o representado. Claro está, pela simples leitura destes preceitos, que o representante (tal como o mandatário) é mero condutor da manifestação de vontade declarada pelo real confitente (o representado ou o mandante). Precisamente por essa razão, o mandatário (e o representante) não pode agir além ou fora dos limites estabelecidos pelo mandante ou pelo representado.[166]

4. Poderes especiais para a confissão

Situação ligada à acima exposta diz com a menção à necessidade de poderes especiais para que o representante possa oferecer, em juízo, a confissão espontânea da parte. Como deve ser a designação destes poderes no instrumento de representação? Bastaria a menção genérica da outorga de poderes para confessar, na procuração, para que suprida estivesse a exigência?

Moacyr Amaral Santos põe a questão nos seguintes moldes: "a simples cláusula, vaga e genérica - *com poderes para confessar* - não satisfaz à exigência legal de que o procurador seja investido de 'poderes especiais'. Não haverá, está claro, necessidade de se mencionar no instrumento de mandato todos os pontos sobre que deva versar a confissão, mas cumpre que daquele ao menos conste a indicação da causa ou ação, cujos fatos devam ser confessados, ou em linhas gerais, os fatos que o mandante autoriza sejam reconhecidos como verdadeiros".[167]

Com estas considerações, entretanto, não se pode concordar em sua integralidade. É certo que a cláusula genérica da outorga de poderes para confessar não basta para satisfazer o requisito legal. Semelhante possibilidade abriria campo para autorizar-se o representante a fazer e dizer o que lhe aprouvesse no processo, ainda que totalmente dissonante da verdade, podendo até mesmo mentir escancaradamente perante o juiz (com reflexos, exclusivamente, para a parte representada, que sequer pode controlar a atuação do seu representante).

Todavia, também não basta a menção genérica da causa em que se dará a confissão, ou mesmo dos fatos gerais a serem confessados. Ao contrário, deve a procuração ou o ato de representação especificar, exatamente, os fatos que podem

166 "Em princípio, a confissão feita por representante da parte somente será eficaz se a respectiva declaração se contiver nos limites da outorga de poderes que lhe fez o titular do direito em jogo". (Humberto Theodoro Jr. *Comentários ao novo Código Civil* cit., p. 428-429).

167 Moacyr Amaral Santos. *Comentários ao Código de Processo Civil* cit., vol. 4, p. 105.

ser reconhecidos como verdadeiros,[168] sendo que qualquer reconhecimento que extrapole os limites daquela outorga não poderá ser tido como ato da parte (praticado sob representação) mas ato próprio do representante – que então agirá no processo como testemunha, arcando pessoalmente com as consequências legais. Se a confissão é, antes de mais nada, declaração de ciência (declaração representativa) não se pode admitir que esta declaração se dê por alguém que não teve acesso direto aos fatos da causa, fora dos parâmetros fixados, anteriormente, por aquela pessoa que especificamente o teve, e quer que se diga como os percebeu.[169]

A atuação do representante há de cingir-se apenas àquilo que foi objeto de outorga, sendo que os atos praticados fora daquelas atribuições reputam-se, para o Direito Civil, praticados como atos de gestão de negócios (art. 665 do CC brasileiro).[170] Ora, o Código de Processo Civil não admite que a confissão seja prestada por gestor de negócios, mas apenas por representante, com poderes especiais.

Em verdade, o representante configura mero veículo da confissão da parte. Não tem ele (e nem pode ter) influência nenhuma naquele ato – até porque, normalmente, desconhece o fato a ser confessado. Deve apenas levar a declaração de ciência (e de vontade) formulada pela parte para o juiz.

5. Força vinculante da confissão prestada por mandatário

Na mesma linha, impõe-se dizer que a confissão efetuada pelo representante, ainda que munido de instrumento com poderes especiais, somente vincula a parte

168 Esta é, aliás, a orientação expressa, contida no Código Civil brasileiro. Ali, a legislação foi minuciosa em determinar que no instrumento de mandato deve-se consignar, expressamente, a extensão dos poderes conferidos. Art. 654, § 1.º, do Código Civil brasileiro: "O instrumento particular deve conter a indicação do lugar onde foi passado, a qualificação do outorgante e do outorgado, a data e o objetivo da outorga com a designação e a extensão dos poderes conferidos".

169 Também comunga desta ideia Egas Moniz De Aragão. Segundo o mestre, "os poderes só se reputam conferidos quando a procuração seja clara quanto ao ato a praticar. Demonstrou-o Galeno Lacerda a propósito da transação; suas considerações aplicam-se inteiramente à confissão. Considera-se adequada à exegese do texto comentado a invocação analógica do art. 44 do CPP, que disciplina o mandato para oferecimento de queixa, no qual está dito que os poderes especiais conferidos ao procurador devem incluir 'a menção do fato criminoso'; no caso da confissão, de que aqui se cogita, deve constar da procuração a menção dos fatos, ou do fato, a confessar" (Egas Dirceu Moniz de Aragão. *Exegese do Código de Processo Civil* cit., vol. 4, tomo I, p. 171).

170 A respeito, elementar a lição de Pontes de Miranda, que diz que "o que está fora do mandato excede-o. É extracontratual, *extra mandatum*. A gestão, para ser eficaz no tocante ao mandante, há de ser ratificada, isto é, ser-lhe *posterior* à vontade do mandatário, que teria de ser *anterior*" (Francisco Cavalcanti Pontes de Miranda. *Tratado de direito privado*. 2. ed. Rio de Janeiro: Borsoi, 1963. t. XLIII, p. 66).

na medida em que esta poderia vincular-se autonomamente.[171] Essa conclusão, a par de ser extraída do dispositivo em exame, também decorre do art. 392, § 2.º, do CPC e do art. 213, parágrafo único, do Código Civil.

Assim, ainda que a parte se faça representar no processo, a confissão do menor é sempre inválida, ainda que apresentada em juízo por seu representante legal - e, com muito maior razão, quando o fosse por mandatário constituído. O mesmo se dirá de qualquer pessoa não plenamente capaz, ou com restrições a vincular-se em algum assunto (cônjuges, por exemplo).[172]

Art. 391. A confissão judicial faz prova contra o confitente, não prejudicando, todavia, os litisconsortes.

Parágrafo único. Nas ações que versarem sobre bens imóveis ou direitos reais sobre imóveis alheios, a confissão de um cônjuge ou companheiro não valerá sem a do outro, salvo se o regime de casamento for o de separação absoluta de bens.

1. Eficácia subjetiva da confissão judicial

O presente artigo trata da eficácia subjetiva da confissão judicial. Busca-se, aqui, reger a extensão subjetiva da eficácia da confissão entre os sujeitos do processo, embora da disciplina prevista também se possa extrair a eficácia da confissão frente a terceiros.

2. Confissão como ato negocial[173] e como meio de prova

Inicialmente, cabe dizer que o Código estabelece que a confissão judicial faz prova contra o confitente. Já se analisou a eficácia probatória da confissão (se vinculativa ou não), restando despicienda qualquer outra consideração sobre o tema.

171 O comando vem também expressamente consignado no Código Civil italiano, que estabelece que "a confissão não é eficaz se não provém de pessoa capaz de dispor do direito, a que os fatos confessados se referem. Sempre que se faça por um representante, é eficaz apenas se feita dentro dos limites e nos modos em que este vincula o representado" (art. 2.731).

172 Nesse sentido, v., Humberto Theodoro Jr. *Comentários ao novo Código Civil* cit., p. 429.

173 O vocábulo negocial é empregado, no texto (e em outras passagens referentes à confissão) apenas como indicativo de ato de vinculação da vontade. Não implica isso dizer que a confissão possa enquadrar-se como negócio jurídico genuíno, mesmo porque, como já se viu antes, é ela verdadeiro ato jurídico *stricto sensu*.

Todavia, não se pode negar que o dispositivo em exame corrobora, a toda prova, a tese sustentada nestes comentários, no sentido de que a confissão, se é de um lado mera declaração de ciência (meio de prova), de outro também implica um ato jurídico (em sentido estrito) vinculativo para as partes (conquanto não o seja para o juiz). Não fosse esta última circunstância, e diante do princípio da convicção motivada que informa nosso sistema processual (art. 371), como se explicar que a declaração de uma parte, no sentido de que sabe ser verdade certo fato contrário a seu interesse e favorável a seu adversário não possa prejudicar (ao menos como prova desfavorável) seus litisconsortes? Ou então, como sustentar que é ineficaz a confissão de um dos cônjuges, em ações relativas a bens imóveis, ou direitos sobre imóvel alheio, sem a indispensável confissão do outro?

Se a confissão fosse, efetivamente, mero meio de prova, estas restrições não teriam qualquer sentido. Ou a prova existe, e a parte (como testemunha qualificada que é) pode declarar que sabe que dado fato ocorreu de certa forma, ou, se assim não é, fica impossível considerar a confissão apenas como meio de prova. Mesmo Egas Moniz De Aragão, defensor desta última corrente, admite a falibilidade desta noção frente a nosso ordenamento processual.[174] Não se pode, portanto, razoavelmente, e com os olhos voltados para o ordenamento pátrio, dizer que a confissão, no direito brasileiro, se resume a mero meio de prova, sem maiores consequências.

3. Valor da confissão perante os herdeiros do confitente

O teor da lei permite concluir que a confissão apenas gerará efeitos na esfera jurídica do confitente (e da parte adversária, que estará dispensada de provar, por outros meios, o fato confessado).

Como bem lembrou Moacyr Amaral Santos, a lei deveria ter previsto também que esta eficácia se expande para os herdeiros do confitente, que também

---

174 Egas Dirceu Moniz de Aragão. *Exegese do Código de Processo Civil* cit., vol. 4, t. I, p. 172-173. Diz o autor, em aguçada percepção, que "posto que a confissão não tenha eficácia de prova *plena*, seja porque a lei não o diz, seja porque 'o juiz apreciará livremente a prova' (art. 131), é irrecusável que o teor do dispositivo não autoriza dizer que o Código adotou a tese de a confissão ser mera declaração de ciência, somente meio de prova. A essa conclusão chegou Cappelletti a propósito do direito italiano, muito embora neste a confissão tenha o valor legal de 'prova plena' (CC, art. 2.733) o que não sucede no Brasil. Diz ele que apesar de a confissão ser 'prevalecentemente disciplinada como ato informativo e não como negócio, conserva, todavia, algumas características de ato negocial', apontando diversas normas que conduzem a esse resultado (em parte também inscritas neste Código), como as que limitam a possibilidade de invalidação da confissão falsa, a qual, se prevalecer, não terá o sabor de declaração de verdade (a que alude o art. 2.700, do CC italiano)" (Egas Dirceu Moniz de Aragão. Idem, p. 173).

ficarão vinculados à verdade do fato confessado.[175] Como lembra o autor, "tal regra, provinda do direito tradicional, vinha expressamente acolhida no Código de 1939, art. 231, que dispunha: 'A confissão produzirá efeitos em relação apenas ao confitente e a seus herdeiros...'".[176]

Com efeito, não se sustentaria a tese de que a confissão apenas vincularia a parte (e não seus herdeiros). A uma, porque enquanto ato de disposição de direito processual (direito à prova), não personalíssimo, transmite-se em seus efeitos ao herdeiro do agente, que assume as consequências daquela disposição. A duas, porque o herdeiro, normalmente, não tem condições de refutar a declaração de ciência, contida na confissão, já que, no mais das vezes, não presenciou diretamente o fato confessado pela parte primitiva. Por isso mesmo, e em plena consonância com o que restou dito, estabelece o art. 393, parágrafo único, que a legitimidade para a propositura da ação, tendente à desconstituição da confissão produzida com erro de fato ou coação, é exclusiva do confitente, não se autorizando ao herdeiro tomar a iniciativa da demanda.

Quanto à extensão da confissão para terceiros, é de se ver que o Código, de pronto, exclui a possibilidade de que a confissão judicial venha a prejudicar terceiros, externos à relação processual. A constatação vem calcada na dicção da lei, que estabelece que a confissão faz prova contra o confitente; não pode prejudicar sequer os litisconsortes deste, quanto mais terceiros, exteriores à ação onde ocorre. Como brilhantemente salienta Moacyr Amaral Santos, "oposta a um terceiro, a confissão se converteria num simples testemunho. De resto, nem mesmo como testemunho deverá ser apreciada, porque não produzido com as formalidades estabelecidas na lei para esse gênero de prova. Daí advertir Mattirolo que 'a confissão oposta a um terceiro nada mais é que uma simples declaração, ou seja, testemunho de terceiro colhido sem as formalidades estabelecidas para o exame de testemunhas'".[177]

É certo, portanto, que a confissão produzida entre as partes não tem efeito de confissão perante terceiro – até porque falta aqui o elemento convencional da confissão, que vincula apenas as partes e não este terceiro.[178] Entretanto, também não se lhe pode negar um mínimo de eficácia: constituirá esta confissão elemento

175 Moacyr Amaral Santos. *Comentários ao Código de Processo Civil* cit., vol. 4, p. 106.

176 Idem, ibidem.

177 Idem, ibidem.

178 Veja-se, a respeito, Luigi Mattirolo. *Tratado de derecho judicial civil* cit., vol. 2, p. 530.

de prova ao menos equiparável a indício, merecendo consideração do juiz, na outra ação, em que é utilizada.[179]

4. Confissão e litisconsórcio

Ainda segundo o exposto no *caput* do artigo em exame, a confissão de um dos litisconsortes não prejudica aos demais. A previsão decorre, por óbvio, da determinação legal de que a abrangência dos efeitos da confissão apenas se dirige à esfera jurídica da parte confitente e (por decorrência) à parte contrária beneficiada. Demais, também tem apoio no art. 117 do CPC segundo o qual, "os litisconsortes serão considerados, em suas relações com a parte adversa, como litigantes distintos, exceto no litisconsórcio unitário, caso em que os atos e as omissões de um não prejudicarão os outros, mas os poderão beneficiar".

A previsão, entretanto, há de ser tomada em termos, segundo a noção já adquirida sobre a natureza da confissão.

Nos termos do disposto no artigo em comento, a confissão de um litisconsorte não prejudica os demais, apenas porque não vincula estes às consequências negociais da confissão. Vale dizer, a regra pretende apenas significar que o fato de um dos litisconsortes ser confesso implica, para ele e como regra, a impossibilidade de produção de prova contrária à confissão, e a oposta facultatividade, para a parte contrária, de dispensa das provas que pretendia produzir para comprovar tal fato. Vincula-se, então, as partes (e apenas elas) a uma certa "verdade" daquele fato. Este mesmo efeito, todavia, não se opera frente aos demais litisconsortes. Para estes, aquela confissão não gera qualquer efeito negocial, não os vincula de forma alguma à "verdade" de certo fato, sendo-lhes, portanto, permitida a produção de prova que afaste esta representação da verdade, trazida pelo litisconsorte confitente.

Em termos lógicos (mas apenas nesse sentido), de outro lado, a confissão de um litisconsorte pode, sem sombra de dúvida, prejudicar os seus pares. Tudo dependerá do valor que o juiz empreste a esta confissão; se lhe outorgar credibilidade inabalável, então aquela prova importará, reflexamente, em prejuízo para os demais litisconsortes, já que terá também contra si produzida uma prova que foi capaz de gerar convicção suficiente no magistrado; se, por outro lado, tomar o órgão jurisdicional por insincera a confissão, então provavelmente nenhum reflexo

179 "Portanto, verificada minha confissão, se a invoca um terceiro em outra causa, a mesma não conserva mais que a condição de uma prova imperfeita, ou seja, de uma confissão *extrajudicial feita a um terceiro*, a que a teor do art. 1.358, não pode ser mais que um simples *indício*" (Luigi Mattirolo. Idem, p. 531).

será sentido por sua efetivação, seja para os litisconsortes, seja mesmo para o consorte confesso, já que o juiz não está adstrito à confissão nem mesmo para este.[180]

A análise desse reflexo, sentido pelo litisconsorte, em razão da prova (confissão) produzida por seu par impõe, inevitavelmente, o exame do tipo de litisconsórcio formado. Conforme seja ele unitário ou simples, diversas serão as conclusões sobre estes efeitos lógico-representativos da confissão (sua influência no convencimento judicial). Em havendo litisconsórcio unitário – porque a decisão da causa deverá ser idêntica para todos os litisconsortes – o fato tido por verídico em relação a um litisconsorte certamente o será também em relação aos demais. Ao contrário, em se tratando de litisconsórcio simples, apenas os fatos que forem comuns aos litisconsortes é que seguem esta caracterização, sendo que os fatos exclusivos de cada um dos consortes, embora admitidos como verdadeiros pela confissão, não importam qualquer reflexo para o interesse dos demais.[181]

Em razão disso, pode-se concluir que, ao menos em princípio, a regra em questão se aplica ao litisconsórcio simples. Nesse sim, *e especificamente em relação aos fatos não comuns*, a confissão de um não prejudica aos demais. Já no litisconsórcio unitário, a solução pode ser outra, já que o fato deve ser tratado de forma idêntica para todos. Assim, se for ele tido como verdadeiro, será para todos os litisconsortes; não sendo tido como verdadeiro pelo juiz, nem mesmo o confitente será prejudicado pelos efeitos de sua confissão.

5. Os cônjuges e a confissão

O raciocínio de que a confissão só gera efeitos, em princípio, para a parte confitente aplica-se também para a situação prevista pelo parágrafo único do

---

180 Com este mesmo conteúdo, o Código Civil italiano expressamente prevê que "no caso de litisconsórcio necessário (102 CPC), a confissão feita por apenas algum dos litisconsortes é livremente apreciada pelo juiz (2.738)".

181 Em semelhante conclusão, e após distinguir os atos dos litisconsortes determinantes e alternativos, disserta Cândido Rangel Dinamarco que "a *confissão* pode ser um bom mote para a reflexão. Em princípio seria um ato desfavorável ao confitente, porque se resolve em admissão de fato contrário a seu interesse. Partindo dessa premissa, a lei diz que não é eficaz perante os litisconsortes do confitente (CPC, art. 350). Mas, inserido o conteúdo da confissão entre os elementos de convicção do juiz e considerado o amplo poder de livre convencimento outorgado a este (CPC, art. 131), a confissão não passa de ato alternativo: seria determinante, se ainda valesse por *prova plena*, o que destoa do sistema probatório brasileiro. Conclusão: a confissão de um dos litisconsortes tem a mesma eficácia que teria se fosse ele litigante isolado (sem litisconsórcio), ou seja, o juiz a sopesará em face do conjunto probatório e lhe atribuirá o valor que lhe parecer, em relação a todos os litisconsortes (quer se trate de litisconsórcio comum ou unitário)", Cândido Rangel Dinamarco. *Litisconsórcio*. 3. ed. São Paulo: Malheiros, 1994. p. 147).

art. 391. Segundo este, a confissão de um dos cônjuges, relativamente a ações sobre bens imóveis ou direitos reais sobre imóveis alheios, só é válida se o outro proceder da mesma forma (exceção feita ao casamento em regime de separação absoluta de bens).

A previsão tem suporte no art. 1.647, do Código Civil brasileiro, e apenas traz para o campo do direito processual, deveres estatuídos na legislação civil para o casal. Se, tanto o marido como a mulher não podem alienar, ou gravar com ônus real bem imóvel do casal, ou mesmo demandar sozinhos sobre tais bens ou direitos (art. 1.647, II) sem o consentimento do outro cônjuge, por razão de lógica, isto também há de ser vedado, na forma oblíqua da confissão na demanda judicial. Recorde-se sempre, novamente, que a confissão não importa, por si, em ato de disposição do direito material, mas pode conduzir a isto, diante da força probatória que normalmente gozará, razão suficiente para legitimar a previsão em questão.

Ainda, a menção tem guarida na disciplina especial dada às pessoas casadas, para sua legitimidade em juízo (art. 73 do CPC).

Em vista disso, como lembra Moacyr Amaral Santos, "aquela limitação e as normas sobre capacidade processual dos cônjuges no concernente a tais bens os colocam na situação de litisconsortes nas ações respectivas, e, como tais, a confissão de um deles não poderá prejudicar o outro (art. 391). Assim, em tais ações, *a confissão de um cônjuge não valerá sem a do outro* (art. 391, parágrafo único). Por outras palavras, para que da confissão de um cônjuge, em tais ações, surtam os devidos efeitos, insta seja a de uma ratificada ou repetida pela do outro".[182]

Obviamente, a mesma solução dada aos cônjuges é aplicada à união estável, como expressamente consigna o art. 391, parágrafo único, do CPC. A rigor, a previsão poderia ser extraída do próprio texto constitucional, sem necessidade de previsão específica, que é feita mais com conteúdo didático e de modo a equiparar, na legislação, a situação de todos esses sujeitos.

Realmente, estabelece a Constituição Federal, em seu art. 226, § 3.º, que "para efeito da proteção do Estado, é reconhecida a união estável entre o homem e a mulher como entidade familiar". Daí se conclui que, a mesma proteção deferida às pessoas casadas será também cabível para os companheiros. Por isso, o Código Civil disciplina, em seu art. 1.725, que "na união estável, salvo contrato escrito entre os companheiros, aplica-se às relações patrimoniais, no que couber, o regime da comunhão parcial de bens".

182 Moacyr Amaral Santos. *Comentários ao Código de Processo Civil* cit., vol. 4, p. 107.

Deste arcabouço de regras, parece ser possível concluir que – excetuada previsão expressa em contrário, constante em contrato escrito – a administração de bens do casal, na união estável, se dá de forma semelhante ao que se verifica na constância do casamento. De posse desta conclusão, pode-se dizer que a regra, relativa à confissão do cônjuge, também se aplica aos companheiros: a confissão de um, não vale sem a necessária confissão do outro (ou, ao menos, sua ratificação expressa).

Finalmente, observe-se ainda que, como reflexo da disciplina civil do regime patrimonial de casais, estabelece o Código De Processo Civil que esse regime de comunhão na confissão não se aplica quando os cônjuges forem casados em regime de separação absoluta de bens.

Nesse caso, porque o regime patrimonial do casal é o da não comunicação de bens, evidentemente cada um dos cônjuges é senhor de seu próprio patrimônio. Seus atos de disposição não afetam o outro. Daí a razão pela qual a lei processual brasileira optou por excluir do modelo de unidade na confissão a hipótese da separação absoluta de bens.

Art. 392. Não vale como confissão a admissão, em juízo, de fatos relativos a direitos indisponíveis.

§ 1.º A confissão será ineficaz se feita por quem não for capaz de dispor do direito a que se referem os fatos confessados.

§ 2.º A confissão feita por um representante somente é eficaz nos limites em que este pode vincular o representado.

1. Confissão e direitos indisponíveis

Afirma Moacyr Amaral Santos que "quem confessa renuncia o próprio direito e atribui o direito ao adversário. Mas há direitos indisponíveis, cuja renúncia é inoperante, e, pois, os fatos a eles relativos não são suscetíveis de confissão".[183] A passagem é interessante, e mereceu destaque nestes comentários porque bem demonstra a insustentabilidade da noção de que a confissão se constitua em mera declaração de ciência (sem qualquer caráter negocial), para a qual seria irrelevante a vontade do agente.

183 Moacyr Amaral Santos. *Comentários ao Código de Processo Civil* cit., vol. 4, p. 108.

Ora, toda a doutrina - inclusive Moacyr Amaral Santos - sustenta que não se há de confundir a confissão (como mera admissão de uma questão de fato) com o reconhecimento do pedido (ou a renúncia). A mera circunstância de se ter por admitidos os fatos narrados pela outra parte, não implica, por simples ilação, a sucumbência no direito material objeto do litígio. A afirmação é óbvia, e sequer carece de demonstração específica.

Não obstante isso, a explicação para a existência da presente regra, para aqueles que somente veem na confissão um meio de prova, acaba por equiparar este "meio de prova" ao ato de renúncia do direito material. A solução, quase mágica, mas certamente contraditória, é, de fato, para quem não admite a incidência da vontade (ou o caráter também negocial) na confissão, a única resposta possível. Entretanto, quem observar o tema com maior rigor verá que tal fundamento desmorona diante de suas próprias premissas.

A única explicação para a existência da presente norma em nosso sistema é a de que a confissão tem, realmente, um certo elemento negocial. Como já visto anteriormente, por intermédio da confissão as partes convencionam sobre a verdade de um fato contrário aos interesses de uma e favorável à outra; por esta convenção (derivada, evidentemente, da representação que ambas fazem da verdade sentida) a parte prejudicada renuncia ao direito de produzir qualquer prova contrária àquela declaração, ao mesmo tempo em que se faculta à parte beneficiada a dispensa das provas que pretendia produzir para afirmá-la existente.

Quando o direito posto em debate na demanda é de natureza indisponível, este ato jurídico processual das partes torna-se inviável pela simples razão de que qualquer convenção relativa ao ônus da prova, nesta espécie de ação, é vedada (art. 373, § 3.º, I). Ora, a confissão, porque contém também uma convenção sobre este ônus, incide nesta mesma proibição. E esta vedação encontra respaldo no fato de que o direito indisponível existe, e deve ser reconhecido pelo Judiciário, ainda que a parte não o queira; deve, portanto, poder ser provado por todos os meios de prova viáveis em juízo, não se podendo renunciar a nenhum deles. Aí também se explica a natureza inquisitorial que assume o processo diante destes direitos, e a função ativa que se atribui ao juiz na busca das provas, neste tipo de demanda.

2. Limitação objetiva à eficácia da confissão

Superada esta questão meramente introdutória, tem-se que, enquanto o dispositivo anterior tratava da eficácia subjetiva da confissão, aqui se busca regular a sua eficácia objetiva.

Segundo a regra em exame, a confissão não gera efeitos quando a causa em que se opera verse sobre direito indisponível.

Em verdade, isto não implica dizer ser inviável a admissão, neste tipo de causa, pela parte, da verdade de um fato prejudicial a esta e favorável à parte adversária.[184] Apenas significa que esta admissão não tem força de confissão; não gera, portanto, aqueles efeitos vinculativos, típicos da confissão. Podem, todavia, estas declarações, prestar-se como prova, a fim de subsidiar o convencimento do juiz.[185]

Enfim, o que a norma impossibilita é que a declaração da parte possa ensejar a renúncia aos demais meios de prova, ou mesmo a vinculação dela à verdade de um fato. Não se afeta, por evidente, o componente lógico da "confissão", permitindo-se, assim, que o juiz se valha desta declaração para formar seu convencimento a respeito dos fatos que sustentam a afirmação de um direito.

3. Indisponibilidade do direito e eficácia da confissão

Todavia, analisada detidamente a restrição contida no presente artigo, é certo que ainda permanece injustificada a previsão normativa. Afinal, a confissão incide sobre os fatos e não sobre o direito; ser, portanto, o direito disponível ou não, jamais poderia alterar a realidade dos fatos ou a forma pela qual se dá a sua prova. Como então se ter por razoável a regra em exame?

É noção comezinha em Direito que a indisponibilidade do direito refere-se à circunstância de que certa relação jurídica é insuscetível de renúncia, transação, transmissão ou limitação voluntária. Vale dizer que, seja por via direta ou oblíqua, não pode o sujeito da relação jurídica desfazer-se dela (total ou parcialmente). É exatamente sob esta ótica que se deve interpretar o dispositivo em comento, a fim de que adquira algum sentido em termos globais de Direito. O que se veda é que a confissão permita, de forma sub-reptícia, a disponibilidade sobre o direito, equiparando-se, praticamente, à renúncia. E isso ocorrerá sempre que a confissão seja de tal monta que conclua por vincular todos os elementos fáticos essenciais, componentes da relação jurídica, de forma que, em sendo verídicos tais fatos, a conduta se assemelhe, em tudo, à renúncia do direito ali inserido.

---

184 Neste sentido, Egas Dirceu Moniz de Aragão. *Exegese do Código de Processo Civil* cit., vol. 4, t. I, p. 174.

185 "As questões que se suscitam no processo civil podem ser a respeito de direitos que, saibam ou não o saibam as partes, sejam indisponíveis. A indisponibilidade pode ser discutida; e discutida, de ordinário, é a relação jurídica que supõe a disponibilidade. Se a parte confessa o fato, que atingiria tal direito, de modo nenhum se há de acolher a eficácia confessória da comunicação de conhecimento, que fez a parte. Pode ser recebida como depoimento e servir à prova do fato, porém não como confissão" Francisco Cavalcanti Pontes de Miranda. *Comentários ao Código de Processo Civil.* 3. ed. Rio de Janeiro: Forense, 1996. t. IV, p. 328).

Em outros casos, em que a confissão de certo fato não influenciar definitivamente a relação jurídica indisponível, então, mesmo que a causa verse sobre direito indisponível, não haverá óbice à incidência da confissão, ou aos seus efeitos.

4. Outros limites objetivos à eficácia da confissão

Os limites objetivos da confissão, contudo, não se resumem apenas aos casos de direitos indisponíveis. Há situações em que a eficácia da confissão fica inibida em razão de outros comandos legais, que também impedem sua aplicabilidade.

Afirma o art. 406 que, "quando a lei exigir instrumento público como da substância do ato, nenhuma outra prova, por mais especial que seja, pode suprir-lhe a falta". Nesta hipótese, a confissão também não pode gerar os efeitos que lhe são peculiares; não é suficiente como prova para o juiz, nem é capaz de vincular as partes a uma dada verdade sobre os fatos.

Para estes casos, apenas o instrumento público (por determinação legal, p. ex., o art. 108 do Código Civil brasileiro) é capaz de provar certo ato jurídico; se assim é, por expresso comando de lei, nenhum outro elemento de prova é capaz de suprir-lhe a ausência, já que é da essência do ato este instrumento. Assim, torna-se irrelevante, como meio de prova do ato, qualquer elemento que não seja aquele expressamente determinado em lei.

De outra parte, esta confissão não é capaz de vincular as partes sobre dada verdade, já que para a prova de certo fato (ou ato) somente aquele instrumento público presta. Todos os demais elementos, ainda que representativamente, na ideia das partes envolvidas, demonstrem a ocorrência do ato, juridicamente são imprestáveis para conferir-lhes existência no mundo do Direito. A validade do meio de prova é questão entregue ao trato do direito material, não podendo a intenção da parte suprir a falta do elemento que o direito material considera essencial para a prova do ato.[186]

186 Desta forma, manifesta-se Pontes de Miranda: "Não se há de dizer que a confissão pode, no livre convencimento do juiz, dispensar o instrumento particular quando seja da substância do contrato, o que cortaria os diferentes princípios de direito material: está-se apenas a 'provar'; a regra jurídica sobre confissão pertence, *a priori*, à legislação processual. O Código deixou ao direito material a admissibilidade dos meios de prova (art. 332). Aí a transigência com a sanação pela confissão se chocaria com o art. 332, de modo que estabeleceria convalidação processual do negócio jurídico, nulo segundo o direito material, se a forma exigida como substancial é só a forma escrita (instrumento particular)" Francisco Cavalcanti Pontes de Miranda. *Comentários ao Código de Processo Civil* cit., t. IV, p. 316-317).

5. Confissão e incapacidade

O art. 392, § 1.º, do CPC, estabelece o requisito subjetivo para a confissão. Segundo seu preceito, exige-se a capacidade do agente para que suas declarações possam implicar os efeitos da confissão.

Como já se disse, isso se harmoniza com o caráter "negocial" da confissão. De fato, considerando que a confissão implica, de certo modo, uma disposição a respeito do direito à prova – e consequentemente do dever de provar – é de se exigir, realmente, capacidade do agente para que esse ato possa ser considerado como válido.

De outro ângulo, veja-se que a lei exige capacidade para dispor do direito "a que se referem os fatos confessados". Por outras palavras, há hipóteses em que alguém, que é considerado pela lei como capaz, não tem capacidade para dispor sobre o direito a que se refere o fato confessado. Assim, por exemplo, ocorre com o interesse estatal. Ainda que hoje se discuta sobre se todos esses interesses são indisponíveis, fato é que os advogados públicos – que são, sem dúvida, sujeitos capazes – não têm capacidade para dispor daquele tipo específico de interesse. Daí a razão pela qual não se pode admitir a confissão, realizada por advogado público, sobre o interesse estatal.

Raciocínio semelhante poderia ser apresentado em relação à pessoa casada (ou em união estável), ainda que o tema seja tratado, desnecessariamente, em regra própria (art. 391, parágrafo único, do CPC).

Problema mais grave se coloca, atualmente, em relação ao regime da pessoa com deficiência. A legislação atual (art. 3.º, do Código Civil, na redação dada pela Lei 13.146/2015) não considera mais esses sujeitos como incapazes, seja absoluta, seja relativamente. Daí se conclui que, em princípio, essas pessoas têm capacidade civil e, portanto, poderiam confessar.

Todavia, parece mais correto perceber a dimensão exata do art. 4.º, III, do CC (redação da Lei 13.146/2015) – que afirma serem incapazes, relativamente a certos atos ou ao modo de exercê-los, "aqueles que, por causa transitória ou permanente, não puderem exprimir sua vontade". De acordo com esse preceito, pessoas com deficiência só devem ser qualificadas como relativamente incapazes se, por causa transitória ou permanente, forem incapazes de exprimir sua vontade. E mesmo assim, essa incapacidade relativa deve limitar-se à prática de certos atos ou ao modo de seu exercício. Do contrário, impõe-se a presunção de capacidade desses sujeitos. Daí a razão pela qual o Código prevê, no trato da curatela, a necessidade de o juiz determinar, "segundo as potencialidades da pessoa, os limites da curatela" (art. 1.772, do CC, na redação da Lei 13.146/2015).

Assim, a capacidade da pessoa com deficiência para confessar há de tomar em consideração as circunstâncias do caso concreto e a limitação cognitiva efetivamente presente no sujeito. Eventualmente, poderão esses limites estar indicados em eventual ato de curatela ou do ato de tomada de decisão apoiada (art. 1.783-A, § 1.º, do CC, na redação da Lei 13.146/2015). Do contrário, deverão ser examinadas à luz das circunstâncias concretas.

6. Confissão por representante

A confissão prestada por intermédio de representante só pode vincular o representado nos limites em que outorgada essa permissão àquele. Afinal, como já visto, a confissão é ato de disposição do representado, praticado por meio do representante.

Em razão disso, o ato de representação exige poderes expressos para o exercício da confissão (art. 661, § 1.º, do CC). Do contrário, é de se presumir a inexistência desses poderes.

Recorde-se, mais uma vez, a situação peculiar das pessoas com deficiência. Cabe ao ato que reconhece a incapacidade (se houver) estipular os limites dessa incapacidade e, consequentemente, da necessidade de curatela ou de decisão apoiada. Ainda assim, porém, nos termos do art. 1.783-A, do CC (redação da Lei 13.146/2015), "em caso de negócio jurídico que possa trazer risco ou prejuízo relevante, havendo divergência de opiniões entre a pessoa apoiada e um dos apoiadores, deverá o juiz, ouvido o Ministério Público, decidir sobre a questão".

Art. 393. A confissão é irrevogável, mas pode ser anulada se decorreu de erro de fato ou de coação.

Parágrafo único. A legitimidade para a ação prevista no caput é exclusiva do confitente e pode ser transferida a seus herdeiros se ele falecer após a propositura.

1. Confissão como ato de vontade

A confissão é sempre irretratável. Quando emanar de vício do consentimento, todavia, poderá ser desconstituída, na forma prevista neste artigo. Novamente, o dispositivo em exame indica a opção do Código de Processo Civil em considerar a confissão com uma essência de ato de vontade da parte. Fosse verdadeiramente irrelevante a vontade do confitente – ou fosse apenas relevante a vontade de declarar – não haveria o menor sentido na previsão ora investigada, tornando-se absurda e mesmo ilógica, frente a nosso ordenamento.[187]

Há, portanto, na confissão, nítido exercício de declaração de vontade (atrelada à declaração representativa de ciência), pela qual a parte se vincula a certa representação da realidade que faz, abdicando de prova contrária a esta, que houvesse requerido.

2. Vícios de consentimento e confissão

Incidente, portanto, a vontade sobre a confissão, evidentemente, seria natural que o Código estabelecesse forma de se invalidar a confissão obtida com o vício do consentimento. Uma vez maculada a vontade – ao prestar-se a confissão – não se poderia dela extrair sua eficácia vinculativa. E nem mesmo esta confissão se prestaria para o outro fim (declaração representativa de ciência), já que estando a declaração viciada, nenhuma segurança poderia o juiz extrair dela para convencer-se sobre os fatos da causa.

A lei estabelece, portanto, que a confissão fornecida com vício do consentimento poderá ser anulada. Efetivamente, de anulação se trata, mas apenas em regra, já que haverá casos em que o defeito verificado pode importar em vício muito mais grave.

De regra, porém, será caso de anulação. Observe-se que é o Código Civil, tratando dos defeitos dos atos jurídicos (em seus arts. 138 a 165), estipula, como regra, que os atos produzidos com erro, dolo ou coação irresistível, são anuláveis (arts. 138, 145 e, de modo menos claro, o art. 155).[188] Tais disposições aplicam-se a qualquer ato jurídico, aí se incluindo o ato jurídico da confissão. Esta também é, portanto, anulável – dentro dos parâmetros fixados pela lei.

187 Aliás, buscando explicar esta figura sem o recurso à teoria aqui defendida, declara Egas Moniz De Aragão que "a explicação para essa singularidade está na relevância desse meio de prova e na maior eficácia que a lei lhe atribui; não deixa, contudo, de ser reflexo da concepção em que foi tida por muito tempo a confissão: negócio jurídico de disposição de direitos" Egas Dirceu Moniz de Aragão. *Exegese do Código de Processo Civil* cit., vol. 4, t. I, p. 175).

188 Lembra, a propósito, Silvio Rodrigues que "ora, faltante o elemento medular do ato jurídico, ou seja, a vontade, ele devia – se se levasse a extremos lógicos a posição inicial – ser considerado nulo, insuscetível de convalescimento, irratificável, imprescritível. Não obstante, o legislador, atento à conveniência e a razões de ordem prática, enfileirou-se entre os simplesmente anuláveis" Silvio Rodrigues. *Dos defeitos dos atos jurídicos*. 2. ed. São Paulo: Max Limonad. vol. 1, p. 27).

3. Erro de fato e coação na confissão

Prevê o Código duas situações em que se pode atingir a anulação da confissão efetuada: a existência de erro de fato ou de coação.[189] Ambos os conceitos, como visto, pertencem ao direito material – como elementos capazes de viciar a vontade em qualquer relação jurídica – e é naquele campo que se deve buscar as informações sobre tais figuras.

Segundo Manuel A. Domingues de Andrade, "o erro-vício consiste na ignorância (falta de representação exacta) ou numa falsa ideia (representação inexacta), por parte do declarante, acerca de qualquer circunstância de facto ou de direito que foi decisiva na formação da sua vontade, por tal maneira que se ele conhecesse o verdadeiro estado das coisas não teria querido o negócio, ou pelo menos não o teria querido nos precisos termos em que o concluiu".[190]

Quanto à coação, esta pode ser definida, em sentido amplo, como "todo constrangimento exercido sobre uma pessoa, com o fim de obrigá-la a consentir".[191] Nesta, a tônica evidentemente dirige-se à interferência sobre a vontade, de alguma violência (moral, porque a física exclui a vontade, tornando o ato nulo ou inexistente e não apenas anulável),[192] capaz de compelir alguém a certa conduta.

O Código de Processo de 1973 admitia ainda a anulação de confissão por dolo. Esse defeito corresponde ao "artifício ou expediente astucioso, empregado para induzir alguém á pratica de um acto, que o prejudica, e aproveita ao autor do dólo ou a terceiro. Sómente o dólo *principal*, o que fôr causa do acto, o que os romanos chamavam *dolus causam dans*, é que torna o acto annullavel. A caracteristica do

189 Pontes de Miranda, examinando o preceito equivalente, existente no CPC/1973, sugeria outras circunstâncias aptas a ensejar a anulação da confissão. Dizia o autor que "Há um problema: a invalidade da confissão, a que se refere o art. 485, VIII, é apenas a anulabilidade por erro, dolo ou coação? De início advirta-se que a confissão é prova e pode ser falsa, o que dá ensejo à declaração de falsidade (art. 485, VI) e que pode ter havido colusão das partes, a fim de fraudar a lei (art. 485, III, 2.ª parte). Fora daí, há a invalidade da confissão se o confitente era absolutamente incapaz, ou relativamente incapaz, e não houve, respectivamente, representação ou assistência. Seria absurdo que se interpretasse o art. 485, VIII, como adstrito ao art. 352, II. Não só. Em caso de simulação, não se pode negar a legitimação ativa do terceiro juridicamente interessado (Código de Processo Civil, art. 487, II; Código Civil, art. 105: 'Poderão demandar a nulidade dos atos simulados os terceiros lesados pela simulação, ou os representantes do poder público, a bem da lei, ou da fazenda')" Francisco Cavalcanti Pontes de Miranda. *Tratado da ação rescisória*. Campinas: Bookseller, 1998. p. 335).

190 Manuel A. Domingues de Andrade. *Teoria geral da relação jurídica*. 7. ed. Coimbra: Almedina, 1992. vol. 2, p. 233.

191 João Manuel de Carvalho Santos. *Código Civil brasileiro interpretado*. 10. ed. Rio de Janeiro: Freitas Bastos, 1977. vol. 2, p. 354.

192 Orlando Gomes. *Introdução ao direito civil*. 12. ed. atual. Humberto Theodoro Júnior. Rio de Janeiro: Forense, 1996. p. 425.

dólo é a intenção de prejudicar".[193] Este se distingue do erro porque neste último o equívoco é espontâneo da parte, ao passo que, no dolo, o erro é provocado por terceiro.[194] Como já advertíamos na época, não havia razão para a inclusão desse defeito como causa eficiente para a anulação da confissão. Realmente, o dolo importa na presença de terceira pessoa, que pratica atos ardilosos, a fim de induzir alguém à prática de certo ato jurídico. Todavia, como lembra Planiol, "o *dolo* não é reprimido pelo direito a não ser pelo *erro* que ele engendra no espírito da sua vítima; quando este falha e a fraude é descoberta, ele perde seu efeito e o direito civil dele não se preocupa".[195]

Assim, apenas quando o dolo foi hábil a gerar erro no confitente, determinando--lhe falsa percepção da realidade, é que verdadeiramente se poderá anular o ato. A propósito, escreveu Liebman (tratando do direito italiano) que "a lei não fala de dolo, e justamente: se o dolo tiver determinado a errônea convicção da verdade do fato, se recai na hipótese do erro, em caso contrário é irrelevante".[196]

Atendendo a esta antiga reivindicação doutrinária, o Código Civil já havia abolido a possibilidade de anulação da confissão por dolo. Conforme prevê o art. 214 do Estatuto Civil, "a confissão é irrevogável, mas pode ser anulada se decorreu de erro de fato ou de coação". [197]

Correto, portanto, o CPC/2015, em estabelecer apenas as duas causas de anulação da confissão (erro de fato e coação).

4. Erro que legitima a anulação da confissão

No que toca à anulação da confissão calcada em erro, importa salientar que não é qualquer erro que possibilita a anulação do ato jurídico. Somente o erro

193 Clóvis Beviláqua. *Código Civil dos Estados Unidos do Brasil*. 5. tir. Rio de Janeiro: Rio, 1955. p. 341.

194 Silvio Rodrigues. Op. cit., p. 189.

195 Planiol, Marcel. *Traité élémentaire de droit civil*. 4. ed. Paris: Librairie Générale de Droit et de Jurisprudence, 1906. vol. 1, p. 107. Nesta mesma linha de pensamento, disserta Silvio Rodrigues que "assim, postas essas premissas, se alguém foi conduzido a anuir provocado por embuste doloso de outra pessoa, só poderá promover o desfazimento do ato se demonstrar que o consentimento derivou de um erro importante. E é o erro dessa gravidade ou seja, o capaz de provocar a anuência, a causa do desfazimento do negócio, quer tenha sido espontâneo, quer provocado. De sorte que, à primeira vista, pareceria inútil disciplinar-se a figura do dolo, porque apenas com a noção do erro se chegaria a iguais efeitos" Silvio Rodrigues. *Dos defeitos dos atos jurídicos*. vol. 1, p. 190).

196 Enrico Tullio Liebman. *Manuale di diritto processuale civile* – Principi. 5. ed. Milano: Giuffrè, 1992. p. 391. Nesta mesma linha, v. Fredie Didier Jr. *Regras processuais no novo Código Civil*, cit., p. 49-50.

197 A esse respeito, v. Humberto Theodoro Jr. *Comentários ao novo Código Civil* cit., p. 432.

(de fato) sobre elemento essencial do ato possibilita a invocação do defeito, com algum reflexo jurídico.

Como se sabe, a doutrina do direito civil distingue o erro essencial (substancial) do erro acidental. Erro substancial é aquele determinante para a prática do ato jurídico; sem ele, o ato não se teria celebrado.[198] De outra banda, "*erro accidental* é o que recai sobre qualidades secundárias do objecto ou sobre o motivo do ato, quando o motivo não é a causa determinante".[199] A legislação civil apenas admite a anulação do ato jurídico por erro, quando este é substancial. O erro calcado em questões acessórias - seja do objeto, seja pelo motivo não determinante do ato (art. 140 do CC brasileiro) - não tem reflexo para a validade do ato.

Considerando que a matéria do erro na confissão segue as linhas traçadas pela legislação material sobre o tema, também neste campo somente o erro essencial é que viciará o ato, permitindo sua desconstituição na forma preconizada pelo art. 393. E, seguindo estas mesmas diretrizes, fixa o Código Civil as situações em que se considera um erro como substancial: aquele que diga respeito à natureza do ato, ao objeto principal da declaração, alguma das qualidades essenciais do objeto, ou qualidades essenciais da pessoa (a quem se refere a declaração de vontade).[200] A estes se poderia somar a hipótese do motivo determinante para a prática do ato (art. 140 do CC *a contrario sensu*).

Tais são, porém, as causas determinantes de erro substancial, capazes de gerar consequências no plano do direito civil; não são, contudo, causas eficientes para a anulação da confissão, já que algumas destas razões são totalmente impertinentes

---

198 Clóvis Beviláqua. *Código civil dos Estados Unidos do Brasil* cit., p. 334.

199 Idem, ibidem. Segundo Manuel Domingues De Andrade, "ao erro essencial contrapõe-se o chamado erro incidental (*error incidens*) ou concomitante. A essencialidade, neste sentido (pois há quem chame essencial ao erro obstáculo), consiste em ter tido o erro um papel decisivo na determinação da vontade do declarante, por maneira que, se ele conhecesse o verdadeiro estado das coisas, não teria querido de *modo nenhum* concluir o negócio. Erro essencial é pois o que *deu causa* ao negócio (*causam dans*). Mas não se torna indispensável que ele tenha sido *causa única*. Basta que tenha sido *concausa*. Não se exige que só em virtude do erro o errante tenha contratado. É suficiente que tenha contratado *também por causa do erro*, de tal sorte que sem o erro teria desistido *em absoluto* de contratar. Numa palavra: o erro essencial é aquele que - isoladamente ou em colaboração com alguma outra circunstância - levou o errante a concluir o negócio, em *si mesmo* e não apenas nos termos em que foi concluído" (Manuel A. Domingues de Andrade. *Teoria geral da relação jurídica* cit., p. 237-238). Ao contrário, em relação ao erro acidental, salienta o autor, é ele "o que influi somente nos termos do negócio, por maneira que o errante sempre estaria disposto a concluí-lo noutras condições - naturalmente mais favoráveis" (idem, ibidem).

200 Art. 139 do Código Civil brasileiro.

neste campo. É o caso, por exemplo, do erro calcado no motivo determinante do ato. Em termos de confissão, o motivo, ainda que determinante do ato não tem qualquer relevância para sua anulação; se a parte confessa, pensando que poderá beneficiar-se desta confissão em processo posterior e isso não ocorre, tal é totalmente irrelevante para a anulação da confissão. O mesmo se poderá dizer em relação ao erro determinado por qualidades essenciais da pessoa. Também aqui, a confissão emanada com esse vício torna-se irrelevante, já que a pessoa a quem é feita a confissão, ou mesmo aquela outra a quem esta beneficia não tem qualquer influência na sua eficácia ou validade.[201] O fato de o confitente pensar estar con fessando para amigo seu, ou ainda a falsa ideia de que a confissão se faz a um juiz togado, quando em realidade se trata de conciliador, é totalmente irrelevante para a caracterização da confissão (pode, quando muito, influenciar na determinação de uma confissão como judicial ou extrajudicial).

Em todas as hipóteses, entretanto, à causa do erro devem somar-se a *escusabilidade* do erro e a sua *realidade*. A escusabilidade traduz a ideia de que seria normal supor que uma pessoa de inteligência mediana e atenção normal cometeria o erro, se estivesse em semelhantes circunstâncias.[202] Já a realidade do erro significa dizer que este "não pode recair sobre méras qualificações, ou como diz o art. 91, sobre indicação da pessôa ou da coisa, quando uma ou outra se póde identificar".[203]

Não havendo mais alusão ao dolo como causa eficiente para determinar a anulação da confissão, descabe hoje qualquer cogitação a respeito da aplicação dos elementos acima descritos a este vício.

201 Como bem pondera Clóvis Beviláqua, "o erro sobre a pessôa, com que se contracta, só influe sobre a realidade da volição, quando o acto é celebrado em attenção a qualidades essenciais della (...). Na maior parte dos contractos, porém, a consideração da pessôa não entra em linha de conta" Clóvis Beviláqua. *Código Civil dos Estados Unidos do Brasil* cit., p. 337).

202 "Deve ter uma razão plausível ou ser tal que uma pessoa de intelligencia commum e attenção ordinária o possa commetter" (Clóvis Beviláqua. Idem, p. 334). Também assim manifesta-se Manuel Domingues de Andrade, dizendo que "a desculpabilidade tem lugar quando o erro não provém de uma extraordinária ignorância ou falta de sagacidade ou de diligência, por maneira que nele teria incorrido também, dadas as circunstâncias, uma pessoa normal" Manuel Domingues de Andrade. *Teoria geral da relação jurídica* cit., p. 239).

203 Clóvis Beviláqua. *Código Civil dos Estados Unidos do Brasil* cit., p. 336. Diz Humberto Theodoro Júnior que "só é *real* o erro que não se limita a singelas alegações ou meras suposições da parte interessada, mas que corresponde adequadamente comprovado, ainda que por meio de prova circunstancial ou indiciária" Orlando Gomes. *Introdução ao direito civil* cit., nota na p. 418).

5. Erro de direito e confissão

Ainda em tema de erro, debatia-se, no passado, sobre a anulabilidade ou não do ato viciado em erro de direito (e não de fato). Enquanto o erro de fato incide sobre a coisa ou a pessoa relacionada no ato jurídico, o erro de direito "consiste no falso conhecimento ou na ignorância da norma jurídica que determinou a declaração, ou no equívoco sobre certa situação jurídica".[204]

Sempre foi dominante no direito brasileiro a orientação no sentido de que o erro somente vicia o ato jurídico se incide sobre o fato, de modo que é totalmente indiferente o erro de direito. Por outro lado, a corrente que defendia o erro de direito como causa eficiente da anulabilidade de atos jurídicos apoiava-se na ideia de que este vício torna-se relevante na medida em que se constitua no motivo determinante para a prática do ato.[205] Em ambas as correntes, como se observa, a solução do problema que aqui interessa era a mesma: sendo irrelevante o motivo da confissão, não há situação em que o erro de direito possa implicar a sua anulação. Não importando, pois, o motivo da confissão, também se mostra impertinente o exame da causa jurídica que enseja o ato confessório; é aquela questão alheia e indiferente para a validade desta.

A confissão, como lembrado inúmeras vezes, diz respeito à declaração sobre fatos. Somente o erro que incida sobre estes fatos é capaz de gerar alguma influência sobre a questão. Nenhum reflexo terá, portanto, o erro sobre o direito, como causa determinante da anulação da confissão. Neste sentido, há muito disserta Moacyr Amaral Santos que, "considerando que a confissão reconhece a verdade de fatos, não do direito, a doutrina repele sua retratabilidade por erro referente a este e precisamente por nada ter a confissão com as afirmações jurídicas. Confessando a verdade dos fatos, na confissão só há fatos que podem ter sido confessados por erro do confitente. Donde concluir Diana que 'erro de direito, na confissão, é *contradictio in addiecto* e, se verdadeiramente de confissão se trata, não é possível haver erro de direito'. A circunstância do confitente ignorar as consequências jurídicas da

204 Orlando Gomes. *Introdução ao direito civil* cit., p. 419.

205 João Manuel de Carvalho Santos. *Código Civil interpretado* cit., vol. 2, p. 295-296; Silvio Rodrigues. Op. cit., p. 149-151; Orlando Gomes. *Introdução ao direito civil* cit., p. 419. Este último, com efeito, faz a seguinte observação: "O erro de direito choca-se aparentemente com a máxima *nemo jus ignorare consetur*, mas, aqui, não se trata da inobservância da lei com fundamento na ignorância do direito; simplesmente, se considera o erro em relação à validade do ato. O fato de ser inescusável a ignorância da lei não exclui que o erro de direito seja relevante, como coeficiente de determinação da vontade do sujeito, operando, desse modo, nas relações entre as partes (Messineo)" (op. cit., p. 419).

confissão, 'que poderia ser o único erro de direito que induziria a confessar, é por si mesma irrelevante, porque não teria a eficácia de alterar a verdade do fato'".[206]

Mais uma vez, merecem aplauso os preceitos contidos no Código Civil (art. 214) e no CPC/2015, que expressamente se refere, apenas, ao erro *de fato*, como causa de anulabilidade da confissão.

6. Coação física, coação moral e confissão

No que se refere à coação, importa lembrar que apenas a coação moral é que pode determinar a anulação da confissão. A coação física não vicia a vontade, na prática do ato, mas a *exclui*. E, excluída a vontade, o ato não é apenas anulável, mas nulo (ou, caso se aceite a existência, em nosso ordenamento, desta categoria, será mesmo inexistente).[207]

Desta forma, a regra em exame (art. 393) somente tem aplicabilidade no caso de coação moral (relativa), e não absoluta. Neste último caso, não se cogitará de ação anulatória, mas sim de ação declaratória de nulidade (ou mesmo inexistência) do ato jurídico da confissão. Mais que isso, sendo nula esta confissão (ou mesmo inexistente), o reconhecimento de sua ineficácia sequer depende de ação própria, podendo ser avaliada no próprio processo em que foi dada. Contudo, para que se possa utilizar destes mecanismos, necessário se faz comprovar a efetiva exclusão da vontade, com a supressão de escolha pelo confitente. Caso

206 Moacyr Amaral Santos. *Comentários ao Código de Processo Civil* cit., vol. 4, p. 113-114. Em sentido contrário, admitindo que o erro de direito é causa para a anulação da confissão, veja-se Egas Dirceu Moniz de Aragão. *Exegese do Código de Processo Civil* cit., vol. 4, t. I, p. 178-179.

207 "A coacção física, absoluta ou ablativa, reduz o coagido à situação de mero instrumento ou autómato (*A* obriga *B*, arrastando-lhe a mão, a assinar uma declaração negocial; *A*, numa votação em assembléia geral de uma sociedade por levantados e sentados, força *B* pela força física a permanecer sentado); a coacção moral ou relativa ou compulsiva reduz a liberdade do coagido mas não a elimina (neste sentido *coacta voluntas, semper voluntas*), sendo o coagido ameaçado de um mal se não emitir a declaração; a liberdade do coacto é cerceada, mas não excluída, na coacção moral, pois existe sempre uma opção entre padecer o mal cominado ou expor-se à sua consumação e celebrar o negócio (*A* é ameaçado de morte ou de agressão ou de difamação, se não emitir certa declaração negocial). A primeira dá lugar à inexistência do negócio (art. 246); a segunda à mera anulabilidade (art. 256)" Carlos Alberto Mota Pinto. *Teoria geral do direito civil.* 3. ed., 11. reimp. Coimbra: Coimbra Ed., 1996. p. 526-527). Também assim conclui Pontes De Miranda, dizendo que "a *vis absoluta* exclui a suficiência do suporte fáctico. A aparência de manifestação de vontade não entra no mundo jurídico. A intimidação ou coação invalidante, *vis compulsiva*, apenas torna defeituoso o ato jurídico. A despeito dela, o suporte fáctico entra no mundo jurídico" (Francisco Cavalcanti Pontes de Miranda. *Tratado de direito privado.* Rio de Janeiro: Borsoi, 1954, t. IV, p. 348-349).

ainda permaneça a incidência da vontade – pela opção entre sucumbir à ameaça ou sofrer o gravame temido – então a solução caminhará pela aplicação da regra aqui examinada.

Daí decorre que, diante da coação absoluta, não há confissão. Esta somente terá existência, e poderá ser maculada pelo vício em exame, na hipótese de coação relativa. Para que o ato seja viciado, entretanto, faz-se necessário que a coação tenha sido determinante para a sua prática; não que tenha sido a única causa, mas que, sem esta, o ato não teria sido praticado.[208] Da mesma forma, mostra-se imprescindível que a ameaça seja injusta; a ameaça da prática de regular direito, assim como o mero temor reverencial,[209] não constitui elemento suficiente para ensejar a anulação do ato confessório.[210] Por fim, é necessário que a ameaça seja eficaz, ou seja, configure meio hábil a gerar no declarante temor plausível de grave dano.

Evidentemente, complexa será a prova da ameaça – em especial do elemento subjetivo antes aventado (temor plausível). Contudo, para a comprovação deste elemento, estabelece o Código Civil alguns parâmetros, capazes de permitir ao juiz observar o contexto em que se insere a ameaça, observando se as circunstâncias do fato autorizariam supor a efetiva geração de estado de fundado temor.[211]

---

208 Francisco Cavalcanti Pontes de Miranda. *Tratado de direito privado* cit., t. IV, p. 351.

209 "O simples temor reverencial (*metus reverentialis*) costuma ser definido como o temor de *desgostar* ou mesmo de *desagradar* às pessoas a quem se deve submissão e respeito (cf. o art. 1.267, IV, do Cód. espanhol). Assim, principalmente, o receio de magoar os pais ou o desejo de lhes *fazer a vontade*. Segundo estipulam várias legislações e ensinam os autores não existe aqui verdadeira coacção, não havendo, portanto, a correspondente nulidade e demais conseqüências. (...) O temor reverencial envolve uma idéia de superioridade do reverenciado, em face do reverenciante. Por maioria de razão será válida a mesma doutrina quando haja receio de desgosto ou de desagradar, sem existir todavia aquela relação de superioridade (simples relações afectivas)" Manuel A. Domingues de Andrade. *Teoria geral da relação jurídica* cit., p. 278).

210 É neste sentido o art. 153 do CC brasileiro: "Não se considera coação a ameaça do exercício normal de um direito, nem o simples temor reverencial". Todavia, advertia Orlando Gomes, perante regra idêntica do Código Civil revogado, que "o exercício regular de um direito não constitui coação, mas se a ameaça de exercê-lo se faz para obter vantagens excessivas, transformando-se numa intimidação temerária, *vis coacta* há" (*Introdução ao direito civil* cit., p. 425).

211 É o que preceitua o art. 152 do CC: "No apreciar a coação, ter-se-ão em conta o sexo, a idade, a condição, a saúde, o temperamento do paciente e todas as demais circunstâncias que possam influir na gravidade dela". Observe-se que o Código não exige que a ameaça seja de tal monta que se mostre capaz de atemorizar o homem médio; ao contrário, todas as circunstâncias do evento deverão ser tomadas em conta pelo juiz, avaliando aquela situação específica, e considerando se, naquele contexto, é razoável supor a ocorrência do temor fundado.

7. Outros vícios do consentimento e anulação da confissão

Debate a doutrina sobre a possibilidade de se estender a presente regra também às confissões realizadas em simulação ou em fraude contra credores.

A discussão, entretanto, mostra-se inútil, se observada a particularidade incidente sobre ambas as espécies: não há nestas nenhum vício da vontade, no sentido de que a vontade do declarante (ou do sujeito da relação jurídica) seja desviada de seu objetivo. Em ambas as situações, a vontade íntima do sujeito da relação jurídica visa um resultado e, para atingi-lo, aparenta dirigir sua vontade para outro objetivo. O desvio, contudo, é intencional e desejado, sendo necessária a dissimulação da vontade, para se atingir o resultado almejado. A divergência entre a vontade e a declaração é voluntária, livre e intencional.

Tome-se, por exemplo, a simulação. Nesta, "a vontade declarada tem por fim alcançar um proveito, por isso o declarante o quis ocultar, quer à outra parte, quer a terceiros".[212] Há, então, cisão entre a vontade declarada e a vontade íntima. Esta distância, entretanto, é desejada pelo declarante, como elemento integrante para atingir certo fim.[213] O mesmo se dará em relação à fraude contra credores, com a exigência do *consilium fraudis* para a sua caracterização.

Em ambas as situações ter-se-á a vontade do sujeito sem nenhuma mácula: ele deseja efetivamente o resultado obtido, muito embora a vontade declarada pelo agente pudesse aparentar outro objetivo.

Não se cogitará, portanto, de anulação da confissão nestas hipóteses, já que a declaração de ciência sobre o fato jamais incidirá em qualquer divergência com o objetivo pretendido pela parte, quando da sua emanação.[214] Advirta-se, todavia, que

---

212 Luiz da Cunha Gonçalves. *Princípios de direito civil luso-brasileiro*. São Paulo: Max Limonad, 1951. vol. 1, p. 215.

213 A respeito desta intencionalidade na simulação, leciona Manuel A. Domingues de Andrade que "esta intencionalidade traduz-se logo na consciência, por parte do declarante, de que emite uma declaração que não corresponde à sua vontade real. Acresce, porém, que o declarante não só sabe que a declaração emitida é diversa da sua vontade real, mas quer ainda emiti-la nestes termos. Trata-se, portanto, duma divergência livre – querida e propositadamente realizada (Cariota-Ferrara)" Manuel A. Domingues de Andrade. *Teoria geral da relação jurídica* cit., p. 169).

214 Deste mesmo entendimento partilha Egas Moniz De Aragão que, acolhendo lição de Virgilio Andrioli, afirma que "'afigura-se acertada, porém, esta opinião de Virgilio Andrioli: 'quanto aos outros vícios (fraude, dolo), consideramo-los irrelevantes, seja porque sobre a declaração de ciência que constitui objeto da confissão, não pode incidir, pelo art. 2.732' – (no qual é prevista a anulação da confissão por erro de fato ou violência) – 'que exige o erro, a divergência consciente – como a que decorre do dolo ou fraude – entre vontade interna e declaração, seja porque o objeto da declaração de ciência são o conhecimento e o convencimento e não a vontade de declarar, seja, enfim, porque

daí não se concluirá que a confissão, neste caso, torna-se plenamente válida, eficaz e obrigatória para o juiz (ou mesmo perante terceiros); permanece a confissão, para o órgão jurisdicional (e em face de terceiros indiferentes ao processo) como mero instrumento probatório, que possibilita àquele formar seu convencimento sobre os fatos da causa – totalmente irrelevante para terceiros. Por isso mesmo, não se pode concluir, à semelhança do que fez Pontes de Miranda, que terceiros possam valer-se da ação previstas no art. 393, em casos como a simulação.[215]

Nestes vícios (chamados de vícios sociais), eventualmente o processo todo será simulado, sendo que eventuais ações de terceiros não terão por objetivo, especificamente, desfazer os efeitos da confissão, mas sim a finalidade de evitar o resultado do processo simulado realizado (art. 129 do CPC).

8. Vias processuais para a anulação da confissão

Estabelecidas as causas para a anulação da confissão, põe o Código à disposição do confitente uma via específica para obter a invalidação do ato: a ação anulatória.

A legislação anterior previa duas vias diferentes: a ação anulatória e a ação rescisória. A primeira era admissível enquanto pendente o processo em que realizada a confissão; a segunda, depois de transitada em julgado a sentença fundada na mencionada confissão. Embora não se repita mais a previsão, parece evidente que a existência de erro de fato ou coação sobre a confissão é capaz de ensejar "erro de fato", a autorizar o cabimento de ação rescisória, sempre que o juiz, por conta dessa confissão, admitir fato inexistente ou considerar inexistente fato ocorrido, nos termos do que prevê o art. 966, § 1.º, do CPC.[216]

Com efeito, caso não se admitisse a ação rescisória em processo no qual houvesse confissão eivada de erro de fato ou coação, seria de pouca utilidade o art. 393, do CPC, na medida em que a anulação dessa prova só seria viável enquanto pendente a ação em que a confissão ocorreu. Por isso, parece que, a despeito da

---

os vícios da vontade estão excluídos do caráter formal das declarações processuais'" (Egas Dirceu Moniz de Aragão. *Exegese do Código de Processo Civil* cit., vol. 4, t. I, p. 178).

215 Francisco Cavalcanti Pontes De Miranda. *Tratado da ação rescisória* cit., p. 335.

216 A previsão contida na parte final do art. 966, § 1º, do CPC ("... sendo indispensável, em ambos os casos, que o fato não represente ponto controvertido sobre o qual o juiz deveria ter se pronunciado") não parece ser obstáculo à conclusão exposta no texto. É que, presente a confissão, o ponto de fato *deixa de ser controvertido*, como expressamente estabelece o art. 374, inc. II, do CPC. Evidentemente, caso tenha havido suspeita sobre a confissão realizada e, consequentemente, prova no processo em que ela foi usada tendente a afastar a presunção de veracidade decorrente, a situação será diversa, inviabilizando a ação rescisória. Em regra, porém, porque o fato será tido como incontroverso a partir da confissão, fica satisfeito o requisito exposto no art. 966, § 1º, do CPC.

falta de previsão legal específica, o vício (de erro de fato ou coação) na confissão *em que se baseia a sentença* permanece autorizando o emprego da ação rescisória para desconstituir o julgado, com fundamento no art. 966, inc. VIII, do CPC.

Em razão disso, deve-se concluir que, havendo confissão viciada, é cabível ação anulatória - se ainda não transitada em julgado a decisão que se baseia nela - ou ação rescisória - depois de formada a coisa julgada.

Em ambas as situações, porém, não basta que o confitente demonstre a ocorrência de erro de fato ou coação na confissão. É imprescindível ainda que logre provar a inexistência do fato confessado, sob pena de faltar-lhe interesse processual na anulação da confissão, permanecendo esta como elemento de prova relevante no processo em que ocorreu.

9. Ação anulatória e confissão

Sendo cabível a ação anulatória, tirante a hipótese em que o juiz se convença que a confissão efetivamente não reflete a realidade dos fatos (porque, baseado em outros meios de prova, entende em sentido contrário), torna-se evidente que o questionamento sobre a validade da confissão é apresentado como questão prejudicial para o julgamento da outra ação. Merece, assim, ser reconhecida a conexão entre ambas as ações, devendo ser reunidas em um único juízo. Mais que isso, em razão do reconhecimento da prejudicialidade, deve o processo em que ocorreu a confissão ter suspenso o seu seguimento, até a decisão definitiva sobre a validade da confissão controvertida na ação própria (art. 313, V, *a*, do CPC). Como bem adverte Egas Moniz de Aragão, sobre esta questão, "a suspensão, todavia, não decorre automaticamente; a lei condiciona-a a 'depender' o julgamento da causa principal do julgamento da causa prejudicial, e o magistrado é quem afere essa dependência caso a caso".[217]

10. Ação anulatória e pendência do exame da confissão pelo tribunal

Não se pode descurar a hipótese em que esta ação anulatória seja proposta - ou ainda esteja em curso - enquanto o processo em que houve a confissão aguarda julgamento perante o tribunal. O que deve fazer o tribunal, então, se a ação anulatória for julgada procedente? Poderá proferir novo julgamento ou deverá apenas anular a sentença anteriormente proferida?

Egas Moniz De Aragão enfrenta a questão[218] com singular maestria. Segundo ele, basicamente duas situações podem ocorrer. Na primeira delas, tem-se que a sentença de primeiro grau não se apoiou exclusivamente na confissão; o processo

217 Egas Dirceu Moniz de Aragão. *Exegese do Código de Processo Civil* cit., vol. 4, t. I, p. 179.
218 Idem, p. 180.

continha outras provas, igualmente idôneas a gerar no julgador o resultado encontrado. Para esta situação, pendente o reexame pelo tribunal, deverá este julgar o recurso, apoiando-se nas demais provas dos autos.

Por outro lado, caso a confissão haja sido a única prova dos autos, a solução será singularmente diversa. Diz o autor que "encerrada a instrução probatória em primeiro grau de jurisdição e mais tarde (perante o tribunal) excluída a eficácia da confissão, bem poderá acontecer de o tribunal defrontar-se com insuficiência de provas para poder julgar, mas ter de fazê-lo, diante da proibição de pronunciar *non liquet*. Em face dessa situação poderia afigurar-se aplicável a disciplina da repartição do ônus da prova: sentenciar contrariamente àquele que, tendo o encargo de fazê-lo, não produzira a prova. Acontece que diante da confissão cessa o ônus de produzir prova (art. 334, II) e não é possível invocar-lhe as regras para proferir o julgamento; seria ilícito. Como resolver o impasse? Dado que o julgamento em grau de recurso não pode suprimir graus de jurisdição, parece aconselhável cassar a sentença, converter em diligência o julgamento a fim de completar-se a instrução probatória e ser proferida outra, pelo magistrado de primeiro grau, seguindo-se novo recurso, se for o caso".[219]

Esta última solução seria a mesma para o caso – frequente, diga-se – em que o juiz dispense as provas requeridas apenas pelo confitente. Tendo ele confessado, não havia sentido na produção de provas contrárias àquelas declarações; o processo, então, contém todo o arcabouço probatório que a parte contrária pretendia produzir, mas nenhuma prova em favor do confitente. Novamente aqui a aplicação da regra do ônus da prova geraria efeitos absurdos. É, então, também o caso de se anular a sentença proferida, determinando-se a complementação da instrução da causa e novo julgamento.

11. Ação rescisória e confissão

Já nos casos em que a ação na qual ocorreu a confissão tenha sido decidida, com sentença transitada em julgado, deve-se possibilitar a ação rescisória, com base no art. 966, VIII, do Código de Processo Civil.

De todo modo, para admitir a ação rescisória de sentença fundada em confissão inválida, mister se faz que esta confissão tenha sido o fundamento eficaz daquela decisão. Mais precisamente, é indispensável que, sem a confissão, a sentença não possa manter seus fundamentos, *ao menos quanto aos pedidos a que se refere a confissão*. Assim pondera Pontes de Miranda, dizendo que "pode haver outro fundamento: o que se exige é que a sentença nela se haja baseado e, com a sua

219 Idem, p. 180-181.

decretação de invalidade, desapareça".[220] Com semelhante conclusão, manifesta-se Egas Moniz De Aragão, lecionando que "neste caso, porém, é essencial que a confissão tenha sido 'o único fundamento' da sentença prolatada. Não basta ter sido o *principal* dentre os fundamentos, há de ser o único, vale dizer, é essencial que tenha sido *a prova* em que o julgador se apoiou, ou porque não havia outras, ou porque foram reputadas inócuas e por isso postas de lado".[221]

Nos termos do art. 966, § 1.º, do CPC, porém, não basta que essa confissão tenha produzido erro de fato. É necessário que "o fato não represente ponto controvertido sobre o qual o juiz deveria ter se pronunciado". A desconstituição da confissão por meio de ação rescisória, portanto, depende da inexistência de controvérsia posterior à confissão, a respeito do fato confessado. Havendo essa controvérsia – por meio de provas em sentido contrário à confissão – então não há o pressuposto para a admissão da ação rescisória.

12. *Iudicium rescissorium* e confissão

Na ação rescisória eventualmente ajuizada, o tribunal haverá, não apenas de rescindir a sentença (que teve por base a confissão viciada), mas ainda de proferir novo julgamento sobre a causa.

Egas Moniz de Aragão[222] traz relevante questionamento a propósito desta situação. Lembra o mestre a hipótese em que, rescindida a sentença, em virtude do vício na confissão obtida, o tribunal, que deve proferir nova decisão, careça de outros elementos probatórios, para subsidiar seu convencimento. Como bem conclui o autor, na ação rescisória, em face do disposto no art. 974 do CPC, cumula-se o *iudicium rescindens* com o *iudicium rescissorium* (quando for o caso de proferir-se nova decisão). E ambos os juízos são cumulados na mesma instância, perante o tribunal. Esta Corte, então, passa a ser o primeiro grau de jurisdição para aquela ação, devendo, a um só tempo, rescindir a decisão guerreada e proferir novo julgamento sobre a causa.

Desta feita, em havendo a procedência desta rescisória, e invalidada (incidentalmente, agora) a confissão, poderá (*rectius* deverá) o tribunal determinar a produção das provas que entender pertinentes e necessárias para o julgamento da lide que lhe foi submetida, de forma mediata, na ação. Ou seja, "rescindida a sentença (ou acórdão, o que dá na mesma – art. 163) o próprio tribunal passa a

220 Francisco Cavalcanti Pontes de Miranda. *Tratado da ação rescisória* cit., p. 335.

221 Egas Dirceu Moniz de Aragão. *Exegese do Código de Processo Civil* cit., vol. 4, t. I, p. 180.

222 Idem, I, p. 181.

julgar originariamente a causa, incumbindo-lhe os mesmos poderes e responsabilidades atribuídos ao juízo de primeiro grau em caso de a confissão ser anulada com amparo no primeiro inciso".[223]

13. Legitimação ativa para as ações

Estabelece o parágrafo único do art. 393 que a legitimação ativa para a propositura desta demanda é exclusiva do confitente. Entretanto, caso o autor faleça no curso da demanda, a legitimidade pode ser transferida a seus herdeiros.

Trata-se, portanto, de ação personalíssima, na medida em que somente o confitente tem legitimação para propô-la. Não o pode, ordinariamente, nem a outra parte, nem o litisconsorte do confitente, nem o terceiro.

A explicação para esta restrição encontra-se exatamente no regime jurídico atribuído à confissão. Lembre-se novamente: a confissão implica, de um lado, certo vínculo jurídico processual (na medida em que o confitente desonera a parte adversa da produção de prova sobre o fato confessado e renuncia, implicitamente, às provas que pretendia ver produzir para contradizer aquele fato), e de outro (para o juiz e perante terceiro) mero elemento de prova. Estas características, entretanto, são peculiares à relação processual em que a confissão ocorre; somente ali é que aquele aspecto negocial da confissão se opera. E, também em função da própria natureza negocial da confissão, tal vínculo apenas se opera em relação ao confitente e à parte adversária, beneficiada pela confissão. Para o litisconsorte não confitente, bem assim para o terceiro (interveniente ou não), a confissão não passa de mero meio de prova.

Para o terceiro (bem como para o litisconsorte), com efeito, a confissão efetuada em outro processo, perante certos autor e réu, é totalmente indiferente; não causa, para ele, qualquer prejuízo, nem importa qualquer modificação dos direitos probatórios. Apenas poderá ser tomada como uma prova produzida, eventualmente, contra seus interesses. E não haverá hipótese em que este terceiro se possa considerar com interesse processual legítimo para anular qualquer prova obtida – ainda que mediante erro, dolo ou coação. Poderá, quando muito, arguir a falsidade da prova (em especial de seu conteúdo), por meio do caminho adequado (art. 966, VI).

Somente o confitente poderá, portanto, propor a ação de que aqui se cogita. Outras pessoas poderão também atacar a confissão daquele, mas não por meio da presente ação (e sim pela via da ação rescisória, ou eventualmente através do

223 Idem, ibidem.

incidente de falsidade documental, quando se questiona, por exemplo, a veracidade do suporte do documento em que se produziu a confissão extrajudicial), e apenas em circunstâncias especiais.

Art. 394. A confissão extrajudicial, quando feita oralmente, só terá eficácia nos casos em que a lei não exija prova literal.

1. Confissão extrajudicial

Trata-se, aqui, da confissão extrajudicial, determinando o Código a sua eficácia probatória.

Extrajudicial será toda a confissão obtida fora dos moldes antes traçados, ou seja, em situações nas quais a prova é obtida não perante o órgão jurisdicional e dentro do processo. Debate a doutrina se a confissão obtida em um processo e utilizada em outro há de considerar-se como judicial ou extrajudicial. A questão, é certo, tem maior interesse acadêmico do que prático, já que nosso direito – à semelhança do que faz a maior parte da legislação estrangeira – empresta idêntica eficácia a ambas as espécies de confissão. Ainda assim, merece tratamento adequado.

Opinião de valia, sobre a questão, é a de Mattirolo.[224] Segundo o autor, a definição sobre a natureza da confissão, na presente situação, resolver-se-á de acordo com o sujeito que a invocará no processo seguinte. Caso o segundo processo venha a instaurar-se entre as mesmas partes que compunham a relação processual em que ocorreu a confissão, então o transporte daquela prova para o segundo processo manterá a sua condição de judicial. Restará inalterada, então, a eficácia probatória típica da confissão, bem como o caráter negocial que detinha naquele primeiro processo. Todavia, se quem invoca a confissão é um terceiro, então aquela confissão deixa de ser judicial, passando a considerar-se como extrajudicial. "Frente ao *terceiro*, a confissão feita em um juízo no qual não é parte nem esteja representado, não pode ser mais que uma confissão *extrajudicial*, e para dito terceiro, semelhante confissão carece absolutamente do elemento *convencional*".[225]

Não parece, entretanto, que estas observações sejam integralmente corretas. Sem sombra de dúvidas, a confissão invocada por terceiro (em processo subse-

224 Luigi Mattirolo. *Tratado de derecho judicial civil* cit., p. 530.

225 Idem, ibidem.

quente) não terá o caráter negocial que continha perante a relação processual primeira, onde se deu. Isto, contudo, é absolutamente irrelevante para qualificar uma confissão como judicial ou extrajudicial.

Lembre-se que também a confissão extrajudicial, dada entre as partes, enseja o atributo negocial, com a renúncia à prova que a contraria (por parte do confitente) e com a desoneração da prova, pela parte adversa.

O que particulariza a confissão extrajudicial é o fato de ter sido ela feita fora da relação jurídica processual em que será examinada. E isto ocorre tanto em uma como em outra espécie. Ambas serão, portanto, ao que parece, confissões extrajudiciais, ainda que seus efeitos sejam diferentes, conforme os sujeitos envolvidos no processo em que a prova é invocada.

2. Confissão extrajudicial verbal e escrita

Segundo estabelece o Código, a confissão extrajudicial pode dar-se verbalmente ou por escrito.

A distinção tem reflexos importantes no que atine à eficácia da prova em juízo. A confissão feita por escrito à parte contrária tem eficácia idêntica à judicial (art. 389, aplicável aqui, na falta de previsão em sentido diverso). Ao contrário, a confissão efetivada a terceiro, verbalmente, deforma totalmente a figura, perdendo seu caráter probatório (como prova de destaque) e também suas consequências negociais. Mais que isso, determina o dispositivo que a confissão verbal somente tem valor quando a lei não exija, para a prova do ato, “prova literal”.

Assim, a confissão extrajudicial feita oralmente, seja à parte (ou a quem a represente), seja a terceiro, ou ainda a confissão feita oralmente sem direção específica, poderá ser valorada pelo juiz, a seu critério, mas jamais acarretará os efeitos negociais de exonerar a parte contrária da prova do fato, ou mesmo de importar em renúncia, pelo confitente, da produção das provas que se oporiam às conclusões contidas na confissão. Tais formas de confissão são, por isso, denominadas de “confissões impróprias”, já que destoam, completamente, do regime jurídico próprio da figura.

3. Fundamento para o regime diferenciado da confissão escrita e oral

Existe, todavia, razão para que se trate de forma diferenciada a confissão extrajudicial feita por escrito e a feita oralmente?

A justificativa está em que a confissão exarada por escrito, sobretudo quando dirigida à parte, revela, diretamente, a intenção não apenas de criar a prova do fato, mas ainda de criar as obrigações negociais próprias da confissão judicial. Demonstra, de forma inequívoca, para o juiz, que a parte confitente pretendia não apenas provar o fato, mas também exonerar a parte contrária da sua prova, bem como renunciar à prova contrária.

Assim, a confissão extrajudicial (feita por escrito e dirigida à parte) assemelha-se a contrato celebrado entre elas, capaz então de fazer surgir todas as consequências negociais, típicas da confissão judicial.

Não havendo esta forma negocial da confissão extrajudicial, haverá ela de produzir efeitos apenas no plano probatório, sem, contudo, permitir o surgimento dos efeitos outros, típicos da confissão – renúncia da prova contrária e desoneração da prova.

4. Prova literal

O preceito ainda afirma que a confissão extrajudicial feita oralmente somente tem eficácia (de prova) "nos casos em que a lei não exija prova literal".

A previsão está em harmonia com os arts. 406 e 443, II do Código de Processo Civil, e refere-se às hipóteses de prova como elemento constitutivo do ato jurídico. Em situações tais, como a lei material exige, para a validade do ato jurídico, determinada forma específica (instrumento público, por exemplo), somente através deste suporte é que se prova a existência daquele ato; qualquer outra prova, neste particular, torna-se irrelevante, na medida em que, sem o instrumento adequado o ato jurídico não é considerado válido.

Art. 395. A confissão é, em regra, indivisível, não podendo a parte que a quiser invocar como prova aceitá-la no tópico que a beneficiar e rejeitá-la no que lhe for desfavorável, porém cindir-se-á quando o confitente a ela aduzir fatos novos, capazes de constituir fundamento de defesa de direito material ou de reconvenção.

1. Indivisibilidade da confissão

Prevê, aqui, o Código, o princípio da indivisibilidade da confissão. De regra, a confissão é indivisível, porque não se pode aceitá-la como verdadeira em parcela que beneficia a parte contrária, e, ao mesmo tempo, impugnar sua sinceridade em outra porção, em que ela se torna prejudicial ao adversário. Evidentemente, porém, o tema traz à tona questões importantíssimas, já que o confitente, ciente desta indivisibilidade, poderá confessar fatos que – em primeiro momento – venham a prejudicá-lo, mas que, vistos no conjunto, lhe sejam favoráveis (imagine-se, por exemplo, que o confitente reconhece a dívida, mas agrega a esta declaração a afirmação de que já quitara o débito). O princípio da indivisibilidade da confissão, então, sofre atenuações necessárias, a fim de não comprometer o seu espírito.

A finalidade da ideia da indivisibilidade da confissão está precisamente no exame do contexto. A parte que afirma certa visão sobre os fatos expõe estes em seu conjunto, na forma como os sentiu ocorrer. A imagem que pretende transmitir, portanto, encontra-se apenas no conjunto por ela afirmado, e somente dali se pode deduzir todo o aporte de dados que pretendia a parte expor em seu ato confessório. Veemente, neste sentido, é a lição de Moacyr Amaral Santos, dizendo que "aceitou o legislador, portanto, a doutrina de que as declarações na confissão, devem ser consideradas como um todo incindível. A vontade do confitente não emerge senão do conjunto de suas declarações; se a confissão se dividisse, se se pretendesse acolhê-la em parte e repeli-la *gratuitamente* quanto ao seu restante, se chegaria a manifesta injustiça: atribuir-se-ia a quem confessou afirmação diversa e talvez oposta à que realmente disse ou quis dizer".[226] Realmente, a seleção do material que interessa ao adversário do confitente poderia permitir, até mesmo, que se extraísse confissão de declarações onde esta não existia, pela ausência de declaração de fato contrário ao interesse do declarante (a declaração contrária seria apenas parcela da declaração total, que será então favorável ao "confitente").

Desta forma, acolher-se o princípio da indivisibilidade da confissão significa adotar a regra do exame da confissão em seu conjunto, ao invés de desestruturada e compartimentada, trazendo para este campo os melhores elementos que presidem qualquer hermenêutica jurídica. Disso decorre que o juiz não poderá considerar a confissão senão dentro de seu conjunto, sendo-lhe vedado, em princípio (salvo quando houver justificativa que o apoie), utilizar-se dela em certo ponto e desconsiderá-la em outro. De outra parte, esta mesma ideia embasa a conclusão de que o adversário do confitente, aceitando como verdadeiros os fatos confessados que lhe interessam, haverá também, e ainda em princípio, aceitar como verídicos os demais fatos, objeto da confissão.

2. Confissão simples e complexa

A fim de melhor compreender a noção da indivisibilidade, necessária se faz uma breve incursão sobre os conceitos de confissão simples e complexa. Segundo

226 Moacyr Amaral Santos. *Comentários ao Código de Processo Civil* cit., vol. 4, p. 118-119.

Carnelutti, "a confissão pode conter apenas a enunciação de um ou mais fatos contrários ao interesse do confitente (confissão *simples*), ou então pode conter a enunciação de fatos favoráveis àquele interesse (confissão *complexa*)".[227] A tais espécies, ainda se pode agregar a chamada confissão qualificada, que é aquela em que a parte qualifica juridicamente os fatos por ela confessados.[228] Evidentemente, esta qualificação não tem nenhum efeito perante o juiz, que deverá apreciar os fatos, interpretando-os como entender adequado, em face do princípio *iura novit curia.*

Indubitavelmente, a questão da indivisibilidade da confissão apenas tem relevância no trato da chamada confissão complexa. Nas demais hipóteses, não havendo a afirmação de fatos favoráveis ao confitente, a questão da interpretação da confissão não gerará problemas, permanecendo, todavia, o dever de o juiz tomá-la em seu conjunto.

No que diz respeito, porém, à confissão complexa, qual será o limite para a indivisibilidade da confissão? Será ela sempre indivisível, não importando os elementos favoráveis ao confitente, que se agregue ao fato desfavorável?

A questão vem bem explorada por Carnelutti, em sentido que também pode ser acolhido pela correta hermenêutica de nossa legislação. Diz o autor que "o princípio da incindibilidade da confissão não é mais que uma regra legal de prova fundada sobre uma regra de experiência: a experiência não autoriza a considerar verossímil que sobre o *mesmo fato* a parte diga ao mesmo tempo a verdade e a mentira, isto é não autoriza a distinguir entre a parte favorável e a parte desfavorável da declaração. O pressuposto desta regra é então a *unidade do fato declarado* ou, como se diz, a *unidade da confissão*, a qual deriva não tanto do nexo cronológico das palavras, que sejam todas pronunciadas ou escritas em conjunto, quanto do seu *nexo lógico*: não se pode falar de incindibilidade se não quando a parte favorável da confissão seja logicamente conexa à parte contrária ao interesse do confitente".[229]

É, portanto, a unidade lógico-jurídica que impõe a indivisibilidade da confissão. É a unidade dentro do contexto que se mostra como elemento essencial para a apuração desta indivisibilidade.

De outra parte, como acrescenta Egas Moniz De Aragão, "à regra da indivisibilidade da confissão podem ser apontadas algumas exceções previstas na legislação comparada relativamente ao fato acrescentado pelo confitente: *a)* ser diverso;

227 Francesco Carnelutti. *Lezione di diritto processuale civile* cit., p. 261-262. *Passim*, Enrico Redenti. *Diritto processuale civile*. 4. ed. Milano: Giuffrè, 1997, vol. 2, p. 256.

228 Luigi Paolo Comoglio, Corrado Ferri, Michele Taruffo. *Lezioni sul processo civile* cit., p. 644.

229 Francesco Carnelutti. *Lezione di diritto processuale civile* cit., p. 263-264.

não ter conexão com os fatos da causa (Código Civil espanhol, art. 1.233; CPC colombiano, art. 200, 2); *b)* estar provado por outro meio (Código Civil espanhol, 1.233); *c)* ser contrário à natureza, impossível (Código Civil espanhol, art. 1.233); *d)* estar demonstrada sua falsidade (Código Civil português de 1876, art. 2.417, *in fine*); *e)* opor-se à prova documental digna de fé, com data anterior (CPC argentino, federal, art. 423, 3.º); *f)* a lei proibir (Código Civil chileno, art. 1.713, 1, *in fine*; Cód. Civil equatoriano, art. 1.757, 1, *in fine*)".[230] O rol certamente é exemplificativo, mas permite desde logo vislumbrar a ideia do nexo lógico-jurídico anteriormente exposto, bem como a relatividade da noção da indivisibilidade da confissão.

3. Divisibilidade da confissão

No outro vértice da indivisibilidade da confissão, tomada como regra para a interpretação desta prova, está a imposição de sua divisibilidade. Conforme prevê o Código, deve a confissão ser dividida quando "o confitente a ela aduzir fatos novos, capazes de constituir fundamento de defesa de direito material ou de reconvenção".

A ideia, portanto, relaciona-se às noções inicialmente expostas, de evitar-se que o confitente use da confissão como instrumento "simulado" em seu benefício exclusivo. Assim, a declaração de um fato desfavorável ao confitente, como mero pressuposto para a justaposição de fatos novos, desta vez favoráveis ao seu interesse e capazes de representar defesa de sua posição processual, autoriza o juiz a cindir a confissão, tomando-a por verídica na parcela desfavorável e não na restante.[231]

Para que isto se verifique, todavia, deve-se atentar para os requisitos estabelecidos pela legislação:

a) é necessário que o confitente agregue às declarações desfavoráveis algum *fato novo*. Ou seja, é preciso que o confitente aponte fato ainda não integrante do material fático contido no processo, seja porque não foi expressamente aduzido na petição inicial, seja porque também não foi objeto de tratamento nas peças de defesa do réu, seja ainda porque não foi posteriormente alegado nos casos do art. 342 do Código de Processo Civil. Caso o fato favorável já se contenha no conjunto fático dos autos, então não se aplica, em princípio, a presente regra, permanecendo a indivisibilidade. Logicamente, como já se sublinhou, o importante é considerar o conjunto da confissão, razão pela qual, mesmo diante de fato que

---

230 Egas Dirceu Moniz de Aragão. *Exegese do Código de Processo Civil* cit., vol. 4, t. I, p. 186.

231 V. sobre o tema, F. G. Lipari. Sulla indivisibilità della confessione. *Rivista di Diritto Processuale civile*. Padova: La Litotipo, 1925. vol. 2, p. 135-136.

não seja considerado novo, será possível excepcionalmente cindir a confissão, se isso resultar da avaliação do seu contexto.

b) exige-se que este fato novo possa constituir fundamento de defesa de direito material ou de reconvenção. Está-se, aqui, basicamente, no campo das chamadas exceções substanciais indiretas. Ou seja, estes fatos novos devem gerar, sobre o fato desfavorável confessado, algum efeito modificativo, extintivo ou impeditivo. Nestas circunstâncias, a confissão converte-se em verdadeira peça de inserção, no processo, de fatos novos e relevantes para o processo, capazes de alterar a causa de pedir ou mesmo os fundamentos da defesa já estabelecida. Para tais situações, entao, poderá o juiz entender por cindida a confissão, tomando-a na parte desfavorável e descartando-a na parcela favorável ao confitente.

Esta divisibilidade, entretanto, dependerá da análise atenta do órgão jurisdicional. Ou seja, ainda que ocorrentes estes requisitos, poderá o juiz tomar por verossímil toda a confissão, se assim se convencer. Apenas, não será obrigatório que assim proceda (como seria de se ter em regra na situação outra). A previsão da divisibilidade da confissão implica apenas reconhecer que o juiz *poderá* considerar a confissão como efetivada na parte desfavorável, sem, contudo, ter também de considerar como verídicas as demais afirmações da declarante.

4. Natureza da presunção decorrente da indivisibilidade da confissão

Por derradeiro, vale lembrar ainda que a ideia de indivisibilidade da confissão também cede diante da comprovação evidente da inocorrência de certo fato aludido na confissão. É evidente que não poderá o juiz, apenas porque a lei assim o quis, ser obrigado a aceitar como verdadeiro um fato que certamente, à vista do conjunto probatório dos autos, não ocorreu.

Recorde-se, por oportuno, que o princípio da indivisibilidade também é utilizado em relação à prova documental. E, naquele espaço, previu expressamente o legislador a circunstância acima apontada, preconizando que "o documento particular admitido expressa ou tacitamente é indivisível, sendo vedado à parte que pretende utilizar-se dele aceitar os fatos que lhe são favoráveis e recusar os que são contrários ao seu interesse, *salvo se provar que estes não ocorreram*" (art. 412, parágrafo único – grifo nosso).

Embora no caso da confissão, a regra não haja expressamente aludido à prova contrária – como causa capaz de afastar a presunção de indivisibilidade – é certo que também aqui merece aplicação esta solução, uma vez que não se justifica tenha o juiz de acolher como verídico um fato que sabe não ter ocorrido (diante dos outros meios de prova dos autos).

Seção VI
Da exibição de documento ou coisa

1. Colocação da matéria

Na presente seção, o Código regula "meio de prova" que tanto pode ter origem na parte como em terceiro. Trata-se aqui da situação em que a prova de certo fato depende da apresentação, em juízo, de algum documento ou de coisa, que se sabe estar em posse da parte contrária ou mesmo de terceiro. Como bem pondera Redenti, ao tratar da exibição, a legislação não se preocupa, propriamente, com um meio de prova, mas sim com uma forma de tramitação processual, que se presta para oferecer ao magistrado o meio de prova propriamente dito (o documento ou a coisa, para análise).[232]

De qualquer forma, e mesmo sem considerar a verdadeira essência do instituto em exame, é certo que o tratamento da figura está mal colocado na sistemática do Código. Observe-se que, em sentido lato, também uma coisa (como meio de prova) não perde sua natureza, na maioria das vezes, de um documento. Assim, não há sentido em se tratar da figura fora do campo específico, em que a lei processual tratou da produção da prova documental (art. 434 *et seq.*). Efetivamente, a exibição do documento não deixa de ser uma forma de produção da prova documental, tanto que, naquele âmbito trata o Código da exibição do documento, quando este esteja em poder de algum órgão público (art. 438). Esta, aliás, é a sistemática adotada pelo Código de Processo Civil português, que trata dos temas a partir do art. 429, dentro da regulação dada à prova documental.

Tirante isso, também se mostraria mais adequado reservar o trato da matéria para a seção I do capítulo referente às provas, alinhando-se o tema à teoria geral das provas, ao lado das previsões dos arts. 379 e 380, já que destes a regulação da exibição seria a sequência lógica.

Seguiu, todavia, o Código, a orientação preconizada pelo Código italiano, que trata do tema de maneira apartada (§ 3.º da seção III, referente à instrução probatória, a partir do art. 210), incluindo, porém, neste conjunto, o tratamento da exibição determinada também contra o poder público (art. 213).

---

232 Enrico Redenti, *Diritto processuale civile*, 4. ed., Milano: Giuffrè, 1997, vol. 2, p. 241.

2. Limitação da exibição a particulares

De toda sorte, deduz-se do que acima foi dito que a presente seção somente trata da determinação de exibição dirigida contra a parte ou contra o terceiro *particular*. Caso se pretenda a exibição de documento existente em repartição pública, haver-se-á de recorrer à previsão normativa do art. 438 (bem assim a outras previsões correlatas, previstas em legislação extravagante, como o art. 1.º, § 4.º, da Lei 4.717/1965 ou o art. 6.º, § 1º, da Lei 12.016/2009) ou, eventualmente (especialmente no caso de exibição preparatória), à asseguração de prova (arts. 381-383), ou ainda, à figura do *habeas data* (Lei 9.507/1997).

3. Dever de colaboração

Evidentemente, a questão tratada nesta seção envolve sensível problema, relativo, de um lado, à questão da produção da prova contra a parte, e de outro, à extensão da colaboração do terceiro no processo.

Com efeito, a origem do instituto no direito comparado tinha por pressuposto algum direito substancial (propriedade) sobre o documento ou a coisa, direito este que permitiria à parte interessada exigir que quem quer que estivesse com o elemento fosse compelido a apresentá-lo no processo. A evolução do instituto, todavia, fez com que esta orientação fosse superada e, especificamente no direito italiano, se admitisse o poder judicial de determinar a exibição de qualquer documento que fosse necessário ao processo, especificamente para o conhecimento dos fatos da causa.[233] É precisamente aí que se impõe o exame da extensão do dever de colaboração com o Judiciário.

Como se nota desde logo, a determinação compulsória (pena de impor-se a consequência da admissão tácita ou da ordem de busca e apreensão) de exibição terá como causa, sempre, a recusa do sujeito em apresentar certo documento ou coisa. Daí ser legítimo presumir que esta recusa vem respaldada pelo suposto prejuízo que a parte teria com a sua exibição. Entra então em causa o exame da velha questão sobre o dever (ou não) de produzir-se prova contra si mesmo.

Sabe-se que esse princípio tem origem na quinta emenda da Constituição norte-americana, que estabelece que ninguém pode ser compelido a apresentar-se como testemunha contra si próprio, em processo criminal.[234]

233 Enrico Tullio Liebman, *Manuale di diritto processuale civile* – Principi cit., p. 369.

234 "Ninguém (...) nem deve ser compelido em qualquer causa criminal a servir-se como testemunha contra si mesmo (...)."

Apesar do texto expresso, o entendimento que se tem desta regra caminha no sentido de que também ela se aplica frente a processos cíveis, desde que da prova possa originar-se um processo criminal; mais que isso, o direito norte-americano sustenta que a garantia acima referida não se limita apenas à prova oral, produzida pela parte, mas vai além, protegendo o acusado de produzir qualquer prova contra si mesmo.[235] De todo modo, a invocação do princípio da inexigibilidade da produção de prova contra si mesmo pela parte depende, antes de mais nada, que haja contra ela a imputação de um fato delitivo ou, ao menos, que a produção desta prova possa resultar para ela em perigo de sofrer alguma ação penal. Ressalvadas estas hipóteses, não se pode objetar com o princípio para desonerar a parte da produção de prova, ainda que esta venha a prejudicá-la no processo.

Desse modo, observa-se com razoável segurança que não existe a garantia da exoneração do dever de colaborar com o Judiciário, no aporte de provas ao processo, mesmo que sejam prejudiciais à parte que as traz. Ao contrário, a garantia – ao menos nos termos originários, em que foi moldada no direito norte-americano – apenas se limita aos casos em que a exibição da prova pela parte (ou o seu depoimento) possa acarretar-lhe risco de sofrer ação penal (e, neste limite, a garantia vem expressamente aceita em nosso ordenamento, com o art. 404, III); ressalvada esta hipótese, naquele ordenamento é dever seu trazer a prova para o Judiciário, quando assim solicitada, ainda que esta venha em seu prejuízo.

Mais que isso, na elaboração original, a garantia contra a autoincriminação adere à pessoa e não à informação,[236] razão pela qual não poderá ser invocada por outros que não a própria pessoa como causa eficiente para comportar a exoneração do dever de depor ou de exibir a prova. Assim, "se a confissão documentada vem de uma terceira mão *alio intuitu* (...), o seu uso no tribunal não compele o réu a ser uma testemunha contra si mesmo".[237]

Observe-se, para finalizar, que aqui se trata apenas da garantia original contra a autoincriminação. As situações demais, de recusa legítima na exibição, serão abordadas adiante, quando se comentar as hipóteses do art. 404.

---

235 Neste sentido, veja-se Geoffrey C. Hazard JR. e Michele Taruffo, *American civil procedure*, cit., p. 115. Veja-se ainda, nesta mesma forma, o julgado proferido pela Suprema Corte dos Estados Unidos da América, *in* Counselman *v.* Hitchcock, 142 U.S. 547 (1892) e o *leading case* Miranda *v.* Arizona, 384 U.S. 436, 86 *S. Ct.* 1602, 16 *L. Ed. 2d* 694 (1966).

236 Confira-se o julgamento da Suprema Corte dos Estados Unidos da América, *in* United States *v.* Nobles, 422 U.S. 225 (1975).

237 Suprema Corte dos Estados Unidos da América, Johnson *v.* U.S., 228 U.S. 457 (1913).

4. Natureza da exibição

Em relação à natureza da exibição, conclui-se que a medida terá natureza diversificada, conforme se dirija contra a parte ou contra o terceiro.

Embora a questão possa ser tratada de forma diferente no direito comparado, conforme as disposições específicas de cada legislação, é certo que o Código brasileiro vislumbrou aqui uma situação em que, tratando-se de exibição contra a parte, haverá mero incidente do processo; se, todavia, dirigir-se contra terceiro (não integrante da relação processual) então consistirá em verdadeira ação incidental.

É certo que a origem de ambas as figuras remonta ao direito romano, tendo suas raízes na *actio ad exhibendum* e *actio de edendo*. De forma sumária, a primeira dirigia-se à apresentação de coisas móveis (ou ainda, segundo parcela da doutrina, de imóveis) e a segunda visava à apresentação de documentos. E é certo que o direito comparado recebeu essas figuras por vezes mantendo-lhes a natureza própria (de ação), e, em outros casos, inserindo-as como mera medida processual, no curso de um processo já instaurado.

No direito brasileiro, entretanto, a medida está delineada com a dúplice natureza. Dirigindo-se contra a parte, será mero incidente processual, que não culminará diretamente com decisão do incidente, mas ao contrário, com a exibição do documento ou com a aplicação da admissão do fato probando, na sentença final. De outra parte, havendo a determinação de exibição contra terceiro, então haverá verdadeira ação incidental, que culminará por decisão em que o juiz determinará a exibição, liberará o terceiro desta imposição (por ter como legítima a recusa em fazê-lo) ou apenas declarará a satisfação da pretensão à exibição (porque esta ocorreu espontaneamente).

A propósito, leciona Egas Moniz de Aragão que "observando-se as diferenças existentes entre a exibição exigida da parte contrária ou do terceiro torna-se clara a *mens legis*. Quanto à própria parte, o juiz *pode* ordenar, *de ofício*, ou *a pedido*; o requerido será *intimado*; o pronunciamento é *decisivo*; a não exibição pode acarretar ônus, caso em que não há *sanção*. Dessas características da lei italiana, tanto no que tange à parte quanto ao terceiro, a doutrina extrai argumentos em prol da inexistência de ação. Já em relação a terceiros, o Código acentua não poder o juiz agir de ofício, nem ser facultativa a determinação (a fórmula verbal *pode* desaparecer); o terceiro é *citado*; a solução é dada por *sentença*; a não exibição acarreta *sanção*; o julgamento é *exequível* por via de apreensão. Da ausência dessas características na lei italiana a doutrina extrai argumentos para demonstrar a inexistência de ação; afirma, com base nisso, haver mero poder processual. Por conseguinte, sua presença na lei brasileira revela a existência de *ação*".[238]

5. Fundamento do dever de exibição

Caracterizada a natureza da exibição, também se pode questionar sobre o seu fundamento.[239] O que, afinal, legitima ao Judiciário determinar às partes ou ao terceiro que compareçam em juízo, apresentando documentos e coisas suas - por vezes, até, restringindo sua intimidade e sua liberdade.

A primeira teoria surgida para explicar a legitimidade desta conduta calcava-se em elementos do direito material. Segundo ela, a exibição se justifica enquanto respaldada em um "direito à exibição material". Ou seja, a exibição processual justificar-se-ia quando o postulante tivesse algum direito substancial, que lhe assegurasse a possibilidade de impor a sua apresentação em qualquer lugar e, da mesma forma, em juízo (como, por exemplo, na situação em que o pretendente fosse proprietário da coisa). A toda evidência, esta teoria não se presta para justificar o instituto da exibição, mesmo porque, como bem acentua, Sergio La China,[240] o titular de um direito substancial sobre o documento não necessitaria pedir ao juiz a sua exibição, bastando solicitar àquele que detém a coisa o adimplemento da prestação correspondente.

É certo que o titular de um direito sobre a coisa ou sobre o documento (direito de gozo) pode vê-la exibida em juízo.[241] Neste caso, todavia, o incidente de exibição torna-se totalmente despropositado, sequer podendo o detentor da coisa ou do documento opor-se à exibição, invocando as razões do art. 404. Com efeito, se o pretendente à exibição tem direito (por exemplo, algum direito real) sobre a coisa, é claro que nem mesmo razões de preservação da intimidade ou violação de dever de honra constituem obstáculo sério à negativa de atendimento ao direito que está sendo exercido.[242]

238 Egas Dirceu Moniz de Aragão, *Exegese do Código de Processo Civil* cit., vol. 4, t. I, p. 189-190. Entendendo contrariamente, no sentido de que a exibição, no direito brasileiro, tem sempre a natureza de ação, veja-se Moacyr Amaral Santos, *Comentários ao Código de Processo Civil* cit., vol. 4, p. 122.

239 Sobre todas estas teorias, veja-se Sergio La China, Esibizione documentale, *Enciclopedia del diritto*, Milano: Giuffrè, 1988, vol. 15, p. 701 e ss.

240 Sergio La China, Esibizione documentale, *Enciclopedia del diritto* cit., vol. 15, p. 701.

241 Cf. Francesco Carnelutti, *Sistema de derecho procesal civil* cit., t. II, p. 454.

242 "Já da simples existência de um direito de propriedade sobre um documento descende a estraneidade de qualquer outro sujeito, que não seja o proprietário, em relação ao conteúdo do documento, e assim, de reflexo, uma primeira geral, mas segura nota de privacidade dele mesmo" (Sergio La China, Esibizione documentale, *Enciclopedia del diritto* cit., vol. 15, p. 704).

De outra parte, tentou-se explicar a natureza da exibição no interesse específico da parte em obter prova em seu favor; ou, também nesta linha, o interesse do Estado em descobrir a verdade sobre os fatos. Seria a necessidade de instruir a demanda judicial com elementos de convicção para o juiz que justificariam a figura da exibição. Todavia, também esta teoria peca pelo excesso. É claro que, na base do instituto, encontra-se esta raiz; porém, observa-se do delineamento da figura que a lei põe a salvo, em diversas circunstâncias, os interesses do sujeito passivo da exibição, liberando-o da carga desta apresentação. Resulta, então, que nem só o interesse exclusivo do pretendente à exibição é que informa o instituto, que busca um equilíbrio entre o interesse público e o particular.

Enfim, como pondera La China, trata-se de um "problema de equilíbrio, portanto, e de limites. É certo que não pode valer como limite, como já se disse, a referência a verdadeiros e próprios direitos substanciais à exibição ou depósito do documento; e admitamos então que podem fazer-se exibir em juízo também documentos que fora do processo não se tinha nenhum direito de examinar ou receber. Mas, estabelecido este ponto, deve-se de outra parte estabelecer que nem todos os documentos indistintamente podem vir a ser feitos exibir. Entre estes é necessário distinguir de modo que se precise que para uma certa classe de documentos a exibição é admitida, para certa outra não".[243] A solução deste conflito (entre o interesse público e o particular) parte do exame das hipóteses em que a lei admite a exibição, bem como daquelas outras, em que a lei, *a priori*, a exclui. Dentro deste campo, é essencial a tarefa do juiz, apreciando a peculiaridade do caso concreto e adaptando a ele as regras abstratamente previstas. É, então, o conteúdo do documento (ou a ideia que pode transmitir a coisa) que deve orientar a separação dos campos do interesse público e do interesse privado (conforme será visto nos comentários específicos).

6. Pessoas sujeitas ao dever de exibição

Finalmente, questão que merece atenção desde logo diz respeito a quem deve ser considerado como terceiro ou como parte para os fins da exibição. Especificamente, importa determinar se os terceiros intervenientes no processo haverão de ser tratados, para o fim aqui estudado, como partes ou como terceiros.

De pronto, necessário se faz observar que a exibição (tratada na presente seção), somente ocorrerá após a citação do réu e, na grande maioria dos casos, já na fase instrutória do processo. Efetivamente, na fase postulatória, dificilmente haverá

243 Sergio La China, Esibizione documentale, *Enciclopedia del diritto* cit., vol. 15, p. 704.

espaço para o incidente de exibição. Enquanto não citado o réu, sequer se pode determinar se o fato (a ser provado com o documento que deve ser exibido) será controvertido, carecendo, então, prova. Mais que isso, pode ocorrer que, citado, o réu traga, anexado à sua resposta, o documento que se pretendia forçá-lo a exibir. Em sendo o réu interessado na exibição, poderá suceder que requeira a exibição na oportunidade de defesa, processando-se esta posteriormente. Assim, pode-se concluir que o momento primeiro, em que se poderá cogitar da determinação de exibição - salvo a possibilidade de exibição preparatória, que então seguirá rito próprio e precederá sempre o litígio principal (art. 381 e ss.) - será na fase das providências preliminares ou, quiçá, com maior adequação, no saneamento do processo (art. 357), momento em que deve o juiz decidir sobre provas.

Destas premissas extrai-se que os terceiros intervenientes, quando da ocasião da exibição, já estarão, quase todos, devidamente incorporados no processo. E mais, tem-se então que estes terceiros intervenientes, na maioria das vezes, ao ingressarem no processo, transmutam sua condição de terceiro em parte. Assim acontece com o chamado ao processo, com o denunciado à lide e com o assistente litisconsorcial. Todos estes, tendo ingressado no processo, passam a ser considerados, pela lei, como partes. Diante disso, natural será que se considerem estes sujeitos como partes para os fins da exibição aqui tratada, a partir de quando tenha ocorrido a intervenção, ou seja, desde que tenham solicitado sua participação no feito (ou que esta tenha sido provocada) e haja o juiz decidido favoravelmente. Antes desse momento, deverão ser considerados como terceiros para os fins aqui estudados, porque embora pudessem intervir no feito não o fizeram ou sua solicitação ainda não foi atendida.

Quanto ao *amicus curiae*, parece certo que o tratamento dos poderes de sua intervenção se rege, ainda que de modo limitado, pelas regras próprias do regime da parte. Não se quer dizer com isso que esse interveniente seja considerado parte no processo, mas que seus poderes são (com maior ou menor extensão, de acordo com a definição do juízo ou do tribunal, nos termos do art. 138, § 2º, do CPC) aqueles normalmente ligados à figura da parte. No entanto, para fins de exibição, deve ser sempre considerado como um terceiro até porque o *amicus* não deduz pretensão própria em juízo, nem tem pedido formulado contra si. Ademais, é certo que não há qualquer lógica em pretender aplicar as consequências tipificadas pelo art. 400, *caput*, do CPC, em razão da não exibição.

Com tais considerações, verifica-se que a questão problemática cinge-se à figura do assistente simples. Este, ainda que intervindo em processo em curso, mantém sua condição de terceiro, embora exerça poderes processuais naquele feito.

Egas Moniz de Aragão, debruçando-se sobre a questão, sustenta que "para a exegese da norma, o vocábulo *parte* deve ser entendido com a maior amplitude, compreendendo todos quantos participam do processo e não apenas as 'partes' propriamente ditas, isto é, autor e réu. Como 'partes' também devem ser tidos os litisconsortes, assistentes e mais intervenientes que, para esse fim, passam a ser como tal considerados por terem ingressado na relação processual; *terceiro* é quem está alheio".[244]

A solução, todavia, não parece ser a melhor para este caso. Os conceitos de parte e de terceiro são conceitos técnicos e não convém distorcê-los sem justificativa razoável e prudente para tanto.

Ademais, note-se que a relevância em distinguir a situação de parte ou de terceiro para a exibição está precisamente em definir quais as consequências que poderá o juiz determinar no caso de recusa na apresentação do documento ou coisa: em se tratando da parte, poderá o juiz ter como verdadeiro o fato que se pretendia comprovar; ordenada a exibição contra o terceiro, imporá o juiz a busca e apreensão do documento ou da coisa.

Não parece razoável poder o juiz aplicar a regra da admissão contra o assistido, porque o seu assistente optou por não apresentar certo documento que estava em seu poder, cuja exibição fora determinada. Como notório, a atuação do assistente simples não pode contrariar as diretrizes fixadas pelo assistido, muito menos podendo, então, prover atos de disposição em contrariedade aos interesses do assistido. Não pode, então, o juiz impor a admissão do fato probando ao assistido, em função de uma conduta exclusivamente tomada pelo assistente. Evidentemente, a solução para a recusa do assistente não será aquela preconizada pelo art. 400, mas sim a imposta pelo art. 403.

Assim, a exibição determinada contra o assistente simples (até mesmo porque este não pode ser caracterizado, tecnicamente, como parte) deverá sujeitar-se ao tratamento previsto para a exibição contra terceiro por critérios eminentemente práticos, que impossibilitam outra solução para a questão.

Art. 396. O juiz pode ordenar que a parte exiba documento ou coisa que se encontre em seu poder.

244 Egas Dirceu Moniz de Aragão, *Exegese do Código de Processo Civil* cit., vol. 4, t. I, p. 191.

1. Objeto da exibição

A regra em exame complementa a previsão do art. 379, III, em que se estabelece como dever da parte "praticar o ato que lhe for determinado".

A previsão refere-se, unicamente, à exibição de documento ou coisa. Por documento se considera não apenas o documento escrito, em papel, mas todo o elemento capaz de representar diretamente um fato; tem-se, enfim, para atingir este conceito, de recorrer aos elementos da seção seguinte, que trata especificamente da prova documental.[245]

Coisa, em sentido amplo, é a denominação que se dá a "tudo aquilo que pode ser objeto de relações jurídicas" (art. 202 do CC português). Em sentido mais restrito, e utilizado pelo direito nacional, tem-se como coisa qualquer bem corpóreo,[246] seja móvel, seja imóvel. Exclui-se, então, de pronto, possam ser objeto da exibição os bens imateriais. Também se excluem, comumente, do objeto da exibição as coisas imóveis. Isto porque, embora se encaixem na definição de coisa, sua verificação se efetivará ou através de prova pericial, ou por meio de inspeção judicial.[247] Esta orientação, entretanto, merece um pequeno reparo, já que não é perfeitamente precisa. É verdade que, normalmente, os imóveis não se prestam à exibição uma vez que, por sua natureza específica, encontram-se fixados em determinado local, não podendo ser demovidos. Outros imóveis, todavia, o são apenas por expressa determinação legal (art. 80 do CC brasileiro). Aqui, por estrita ficção jurídica, qualificam-se como imóveis, por exemplo, os direitos reais sobre imóveis ou o direito à sucessão aberta; nestes casos, como parece evidente, não se cogitará de prova pericial, de inspeção judicial, nem de exibição (já que se trata de direito). Poderá, de toda sorte, ser objeto de exibição o *documento* que ateste a existência de algum destes "bens imóveis".

2. Requerimento de exibição e exibição de ofício

Observe-se que a exibição do documento ou da coisa poderá ser determinada de ofício pelo magistrado, ou mediante requerimento de interessado. Moacyr Amaral

245 Para um melhor exame do conceito de documento, recomenda-se ao leitor consultar os comentários respectivos, adiante.

246 "Alguns escritores preferem designar com o termo *coisas* o objeto dos direitos patrimoniais. Mas a palavra *coisa* é empregada em acepção lata e então compreende 'todo objeto dos sentidos ou do pensamento, *omne* est *aut* cogitatur', ou em sentido restrito, e designa simplesmente os objetos materiais" (Eduardo Espínola, *Sistema do direito civil*, Rio de Janeiro: Ed. Rio, 1977, p. 471).

247 Egas Dirceu Moniz de Aragão, *Exegese do Código de Processo Civil* cit., vol. 4, t. I, p. 191.

Santos entende que a exibição depende sempre de requerimento de interessado.[248] Não parece, contudo, tenha o mestre razão em sua observação; que a restrição por ele vista encontra respaldo na lei, nem em interpretação correta dos dispositivos em exame. Ademais, se é dever da parte praticar o ato que lhe fora determinado pelo juiz (art. 379, III) e, entendendo o magistrado que, para formar sua convicção se faz necessária a apresentação de certo documento, não existe razão lógica para impedir-se a determinação de exibição *ex officio*.

O pedido de exibição caberá não apenas a quem seja parte no processo, mas também aos terceiros intervenientes, inclusive ao assistente simples (art. 121). Também o Ministério Público, quando atue como fiscal da ordem jurídica, poderá requerer ao juiz que determine a exibição.

A fim de legitimar-se ao requerimento de exibição, deve o interessado demonstrar que efetivamente detém interesse na apresentação do documento ou coisa em juízo. Este interesse está umbilicalmente ligado ao estado da prova no processo, ao suposto conteúdo do elemento a ser exibido e ao possível benefício probatório obtido pelo requerente com a apresentação desse. Ou seja, é necessário – para avaliar-se o interesse do requerente na exibição – que tal postulação se funde em fato ainda não provado nos autos (ou ao menos na intenção de produzir contraprova daquele fato), que o elemento a ser exibido potencialmente possa destinar-se a provar este fato e que a prova deste fato gere algum benefício ao solicitante. Na reunião destes requisitos ter-se-á a legitimidade do pedido de exibição contra a parte (valendo estas observações também em relação ao terceiro).

Quanto à legitimidade passiva, para o presente instituto somente poderá figurar como requerido alguém que já componha um dos polos da relação jurídica processual instaurada, na qualidade de parte (outras pessoas estarão sujeitas à exibição prevista pelo art. 360). Advirta-se, entretanto, que esta qualidade de parte não se resume às pessoas do autor, do réu e de seus litisconsortes, mas também é detida pelo chamado ao processo, pelo nomeado à autoria, pelo denunciado à lide, pelo opoente e pelo assistente litisconsorcial. Tais são as pessoas que poderão ser demandadas a exibir documento ou coisa, na forma do art. 401. Outrossim, soma-se a este requisito a vinculação deste requerido ao requerente, em função do documento a ser exibido.[249] Dito de

248 *Comentários ao Código de Processo Civil* cit., vol. 4, p. 125.

249 Como lembra, a propósito Moacyr Amaral Santos, "na exibitória preparatória ou incidente, é parte legítima, como requerida, tanto a pessoa contra quem se prepara a ação principal ou contra quem se previne de uma ação, como outrem que esteja na posse de documento ou coisa, necessário

outro modo: o demandado deve estar obrigado a exibir o referido documento, sendo que este dever é extraído (*a contrario sensu*) das exceções previstas no art. 404.

Art. 397. O pedido formulado pela parte conterá:

I – a individuação, tão completa quanto possível, do documento ou da coisa;

II – a finalidade da prova, indicando os fatos que se relacionam com o documento ou com a coisa;

III – as circunstâncias em que se funda o requerente para afirmar que o documento ou a coisa existe e se acha em poder da parte contrária.

1. Requisitos do requerimento de exibição contra a parte

Pretendendo o sujeito processual requerer a exibição de documento ou coisa, que se encontre em poder de parte no processo, deverá ele formular requerimento adequado, que atenda aos requisitos estabelecidos no presente artigo.

Não é imprescindível que o requerimento, de que trata este artigo, seja feito de forma escrita, satisfazendo-se o Código com a exteriorização da pretensão, seja de forma oral ou escrita. Nada impede, portanto, que o sujeito formule seu pleito de exibição diretamente – sempre por intermédio de advogado – na audiência de saneamento, se houver, quando deverá o juiz decidir sobre as provas que pretende produzir. Outrossim, fala-se aqui em sujeito processual porque, como já visto, não se limita à parte a legitimidade ativa para esta postulação.[250] Poderá muito bem suceder que o solicitante da providência seja o assistente simples – que, por expressa determinação legal, detém os mesmos poderes e sujeita-se aos mesmos ônus processuais que o assistido (art. 121) – ou qualquer outro tipo de terceiro interveniente, ou ainda o Ministério Público, na condição de fiscal da ordem jurídica.

Embora não se possa, aqui, falar de efetiva ação incidental (tal como ocorre em relação ao pedido de exibição formulado em face de terceiro) prescreve o Código um verdadeiro incidente no processo, a fim de que tal apresentação ocorra. E, iniciando esta exibição, estabelece a lei a necessidade de requerimento do sujeito

---

à prova dos fatos em tal ação, desde que aquela ou esta pessoa se ache na obrigação de exibir" (*Comentários ao Código de Processo Civil* cit., vol. 4, p. 125).

250 Veja-se o item 2 dos comentários ao artigo precedente.

processual, que deverá, obrigatoriamente, observar os requisitos previstos no art. 397. Vistos adequadamente, logo se nota que tais requisitos não se assemelham, nem de longe, aos estabelecidos no art. 319, para a petição inicial. E, efetivamente, a presente manifestação não se confunde com petição inicial de ação, embora, em alguns pontos, a esta se assemelhe. É certo que a parte solicitante deverá indicar o juízo a quem se destina o pedido, sendo ainda imperioso que determine o feito específico em que tal petição será encartada (como, aliás, ocorre com qualquer petição). Não há, porém, a necessidade, aqui, de se qualificar as partes (requerente e requerido), bastando que do pedido conste o nome do postulante e o daquele que deverá exibir o documento solicitado. Também deve o requerimento mencionar claramente o pedido que se pretende, ou seja, a exibição de certo documento ou coisa, presumivelmente em posse da parte requerida.

É, entretanto, quanto à fundamentação do pedido que a questão toma matiz especial. Deverá a parte postulante, nas razões de sua pretensão indicar expressamente todos os requisitos mencionados neste artigo, sob pena de ser-lhe negado o atendimento ao pleito.

2. Identificação do objeto da exibição

Na fundamentação vinculada do requerimento de exibição haverá o pretendente de indicar, com precisão, qual o bem ou a coisa a ser exibida. Deverá, nestes termos, descrever minuciosamente o objeto da exibição, particularizando-o, da forma mais específica possível, de tal forma que a parte requerida e também o juiz possam saber a que documento ou coisa se refere a exibição, seja para a efetiva apresentação do objeto, seja para aplicar as consequências de eventual recusa.

Certamente, a exigência da lei merece interpretação adequada com a realidade. A especificação do objeto deve atender, ao menos, aos mínimos requisitos que possibilitarão ao requerido saber a que coisa ou documento o pedido se refere. Não há, entretanto, de se exigir grau excessivamente elevado de pormenorização do objeto, uma vez que a parte, por vezes, não tem condições de fornecer todos os elementos identificadores da coisa ou do documento, especialmente porque não está de posse destes. Suficiente, portanto, para atender aos fins do dispositivo, que os elementos indicados habilitem o requerido a compreender de que documento ou coisa trata o pedido de exibição.

De outra banda, por meio deste requisito pode-se antever que o Código apenas admite a exibição de certo documento ou de certa coisa específicos. Repugna à legislação o pedido genérico, em que o demandante busca obter provimento judicial para forçar outro sujeito à exibição de qualquer prova de que este disponha e que possa ser a este desfavorável, ou que possa abalizar as afirmações daquele requerente.

E essa vedação não decorre do fato de que – como comumente se pensa – o sujeito não é obrigado a fazer prova contra si, mas apenas porque não se pode exigir dele o impossível, ou seja, impor a ele que traga ao processo tudo aquilo que poderia, ainda que eventualmente, interessar à parte contrária.

Exige ainda a lei que o requerente da medida indique "a finalidade da prova, indicando os fatos que se relacionam com o documento ou com a coisa". Obviamente, a previsão decorre da necessária exigência – comum a todos os meios de prova – da utilidade na produção da prova. A determinação contida no art. 357, II, expressa a intenção da lei no sentido de que o juiz decida sobre as provas que mandará produzir; e, para tanto, deverá calcar-se na necessidade e na utilidade da produção de certa prova. A necessidade residirá no questionamento sobre a exigibilidade ou não de prova sobre certo fato para a causa em apreço (basicamente, cinge-se o problema às hipóteses do art. 374, à existência ou não de outras provas já produzidas sobre aquele mesmo fato ou possibilidade de se comprovar o fato através de outro meio, mais adequado – tão ou mais eficiente e menos gravoso).[251] Já a utilidade terá em vista a capacidade do meio probatório em comprovar certo fato. Cotejando estes elementos – que estarão expressos no requerimento da exibição, em face do contido no art. 397, II – terá o juiz condições de avaliar a real dependência, para o exame da causa, da determinação de exibição daquele específico documento ou daquela coisa.

Também este requisito visa delimitar o campo da eventual incidência da presunção fixada no art. 400. Por aquela presunção, ter-se-ão "como verdadeiros os fatos que, por meio do documento ou da coisa, a parte pretendia provar". Estes fatos, que serão tidos como verdadeiros, serão apenas os fatos elencados expressamente no pedido de exibição, não apanhando, ao menos em princípio, outros ali não arrolados. O reconhecimento da veracidade de fatos outros, que não estes especificamente vazados no pedido da exibição, pelo juiz, haverá de vir acompanhado de justificativa plausível do órgão jurisdicional, capaz de apresentar juízo dedutivo da verossimilhança desse fato outro, não apontado no pedido do requerente.

Enfim, prevê a lei que o requerente da medida deve esclarecer ao juiz as razões que o levam a acreditar que o objeto da exibição exista e que está em poder daquela

251 Daí a razão pela qual Egas Moniz de Aragão preconiza outro requisito para o pedido de exibição: "Conquanto a disposição comentada não o diga, dela deflui um requisito a mais: o de o requerente demonstrar a necessidade que tem do documento para produzir a prova visada através dele. Se lhe for possível chegar ao mesmo resultado por outro meio (depoimento do adversário, p. ex.), a exibição poderá tornar-se desnecessária" (Egas Dirceu Moniz de Aragão, *Exegese do Código de Processo Civil* cit., vol. 4, t. I, p. 194).

parte requerida. Quiçá aqui resida o mais importante elemento que a petição de exibição deve conter. Estabelece-se, neste elemento, a necessidade de o sujeito requerente apontar indícios ou demonstrar, por outra forma, a real existência do documento ou da coisa que se pretende seja exibida; da mesma forma, deve o requerente reunir elementos de convencimento ao juiz, para fazê-lo crer que efetivamente o referido documento ou a aludida coisa está em posse do requerido daquele incidente.

Se a sanção que se comina à falta de exibição é a presunção de veracidade dos fatos que se pretendia provar, é certo que esta consequência somente poderá ser aplicada diante da segurança do órgão jurisdicional de que o objeto da exibição realmente existe e de que o requerido, mesmo possuindo tal objeto, negou-se a apresentá-lo.

3. Instrução do requerimento de exibição

Desnecessário seria dizer que, a par dos requisitos exigidos para a petição que requer a exibição (que serão obrigatórios), poderá, e mesmo deverá, o requerente instruir seu requerimento com as provas que entenda cabíveis para demonstrar a efetiva ocorrência daquelas suas razões.

Com efeito, não será de se estranhar se os requisitos mencionados no art. 397 somente vierem a adquirir algum grau de verossimilhança a partir de provas sobre sua real ocorrência. Aqui, então, haverá lugar para a juntada, ao requerimento da exibição, de documentos capazes de comprovar a sinceridade das afirmações ali contidas. Entretanto, apenas a prova documental poderá acompanhar esta petição; eventuais outros meios de prova, de que a parte careça para demonstrar a viabilidade da exibição, poderão ser produzidos (se assim o magistrado entender necessário e conveniente) em audiência, juntamente com as demais provas atinentes aos fatos narrados na fase postulatória.

4. Deliberação judicial sobre a exibição

Oferecida a petição de exibição – que, frise-se novamente, poderá ser deduzida oralmente também – poderá o juiz deferir o pedido ou não. Sua decisão será negativa, se verificar, por exemplo, que a prova que se pretende obter pode ser lograda por outro meio que não a exibição (sendo este outro meio menos gravoso para o requerido), ou ainda se entender que a prova se mostra desnecessária ou inútil.

Da mesma forma, poderá o juiz, antes de apreciar o pedido, determinar que o requerente complemente sua petição, esclarecendo-lhe algum ponto específico do requerimento. O prazo para esta emenda, entretanto, não poderá ser aquele fixado no art. 321 (quinze dias), já que este se refere a petições iniciais, que aportam ao processo uma ação; no presente caso, a petição não deduz nenhuma ação, mas apenas inicia um incidente no processo pendente. Para a complementação da petição de exibição, *quando formulada contra a parte*, deverá o juiz fixar o prazo comum do Código, ou seja, cinco dias (art. 218, § 3º).

Art. 398. O requerido dará sua resposta nos 5 (cinco) dias subsequentes à sua intimação.

Parágrafo único. Se o requerido afirmar que não possui o documento ou a coisa, o juiz permitirá que o requerente prove, por qualquer meio, que a declaração não corresponde à verdade.

1. Intimação do requerido para a exibição

Recebida pelo juiz a petição que inaugura o procedimento de exibição contra parte, determinará ele a oitiva do requerido no prazo de cinco dias. Esclarece o Código que, para tanto, deverá o requerido ser *intimado*, o que reforça a ideia de que não se trata, propriamente, de ação incidental, mas de mero incidente do processo.

A intimação para o incidente haverá de ser feita diretamente à parte, não sendo suficiente que se intime, para exibir certo documento ou coisa, o seu advogado constituído. Tal se deve em razão de haver, aqui, determinação específica a que a parte faça alguma coisa, e, tratando-se de ato pessoal dela, deverá ela ser especificamente intimada para a prática da conduta ordenada.

Parece ser também recomendável a intimação do defensor do requerido. É que, se de um lado, a prática do ato incumbe à parte, de outro as consequências da exibição (ou de sua negativa) poderão ser sentidas diretamente nas teses defendidas no processo. Assim, a exibição importará, seguramente, novas linhas para as posições processuais das partes, repercutindo de maneira imediata nas diretrizes de atuação dos advogados das partes. Diante disso, é de ser exigível também a intimação do defensor da parte requerida, a fim de que possa informar o seu cliente das consequências da não exibição para o interesse deste, bem como para que possa rever sua estratégia de ação no processo.

2. Defesa do requerido na exibição

Intimados, então, o requerido e seu respectivo defensor, inicia-se o prazo para a resposta do demandado, sempre se observando as determinações do art. 231, a respeito do cômputo do prazo.

Neste prazo, fica claro que o demandado poderá defender-se ou não. A defesa será certamente ônus do requerido, mas nunca um dever. Em preferindo o réu permanecer silente frente ao pedido de exibição, operar-se-ão efeitos semelhantes aos da revelia, incidindo à hipótese a presunção (relativa) da admissão "como verdadeiros os fatos que, por meio do documento ou da coisa, a parte pretendia provar" (art. 400, I).

Note-se que, para a caracterização desta presunção não basta o simples silêncio da parte, diante do requerimento de exibição de documento ou coisa. Aplicáveis aqui também as regras, atinentes à revelia ou à admissão, que afastam a presunção de veracidade em certos casos. Importa, precisamente, atentar para as exceções previstas no art. 345 do Código de Processo Civil, que excluem, *ex lege*, os efeitos da revelia. Tais disposições, *mutatis mutandis*, aplicam-se com o mesmo vigor, em relação à presunção fixada pelo art. 400, I. Com efeito, se vários são os demandados da exibição, e um deles exibe o documento, não há sentido em impor-se aos demais a presunção referida; o mesmo sucederá quando o ato postulatório (petição inicial ou resposta do réu) não esteja acompanhado com o instrumento público, que a lei considera da essência do ato, já que, neste caso, nada poderá substituir sua ausência (art. 406).

Também não incidirá a presunção, porque relativa é, quando o juiz se convencer, pelos demais elementos e circunstâncias dos autos, de maneira contrária. Não se considerará provado, então, o fato, se todos os demais elementos dos autos indicam que ele não ocorreu, ainda que se esteja diante da recusa da parte adversária em prover a exibição.

3. Conteúdo da defesa

Optando o requerido por defender-se, é certo que sua resposta não se limitará ao conteúdo explicitado no art. 398, parágrafo único.

Poderá ele defender-se mediante as seguintes alegações: "1.º, inexistência, perda ou perecimento do documento ou coisa; 2.º, falta de causa do requerente; 3.º, falta de interesse do requerente".[252] Poderá, ainda, sustentar alguma das causas – excludentes da obrigação de exibir – trazidas no art. 404. O ônus da prova será distribuído segundo os ditames do art. 373, conforme a espécie de alegação da parte.

Afirmando o requerido que o documento não existe ou que não o detém (exceção substancial direta), mantém-se o ônus da prova com o requerente. Nenhum fato novo é trazido e o conteúdo do incidente será formado, exclusivamente, pela

252 Moacyr Amaral Santos, *Comentários ao Código de Processo Civil* cit., vol. 4, p. 129.

alegação do postulante de que "a coisa existe e se acha em poder da parte contrária" (art. 397, III). Neste caso, "o juiz permitirá que o requerente prove, por qualquer meio, que a declaração não corresponde à verdade" (art. 398, parágrafo único).

Se o requerido, de outro lado, afirmar que o documento ou a coisa pereceu ou foi perdido, observa-se aí a dedução de fato novo, capaz de gerar exceção substancial indireta. Neste caso, a procedência desta justificativa somente se verificará se o demandado conseguir provar, com êxito, "que este se deu sem culpa ou dolo do requerido, isto é, por motivo de força maior ou caso fortuito, causas essas que afastam a responsabilidade civil".[253]

Interessa, ainda em relação à primeira espécie de defesa do demandado, atentar para a situação em que este afirma que o documento não está em seu poder. Neste passo, cabe lembrar a precisa lição de Moacyr Amaral Santos, segundo quem "em tal hipótese, há a considerar o motivo de detenção do documento por terceiro. O que exonera o requerido da obrigação de exibir não é o fato de não deter materialmente o documento ou a coisa, mas o fato de não poder dispor juridicamente dele. É de entender-se – escreve Zanzucchi –, como condição da obrigação de exibir, que 'a coisa esteja não na disponibilidade de fato, mas na disponibilidade jurídica da parte ou do terceiro, pois que, de outra forma, seria muito fácil fugir à ordem de exibição, depositando a coisa nas mãos de estranho'".[254]

A segunda espécie de defesa preconizada (falta de título para a exibição) harmoniza-se com a previsão do art. 399, *a contrario sensu*. Aqui, poderá o demandado aduzir em sua defesa a inexistência do direito, da parte contrária, em exigir a exibição daquele específico elemento. Poderá, assim, afirmar que não tem ele qualquer obrigação legal de exibir ou que o documento não é comum às partes. No mais das vezes, tal espécie de defesa cingir-se-á a aspectos jurídicos da exibição; tratando-se de questão de direito, dispensa-se a prova, exigindo apenas o posicionamento do magistrado sobre o impasse.

Quanto à falta de interesse, a defesa atacará, basicamente, o elemento "finalidade da prova" (art. 397, II) expresso na petição da exibição. Deverá o demandado afirmar e comprovar que a prova se mostra inútil ou desnecessária, seja em face dos demais elementos de prova constantes dos autos, seja porque a prova não se presta à comprovação do fato pretendido, seja porque há outros meios mais idôneos (e menos onerosos) para se obter tal comprovação[255] etc.

---

253 Idem, ibidem.

254 *Comentários ao Código de Processo Civil* cit., vol. 4, p. 129.

255 Como se nota da doutrina italiana sobre a exibição, em lição totalmente aplicável ao nosso direito, o documento a ser exibido deverá ser *indispensável* para a prova de certo fato relevante para o

4. Instrução do incidente de exibição

Em havendo necessidade, poderá o juiz determinar fase específica para a prova das alegações dos envolvidos, mesmo no incidente que diz respeito às partes. Como lembra Egas Moniz de Aragão, "sendo necessária, ambas as partes têm direito à prova, a ser produzida nos moldes que o Código traça. A afirmação 'permitirá que o requerente prove' nem significa dispor o juiz de arbítrio para consentir ou não que a prova seja produzida, tampouco que em um caso o tenha, em outros não".[256] Com efeito, sendo necessário, nenhuma razão justifica que o juiz negue às partes a oportunidade de comprovar (por outra via que não a documental) a veracidade de suas afirmações, sobretudo quando pendente para o demandado a presunção do art. 400.

Em sendo imprescindível, então, cabível será, após a oitiva do requerido, determinar o juiz data para audiência de instrução e julgamento, para a produção das provas necessárias para atestar a sinceridade das razões expostas na petição que requer a exibição ou na defesa do requerido.

Art. 399. O juiz não admitirá a recusa se:

I – o requerido tiver obrigação legal de exibir;

II – o requerido tiver aludido ao documento ou à coisa, no processo, com o intuito de constituir prova;

III – o documento, por seu conteúdo, for comum às partes.

1. Inadmissibilidade da recusa à exibição

Pela via deste dispositivo, o Código impõe ao demandado da exibição uma restrição quanto à matéria passível de alegação em sua defesa, em certas específicas circunstâncias. Esta limitação, com efeito, tem origem em particularidades

processo, exigindo-se ainda que o juiz veja como *necessária* a sua aquisição, na medida em que "deve tratar-se de um documento sem o qual a prova daquele fato seria impossível, ou seja, do único meio de prova disponível sobre aquele fato. (...). Necessário ainda que a exibição não comporte um *grave dano* à parte ou ao terceiro: não se trata evidentemente de dano que à parte derivaria da prova de um fato a ela desfavorável, mas das conseqüências que podem ser produzidas a exemplo da divulgação de uma invenção industrial ou da revelação de notícias que violariam o direito à intimidade pessoal" (Luigi Paolo Comoglio, Corrado Ferri; Michele Taruffo, *Lezioni sul processo civile* cit., p. 677).

256 Egas Dirceu Moniz de Aragão, *Exegese do Código de Processo Civil* cit., vol. 4, t. I, p. 197.

ou da lei material ou processual, que inviabilizariam - mesmo que não houvesse previsão expressa como a presente no diploma processual - a negativa na exibição de certo documento ou coisa.

Sob este viso, a norma giza o contorno do direito a não exibição, delimitando as hipóteses em que este direito inexiste. Ressalvadas, contudo, estas situações, ou ainda outras, previstas especificamente por legislações especiais,[257] o campo remanescente indica a pertinência do direito à exibição.

Evidencia-se, então, que não apenas nos casos arrolados expressamente no presente artigo poderá o juiz ter como ilegítima a recusa. Também haverá outras hipóteses em que a parte requerida negará o seu dever em exibir o documento, exigindo, assim, a apreciação judicial. Importa, no exame deste artigo, ter presente que nas situações aqui versadas é o legislador que presume, de forma absoluta, ser inviável a recusa, porque particularidades da legislação material ou processual impedem esta negativa; outras hipóteses de recusa ilegítima, entretanto, poderão surgir, cabendo então ao juiz valorar a escusa apresentada.

2. Extensão do preceito a terceiros

O teor expresso do dispositivo apenas se refere à exibição determinada contra a parte. Todavia, parece ser correto entender que também ele tem aplicação nos casos de exibição dirigidos contra terceiro, já que a justificativa para a ilegitimidade da recusa permanece a mesma.

De fato, os deveres materiais e processuais (a que se referem a regra aqui examinada) não se aplicam apenas àqueles que, eventualmente, possam ver-se envolvidos em demanda judicial como partes. Também incidem, evidentemente, sobre outras pessoas que, então, figurarão como terceiros.

3. Obrigação legal à exibição

Quanto às situações que tornam, *a priori*, a recusa na exibição como ilegítima, inicialmente indica o Código a hipótese da obrigação legal em exibir.

Por obrigação legal, a que alude o presente dispositivo, assevera Pontes de Miranda, não se há de entender toda a espécie de obrigação de exibir,[258] mas sim a obrigação "que corresponde ao direito à exibição, concedido pela lei a certas

257 Aqui incluem-se as previsões do art. 404 do Código de Processo Civil, por exemplo, com a necessária referência a leis outras, como o Código Penal, o Estatuto da Advocacia etc.

258 "(...) a não ser que se desse à expressão 'obrigação legal' significado que abrangesse 'todas as obrigações' de exibir (e então o adjetivo 'legal' seria pleonástico), há os casos do detentor, do servidor da posse, do possuidor direto, do que comprou o documento para outros efeitos sem adquirir o

pessoas, em casos expressos, como ocorre no direito comercial e concursal".[259] Daí não se infira que apenas quando ocorrer semelhante "obrigação legal" é que a recusa não poderá vingar. Nas demais hipóteses de obrigação de exibir (ainda que não expressamente cogitadas em texto legal, mas derivadas de direito pessoal ou real) também se poderá vislumbrar a ilegitimidade da negativa na exibição.

4. Alusão anterior ao objeto da exibição

A segunda das hipóteses trazidas pela legislação refere-se ao caso em que "o requerido aludiu ao documento ou à coisa, no processo, com o intuito de constituir prova".

A restrição liga-se ao *princípio da comunhão da prova*, que gera, para quem propôs certo meio de prova, o dever de produzi-lo em juízo. Como explica Moacyr Amaral Santos, "segundo o direito probatório, proposta uma prova por uma das partes, torna-se ela *comum* aos litigantes. Mesmo que a proposta não se concretize pela produção. Assim, se a parte oferece determinadas testemunhas, ao seu adversário surge o direito de exigir que elas sejam ouvidas; proposta perícia por um dos litigantes, ela poderá realizar-se a pedido do adversário, mesmo que aquele venha a desistir desse meio de prova. Do mesmo modo, se uma das partes alude a certo documento ou coisa, com o propósito de com ele constituir prova, nasce para a outra parte o direito de conhecer esse documento ou coisa, de reclamar desde logo sua produção em juízo. Não se trata de documento ou coisa, propriamente comum às partes, mas de documento que, por força do princípio da *comunhão da prova*, se tornou processualmente *comum* a elas, porque referido na causa como meio de prova dos fatos controvertidos".[260]

Com efeito, se a parte fez anterior alusão a certo documento ou a coisa determinada, tencionando, então, apresentá-la em juízo como prova, é certo que o elemento existe e está em posse do sujeito. Também é correto presumir que, diante da intenção manifestada, não havia óbice na exibição do documento, que não acarretaria à parte quaisquer dos ônus arrolados no art. 404. Sua posterior negativa na exibição, então, mostrar-se-á sempre como ilegítima, uma vez que nenhuma causa poderá apontar situação em que a apresentação do documento ou coisa seja viável para produzir prova em favor do sujeito, mas não em benefício da parte adversária.

---

crédito que nele se cartulou etc." (Francisco Cavalcanti Pontes de Miranda, *Comentários ao Código de Processo Civil* cit., t. IV, p. 344).

259 Francisco Cavalcanti Pontes de Miranda, *Comentários ao Código de Processo Civil* cit., t. IV, p. 344.

260 Moacyr Amaral Santos, *Comentários ao Código de Processo Civil* cit., vol. 4, p. 131-132.

5. Objeto comum às partes

Por derradeiro, restringe a faculdade da recusa na exibição do documento e da coisa que "por seu conteúdo, for comum às partes".

Na hermenêutica deste dispositivo, essencial é a alusão ao conteúdo. Importa, para caracterizar o documento de que trata o presente dispositivo, a avaliação de seu conteúdo específico, que deve dizer respeito à relação jurídica comum a ambas as partes (requerente e requerido da exibição). Como bem pondera Moacyr Amaral Santos, "não é comum às partes apenas o documento relativamente ao qual, como *res*, há compropriedade, compossessão, mas também quando o documento representa fatos ou atos dos quais decorrem direitos a várias pessoas".[261] Efetivamente, se se inquire do fundamento que legitima a pretensão à exibição, tem-se que este decorre da própria finalidade probatória que tem referido documento:[262] é esta finalidade, aliás, que impede ser possível objetar à exibição o argumento de que se trata de documento particular. E, se o documento foi constituído com o fim precípuo de prestar-se como prova de certa relação jurídica – e isto acontece quando o fato representado no documento diz respeito à relação jurídica comum às partes –, então não se pode, de forma alguma, e sob nenhum pretexto, afastar a sua exibição em juízo.[263]

A referência é simplesmente essencial. Realmente, caso a referência em exame dissesse respeito apenas ao documento comum às partes – porque pertencente a ambos os sujeitos do incidente – então seria a previsão totalmente inútil; o direito à exibição decorreria, neste caso, do simples exercício do direito real, que não pode ser tolhido pelo outro coproprietário que está de posse do documento. Ou seja, a inadmissibilidade da recusa não se daria em função da regra do Código de Processo Civil, mas em face da violação do direito de propriedade, que o requerente detém sobre o bem (documento). Aliás, esta é a razão do acerto do legislador ao

---

261 Idem, p. 132.

262 Cf. Salvatore Satta; Carmine Punzi, *Diritto processuale civile* cit., p. 394.

263 "Ora, aqui exatamente surge o quesito dos limites do direito à exibição, problema deveras delicado que é em essência o mesmo que se punha para a *actio ad exhibendum* antes da entrada em vigor do CPC de 1942 [a referência, aqui, diz respeito ao direito italiano], apenas que isto se punha então em termos de disponibilidade do documento e hoje se exprime em termos processuais de disponibilidade da prova. Desta forma pode-se pretender a exibição de um documento enquanto este tenha uma sua destinação probatória originária, ou por lei ou pelo modo como é formado. Se esta falta, deve-se excluir a exibição, porque o processo não é um instrumento de inquisição. Em definitivo, a antiga doutrina tinha intuído este fundamento da exibição, quando falava de documento comum, apenas que hoje é necessário dizer que *comum* deve ser o *fato* representado pelo documento" (Salvatore Satta; Carmine Punzi. *Diritto processuale civile* cit., p. 394).

restringir esta hipótese somente à exibição de documento (e não de coisa); em relação à coisa comum a ambas as partes, tem o requerente da medida o direito à exibição pelo simples fato de ser dela proprietário.

Assim, a regra assume real importância na medida em que se observa que o conteúdo do documento é que se mostra comum a ambas as partes. E tal situação há de verificar-se sempre que o documento a ser exibido for capaz de gerar situação jurídica específica, para ambas as partes, ou seja, sempre que o documento puder refletir (imediatamente) relação jurídica – de que conteúdo seja – entre ambas as partes.

Mais especificamente, pode-se dizer que o documento de conteúdo comum é aquele que representa fato comum aos sujeitos do incidente de exibição. E este fato comum é aquele que é realizado por um sujeito em confronto com o outro, ou seja, realizado por um ou recebido pelo outro, de forma simétrica e coincidente.[264] Nesta interferência mútua dos sujeitos, nas esferas jurídicas um do outro é que reside o fato comum, que é o elemento que deve ser tido como respaldo para a interpretação do dispositivo em exame.

Art. 400. Ao decidir o pedido, o juiz admitirá como verdadeiros os fatos que, por meio do documento ou da coisa, a parte pretendia provar se:

I – o requerido não efetuar a exibição nem fizer nenhuma declaração no prazo do art. 398;

II – a recusa for havida por ilegítima.

Parágrafo único. Sendo necessário, o juiz pode adotar medidas indutivas, coercitivas, mandamentais ou sub-rogatórias para que o documento seja exibido.

1. Decisão do incidente contra a parte

Finda-se o incidente por meio de decisão do juiz sobre a exibição. Nesta decisão interlocutória – recorrível pela via do agravo (art. 1.015, VI, CPC) – manifestará o magistrado a análise do efetivo direito do requerente à exibição e, em reconhecendo este, examinará a satisfação ou não deste direito pelo requerido. Poderá, todavia, o incidente encerrar-se de forma anômala em situação determinada. Caso o incidente

264 Cf. Sergio La China, Esibizione documentale, *Enciclopedia del diritto* cit., vol. 15, p. 704.

se processe apenas com o requerimento de exibição e a consequente apresentação do elemento determinado, sem qualquer controvérsia ou defesa do requerido, então sequer haverá necessidade de decisão para encerrá-lo; este restará concluído pela própria sucessão dos eventos e pela consecução do objetivo colimado.

Em havendo a necessidade de decisão do incidente, acaso verificada a não exibição *injustificada* do documento ou da coisa, deverá o juiz declarar esta situação, a fim de aplicar, *na sentença* (e não na decisão que conclui este incidente), a presunção de veracidade dos fatos afirmados pelo requerente da medida. Assume, então, a exibição, caráter de ônus processual (embora se trate, aqui, de ônus imperfeito, como acentuou CALAMANDREI).[265] Com efeito, não se poderia aceitar a conclusão de que, pelo tratamento legal, entendendo injustificada a recusa, deverá o juiz desde logo ter por verídicos os fatos afirmados pelo requerente da medida. Afinal, na visão do requerido, este ainda não tinha a obrigação de apresentar a coisa ou o documento, entendendo como justa a sua razão deduzida para tanto; logo, mostrar-se-ia injusto para com tal requerido se, esclarecendo o juiz ser a recusa por ele invocada ilegítima, não oportunizasse àquele prazo para o atendimento da ordem de exibição.[266] Por isso, entendendo o juízo como desarrazoada a recusa, terá o requerido até a sentença para apresentar o documento (ou a coisa), pena de, na sentença, sofrer o ônus da admissão.

---

265 Como lembra Calamandrei, a ideia de ônus implica a atuação da parte, a fim de evitar a criação de uma situação desvantajosa para si, em função de sua inatividade. Todavia, diz o mestre florentino, "no caso da exibição dos documentos se busca ver qual seja o efeito *vantajoso* desta atividade, que a parte deveria produzir para evitar o efeito *desvantajoso* da inércia. Se a parte *não exibe* os documentos, tem-se por verdadeiros os fatos afirmados pelo adversário: está bem; mas se a parte *os exibe*, o que acontece? É possível que a parte, por esta exibição, obtenha uma vantagem? Bem ao contrário: os documentos servirão para provar a verdade dos fatos afirmados pelo adversário! Assim o dilema neste caso não está, para a parte, entre o cumprir uma atividade vantajosa e o manter uma desvantajosa inatividade, mas está em o cumprir uma atividade *danosa* e o manter uma inércia *igualmente danosa*. Parece então que falta, nesta específica situação, exatamente aquilo que do verdadeiro ônus processual constitui a principal característica: a possibilidade, portanto, de *evitar um mal*, satisfazendo, no próprio interesse, um certo esforço" (Piero Calamandrei, Conseguenze della mancata esibizione di documenti in giudizio, *Rivista di Diritto Processuale*, Padova: Cedam, 1930, vol. 2, p. 299).

266 Neste contexto e com esta mesma preocupação, Egas Moniz de Aragão sustenta que, entendendo a recusa como ilegítima, deve o juiz ordenar ao requerido que exiba o documento ou a coisa, em certo prazo; somente esgotado este prazo é que teria incidência a presunção mencionada no *caput* do dispositivo (Egas Dirceu Moniz de Aragão, *Exegese do Código de Processo Civil* cit., vol. 4, t. I, p. 200).

Note-se, porém, que essa consequência (presunção de veracidade) só incidirá quando for possível. Do contrário, como se verá adiante, deverá o juiz impor as medidas a que alude o art. 400, parágrafo único.[267]

2. Natureza da presunção gerada no incidente

Antes de qualquer coisa, cumpre deter o exame sobre a espécie de presunção que exsurge da ausência de exibição. Seria a previsão contida no presente artigo hipótese de presunção absoluta ou relativa? Por outras palavras, estaria o juiz vinculado a esta "verdade dos fatos", ou poderia afastá-la, diante de outros elementos contidos nos autos?

A solução que se apresenta plausível na espécie não difere daquela defendida em relação à confissão. Seja porque o legislador não pode, *a priori*, domar a realidade, seja em função do princípio (expresso em nosso sistema - art. 371 do Código de Processo Civil) da persuasão racional do órgão jurisdicional, não parece ser possível admitir que a lei possa impor ao juiz a valoração de um fato, estabelecendo *a priori* o grau de verossimilhança que há de criar na mente do julgador.

Com isso, tem-se que, conquanto via de regra aplicável, é certo que poderá o magistrado afastar a presunção derivada do art. 400, desde que se convença de que o fato deu-se de outro modo.[268] Sempre, evidentemente, esta exclusão da presunção há de ser acompanhada de fundamentação precisa e convincente, por parte do juiz.

De outra parte, também se deve frisar que a presunção aqui referida nem sempre terá incidência, fato este que confirma a ideia acima defendida. Pense-se, por exemplo, no caso em que certo fato somente poderia ser provado por prova documental (art. 406). Nestes casos, em face do teor enfático da norma - que preconiza que "quando a lei exigir instrumento público como da substância do ato, nenhuma outra prova, por mais especial que seja, pode suprir-lhe a falta" - é certo que a presunção aqui tratada não tem cabimento. O mesmo se dará se o fato (a ser tido como verdadeiro) for manifestamente inverossímil, esdrúxulo ou notoriamente inverídico. Em todos estes casos, é certo que não pode a realidade sentida ou conhecida pelo magistrado ceder à presunção imposta por norma

---

267 V., adiante, item 3.

268 Vale lembrar, em adesão à ideia aqui defendida, o tratamento que a figura recebeu no Código de Processo Civil português. Lá, a norma do art. 519, n. 2, estabelece que "aqueles que recusem a colaboração devida serão condenados em multa, sem prejuízo dos meios coercitivos que forem possíveis; se o recusante for parte, o tribunal apreciará livremente o valor da recusa para efeitos probatórios, sem prejuízo da inversão do ónus da prova decorrente do preceituado no n. 2 do artigo 344.º do Código Civil".

abstrata. Deverá a decisão judicial ater-se à realidade, ao invés de delirar com o comando genérico da lei.

A aplicação da presunção implicará figura idêntica à admissão tratada no art. 341 do Código de Processo Civil; e, na disciplina legal desta figura esclarece-se, expressamente que não ocorrerá esta admissão se os fatos a serem tidos como verdadeiros "estiverem em contradição com a defesa, considerada em seu conjunto" (art. 341, III). Se lá esta é a solução, outra não seria cabível nesta seara. Em verdade, na incidência da presunção aqui estudada, sempre serão aplicáveis as causas excludentes previstas no art. 341 do Código, já que, em todas aquelas situações haverá razão suficiente para que as presunções de veracidade - referentes à admissão ou à figura aqui estudada - cedam diante de outra razão mais plausível. O tema será mais bem examinado adiante, no item 4.

3. Imposição da exibição contra a parte

Na vigência do CPC/1973, Egas Moniz de Aragão questionava se, ao lado da incidência da presunção acima exposta, seria viável exigir-se a exibição coativa do documento ou da coisa pela parte (e não apenas por terceiro).[269]

Respondia o autor a esta indagação pela afirmativa dizendo que "afigura-se adequado estabelecer uma diferenciação: em casos nos quais essa sanção [*a presunção de veracidade*] assegure o objetivo visado estará satisfeito o direito de exigir a exibição; em hipóteses nas quais tal sanção for insuficiente, porque nem mesmo através da presunção de veracidade será possível assegurar o fim visado, o direito de exigir a exibição ficará insatisfeito".[270]

Com efeito, a solução preconizada pelo mestre paranaense sempre recebeu nossa adesão. Observe-se que a presunção fixada na norma não vincula, obrigatoriamente, a cognição do órgão jurisdicional. Assim, mesmo diante da negativa na exibição, poderá o magistrado estar ainda inseguro quanto à verdade do fato que se pretende provar. Apesar disso, impõe-se-lhe o dever de julgar e, para tanto, dispõe de amplos poderes instrutórios. Nada deveria impedir, então, que determinasse, mesmo diante da recusa do requerido, a exibição coercitiva do documento ou da coisa - que entendesse imprescindível para a formação de seu convencimento - utilizando-se, para tanto, supletivamente, das regras atinentes à exibição contra terceiro (art. 403, do CPC/2015), ou ainda das sanções coercitivas e punitivas, previstas, respectivamente, no art. 497, *caput*, do CPC/2015.

269 Egas Dirceu Moniz de Aragão, *Exegese do Código de Processo Civil* cit., vol. 4, t. I, p. 202.
270 Idem, ibidem.

No modelo atual, essa solução foi abertamente acolhida. O art. 400, parágrafo único, estabelece claramente a possibilidade de o magistrado impor a exibição do documento, valendo-se dos meios de indução e de sub-rogação necessários.[271]

Logicamente, porém, só há sentido em se usar dessas técnicas se a aplicação da presunção for insuficiente ou inadequada para lidar com o caso concreto. Do contrário, se a presunção for suficiente, não há sentido nenhum em perder tempo buscando o documento que não foi espontaneamente apresentado.

4. Excludentes da presunção

Por derradeiro, vale notar que a hipótese disciplinada pelo inc. I do art. 400 – "o requerido não efetuar a exibição nem fizer nenhuma declaração no prazo do art. 398" – assemelha-se às figuras da revelia e da admissão. A contumácia do requerido em providenciar a exibição, ou mesmo em justificar sua recusa em atender ao pedido, importa, ao menos em princípio, na incidência da presunção já tratada.

Seria possível, então, questionar se as circunstâncias previstas no art. 345 – ou às similares, contempladas pelo art. 341 –, capazes de elidir os efeitos da revelia em uma ação qualquer, também incidiriam no caso presente, afastando a presunção da veracidade dos fatos afirmados pelo requerente da exibição.

Em relação às previsões dos incs. I e III do art. 345, não resta dúvida de que, em ocorrendo, arredam a presunção; se um dos requeridos da exibição apresenta o documento, ou então impugna o dever de exibir, ou ainda se o documento a ser exibido é daqueles tidos como indispensáveis à prova do ato, então é seguro compreender que, a inércia não prejudicará o requerido (ou os demais requeridos, no caso do inciso I). Em relação ao inciso II – "o litígio versar sobre direitos indisponíveis" – também a solução não poderia ser outra. Vale ressaltar, para sustentar este entendimento, que, em face de direitos indisponíveis, não são aplicáveis nenhuma das presunções legais incidentes sobre prova – seja a confissão (ficta ou real), seja a admissão. É certo, portanto, que o legislador, embora

271 Repita-se o que se disse em outro momento, quanto ao excesso cometido pela regra. A rigor, do ponto de vista técnico, a redação do dispositivo é supérflua quando menciona medidas indutivas, coercitivas, mandamentais ou sub-rogatórias. Mandamental é sempre o efeito de uma decisão, não se confundindo com a técnica processual agregada para garantir-lhe a concretização. Por outro lado, as medidas coercitivas são uma espécie das medidas de indução, de modo que já estariam abrangidas na primeira locução. De todo modo, importa perceber que o juiz tem à sua disposição ampla gama de instrumentos para a obtenção da exibição do documento ou da coisa necessários. Tanto poderá exigir da parte essa exibição, por meio de medida de indução, como poderá obter essa exibição por meio de terceiro, a exemplo do oficial de justiça, em cumprimento de mandado de busca e apreensão.

não tratando expressamente do tema, pretenderia, se o fizesse, que também no presente caso, em se tratando de direito indisponível, a regra do art. 400 não tivesse incidência.

O mesmo se dirá em relação à excludente de admissão, contemplada no art. 345, IV ou no art. 341, III, do código. Como já dito, a presunção gerada com a não exibição é apenas *relativa*, de modo que, quando ela estiver em contradição com o conjunto da defesa da parte – com as demais provas por ele trazidas – pode ela ceder em benefício do conjunto probatório dos autos.

> **Art. 401.** Quando o documento ou a coisa estiver em poder de terceiro, o juiz ordenará sua citação para responder no prazo de 15 (quinze) dias.

1. Ação de exibição contra terceiro

A partir do presente artigo, trata o Código da exibição dirigida contra terceiro interessado ou não, alheio ao processo ou interveniente neste.

Conforme já ressaltado anteriormente, na introdução a esta seção, o presente procedimento aplica-se aos terceiros indiferentes ao processo, bem assim àqueles terceiros que, embora intervindo no processo pendente, não adquirem a condição de partes (a exemplo do que ocorre com o assistente simples).

Diversamente do que ocorre na exibição solicitada em oposição à parte no processo, quando é ela requerida frente a terceiro, assume condição de verdadeira ação incidental, porque veicula pretensão nova, deduzida contra outra pessoa. O pretendente à exibição deverá formular sua solicitação, oralmente ou por petição escrita, que obedecerá aos requisitos do art. 319 (no que for cabível) e, em especial, do art. 397.

Por esta mesma razão, deverá o incidente ser processado pelo rito comum – ressalvadas as regras próprias, trazidas nos dispositivos presentes. Assim, deverá o requerido ser *citado* para responder à ação incidental, havendo específica fase instrutória, e encerrando-se o procedimento em primeiro grau por meio de decisão – com força de definitividade –, que desafiará agravo (art. 1.015, VI).

2. Determinação de ofício da exibição em face de terceiro

Das observações precedentes fica nítido o caráter de ação que a lei brasileira imprime à exibição determinada contra terceiro. Lastreado nesta observação, e com apoio ainda no código processual alemão (ZPO), entende Egas Moniz de Aragão que "ao contrário do que dispõe no art. 355, relativamente à exibição entre partes, no texto agora enfocado a lei não autoriza o juiz a agir de ofício; é clara ao dizer que 'mandará citá-lo', o que só se compreende como *citação inicial*, que inaugura o processo (art. 213), o qual só pode começar por iniciativa da parte (art. 262)".[272]

Tem razão o mestre, quando afirma que o texto em enfoque não autoriza semelhante conclusão. Ninguém duvida de que o dispositivo em exame trata de ação e que esta, salvo em raríssimas exceções previstas em lei, depende sempre da iniciativa da parte (princípio da demanda).

Todavia, não é certo que, em face de terceiro, não possa o juiz exigir, de ofício, a exibição de documento ou coisa. Apenas, o fundamento para esta possibilidade não se encontra precisamente no art. 401, mas sim no art. 380, II, que claramente estabelece competir ao terceiro, em relação a qualquer pleito, "exibir coisa ou documento que esteja em seu poder", sendo certo ainda que "ninguém se exime do dever de colaborar com o Poder Judiciário para o descobrimento da verdade" (art. 378). Negar ao juiz a possibilidade de, *ex officio*, exigir a exibição de documento que entenda essencial para a formação de seu convencimento, é tolher sua cognição e forçá-lo a decidir uma demanda sem que ele possa forrar-se de elementos hábil para tanto.

A regra do art. 380 é ampla o suficiente para, mormente se vista à luz do art. 378, albergar amplos poderes instrutórios para o juiz, que fica liberto para produzir qualquer prova que entenda necessária para a formação de seu convencimento. Se o Estado exige do juiz a prolação de uma decisão sobre a causa que lhe é posta para exame, impedindo-o de esquivar-se deste dever pela clássica cláusula romana do *non liquet*, deve então prover o magistrado de instrumentos suficientes para que este possa executar com adequação seu mister. Ademais, é certo que o julgador poderia convocar este terceiro para depor em juízo, na condição de testemunha, inquirindo-o sobre o documento (ou a coisa) bem como sobre seu conteúdo. Se isto é possível, não há sentido em vedar-se ao magistrado a possibilidade de tomar conhecimento direto do documento (ou da coisa), sem ter de recorrer a expediente como o acima apontado.

De outra parte, e ainda ponderando sobre o mesmo problema, é certo que a exibição de coisa ao juiz pode ser determinada de ofício por este para os fins da inspeção judicial, de que tratam os arts. 440 *et seq*. Lá está claro que o juiz pode

272 Egas Dirceu Moniz de Aragão, *Exegese do Código de Processo Civil* cit., vol. 4, t. I, p. 204.

agir de ofício para determinar a inspeção, não havendo dúvida ainda de que a exibição pode ser feita sobre coisa.[273] Ora, a inspeção judicial, para poder realizar-se, carece da disponibilização ao magistrado, de poderes instrumentais para que este determine a exibição da coisa em juízo, a fim de ser analisada. Daí resulta como inferência lógica a outorga implícita de poderes ao juiz para determinar, *de ofício*, a exibição da coisa.

3. Dever de exibição do terceiro

Como remate ao tema, cabe perscrutar, ainda que de forma genérica, sobre a extensão do dever de exibição que o Poder Judiciário pode exigir de terceiro alheio e desinteressado ao processo. O tema vem abordado por Pestana de Aguiar,[274] que pondera, fiando-se em lição de Couture, que, enquanto a parte do processo, possuidora ou proprietária de documento ou coisa, guarda inúmeros deveres para com o Judiciário (lealdade, boa-fé, probidade) devendo colaborar ativamente com a descoberta da verdade, o mesmo não se opera em relação ao terceiro. Este não participa da relação processual, não podendo ser simplesmente despojado de seu patrimônio, "salvo dentro dos limites em que a Constituição autoriza a ocupação da propriedade privada". [275] Enfim, conclui o autor, dizendo que "de qualquer modo, pode o terceiro se recusar à exibição, alegando que tais bens integram seu patrimônio e que não podem ser dele desfalcados, salvo em casos de utilidade pública e com as garantias gerais da expropriação".[276]

Com o devido respeito ao ilustre processualista, não parece correta a objeção feita. Supor-se que a exibição de documento ou coisa, quando dirigida a terceiro, deve equiparar-se à figura da desapropriação é, no mínimo, excessivo. O processo expropriatório, desenhado pela Constituição Federal, presta-se para a aquisição da *propriedade* de bens particulares. Já o instrumento da exibição não implica qualquer restrição ao direito de propriedade do particular, mas apenas submete este a colaborar com o Judiciário, apresentando referida coisa ou documento em juízo. Acrescente-se que este dever de colaboração com o Judiciário, peremptoriamente ditado nos arts. 378 e 380 sequer depende da prévia convocação oficial para tanto.[277] Esta colaboração se expressa, dentre outras formas, também na permissão do uso

273 E, se uma interpretação mais ampla, teleológica, for aplicada, resultará que também na noção de coisa, para a inspeção, há de compreender-se incluída a ideia de documento.

274 João Carlos Pestana de Aguiar, *Comentários ao Código de Processo Civil* cit., p. 146.

275 Idem, ibidem

276 Idem, ibidem.

277 Neste sentido, confira-se o texto de José Carlos Barbosa Moreira, A justiça e nós (*Temas de direito processual*, 6. série), São Paulo: Saraiva, 1997, p. 1-16, em especial p. 12).

de seus bens para a realização da tarefa judicial, sem que, disso, se possa extrair a necessidade de indenizar por este auxílio. Não havendo restrição à propriedade do terceiro, não se cogita de qualquer óbice à determinação de exibição a terceiro. Esta exibição pode ser sempre determinada (ressalvadas as hipóteses legais de exclusão do dever de colaboração), sem que o terceiro possa objetar contra sua compulsória colaboração.

Eventualmente, poder-se-ia cogitar de indenização nos casos em que a coisa exibida pelo terceiro era necessária para o exercício de sua atividade profissional ou para sua manutenção. Aqui haverá privação do uso da coisa por certo tempo e disso pode decorrer algum dano. Em casos tais, ficando a coisa de posse do Judiciário na pendência do processo, aí sim se poderia pensar em retribuição para a colaboração do particular que, afinal, gerou-lhe prejuízo. Todavia, apesar do prejuízo, não pode o terceiro esquivar-se do indefectível dever de colaboração, podendo, apenas, socorrer-se de indenização pela privação necessária do bem de que dependia.

Art. 402. Se o terceiro negar a obrigação de exibir ou a posse do documento ou da coisa, o juiz designará audiência especial, tomando--lhe o depoimento, bem como o das partes e, se necessário, o de testemunhas, e em seguida proferirá decisão.

1. Atitude do terceiro frente à ação de exibição

Citado, o terceiro pode assumir diversas posições. Poderá simplesmente exibir o documento ou a coisa exigida, caso em que a ação incidental será concluída, com sentença homologatória. Poderá ainda o requerido manter-se inerte diante do requerimento. Neste caso, incidirá na hipótese a previsão do art. 344, decretando-se a revelia do demandado, com o julgamento antecipado da lide incidental.

Caso o requerido negue possuir o documento (ou a coisa), ou ainda sustente não ter obrigação de exibi-lo, então será designada audiência própria – que não se confunde com a eventual audiência de saneamento ou a de instrução e julgamento da causa principal – para a instrução do incidente de exibição. Observe-se, contudo, que referida audiência somente deverá ocorrer nos casos em que o magistrado entenda que, para decidir a ação incidental, dependerá do exame de prova oral, de que ainda não dispõe. Caso o julgador anteveja, dos elementos (documentos) já juntados ao incidente, seja no requerimento, seja na resposta do requerido, dispor de suficientes provas para decidir a questão, então será dispensada a audiência, devendo o juiz decidir a questão de plano.

Em suma, o procedimento a ser observado no incidente não difere daquele instituído para qualquer demanda. O art. 402 apenas pretende sinalizar para a faculdade que se outorga ao magistrado de criar audiência própria para a instrução do procedimento. Não se pretende com o dispositivo indicar que esta será a necessária sequência dos atos no incidente, que a audiência seja efetivamente indispensável ou ainda que o magistrado esteja obrigado a colher as provas ali indicadas.

2. Provas pelo terceiro requerido

De outra parte, ainda, é certo que as provas indicadas no artigo em exame não são as únicas de que se pode servir o juiz para decidir o incidente. Ao contrário, a existência do documento e sua posse pelo requerido (bem assim a contraprova destes fatos) poderão ser demonstradas por qualquer meio hábil para a comprovação de fatos, desde que não se mostre ilegal ou moralmente ilegítimo - art. 369. Assim, certamente poderão servir-se as partes do incidente, além dos meios expressamente arrolados no art. 402, da prova documental, do exame pericial ou mesmo da inspeção judicial. É o caso concreto que determinará qual o elemento de prova mais adequado para a demonstração de certo fato, alegado no incidente.

Mais que isso, fica patente também, embora omissa a lei a respeito, que o próprio juiz poderá determinar de ofício a produção de todos estes meios de prova, para convencer-se sobre os fatos da causa incidente.

3. Conteúdo da defesa do terceiro

Por fim, merece ainda alusão, com Egas Moniz de Aragão,[278] que a dicção do texto legal faz parecer que a defesa que o requerido pode utilizar cinge-se à negativa da obrigação de exibir ou da posse do documento ou da coisa. Todavia, como bem pondera o autor, esta restrição é ilógica e não se pode extrair da regra em análise.

Ao requerido da exibição faculta-se alegar qualquer fato em sua defesa. Evidentemente, as defesas expressamente arroladas serão as mais comuns; porém, não esgotam o temário da resposta do requerido, sendo certo que este, em face de sua condição de terceiro frente ao processo, poderá objetar à pretensão de exibição com qualquer alegação que tiver. Poderá, por exemplo, afirmar que a coisa a ser exibida não está suficientemente individualizada, que não há finalidade para a exibição ou mesmo necessidade desta (art. 397, I e II). Caber-lhe-á, ainda, apontar, em preliminar, eventual irregularidade processual - como a falta de condição da ação ou de pressuposto processual - se for o caso.

278 Moniz de Aragão, Egas Dirceu, *Exegese do Código de Processo Civil* cit., vol. 4, t. I, p. 205.

Poderá, ainda, sustentar eventual reconvenção. A hipótese poderá ocorrer no caso de o demandado afirmar em sua defesa que a exibição da coisa lhe acarretaria excessiva onerosidade patrimonial, o que lhe outorgaria direito à indenização (pela privação de seu uso durante todo o curso do processo, já que a coisa exibida tende a ficar retida pelo juízo, até a final prolação de sentença). Poderá, então, neste caso, reconvir ao requerente, solicitando sua condenação no montante do prejuízo sofrido com a restrição do uso e gozo do bem exibido. Note-se que esta hipótese não se confunde com aquela vazada pelo art. 403, que determina ao juiz que imponha ao requerente da medida o dever de reembolsar o requerido das despesas que tiver com a remoção da coisa ao juízo. Neste caso, a determinação da lei – que dispensa pretensão específica e manifestada do requerido – refere-se exclusivamente às despesas com a remoção da coisa até a sede do juízo. Na situação aventada, todavia, tem-se que o requerido sofrerá prejuízo simplesmente porque estará privado do bem por certo tempo (a duração do processo), sendo esse bem essencial em seu cotidiano; este efeito não está incluso nos tópicos do art. 403, dependendo, para sua satisfação, de exteriorização específica do interessado.

Art. 403. Se o terceiro, sem justo motivo, se recusar a efetuar a exibição, o juiz ordenar-lhe-á que proceda ao respectivo depósito em cartório ou em outro lugar designado, no prazo de 5 (cinco) dias, impondo ao requerente que o ressarça pelas despesas que tiver.

Parágrafo único. Se o terceiro descumprir a ordem, o juiz expedirá mandado de apreensão, requisitando, se necessário, força policial, sem prejuízo da responsabilidade por crime de desobediência, pagamento de multa e outras medidas indutivas, coercitivas, mandamentais ou sub-rogatórias necessárias para assegurar a efetivação da decisão.

1. Decisão da exibição contra terceiro

O dispositivo em exame apresenta um misto de decisão e de efetivação. Uma primeira impressão sobre o texto legal insinuaria que aqui se trata apenas de atuação da medida: determinada a exibição, e em havendo recusa, o juiz deverá ordenar ao requerido que proceda ao depósito do objeto. Todavia, tal entendimento é equivocado. O início do dispositivo continua – em prosseguimento do que fez a parte final do artigo antecedente – tratando da decisão do incidente. Com efeito, a recusa injusta em efetuar a exibição é matéria objeto a ser examinada na decisão judicial do incidente. Concluindo o magistrado que o requerido - que se opôs, no momento de sua resposta, à exibição - age sem razão, então decidirá, ordenando "que proceda ao respectivo depósito em cartório ou em outro lugar designado, no prazo de 5 (cinco) dias".

Errado é, portanto, supor que o juiz decidirá o incidente e que, após este momento, poderá o requerido, sem justa razão, opor-se à apresentação (o que o sujeitará à ordem de depósito). Bem ao contrário, a ordem de depósito é desde logo conteúdo da decisão do incidente: acolhendo o pedido de exibição, deverá o magistrado, *incontinenti*, impor ao requerido o dever de depósito da coisa ou do documento. Inexiste, portanto, a aparente bipartição da efetivação do incidente exibitório entre um primeiro ato que acolhe a pretensão à exibição e uma posterior decisão que imporia a ordem; tudo isto será feito em um único momento.

A eficácia preponderante da decisão é, nitidamente, executiva ou mandamental,[279] provendo, desde logo, com ordem para que o demandado deposite o objeto no local designado.

2. Efeitos da decisão de exibição

Diante do que restou dito no item precedente, tem-se que a parte inicial do dispositivo trata, efetivamente, ainda da decisão do incidente de exibição. E fá-lo preconizando que, no caso de recusa injustificada da exibição do documento, deverá o juiz prover com ordem de apresentação e depósito do bem, em local específico.

Em verdade, a disposição, neste particular é, ao mesmo tempo, redundante e insuficiente. Insuficiente, porque aparenta disciplinar apenas o caso da recusa injustificada - caso em que o pleito exibitório seria procedente - não tratando das hipóteses em que o demandado permanecesse revel quanto à pretensão incidental, em que dissesse não possuir o objeto da exibição, ou ainda em que exibisse efetivamente o bem solicitado. De outra parte, o teor da regra se mostra redundante, uma vez que afirma, tão somente, que, entendendo o magistrado que o demandado não tem razão, acolherá a demanda exibitória, determinando a apresentação.

Deveras, o teor da parcela introdutória do presente artigo há de ser interpretado no sentido de que, acolhida a pretensão de exibição, deverá o juiz utilizar-se dos mecanismos ali elencados para obter a efetiva concreção da ordem exarada. É certo, entretanto, que a decisão poderá deixar de acolher o requerimento à exibição

279 Sobre o conceito desta eficácia, veja-se Francisco Cavalcanti Pontes de Miranda (*Tratado das ações*, Campinas: Bookseller, 1998, t. 1, p. 225 e ss.).

(por entendê-lo infundado, desnecessário etc.) ou ainda deixar de apreciar o mérito da pretensão, por acolher alguma preliminar eventualmente arguida.

Em sendo acolhida a pretensão à exibição, deverá o juiz determinar ao requerido que deposite o bem em local específico (cartório ou noutro lugar designado), em cinco dias.

3. Cumprimento espontâneo da ordem de exibição

Caso o demandado cumpra a ordem judicial, depositando o bem no local indicado no prazo legal, ter-se-á por esgotado o objeto do incidente. Não, porém, ainda, o procedimento incidental.

Entregue o bem, tem o requerido o direito de ser ressarcido das despesas que teve para providenciar a exibição. Tais despesas, a teor do que prescreve o art. 403, serão suportadas pelo postulante da medida (que poderá ser, ao final, reembolsado no processo principal, pelo sucumbente). Este requerente, no entanto, não será *condenado* a pagar os referidos custos, mas sim – diz a lei – deverá o juiz *impor* a ele o ressarcimento das despesas da exibição. Em vista disso, haverá também *ordem* emanada ao requerente para que embolse ao requerido as despesas da apresentação da coisa ou do documento, que *não se resolverá em execução por quantia certa*. Ao contrário, o descumprimento da ordem de reembolso sujeitará o postulante a sanção criminal por desobediência, bem como aos meios indutivos ou sub-rogatórios entendidos adequados, pelo magistrado, para a realização concreta deste comando.

Satisfeitas as despesas da exibição, encerrar-se-á o incidente.

4. Responsabilidade pelos ônus da exibição

Determinada a exibição contra terceiro de ofício pelo magistrado, a quem incumbe suportar os ônus das despesas com a exibição?

A lei é omissa em relação à questão. Todavia, aplicando-se subsidiariamente a previsão do art. 82, § 1.º, deverá o autor da ação principal adimplir com tais despesas, podendo, futuramente, caso venha a vencer a demanda principal, receber os valores pagos do sucumbente.

Idêntica solução merece a hipótese em que tal providência fosse solicitada pelo Ministério Público, na condição de fiscal da ordem jurídica. Caso sua atuação se dê em ação da qual seja parte, deve o juiz atribuir o ônus do pagamento à parte contrária. A uma, porque em regra essas ações são regidas pelo microssistema de tutelas coletivas, onde não há antecipação de despesas, sobretudo pelo Ministério Público (arts. 18, Lei 7.347/1985, com a redação dada pela Lei 8.078/1990 e 87, do Código de Defesa do Consumidor). A duas, porque o art. 91, do CPC, claramente estabelece que eventuais despesas a que o Ministério Público esteja sujeito só são pagas ao final, pelo vencido.

5. Recusa no cumprimento da exibição pelo terceiro

Ao receber a ordem de depósito, poderá o terceiro cumpri-la, mas também poderá ocorrer a situação em que recuse cumprimento à ordem. Neste caso, deverá o juiz determinar a expedição de mandado de busca e apreensão do objeto da exibição, a ser cumprido por oficiais de justiça, se necessário, com o apoio da força policial. Além disso, a conduta do requerido em negar cumprimento à ordem judicial importa reconhecer a incidência do tipo legal da desobediência (art. 330 do CP), independentemente do resultado da execução do mandado de apreensão.

Poderá o juiz, ainda, no intuito de obter a satisfação de sua ordem, impor qualquer medida de indução ou de sub-rogação viável. Com efeito, a ordem de busca e apreensão, em que pese a redação legal, não tem prioridade sobre outras técnicas eventualmente cabíveis. Na eleição da medida adequada, deve o juiz valer-se dos princípios da máxima eficiência e, se houver mais de um meio igualmente idôneo, da menor onerosidade. Assim, pode o juiz, diante das circunstâncias do caso, impor desde logo a exibição sob pena de multa ou de outro meio de indução ou de sub-rogação. Logicamente, em regra, o meio mais idôneo será a busca e apreensão. Porém, eventualmente, poderá haver outro meio mais eficiente ou, ao menos, tão idôneo quanto, mas que gere menos ônus ao obrigado.

Outrossim, se na efetivação da ordem de busca e apreensão (ou de outro meio de indução ou de sub-rogação) não se lograr encontrar o objeto da exibição, porque o requerido se recusa a informar a sua localização, frustrada restará a medida. Neste caso, poderá a parte prejudicada com a ausência da prova pleitear indenização contra o terceiro (que deveria exibir), se acaso esta falta vier em seu prejuízo no exame da causa principal.[280] Não se cogita, entretanto, neste caso, da aplicação da presunção estampada no art. 400, uma vez que a parte contrária ao requerente da exibição (no processo principal) não pode sofrer gravame por situação a que não deu causa. Não se lhe pode imputar presunção contrária porque terceiro deixou de cumprir ordem judicial de exibição.

6. Destinação do documento após a exibição

Apresentado o documento (ou a coisa), poderá ele ficar retido nos autos ou ser prontamente devolvido ao requerido.

280 Egas Dirceu Moniz de Aragão, *Exegese do Código de Processo Civil* cit., vol. 4, t. I, p. 207.

Caso o juiz verifique que a presença do objeto constitui elemento importante para a formação de sua convicção, sendo indispensável que permaneça em poder do Judiciário até ulterior deliberação, então deverá lavrar-se o competente auto de apreensão do documento ou da coisa, sendo este bem encartado nos autos ou ficando depositado em local apropriado.

Do contrário, satisfazendo-se o magistrado com o exame imediato do documento ou da coisa, poderá o objeto ser desde logo liberado, retornando para a posse do requerido do incidente.

Como já observado, a apreensão do documento ou da coisa poderá ocasionar prejuízo ao terceiro (que teve de exibir e despojar-se do bem por certo tempo ainda indefinido), que haverá de ser ressarcido, oportunamente. Para evitar este prejuízo, nada impede que o juiz, ao receber o documento ou a coisa, e entendendo ser isto suficiente para o fim buscado, determine que seja extraída uma cópia do documento, ou uma fotografia da coisa, devolvendo o bem para o terceiro e retendo nos autos apenas esta representação do objeto. Em alguns casos, semelhante providência poderá suprir a carência do Judiciário em obter o elemento para a formação da convicção do juiz (e eventualmente para análise de outros órgãos jurisdicionais, em grau de recurso), sem ter de impor ao terceiro o sacrifício de privá-lo do bem por tempo indeterminado. Atenderá isso, por outro lado, ao princípio da menor restrição e da economia processual, dispensando gastos inúteis para o processo.

Art. 404. A parte e o terceiro se escusam de exibir, em juízo, o documento ou a coisa se:

I – concernente a negócios da própria vida da família;

II – sua apresentação puder violar dever de honra;

III – sua publicidade redundar em desonra à parte ou ao terceiro, bem como a seus parentes consanguíneos ou afins até o terceiro grau, ou lhes representar perigo de ação penal;

IV – sua exibição acarretar a divulgação de fatos a cujo respeito, por estado ou profissão, devam guardar segredo;

V – subsistirem outros motivos graves que, segundo o prudente arbítrio do juiz, justifiquem a recusa da exibição;

VI – houver disposição legal que justifique a recusa da exibição.

Parágrafo único. Se os motivos de que tratam os incisos I a VI do caput disserem respeito a apenas uma parcela do documento, a parte ou o terceiro exibirá a outra em cartório, para dela ser extraída cópia reprográfica, de tudo sendo lavrado autocircunstanciado.

1. Exclusão do dever de exibir

Com a presente regra, que vale tanto para a exibição determinada contra parte como contra terceiro, pretende o Código deixar a salvo algumas situações em que se considera justificável a recusa do requerido em apresentar o documento ou a coisa.

Trata-se, evidentemente, de elenco meramente exemplificativo – o que, ademais, fica evidente da leitura da regra última, inserta no inciso V do presente artigo ("se subsistirem outros motivos graves que, segundo o prudente arbítrio do juiz, justifiquem a recusa da exibição"). Todavia, é certo que nas situações expressamente arroladas no dispositivo, sem qualquer margem de questionamento, não se pode obrigar o sujeito a cumprir a determinação à exibição. Vale dizer que nas situações descritas no texto, o legislador preexcluiu do juiz o poder de exigir a exibição; em outros casos, porém, segundo o critério do juiz, poderá ele entender razoável liberar o sujeito (parte ou terceiro) do dever de exibir coisa ou documento.

É bom ressaltar, entretanto, que a previsão em comento *exonera* a parte (ou o terceiro) do dever de exibir, mas não a *proíbe* de fazê-lo. Assim, mesmo diante de uma das causas aqui previstas, subsiste a possibilidade de o juiz conduzir todo o processo de exibição (ou o incidente específico), sendo-lhe vedado rejeitar de plano o pedido exibitório, fundado na existência de causa de escusa. Compete ao sujeito de quem se requer a exibição o exame da conveniência de exibir o documento ou a coisa, mesmo diante da cláusula liberatória estipulada em lei.

Ademais, também é certo, como observou Moniz de Aragão,[281] que as hipóteses de recusa envolvem toda a ampla dose de discricionariedade judicial. Em todas se verifica a presença de conceitos fluidos, a exigir a atuação positiva do magistrado no preenchimento de tais vazios conotativos. Neste exame – como, de resto, sói acontecer com a interpretação de qualquer texto legislativo[282] – mostra-se fun-

281 Idem, p. 208-209.

282 Como tem reiteradamente demonstrado a doutrina, o trabalho de interpretação legislativa é, por si mesmo, um trabalho criativo; isto se verifica não apenas em relação aos chamados conceitos fluidos, mas quanto a qualquer texto legal. Bem lembrou, a propósito, Cappelletti que "por mais que o intérprete se esforce por permanecer fiel ao seu 'texto', ele será sempre, por assim dizer,

damental a atuação precisa e ponderada do juiz. É a experiência do magistrado, aliada à sua perspicácia, ao cotejo do contexto, à avaliação da realidade local e à atenção ao caso específico, que determinará a extensão dos conceitos introduzidos no texto aqui tratado. Somente diante destes dados poderá o julgador encontrar a correta significação de conceitos como "negócios da própria vida da família", "dever de honra", "desonra" etc.

2. Documentos referentes a negócios da família

A primeira das causas anunciadas no dispositivo exonera do dever de exibição a parte e também o terceiro, quando o documento ou a coisa for "concernente a negócios da própria vida da família". Em sentido semelhante, o art. 519, n. 3, letra *b*, do Código de Processo Civil português prescreve que é legítima a recusa de colaboração com o Judiciário quando este dever importar em "intromissão na vida privada ou familiar, no domicílio, na correspondência ou nas telecomunicações".

Busca-se aqui a proteção da vida privada do sujeito, considerada em seu mais amplo sentido. Não se há de exigir a publicidade de assuntos tipicamente limitados à esfera íntima da pessoa e de seus familiares. O direito à vida privada foi definido pelo direito anglo-saxão como sendo o direito do indivíduo de ser deixado só.[283] Conforme definição proposta por Antônio Chaves,[284] "qualificando-o como 'riservatezza', define-o Adriano de Cupis como aquele modo de ser da pessoa que consiste na exclusão do alheio conhecimento daquilo que tem referência à mesma pessoa. Consiste num modo de ser negativo do indivíduo com relação aos outros sujeitos e mais precisamente ao conhecimento destes, satisfazendo aquela necessidade de ordem espiritual que reside na exigência de isolamento moral, de não-comunicação externa do que diz respeito à pessoa individual, constituindo, assim, uma qualidade moral da própria pessoa".[285]

---

forçado a ser livre – porque não há texto musical ou poético, nem tampouco legislativo, que não deixe espaço para variações e nuances, para a criatividade interpretativa. Basta considerar que as palavras, como as notas na música, outra coisa não representam senão símbolos convencionais, cujo significado encontra-se inevitavelmente sujeito a mudanças e aberto a questões e incertezas" (Mauro Cappelletti, Juízes legisladores? Porto Alegre: Fabris, 1993, p. 22).

283 Samuel D. Warren e Louis D. Brandeis. "The right to privacy". *Harvard law review*. Vol. IV, n. 5. dez./1890.

284 Antônio Chaves, Os direitos fundamentais da personalidade moral (à integridade psíquica, à segurança, à honra, ao nome, à imagem, à intimidade), *Revista de Informação Legislativa*, n. 58, Brasília, Centro Gráfico do Senado Federal, abril-junho/1978, p. 165.

285 Calha ainda trazer à colação a lição de Orlando Gomes, sobre a noção dos direitos da personalidade como um todo. Expressa o autor, *verbis*: "Tornou-se famosa a definição de Gierke segundo a qual são

Com efeito, diante da proteção absoluta, conferida pela Carta Constitucional (art. 5.º, X) à intimidade e à vida privada, não se poderia esperar outra conduta do legislador infraconstitucional que não a salvaguarda completa dos assuntos privados (do sujeito passivo da exibição, bem como de outras pessoas de sua família) às incursões do poder público. Assim, tratando-se de documento ou coisa relativos a assunto que apenas tem interesse para a própria pessoa do sujeito passivo da exibição ou de seus familiares próximos, inexigível se torna a sua colaboração com o Estado.

Todavia, é necessário interpretar a regra de forma correta. A ressalva legal trata da exoneração do dever de exibir em casos em que o documento ou a coisa somente interessa à família e a ninguém mais. Por isso, qualquer terceiro que pretenda a exibição daquele elemento não terá justificativa plausível para a pretensão, uma vez que o documento ou a coisa a ser exibido *não lhe dirá respeito*. Sempre, porém, que este objeto a ser exibido puder, de alguma forma, tiver relevância para o deslinde da causa (*porque é o próprio objeto do litígio*) então a regra de exclusão torna-se inaplicável, mostrando-se cabível a exibição. Exemplificando: suponha-se que algum credor pretenda anular contrato de compra e venda realizado entre pai e filho, supondo que a alienação deu-se em fraude contra credores; neste caso, será plenamente legítimo o pleito à exibição do contrato (relativo, a princípio, apenas ao pai e ao filho), até mesmo para demonstrar o eventual motivo do negócio jurídico. O mesmo se dirá quando o conflito envolver pessoas da mesma família – no litígio entre parentes, por exemplo, será natural a discussão sobre "negócios da própria vida da família", e então indispensável a exibição de alguns documentos relativos a tais relações.

A restrição, portanto, diz com a interferência do conhecimento público em assuntos *exclusivamente* vinculados à vida particular do sujeito passivo da exibição ou à de sua família próxima. Documentos e coisas que tenham importância para a

---

os direitos que asseguram ao sujeito o domínio sobre uma parte da própria esfera da personalidade. Procedente, no entanto, a crítica de Dernburg, porque a *honra* não dá esse *domínio* sobre a própria pessoa, nota distintiva da categoria. Seriam, como os conceitua Ferrara, faculdades específicas sobre diferentes partes de nossa esfera pessoal (*Tratatto di diritto civile italiano*, Roma: Athenaeum, 1921, p. 389). (...). A diversidade de conceitos atesta a dificuldade de formulação, agravada pela circunstância de ser heterogênea a categoria dos direitos da personalidade e controvertida sua fundamentação. Noção mais clara obtém-se mediante delimitação de seu *objeto*, em termos que nos parecem perfeitamente admissíveis. Constituem-no os *bens jurídicos* em que se convertem *projeções* físicas ou psíquicas da pessoa humana por determinação legal, que os individualiza para lhes dispensar proteção" (Orlando Gomes, Direitos de personalidade, *Revista Forense*, vol. 216, Rio de Janeiro: Forense, outubro-dezembro/1966. p. 6).

solução da controvérsia – porque atinentes ao próprio objeto do processo – ficam fora da proteção legal, devendo ser exibidos.

De toda sorte, determinada nestes casos a exibição, nada impede – e ao contrário, recomenda-se – que o processo passe a tramitar em segredo de justiça (art. 189, III).

3. Violação do dever de honra, desonra e perigo de ação penal

Também se libera a parte ou o terceiro do dever de exibir documento ou coisa se "sua apresentação puder violar dever de honra". E, em complemento a esta previsão, acentua o inciso seguinte que não se exige a exibição "sua publicidade redundar em desonra à parte ou ao terceiro, bem como a seus parentes consanguíneos ou afins até o terceiro grau, ou lhes representar perigo de ação penal".

Sem dúvida nenhuma, a noção de dever de honra (bem como de desonra) é um dos conceitos mais difíceis de atingir. Em verdade, diante da maleabilidade desta ideia, poder-se-ia mesmo dizer que o inciso III – ao menos no que concerne à desonra para a parte ou para o terceiro ou ainda para seus familiares próximos – representa verdadeira redundância no elenco em exame. É que, certamente, no conceito de "dever de honra" há também de incluir-se o dever que o sujeito passivo da exibição guarda para consigo mesmo e para com seus familiares próximos. A noção "dever de honra" sugere a preservação da honra e da dignidade do próprio sujeito bem como de outras pessoas a ele ligadas – aí se incluindo os seus familiares próximos. A respeito, leciona Pestana de Aguiar que "o dever de honra (inciso II) corresponde ao direito de defesa da própria honra. Tratando-se de um bem inestimável, cumpre à parte ou ao terceiro velá-lo. Logo, não teria sentido impor a lei a revelação daquilo que pusesse em risco a dignidade da parte ou do terceiro".[286]

Precisamente pela instabilidade do conceito apontado é que foi mais feliz a redação do Código de Processo Civil português, neste particular, quando apontou como causa de exoneração a circunstância de poder importar em "violação da integridade física e moral das pessoas" (art. 417, n. 3, letra *a*). De qualquer forma, ao que parece, a intenção da legislação pátria foi exatamente a de preservar o patrimônio moral do indivíduo. É neste sentido que se deve interpretar os vocábulos "dever de honra" e "desonra": como a proteção a todos os aspectos da integridade moral da pessoa, aí se incluindo sua reputação, sua imagem etc.

Também por este conteúdo, é possível afirmar que, em algumas hipóteses pelo menos, os incisos aplicam-se também às pessoas jurídicas. Afinal, não se

286 João Carlos Pestana de Aguiar, *Comentários ao Código de Processo Civil* cit., p. 154.

pode negar que a empresa detém imagem, reputação e confiabilidade econômica. E, em havendo perigo de lesão a estes interesses da pessoa jurídica, também se justifica a exoneração do dever de exibição (ou ao menos a manutenção em sigilo dos documentos ou coisas exibidos).

Em relação ao perigo de ação penal, é certo que a previsão legal não trata, aqui, das disposições relativas aos crimes contra a inviolabilidade dos segredos (arts. 153 e 154 do Código Penal brasileiro). Tais situações são objeto da cláusula inserta no inc. IV do art. 404, a ser adiante analisado.

Aqui, alude a lei a situações em que a exibição do documento ou da coisa possa gerar prova material de um ilícito. Busca-se proteger o sujeito passivo da exibição (assim como seus familiares próximos) contra a autoincriminação. É certo, porém, que este princípio (*nemo tenetur adere contra se*) vem, pouco a pouco, perdendo sua força diante das legislações modernas,[287] sendo hoje correto dizer que a recusa da exibição, na hipótese em exame, somente se justifica se o documento ou a coisa exibida acarretar direto e imediato perigo de ação penal. Não basta, portanto, a mera suposição do sujeito, no sentido de que o elemento poderia representar prova para futura e eventual instauração de investigação criminal contra si. Indispensável se faz que haja flagrante situação – demonstrada no documento ou na coisa – capaz de, imediatamente, e por si só, representar o perigo de ação penal.

De outra parte – como já se observou a respeito do depoimento da parte – nem será exigível que a parte ou o terceiro, para albergar-se no dispositivo em exame, impugne o pedido com a alegação do perigo de ação penal. Isto é óbvio, já que se fosse de outra forma, a mera justificativa do sujeito (para a não exibição) seria suficiente para gerar-lhe o mesmo perigo, sendo suficiente para fornecer indícios de ilícito, forçando o juiz a comunicar o fato à polícia, para investigação. Assim, sempre, o requerimento de exibição merecerá análise circunstanciada pelo juiz que, ao final, verificando, pela descrição do documento ou da coisa a ser exibida, bem como da finalidade da exibição, deverá declarar que vislumbra possibilidade de incriminação no documento, exonerando o sujeito de exibi-lo em juízo.

Recorde-se, todavia, como já salientado, que esta exoneração não implica dizer que o requerido não possa *sponte propria* apresentar o documento. Exclui-se o dever, mas não a possibilidade. O procedimento será conduzido até seu fim, reconhecendo, porém, ao final – quando da decisão – a existência de cláusula de exclusão a albergar a conduta do requerido.

287 Gian Antonio Micheli, Teoria geral da prova, *RePro*, n. 3, São Paulo: Ed. RT, 1976, p. 167.

4. Sigilos

Como última especificamente regrada pelo preceito em exame, traz o Código a situação do sigilo profissional.

A norma contempla duas situações distintas – e tratadas diversamente também pela lei penal. Confere ela a proteção ao sigilo profissional e ao sigilo de estado. A primeira atine a casos em que, por determinação de lei, põe-se a salvo certas relações havidas entre o profissional e seu cliente, de tal forma que os fatos que se conhecem dentro desta relação ficam fora do âmbito de ingerência pública.[288] Observe-se que o conceito de profissão, para os fins de sigilo – e na forma estabelecida também pela lei penal – é o mais ampla possível, assim entendendo-se também o ofício, a função pública, o ministério etc. Na segunda das situações, não é a relação profissional que determina o segredo, mas certa circunstância especial, pela qual o segredo é transmitido. O caso mais evidente desta situação é descrito pelo art. 153 do Código Penal brasileiro, que aponta como crime "divulgar alguém, sem justa causa, conteúdo de documento particular ou de correspondência confidencial, de que é destinatário ou detentor, e cuja divulgação possa produzir dano a outrem". Em tal caso, o "estado" especial do destinatário de *documento particular ou correspondência confidencial* torna o conteúdo deste sigiloso, importando para este o dever de manter o segredo.

Sempre, em ambas as situações, a configuração da hipótese de escusa pressupõe, na estrutura da lei penal, a ocorrência de *dano*, derivado da violação do sigilo. Não havendo dano na exteriorização do segredo, o tipo penal não se completa, razão pela qual também não haverá supedâneo para invocar-se o art. 404, IV, como causa de exoneração do dever de exibição.

5. Outras hipóteses de exclusão do dever de exibir

Quanto à norma aberta do inciso V, vale lembrar que aqui também se incluem os casos em que a parte ou o terceiro encontram-se impossibilitados de exibir apenas porque não têm condições de levar o documento ou a coisa ao juízo – no caso, por exemplo, de documentos históricos, de coisas de difícil mobilidade etc. Nestes casos, embora válida a recusa, pode-se obter o mesmo fim da exibição por outra forma, seja pela inspeção judicial, seja mesmo pela extração de cópia do documento ou pela fotografia da coisa. Desta forma, tal como faz o Código de

288 Para estes casos, prevê a lei penal sanção à violação através do art. 154 do Código Penal brasileiro, que tipifica a conduta de "revelar alguém, sem justa causa, segredo, de que tem ciência em razão de função, ministério, ofício ou profissão, e cuja revelação possa produzir dano a outrem".

Processo Civil português, ainda que existente e legítima esta causa de recusa, deverá o sujeito passivo da exibição, embora não podendo exibir a coisa ou o documento em juízo, "facultar o documento para o efeito de ser fotografado, examinado judicialmente, ou se extraírem dele as cópias ou reproduções necessárias" (art. 434 do CPC português).

Poderiam também ser enquadradas nesta regra outras disposições específicas que o Código justapõe - em matéria de exibição de documentos - em outras regras. Poder-se-ia incluir aqui, *a contrario sensu*, a previsão do art. 420, quanto aos livros empresariais (matéria a ser examinada ulteriormente) ou ainda a questão dos documentos submetidos à proteção do sigilo fiscal. Em todas estas situações, observando o magistrado a invocação de uma justificativa grave (como estas), haverá de acolhê-la, liberando o sujeito da determinação de exibir.

6. Hipóteses previstas em lei

Finalmente, o código afirma que também não se exige a exibição em outros casos, previstos expressamente em lei.

A previsão é, evidentemente, desnecessária, já que sempre que haja previsão específica em lei a exibição não pode ser exigida. Serve, todavia, apenas para reafirmar que os casos descritos no texto legal não exaurem as hipóteses em que o dever de colaboração é aqui excluído.

7. Possibilidade da exibição não obrigatória

Em todos estes casos, identicamente ao que se disse a propósito do depoimento da parte, há exoneração do dever de exibir (como de resto, de colaborar com o Judiciário para a descoberta dos fatos da causa). Significa dizer que o Estado não pode obrigar o particular, em tais casos, à exibição. Não poderá exigir, mas pode solicitar. Incumbirá, então, ao particular apreciar o caso concreto e verificar se pretende escudar-se na cláusula protetiva ou se, ao contrário, mesmo sendo-lhe facultado não exibir, resolve exibir em juízo o documento ou coisa.

Até na hipótese de perigo de ação penal, é certo que o sujeito tem direito de agir como melhor lhe aprouver. Ou seja, sendo seu interesse apresentar o documento ou a coisa, mesmo ciente de que o fato pode representar-lhe perigo de ação penal, não se há de tomar a sua atitude como algo vedado ou como alguma forma de prova ilícita. Vale lembrar mesmo que o sujeito que colabora para a descoberta de crime (ainda que tenha participado dele) é beneficiado pela lei brasileira com várias garantias, podendo chegar a receber perdão judicial (v.g., art. 13 e ss., da Lei 9.807/1999).

8. Exibição parcial

Enfim, dispõe o texto legal, no parágrafo único do artigo em exame que, em sendo as causas aqui arroladas relativas apenas à parte do documento, do restante determinará o juiz a extração de cópia que servirá ao Judiciário.

A regra atende a questão lógica. O princípio é o de que todos devem colaborar com o Judiciário para a descoberta da verdade (seja a parte, seja o terceiro); a exceção, tratada de forma específica nos casos do art. 404 (ao menos no que toca à exibição de documento ou coisa), é a dispensa desse dever. Assim, tirante as situações arroladas no dispositivo, permanece vigorando o princípio geral, impondo-se a todos o dever de colaboração. Com isso, em sendo o documento protegido apenas em parte contra a exibição coativa, no restante permanece viável a exigência do Judiciário, de apresentação do objeto. A fim de possibilitar esta exibição parcial dos documentos, determina então a lei que se extraia, da parcela não protegida, cópia reprográfica, que será apresentada em juízo para os fins do processo.

Haverá casos, certamente, em que será impossível a extração de cópia reprográfica apenas de parte do documento – porque isso poderia expor a parte que é protegida pelas cláusulas do art. 404, do CPC. Nesses casos, parece razoável recorrer à solução dada pela lei anterior, que determinava a extração de "suma" da parte não protegida (art. 363, parágrafo único, do CPC/1973). Assim, se impossível a extração de cópia, deverá o juiz determinar a elaboração de síntese da parte não protegida, que será empregada no processo.

Seção VII
Da prova documental

1. Noções introdutórias

Embora seja corrente em doutrina dizer-se que a legislação brasileira adotou o sistema da convicção motivada do juiz, observa-se, no trato da prova, diversos dispositivos que preveem, *a priori*, certa valoração aos meios de prova estabelecidos.

Assim ocorre com a presente subseção, em que o Código estabelece, com critérios abstratos e predeterminados, o valor a ser dado a várias espécies de documento. Importa lembrar, todavia, que, considerado o princípio da persuasão racional do juiz (art. 371 do CPC), é sempre possível ao magistrado afastar as regras apresentadas nesta subseção, desde que justifique, devidamente, a razão da inobservância das normas prescritas. Vale dizer: as presunções aqui estabelecidas (para a avaliação dos documentos) configuram hipóteses de presunção meramente relativas, sendo perfeitamente concebível que o juiz, ao apreciar o caso concreto e o material probatório que se lhe apresenta, entenda de maneira divergente as regras aqui previstas, dando diversa valoração a estas provas; contudo, se assim o fizer, deverá sempre motivar, precisamente, as razões que o levaram a afastar as normas expressas da lei.

Certamente, o respeito e a fiabilidade que se dá a este meio de prova advém de sua própria essência, de prova pré-constituída, cuja função é de eternizar os atos e fatos jurídicos. A propósito, lembram Neves e Castro e Pontes de Miranda que "os jurisconsultos e legisladores de todos os paizes cultos são unânimes em reconhecer, como um princípio de ordem pública, que é indispensável admittir um genero de prova, que em todo o tempo as partes possam invocar quando precisarem defender os seus direitos e tornar patente uma certa ordem de factos. O testemunho individual não podia satisfazer a esse fim, não só porque é de mui curta duração a vida humana, mas também porque este genero de prova está sujeito a accidentes numerosos e indefinidos, não podendo por isso, mesmo em épocas muito proximas, dar uma ideia, mesmo remota, dos factos que pretendessemos provar. Pelo contrário, a prova documental é aquella que, em razão da sua estabilidade, pode, para assim dizer, perpetuar a historia dos factos e as clausulas dos contractos celebrados pelas partes, e é por isso que, com quanto não se possa conferir a este genero de prova força d'uma certeza philosophica, as legislações de todos os paizes são uniformes em dar-lhe inteiro crédito, em quanto pelos meios legaes não fôr demonstrada a falsidade dos documentos authenticos".[289]

289 Francisco Augusto das Neves e Castro; Francisco Cavalcanti Pontes de Miranda. *Theoria das provas e sua applicação aos actos civis*. 2. ed. Rio de Janeiro: Jacintho Ribeiro dos Santos, 1917. p. 168 (grafia conforme o original). Neste mesmo sentido, pondera Lévy-Bruhl que "a escritura é a prova moderna por excelência. Ou, melhor dizendo – porque o seu uso remonta a uma alta antiguidade – é essencialmente a prova racional. É provável que desde sua aparição – ou ao menos após um curto intervalo – ela foi utilizada para fins probatórios. Ela é realmente bem adaptada a este uso, porque conserva o traço material de um acontecimento, de um ato, de uma palavra. Além disso, este traço é mais frequentemente conforme a realidade, de sorte que, salvo exceções, pode-se

Nitidamente, estas considerações dão bem a noção do porquê da alta relevância que se empresta à prova documental. Contudo, a evolução da sociedade – e a criação de novos meios de interação social (telefone, informática etc.) – cria novos espaços para as relações jurídicas, travadas entre pessoas à distância, e induzindo certa desvalorização (ou, ao menos, modificação) da função geral da prova documental. Assim, por exemplo, é possível comprar hoje, pela internet, livros de grandes editoras ou livrarias, no Brasil ou no exterior, sendo que a documentação desta transação praticamente inexiste (ao menos na forma tradicional). Evidentemente, estas novas possibilidades permitem e exigem adaptações no regime da prova, que deve informar-se por essa nova realidade.

De outra parte, vale lembrar que o culto à prova documental também pode gerar consequências perniciosas, sentidas mais e mais intensamente em nosso direito. O direito brasileiro, assim como o fazem outras legislações, exige, muitas vezes, como único meio de prova admissível, o documento. Todavia, como bem salienta Calamandrei, "quem propugna, mesmo *in iure condendo*, as mais severas limitações da prova testemunhal para tornar sempre mais geral o uso da prova escrita, deve questionar-se se, com o nosso sistema de taxas, judiciárias e contratuais, exigir a prova escrita não signifique dizer muitas vezes colocar a parte na absoluta impossibilidade de obter justiça".[290] Efetivamente, previsões como aquela, inserta no art. 406, certamente podem fornecer certo grau de estabilidade à prova de algumas relações jurídicas; entretanto, de outra parte, privam, em função dos custos burocráticos da documentação legal de tais relações, ampla parcela da população da proteção de interesses legítimos. Imperioso, portanto, pensar-se, *de lege ferenda*, em mecanismos ou de amenização de regras como aquela acima indicada, ou de acesso, às pessoas carentes, a tais meios de prova sem os altos custos que lhes acompanham.

2. Definição

Segundo Comoglio, Ferri e Taruffo, "à categoria das *provas documentais* se reduzem em geral todas as *coisas* que aparecem idôneas a *documentar* um fato, ou

referir a ela para saber o que se passou. O escrito é mais durável, nas circunstâncias ordinárias, que a memória humana (...). Sobretudo, ele é mais fiel que a memória humana, a qual é sujeita a equívocos e lapsos, tanto naturais quanto voluntários" (Henri Lévy-Bruhl. *La preuve judiciaire, étude de sociologie juridique*. Paris: Librairie Marcel Rivière et Cie., 1964. p. 112-113).

290 Piero Calamandrei. Conseguenze della mancata esibizione di documenti in giudizio. *Rivista di diritto processuale civile*. 1930, p. 301.

seja, a narrá-lo, a representá-lo ou a reproduzi-lo".[291] Conquanto genérica, a definição presta-se bem para demonstrar a impossibilidade de assimilação de prova documental por prova escrita.[292] As figuras não se confundem, sendo possível haver prova documental não escrita (fotografia, por exemplo), bem assim prova escrita não documental (v.g. o laudo pericial).

A representação aludida, portanto, não se resume à mera escrituração de declarações. Ao contrário, abrange o registro de sons, imagens, estados de fato, ações e comportamentos,[293] além dos "documentos criados através das tecnologias modernas da informação e das comunicações, como os dados inseridos na memória do computador ou transmitidas através de uma rede de informática, e em geral os assim ditos documentos informáticos"[294] (*documenti informatici* no original).

A fim de melhor burilar o conceito de prova documental, imprescindível se mostra trazer a lume as famosas palavras de Carnelutti[295] a esse respeito. O autor, tentando traçar a diferença que existe entre a prova testemunhal e a prova documental, salienta, inicialmente, que o testemunho é um *ato*, enquanto o documento, um *objeto*. Sendo ambas criações humanas, esclarece o mestre que esta criação é diferente, em cada uma das situações: "De uma parte o homem age *em presença* do fato a representar para compor um aparato exterior capaz de produzir o efeito representativo; de outra parte o homem age *na ausência* do fato a representar produzindo diretamente o mesmo efeito".[296]

291 Luigi Paolo Comoglio; Corrado Ferri; Michele Taruffo. *Lezioni sul processo civile*. 2. ed. Bologna: Il Mulino, 1998. p. 657 (grifos no original).

292 Como bem adverte Egas Moniz de Aragão: "O conceito de documento, portanto, não fica restringido ao de 'ato por escrito', que a lei civil francesa refere. É mais amplo. À época da elaboração do Código de Napoleão compreendia-se essa limitação; a uma, pelo momento histórico, afinal findava-se o século XVIII; a outra, pela preocupação, acentuada desde a Ordenança de Moulins (1566), de circunscrever a prova testemunhal e prestigiar a prova decorrente de atos passados por escrito. Mas é imperioso por de lado essas ideias e acolher a lição de Carnelutti, cujo acerto parece irrecusável" (Egas Dirceu Moniz de Aragão. *Exegese do Código de Processo Civil* cit., vol. 4, t. I, p. 213).

293 Em sentido semelhante, porém excluindo da noção de provas documentais os registros magnéticos, v. Walther J. Habscheid. *Droit judiciaire privé suisse*. 2. ed. Genève: Librairie de L'Université – Georg & Cie. S.A., 1981, p. 446.

294 Luigi Paolo Comoglio; Corrado Ferri; Michele Taruffo. *Lezioni sul processo civile* cit., p. 657.

295 Francesco Carnelutti. *La prova civile*. 2. ed. Roma: Ateneo, 1947. p. 139 e ss.

296 Idem, ibidem (grifos no original). E, em apoio a este esclarecimento, Carnelutti traz o exemplo do documento fotográfico e fonográfico. "Ocorre aqui que o homem consegue fixar sobre uma superfície impressionável as linhas de um objeto presente ou os sons enquanto se desenvolvem de modo a obter um aparato capaz de reproduzir aquelas linhas ou aqueles sons mesmos, por si, sem que o homem intervenha de fato na reprodução; ocorre ao contrário no testemunho que o

Após estas considerações, o mesmo processualista estabelece dois critérios distintivos entre a prova documental e a prova testemunhal. Em primeiro lugar, segundo Carnelutti, a representação documental é *imediata*, enquanto a testemunhal seria *mediata*; enquanto "na primeira a individualidade do fato a ser representado traduz-se imediatamente em um objeto exterior; na segunda fixa-se imediatamente na memória de um homem e somente através desta se reproduz na representação".[297] Sob outro enfoque, a prova documental seria *permanente*, ao passo que a representação testemunhal seria *transitória*. Isto porque, clarifica o mestre, "se o documento não fosse durável nao poderia ter eficácia de conservar por si só o traço do fato representado independentemente da memória humana; se o testemunho não fosse transitório, não se limitaria a uma reconstrução do fato representado com elementos puramente subjetivos".[298]

Com estas considerações, parece ser possível concluir, com segurança, que a prova documental tem por característica típica a circunstância de, diretamente, demonstrar o fato pretérito.[299] Através deste meio de prova, o juiz tem conheci-

homem reproduz, sozinho, com a voz ou com o gesto, as linhas ou os sons após que os percebeu, sem que nenhum aparato exterior intervenha na reprodução" (Idem, p. 139-140). E conclui magistralmente, ponderando que "aqui a obra do homem é posterior ao fato a representar e coincide com a representação; lá a obra do homem é contemporânea ao fato a representar e precede a representação" (Idem, p. 140).

297 Idem, ibidem. Acolhendo esta tese, salientam Comoglio, Ferri e Taruffo que a função da prova documental é sempre a "de representar ou reproduzir algo, de modo tal que quem toma conhecimento do documento esteja em condições, percebendo imediatamente a representação ou a reprodução, de reconstruir o fato que foi documentado" (Luigi Paolo Comoglio; Corrado Ferri; Michele Taruffo. *Lezioni sul processo civile* cit., p. 657-658).

298 Idem, ibidem. E conclui a distinção, em outra passagem, dizendo que "no testemunho o ato é o próprio fato representativo, onde a representação é o seu efeito imediato; no documento o ato não é jamais o fato representativo, mas um momento precedente a este, porque não representa por si, mas cria um objeto capaz de representar. Quem quiser ter uma impressão brusca desta diferença compare o ato do narrador ao ato do fotógrafo: o primeiro age representando, o segundo age preparando uma coisa, que representará. O ponto de contato entre os dois tipos de fatos representativos é portanto a formação mediante a atividade humana; o ponto de divergência é o pressuposto desta atividade, que no documento opera sobre um fato presente e se projeta no futuro, no testemunho opera sobre um fato não presente e se projeta no passado" (Idem, p. 181).

299 Segundo Carnelutti, documento é "qualquer coisa que represente a experiência de um fato" (Francesco Carnelutti. *Instituições do processo civil.* Trad. Adrián Sotero de Witt Batista. Campinas: Servanda, 1999. vol. 1, p. 310). De modo semelhante ao que restou dito no corpo do texto, ensina Denti que "uma 'coisa' constitui 'documento', então, enquanto *venha considerada como ponto de referência de enunciados factuais relevantes aos fins da decisão*" (Vittorio Denti. Prova documentale (dir. proc. civ.). *Enciclopedia del diritto.* Milano: Giuffrè, 1988. vol. 37, p. 714) – o grifo não consta do original.

mento do fato sem qualquer interferência valorativa outra, que não a sua própria. A interferência humana no fato, diante da prova documental, cinge-se à formação da coisa (documento) e à reconstrução do fato no futuro (pelo juiz ou pelas partes, por exemplo).[300] Não há, como ocorre com a prova testemunhal ou com a prova pericial, mediação nesta *reconstrução*. Ou, se assim se preferir dizer, na genial colocação de Carnelutti, o "documento é uma coisa que *docet*, não que serve a *docere*, isto é que tem em si a virtude de fazer conhecer".[301]

3. Documento e prova documental

De tais percepções, pode-se desde logo formular a advertência de que nem todo documento constitui, *ipso facto*, prova documental.

Esta conclusão pode ser atingida, com certa facilidade, quando se observa que no processo todo ato é, necessariamente, documentado. As declarações prestadas por testemunhas são documentadas, porque reduzidas a termo ou gravadas em mídia adequada (art. 460), a prova pericial é documentada através do laudo (art. 477) etc. Enfim, porque nosso direito acolhe predominantemente o princípio da escritura –[302] em que pesem inúmeras concessões ao princípio da oralidade –, os atos do processo normalmente ficam documentados nos autos.

E, apesar de todos estes atos estarem representados por documentos nos autos, nem por isso perdem sua essência (de provas testemunhais, periciais etc.) para se tornarem provas documentais.[303] São, sim, todos estes, provas documentais *da colheita da prova no processo*; não, porém, no sentido de representação do fato original que se reconstruiu naquele feito. Ou seja, é possível dizer que aquele termo de depoimento, ou que o laudo pericial, é prova documental que representa *diretamente o fato da colheita de material probatório em certo processo*; em relação ao *fato primário* – objeto da prova que se colhia –, aqueles elementos

---

300 Como diz Couture, na prova documental, "o intermediário fica reduzido tão-somente à conversão do fato em coisa" (Eduardo J. Couture. *Fundamentos del derecho procesal civil.* Buenos Aires: Depalma, 1958. p. 266-267).

301 Francesco Carnelutti. Documento (teoria moderna). *Novissimo digesto italiano.* Torino: Utet, 1960. t. VI, p. 86. Acrescenta o autor que esta virtude se caracteriza precisamente pelo *conteúdo representativo* do documento, que lhe peculiariza e distingue dos demais meios de prova.

302 José Frederico Marques. *Manual de direito processual civil.* Atual. Vilson Rodrigues Alves. Campinas: Bookseller, 1997. vol. 1, p. 499.

303 Conforme bem pondera Carnelutti, é essencial distinguir entre o documento e a declaração representada nele, e esta distinção decorre de uma verdadeira necessidade lógica, "já que a declaração (negócio) é um *ato*, o documento é um *objeto*: não é possível pensar um ato como um objeto ou vice-versa" (*La prova civile* cit., p. 134).

permanecem sendo prova testemunhal e prova pericial, não se convertendo em prova documental apenas por sua documentação (registro escrito). Vai daí que, conforme aquilo que se pretenda representar através da coisa, pode um mesmo objeto assumir a condição de prova documental ou não: se a intenção for representar a *existência* da prova colhida (do depoimento, da perícia etc.), será o documento considerado prova documental; porém, se tiver por escopo representar os fatos a que o depoimento, a perícia etc. se referem, então a natureza da prova será outra, que não a documental.

Prova documental é, assim, somente aquela através da qual se tem a representação *imediata* do fato a ser "reconstruído". Como leciona Carnelutti, "quem descreve por escrito um fato, enquanto o apercebe, forma um documento, porque quer representar no futuro o fato presente mediante o escrito formado; quem descreve por escrito um fato, que notou anteriormente, forma um testemunho porque quer representar atualmente um fato passado mediante o ato de escrever. Há uma atividade humana de idêntica aparência nos dois casos, mas de diversa substância: no primeiro o homem não fornece mais que o *meio*, no segundo fornece também a *matéria*, da representação já que o fato não existe mais fora, mas apenas dentro dele; no primeiro forma um aparato (exterior) para conservar o (a memória do) fato, no segundo o extrai de si mesmo, onde está conservado".[304] Na prova documental, portanto, o documento é capaz de, por si só, representar o fato; é, afinal, o elemento representativo, o que não ocorre com as provas testemunhal e pericial (nas quais o elemento representativo é a pessoa).

A apresentação do laudo pericial ou a materialização do depoimento de uma testemunha (em escritura pública, por exemplo), pois, não transformam a natureza da prova de oral em documental. A prova continua tendo sua característica própria, de prova indireta, jamais se convolando em prova documental, apenas pelo fato de encontrar-se materializada em um documento, ou seja, por estar documentada. Esta conclusão é essencial, seja para afirmar o regime (e o cabimento) de certo

304 Idem, p. 182. Posteriormente, o mesmo mestre veio a aperfeiçoar a sua ideia (Francesco Carnelutti. Documento e testimonianza. In: *Studi di diritto processuale*. Padova: Cedam, 1939. vol. 3, p. 283-286), dizendo que o essencial da distinção entre o testemunho e o documento estaria em que o testemunho seria sempre feito em função de uma pessoa determinada ou determinável. Ao contrário, o documento seria elaborado para servir a qualquer pessoa, sem que tivesse nenhuma em especial como objetivo – quanto ao documento que retratasse um testemunho, dizia o autor, seria, ainda assim, um documento (que representaria um testemunho). Não parece que este novo critério se preste para distinguir a *prova* documental da testemunhal, embora certamente consiga refletir as diferenças entre um *documento* e um *testemunho*.

tipo de prova, seja para determinar a possibilidade ou não do uso de certo tipo de procedimento.[305]

4. Documento, instrumento e monumento

Com esta ressalva inicial, é possível, desde logo, notar que, dentre os documentos (quer efetivamente representem prova documental, quer não) pode-se estabelecer uma discriminação clássica, entre *documento* e *instrumento.*

Documento é toda coisa capaz de representar um fato. Pode constituir prova documental se for apta a indicar *diretamente* este fato ou prova documentada, quando a representação do fato se dê de forma *indireta.*

Já o instrumento é o documento formado com o fim específico de fornecer elemento de prova de certo fato jurídico (tomado, aqui, em sua acepção lata).[306] É, por isso mesmo, categoria pertencente ao gênero "documento", particularizada por tratar-se sempre de prova pré-constituída e destinada, senão exclusiva, principalmente a servir para comprovação de certo fato jurídico (*lato sensu*, incluindo-se aí as noções de atos jurídicos, negócios jurídicos etc.).[307]

A distinção não é meramente acadêmica. O Código de Processo Civil utiliza, em vários dispositivos, a expressão *instrumento*, pretendendo aludir especificamente à prova pré-constituída de fatos jurídicos (como no caso do art. 406). Em regra, todavia, utiliza o Código a expressão "documento" referindo-se ao gênero (de que são espécies o documento e o instrumento), indistintamente. É preciso, pois, tomar certa atenção para a *mens legis* de cada dispositivo, a fim de não tomar equivocadamente o sentido utilizado pelo Código para o termo.

Também alguns autores costumam diferenciar os *documentos* dos *monumentos.*[308] Em essência, a distinção funda-se na possibilidade ou não de se levar a prova

---

305 É o caso, especificamente, no direito brasileiro, do mandado de segurança. Como cediço, este procedimento exige, para sua utilização, que os fatos articulados estejam comprovados de plano, através de prova pré-constituída (é esta a significação que se empresta, ao menos por ampla maioria da doutrina, à expressão *direito líquido e certo*), que se equipara, em linhas gerais, à prova documental (mas não à prova documentada).

306 Como disse João Batista Lopes, "instrumento é espécie de documento constituído com a intenção deliberada de fazer prova no futuro" (*A prova no direito processual civil.* São Paulo: Ed. RT, 2000. p. 102).

307 Outros autores estabelecem a diferença entre documentos e instrumentos, dizendo que instrumentos são espécies de documentos, consistentes em *escritos* (neste sentido, v. Víctor de Santo. *La prueba judicial, teoría y práctica*, 2. ed., Buenos Aires: Editorial Universidad, 1994. p. 143).

308 Sobre a distinção, v., por todos, Jaime Guasp. *Derecho procesal civil.* 4. ed. atual. Pedro Aragoneses. Madrid: Civitas, 1998. t. I, p. 362 e ss.

a juízo para exame. Assim, documentos seriam as provas consistentes em objetos que, por suas características físicas, podem ser levadas a juízo para apreciação. Já monumentos são aquelas outras coisas que não admitem esta mobilidade.

Geralmente, os monumentos são objeto de inspeção judicial realizado no lugar da coisa, muito embora, em termos precisos, esta equiparação seja indevida. Como bem pondera Guasp, tanto podem ser suscetíveis de inspeção judicial as coisas imóveis, como as móveis, mesmo aquelas que possam ser levadas diretamente ao juiz. Ademais, também em relação à prova documental, o juiz tem percepção ou observação imediata daquilo que ao seu exame é dado.[309]

5. Elementos da prova documental. Início de prova escrita

Os documentos compõem-se de dois elementos. Haverá sempre um *conteúdo* e um *suporte*.[310] O primeiro equivale ao aspecto intrínseco do documento, à ideia que pretende transmitir. Revela, portanto, o próprio fato que se pretende representar através do documento. Já o *suporte* constitui o elemento físico do documento, a sua expressão exterior, manifestação concreta e sensível; é, enfim, o elemento material, no qual se imprime a ideia transmitida.

Vale ressaltar que é frequente equiparar o suporte da prova documental à escritura. Imagina-se que somente haverá prova documental nas situações de prova escrita. Todavia, o suporte do documento não se limita à via do papel escrito.[311] Ao contrário, o que caracteriza o suporte é o fato de tratar-se de elemento real, pouco importando sua específica natureza.[312] Desta forma, o suporte pode ser uma folha de papel, mas também será o papel fotográfico, a fita cassete, o disquete

309 Idem, p. 377.

310 V. Enrico Tullio Liebman. *Manuale di diritto processuale* – Principi cit., p. 353. Em sentido semelhante, v. Friedrich Lent. *Diritto processuale civile tedesco*. Napoli: Morano, 1962. 1.ª parte, p. 218.

311 Tem razão, neste passo, José Casado Silva, ao dizer: "Distinguimos a prova documental da prova literal, ao contrário do que até agora se fazia. Era admissível confundi-las quando o único tipo possível da primeira era a segunda (aceitando-se de modo absoluto, o que é, não duvidamos, descabido, que o desenho e a pintura jamais hajam podido servir de prova). Depois da invenção e vulgarização da fotografia, dos fonogramas e do cinema, porém, causa-nos espécie que as expressões prova documental (na qual nossas leis englobam também esses meios de registro, que não se utilizam da escrita) e prova literal (isto é, registro por meio da escrita ou de letras) continuem sendo consideradas sinônimas. Não vale, aqui, recorrer ao que sabemos graças aos estudos diacrônicos: as palavras, no decorrer do tempo, é certo, mudam de significado, mas o adjetivo *literal* jamais foi usado no sentido de fotográfico, fonográfico ou cinematográfico" (Considerações sobre a prova documental. *Revista Forense*, vol. 289, p. 109).

312 Luigi Paolo Comoglio; Corrado Ferri; Michele Taruffo. *Lezioni sul processo civile* cit., p. 657.

de computador etc.[313] Logicamente, a qualidade do documento está diretamente relacionada à estabilidade do suporte sobre o qual a ideia foi impressa. O uso do papel é tão difundido por conta da estabilidade desse suporte, que não se altera com o tempo – ao contrário, pode-se inferir a imprestabilidade de qualquer documento grafado na areia da praia, exatamente porque o suporte utilizado é instável, não guardando por longo tempo o conteúdo ali aposto.

Seja como for, a noção de prova escrita faz lembrar o sério problema do chamado "início de prova escrita"[314] ou "início de prova material",[315] a que aludem alguns textos de lei em nosso sistema. O tema importa porque há quem entenda que a expressão empregada no direito brasileiro equivale à previsão existente no art. 1.347 do Código Civil francês (que fala, de modo similar a previsões contidas nos Códigos Civis belga e italiano, em *commencement de preuve par écrit*). Caso efetivamente seja válida esta equiparação, convém lembrar que o mesmo art. 1.347, logo a seguir, estabelece o que se deve entender por começo de prova por escrito, dizendo que "chama-se assim todo ato por escrito que emanou daquele contra quem a demanda é formada, ou daquele a quem ele representa, e que torna verossímil o fato alegado". Com isso, se a equiparação proceder, ter-se-á de admitir que somente escritos (ou, no outro caso, provas materializadas) oriundos da parte contrária prestar-se-iam como prova, para a demonstração dos fatos a que aludem os dispositivos legais que exigem este início de prova. Todavia, é certo que os tribunais brasileiros jamais se filiaram a este tipo de interpretação – que, diga-se, a legislação pátria sequer admite –, mantendo postura acertadamente liberal quanto

313 "Com efeito, normalmente, os documentos tomam corpo no *papel* em que são *escritos*, ou ainda, por exceção, na tela, na cera, na pedra, no metal, na madeira e em coisas semelhantes. A representação, entretanto, também pode fazer-se por *sinais gráficos*, diversos da *escrita*, como ocorre com desenhos, plantas, projetos, modelos, cartas topográficas etc. Em todos esses casos, a representação se faz através da mente do sujeito da ideia ou do fato representado, que os transfere à coisa representativa, ou documento" (Moacyr Amaral Santos. *Comentários ao Código de Processo Civil* cit., vol. 4, p. 145).

314 Tal como a previsão do art. 227, parágrafo único, do CC brasileiro: "Qualquer que seja o valor do negócio jurídico, a prova testemunhal é admissível como subsidiária ou complementar da prova por escrito".

315 Quiçá o exemplo mais marcante desta situação seja dado pelo art. 55, § 3.°, da Lei 8.213, de 24.07.1991, que estabelece: "A comprovação do tempo de serviço para os efeitos desta lei, inclusive mediante justificação administrativa ou judicial, conforme o disposto no art. 108, só produzirá efeito quando baseada *em início de prova material*, não sendo admitida prova exclusivamente testemunhal, salvo na ocorrência de motivo de força maior ou caso fortuito, conforme disposto no Regulamento" (semelhante previsão já estava contida, entre outros diplomas, no art. 141, parágrafo único, do Decreto 72.711/1973). Este caso merece alusão, em vista da célebre polêmica gerada perante o Superior Tribunal de Justiça, em função da interpretação deste dispositivo.

a este tipo de exigência.[316] Com efeito, ao falar-se em *início de prova escrita* ou em *início de prova material*, não se pode equiparar, evidentemente, este conceito àquele representado pela *prova escrita* ou pela *prova material* (ou, mesmo, pela prova documental).[317] Parece claro que o vocábulo "início" deve conter alguma função, e esta função reside, precisamente, na indicação de que a prova produzida pelo interessado não precisa conduzir necessariamente ao fato, mas apenas à sua aparência. Ao contrário, pois, do que normalmente ocorre com a prova documental, quando se exige início de prova escrita (ou de prova material), pretende-se tão somente impor a alguém a obrigação de apresentar algum elemento materializado (ou escrito) capaz de indicar, ainda que remotamente e com baixa aptidão de segurança, a ocorrência de um certo fato. Esta deve ser a interpretação adequada para semelhantes previsões.

É claro que, por outro lado, poder-se-ia invocar, em sustento de tese contrária, a previsão do art. 444, CPC, a especificamente definir início de prova escrita

316 Sem pretender ingressar na polêmica, mas apenas tendo em conta o significado que se deve emprestar ao termo início de prova material ou início de prova escrita, deve-se observar as decisões proferidas pelo Superior Tribunal de Justiça a respeito da hermenêutica aplicável ao art. 55, § 3.º, da Lei 8.213/1991. Assim é que se tem admitido, como início de prova material, para a comprovação do tempo de serviço, anotações em registro civil (6.ª T. – REsp 63.757-SP – rel. Min. Vicente Leal – *DJU* 19.06.1995, p. 18.773; 5.ª T. – REsp 66.336-SP – rel. Min. José Dantas – *DJU* 28.08.1993, p. 26.667), declarações de empregadores (6.ª T. – REsp 59.876-SP – rel. Min. Vicente Leal – *RSTJ* 80, abril de 1996, p. 426) etc., demonstrando que início de prova escrita ou mesmo início de prova material não se pode confundir com prova escrita (ou material, ou ainda documental), qualificativo que se encaixa na previsão do art. 1.347, segunda parte, do Código Civil francês.

317 Neste sentido, já ensinava Moacyr Amaral Santos que "para haver começo de prova escrita, o documento escrito, emanado da pessoa contra quem se forma o pedido, ou de quem a represente, deve ser de natureza a, por si só, tornar *verossímil* o fato alegado. Importa em dizer que o documento *não faz prova* do fato e tão somente se presta para torná-lo verossímil. Aliás, se fizesse prova do fato, no sentido lógico, de conferir-lhe certeza quanto à sua realidade ou falsidade, de produzir convicção a seu respeito, não seria de falar-se em *começo de prova* e sim de *prova*" (Moacyr Amaral Santos. *Prova judiciária no cível e comercial.* 3. ed. São Paulo: Max Limonad, 1968. vol. 3, p. 378). E conclui o brilhante mestre, dizendo que "por começo de prova escrita se entende, em suma, o escrito que, emanado da pessoa contra quem se forma o pedido, ou de quem a representa, sem ter a eficácia de, por si só, gerar convicção quanto à verdade ou falsidade do fato litigioso, o torna verossímil ou suficientemente provável e possível. A certeza ou convicção relativamente ao fato dependerá das provas subsidiárias ou complementares que poderão consistir nas produzidas por testemunhas. Por outras palavras, a certeza relativamente ao fato dependerá da prova do escrito e da prova testemunhal, que completa aquela" (idem, p. 380). Conforme já observado no texto, não parece ser possível entender por começo de prova escrita apenas o escrito emanado da parte contra quem se pretende utilizar a prova. Se isto é válido perante a legislação alienígena, nada há em nosso direito que autorize semelhante conclusão.

como sendo o escrito "emanado da parte contra a qual se pretende produzir a prova". Ao que parece, porém, a definição contida no comando em questão deve ser vista *cum granum salis*, já que, mesmo no contexto em que esta se apresenta, não parece fazer muito sentido. Observe-se que o art. 444 trata de casos em que se admite a prova testemunhal para a demonstração da existência de contratos. A ideia ali transmitida é no sentido de que se permite a prova ("exclusivamente") testemunhal para a demonstração da existência de contrato sempre que essa prova vier apoiada naquele começo de prova escrita. Ocorre, todavia, que nesse caso a prova utilizada para a demonstração do contrato não é mais "exclusivamente" testemunhal (já que vem ela corroborada, como expressamente indicado pelo dispositivo em questão, por escrito emanado da parte contra a qual se quer produzir prova). Ao contrário, nesse caso, o convencimento do magistrado estará apoiado, praticamente, em elemento equivalente a uma "confissão" da parte, já que dela partiu um documento que indica a existência do contrato que se quer provar. Vê-se, pois, a completa incoerência da regra em comento, que não serve para o fim específico do preceito indicado, e, consequentemente, muito menos para nortear a interpretação do vocábulo *início de prova escrita* em outros textos legais. Por essas razões, parece acertado concluir, como se viu acima, que início de prova escrita não é noção que se pode ter de forma precisa ou absoluta; valerá tudo aquilo que possa dar ao juiz a mínima impressão da existência do fato probando, registrado em suporte material.

Da variabilidade de suportes acima apontada é que decorre o caráter totalmente aberto da prova documental. A evolução tecnológica tende a aprimorar e a criar novos suportes, ampliando significativamente a extensão e aplicabilidade deste meio de prova e inviabilizando o trato legal completo da figura. Por isso se fala em prova documental *típica* - representada pelas provas documentais clássicas (instrumento público, escritura, declarações particulares) - e *atípica* - na qual se reúnem todas as demais provas documentais, não expressamente tratadas em lei e, geralmente, oriundas do crescente aprimoramento das técnicas de registro de ideias. Assim, o trato da prova documental é, e deve sempre ser, aberto, sempre receptivo aos novos veículos de representação de ideias (ou de vontades).

De outra parte, o outro elemento do documento (o seu *conteúdo*) significa a ideia transmitida através do *suporte*. Esta ideia poderá ser um fato (ocorrido no mundo físico), um pensamento ou uma manifestação de vontade.

Conforme a natureza do conteúdo, poder-se-á falar em *declarações de ciência*, nos casos em que a ideia transmitida seja a do conhecimento de certo fato, ou em *declarações de vontade*, quando o conteúdo do documento represente a manifestação de vontade de um sujeito, aplicável a certa relação jurídica.[318] Ambas as situações são típicas de casos em que o conteúdo do documento é fruto da elaboração mental de alguém; ou seja, tanto na declaração de ciência como na declaração de vontade tem-se que o conteúdo do documento retrata a ideia de alguém (que fica registrada no suporte).[319] Pode ocorrer, entretanto, que o fato representado esteja registrado no documento sem ter sido previamente absorvido pelas percepções de alguém ou sem ser fruto da vontade de algum sujeito. Pense-se no exemplo da fotografia: por ela não se exprime manifestação de ciência do fotógrafo sobre certo fato, e muito menos declaração de vontade dirigida a certa relação jurídica. O conteúdo do documento, então, não contém qualquer declaração; o objeto apenas representa certo fato, deixando a sua interpretação e avaliação a quem tiver contato com o documento. Poder-se-á, aqui, falar em "documentos representativos *stricto sensu*" (documentos diretos, na definição de Carnelutti),[320] já que nem na sua formação, nem na transmissão da ideia ao sujeito cognoscente (por suposição, o juiz do processo) haverá a interferência de outra pessoa.[321]

---

318 É preciso, todavia, não confundir a declaração contida no documento com o resultado desta operação (que a representa, mas a ela não se iguala). Como bem salienta Liebman, "embora a linguagem comum seja normalmente imprecisa, e confunda facilmente entre si o continente e o conteúdo, o ato jurídico é dado da declaração e o documento é apenas o meio material que a contém e a representa. A distinção torna-se particularmente difícil quando a declaração foi feita concomitantemente com a formação do documento; mas, mesmo neste caso, uma coisa é formular a declaração por meio da escritura (*escrevê-la*), outra o resultado da operação (o *escrito*), que é uma coisa material, enfim o documento" (Enrico Tullio Liebman. *Manuale di diritto processuale civile* – Principi cit., t. I, p. 354).

319 Daí a distinção, elaborada por Moacyr Amaral Santos, entre *documento* e *declaração*. Como ensina o mestre, "a declaração é um *ato* e o documento uma *coisa*: a declaração correspondente a uma compra e venda é um ato; a escritura, que a encerra, é uma coisa" (*Comentários ao Código de Processo Civil* cit., vol. 4, p. 146). E, em decorrência desta distinção, traça o mesmo autor outra relevante distinção, afirmada por nossa própria lei: entre a *forma* e a *prova*. Como diz, "as declarações assumem uma dada *forma*. Ou o ato reclama uma determinada *forma*, preestabelecida por lei – o casamento, a compra e venda de bens imóveis, o testamento etc. –, sem a qual a declaração de vontade não tem eficácia jurídica, ou não reclama forma especial. Fala-se, então, em atos *formais*, ou *solenes*, e atos *não formais*" (idem, p. 146). Os primeiros (atos solenes) dependem daquela forma específica para serem comprovados – somente esta prova se presta para a sua comprovação; os demais, ao contrário, podem ser comprovados por qualquer meio de prova admitido por nosso direito.

320 Francesco Carnelutti. Documento (teoria moderna) cit., p. 86.

321 É claro, o fotógrafo, ao registrar uma cena, interfere nela, pois pode escolher o ângulo ou os elementos que vai registrar. Contudo, jamais poderá, apenas por isso, modificar ou interpretar a realidade que retrata. Neste sentido é que se pode dizer que não interferirá na realidade documentada.

6. Autoria do documento. Documento público e particular. Subscrição. Autenticidade

Normalmente, a prova documental terá origem em alguma pessoa. Será, enfim, criada por alguém e sempre com alguma finalidade. Àquele que cria a prova documental (qualquer que seja ela) dá-se o nome de autor.[322] Este autor será tanto aquele que efetivamente realizou, materialmente, o suporte em que se contém a ideia transmitida pelo documento como aquele que manda o documento ser formado. Neste último caso, ter-se-ão dois autores do documento: um imediato (aquele que concretamente confecciona o documento) e um mediato (o que ordena a ideia registrada no suporte). Entra então em cena a distinção realizada por Carnelutti, entre *autore* e *lavoratore*, entre o autor e o elaborador do documento. Segundo o genial processualista, "elaborador é qualquer um que emprega as *próprias energias* ao atingimento de um resultado útil; autor quem emprega energia ao atingimento de um *resultado próprio*. Na noção de elaborador é decisiva a *pertinência da energia*; na noção de autor a *pertinência do resultado*".[323] Ou seja, ainda nas palavras de Carnelutti, elaborador é aquele que faz o documento *por si*, enquanto autor é o que o faz (ou manda que se o faça) *para si*.

O tema da autoria é relevante para a identificação do documento como público ou privado. Será público quando o seu autor *imediato* for agente investido de função pública, e quando a formação do documento se der no exercício desta função; trata-se, *normalmente*, de alguma função documentadora ou certificadora, regulada pelo próprio Estado. Note-se que, neste caso, a ideia (e, portanto, o autor mediato, ou simplesmente autor, na visão de Carnelutti acima exposta) continua sendo do particular; mas por ter a declaração sido presenciada por algum servidor público, no exercício de função estatal típica (mas não obrigatoriamente documentadora), o documento terá diversa eficácia probatória.[324] Será, ao con-

322 Poder-se-á imaginar a existência de provas documentais sem autoria. Assim sucederia em relação a documentos históricos que, por exemplo, representam algum evento natural: a queda de um raio, poderá deixar vestígios em algum material; e este suporte poderá ser utilizado, posteriormente, para a comprovação do fenômeno natural, sem que se possa atribuir a alguém a formação deste elemento. Em sentido contrário, entendendo que apenas existe documento como obra da pessoa humana, v. Francesco Carnelutti. *La prova civile* cit., n. 25, p. 141.

323 Francesco Carnelutti. Studi sulla sottoscrizione. In: ______. *Studi di diritto processuale*. Padova: Cedam, 1939. vol. 3, p. 230.

324 Esta diversidade de valor probante não resulta, diretamente, de alguma certificação especial dos fatos declarados pelo particular perante o oficial público, mas sim da *certeza quanto à autoria destas declarações*. Se os fatos declarados pelo particular perante o agente público efetivamente se verificaram na realidade concreta, isto é tema para a investigação livre do juiz, pautada por

trário, particular o documento quando sua autoria *imediata* se dê por ação de um particular ou mesmo de um funcionário público (desde que este não se encontre no exercício de suas funções).[325]

Inexoravelmente ligado ao tema da autoria vem a questão da *subscrição* do documento. Como bem lembra Moacyr Amaral Santos, "não basta que o documento indique quem seja o seu autor, mas preciso é que também o prove. Essa prova se tem com a sua *subscrição*, que consiste no lançamento, ao pé do documento, da assinatura do seu autor. A subscrição não só indica e prova a autoria do documento como também torna presumível que a declaração nele representada foi querida pelo autor do fato documentado. Nesse sentido *subscrição* e *assinatura* são vocábulos que se equivalem".[326] Na lição precisa de Carnelutti, o tema da *subscrição*, embora aparentemente mantenha mais estreita relação com a declaração contida no documento do que propriamente com o documento em si, é, em verdade, diretamente vinculado ao próprio meio de prova. Como lembra o genial mestre, embora o documento represente uma declaração de seu autor, ele *se forma* com a subscrição, sem a qual não há documento.[327] Realmente, a verificação sobre a autoria do documento não é apenas relevante para atribuir a ele a lavratura da declaração inserta na representação; mais que isto, é essencial para caracterizar a própria existência deste específico meio de prova.[328]

A toda evidência, a ideia de subscrição tem, aparentemente, maior campo de aplicação na esfera da prova documental escrita. Aqui sim se há de cogitar, normalmente, sobre quem subscreve o documento (e que, por via transversa, é considerado o seu autor, respondendo, ainda, pela titularidade do conteúdo). Todavia também os demais tipos de documentos podem e devem ser subscritos (tais como as fotografias, as pinturas etc.). Em alguns casos particulares não haverá, como no exemplo dos registros audiovisuais, propriamente, assinatura do autor no suporte do documento, já que isto será impossível; mas ainda assim poderá haver

---

critérios legais e pelo específico conteúdo do documento (se representam declaração de vontade ou de ciência, cf. Leo Rosenberg. *Tratado de derecho procesal civil.* Trad. Angela Romera Vera. Buenos Aires: Ejea, 1955. vol. 2, p. 247) e, neste aspecto, são iguais em termos de eficácia, perante o sistema processual brasileiro, os documentos público e privado.

325 Moacyr Amaral Santos. *Comentários ao Código de Processo Civil* cit., vol. 4, p. 145.

326 Idem, p. 147.

327 Francesco Carnelutti. *Lezioni di diritto processuale civile.* Padova: Cedam, 1986. vol. 2, p. 494.

328 Pondera, a propósito, Denti, que "a escritura do próprio nome é uma operação da mesma natureza da documentação e, como tal, constitui o elemento formal de uma declaração em relação à proveniência do documento" (Vittorio Denti. Prova documentale (dir. proc. civ.) cit., p. 715).

subscrição do documento através do uso de escrito apartado, em que se reconheça (aí com a assinatura do titular) a sua autoria.

A subscrição sempre há de ser autógrafa, ou seja, realizada por uma assinatura de próprio punho do autor do documento. Em geral, a própria lei atribui à subscrição condição de requisito essencial para a validade do documento e, enfim, para a sua eficácia probatória.

Outro tema também diretamente relacionado com a autoria refere-se à *autenticidade* do documento. Diz-se autêntico o documento em que se tem como certa a sua autoria. Com efeito, o valor que se pode emprestar a um documento depende, em grande medida, da idoneidade da fonte de onde é oriundo. Afinal, "o documento merece a fé do seu autor",[329] já que, se não se pode ter segurança da origem das informações contidas em um documento, também não se pode emprestar-lhes plausibilidade. Em relação ao documento subscrito, será autêntico se for verdadeira a assinatura do suposto autor.[330]

À certificação quanto à autenticidade de um certo documento, dá-se o nome de *autenticação*. Determinada, então, com certeza, a autoria de um certo documento, tem-se como autenticado, decorrendo, desta conclusão, inúmeros efeitos de ordem eficacial.

7. Prova documental e novos meios tecnológicos

Tema que também merece alusão - e é nitidamente vinculado à evolução tecnológica instalada especialmente no setor das técnicas de documentação e transmissão de informações - é o dos documentos de informática e de telemática. O uso, cada vez mais frequente do computador, do fac-símile, da internet e de outros recursos semelhantes, acarreta necessariamente a imperiosa preocupação do direito no concernente à eficácia que se pode emprestar aos novos meios de registro de informações.

Por documentos de telemática se quer significar aqueles documentos que se prestam à transmissão de informações por meio de redes de comunicações, a

329 Francesco Carnelutti. Studi sulla sottoscrizione cit., p. 229.

330 Enrico Tullio Liebman. *Manuale di diritto processuale civile* - Principi cit., t. I, p. 356. Como lembra, a respeito, Moacyr Amaral Santos, "do fato de o documento indicar quem seja o seu autor, como no caso de ser subscrito e assinado, não se conclui, só por isso, que seja autêntico. Porque bem pode ser falsa a indicação da autoria. Na subscrição ou assinatura tem-se a autoria *aparente*, que pode não ser verdadeira. A certeza da autoria se verifica pela coincidência entre a *aparente* e a *real*. A autenticidade consiste, portanto, na coincidência entre o autor aparente e o autor real (Carnelutti)" (*Comentários ao Código de Processo Civil* cit., vol. 4, p. 147).

exemplo do telex, do fac-símile e do telegrama. Já os documentos informáticos são aqueles insertos em memória de computadores ou resultantes de cálculos efetuados por meio de equipamentos eletrônicos. O crescente uso da internet – até mesmo para o armazenamento de dados na "nuvem" – faz obscurecer a diferença e, em particular, a relevância da distinção feita. Por isso, ainda que existente, a referência tem mais sentido histórico do que prático. Apesar disso, algumas discussões envolvendo essa dicotomia permanecem relevantes.

Em relação ao primeiro grupo de documentos, tem-se como principal problema a questão da subscrição do documento e, mesmo, de sua autenticação (especialmente em matéria de telegrama e de telex, ou similares). Nesses casos, embora o original transmitido possa estar subscrito, denotando sua autenticidade, é certo que a informação enviada ao destinatário não o estará, ficando presente apenas (quando muito) o nome da pessoa que supostamente envia o documento. Como visto anteriormente, todo o problema da prova documental e, enfim, toda a teoria do documento, assenta-se na questão da "paternidade do documento"; e, em não se podendo determinar, com certeza, a autoria do documento, que valor terá a informação transmitida por telegrama, por telex ou por outro meio semelhante?

A relevância do tema – e o uso frequente desse meio de comunicação – tornou necessário que o legislador disciplinasse a matéria, buscando solucionar, através da maneira mais adequada possível, o insuperável obstáculo natural criado pelo uso e difusão destes meios de transmissão de informações. O Código Civil de 2002 não auxilia muito, já que, embora preveja tal espécie de documento (art. 225), exige, para seu valor probante, a ausência de impugnação de exatidão pela parte contra quem seja ele utilizado, o que, normalmente, não ocorre. Nesse contexto é que tem aplicação a regra do art. 413, que autoriza o uso do telegrama, do radiograma, ou de "qualquer outro meio de transmissão", com a mesma força probante do original particular, "se o original constante da estação expedidora foi assinado pelo remetente", facultando-se, ainda, o reconhecimento de firma, por tabelião, mediante declaração do fato no original conhecido pela estação transmissora. A disciplina, embora falha, permite fixar algum parâmetro para o uso desses veículos de comunicação para tratativas jurídicas, resguardando a necessária preservação do caráter probatório de tais documentos. A regra, ademais, tem caráter aberto, aplicando-se não apenas ao telegrama e ao radiograma, mas a qualquer outro meio de transmissão de informações que a tecnologia possa inventar.

O tema também foi enfrentado – de maneira direta, para fins processuais – pela Lei 11.419/2006. Prevê esse diploma legal instrumentos de certificação digital, capazes de conferir credibilidade à autenticidade de documentos eletrônicos, segundo sistema utilizado por Autoridade Certificadora credenciada, na forma da lei. Em seu teor, estabelece a lei que "os documentos produzidos eletronicamente e juntados aos processos eletrônicos com garantia de origem e de seu signatário, na forma estabelecida nesta Lei, serão considerados originais para todos os efeitos legais" (art. 11). Diz-se também que "os extratos digitais e os documentos digitalizados e juntados aos autos pelos órgãos da Justiça e seus auxiliares, pelo Ministério Público e seus auxiliares, pelas procuradorias, pelas autoridades policiais, pelas repartições públicas em geral e por advogados públicos e privados têm a mesma força probante dos originais, ressalvada a alegação motivada e fundamentada de adulteração antes ou durante o processo de digitalização" (art. 11, § 1.º). Novamente, a previsão não foi feliz. Na realidade, ela incorre no mesmo equívoco do Código Civil. De fato, se não há impugnação ao teor do documento, despicienda é a regra para tratar de sua força probante. O problema só se põe em havendo impugnação, tema que ficou omisso também na lei em questão. A lei e seus reflexos, de toda sorte, serão mais detidamente examinados adiante.

No que atine à comunicação de dados por via de rede informatizada de comunicações (*Internet*), a questão se agrava, na medida em que a transmissão da informação poderá ser feita por qualquer pessoa, podendo ainda haver a interferência de terceiros, no curso da comunicação. Não se tem, por outro lado, segurança quanto à origem do documento, à idoneidade do transmissor ou mesmo quanto ao local e tempo em que ocorreu o envio da informação. Pensa-se em alguma forma de assinatura eletrônica, na esteira do que fez a Lei 11.419/2006, capaz de conferir alguma autenticidade aos dados. Todavia, o tema ainda está em fase totalmente incipiente para permitir alguma segurança jurídica (especialmente em relação à matéria de provas). Como advertem Comoglio, Ferri e Taruffo, nesse campo, que algumas vezes é extremamente complexo, "a analogia com a disciplina do telegrama não parece nem possível nem útil. A proveniência, a autenticidade e a integridade da mensagem transmitida por via telemática vão reconhecidas caso a caso com cada meio, tendo em conta as técnicas de transmissão empregadas, as características da rede telemática e os relativos sistemas de controle e o modo em que técnicas, instrumentos e programas vêm operados (...). No mais, poder-se-ia imaginar um tipo de presunção de conformidade e de proveniência da mensagem telemática, no sentido de concluir que ela provenha de quem pareça seu autor e corresponda às intenções deste, ao menos até que essas características não venham a ser contestadas. A contestação privaria então o documento de qualquer eficácia probatória, reabrindo a necessidade de provar a declaração com outros meios".

O CPC, nesse ponto, também oferece contribuição tímida. Apenas se limita a dizer que se aplica o regime das fotografias digitais a qualquer mensagem eletrônica que se queira empregar como prova no processo civil (art. 422, § 3.º). E, por isso, anexada a mensagem, se houver concordância da parte contrária, fará ela prova do fato ali reconhecido; todavia, se surgir impugnação ao seu teor ou à sua autenticidade, então deverá ser apresentada a sua autenticação eletrônica (que, normalmente, a parte não terá, como é evidente da prática desse tipo de comunicação). Não havendo essa autenticação, impor-se-á a realização de prova pericial (art. 422, § 1.º).

Partindo-se para a seara dos documentos informáticos – guarnecidos na memória de computadores ou resultantes de processamento por equipamentos informatizados –, os problemas não são menores. Também aqui não se tem nenhuma garantia prévia de que as informações retiradas do computador guardam alguma conformidade com a realidade. A inexistência de um registro físico dos dados e a facilidade de manipulação das informações armazenadas tornam extremamente "volátil" a documentação e, no mais das vezes, imprestável o meio para a fixação de fatos e a representação de ideias. Novamente, pode-se imaginar que, enquanto não contestadas as informações extraídas do computador, é razoável fiar-se em tais "documentos" para a prova de fatos e de declarações. Entretanto, havendo contestação, mais uma vez se mostrará totalmente inútil o mecanismo, devendo a parte buscar a prova que pretende através de outros meios.

É claro que novos elementos da tecnologia permitem, já, imprimir certa segurança na transmissão de dados pela internet, logrando conferir a "documentos" transmitidos por via eletrônica maior grau de confiabilidade. Assim é que surgem, no meio informático, as mensagens criptografadas, as assinaturas eletrônicas etc., utilizadas já na rede de computadores como formas de permitir alguma segurança na transmissão de dados e na verificação de documentos inseridos na internet. Diante dessas novas tecnologias, o quadro a seguir representado pode receber significativa modificação, possibilitando, no futuro, tornar a comunicação informatizada um meio seguro para a transmissão de dados e a consecução de elementos de prova, utilizáveis no direito como substitutos das atuais formas de documentação de atos e negócios jurídicos.

Especialmente se utilizados de maneira combinada, tais meios de "autenticação digital" aportam significativa evolução – ao menos para o que interessa ao direito – à documentação informatizada, possibilitando vislumbrar, em futuro próximo, certa estabilidade aos dados transmitidos por computadores e, em consequência, autorizando o seu uso como meio de prova confiável, protegida de fraudes e erros normais nas transmissões de dados.

No quadro a seguir, buscou-se representar os meios de autenticação digital mais utilizados na atualidade, bem como suas qualidades e defeitos principais. Do exame conjunto das várias técnicas nele expostas, pode-se facilmente observar que os defeitos de alguns métodos podem ser compensados pela utilização concomitante de outras técnicas, o que pode outorgar aos documentos eletrônicos fiabilidade semelhante àquela hoje entregue aos documentos obtidos pelas vias tradicionais.

Como se pode observar do quadro adiante, há atualmente inúmeros dispositivos eletrônicos (ou tecnologias de informática) que permitem a identificação da fonte de onde emanou a informação, bem assim o receptor desse dado, ou ainda capazes de assegurar a estabilidade e a intangibilidade da informação encaminhada. Com esses elementos – ainda de pequena difusão e de escasso uso –, já é possível dar um passo avante na tendência ao desenvolvimento da troca de informações pela via da internet, aprimorando os caminhos da tutela jurisdicional nesse campo.

De toda sorte, a preocupação com a inalterabilidade do documento informático (inserto em um computador ou transmitido por algum mecanismo informatizado) sempre há de levar em conta diversos elementos, irrelevantes para os demais meios de documentação tradicionais.

Serviços X Técnicas modernas de identificação	**Identificação das partes**		**Conteúdo da mensagem**		
CONFIDENCIALIDADE	Emissor	Receptor	Modificações feitas por uma parte ou um terceiro		Vontade de se apropriar do conteúdo
Criptografia simétrica	Sim	Sim	Não	Sim	?
Criptografia assimétrica simples	Não	Sim	Sim	Sim	?
Criptografia assimétrica com dupla cifragem	Sim	Sim	Sim	Sim	?
PESSOAS					
Código secreto (PIN)	Sim	Não	Não	Não	Sim
Cartas passivas	Sim	Não	Não	Não	Sim
Cartas ativas	Sim	Não	Não	Não	Sim
Reconhecimento físico	Sim	Não	Não	Não	Sim
Assinatura dinâmica	Sim	Não	Não	Não	Sim
DOCUMENTOS					
Assinatura eletrônica	Sim	Sim	Sim	Sim	Sim

(Fonte: Mireille Antoine, Marc Eloy e Jean-François Brakeland, *Le droit de la preuve face aux nouvelles technologies de l'information*, cit., p. 63.)

Do ponto de vista lógico – das informações armazenadas ou recebidas –, é indispensável que se mantenha a estabilidade das informações, o que se pode conseguir (atualmente ou no futuro) através dos meios de autenticação acima apresentados. Além desse elemento, deve-se sempre levar em conta o meio físico de armazenagem da informação; é necessário que esse meio físico possa comportar guarda, ficando protegido da deterioração normal, o que é absolutamente necessário para se ter qualquer elemento como documentação (assim, é de se pensar no uso de disquetes, CD-Rom, discos rígidos, com as particularidades de cada meio e a estabilidade que cada qual fornece ao registro do dado armazenado). A proteção, então, do meio físico contra a sua natural degeneração e contra a ação do tempo sobre si, é também ponto relevante a ser questionado e avaliado quando se pensa na documentação pela via informatizada.

De outro lado, também é necessário, em se tratando de documento telemático, atentar para o problema de seu acesso permanente. Vale dizer, o documento guardado com algum método de informática deve estar sempre disponível para leitura, de acordo com um procedimento adequado. Em relação aos documentos escritos, essa aptidão é natural e mesmo inquestionável, uma vez que são eles redigidos no vernáculo, ficando, por isso mesmo, sempre acessíveis a quem deles pretenda utilizar-se. Porém, quando se pensa em termos de documentos armazenados em meios informáticos, a questão muda de tom, e a "linguagem" utilizada para o registro da informação passa a assumir problemática posição. É que a "linguagem de computação", hoje utilizada para o armazenamento de certa informação, poderá não corresponder àquela que será utilizada daqui a dez anos, o que pode fazer com que o dado guardado no presente momento torne-se ilegível com o passar do tempo. O mesmo se pode dizer em relação às diferentes "linguagens" utilizadas por cada qual das espécies de sistemas de computadores (assim como o MacOS, o Windows, o Linux etc.) ou de outros aparelhos (tablets, celulares etc.); cada um desses programas de linguagem contém símbolos diferentes e comandos próprios, tornando-se, muitas vezes, impossível ler em uma das linguagens documento produzido em máquina que se utilizou de outra cifragem.

Por isso mesmo, quando se pensa em armazenamento de dados pela via informatizada, também não se pode esquecer que os elementos guardados devem sempre estar acessíveis para consulta, inclusive após longo período (o que é, afinal, a função da documentação) e mesmo que evoluído o meio tecnológico de leitura da informação. Nessa linha, o *caput* do art. 14 da Lei 11.419/2006 estabelece que "os sistemas a serem desenvolvidos pelos órgãos do Poder Judiciário deverão usar, preferencialmente, programas com código aberto, acessíveis ininterruptamente por meio da rede mundial de computadores, priorizando-se a sua padronização".

De todo modo, ainda que o CPC tenha sido editado já quando comum o emprego de documentos informáticos, nota-se ali um total descompasso com seu tempo. De um lado, prevê o CPC, em seu art. 441, que são aceitos os documentos produzidos com a "observância da legislação específica". Ora, soa no mínimo inusitado que uma lei legitime o emprego de documentos produzidos segundo os critérios estabelecidos por outra lei. Mas, a par disso, é claro que essa previsão não diz absolutamente nada a respeito do valor probante que devem receber os documentos eletrônicos.

Ao lado desse dispositivo e, portanto, ressalvados os casos de documentos produzidos segundo essas previsões específicas de lei, para os outros casos, o Código subordina a eficácia do documento eletrônico à sua conversão à forma impressa e à verificação de sua autenticidade (art. 439). Na contramão de todas as tendências do processo civil brasileiro - que se encaminha, cada vez mais, para o processo eletrônico - o CPC exige que aquele que possui um documento eletrônico o imprima, depois certifique sua autenticidade, para finalmente transformá-lo novamente ao meio digital em que virá ao processo eletrônico. Enfim, um redobrado esforço sem nenhuma vantagem seja para a estabilidade da informação, seja para a facilitação da autenticidade do documento.

Finalmente, estabelece o código que, se o documento não for convertido ao meio físico, pode o juiz dar-lhe o valor que entender adequado, desde que assegure às partes o acesso ao seu teor (art. 440). Novamente, um preceito sem qualquer valor. Afinal, sempre cabe ao juiz a avaliação do valor probante de todas as provas, sendo também inquestionável que as partes devem ter direito de acessar as fontes de prova realizadas até para que possam exercer o contraditório.

Enfim, vê-se que o Código de Processo Civil, ao invés de estimular e regrar adequadamente o tema das provas eletrônicas, amplia o preconceito a elas, preferindo o emprego de uma cópia do documento (o chamado documento convertido) ao invés do original, e sem apontar uma regra que sirva como parâmetro para a solução dos graves problemas que esse meio de prova acarreta.

Na realidade, a única regra do CPC que efetivamente auxilia na avaliação da prova documental eletrônica é aquela inserida no seu art. 411, II, que vê como autêntico o documento quando a sua autoria "estiver identificada por qualquer outro meio legal de certificação eletrônico, nos termos da lei". Todavia, novamente, vê-se aí a falta de técnica do legislador, que simplesmente reconhece que outra lei pode legitimar a autenticação eletrônica de documentos.

Em conclusão, portanto, o CPC pouquíssimo auxilia no trato dessa grave e importante questão.

De outro lado, a lei que disciplina o processo eletrônico (Lei 11.419/2006) também decidiu enfrentar o tema espinhoso da prova eletrônica. Em grande parte, seu diferencial fica por conta da eleição de instrumento de certificação digital, capaz de conferir maior segurança aos documentos que circulam por meio eletrônico ou que são guardados em meio telemático.

Segundo prevê o art. 11 dessa lei, os documentos produzidos eletronicamente – anexados eventualmente em processos eletrônicos – têm o mesmo valor dos originais, desde que produzidos com a garantia de sua autenticidade (certeza de sua autoria). Prevê também a lei que "os extratos digitais e os documentos digitalizados e juntados aos autos pelos órgãos da Justiça e seus auxiliares, pelo Ministério Público e seus auxiliares, pelas procuradorias, pelas autoridades policiais, pelas repartições públicas em geral e por advogados públicos e privados têm a mesma força probante dos originais, ressalvada a alegação motivada e fundamentada de adulteração antes ou durante o processo de digitalização" (art. 11, § 1.º, da Lei 11.419/2006).

Apesar da aparente relevância da norma, que disciplinaria o valor dos documentos eletrônicos – e, em que pese a exaustiva e absolutamente inoportuna relação de pessoas que podem produzi-los –, vê se, na verdade, que a regra pouco acresce ao que já existia na ordem jurídica pátria. Com efeito, como já visto, o art. 225 do CC já previa que qualquer reprodução eletrônica teria o valor idêntico ao original se não houvesse impugnação de seu teor. O mesmo faz o CPC. Regras como essas, todavia, são totalmente desnecessárias ao sistema processual, pois faz parte da força probante de qualquer prova e do senso comum a sua aceitação se ambas as partes concordam com seu teor e sua direção. A rigor, basta a aceitação daquele a quem a prova prejudica, para que se tenha (ao menos por uma presunção relativa) a conclusão de que a prova reflete a realidade. Substancialmente, o importante não é disciplinar os casos em que há mútua aceitação do teor da prova, mas sim estabelecer critérios para a avaliação da prova cujo teor foi contestado pela parte a quem ela prejudica.

Nesse ponto, a única inovação apresentada pela regra em exame é atribuir ao impugnante o ônus da prova quanto à demonstração da inexatidão da prova produzida nos termos da legislação que trata da prova eletrônica. Nesse passo, a essencial função da regra é estabelecer uma presunção legal relativa de veracidade do conteúdo da prova informatizada, impondo à parte contrária (a quem a prova prejudica) o ônus de demonstrar a falsidade do conteúdo do documento ou de sua autoria. Em havendo esta impugnação – que, como sempre, deve ser fundamentada e acompanhada de provas que o interessado disponha do defeito do documento –, poderá o magistrado exigir a apresentação do original – cuja guarda, até a conclusão do processo ou até o final do prazo para a propositura de ação rescisória, é imposição da lei àquele que produziu a digitalização do documento – para que se proceda à prova pericial ou outra prova necessária para a avaliação de sua autenticidade e veracidade (art. 11, § 3.º, Lei 11.419/2006).

8. Documentos por *fac-símile*

Situação particular pode ser criada com a apresentação de documento por via de fac-símile. A Lei 9.800, de 26.05.1999, veio a regular o uso do equipamento para a prática de atos processuais. Embora este diploma apenas se refira à utilização do fac-símile para a prática "de atos processuais que dependam de petição escrita" (art. 1.º desta Lei) não será difícil pensar que, juntamente com estas petições escritas poderão ser fornecidos documentos, razão pela qual as previsões ali contidas hão de aplicar-se, também, ao regime de apresentação de provas documentais. Partindo-se deste pressuposto, tem-se que a Lei estabelece como válido o uso do fac-símile (ou outro recurso semelhante) para a apresentação de provas documentais em juízo, desde que os originais destes documentos sejam entregues em até 5 dias, contados do término do prazo para a juntada dos documentos ao processo. Desta feita, não parece existir nenhum óbice ao uso deste recurso de transmissão de imagens e informações, desde que a parte possa fornecer as peças originais no prazo estabelecido em Lei (art. 2.º).

Suponha-se, todavia, a hipótese em que, por alguma razão, apresentada a reprodução no momento adequado para a produção da prova documental (de regra, nas ocasiões previstas pelo art. 434 do CPC), deixe a parte de oferecer os originais no prazo de 5 dias, como pretende a Lei 9.800/1999. Qual a consequência daí resultante? Haverá o juiz de ordenar a exibição, poderá simplesmente ignorar o comando legal e aguardar, até final decisão, eventual juntada dos originais, ou deverá simplesmente desconsiderar a cópia fornecida? A resposta a tais cogitações deverá levar em conta o disposto no art. 223 do CPC: em havendo justo motivo para exceder o prazo fixado (5 dias), naturalmente não se pode pensar em aplicar qualquer sanção, devendo o juiz – ao deparar-se com a justa causa, comprovada pela parte – assinar novo prazo para a juntada dos originais (se estes já não tiverem sido trazidos aos autos).

Remanesce, porém, a hipótese em que a parte não apresente os originais no prazo estabelecido pela Lei, ausente, ainda, qualquer justa razão para esta sua omissão. Nestes casos, caso haja interesse da outra parte naquele específico documento, parece que a apresentação do fac-símile seja indício suficiente da existência do original em posse do seu adversário, o que pode dar ensejo ao incidente de exibição de documento, na forma já vista anteriormente nestes comentários. Em não havendo interesse da parte contrária em carrear aos autos aquele documento, pode acontecer que esta impugne o conteúdo do fac-símile apresentado ou não:

em não impugnando, não se mostra razoável negar à reprodução algum caráter probatório, ainda que não venha acompanhada do original – neste caso, ao que parece, toca ao juiz atribuir à cópia o valor que entender adequado, tomando por base as circunstâncias que cercam a não apresentação do original e os demais elementos de prova dos autos; caso haja impugnação ao conteúdo da reprodução, então sim, será lógico que o juiz tome por imprestável o fac-símile para a comprovação de qualquer fato. Descumprindo o ônus imposto pela Lei, e havendo suspeita sobre a reprodução lançada pela parte oposta, não poderá o juiz calcar-se naquele documento para justificar sua decisão, já que tal cópia não se reveste das mínimas exigências, necessárias a prova de qualquer fato jurídico. Parece apontar para este mesmo entendimento a Lei 9.800/1999 quando busca, através da locução "necessariamente", emprestar algum caráter cogente na determinação de apresentação do original.[331]

Quanto à verificação da concordância entre o fac-símile e o original, prevê a Lei (art. 4.°, *caput*) que "quem fizer uso de sistema de transmissão torna-se responsável pela qualidade e fidelidade do material transmitido, e por sua entrega ao órgão judiciário". Assim, normalmente, com a entrega do original do documento em juízo, poder-se-á fazer o cotejo entre este e a cópia enviada, a fim de apreciar a fidelidade desta última. Caso se verifique alguma divergência entre ambas, tem-se como responsável o emitente da reprodução, que se sujeita às sanções cabíveis, sendo esta, ainda, hipótese de litigância de má-fé (art. 4.°, parágrafo único, da Lei 9.800/1999). A toda evidência, porém, somente se poderá cogitar na aplicação de alguma medida punitiva à parte caso seja possível imputar a esta a responsabilidade pela divergência entre o original e a cópia, ficando constatado tratar-se de fraude na reprodução obtida com a transmissão. Em se concluindo que a divergência decorre de problemas naturais do uso da máquina de fac-símile (como, por exemplo, a falta, na cópia, da última linha de algum documento, ou a ilegibilidade de alguma anotação ou assinatura), incabível será qualquer penalidade à parte que se utilizou do sistema.

Por fim, não é demais lembrar que, obviamente, a faculdade de apresentação de documentos pela via do fac-símile apenas terá aplicação para as provas documentais que possam ser transmitidas por este tipo de aparelho. Quanto ao restante (por exemplo, os documentos fonográficos) permanece a necessidade

331 "Art. 2.° A utilização de sistema de transmissão de dados e imagens não prejudica o cumprimento dos prazos, devendo os originais ser entregues em juízo, *necessariamente*, até 5 (cinco) dias da data de seu término.
Parágrafo único. Nos atos não sujeitos a prazo, os originais deverão ser entregues, *necessariamente*, até 5 (cinco) dias da data da recepção do material."

– ao menos até que surja o meio tecnológico adequado – do recurso às vias anteriormente vistas, acarretando, por vezes, sérios transtornos na juntada da prova em época oportuna.

9. A prova escrita

9.1. Não há definição legal de prova escrita no direito brasileiro

O CPC, quando faz referência à prova suficiente para fundamentar a ação monitória, fala apenas "em prova escrita sem eficácia de título executivo" (art. 700). Afirma-se, ademais, que essa prova pode consistir em "prova oral documentada, produzida antecipadamente nos termos do art. 381" (art. 700, § 1.º).

O legislador, como se vê, desejou evitar o surgimento de uma discussão atinente ao interesse de agir do titular de título executivo na propositura da ação monitória. Em face da norma referida não há dúvida que o credor que pode se valer da ação executiva está impedido de propor ação monitória.

Mas não há no CPC qualquer outro indicativo do conceito de prova escrita. A par da hipótese da "prova documentada", posta no art. 700, § 1º, o legislador não definiu, em toda sua extensão, o conceito de prova escrita ou simplesmente atribuiu a determinadas provas o qualificativo de "escrita".

O conceito de prova escrita, à semelhança do que ocorre com outros conceitos fundamentais para o direito processual civil,[332] restou entregue à doutrina e à jurisprudência, tomando por base os elementos dados pelo texto legal.

Contudo, para que isso possa ser feito adequadamente, é necessário ainda estar atento para a razão pela qual se exige a prova escrita. Ou melhor: é preciso que fique claro o motivo que levou o legislador a condicionar o uso da ação monitória à presença de prova escrita, demonstrando-se que "prova escrita" não é sinônimo de "prova que pode demonstrar o fato constitutivo do direito", até porque o procedimento monitório não pode ser confundido com um procedimento verdadeiramente documental, como é aquele em que se veda a produção de prova diferente da documental (mandado de segurança).

9.2. A "prova escrita" diante dos escopos do procedimento monitório

Como ressalta Proto Pisani, não só estudos clássicos, mas também o bom senso, indicam que o procedimento comum tem um custo altíssimo para as

332 V. Girolamo Monteleone. Spunti per una revisione del concetto di sentenza di condanna come titolo esecutivo. *Processo e tecniche di attuazione dei diritti.* Napoli: Jovene, 1989. p. 176.

partes e para a administração da justiça. Em todos os casos em que é deduzido em juízo um direito em relação ao qual falta uma contestação efetiva, o custo do procedimento comum se revela injustificado ou excessivo; a realização plena do princípio do contraditório funciona no vazio e ainda apresenta os riscos de servir de estímulo para contestações ou defesas sem qualquer consistência, apresentadas apenas para protelar a definição do processo, e de abarrotar, além da medida, a administração da justiça com processos de conhecimento inúteis, aumentando o seu número, paralisando o seu desenvolvimento e de qualquer forma alongando a sua duração.[333]

O procedimento monitório foi instituído, no direito italiano, exatamente para evitar o custo do procedimento comum.[334] No direito brasileiro, não obstante o equívoco do legislador, que deixou de prever a possibilidade de se dar "execução imediata" ao mandado na pendência dos embargos ao mandado, é inegável que o objetivo também foi o de desestimular as defesas abusivas e protelatórias. Note-se que o CPC afirma, no seu art. 701, § 1.°, que "o réu será isento do pagamento de custas processuais se cumprir o mandado no prazo".

O propósito da ação monitória é permitir ao credor um acesso mais rápido à execução forçada, o que somente ocorrerá se o devedor não apresentar embargos ao mandado. O legislador brasileiro parte da premissa de que, havendo prova escrita capaz de demonstrar a probabilidade do direito, o devedor poderá preferir cumprir o mandado a correr o risco de perder a demanda e ter que pagar custas e honorários de advogado.

A exigência de prova escrita, portanto, nada tem a ver com a instituição de um procedimento semelhante ao do mandado de segurança, em que se exige "direito líquido e certo" ou prova documental idônea a demonstrar a afirmação de um direito, exatamente para se construir um verdadeiro procedimento documental no qual são proibidas as demais provas, ficando assim eliminado o tempo necessário para a sua produção.

---

333 Andrea Proto Pisani. *Lezioni di diritto processuale civile* cit., p. 505.

334 "*Le tecniche utilizzate dal legislatore per soddisfare l'esigenza di evitare il costo del processo a cognizione piena sono: (...) b) La tecnica del procedimento monitorio (nella forma c.d. pura o in quella documentale) in cui il giudizio sull'opportunità di instaurare il processo a cognizione piena è rimesso alla parte nel cui interesse il contraddittorio è predisposto: cioè il debitore, l'obbligato, il titolare passivo del rapporto dedotto in giudizio. Tale tecnica consiste nella possibilità di ottenere un provvedimento giudiziale di condanna del debitore in assenza di contraddittorio (per cui si parla di provvedimento emesso inaudita altera parte), provvedimento la cui efficacia è sottoposta alla condizione sospensiva della mancata opposizione del debitore (monitorio puro) oppure alla condizione risolutiva dell'accoglimento della eventuale opposizione (monitorio documentale)*" (Idem, p. 604).

Quando se almeja dispensar as provas mais elaboradas que despedem maior tempo, *requer-se prova que seja capaz de demonstrar o fato constitutivo do direito*; contudo, quando se exige prova escrita como requisito da ação monitória, parte-se apenas da premissa de que o devedor poderá não apresentar embargos, permitindo ao credor um acesso mais rápido à execução forçada. A prova escrita não é a prova que deve fazer surgir "direito líquido e certo", isto é, não é a prova que deve demonstrar, por si só, o fato constitutivo do direito afirmado pelo autor. A prova escrita relaciona-se apenas a um juízo de probabilidade. É por essa razão que o código admite como prova escrita aquela oral, documentada, produzida antecipadamente (art. 700, § 1.º).

9.3. A distinção entre a prova escrita suficiente para a concessão do mandado de pagamento e a prova escrita capaz de autorizar a tutela antecipatória nos embargos ao mandado

É importante frisar que a expressão "prova escrita", presente no art. 700 do CPC brasileiro, bem como o conceito de prova escrita que vem sendo elaborado pela doutrina brasileira, têm uma incontestável relação com o direito italiano que fala expressamente em "*prova scritta*" (arts. 633 e 634 do CPC italiano) e alude a "*qualsiasi documento meritevole di fede quanto all'autenticità ed avente una efficacia probatoria del diritto stesso*".[335]

O procedimento monitório italiano, contudo, é estruturado de modo a permitir a "execução provisória" do "*decreto ingiuntivo*" (mandado) no curso da oposição (embargos ao mandado). Com efeito, é possível dar-se "execução provisória" ao *decreto ingiuntivo* quando presentes os pressupostos dos arts. 642 e 648, primeira parte, do CPC italiano, isto é, quando: i) "*il credito è fondato su cambial e, assegno bancario, assegno circolare, certificato di liquidazione di borsa, ou su atto ricevuto da notaio o da altro pubblico ufficiale autorizzato*" (art. 642, primeira parte, CPC italiano): ii) há perigo de grave prejuízo no retardamento do início do procedimento executivo (art. 642, segunda parte, CPC italiano); iii) não havendo contumácia, a oposição não é fundada em prova escrita ou é de pronta solução (art. 648, primeira parte, CPC italiano).

A execução provisória constitui uma circunstância eventual no procedimento monitório italiano. Ou melhor, a execução provisória do "*decreto ingiuntivo*" somente é possível nos casos excepcionais, antes enumerados. Note-se que, quando a prova escrita não espelha uma daquelas previstas na primeira parte do art. 642 ou não há perigo de dano – que, segundo o art. 642, segunda parte, também pode

335 V. Edoardo Garbagnati. *Il procedimento d'ingiunzione*. Milano: Giuffrè, 1991. p. 51-52.

autorizar a execução provisória –, a execução provisória, nos termos do art. 648, primeira parte, somente é possível quando a oposição (os embargos) não se funda em "prova escrita" ou é de "pronta solução".

A pergunta natural, então, atinge os significados de "prova escrita para o embargante" e de "embargos de pronta solução". Prova escrita, nesse caso, é qualquer documento escrito capaz de provar a inexistência do fato constitutivo do direito do credor ou a existência de um fato impeditivo, extintivo ou modificativo deduzido como fundamento da exceção do embargante. Por sua vez, os embargos de pronta solução são aqueles que podem ser solucionados imediatamente, uma vez que não requerem instrução probatória mais aprofundada e demorada.

Quando os embargos se fundam em prova que demonstra a inexistência do fato constitutivo ou a existência de um fato extintivo, impeditivo ou modificativo, ou quando os embargos são de pronta solução, não há como supor a possibilidade de execução provisória, pois o direito do credor, nessas circunstâncias, deixa de ser sequer provável.

Cabe frisar, no entanto, que as exigências de prova escrita em favor do embargante e de embargos de pronta solução têm o único objetivo de impedir a execução provisória e, assim, a execução do "*decreto ingiuntivo*" na pendência da oposição (ou dos embargos). Acontece que a execução provisória, quando os embargos não são fundados em prova escrita ou não são de pronta solução, somente é possível em casos excepcionais, e não em qualquer hipótese de prova escrita ou em qualquer caso em que o "*decreto ingiuntivo*" houver sido deferido. Ou seja, nem toda prova escrita abre ensejo à execução provisória.[336]

Assim, por exemplo, se um médico obtém "*decreto ingiuntivo*" com base em declaração, por ele subscrita, de que o demandado é devedor de determinadas prestações, e o paciente as contesta em embargos, afirmando que os serviços médicos não foram prestados, é evidente que não há como pensar em execução provisória, ainda que os embargos não se fundem em prova escrita, ou seja, de

336 "*In realtà, il primo comma dell'art. 648, nell'escludere l'esecuzione provvisoria del decreto impugnato quando l'opposizione sia fondata su prova scritta, muove logicamente, a mio avviso, dal presupposto che esista um documento scritto del fatto costitutivo del credito consacrato dal decreto, idoneo a fornire al giudice la prova del fatto stesso, anche se contestato; si comprende così che per elidere, almeno provvisoriamente, l'efficacia probatoria di tale documento ed impedire correlativamente la concessione dell'esecuzione provvisoria, la parte opponente debba contrapporre al documento scritto del ricorrente una propria scrittura, che provi la fondatezza delle sue eccezioni.*" (Idem, p. 179-180).

pronta solução.[337] É que a prova utilizada pelo médico, nesse caso, mesmo que possa ser qualificada de *escrita*,[338] não é capaz de provar o fato constitutivo do direito.

Como já foi demonstrado, não é toda prova escrita que oportuniza execução provisória no direito italiano, mas apenas a idônea a demonstrar o fato constitutivo do direito. Isso quer dizer que há distinção entre a prova escrita capaz de autorizar o "*decreto ingiuntivo*" e a prova escrita hábil a ensejar a sua execução provisória.

Transportando a questão para o direito brasileiro, seria o caso de distinguir a "prova escrita" suficiente para a expedição do mandado de pagamento da "prova escrita" idônea a permitir a concessão da antecipação de tutela (arts. 294, parágrafo único e 300, CPC) quando os embargos não se fundam em prova escrita ou não podem ser prontamente solucionados.

Ora, se não há lógica em ter uma ação especial, caracterizada por prova escrita, quando qualquer defesa puder arrastar a execução, e também não há razão para admitir que a execução se faça sem que o credor tenha provado o fato que constitui o seu direito, não há outra alternativa a não ser admitir que o credor pode obter tutela antecipatória quando provar o fato constitutivo e o devedor afirmar fatos extintivos, impeditivos ou modificativos que exijam instrução probatória mais aprofundada. Nessa situação, quando a execução provisória puder acarretar dano grave, o juiz deve subordinar a concessão da tutela antecipada à prestação de caução.

Esse é o único meio para se tentar salvar a ação monitória brasileira. E ele passa, como se viu, pela distinção entre a prova escrita que autoriza a expedição do mandado de pagamento e a prova escrita que abre oportunidade para a tutela antecipatória (ou para a execução provisória). *A primeira, porque fica à espera dos embargos ao mandado, contenta-se com a probabilidade; mas, a segunda, porque se destina a suportar a execução, deve demonstrar a existência do fato constitutivo.*

9.4. Segue: a "prova escrita" que viabiliza a ação monitória

A prova escrita que abre oportunidade para a ação monitória é aquela capaz de permitir um juízo de probabilidade acerca da existência do direito e do valor afirmados pelo credor. Em relação a essa questão, a doutrina parece não divergir: "Para tornar admissível o processo monitório o documento há de ser tal que dele se

---

337 Idem, p. 180.

338 "*La dichiarazione unilaterale del creditore, documentata nella parcella, ha dunque provvisoriamente una efficacia di prova legale di tutte le spese e prestazioni professionali, specificamente enunciate; la parcella sottoscritta dal ricorrente viene così a collocarsi anch'essa sul medesimo piano di quelle altre dichiarazioni della parte creditrice, che nell'ambito del procedimento d'ingiunzione possono qualificarsi come 'prova scritta', in quel diverso e più ampio significato in cui tale espressione è usata nella rubrica degli artt. 634 e 635.*" (Idem, p. 72).

possa razoavelmente inferir a existência do crédito. (...) Tratar-se-á necessariamente de documento que, sem trazer em si todo grau de probabilidade que autorizaria a execução forçada (os títulos executivos extrajudiciais expressam esse grau elevadíssimo de probabilidade), *nem a certeza necessária para a sentença de procedência de uma demanda em processo ordinário de conhecimento, alguma probabilidade forneça ao espírito do juiz.* Como a técnica da tutela monitória constitui um patamar intermediário entre a executiva e a cognitiva, também para valer-se dela o sujeito deve fornecer ao juiz uma situação na qual, embora não haja toda aquela probabilidade que autoriza executar, alguma probabilidade haja e seja demonstrada *prima facie.* É uma questão de grau, portanto, e só a experiência no trato do instituto poderá conduzir à definição de critérios mais objetivos".[339]

Não é demais recordar que o art. 634 do CPC italiano define os extratos autênticos dos escritos contábeis como "*prova scritta*", viabilizando a propositura da ação monitória por um comerciante contra um devedor não comerciante.[340] Porém, é evidente que um extrato contábil não é suficiente para demonstrar a compra e venda e, assim, para provar o fato constitutivo do direito do credor.

O que se quer deixar claro, de forma definitiva, é que a prova escrita que deve acompanhar a inicial da ação monitória não se confunde com aquela capaz de provar o fato constitutivo do direito ou com a que seria suficiente para a concessão da tutela antecipatória nos embargos ao mandado ou mesmo para o julgamento de improcedência dos embargos ou de procedência no procedimento comum.

9.5. A prova escrita pode ser composta por dois ou mais escritos suficientes para fazer surgir um razoável índice de probabilidade de que o autor é o titular do direito que afirma possuir

Se a prova escrita é aquela que pode fornecer um razoável índice de probabilidade de que o direito existe, nada pode impedir o credor de conjugar dois ou mais escritos para demonstrar a probabilidade do seu direito.

Estando em jogo apenas a necessidade de um juízo de probabilidade a ser fornecido por prova escrita, seria completamente arbitrário vedar o uso da via monitória sob o argumento de que o credor está utilizando dois ou mais escritos.

339 Cândido Rangel Dinamarco. *A reforma do Código de Processo Civil.* São Paulo: Malheiros, 1996. p. 235-236.

340 Edoardo Garbagnati. Op. cit., p. 58-59.

A doutrina brasileira, aliás, já aludiu a esse assunto, deixando claro que não há razão para pensar que o credor está proibido de propor a ação monitória quando precisa recorrer a dois ou mais escritos.[341]

9.6. A dupla face do procedimento monitório diante da problemática da cognição

O procedimento monitório, quando analisado na perspectiva da cognição, assume uma dupla face, pois tem uma primeira fase em que a cognição é sumária e uma segunda em que a cognição é exauriente.

De acordo com o art. 701 do CPC brasileiro, "sendo evidente o direito do autor, o juiz deferirá a expedição de mandado de pagamento, de entrega de coisa ou para execução de obrigação de fazer ou de não fazer, concedendo ao réu prazo de 15 (quinze) dias para o cumprimento e o pagamento de honorários advocatícios de cinco por cento do valor atribuído à causa". Em que pese a péssima redação do dispositivo, que alude à "evidência" do direito do autor, é evidente que não se pode exigir um direito evidente para o ajuizamento da ação monitória. Fosse o direito realmente evidente, então certamente seria desnecessária a oportunidade de resposta do réu ou mesmo o julgamento sobre a controvérsia (art. 702, §§ 4.º e 8.º).

Por isso, evidentemente, para a expedição do mandado de pagamento e, consequentemente, para a admissibilidade da ação, basta uma prova que forneça ao juiz um certo grau de probabilidade acerca do direito afirmado ou, em outros termos, um juízo de cognição sumária. Como o mandado de pagamento terá sua eficácia suspensa diante da apresentação de embargos (art. 702, § 4.º), a expedição do mandado, fundada em cognição sumária, não pode trazer gravame algum ao devedor.

Porém, uma vez apresentados embargos ao mandado, as partes terão todas as possibilidades de alegações e provas. Os embargos viabilizam a realização plena do contraditório, conduzindo a um juízo de cognição exauriente, capaz de permitir a declaração da existência ou da inexistência do direito afirmado pelo credor.

9.7. A cognição exauriente *secundum eventum defensionis* e a cognição exauriente por ficção legal

Se a instauração de embargos oportuniza a plenitude da realização do contraditório, é exato dizer, diante disso, que a cognição exauriente dar-se-á *secundum eventum defensionis*.

341 "Nada obsta a que, para configurar a prova escrita legitimadora do processo monitório, valha-se o autor de dois ou vários documentos, cada um insuficiente, mas que, somados, sejam capazes de induzir a probabilidade suficiente. Para executar, essa soma de 'títulos' não seria idônea" (Cândido Rangel Dinamarco. *A reforma do Código de Processo Civil* cit., p. 235).

Se o devedor tem a oportunidade de instaurar um procedimento que abre oportunidade à sua ampla defesa, a não apresentação de embargos permite que o autor realize, via execução forçada, o seu direito. Mas, a ocorrência de qualquer uma dessas duas hipóteses não traz prejuízo algum ao devedor, pois se no primeiro caso o devedor exerce os seus direitos à alegação e à prova, *no outro igualmente exerce o seu direito ao contraditório, uma vez que abre mão da oportunidade de instaurar os embargos. Lembre-se que o direito ao contraditório se contenta com a possibilidade de defesa, não sendo necessária, nesse caso, a sua efetiva concretização.*

Nesse segundo caso, isto é, no caso em que o devedor não apresenta embargos ao mandado, e, por consequência, o mandado de pagamento se converte em mandado de execução, não é possível concluir que a cognição judicial tem a mesma intensidade da cognição que enseja a expedição do mandado de pagamento. O devedor que não apresentou embargos ao mandado teve a oportunidade de se defender e, assim, permite que a sua inércia seja identificada como falta de razão. Desse modo, é possível pensar que, nesse caso, a cognição é exauriente por ficção legal.

9.8. A natureza do procedimento dos embargos ao mandado

Para eliminar qualquer dúvida no sentido de se o procedimento monitório assegura a ampla defesa, é preciso indagar a respeito da natureza do procedimento dos embargos.

Basta perguntar, em outros termos, se o procedimento dos embargos é *materialmente sumário*, restringindo a possibilidade da realização de determinadas alegações e de produção de certos tipos de prova, ou se é um procedimento que permite às partes ampla oportunidade de alegação e de produção de provas. Não há qualquer restrição ao direito de alegar e de produzir prova nos embargos ao mandado. Por isso, é correto dizer que os embargos têm cognição plena e exauriente.

Saindo da perspectiva material dos embargos, e passando ao seu aspecto formal, cabe dizer que o procedimento dos embargos é o mesmo do procedimento comum. Ou seja, no aspecto formal o procedimento dos embargos segue ao comum e, no aspecto material, não há qualquer restrição no sentido horizontal (cognição plena e não parcial) e no sentido vertical (cognição exauriente e não sumária).[342]

342 "Sem disposição alguma a respeito do procedimento a observar no processo dos embargos ao mandado, ele será ordinário, com as fases normais de que o procedimento ordinário se compõe no direito brasileiro. O objeto desse processo de embargos (mérito) reside na pretensão deduzida pelo réu-embargante, o qual por esse meio poderá deduzir todas as defesas que ordinariamente teria num processo comum" (Idem, p. 243-244).

9.9. Consequência da constatação de que o procedimento monitório viabiliza a ampla defesa: a possibilidade de uma melhor compreensão do conceito de prova escrita

Se é certo que o procedimento monitório viabiliza a ampla defesa, cabe verificar qual é a consequência dessa constatação sobre o conceito de prova escrita.

Se a esfera jurídica do demandado somente pode ser invadida depois de ter sido dada ao devedor ampla oportunidade de defesa, não há motivo algum para temer o ajuizamento da ação monitória a partir de prova que não demonstre o fato constitutivo do direito, mas apenas a sua probabilidade. Frise-se que o procedimento monitório, tal como estruturado no direito brasileiro, permite ao devedor as mesmas defesas que teria no procedimento comum (art. 702, § 1.º).

É apenas para a "execução provisória" do *decreto ingiuntivo*, ou para a tutela antecipatória nos embargos ao mandado, *que a prova escrita tem de demonstrar o fato constitutivo do direito do credor*. Isso porque não é racional admitir a invasão da esfera jurídica do réu, autorizando-se a execução forçada quando o autor não se desincumbiu do ônus da prova ou não está presente fundado receio de dano.

Como se vê, *deixando-se claro que o procedimento monitório viabiliza a ampla defesa e faz surgir cognição exauriente, evidencia-se que não há motivo para pensar que a prova escrita deva demonstrar, estreme de dúvidas, o direito que é alegado pelo autor*. Aliás, se prova escrita fosse sinônimo de prova documental –[343] compreendido esse último conceito em seu rigor técnico –, o credor jamais teria alguma coisa a provar nos embargos; esses seriam, em outras palavras, apenas lugar destinado a permitir ao devedor produzir provas.[344]

10. A prova do chamado "direito líquido e certo"

É costume dizer que o mandado de segurança exige "direito líquido e certo". Diante disso, não seria impossível supor, antes de maior aprofundamento, que quando se alega um direito líquido e certo está se afirmando um *direito incontestável*.

343 Lembre-se que Carnelutti demonstrou que "*il documento, a differenza dalla testimonianza, non è un atto, ma una cosa*" (Francesco Carnelutti. *La prova civile* cit., p. 181). Isso quer dizer, precisamente, que o documento é uma coisa que representa um fato. Pisani, nessa linha, referindo-se à "execução provisória" do *decreto ingiuntivo* com base no art. 648, 1.º *comma*, do CPC italiano, afirmou que a sua concessão somente pode ser admitida se: i) os fatos constitutivos do direito de crédito foram provados mediante *prove documentali in senso tecnico, ou não foram contestadas pelo devedor*; ii) as exceções do devedor não são fundadas em prova escrita ou de pronta solução (Andrea Proto Pisani. *Lezioni di diritto processuale civile*, cit. p. 614).

344 Cf. Luiz Guilherme Marinoni. *Questões do novo direito processual civil brasileiro*. Curitiba: Juruá, 1999. p. 261 e ss.

Acontece que a expressão "direito líquido e certo" não quer significar *a qualidade de um direito subjetivo ou de uma situação jurídica desfrutada por alguém*. Tal expressão não objetiva conferir um atributo a um direito ou a uma situação jurídica, até porque extraprocessualmente *eles não podem ser qualificados dessa forma*.

Quando se pensa em direito líquido e certo, procura-se identificar a qualidade de uma afirmação de direito *em termos probatórios*. Se uma afirmação não requer instrução aprofundada para ser provada, *ou melhor, prova distinta da documental*, essa afirmação de direito pode ser identificada de forma distinta daquelas que exigem, por exemplo, prova testemunhal.

É comum se dizer que direito líquido e certo é o que resulta de *fato certo*. Há aí uma pequena distorção, pois o fato – visto extraprocessualmente – não pode ser imaginado como "certo", "induvidoso" ou "verdadeiro"; o *fato apenas existe ou não existe*. Como o fato e o direito existem independentemente do processo, aí eles são afirmados pelo autor e podem ser negados pelo réu. O autor pode necessitar de várias espécies de provas, *somente da prova documental ou ainda de nenhuma prova*.

Alguém poderia afirmar que o direito líquido e certo é aquele que não requer nenhuma prova, como, por exemplo, os direitos à vida e à honra. Acontece que se o conceito de direito líquido e certo fosse restrito a esses direitos, aqueles que podem ser demonstrados mediante prova documental estariam descartados.

Ademais, se o direito à honra, por exemplo, não depende de prova, isso não significa que o autor, ao afirmar que esse seu direito foi violado ou está sendo ameaçado, não tenha que demonstrar o que diz. Por outro lado, a circunstância de a manifestação do réu poder eliminar a necessidade de prova *apenas evidencia que direito algum pode se desligar da lógica probatória, ainda que possa desnecessitar de prova*. Note-se que, nesse caso, *não é a natureza do direito que elimina a necessidade da prova, mas sim o conteúdo da atuação do réu*.

Quando o que o autor alega pode ser demonstrado de plano, *o bom senso aponta para a desnecessidade de se ter um procedimento igual ao que serve ao direito que exige provas mais elaboradas, como a testemunhal e a pericial*. Nesse caso, basta um procedimento documental, *ou melhor, um procedimento em que somente possam ser produzidas provas do tipo documental – obviamente que quando necessárias*. Pois o procedimento do mandado de segurança nada mais é do que um procedimento desse tipo.

Apenas não se sabe a razão pela qual esse procedimento ainda é usado *somente* contra atos do Estado, como se contra o particular ninguém pudesse ter um direito que pudesse ser demonstrado de plano. Ora, como é pouco mais do que evidente, tal *procedimento pode ser utilizado contra qualquer um, bastando que o autor não precise de prova diferente da prova documental.*[345]

Diante de tudo isso, não é possível aceitar a conclusão de Buzaid,[346] no sentido de que o direito líquido e certo pertence à categoria do direito material. Trata-se, isso sim, de conceito nitidamente processual, que serve, inclusive, para a melhor compreensão do processo modelado através da técnica da cognição exauriente *secundum eventum probationis.*

Quando o direito afirmado no mandado de segurança exige prova diversa da documental, o juiz fica impedido de apreciar o mérito. No caso oposto, ou seja, quando apresentadas as provas suficientes, o juiz julgará o mérito e a sentença produzirá coisa julgada material. Como está claro, o mandado de segurança é um procedimento que tem o exame do mérito condicionado à existência de prova capaz de fazer surgir cognição exauriente, razão pela qual se fala em cognição exauriente *secundum eventum probationis.*

Por outro lado, não é rara a situação em que o autor do mandado de segurança procura demonstrar a existência do seu direito "líquido e certo" através de prova

345 A lógica da afirmação de que o mandado de segurança é a tutela do particular contra o Estado deita raízes em uma *visão superada das relações entre o Estado e o particular.* O mandado de segurança, visto como instrumento de tutela das liberdades públicas, tem íntima correlação com os valores liberais, que expressavam uma compreensível preocupação com a ingerência do poder político sobre a vida das pessoas. Nos dias de hoje, operada a transformação que culminou na criação de um novo 'Estado de Direito', não há mais razão para contrapor o indivíduo ao Estado, mas sim para zelar por sua justa inserção na vida social e pelo exercício concreto dos novos direitos. Como o objetivo do Estado não é mais apenas proteger os 'direitos naturais e imprescritíveis do homem', ocorreu o abandono da política inicial de mera defesa das liberdades, tendo o Estado passado a interferir sempre de modo mais incisivo na esfera dos particulares para a satisfação das necessidades sociais. Essa mudança do perfil do Estado deveria estar refletida não só na predisposição das tutelas jurisdicionais, mas sobretudo na mentalidade dos processualistas e operadores do direito, que necessariamente devem pensar o direito processual à luz dos valores da Constituição. Ora, não é somente o Estado que atenta contra os direitos dos particulares, como não são apenas as 'liberdades públicas' que necessitam de tutela jurisdicional célere e efetiva. Lembre-se que, na compreensão dos direitos fundamentais, não se pode mais pensar apenas no velho direito de defesa, que objetivava garantir o particular contra as agressões do poder público. Na atualidade, o Estado tem *um verdadeiro dever de proteger os direitos*, e, para tanto, está obrigado a editar normas de direito material que se dirigem, sobretudo, em relação aos sujeitos privados. Ao lado disso, o direito fundamental à tutela jurisdicional efetiva confere o direito ao procedimento (técnica processual) realmente capaz de atender aos direitos, seja perante o Estado, *seja perante os particulares.* Portanto, da mesma forma que o Estado não pode mais ser visto como *inimigo público*, é absurdo continuar a enxergar o mandado de segurança como *arma contra o Estado* (Luiz Guilherme Marinoni. *Técnica processual e tutela dos direitos* cit., p. 62 e ss).

346 Alfredo Buzaid. *Do mandado de segurança* cit., p. 86-87.

testemunhal ou pericial realizada antecipadamente. Diante dessa hipótese, que tem gerado formidáveis equívocos, é imprescindível distinguir prova documentada de prova documental.

Perceba-se que a prova testemunhal tem o objetivo de traduzir o que a testemunha pensa sobre um fato, enquanto a declaração testemunhal espelha o que a testemunha disse sobre ele. A prova pericial, do mesmo modo, tem a finalidade de esclarecer, mediante fundamentação técnica, o que se entende sobre um fato, enquanto o laudo pericial concretiza a conclusão e a fundamentação do perito.

Assim, as provas testemunhal e pericial sempre revelam a intermediação de um terceiro (a testemunha e o perito) em relação ao fato afirmado, ao passo que a declaração testemunhal e o laudo pericial implicam em mais uma intermediação, ou melhor, em uma ponte entre o que o terceiro disse ou concluiu e o que foi declarado pela testemunha ou pelo perito. Melhor explicando: quando se pensa na declaração testemunhal ou no laudo pericial se faz uma primeira ligação entre eles e que foi afirmado pela testemunha ou pelo perito (pois os primeiros provam o que foi testemunhado ou concluído) e uma segunda ligação entre o que foi dito pela testemunha ou pelo perito e os fatos controvertidos (pois a testemunha e o perito desejam provar os fatos).

O testemunho e a perícia apenas revelam o que alguém pensa sobre os fatos. Por isso, a declaração testemunhal ou o laudo pericial realizados antecipadamente apenas retratam o que terceiros pensam a respeito dos fatos. O testemunho e a perícia constituem atos humanos que servem para demonstrar uma afirmação de fato, enquanto o documento é uma "coisa" – embora também produto da atividade humana – que representa um fato.[347] O testemunho e a perícia são incapazes, em si mesmos, de demonstrar um fato, mas o documento, enquanto "coisa", é suficiente para representar um fato.

Isso quer dizer que a declaração testemunhal e o laudo pericial obtidos antecipadamente provam apenas o que as testemunhas disseram e o perito concluiu. Nesse sentido apenas documentam um testemunho e uma perícia, sem constituírem provas documentais capazes de representar um fato.

Eis a distinção entre prova documentada e prova documental. Na realidade, sem essa distinção toda prova seria documental, pois toda prova testemunhal ou pericial é documentada. Porém, a verdadeira importância dessa distinção está em que as provas pericial e testemunhal realizadas antecipadamente demonstram que os fatos litigiosos não podem ser provados de plano ou através de documentos e,

347 Francesco Carnelutti. *La prova civile*. Milano: Giuffrè, 1992, p. 223.

assim, constituem argumentos contrários à própria possibilidade de utilização do procedimento do mandado de segurança.

Note-se que a prova testemunhal ou pericial realizada antecipadamente é resultado da atividade daquele que pretende afirmar o seu direito em juízo e, diante disso, o réu não terá interesse em formar prova antecipadamente a seu favor. Acontece que, se tais provas forem admitidas em um procedimento em que o réu não pode produzir prova testemunhal e pericial, estar-se-á retirando do réu a oportunidade de produzir prova em relação a um fato que não pode ser demonstrado através de documento, o que viola de maneira incontestável o princípio do contraditório.

Lembre-se que garantir a participação do réu na formação antecipada de uma prova nada tem a ver com o direito de produzir a prova. Não há como confundir esse último direito com a garantia de participação na formação da prova requerida antecipadamente. Assim, são completamente destoantes dos princípios as decisões que admitem mandado de segurança com base em "produção antecipada de prova". Talvez o equívoco na admissão da prova antecipada em mandado de segurança seja derivado do emprego da expressão "prova documentada" como sinônima de "prova documental", o que é reflexo do esquecimento da lição de Bobbio,[348] no sentido de que dar a cada coisa o seu nome não é mera preocupação formalista, porém necessidade para a construção de um diálogo legítimo – acrescentamos nós.

Segundo o Min. Carlos Mário Velloso, "não se pode admitir que o impetrante ingresse em juízo para fazer, no curso sumaríssimo do mandado de segurança, em que não há dilação, a prova das suas alegações; esta deve ser, aqui, sempre, prova pré-constituída e sempre documental. A prova há de ser documental e os documentos comprobatórios do fato não podem padecer de dúvida. *Se fossem impugnados de falsos, não seria possível a instauração do incidente de falsidade. Nesse caso não se poderia falar mais em direito líquido e certo*".[349]

No caso de o documento ser apontado como falso, é possível pensar: i) na impossibilidade de o juiz apreciar o mérito, por ausência de direito líquido e certo; ii) na possibilidade de o juiz julgar o mérito, desprezando a alegação de falsidade; e iii) na admissão da produção de prova tendente à demonstração da existência de falsidade.

A primeira alternativa não merece consideração por ser menos adequada ao espírito do mandado de segurança. Se bastasse a afirmação de falsidade do docu-

348 Norberto Bobbio. *Teoria della scienza giuridica*. Torino: Giappichelli, 1950. p. 217.

349 Carlos Mário Velloso. Direito líquido e certo, decadência. *Mandado de segurança*. Porto Alegre: Fabris e IAB, 1986. p. 57.

mento para o juiz estar impedido de julgar o mérito estaria aberto o caminho para a inefetividade do mandado de segurança.

Mas não parece correto entender que a afirmação de falsidade simplesmente deva ser desprezada, argumentando-se que, no caso de eventual falsidade, caberia ação rescisória. Alguém poderia supor, com efeito, que o caso seria de reserva de exceção, vale dizer, que a arguição da falsidade somente poderia ser feita em ação inversa subsequente, precisamente a ação rescisória. Acontece que a ação rescisória, baseada em prova falsa, apenas tem sentido quando a falsidade é descoberta posteriormente ao trânsito em julgado que nela se fundou. Aliás, não há como negar que impedir a produção da prova sobre o documento apontado como falso significa restringir a cognição no sentido vertical, quando então se estaria legitimando uma sentença de cognição sumária com força de coisa julgada material.[350]

Por isso, a melhor opção é admitir a investigação da falsidade. A objeção seria a de que o procedimento estaria sendo desnaturado. Trata-se mais uma vez de equívoco, pois a prova relativa à falsidade jamais terá por objeto o fato que o documento pretende representar. Vale dizer: o procedimento continuará com a sua natureza – que é documental – intocada.

Por outro lado, a questão do prejuízo com o alargamento do procedimento implica voltar a considerar a eterna problemática sintetizada no binômio "celeridade-segurança". Nesse caso estar-se-ia dando prioridade ao valor da segurança em detrimento do valor da celeridade apenas em razão da viabilidade da concessão de liminar no procedimento do mandado de segurança. Demais, as provas requeridas por abuso poderiam ter resposta na responsabilização por perdas e danos decorrente de litigância de má-fé.

Observe-se, ainda, que a técnica da cognição exauriente *secundum eventum probationis*, isto é, a técnica peculiar aos direitos que podem ser evidenciados através de prova documental, além de permitir a construção de um procedimento célere e ao mesmo tempo de cognição exauriente, não elimina a possibilidade do jurisdicionado, que lançou mão do mandado de segurança, mas, necessitava de provas diferentes da documental, recorrer ao procedimento ordinário.

---

350 Como escreve Moniz de Aragão, é irrecusável que a prova tende a proporcionar ao juiz a formação de seu convencimento, razão pela qual tem ele, como destinatário dela, o poder-dever de eliminar entre as provas a serem consideradas o documento que lhe deformaria o julgamento (Moniz de Aragão, op. cit., p. 297). Podem ser recordadas a esse respeito palavras de Carnelutti a propósito do assunto, ao dizer que "a luta contra a falsidade é uma espécie de desinfecção social", dado que "uma das condições para que a justiça seja bem administrada é que a fé do juiz não seja traída". Causa certa surpresa, por isso, a afirmação de Rosenberg, de o assunto não ter importância prática.

E não poderia ser de outra forma, pois se a afirmação do autor requer instrução aprofundada, e por essa razão o juiz não teve condições de julgar o mérito, é evidente que a sentença que não admitiu o uso do mandado de segurança não pode impedir que o autor tenha o seu direito apreciado através de procedimento diverso. Essa conclusão foi sumulada pelo Supremo Tribunal Federal nos seguintes termos: "decisão denegatória de mandado de segurança, não fazendo coisa julgada contra o impetrante, não impede o uso de ação própria".[351] Essa súmula quer dizer que fica aberta a via ordinária àquele que teve denegado o mandado de segurança por ausência de direito líquido e certo; isso porque a sentença que afirma a ausência de direito líquido e certo não declara que o direito subjetivo material não existe.

Subseção I
Da força probante dos documentos

Art. 405. O documento público faz prova não só da sua formação, mas também dos fatos que o escrivão, o chefe de secretaria, o tabelião ou o servidor declarar que ocorreram em sua presença.

1. Força probante do documento público

O primeiro artigo que trata da força probante dos documentos alude à situação do documento público. Antes de abordar especificamente a eficácia probatória destes documentos, importa trazer à tona o elemento primordial do dispositivo, que classifica os documentos em públicos e privados.

351 Súmula 304, STF. Como diz Watanabe, "no processo de mandado de segurança, é entendimento assente, inclusive cristalizado em Súmula do Supremo Tribunal Federal, que "decisão denegatória de mandado de segurança, não fazendo coisa julgada contra o impetrante, não impede o uso de ação própria" (Súmula 304) (art. 15, Lei 1.533/1951). O exame exauriente do mérito da causa é dependente da existência de elementos probatórios necessários para tanto. Informa Theotonio Negrão, com citação de inúmeros precedentes, que 'a jurisprudência do STF, dando entendimento a esta Súmula, vem afirmando que a decisão que denega a segurança, se aprecia o mérito do pedido e entende que o impetrante não tem direito algum (e não apenas que lhe falta direito líquido e certo), faz coisa julgada material, impedindo a reapreciação da controvérsia em ação ordinária'" (*Da cognição no processo civil* cit., p. 89).

Documento público é, di-lo Egas Moniz de Aragão, "o que se forma perante oficial público, 'o escrivão, o tabelião, ou o funcionário', enumeração exemplificativa. O Código Civil, no art. 133, [*atual art. 109*] fala em 'instrumento público' e Clóvis Beviláqua definiu-o como sendo o 'escrito lavrado por oficial público, em seu distrito, segundo suas atribuições, com as formalidades legais', e relacionou como tais, não só os atos dos tabeliães, como os que se passam em juízo – 'atos judiciais' – e outros, que excedem a enumeração formulada no artigo agora comentado. Acrescentou a observação que a própria disposição aqui focalizada contém: 'o instrumento público faz prova plena, não somente entre as partes como, ainda, em relação a terceiros, quanto à existência do ato jurídico e aos fatos certificados pelo oficial público'. Exceto pelo adjetivo (*plena*), hoje incompatível com o critério de valoração da prova, a eficácia do documento público é a que lhe atribui Beviláqua".[352] Público, pois, é o documento formado perante e por autoridade pública, no exercício de suas atribuições legais. Ao contrário, o conceito de documento particular se toma por exclusão, como sendo aquele em que, para a sua formação, não contribuiu qualquer agente público exercendo função pública.

Esta função pública, de toda sorte, há de prestar-se para conferir ao documento fé pública em sua formação.[353] Ou seja, não basta que o documento seja elaborado por um servidor público; é necessário que tal se dê quando esta pessoa esteja no exercício de sua função pública e, mais que isso, que este servidor tenha aptidão para conferir ao documento elaborado por ele fé pública,[354] ao menos em relação ao modo de formação da peça. Daí não deflui, porém, que somente servidores com funções notariais possam elaborar documentos públicos (apesar de decorrer esta conclusão da leitura apressada do art. 215 do CC brasileiro); o que é indispensável, isto sim, é que o agente goze de fé pública, para conferir à sua declaração esta especial qualidade.[355] O Código Civil italiano, com efeito, enaltece a importância deste

---

352 Egas Dirceu Moniz de Aragão. *Exegese do Código de Processo Civil* cit., vol. 4, t. I, p. 218 (grifos no original).

353 Salvatore Satta; Carmine Punzi. *Diritto processuale civile*. 12. ed. Padova: Cedam, 1996. p. 397.

354 Por um profundo exame da questão da fé pública, natureza e efeitos, v. Eduardo J. Couture. El concepto de fé pública. In: ______. *Estudios de derecho procesal civil*. Buenos Aires: Ediar, 1949. t. II (pruebas en materia civil), p. 17 e ss.

355 Esta também é a opinião de Santo, para quem a caracterização de um documento como público exige a presença de funcionário competente, "mas no sentido de que se trate de funcionário público, no exercício do cargo, e não no de que tenha competência para o caso em particular, porque este pode ser um requisito para sua validade *substancial*, é dizer, para a legalidade do ato contido no instrumento, mas se faltar, esta circunstância não impede que constitua um instrumento público" (Victor de Santo. *La prueba judicial, teoría y práctica* cit., p. 146).

elemento, ao qualificar o documento público como sendo "o documento redigido, com as formalidades exigidas, por um notário ou outro oficial público autorizado a atribuir-lhe fé pública no lugar em que o ato é formado" (art. 2.699). A fé pública do agente é requisito indispensável para a caracterização do documento público, uma vez que a grande tônica, que distingue esta figura do documento particular, é a sua máxima eficácia probatória.[356] E tal se dá, precisamente, pela capacidade especial, de que desfruta o servidor responsável pela formação do documento, de emprestar presunção de veracidade àquilo que ele reconhece tenha se passado em sua presença.

Com tais condições é que se vê no documento público, dois requisitos essenciais: "Ter sido redigido (ou feito redigir por pessoa de sua confiança) e subscrito por um oficial público investido da função documentária naquele lugar e para aquela categoria de fatos; e de ter sido redigido com a observância dos requisitos de forma previstos pela lei".[357] Especificamente no que se refere ao requisito da competência administrativa específica do servidor público, o tema será objeto de digressão específica, no item 4 dos comentários ao presente artigo, razão pela qual se dispensa, para o momento, qualquer ulterior refinamento nestas conclusões.

2. Documento e instrumento público

O dispositivo em exame trata, indistintamente, do *documento* assim como do *instrumento* público. Conquanto seja certo que o Código conhece (e utiliza) a distinção entre as duas figuras, no presente dispositivo a expressão "documento público" é usada indistintamente, como sinônimo do gênero que engloba o documento e o instrumento, valendo a previsão para ambas as categorias.

Porque a distinção pode assumir relevância para determinadas situações específicas (veja-se, a título de exemplo, a redação do art. 406 do CPC), não se pode descurar do perfeito delineamento existente entre o *documento* e o *instrumento*. A distinção é clássica e põe-se em termos bastante simples: *instrumento* é a prova pré-constituída, destinada a prestar-se como prova no futuro, capaz de representar diretamente um fato relevante;[358] *documento* (considerado em seu sentido estrito) será toda a prova apta a diretamente representar um fato, mas que não tenha, em sua origem, sido constituída para tal finalidade.[359] Pode-se ver, desde logo, que

356 Enrico Tullio Liebman. *Manuale di diritto processuale* – Principi cit., t. I, p. 357.

357 Idem, ibidem.

358 Segundo João Batista Lopes, "instrumento é espécie de documento constituído com a intenção deliberada de fazer prova no futuro" (*A prova no direito processual civil* cit., p. 102).

359 Por isso mesmo, parece ser criticável a definição oferecida por Moacyr Amaral Santos ao termo documento – "documento, assim, é a coisa representativa de um fato e destinada a fixá-lo de modo

os instrumentos, assim como os documentos, podem ser públicos ou privados, conforme a sua origem, muito embora aqui somente interesse, para o momento, o instrumento público.

O presente dispositivo trata, como já dito, indistintamente, do regime outorgado ao instrumento público e ao documento público. Tal afirmação, todavia, sem a devida sustentação, passaria por inútil e incongruente, mesmo porque, como já visto, o Código de Processo Civil conhece a distinção e a utiliza em diversas regras. Ocorre, porém, que a aplicação da distinção no artigo em comento implicaria a aceitação de verdadeiro absurdo, já que não faria sentido considerar que a legislação processual aceitaria que o *documento* faz prova da sua formação e dos fatos atestados pelo servidor público, como ocorridos em sua presença e que o *instrumento* - que tem o preciso fim de constituir-se em prova - não teria a mesma eficácia. Vale dizer: pelo menos por analogia, se esta é a eficácia que se empresta ao *documento*, com muito maior razão também este mesmo potencial se deve conferir ao *instrumento* (senão maior); e, na falta de dispositivo expresso, regulando a figura da eficácia do *instrumento*, há de aplicar-se-lhe a mesma regra válida para o *documento*. Não bastasse isto, também não parece incorreto pensar que, no presente artigo, a referência feita a *documento* visa não à espécie, mas ao gênero, prova documental, razão porque se aplicaria indistintamente tanto ao documento como ao instrumento público.[360]

3. Prova da formação e do ocorrido na presença do oficial público

Conforme determinação do Código, o documento (assim como o instrumento) público faz prova de sua formação e ainda dos fatos que o agente público (responsável pela elaboração do documento) atesta que ocorreram em sua presença.

Prontamente se observa que o legislador, aqui, reduziu o conceito de prova documental quase que apenas à prova documental escrita, já que não faria sentido aplicar semelhante dispositivo a outros tipos de prova documental (notadamente a fotografia ou outra forma de representação visual).

Posto este reparo, é certo que a regra em exame relaciona duas espécies de eficácias para o documento público, a saber: faz prova de sua formação e ainda dos fatos que o agente público atesta terem ocorrido em sua presença.

---

permanente e idôneo, reproduzindo-o em juízo" (Moacyr Amaral Santos. *Comentários ao Código de Processo Civil* cit., vol. 4, p. 144) - já que a função (preordenada) de reproduzir um fato em juízo é típica do *instrumento* e não do documento (mormente se considerado como gênero).

360 Neste sentido, com efeito, confira-se Moacyr Amaral Santos. Idem, p. 151.

A alusão à prova de sua formação, em verdade, significa dizer que o documento público *faz prova da prova*, vale dizer, comprova que aquele documento é realmente um documento público. Por isso mesmo, este documento, além da presunção de fé pública, que encobre as declarações ali contidas, goza ainda de presunção de autenticidade, uma vez que se conhece, *a priori*, o seu autor. Com efeito, como demonstram Satta e Punzi, o ato público é, por definição, um ato autêntico, sendo que esta presunção de autenticidade somente pode ser destruída com prova concreta e irretorquível de sua falsidade. O contrário se dá com os documentos particulares, para os quais esta presunção inexiste e, uma vez questionada a sua autenticidade, a prova desta impõe-se em todo o seu rigor.[361]

Costuma-se dizer que o documento público faz prova plena de todos os fatos ali contidos.[362] Esta assertiva, todavia, incorre em grave equívoco, afrontando mesmo o teor expresso da regra aqui estudada. Em verdade, é imperioso observar que em uma escritura pública, por exemplo, há afirmações de várias naturezas e origens. Como bem observa Moacyr Amaral Santos, "no documento o oficial faz afirmações de várias ordens: umas, quanto a fatos de que, como autor do documento e em razão de suas funções, tem conhecimento próprio ou deles participa, tais como os referentes a data, local, nomes das partes e testemunhas, leitura que lhes fez do instrumento, assinatura destas; outras, quanto a fatos que ouviu, consistentes nas declarações que as partes lhe pediram fossem escritas; outras, ainda, quanto a fatos ocorridos na sua presença, como, por exemplo, o pagamento feito por uma parte e o recebimento feito por outra, a entrega da coisa de uma a outra parte, a exibição de papéis etc. Assim, o oficial afirma fatos do seu *conhecimento próprio* e outros pelo que *viu* ou *ouviu*".[363]

A toda evidência, a prova resultante do documento público somente há de considerar-se forte no que se referir àqueles fatos que o oficial declara ser de seu próprio conhecimento. Também quando o oficial declara *ter visto* algo, passado em sua presença, tem-se ali declaração firmada com presunção de ve-

361 Salvatore Satta; Carmine Punzi. *Diritto processuale civile* cit., p. 398.

362 O Código Civil, nesse sentido, dispõe que "a escritura pública, lavrada em notas de tabelião, é documento dotado de fé pública, fazendo prova plena" (art. 215, *caput*).

363 Moacyr Amaral Santos. *Comentários ao Código de Processo Civil* cit., vol. 4, p. 151-152. Assim também ensina Liebman, dizendo que "como é óbvio, o ato público prova que as declarações referidas foram feitas, mas não pode dizer nada sobre a correspondência das declarações à real vontade das partes, nem sobre a validade e eficácia das declarações mesmas" (Enrico Tullio Liebman. *Manuale di diritto processuale civile* – Principi cit., t. I, p. 358). Da mesma forma, Luigi Mattirolo. *Tratado de derecho judicial civil*. Trad. Eduardo Ovejero. Madrid: Reus, 1934. vol. 3, p. 23.

racidade, já que acobertada de fé pública.[364] De resto, o documento apenas faz prova de que o oficial *ouviu* (dos celebrantes e também das testemunhas) algo, mas *não prova que este fato referido seja efetivamente verdadeiro*. Ou seja, as declarações constantes de um documento público somente adquirem presunção de veracidade se o oficial declarar que tais eventos ocorreram em sua presença, mas não se o conteúdo do documento apenas referir-se a fatos atestados pelas partes celebrantes, ao invés do oficial. Assim, se documento público contiver declaração de que foi dito algo em presença do oficial público, esta prova apenas demonstra que houve aquela afirmação, sem, porém, ter a aptidão de demonstrar que aquilo que foi dito é efetivamente verdade ou não. Quanto a esta afirmação, se bem ponderada, poderá equiparar-se a verdadeira prova testemunhal (ou a depoimento da parte) feita em juízo, apenas que sua formação é anterior à fase probatória judicial - embora sua produção seja em juízo. É de se lembrar, com Gentile,[365] que pública é a *documentação*, e não (necessariamente) os fatos ou atos documentados.

Em resumo, portanto, permanece ainda em vigor a lição de Paula Baptista, no sentido de que "fazem prova plena, a qual é extensiva a terceiros quanto à existência do contrato, dos atos e fatos certificados no instrumento pelo oficial, visto se terem passado na presença dele e das testemunhas; e restrita às partes contratantes e a seus sucessores quanto à veracidade dos atos e fatos referidos, narrados, ou enunciados, que têm relação direta com o contrato".[366] Com efeito, se por um lado as declarações feitas pelas partes (e atestadas como ocorridas pelo oficial público) não podem gozar de fé pública, por outro prestam-se ainda como declarações formuladas pelo sujeito e haverão de ser valoradas nesta condição - de modo semelhante, já se viu, àquele utilizado para a prova testemunhal.

364 Conforme lição de Pontes de Miranda, "se o documento público, além de constituir algum ato jurídico, ou mesmo declarar algum fato jurídico *stricto sensu*, ou ato-fato jurídico, contém referência a algo que, na pessoa do escrivão, ou do tabelião, ou do funcionário ocorreu, e se inseriu a alusão ou narração no documento, a lei processual também atribui eficácia probatória a essa parte do documento. Por exemplo: no momento em que se lavrara a escritura de compra-e-venda do imóvel, o procurador de um dos figurantes perdeu os sentidos e teve de ser substituído, razão por que se teve de fazer alusão à ocorrência para ser o próprio figurante do negócio jurídico o signatário" (Francisco Cavalcanti Pontes de Miranda. *Comentários ao Código de Processo Civil* cit., t. IV. p. 359).

365 Francesco Silvio Gentile. *La prova civile*. Roma: Jandi Sapi Editori, 1960. p. 96.

366 Francisco de Paula Baptista. *Teoria e prática do processo civil e comercial*. São Paulo: Saraiva, 1988, p. 104. Neste mesmo sentido é a opinião de Enrico Tullio Liebman (*Manuale di diritto processuale civile* - Principi cit., t. I, p. 358).

Seja como for, a presunção de veracidade que decorre da fé pública do oficial público é sempre relativa, podendo ser elidida mediante prova contrária.[367] Não é por outra razão que o adjetivo "plena" foi retirado do anteprojeto do Código de Processo Civil de 1973 (embora ainda conste do art. 215 do CC brasileiro, repetindo, aliás, o que prescrevia o art. 134, § 1.º, do CC anterior)[368] e nem mesmo seria admissível sustentar o contrário, diante do sistema de convicção motivada que preside a valoração da prova no regime brasileiro. Assim, mesmo diante da afirmação própria de um oficial público, a prova obtida mediante o documento público poderá ser confrontada com outra qualquer, desde que apta a retirar daquela a fé pública de que goza naturalmente e demonstrar que o fato declarado naquele documento realmente não ocorreu.

Conforme acertadamente notado por Pontes de Miranda,[369] a presente regra constitui regulação de direito material e não apenas processual. A forma pública assumida para muitos atos e negócios jurídicos é, por vezes, obrigatória pela lei material, sendo certo que o documento (ou o instrumento) público pode constituir-se em um dos requisitos para a validade de determinados atos jurídicos. Isto posto, como regra de direito material que é, sua aplicação (e, portanto, a eficácia probatória dos documentos e dos instrumentos públicos) não se limita apenas às partes, atingindo também terceiros. É, com efeito, função precípua da documentação pública oferecer autenticidade, segurança e eficácia gerais aos registros civis (art. 1.º, *caput*, da Lei 6.015/1973). Com isso, pode-se dizer sem temor que a eficácia

367 Mais preciso, neste aspecto, é o art. 2.700 do Código Civil italiano, que prescreve que "o ato público faz plena prova, *até a querela de falso (221-227 CPC)*, da proveniência do documento de um oficial público que o formou, e também das declarações das partes e dos outros fatos que o oficial público atesta terem ocorrido em sua presença ou por ele realizados" (grifo nosso).

368 A redação do art. 215 mencionado não deve levar à conclusão de que esse documento gera prova absoluta. Com efeito, já anteriormente a questão era posta e respondida adequadamente pela doutrina, em lição que permanece aplicável. Como magistralmente afirmou Egas Moniz de Aragão, ainda antes do atual Código Civil, "em primeiro lugar é forçoso convir em que tais parágrafos [refere-se aos parágrafos do art. 134 do antigo CC, introduzidos pela Lei 6.952/1981] visaram, única e declaradamente, a disciplinar um dentre os instrumentos públicos a que alude o art. 133 do CC e não a regular a eficácia probatória dos documentos públicos em geral; sequer a das próprias escrituras. Em segundo lugar, a redação se incumbe de denotar que a prova plena, que o texto afirma, conjuga-se à fé pública de que a escritura é dotada. Como o sistema processual brasileiro é avesso à 'prova plena' e consagra a liberdade na apreciação da prova pelo julgador, na verdade essa lei não foi além de reafirmar que os atos cobertos pela fé pública do tabelião têm por si a presunção *iuris tantum* de veracidade que lhes é peculiar" (Egas Dirceu Moniz de Aragão. *Exegese do Código de Processo Civil* cit., vol. 4, t. I, p. 220-221).

369 Francisco Cavalcanti Pontes de Miranda. *Comentários ao Código de Processo Civil* cit., t. IV, p. 358.

probatória acima delineada, conferida aos documentos públicos, atinge a todos, indistintamente, tenham ou não participado da elaboração do referido documento.

4. Documento público e agentes públicos

Ocorre, entretanto, que nem todos os documentos expedidos por agentes públicos o são por servidores cuja função precípua seja a de dar fé pública a certos eventos; nem todos os documentos emanados de agentes públicos são oriundos de funcionários com atribuições notariais. Qual, então, a eficácia que merecem estes documentos? Será possível enquadrar como documentos públicos os documentos emanados de autoridades públicas sem a específica função de documentar?

O tema é objeto de debate e merece atenção redobrada. Sua análise deve partir, necessariamente, da lição de Carnelutti, que ensina que "a noção do documento público tem maior amplitude que a que lhe atribuem os civilistas, posto que, como disse, nela se compreendem todos os documentos formados no exercício de uma atividade pública. Pode ocorrer que tal atividade esteja *especificamente dirigida à documentação*; tal é a hipótese prevista pelo art. 1.315 do CC, cujo exemplo mais conhecido é o do documento notarial; mas pode ocorrer também que se trate de uma atividade pública diversa: quando, por exemplo, um funcionário do Estado expede um documento de crédito público (como um título da dívida pública) ou libera um certificado de boa conduta, o documento é verdadeiramente público, mas não pertence à categoria prevista pelo Código Civil; precisamente esta maior amplitude da noção dos documentos públicos se deriva sobretudo das disposições do Código Penal em matéria de falsidade (art. 476 *et seq.*). Portanto, por sua vez, os documentos públicos podem convenientemente distinguir-se em documentos públicos (o Código Civil diz, impropriamente, *atos públicos*; *infra*, n. 315) *em sentido estrito*, cuja formação representa o exercício de uma atividade pública especificamente dirigida à documentação, e documentos públicos *em sentido amplo*, os quais se formam no exercício de uma atividade pública diversa daquela".[370]

A partir desta definição de documentos públicos em sentido estrito e em sentido amplo, pode-se aproximar de uma solução ao problema proposto. Desde logo fica claro que não é *apenas* a origem do documento que o qualifica como público ou privado. Assim, se um funcionário público redige uma carta a um amigo seu, certamente não se há de qualificar este documento como público apenas porque o seu autor é servidor público; é necessário, para se ter um documento público, que o agente (autor do documento) seja funcionário público e que, ao elaborar

370 Francesco Carnelutti. *Sistema de derecho procesal civil.* Trad. Niceto Alcalá-Zamora y Castillo e Santiago Sentís Melendo. Buenos Aires: Uteha, 1944. t. II, p. 416.

a peça, *esteja investido na função pública e no seu exercício*. Fixado este ponto de partida, insta perguntar: é ou não necessário que esta função seja tipicamente de documentação, para caracterizar um documento como público e para, por conseguinte, conferir-lhe a eficácia aqui estudada?

Segundo Carnelutti,[371] dado que os documentos públicos em sentido amplo não são regulados especificamente pela lei, seu valor será apreciado livremente pelo juiz. Já Liebman,[372] analisando a situação específica do direito italiano, pondera que a estes documentos não se pode emprestar o valor típico de um documento público, mas que também não há razão para equipará-los aos documentos particulares, concluindo que devem ter uma eficácia intermediária entre a dos documentos públicos e dos particulares.

Antes de prosseguir no exame do problema, faz-se necessário um esclarecimento: no regime italiano, os documentos públicos fazem *prova plena*, ou seja, é inadmissível confrontá-los com outras provas em contrário. Por isso mesmo, naquele direito, é perfeitamente compreensível o temor em equiparar a prova documental obtida perante oficial público com função de certificação com aquela outra obtida também perante servidor público, mas sem aquela específica função. Afinal, esta equivalência conduzirá, no mais das vezes, a admitir como prova absoluta e irrefutável um documento ao qual o legislador não atribuiu esta condição. Justifica-se, portanto, perante regime como aquele, a criação de terceira categoria, intermediária entre o documento público e o particular, a que alude Liebman.

Perante nosso Direito, porém, aquele valor específico outorgado ao documento público inexiste. Como já visto, mesmo ao documento público pode ser oposto outro tipo de prova, tendente a abalar a veracidade do conteúdo daquele. A construção elaborada por Liebman, portanto, mostra-se artificial e inútil perante o direito brasileiro. Com efeito, observe-se as conclusões a que chega Liebman, a respeito do valor probante que merecem estes documentos públicos em sentido amplo: "Os documentos públicos em sentido amplo (que não entram então na categoria dos atos públicos) valem como prova da data, da proveniência das declarações de quem lhe subscreveu e daquilo que nele vem declarado, mas esta prova pode ser livremente combatida com todos os meios consentidos pela lei".[373] Ora, analisando estes termos, em comparação com as conclusões até aqui expostas em relação ao valor probante dos documentos públicos, nota-se que esta eficácia é exatamente a

371 Idem, p. 505.

372 Enrico Tullio Liebman. *Manuale di diritto processuale civile* - Principi cit, t. I, p. 359.

373 Idem, p. 360.

mesma, o que demonstra a ausência de serventia para a criação da nova categoria (que poderia ser chamada de documentos quase públicos) no sistema brasileiro.

Em conclusão, pode-se dizer que, para o direito brasileiro, a equiparação entre os documentos públicos emanados de autoridade com função de documentação e aqueles outros oriundos de autoridades sem esta atribuição específica é válida e não incide em qualquer obstáculo legal ou lógico. Afinal, é princípio do direito público brasileiro a ideia de que todo ato administrativo público (seja de servidor com função de documentação ou não) goza de presunção de legitimidade e de veracidade,[374] reputando-se verdadeiro e segundo a lei, até prova em contrário. Este atributo é pertencente a todo e qualquer ato praticado por servidor público (no exercício de suas funções) e isto vale tanto para aqueles funcionários incumbidos precipuamente da função certificadora (ou de documentação) ou não. Assim, em que pese a redação aparentemente em sentido diverso presente no art. 405, CPC, não há diferença, perante nosso Direito, entre os documentos públicos emanados de autoridade com função de documentação e aqueles outros emanados de outras autoridades públicas, sem tal competência determinada.

Art. 406. Quando a lei exigir instrumento público como da substância do ato, nenhuma outra prova, por mais especial que seja, pode suprir-lhe a falta.

1. Documentos essenciais

A lei material elenca três requisitos para a validade de qualquer negócio jurídico (art. 104 do CC): agente capaz, objeto lícito, possível, determinado ou determinável e forma prescrita ou não defesa em lei. Em regra, os atos jurídicos são de forma livre, mas pode ocorrer que a lei, ou mesmo o negócio jurídico, subordine a validade do ato a alguma forma predeterminada (art. 107 do CC). São os chamados negócios jurídicos *ad solemnitatem*,[375] para cuja validade a lei exige

---

374 Segundo lição de Maria Sylvia Zanella di Pietro, "esse princípio, que alguns chamam de princípio da *presunção de legalidade*, abrange dois aspectos: de um lado, a presunção de verdade, que diz respeito à *certeza dos fatos*; de outro lado, a presunção de legalidade, pois, se a Administração Pública se submete à lei, presume-se, até prova em contrário, que todos os seus atos sejam verdadeiros e praticados com observância das normas legais pertinentes" (Maria Sylvia Zanella di Pietro. *Direito administrativo*. 3. ed. São Paulo: Atlas, 1993. p. 62).

375 Costuma-se, por vezes, distinguir as formas *ad solemnitatem* daquelas outras, *ad probationem tantum*, dizendo-se que as primeiras são formas específicas, designadas pela lei material, e sem as

o preenchimento de forma especial (*ad substantia negotii*), normalmente caracterizada por um documento público.

Em tais casos, a forma especial (por exemplo, a escritura pública) não se presta apenas para a prova do ato, mas é da sua própria substância, na medida em que, ausente a forma específica, o ato jurídico é inválido e, por consequência, ineficaz, não surtindo seus efeitos legais.[376] Por isso mesmo, nestas situações,[377] a única prova aceitável de tais atos jurídicos há de ser aquela prescrita pela lei, já que qualquer outra prova seria imprestável para comprovar não propriamente a existência do ato, mas a sua validade perante o direito.

Assim, não é de se estranhar a presença deste tipo de regra – a estabelecer norma típica de prova legal – em nosso sistema, uma vez que esta previsão decorre da própria lógica iterativa entre o direito material e o processual. Se, para o direito material, aquela forma específica é elemento indispensável para a validade do ato, então é certo que, sem aquela forma, o ato é inválido e, portanto, imprestável para gerar efeitos fora ou dentro do processo.

É a lei material a responsável por indicar os casos em que os atos jurídicos dependerão de forma determinada. Seria, por isso mesmo, inútil tentar promover aqui uma enumeração completa dos casos, já que tais hipóteses tendem a multiplicar-se à infinidade, conforme as prescrições do direito material. Claro está, contudo, que a regra somente terá aplicação quando o determinar a lei material. Caso contrário, vigorará o princípio da liberdade das provas.

---

quais o negócio jurídico é inválido; já as segundas seriam formas estabelecidas pela lei processual, como único meio de prova para certo ato. A distinção, porém, não tem função no direito brasileiro, e foi, por isso mesmo, abolida já na formulação do antigo Código Civil. Como anota Clóvis Beviláqua, "sobrevivência de inuteis subtilezas de antigos juristas, ainda apparecem nos livros de doutrina, distincções entre as formas *ad solemnitatem* e *ad probationem tantum*. No Codigo Civil, não se encontram reflexos dessas distincções. (...). Não ha, na systematica do Codigo Civil, fórmas sómente para a prova dos actos. Estes ou têm uma fórma especial exigida por lei ou se provam pelos meios admitidos em direito. A fórma ou é preestabelecida ou é livre" (*Código Civil dos Estados Unidos do Brasil*, cit., vol. 1, p. 386). Realmente, ou a forma é essencial para dar validade ao negócio jurídico, ou o princípio da liberdade das formas se impõe e, então, qualquer meio de prova é hábil a demonstrar a sua existência válida.

376 Confira-se, a respeito, a digressão sobre o assunto promovida por Carlos Alberto Mota Pinto (*Teoria geral do direito civil*. 3. ed. 11. reimpr. Coimbra: Coimbra, 1996. p. 435 e ss.), bem como por Manuel A. Domingues de Andrade (*Teoria geral da relação jurídica*. 7. reimp. Coimbra: Almedina, 1992. vol. 2, p. 141 e ss.).

377 Obviamente, esta regra somente tem aplicação em caso de documentos dispositivos, e não narrativos (cf. Francesco Carnelutti. Documento (teoria moderna) cit., p. 88).

De outra parte, é salutar lembrar que a indicação da solenidade específica para regência do ato deve ser feita pela lei em vigor *no local onde o ato foi celebrado*. Trata-se de evidente aplicação do princípio *locus regit actum*,[378] que no caso específico se costuma expressar no brocardo *locus actus regit instrumentum*. Assim, se determinado contrato é celebrado na França, ainda que este documento venha a ser utilizado em processo instaurado no Brasil, é a lei francesa que deve reger a forma determinada (e sua exigibilidade), e não a brasileira. Esta é a clara lição de Cunha Gonçalves, perante o direito português, mas cuja lógica é plenamente aplicável ante o brasileiro: "É pela lei do lugar da celebração, pois, que se determina se, nesse lugar, um certo acto depende, ou não, de solenes formalidades, e quais elas são, ou se basta um documento particular ou mero acordo verbal, provado por testemunhas, ou até um simples facto".[379] Esta regra é absoluta, e somente admite as exceções expressamente contempladas pelo direito nacional (v.g., art. 17 da LINDB).

2. Expressão do sistema tarifário

No sistema processual brasileiro vige o princípio da convicção motivada do juiz (art. 371 do CPC), pelo qual compete ao magistrado avaliar livremente a prova constante dos autos, devendo, todavia, fundamentar expressamente as razões de seu convencimento.

A regra em exame, todavia, representa uma limitação a este princípio, impondo ao juiz uma avaliação predeterminada da prova (em verdade, impinge-lhe uma exclusão prévia de qualquer prova que não a específica forma). Assim, nem mesmo a confissão da parte ou a prova pericial pode suprir a falta daquele especial instrumento público. Ademais, esta prova está incluída dentre aqueles documentos que a lei considera indispensável à propositura da ação (art. 320),[380] sendo que sua ausência poderá mesmo determinar o indeferimento da petição inicial (art. 321, parágrafo único) bem como a inaplicabilidade dos efeitos materiais da revelia (art. 345, III) ou da admissão (art. 341, II).

Vale lembrar, ainda, que a lei se refere a "instrumento público" e não a "escritura pública". Embora seja certo que a escritura pública constitua-se na mais típica forma de documento público, com este não se confunde. Portanto, nem sempre será a escritura pública a forma exigida para a validade de determinado

378 V. a propósito, os arts. 9.°, e seus parágrafos, e 13 da LINDB.

379 Luiz da Cunha Gonçalves. *Tratado de direito civil, em comentário ao Código Civil português*. 2. ed. portuguesa e 1. ed. brasileira. São Paulo: Max Limonad, 1956. vol. 1, t. II, p. 862.

380 Cf. José Joaquim Calmon de Passos. *Comentários ao Código de Processo Civil*, Rio de Janeiro: Forense, s/d. vol. 3, p. 149.

ato, sendo necessário, para obedecer a forma específica, atentar para os ditames de direito material.

3. Exceções à regra do documento essencial

É claro, porém, que a previsão é excessiva, mesmo diante dos contornos dados ao problema pelo direito material.

Inicialmente, é de se advertir, com Pontes de Miranda,[381] que, se o documento público (forma específica do ato) for perdido ou destruído, mas remanescer uma cópia sua (que obedeça aos termos legais expostos nos comentários ao artigo anterior), não se há de negar eficácia a esta prova, na medida em que esta cópia tem a mesma força do original. O mesmo se dirá se o instrumento público foi realizado, mas se destruiu por algum incidente ocorrido no órgão público responsável pela guarda do documento;[382] também aqui, considerando que a forma para a realização do ato foi obedecida (apenas resultou perdida), não se pode negar validade ou eficácia ao ato, embora o instrumento público não mais exista - terá o juiz, então, de admitir outros meios de prova, para comprovar tais fatos.

Na mesma linha de pensamento, é de se notar que a norma analisada pretende apenas espelhar o tratamento dado a certos negócios jurídicos (solenes) pelo direito material, concluindo que, se os celebrantes não possuem a forma específica - exigida pela lei material - o negócio jurídico é nulo, e, portanto, de nada adiantará comprová-lo em juízo. Contudo, é de se pensar na hipótese em que alguém pretende provar, em juízo, que o negócio jurídico, embora tenha sido realizado (e seja, então, existente), não obedeceu ao requisito de forma específica e, portanto, é nulo, pleiteando esta declaração ante o Judiciário. Para esta hipótese, é claro, há de admitir-se a produção de outros meios de prova para comprovar a efetiva realização do negócio, bem como a ausência da forma específica, a fim de permitir a dedução da pretensão que interessa ao autor: a declaração de nulidade do ato. Fossem estas outras provas inadmissíveis, então toda pretensão desta ordem ficaria obstaculizada, o que, de pronto, observa-se ser um disparate.

De outra parte, a previsão genérica, imposta pelo art. 406 rivaliza com o próprio trato dado à questão (que é de direito material) pela lei civil. Ou seja, o raciocínio exposto inicialmente (da forma como requisito de validade do ato) é pertinente na maioria dos casos e justifica, para estes, a previsão do art. 406.

---

381 Francisco Cavalcanti Pontes de Miranda. *Comentários ao Código de Processo Civil* cit., t. IV, p. 363.

382 "O art. 366 só alude à falta do instrumento público. Falta, aí, está em sentido de 'não feito'. Se houve instrumento público e queimou-se o livro do cartório, outro é o problema" (idem, ibidem).

Todavia, o Código Civil revogado esclarecia, corretamente, que a invalidade do ato que desobedece a forma preordenada era a sanção cabível, *salvo quando outra fosse imposta.*[383] A regra não existe mais, mas sua consequência permanece, obviamente, aplicável. De fato, mesmo diante da regra expressa do art. 406, há de prevalecer sempre a sanção imposta à violação da forma especificada pela lei material.[384] Isto porque aquela é regra (ainda que posterior) genérica, que deve ceder diante da exceção, determinada pela lei material; ademais, é certo que a norma do art. 406 constitui previsão processual sendo que o tema da forma *ad solemnitatem* deve ser tratada na seara material e não processual, porquanto aquela é sua natureza própria.

É óbvio que em todas estas situações não se pode aplicar cegamente a norma do art. 406. Faz-se imperioso cotejar os dispositivos materiais e o seu reflexo processual, a fim de não distorcer a intenção da lei.[385] Assim, a regra em confronto somente terá aplicação nos casos em que o instrumento público for da substância do ato, *mas apenas naqueles em que a sanção aplicável pela lei material ao desatendimento do comando for a inexistência, a invalidade ou a ineficácia.* Caso contrário, em havendo outra consequência, será admissível a prova do ato por outros meios, já que não terá sustentação lógica a inadmissibilidade de prova diversa (art. 369 do CPC).

Por fim, não se deve esquecer que, se um único documento representa relação jurídica que exige forma especial e outra (independente da primeira) que não o

---

383 "Art. 130. Não vale o ato, que deixar de revestir a forma especial, determinada em lei (art. 82), *salvo quando esta comine sanção diferente contra a preterição da forma exigida*" (grifo nosso).

384 "Mas, se a lei, requerendo uma dada fórma para o acto, declara que a preterição do seu preceito, apenas torna o agente passível de certa pena, ou estabelece outra providencia semelhante, é porque tolera o acto, apezar desse defeito. A lei, neste caso, se diz menos perfeita, sendo perfeita a que não permitte que subsista o acto realizado contra o seu edicto" (Clóvis Beviláqua. *Código Civil dos Estados Unidos do Brasil* cit., vol. 1, p. 387).

385 Vale lembrar, ainda, que a doutrina do direito material acenava com opiniões no sentido de que a violação de requisito de forma, imposta por lei, mas em situações em que se poderia caracterizar a boa-fé dos contratantes ou mesmo situação de abuso de direito, era justificável, não dando azo à invalidação do ato. Neste sentido, afirma Carlos Alberto da Mota Pinto, justificando a defesa desta opinião, que "de qualquer modo a segurança da vida jurídica e a certeza do direito, sendo valores de importância fundamental na ordenação da vida social e compreendendo-se o seu acatamento mesmo que para isso se pague o tributo de *alguma injustiça*, não podem ser afirmadas com *sacrifício das elementares exigências do 'justo'*" (*Teoria geral do direito civil* cit., p. 440). Ainda, neste mesmo sentido, confira-se a crítica aguda, da pena de Pietro Perlingieri (*Perfis do direito civil* – Introdução ao direito civil constitucional. 3. ed. Trad. Maria Cristina de Cicco. Rio de Janeiro: Renovar, 1997. p. 293 e ss.).

exige, a prova documental será imprestável para a comprovação da primeira, mas totalmente apta a demonstrar a segunda.

4. Forma natural ao negócio jurídico

É ainda de se cogitar da hipótese em que a forma específica não seja exigência de lei, mas sim do próprio ato ou negócio jurídico.[386] A questão surge quando se observa que a previsão do art. 406 fala apenas em exigência de *lei*, não contendo nenhuma referência à previsão da forma específica no negócio jurídico. Aplica-se ou não a presente regra em tais casos?

A solução para o problema parece ter sido bem fornecida por Pontes de Miranda. Conforme precisamente leciona o genial jurista brasileiro, "se o instrumento público é da substância do negócio jurídico, por lei ou por convenção anterior - ou, até, declaração unilateral de vontade (e. g., o promitente da recompensa preestabeleceu que a decisão do concurso somente valeria se por escritura pública) –, a falta da escritura pública é causa de nulidade do negócio jurídico que se redigiu. (...) Se a exigência foi negocial, tem de ser respeitada pelos figurantes, e não se prova, com outro meio, o negócio jurídico a que impuseram os figurantes, ou o figurante que afastou a vinculação por instrumento particular".[387]

Com efeito, a situação aqui estudada não diverge em nada da questão original. Novamente, tem-se caso em que, pela vontade dos celebrantes de um negócio jurídico, impõe-se uma forma determinada. Como esta forma é inerente à validade do próprio ato, nenhum outro meio de prova poderá suprir a falta desta, razão pela qual, mesmo fora da estrita previsão legal, torna-se necessário aplicar o mesmo princípio.

Art. 407. O documento feito por oficial público incompetente ou sem a observância das formalidades legais, sendo subscrito pelas partes, tem a mesma eficácia probatória do documento particular.

1. Documento público irregular

Novamente, como bem lembra Egas Moniz de Aragão, está aqui o Código a avançar na fronteira que divide o direito processual e o direito material, para

386 V., por exemplo, a dicção do art. 109 do CC: "No negócio jurídico celebrado com a cláusula de não valer sem instrumento público, este é da substância do ato".

387 Francisco Cavalcanti Pontes de Miranda. *Comentários ao Código de Processo Civil* cit., t. IV, p. 363.

ir tratar de tema específico deste último, relativo à forma do ato, "ligada ao que dispõem os arts. 82 e 145 do CC/1916, a qual somente incidirá nos casos para os quais não for exigido instrumento público, mas as partes optaram por lavrar o ato perante o tabelião".[388]

Efetivamente, talvez aí resida o principal defeito da regra em exame, uma vez que se prende, umbilicalmente, aos princípios regentes do direito privado - ainda que trate de uma atividade eminentemente pública (elaboração de documento por oficial público) - sem atentar para os ditames existentes sobre o tema no campo do direito público.

O direito administrativo moderno já empresta certa valia a atos viciados (como aqueles emanados de autoridade pública incompetente), em prol da salvaguarda da estabilidade e da segurança das relações jurídicas.[389] Nesta seara, por exemplo, já são comuns as concessões aos princípios da boa-fé, da segurança jurídica e da confiança (especialmente na experiência alemã), bem como a chancela de atos administrativos nulos, em face do transcorrer do tempo, que gera certa presunção de legitimidade das situações novas criadas a partir do ato inquinado (figura esta de origem na doutrina francesa, mas já com ampla aceitação na jurisprudência brasileira).[390] É dentro deste paradigma que surge a doutrina do chamado ato praticado por "funcionário de fato", ou seja, um ato administrativo realizado por agente que aparentemente está no exercício de suas funções, mas que, em verdade, não poderia praticar aquele determinado ato, estando irregularmente investido em certa função pública - seja porque está afastado de suas funções, seja porque sua investidura deu-se de modo irregular, seja porque deveria estar aposentado etc.

Em hipóteses tais, haja vista a aparência de legalidade da situação, aliada à presunção de legitimidade e de veracidade de que goza todo o ato administrativo, a doutrina (e já hoje com respaldo jurisprudencial) defendeu a ideia de que os atos

388 Egas Dirceu Moniz de Aragão. *Exegese do Código de Processo Civil* cit., vol. 4, t. I, p. 229.

389 "De outra parte, evidente a imbricação entre o princípio da boa-fé e o princípio da segurança das relações jurídicas, de tal sorte que, no fundo, existe complementação recíproca, a qual requer uma visão parcimoniosamente mais elástica do fenômeno da anulação dos atos administrativos, sobretudo quando se tratar de sua efetivação pelo Poder Judiciário, no sistema de jurisdição única" (Juarez Freitas. *Estudos de direito administrativo.* São Paulo: Malheiros, 1995. p. 18).

390 Com efeito, pondera Miguel Reale que, "se a decretação de nulidade é feita tardiamente, quando a inércia da Administração já permitiu se constituíssem situações de fato revestidas de forte aparência de legalidade, a ponto de fazer gerar nos espíritos a convicção de sua legitimidade, seria deveras absurdo que, a pretexto da eminência do Estado, se concedesse às autoridades um poder-dever indefinido de autotutela" (Miguel Reale. *Revogação e anulamento do ato administrativo.* Rio de Janeiro: Forense, 1968. p. 72).

praticados por tais agentes, embora devessem considerar-se como nulos, são tidos como válidos e eficazes. Realmente, o fato de terem sido praticados de boa-fé, a aparência de normalidade e legitimidade que circundava a situação e a presunção (ainda que relativa) de legalidade, que é atributo de todo o ato administrativo, faz com que a aplicação cega da teoria das nulidades gere, na situação concreta, efeitos nefastos e injustos. A atenuação do rigorismo desta teoria das nulidades no caso, portanto, mostra-se como a saída justa e correta.

Assim é que, hoje, se tem como certo que o ato praticado *de boa-fé* por funcionário incompetente (ou, por outra razão, no irregular exercício de uma função pública) não se pode cogitar por inválido. Como acuradamente pondera Seabra Fagundes, "no que respeita à validade dos atos praticados por tais pessoas, cabe distinguir segundo as circunstâncias especiais ocorrentes. Se o funcionário exerce a função em época normal, e é por todos aceito como serventuário legítimo, os seus atos podem ser tidos como válidos quando praticados de boa-fé. Razões de *utilidade pública* aconselham a isso. Quando seja *manifesta e evidente* a incompetência, os atos são visceralmente nulos, pois que não haverá como requisito moral a ampará-los a boa-fé no agente e no beneficiário".[391]

De posse destes conceitos, e compreendendo que a função do oficial público é também uma função pública, conclui-se com segurança que melhor seria se a Lei tivesse adotado esta teoria na previsão do art. 407. Dever-se-ia deixar ao prudente critério judicial o exame da situação concreta, a fim de que o magistrado pudesse avaliar da boa-fé ou não na elaboração do documento público pelo oficial e, consequentemente, conceder-lhe ou lhe negar validade como tal. Esta solução estaria muito mais consentânea com a orientação da doutrina moderna, tanto de direito privado como público, e permitiria apreensão muito mais exata dos matizes da realidade fática.

2. Valor probante do documento público irregular. Conversão

É certo, todavia, que não foi esta a orientação seguida pelo legislador pátrio, e da clara dicção do texto legal não se pode fugir. O dispositivo em exame repete, de forma praticamente idêntica, a previsão existente no art. 2.701 do CC italiano, demonstrando a sua vinculação a um paradigma de direito privado e abandonando a possibilidade de interpretar a regra sob os ares do direito público.

Seja como for, insta dizer que, conforme bem observa Montesano,[392] conquanto se utilize vulgarmente a expressão "conversão do ato público em particular", em

---

391 Miguel Seabra Fagundes. *O controle dos atos administrativos pelo poder judiciário.* São Paulo: Saraiva, 1984. p. 53.

392 Luigi Montesano. Sull'efficacia probatoria dell'atto pubblico convertito in scrittura privata. *Rivista di Diritto Processuale*, vol. 9, Padova, Cedam, 1954. Parte I-II, p. 104.

substância não se trata propriamente de conversão. Deveras, a norma prevê a *atribuição de efeitos de escritura privada* ao documento público, mas não o converte (ao menos no sentido técnico da palavra) em documento particular. Assim, deverá o magistrado compreender que, se o documento público for elaborado por funcionário incompetente, ser-lhe-á atribuído o *valor* relativo ao documento particular.

Por óbvio, dentro desta opção legislativa, a presente regra somente terá aplicação nos casos em que a forma pública não seja da substância do ato,[393] pois, quando esta forma específica se impuser, a "conversão" do documento público em particular (como pretende a presente norma) acarretará a nulificação do ato.

Logo, somente quando a forma pública tiver sido eleita pelos celebrantes de um ato jurídico, *e não imposta pela lei*, é que a regra em exame terá aplicação. Caso contrário, aplicando a dicção legal, forçoso será reconhecer que a "eficácia probatória do documento particular", porque é nenhuma, invalidará o próprio ato jurídico – uma vez desrespeitada a forma específica determinada por lei.

De outra banda, a fim de que este documento viciado possa assumir a eficácia de documento particular, é preciso que, mesmo com a ausência do requisito, permaneça a escritura sendo um documento, revestindo-se de sua forma e aparência específicas.[394] Também, como bem esclarece Moacyr Amaral Santos,[395] é imperioso que o defeito encontrado na forma seja de tal dimensão a anular apenas aquela específica forma, deixando intocada sua substância e suas outras formalidades exigíveis (assinaturas dos contratantes, presença de testemunhas, descrição completa do objeto do negócio etc.). Desde que estes outros requisitos permaneçam inalterados, então válida e eficaz será a conversão; quando, porém, a alteração da qualidade do documento importar ainda na ausência de um daqueles requisitos – por exemplo, a participação de testemunhas – então persistirá a irregularidade, que poderá levar, também, à nulidade do negócio.[396]

393 V. comentários ao artigo antecedente.

394 Luigi Mattirolo. *Tratado de derecho judicial civil* cit., vol. 3, p. 41; Francesco Silvio Gentile. *La prova civile* cit., p. 124.

395 Moacyr Amaral Santos. *Comentários ao Código de Processo Civil* cit., vol. 4, p. 158.

396 "O art. 367 prevê que haja alguma pessoa, tida por oficial público competente sem o ser, que houvesse o documento, ou que o documento tenha sido sem as formalidades legais. A eficácia probatória de documento público não se produz, mas a lei admite que se reconheça a eficácia probatória de documento particular. De início, observe-se que tal instrumento tem de satisfazer todas as exigências que a lei faz, na espécie, ou mesmo no caso, à existência, validade e eficácia de instrumento particular (e. g., número de testemunhas)" (Francisco Cavalcanti Pontes de Miranda. *Comentários ao Código de Processo Civil* cit., t. IV, p. 364).

3. Conversão e subscrição

Finalmente, vale ressaltar, embora seja clara a exigência legal, que a conversão somente será admitida se o documento estiver subscrito pelas partes.[397] Caso contrário, inaplicável se mostra o dispositivo legal, sendo necessário reconhecer então a total invalidade do documento resultante. Aliás, como bem demonstra Gentile, isto decorre da própria natureza do documento: se o documento celebrado por oficial incompetente pode equiparar-se ao documento particular, é porque, na essência (e deixando de lado o aspecto formal, abordado no início dos comentários a este artigo), *ele é documento particular*; a presença do oficial incompetente é, na menção genial do autor, uma superfetação irrelevante.[398]

Todavia, a respeito desta subscrição é necessário atentar com maior cautela. Realmente, a grande questão posta no exame desta "conversão" está em que, ao menos em um primeiro exame, este documento resultante do ato celebrado pelo oficial incompetente é assinado pelas partes (impropriamente), mas *as declarações ali contidas não foram por elas feitas*, e sim pelo oficial. É dizer que, ao contrário do que ocorre com os documentos particulares comuns, em que o autor assina aquilo que declara, aqui as partes assinam algo que não afirmaram, mas que o oficial diz ter ocorrido em sua presença. Em verdade, como precisamente sustenta Montesano, esta aparência não corresponde à verdade; neste documento convertido, a subscrição das partes representa a atestação destas no sentido de que as declarações efetivadas pelo oficial público efetivamente representavam "fielmente o ato das partes mesmas".[399]

Sobrevive, porém, a seguinte questão: e se no documento particular correspondente não for exigível a subscrição das partes? Será então aplicável a regra com a dispensa da assinatura destas ou não?

A resposta parece tender para a positiva. Afinal, não faria sentido obrigar-se a, em documento em que a lei não o exige, submeter a eficácia de certo documento à subscrição dos sujeitos. Isto porque é certo que a intenção da norma em exame é apenas a de afirmar que o oficial público que forma documento fora dos limites de suas atribuições não tem capacidade para elaborar um *documento público*; porém

397 Cf. Francesco Silvio Gentile. *La prova civile* cit., p. 124.

398 "A conversão do documento inválido como ato público em escritura privada deriva não já da intervenção do oficial público, mas da presença dos requisitos prescritos para a existência da escritura privada. A intervenção do oficial público é uma superfetação já que não colabora para fazer surgir o documento como ato público" (idem, p. 125).

399 Luigi Montesano. Sull'efficacia probatoria dell'atto pubblico convertito in scrittura privata cit., p. 106.

este documento, uma vez que esteja assinado pelas partes, valerá como documento particular exatamente em função de conter todos os requisitos necessários para a validade deste (subscrição pelas partes, *mas apenas quando for o caso*).

Art. 408. As declarações constantes do documento particular escrito e assinado ou somente assinado presumem-se verdadeiras em relação ao signatário.

Parágrafo único. Quando, todavia, contiver declaração de ciência de determinado fato, o documento particular prova a ciência, mas não o fato em si, incumbindo o ônus de prová-lo ao interessado em sua veracidade.

1. Documento particular. Definição e elementos

O presente dispositivo inaugura o trato dado pelo Código à prova documental por documentos particulares. A Lei brasileira não se preocupa em oferecer uma definição clara do que se deva entender por documento particular. Conforme já ponderado anteriormente, a noção de documento particular se extrai de forma residual, ou seja, é todo aquele documento que não emana (não tem como autor material) de um oficial público, no exercício de suas funções.[400] Entram, portanto, também dentro desta definição os documentos produzidos por oficial público *que esteja fora de suas funções públicas*, no exercício de direitos e deveres que contrai como particular.[401] Resulta, portanto, o documento particular, antes da autonomia privada que de uma função pública, certificadora ou não.[402]

Como definição residual que é, abrange certamente uma infinidade de formas e espécies não previamente determinadas. Podem, por isso mesmo, ser qualificados como documentos particulares tanto os escritos elaborados de próprio punho por alguém como uma gravação de vídeo caseiro, como um contrato particular etc.

400 Assim também é a lição de Enrico Tullio Liebman. *Manuale di diritto processuale civile* – Principi cit., t. I, p. 360.

401 Cf. Francesco Carnelutti. *Sistema de derecho procesal civil* cit., t. II, p. 415. Como já visto anteriormente – v. comentários ao art. 364, item 4 – para o sistema brasileiro atual, diversamente do que ocorre na Itália, é dispensável questionar se o funcionário tem ou não a específica função de documentação. Para nosso sistema, para caracterizar um documento como público, basta que seja ele emanado de oficial público, que esteja no exercício de suas funções, sejam estas quais forem.

402 Luigi Paolo Comoglio; Corrado Ferri; Michele Taruffo. *Lezioni sul processo civile* cit., p. 665.

Claro está que a regra aqui examinada não terá aplicação senão aos documentos particulares escritos, já que os demais documentos (fotográficos, fonográficos ou obtidos por gravação de imagens, por exemplo) terão trato próprio, em outros preceitos.

Neste contexto, têm plena aplicação aos documentos particulares as noções já indicadas, a respeito da estrutura, forma e autenticidade dos documentos, expostas no início da presente seção. Assim, também estes documentos podem ser classificados em instrumentos (particulares) ou documentos, conforme se destinem, previamente, à prova de certos fatos ou não contenham esta finalidade específica. Podem ainda ser observados sob o prisma de seu autor intelectual ou material (conforme se pretenda observar quem determinou a elaboração do documento e fez ali inserir as informações registradas, ou quem executa este trabalho).

Também, da mesma forma como ocorre com os documentos públicos, é possível identificar dois elementos básicos e principais nos documentos particulares: o *texto* e a *subscrição*.[403] O texto é o conteúdo próprio do documento, o local onde as ideias registradas estão expostas. Pode ele ser redigido de próprio punho pelo autor do documento (quem o subscreve), mas também poderá ser escrito por qualquer pessoa e sob qualquer forma (para a sua validade, basta que preencha os requisitos exigidos em lei);[404] a responsabilidade sobre o texto, em qualquer hipótese, recairá sempre sobre quem subscreve o documento. Daí se infere que a subscrição é elemento fundamental no exame do documento particular (o assunto será melhor examinado nos comentários ao art. 410). Quem subscreve o documento assume a sua paternidade, e torna-se responsável pelo conteúdo do mesmo. Será, então, o autor intelectual do documento (pouco importando, neste campo, quem seja o autor material).

A assinatura, de regra, deve ser aposta ao final do documento.[405] É válido, porém, apor a assinatura em outro local do documento (por exemplo, a sua margem),

---

403 Idem, ibidem.

404 Apenas a título ilustrativo, Chiovenda, tratando do direito italiano, assinala hipóteses em que o documento particular, para assumir validade, deverá guardar certos requisitos de forma. Assim, diz o mestre, o testamento hológrafo deverá ser redigido integralmente de próprio punho pelo testador (também assim é no direito brasileiro, conforme dispõe o art. 1.876 do CC), o mesmo ocorrendo com o título pelo qual uma parte se obriga a pagar certa soma em dinheiro para outra, onde deve constar ao menos o "de acordo" da outra parte (Giuseppe Chiovenda. *Instituições de direito processual civil* cit., vol. 3, p. 157).

405 Embora, como lembra Carnelutti, antigamente se usasse apor o nome do autor do documento no início do escrito (*inscriptio*) e não no final (Francesco Carnelutti. Studi sulla sottoscrizione cit., p. 234).

em função da falta de espaço, ou porque a praxe determina que de outra forma se faça. Considera-se, ademais, como equivalente à assinatura completa do autor do documento (escrito contendo, de próprio punho do autor, o seu nome completo) a menção apenas a seu sobrenome, ao pseudônimo, ou ao nome antigo da pessoa (caso tenha sido alterado posteriormente) - se esta é sua forma habitual de firmar documentos –, ou ainda, o emprego de expressões como "papai", "pai", em caso de referência de documento familiar, por exemplo.[406] Da mesma forma, a assinatura do autor do documento pode ser elaborada por sinais particulares, que não necessariamente formem o nome da pessoa, desde que possam individualizar o sujeito que as produziu. É costume, ademais, rubricar-se todas as folhas do documento, no intuito de evitar que venham elas a ser substituídas; porém a inexistência desta rubrica (quando a lei não a exija) não vicia o documento, presumindo-se ele integralmente autêntico até prova em contrário.[407]

Não se admite, porém, como já foi visto, que por uma cruz (+) alguém pretenda subscrever um documento.[408] O analfabeto, que não consegue apor sua assinatura sobre um documento, precisará recorrer aos instrumentos públicos para celebrar qualquer negócio ou ato jurídico.

2. Valor probante do documento particular

Conforme estabelece a regra em exame, presume-se a verdade das declarações constantes em documento particular que tenha sido escrito e assinado (ou apenas assinado), ao menos em relação a este signatário.[409]

Desde logo, merece reparo o dispositivo, uma vez que não é perfeita a sua previsão, ao menos se confrontada com certas figuras do direito material. De acordo com a sempre atenta visão de Pontes de Miranda "se o negócio jurídico é testamento particular, o direito material faz essenciais a escrita e a assinatura pelo testador (e não só a assinatura). O art. 368 não é intocável. Dá-se o mesmo com os codicilos".[410] Mais que isso, há outras hipóteses em que, pelo direito material, não

406 Victor de Santo. *La prueba judicial, teoría y práctica* cit., p. 155.

407 Por outras considerações sobre a subscrição, v. comentários ao art. 371.

408 Cf. Eduardo Bonnier. *Tratado de las pruebas en derecho civil*. 5. ed. Trad. José Vicente y Caravantes. Madrid: Reus, 1929. vol. 2, p. 308; Giuseppe Chiovenda. *Instituições de direito processual civil* cit., v. 3, p. 153; Luigi Paolo Comoglio; Corrado Ferri; Michele Taruffo. *Lezioni sul processo civile* cit., p. 665; Luigi Mattirolo. *Tratado de derecho judicial civil* cit., vol. III, p. 205 (este último com indicações, para o direito italiano antigo, de exceções a esta conclusão).

409 No mesmo sentido, estabelece o art. 219 do CC: "As declarações constantes de documentos assinados presumem-se verdadeiras em relação aos signatários".

410 Francisco Cavalcanti Pontes de Miranda. *Comentários ao Código de Processo Civil* cit., t. IV, p. 364.

se exige que o autor intelectual de um documento o haja subscrito; é o que ocorre, por exemplo, com o testamento militar (art. 1.893, *caput, in fine*, do CC), com os livros empresariais (art. 410, III, CPC), ou com a nota escrita pelo credor, no documento representativo da obrigação (art. 416 do CPC). Em todas estas situações, muito embora não se possa negar a eficácia própria do documento particular a tais documentos, é certo que eles não serão assinados pelo seu autor intelectual.

Feita esta observação inicial, tem-se que, de regra, as declarações insertas em documento particular presumem-se verdadeiras, ao menos no que atingem aquele que subscreveu o documento (ou a rogo de quem o documento foi subscrito).[411] Trata-se, como não poderia deixar de ser, de simples presunção relativa, capaz de ser afastada por qualquer meio de prova em contrário. Com efeito, nem poderia ser diferente, na medida em que, como já se observou diversas vezes alhures, o Código de Processo Civil brasileiro adotou como regra a teoria da persuasão racional do juiz (art. 371), sendo que, ressalvados os casos em que o legislador, *a priori*, determinou especificamente o valor de uma prova, é lícito ao magistrado atribuir a cada prova produzida a importância e a credibilidade que entenda merecer, devendo, em contrapartida, justificar os motivos que o levaram a esta conclusão.

Assim sendo, embora se tenha por linha de princípio que o constante em documento particular é verdadeiro em relação a quem subscreve o documento, é certo que tal conclusão poderá ser elidida mediante prova em contrário. Quiçá a maior dificuldade que aqui se pode apresentar é a alegação, cada vez mais frequente, de que o sujeito que assina o documento não o havia lido por inteiro.[412] Realmente, parece muito difícil (senão impossível, ao menos para a situação em que o documento foi *escrito* e *subscrito* pelo autor) obter prova satisfatória que demonstre ao magistrado o fato de que, na elaboração de um contrato, os termos não foram totalmente lidos, ou que na formulação de uma declaração não houve a conferência pelo declarante dos termos constantes no documento. Não é por outra razão que

411 Conforme leciona Carnelutti (Studi sulla sottoscrizione, p. 245 e ss.), antigamente era imprescindível que o beneficiário de um documento provasse que o subscritor tinha ciência de seu conteúdo, e que firmava o documento como seu autor. Somente na sequência, com a evolução das relações sociais (e a necessidade de estabilidade destas relações e, em especial, do comércio), houve a necessidade de criar-se esta presunção. Todavia, nem mesmo estas necessidades são capazes de suplantar a realidade e atribuir a declaração a quem jamais a fez (ob. cit., p. 249).

412 Por esta razão, não se tem admitido, e com razão, valor (ou, ao menos, é de se ter redobrada atenção em relação a eles) a documentos particulares assinados por pessoa analfabeta, seja pela aposição do nome da pessoa (em letras que visivelmente denotam a falta de instrução do autor), seja pela aplicação de impressão digital no documento. V., a respeito, Francesco Carnelutti. Studi sulla sottoscrizione cit., p. 251.

legislações mais modernas, atentas à situação de hipossuficiência de certos sujeitos, já contêm regras sobre o destaque que se deve dar a certas cláusulas contratuais ou a certas declarações de vontade das partes[413] (a exemplo do que acontece com o art. 4.º da Lei 9.307/1996 ou com o art. 54, §§ 3.º e 4.º, CDC). Cláusulas como estas visam exatamente a inviabilizar qualquer espécie de alegação de tal ordem, tornando ainda mais difícil afastar a presunção de aceitação de tais cláusulas ou da veracidade das declarações assinadas pela parte em certo documento. Ainda assim não se pode, *a priori*, excluir a possibilidade de impugnação do conteúdo do documento, seja demonstrando que a declaração ali contida não é verdadeira, seja ainda demonstrando – especialmente através de indícios, que serão talvez a única prova nestes casos – que aquilo que foi assinado não correspondia efetivamente à declaração que o sujeito pretendia fazer (tendo assinado o documento em confiança). Também subsistirá sempre o problema do chamado "abuso da folha em branco", em que o sujeito assina um papel em branco, que é, posteriormente, preenchido de forma abusiva; como o Código de Processo Civil trata especificamente deste tema em outro momento, esta situação será oportunamente analisada com maior cuidado (v. comentários ao art. 428).

Enfim, esta eficácia probatória assume grande relevo quando o conteúdo do documento espelha fato que vem em prejuízo daquele que o subscreve.[414] Realmente, afora o caso acima descrito, em que o subscritor afirma que não leu o documento que assinou (situação particularmente excepcional), no mais das vezes, se o sujeito assina o documento em que reconhece fato contrário ao seu interesse, deve-se presumir, realmente, que este fato seja verídico.

3. Oponibilidade *inter partes* da prova da ciência

Outrossim, correta é a ponderação feita por Moacyr Amaral Santos,[415] no sentido de que a prova da ciência dos fatos, contida em documento particular, apenas pode ser oponível contra os sujeitos que participaram da elaboração do documento. Não se opera, portanto, da confecção do documento, eficácia de ciência universal (*erga omnes*), que permita sustentar o conhecimento por todos daquelas declarações, ou do conteúdo do documento.

413 A questão, vale dizer, não passou desapercebida pelo gênio de Carnelutti, que já em seu tempo apontava para a indulgência em se aplicar irrestritamente esta presunção, diante do hábito (já comum naquele tempo) de assinar documentos sem lê-los por completo ou, o que é pior, sem entender o que se estava lendo (idem, p. 252-253).

414 Cf. Enrico Tullio Liebman. *Manuale di diritto processuale civile* – Principi cit., p. 361.

415 Moacyr Amaral Santos. *Comentários ao Código de Processo Civil* cit., vol. 4, p. 162.

O efeito de tornar públicas as declarações e o conteúdo de um documento particular apenas ocorre com a sua transcrição no registro público, pois somente após este momento é que a lei cria a presunção (*rectius*, ficção) de conhecimento, pela coletividade, do teor do documento (conforme estabelece o art. 221, *caput*, CC).[416]

4. Declarações narrativas e constitutivas

O parágrafo único do art. 408 trata de situação particular no exame do conteúdo do documento particular. É o caso em que o documento contém declaração de ciência sobre certo fato; para tal circunstância, esclarece a legislação que este documento é apto a comprovar a existência da declaração (de ciência), mas não a veracidade do fato afirmado como conhecido.

A fim de bem entender esta situação, é necessário, previamente, conhecer a distinção existente entre as declarações *narrativas* (também chamadas pela doutrina de enunciativas) e aquelas outras, ditas *constitutivas* (ou dispositivas). A diferença vem posta de maneira magistral por Carnelutti, e merece atenção. Segundo o autor,[417] os documentos podem conter uma declaração de verdade ou uma declaração de vontade, na medida em que podem representar uma mera declaração testemunhal (embora neste caso, ao que parece, seja incorreto qualificar este documento como prova documental),[418] quando o agente apenas pretende descrever um fato ou situação, ou uma declaração constitutiva, quando a sua intenção seja a de modificar uma situação existente. À primeira das categorias convencionou-se chamar de documentos narrativos, enquanto à segunda, de documentos constitutivos.

Presente esta distinção, pode-se retomar a razão da regra investigada. Em verdade, o teor do dispositivo cinge-se a dizer o óbvio, embora tenha sido salutar a sua inclusão no corpo do Código. A intenção da norma é apenas a de sinalizar para o fato de que um documento que apresente uma declaração de ciência sobre

416 Neste sentido, já era clara a lição de Clóvis Beviláqua (*Theoria geral do direito civil*. 6. ed. Rio de Janeiro: Livraria Francisco Alves, 1953. p. 321).

417 Francesco Carnelutti. *Sistema de derecho procesal civil* cit., t. II, p. 419; Documento e negozio giuridico cit., p. 184-185. Também sobre a distinção, v. Friedrich Lent. *Diritto processuale civile tedesco* cit., p. 219.

418 V. comentários iniciais à presente seção. A respeito, interessante é a regra introduzida no art. 199 do novo CPC francês: "Quando a prova *testemunhal* é admissível, o juiz pode receber dos terceiros as declarações de natureza a esclarecer-se sobre os fatos litigiosos dos quais eles têm pessoalmente conhecimento. Estas *declarações* são feitas por atestados ou recolhidos pela via de pesquisa segundo sejam escritas ou orais" (grifo nosso). Vale dizer, a prova testemunhal, ainda que se produza por escrito, não deixa de ser prova testemunhal, mesmo consistindo em uma declaração.

algum fato apenas poderá ter o valor de comprovar que o declarante fez a referida declaração; saber, por outro lado, se o fato declarado efetivamente existe ou não é função relegada à outra prova, na medida em que tal documento é insuficiente para gerar a presunção de veracidade (quanto a este fato, aludido no documento) na forma como pretenderia o *caput* do artigo.

Nada mais lógico que esta conclusão, já que, afinal, como dito por Carnelutti, na lição acima exposta, nestes casos a declaração inserida no documento nada mais é do que uma prova testemunhal. Indica esta declaração apenas que alguém atesta ter ciência de que certo fato ocorreu e isto nada mais é que um testemunho. A prova da verdade deste fato, portanto, ainda é tênue, e dependerá de corroboração por outros meios de prova, a serem fornecidos pela parte interessada (como, de resto, aconteceria com a declaração de uma testemunha, de ciência de um certo fato).[419]

Art. 409. A data do documento particular, quando a seu respeito surgir dúvida ou impugnação entre os litigantes, provar-se-á por todos os meios de direito.

Parágrafo único. Em relação a terceiros, considerar-se-á datado o documento particular:

I – no dia em que foi registrado;

II – desde a morte de algum dos signatários;

III – a partir da impossibilidade física que sobreveio a qualquer dos signatários;

IV – da sua apresentação em repartição pública ou em juízo;

V – do ato ou do fato que estabeleça, de modo certo, a anterioridade da formação do documento.

---

419 Perfeitas, neste passo, as ponderações de Pontes de Miranda, que afirma que "o documento particular tem toda a eficácia no concernente às declarações de vontade e de sentimento. Quando a declaração é de conhecimento, relativo a determinado fato, há o elemento preponderante da cognição e o elemento menor, da declaração de conhecimento. Se a pessoa, por exemplo, no instrumento particular, ou mesmo público, enuncia que o imóvel que está vendendo foi beneficiado pela formação de ilha, ou acréscimos por depósitos, ou desvio de água do rio, ou de outra causa alusível, é eficaz a sua declaração de vontade, mesmo se tal fato não ocorreu, porém o enunciado de fato pode ser verdadeiro, ou não no ser, ou ter deixado de ser admissível. Por isso, prova há da declaração de vontade e da declaração de conhecimento, sem que, com tais declarações, haja prova do fato. Ao interessado toca o ônus de provar que era verídico o que afirmara; se o figurante contrário é que tem interesse, cabe-lhe provar que não ocorreu ou deixara de ocorrer o que se lhe declarara" (Francisco Cavalcanti Pontes de Miranda. *Comentários ao Código de Processo Civil* cit., t. IV, p. 364).

1. Data do documento

A presente regra, a quem olha sob o prisma do processo, parece não ter nenhum significado próprio. De fato, observando os termos do *caput* do dispositivo, tem-se que ele se dirige antes aos terceiros (obviamente, terceiros em relação ao processo) do que aos litigantes. Para estes, a lei limita-se a dizer que a data de um documento, em caso de impugnação ou dúvida, poderá ser provada por qualquer meio admissível em direito. Em relação a terceiros - e é claro que dentre estes terceiros não se incluem os terceiros intervenientes no processo, já que estes também são litigantes (seja na condição de assistentes, seja na função própria de partes, como ocorre com a ampla maioria dos intervenientes) -, porém, procura o texto legal criar diversas presunções, capazes de reger o momento em que documentos nos quais não conste data devem ser reputados como elaborados.[420]

Se esta for realmente a função do texto, conclui-se estar ela mal colocada no Código de Processo Civil, já que trata de tema exclusivamente afeto ao direito material (uma vez inserido o documento no Código, interpretado o dispositivo em sua literalidade, os sujeitos envolvidos no documento serão litigantes e, então, as presunções elencadas seriam inaplicáveis). Realmente, considerando que as regras processuais devem regular, precipuamente, a atividade dos sujeitos do processo (dentre os quais encontram-se os litigantes), e tendo em vista que, no que diz respeito aos litigantes, o dispositivo em comento cinge-se a dizer que, para eles, a prova da data do documento pode ser feita por qualquer meio admitido em direito - previsão desnecessária, na medida em que esta autorização já está implícita no teor do art. 369 do CPC - o resto da regra não se aplica ao processo, sendo, portanto, sua presença no Código uma previsão inútil.

É óbvio, todavia, que não se deve interpretar uma regra de forma a negar-lhe alguma utilidade para o sistema. Desta forma, considerando ser absurda a interpretação literal da regra - que conduziria à completa ausência de função sua no direito processual - é preciso certo tempero na sua análise, compreendendo que o seu exame deve levar em conta o contexto de inserção do dispositivo e o conjunto das previsões ali insertas.

Ao que parece, a única forma de conferir ao texto normativo alguma valia é compreendê-lo em um dos sentidos seguintes: ou se vê na regra uma determinação de presunção aplicável quando um dos litigantes se referir a documento elaborado com a participação de terceiro, e sem a do outro litigante - por exemplo, um dos litigantes, a fim de comprovar uma venda *a non domino*, refere-se a certo

420 Luigi Paolo Comoglio; Corrado Ferri; Michele Taruffo. *Lezioni sul processo civile* cit., p. 667.

documento que comprovaria a venda anterior do bem a terceiro sujeito –, ou se compreende a disposição de forma a incorporar, na prova da data, também para as partes litigantes, as presunções arroladas pelos incisos do artigo.

Tem-se como mais plausível a segunda alternativa. A primeira opção, embora parta de uma interpretação gramatical do dispositivo e permita a segura e específica aplicação da norma a situação razoavelmente clara e determinada, mostra-se de pouca ou nenhuma utilidade concreta. Afinal, retomando o exemplo utilizado, se o outro litigante, contra quem a prova é produzida, pretende questionar a presunção de data gerada pelas hipóteses descritas na lei, há de aplicar-se o *caput* do dispositivo, autorizando-o a produzir todos os meios admitidos em direito. Vale dizer: ainda assim os incisos ficariam sem aplicabilidade no processo, mais uma vez tornando injustificável a presença da regra no Código de Processo Civil. Somente a segunda alternativa é que permite extrair do dispositivo integralmente considerado alguma função mínima no processo, na medida em que autoriza a aplicação das presunções fixadas no texto legal às partes litigantes (além de terceiros indiferentes ao processo), permitindo que o magistrado parta, como ponto inicial de sua perquirição sobre a data do documento (em surgindo dúvida quanto a este ponto), de uma daquelas determinações legais.

Esta parece ser a única saída viável para conferir algum sentido à previsão aqui versada, muito embora a doutrina brasileira tenda a desconsiderar toda esta problemática, fazendo vista grossa à questão.[421]

2. Avaliação da data do documento

É certa perante o direito material a noção de que nem todos os documentos precisam ser datados, embora para alguns atos jurídicos a ausência da data possa importar na sua nulidade (a exemplo do que acontece com a escritura pública – art. 215, § 1.º, I, CC – ou com os títulos cambiários). No entanto, não há dúvida de que todos os atos são praticados em certo momento histórico, e que este momento tem significativa importância (tanto para o direito material como para o processo).

Inicialmente, vale advertir, no rastro da lição de Carnelutti, que a data – considerada como as circunstâncias de lugar e tempo em que um certo ato ocorreu (muito embora, para o dispositivo em exame, somente tenha relevância a questão temporal), conquanto também represente uma declaração – não se confunde com

421 A propósito, e apenas exemplificativamente, veja-se: Moacyr Amaral Santos. *Comentários ao Código de Processo Civil* cit., vol. 4, p. 166-167; Egas Dirceu Moniz de Aragão. *Exegese do Código de Processo Civil* cit., vol. 4, t. I, p. 233-236; João Carlos Pestana de Aguiar. Op. cit, p. 172-174; Sergio Sahione Fadel. *Código de Processo Civil comentado* cit., p. 231.

a declaração que é conteúdo do documento.[422] Caracterizada como uma declaração (diversa da declaração-conteúdo do documento), aplica-se-lhe também o disposto no art. 408, reputando-se, em princípio, verdadeira a data contra quem assina o documento.[423]

Ainda assim, esta presunção é relativa, podendo ser afastada - mas somente quando haja dúvida sobre a veracidade da data ou impugnação sobre sua correta localização temporal - por qualquer prova em contrário, como, aliás, descreve o próprio *caput* da regra aqui examinada. Aceito o raciocínio desenvolvido acima, poderá a parte, mesmo, socorrer-se das presunções fixadas nos incisos do dispositivo, a fim de infirmar a data lançada no documento ou mesmo reafirmar a sua acuidade.

O mesmo valerá para os documentos em que não conste especificamente a data em que foi elaborado. Surgindo, no curso da instrução processual, dúvida ou controvérsia sobre o momento em que o documento foi elaborado (ou em que o ato jurídico ali retratado foi praticado), cumprirá à parte interessada demonstrar a data do documento (ou do ato jurídico) por todos os meios de prova admissíveis em direito, tendo prioridade nesta demonstração as presunções arroladas nos incisos do parágrafo único do art. 409.

3. Exame crítico do preceito

Quanto ao rol de presunções fixado pelos incisos do parágrafo do presente artigo, é correta a observação de Arruda Alvim,[424] no sentido de que todas as hipóteses enumeradas poderiam muito bem ser resumidas na previsão do último inciso - considera-se datado o documento "do ato ou do fato que estabeleça, de modo certo, a anterioridade da formação do documento". Com efeito, as demais determinações não passam de situações específicas que estabelecem, *de modo mais ou menos certo*, a anterioridade da formação do documento, razão pela qual

422 "Mas isto não significa de uma maneira absoluta que a data da declaração constitua um elemento ou parte desta. No momento em que se faz uma declaração, ninguém pensa em indicar o lugar e o tempo em que a faz; pensa-se nisto apenas enquanto se documenta a declaração. Se falo diretamente a uma pessoa, esta sabe, sem necessidade de que eu o diga, em que lugar e em que tempo estamos; mas se falo por meio de um disco fonográfico para que alguém o escute mais tarde ou se escrevo por meio de uma carta a fim de que alguém mais tarde a leia, então indico a data" (Francesco Carnelutti. *Sistema de derecho procesal* cit., vol. 2, p. 422-423).

423 Em sentido semelhante, perante o direito italiano, manifestam-se Luigi Paolo Comoglio; Corrado Ferri; Michele Taruffo. *Lezioni sul processo civile* cit., p. 666.

424 José Manoel de Arruda Alvim Netto. *Curso de direito processual civil*. São Paulo: RT, 1972. vol. 2, p. 335.

podem ser por aquela absorvidas. De toda sorte, a regra inserida no inc. V, do art. 409, parágrafo único, mostra-se relevante, na medida em que esclarece ao intérprete que o elenco trazido pelo texto é meramente exemplificativo (e não taxativo), sendo certo que inúmeras outras presunções, então judiciais (*indícios*), poderão ser estabelecidas.

Tirante esta ressalva, é certo que todas as hipóteses apontadas pela regra se prestam como marco *razoavelmente* seguro para determinar não especificamente a data do documento, mas sim datas em que o documento certamente não foi elaborado. Pela aplicação destas presunções, portanto, poder-se-á chegar não propriamente à data do documento, mas antes a um período determinado, em que provavelmente foi ele confeccionado. A fim de encontrar o momento certo da prática do ato, necessário será recorrer a outros meios de prova, mais aptos a tal finalidade.

Art. 410. Considera-se autor do documento particular:

I - aquele que o fez e o assinou;

II - aquele por conta de quem ele foi feito, estando assinado;

III - aquele que, mandando compô-lo, não o firmou porque, conforme a experiência comum, não se costuma assinar, como livros empresariais e assentos domésticos.

1. Autoria do documento

O tema da autoria[425] de um documento particular já foi objeto de análise anteriormente, na introdução desta seção. Ainda assim, convém rememorar al-

425 Quando se fala em autoria, um pressuposto deve ficar bem compreendido. Trata-se da definição daquilo que se deve entender por autor. Como magistralmente ensina Pontes de Miranda, "o documento provém de pessoa que o fez, que o compôs, alguém o fez para si, ou o fez para outrem. Não se confunda tal pessoa que o fez para outrem com o autor, figurante do negócio jurídico. Quem o fez pode também ser figurante, porém pode não no ser. A autoria, aí, não é só material. O figurante que lavra o documento insere elemento subjetivo e não só objetivo (dito material). A redação do documento pode ser por escrito, ou por datilografia, e até por impressão. Se a pessoa que assim funciona é apenas secretário, ou empregado, não se tem como autor: o autor ou fez e assinou o documento, ou incumbiu alguém de assiná-lo, ou, tratando-se de livros comerciais ou assuntos domésticos, não precisava assinar para que o autor se reputasse. Não há autoria se quem assinou o fez como representante, ou presentante, ou incumbido de tal função como empregado ou funcionário, quem, em verdade, ou representa ou presenta. Redigir ou datilografar é

guns dos conceitos verificados, para que se tenha os subsídios necessários para a aplicação da norma aqui estudada.

A noção da autoria de um documento é fundamental para que se possa determinar a sua paternidade.[426] É por conta desta paternidade que se poderá distinguir um documento particular de outro público, bem como avaliar se o documento efetivamente é aquele que a lei determina como sendo da essência de certos atos jurídicos (quando for o caso). Mais que isso, a determinação da autoria poderá servir de critério para que o magistrado avalie o grau de valor que o documento merece, seja através do exame da compatibilidade entre o conteúdo da peça com a sua suposta (ou provável) autoria, seja investigando o grau de crédito que o autor do documento merece etc.

Com efeito, vale ressaltar que a relevância do conhecimento da autoria de um documento acentua-se ainda mais quando se observa que somente em casos excepcionais a lei concede algum valor probante a documento *escrito* apócrifo (como ocorre, já se disse, com alguns testamentos especiais, que não precisam estar subscritos pelo testador, com os documentos domésticos ou alguns livros comerciais). Em geral, somente os documentos subscritos (ou nos quais, por outra forma, têm-se por certa a autoria) é que se prestam para a comprovação de qualquer tipo de fato, ficando os apócrifos sem nenhum valor probatório.

2. Autoria e subscrição. Exame da autoria do documento

A forma típica de identificação da autoria de certo documento é a sua subscrição por quem o produziu (seu autor intelectual) ou por aquele a mando de quem o documento foi produzido (art. 410, I e II, do CPC).

É de hábito dizer-se que a subscrição tem dupla função: *indicativa* e *declarativa*.[427] A função indicativa alude ao fato de que a subscrição tem por objetivo apontar para o autor do documento formado. É a subscrição de um documento, em princípio, o elemento que informa quem é o autor do documento e, portanto, quem deve ser responsável pelo seu conteúdo. Por isso mesmo, dada esta característica, deverá a assinatura ser legível ou, ao menos, individualizável, permitindo a quem a observe identificar o sujeito autor da subscrição e, consequentemente, do documento. Certo é que, como adverte Moniz de Aragão, não é necessário que, pela

inconfundível com assinar: quem assina ou o fez por si, ou por outrem. Portanto, signatário que não é figurante autor não é: ou representou ou presentou o autor" (Francisco Cavalcanti Pontes de Miranda, *Comentários ao Código de Processo Civil* cit., t. IV, p. 368).

426 Enrico Tullio Liebman, *Manuale di diritto processuale civile* – Principi cit., p. 356.

427 Cf. Luigi Paolo Comoglio; Corrado Ferri; Michele Taruffo, *Lezioni sul processo civile* cit., p. 665.

assinatura, se possa ler o nome do seu titular. Leciona o mestre que "normalmente corresponde ao nome inteiro da pessoa, grafado com seu talhe característico; não basta que o nome esteja escrito, o talhe é que a caracteriza, que lhe dá vida. (...) Em verdade, ao menos no Brasil, ninguém negaria validade à assinatura ilegível ou não grafada por extenso".[428] Realmente, a identificação do titular da assinatura não pode ser feita tomando-se exclusivamente o nome grafado (até porque qualquer pessoa poderia, em tese, escrever qualquer nome em sua subscrição); o que particulariza a assinatura de cada sujeito é, antes, a forma de grafar os caracteres, a morfologia da sua escrita, e alguns outros dados característicos, de gênese, pressão e remates. É com estes elementos que se pode identificar o titular de uma assinatura, sendo então irrelevante constar dela o nome completo do sujeito ou não.

É óbvio, por outro lado, que para a observação de todas estas características, embora dispensável a grafia de todo o nome do sujeito, também não se pode admitir que a sua assinatura se dê pela mera aposição no documento de uma cruz (ou um "X"), como se observa frequentemente. Isto porque esta espécie de "assinatura" contém pouquíssimos elementos suscetíveis de serem investigados para a determinação da identidade do seu autor: por se tratar de um sinal comum, impossível será determinar com segurança o seu autor, razão pela qual se mostra imprestável para servir como subscrição. Em sendo o sujeito analfabeto, e não conseguindo assinar o documento, este deverá ser feito por instrumento público.

Quanto à função declarativa da subscrição, consiste ela no fato de que quem subscreve um documento assume a paternidade dele e também do seu conteúdo. Esta assertiva, contudo, merece reparo específico (já tratado), que decorre da dicção clara do art. 408, parágrafo único ("quando, todavia, contiver declaração de ciência de determinado fato, o documento particular prova a ciência, mas não o fato em si, incumbindo o ônus de prová-lo ao interessado em sua veracidade"). Assim, nos casos de declaração de ciência, a subscrição de um documento particular faz com que o seu autor assuma a emanação da declaração de ciência do fato, mas não poderá jamais assumir, como é evidente, a veracidade do fato em si. Vale dizer que o autor do documento assume ter a ciência de certo fato; saber, porém, se este fato é verdadeiro ou não é outra questão, examinável apenas através do conjunto probatório do processo.

3. Dispensa de subscrição

Por derradeiro, nota-se do teor do inciso III do artigo em exame que nem sempre a autoria de um documento será determinada pela assinatura no mesmo.

428 Egas Dirceu Moniz de Aragão. *Exegese do Código de Processo Civil* cit., vol. 4, t. I, p. 238.

Há certos tipos de documentos em que a sua subscrição é desnecessária, casos em que dificilmente lá se encontrará alguma assinatura ou rubrica.

De qualquer sorte, em havendo assinatura ou rubrica identificável em documentos como estes (especialmente documentos comerciais e escritos domésticos), valerá a presunção indicada no inciso I do art. 410, presumindo-se autor do documento aquele que assume a autoria da subscrição. Entretanto, em relação aos livros comerciais, bem pondera Moniz de Aragão, "trata-se de documentos cuja autoria pode até necessariamente cindir-se como acontece com a escrituração mercantil, que há de ser feita por profissional especializado (ou sob sua responsabilidade), que a assina também, mas nem por isso o comerciante deixa de ser o seu autor à face da lei, que assim considera a pessoa que mandou 'compô-la', conquanto possa não a ter assinado".[429] Desta forma, a afirmação acima feita há de ser tomada com certa dose de ponderação. Somente será possível aplicar, aos documentos arrolados no inciso III, a presunção derivada do inciso I, se o documento verificado o permitir. Caso contrário, semelhante aplicação será indevida.

Art. 411. Considera-se autêntico o documento quando:

I - o tabelião reconhecer a firma do signatário;

II - a autoria estiver identificada por qualquer outro meio legal de certificação, inclusive eletrônico, nos termos da lei;

III - não houver impugnação da parte contra quem foi produzido o documento.

1. Autenticidade

Antes de considerar qualquer aspecto da regra aqui comentada, convém lembrar que a noção de autenticidade, para o direito processual, adquire conteúdo especial, diverso daquele dado comumente para o vocábulo. A linguagem leiga costuma entender por documento autêntico aquele que é verdadeiro, referindo-se basicamente ao seu conteúdo. Para o direito processual, todavia, autenticidade de um documento significa dizer a certeza quanto à sua autoria e, portanto, quanto à sua proveniência.

Isto, para o regime probatório, é extremamente importante, uma vez que, como já dissera Carnelutti,[430] a prova documental merece a fé que o seu autor possa outorgar-lhe.

429 Idem, p. 239.

430 Francesco Carnelutti, *Studi sulla sottoscrizione* cit., p. 229.

Desta forma, quando se alude à autenticidade do documento, perquire-se apenas e exclusivamente da sua autoria, sem cogitar sobre a veracidade ou não do conteúdo próprio inserto naquele suporte.

2. Autenticidade do documento particular. Presunção inicial

Em tema de autenticidade de documento particular – o documento público presume-se, por esta sua própria condição, autêntico –, a regra mais fundamental é aquela estampada no art. 411, III, do CPC. De fato, apresentado documento particular em juízo, somente se questionará de sua autenticidade se houver, sobre ela, alguma impugnação. Caso contrário, o ponto não se converte em questão (utilizando a nomenclatura de Carnelutti), ficando fora da apreciação do magistrado.

Assim sendo, embora essa hipótese seja regulada apenas pelo último inciso do art. 411, esta é a regra fundamental: só se cogitará de questionar a autenticidade do documento particular se tiver havido impugnação pela parte adversária. Do contrário, prevalece a presunção de autenticidade.

As outras hipóteses, portanto, têm aplicação meramente subsidiária, porquanto na normalidade dos casos a falta de impugnação da autenticidade de um documento torna o tema indiscutível e, por consequência, desnecessário recorrer às presunções fixadas nos incs. I e II, do art. 411.[431]

Por esta mesma razão o documento tem valor probatório autônomo, seja ele autenticado (ou seja, verificada a sua autenticidade) ou não. Apenas será possível negar ao documento não autenticado sua eficácia própria se for arguida no processo a suspeita quanto à sua autoria. Fora desta hipótese, não é dado ao juiz exigir a autenticação do documento particular, mormente diante do silêncio da parte contra quem o documento é produzido.

De toda sorte, ainda que autenticado o documento particular, segundo os termos do art. 411, I e II, isto não é hábil para transformar o documento particular em público. Embora a autenticação seja um ato público, que se imprime sobre o documento, esta figura não altera a substância da escritura particular, nem a converte em pública.[432] Assim, nos casos em que a lei exige a forma pública para a documentação de certo negócio jurídico, esta exigência não se supre pela autenticação de documento particular; permanece, nesta hipótese, indispensável recorrer-se aos instrumentos públicos.

431 A respeito, v. James Goldschmidt, *Derecho procesal civil*, trad. e notas Leonardo Pietro Castro, Barcelona: Labor, 1936. p. 268.

432 Cf. Francesco Silvio Gentile, *La prova civile* cit., p. 180.

3. Autenticação. Reconhecimento de firma

No que tange à aplicabilidade da presente regra, insuperável é a lição de Egas Moniz de Aragão. Segundo o autor, "o chamado 'reconhecimento de firma', que corresponde à atestação pelo oficial público de a assinatura existente no documento que lhe é exibido ser da pessoa a quem é atribuída, pode ser presencial ou por semelhança. No primeiro caso (de que se ocupa o texto), o documento é subscrito diante do notário, ou de outro servidor público, que tenha entre suas atribuições o poder legal de certificar o fato. No segundo caso, o documento já firmado é levado ao oficial que compara a assinatura nele existente com outra, normalmente de seu arquivo, ou de ato que lhe mereça fé, e, considerando-a verdadeira, por lhe parecer que há identidade ou acentuada semelhança com a que é por ele empregada com padrão de confronto, atesta reconhecê-la. Para a validade das assinaturas apostas em sua presença ainda é indispensável que o oficial esteja certificado da identidade do subscritor, cautela que a lei brasileira não refere, mas figura expressamente no art. 2.703, 2, *in fine*, do Código Civil italiano: '*Il publico ufficiale deve previamente accertare la identità della persona che sottoscrive*' (O oficial público deve certificar-se, previamente, da identidade da pessoa que assina), e já figurava no de 1865 (art. 1.323, 2, *in fine*)".[433]

Vale dizer: a regra do art. 411, I, apenas tem aplicação nos casos em que o tabelião reconhece a firma do signatário do documento *por ter ela sido aposta ao documento em sua presença*. O reconhecimento de firma por semelhança não goza da mesma presunção nem permite a aplicação extensiva do dispositivo.[434] A razão disso é de pura lógica: o reconhecimento por semelhança não é capaz de atestar nada, a não ser que a assinatura constante em certo documento *se pareça* com a pertencente a determinado sujeito; como, porém, o tabelião não tem formação adequada que lhe permita emitir juízo técnico sobre a questão, sua afirmação não vale mais do que a opinião de qualquer pessoa que comparasse a mesma assinatura com outro padrão.

4. Presunção relativa de autenticidade

Nunca é demais lembrar que esta presunção estabelecida pelo Código é sempre relativa, podendo ser afastada pelo magistrado à vista de evidências que infirmem a conclusão de autenticidade.[435] Com efeito, não é difícil imaginar que alguém,

433 Egas Dirceu Moniz de Aragão, *Exegese do Código de Processo Civil* cit., vol. 4, t. I, p. 232.

434 De opinião contrária é Pontes de Miranda (*Comentários ao Código de Processo Civil* cit., t. IV, p. 365).

435 A propósito, digna de nota é a observação de Pontes de Miranda: "A despeito do que se lê no art. 369, que reputa autêntico o documento, cuja firma do signatário foi reconhecida pelo tabelião,

almejando a falsificação de uma assinatura, apresente-se com documento de outrem em um cartório com o objetivo de imitar uma assinatura. Neste caso, então, receberia a autenticação notarial, embora evidente a falsidade do documento.

Ademais, é certo que compete ao tabelião, quando recebe o documento e lhe outorga autenticação (porque a assinatura do sujeito foi aposta em sua presença), verificar se na assinatura examinada não há traços de correções, entrelinhas, rasuras ou outros elementos que possam acarretar alguma dúvida ao magistrado. Em detectando isto, deverá certificar o fato, declarando que ocorreu também em sua presença. Assim, ao tomar o documento em juízo, o magistrado poderá ter melhor visão do que se passou na assinatura do mesmo, conferindo-lhe a fé e o valor que merece.

Art. 412. O documento particular de cuja autenticidade não se duvida prova que o seu autor fez a declaração que lhe é atribuída.

Parágrafo único. O documento particular admitido expressa ou tacitamente é indivisível, sendo vedado à parte que pretende utilizar-se dele aceitar os fatos que lhe são favoráveis e recusar os que são contrários ao seu interesse, salvo se provar que estes não ocorreram.

1. Eficácia probatória do documento e autenticidade

A bem observar, a presente regra não acrescenta nada no regime da prova documental. Todo o conteúdo do preceito aqui analisado já consta, direta ou indiretamente, em previsões anteriores do Código de Processo Civil.

Tem-se aqui novo esclarecimento no sentido de que a eficácia probatória de certo documento depende, sempre, da sua autenticidade.[436] E, em sendo o

de modo nenhum se pode afastar a ação declaratória de falsidade do documento se a ação que se propõe é para se declarar a falsidade da assinatura do tabelião, ou mesmo a falsidade da firma do signatário, a despeito de o tabelião ter reconhecido a firma, que foi lançada em sua presença. Dir-se-á que não seria fácil provar-se a falsidade da firma do signatário, se o tabelião a reconheceu, ou a falsidade da firma do tabelião. Se se alega a falsidade da firma reconhecida, pede-se a declaração da falsidade, bem como a apuração da ilegitimidade do ato do tabelião, ou mesmo da falsidade da assinatura do tabelião. Nenhum órgão do Estado pode ficar incólume às ações contra ele" (Francisco Cavalcanti Pontes de Miranda, *Comentários ao Código de Processo Civil* cit.,t. IV, p. 365).

436 Como diria Rosenberg, "um documento tem força probante apenas quando é *autêntico*" (Leo Rosenberg, *Tratado de derecho procesal civil* cit., p. 246).

documento autêntico, evidentemente, haverá prova de que o seu conteúdo tem origem no autor, a quem o documento é atribuído. Assim, conclui-se que de novo o presente dispositivo nada tem, limitando-se a expressar a noção mais elementar em tema de prova documental e que diz respeito à autenticidade.

Seja como for, o que interessa aqui é determinar que a presunção de origem do conteúdo do documento limita-se aos casos em que não se questione da sua autenticidade. Como sabido, há, pela legislação brasileira, duas formas autorizadas a conferir autenticidade a um documento. A primeira é trazida pelo art. 411, incs. I e II, que trata da chamada *autenticação*. Em sua substância, esta regra já permite, plenamente, chegar à conclusão exposta no art. 412, dado que, se o oficial (ou a pessoa a quem a lei confere essa prerrogativa - inc. II) declara que o signatário firmou o documento em sua presença e se o art. 408 esclarece que as declarações insertas em documento particular presumem-se verdadeiras em relação ao signatário, a norma aqui examinada seria a rigor extraída da conjugação dos arts. 408 e 411, I e II. Sendo certa a origem do documento e reputando-se verdadeiras as declarações ali contidas em relação a quem assina as declarações contidas em documento firmado, inquestionável é a incidência da regra aqui examinada.

Também é possível determinar a autenticidade de documento na forma prevista pelo art. 411, III, mediante a aceitação, expressa ou tácita, da autenticidade pela parte contra quem o documento é utilizado. Novamente, a situação não é outra. Aceitando a origem certa do documento em relação à determinada pessoa, a parte aquiesce a que se considere que as declarações ali constantes provêm do autor. Mais uma vez a regra seria desnecessária.

E para coroar a inutilidade do preceito aqui investigado é preciso dizer, em harmonia com o que já se disse em diversas outras passagens desta análise, que a prova a que alude o dispositivo jamais terá força de impedir ao magistrado sua avaliação crítica.[437] Em outras palavras, embora a regra insista em dizer que este documento particular "prova que o seu autor fez a declaração, que lhe é atribuí-

437 Neste sentido também é a opinião de Pestana de Aguiar, *verbis*: "Partindo-se dessa premissa e com o reforço do que a seguir veremos, o *caput* do dispositivo em causa nos parece ocioso. Revela, com outras palavras, uma reprodução da norma contida no art. 368, a qual, por sua vez, reproduziu o art. 131 do CC. A única diferença está em que o art. 368 estabelece antecipadamente uma presunção *juris tantum* de veracidade das declarações constantes de documento particular escrito e assinado ou somente assinado. Em consequência, caberá a seu presumido autor produzir a prova em contrário, se pretende impugnar essa veracidade. Já o preceito em exame pressupõe a inocorrência de impugnação, o que conduz à prova da declaração. Vê-se, pois, haver num mesmo assunto a colocação do mesmo resultado legal em tempos processuais diversos" (João Carlos Pestana de Aguiar, op. cit., p. 180-181).

da", não resta dúvida de que esta presunção de prova não é, em hipótese alguma, absoluta. Poderá sempre o magistrado, cotejando este documento com o conjunto probatório dos autos, entender que outras provas merecem maior crédito que o documento isolado, afastando a incidência da presunção em questão.

2. Indivisibilidade do documento

No que diz respeito ao parágrafo único da regra aqui tratada, novamente se revela a completa ausência de função da previsão. Em essência, o que a norma estabelece é uma presunção de que todo o conteúdo do documento é reputado verdadeiro, salvo se a parte comprovar que alguns aspectos deste não ocorreram efetivamente. Ou seja, o que se diz é que, em concordância com o *caput*, todo o conteúdo é presumido verdadeiro, salvo prova em contrário (o que seria, diga-se, nada além do natural). Vale dizer: o parágrafo não diz nada.

Ainda assim, costuma a doutrina atribuir à previsão a função de estabelecer, para a prova documental, presunção semelhante àquela existente em relação à confissão (a presunção de indivisibilidade da confissão). Fala-se, então, em *presunção (ou princípio) da indivisibilidade do documento*, na medida em que não pode a parte aceitar o documento como verdadeiro em relação aos fatos que lhe interessam e negar esta mesma eficácia probatória ao documento na parte que lhe é desfavorável – salvo, conclui a regra, prova em contrário.

Regras como esta têm sentido em sistemas processuais como os europeus, em que a prova documental, normalmente, só faz prova em relação aos fatos contrários a quem assina o documento. Nestes regimes sim, como bem pondera Carnelutti,[438] em havendo um documento complexo (que contenha fatos benéficos e prejudiciais a quem o subscreve), não seria justo que o ordenamento aceitasse o documento como verídico em relação aos fatos contrários ao seu autor, mas não em relação aos demais. Semelhante previsão também tem sentido em nosso ordenamento quanto à confissão, pois a doutrina majoritária entende que a confissão somente é válida se os fatos prejudicam o confitente.

Em um sistema como o brasileiro, porém, semelhante preceito carece de sentido, já que nada acrescenta à condição de valoração da prova. De fato, cumpre, *sempre*, ao juiz determinar o valor que dará ao documento examinado. Nessa função, tem ele plena liberdade em conferir prova efetiva a *todo* o documento (aplicando a "indivisibilidade" aqui mencionada) ou apenas a parte dele (rechaçando a ideia exposta por este dispositivo). Em todo caso, deverá ele fundamentar adequada-

438 Francesco Carnelutti, *Sistema de derecho procesal civil* cit., p. 522.

mente suas conclusões, não havendo espaço para a mera remissão a este preceito, já que ele mesmo, em sua parte final, prevê a possibilidade de prova em contrário.

Em suma, de acordo com as previsões contidas nos arts. 408, 411 e 412, o conteúdo do documento particular autêntico é presumido verdadeiro, em relação à sua integralidade, salvo quando se logre provar, por qualquer via admitida em direito, que esta presunção (relativa que é) não merece procedência. Em havendo, nos autos, prova suficiente a infirmar a presunção sobredita, poderá (e deverá) o magistrado apoiar-se nesta, recusando força probatória ao documento.

Art. 413. O telegrama, o radiograma ou qualquer outro meio de transmissão tem a mesma força probatória do documento particular se o original constante da estação expedidora tiver sido assinado pelo remetente.

Parágrafo único. A firma do remetente poderá ser reconhecida pelo tabelião, declarando-se essa circunstância no original depositado na estação expedidora.

1. Meios de transmissão de informações e prova documental[439]

Buscando adequar-se aos novos meios de transmissão de informações, o Código tenta regulamentar o uso destes elementos tecnológicos também na prática de atos processuais, em especial de atos probatórios. Assim é que a lei brasileira aceita, seguindo, aliás, a tradição do direito comparado, a utilização dos meios de transmissão de dados (notadamente a figura do telegrama) como *suporte* de prova documental em juízo. Noutros termos, permite-se que o *conteúdo* do documento seja representado em juízo não através do suporte original (o papel, por exemplo, em que a informação estava registrada), mas por meio de outro elemento (as ondas de rádio, a eletricidade etc.), que será decodificado e impresso em novo *suporte*, do qual se fará uso no processo.

É dizer, em outras palavras, que o telegrama, o radiograma, o telex, o fac-símile,[440] ou qualquer outro meio de transmissão de informações é capaz de ser

439 Para maiores informações sobre o tema, especificamente sobre a transmissão de informações pela via telemática e informática, confiram-se os comentários apresentados no início desta seção.

440 Hoje, a utilização do fac-símile para a confecção de atos processuais é regulamentada por lei própria (Lei 9.800/1999), que, pode-se dizer, vigora em simbiose com as disposições aqui estudadas em

utilizado em juízo, como prova documental, sendo que o resultado da utilização destes meios será tratado, pelo Direito, como uma *cópia do original* que fora apresentado à estação expedidora.[441] Assim como é possível obter uma cópia do documento original por via fotostática, também é viável conseguir o mesmo efeito entregando-se o documento original a uma repartição – ou mesmo valendo-se de uma máquina particular – que encaminhará a outro local (receptor) as informações enviadas, materializando os dados novamente. Trata-se, portanto, evidentemente, de uma espécie nova de cópia de documento, derivada da evolução tecnológica e que merece ser tratada pelo direito processual com o mesmo regime dedicado às cópias (com eventuais alterações naturais à própria essência da figura).

De toda sorte, como bem adverte Moacyr Amaral Santos, "insta distinguir, conforme técnica telegráfica, o *despacho* ou *original* do *telegrama. Despacho, original* ou *minuta* é o escrito entregue à estação emissora, para que o seu conteúdo seja remetido pelo telégrafo ao destinatário. *Telegrama* é a cópia da tradução do despacho pela estação receptora".[442] Entende-se, assim, a razão da equiparação dos telegramas (e outros documentos resultantes da transmissão de informações) às cópias.

2. Critérios de eficácia probante dos meios de transmissão de dados

Em se tratando, substancialmente, de cópia do original, o documento resultante da transmissão de dados deve seguir, em princípio, o trato previsto para as cópias. Algumas peculiaridades, porém, inerentes à própria diversidade da forma de extração da cópia – sendo a principal a distância entre o local em que é apresentado o original e aquele onde é obtida a reprodução –, permitem disciplina singular desta figura.

---

relação à prova. Para maiores informações, vejam-se os comentários insertos na parte introdutória da presente seção.

441 Cf. Moacyr Amaral Santos, *Comentários ao Código de Processo Civil* cit., vol. 4, p. 175.

442 Idem, ibidem. Embora o sistema de transmissão de informações varie, conforme o mecanismo utilizado (telégrafo, telex, fac-símile etc.) não há dúvida de que a definição é aplicável a todos os métodos. Desta forma, por exemplo, também em relação ao fac-símile o que ocorre é que o sujeito interessado em encaminhar um documento à outra pessoa insere-o na máquina (emissora), sendo que as informações constantes no documento serão codificadas e enviadas, via impulsos telefônicos, a outra máquina capaz de entender o código (receptora), que, então, decodificando a linguagem específica, converterá tais impulsos em informações novamente, imprimindo-as em uma folha de papel. Haverá, portanto, também aí, o mesmo mecanismo básico descrito na definição apresentada, motivo pelo qual as considerações do texto são válidas para todos os métodos de transmissão de informações.

Assim é que esta distância justifica que o sujeito que apresenta o documento para transmissão, para comprovar a autenticidade daquilo que se pretende encaminhar, seja instado a assinar o original.[443] Ou seja, se o documento for daqueles que se formam unilateralmente, deverá o seu autor assiná-lo na presença do órgão expedidor (quando houver), para certificar que aquele que encaminha a informação é realmente quem a produziu. Com esta providência tem-se por certa a origem do documento, na pessoa de quem se identificou na estação transmissora, sendo possível verificar a procedência dos dados expedidos. Mais que isto, a presença da assinatura perante o órgão expedidor é fundamental, já que a cópia certamente não será assinada (já que se transmitirá apenas a informação), ficando na assinatura do original a única prova da procedência do documento transmitido.[444]

Claro está que esta exigência somente tem sentido para o caso de documentos que possam formar-se *unilateralmente* e em que o meio de transmissão de dados seja operado por terceiro que não o autor da prova (a exemplo do que acontece com o telegrama, objeto do serviço postal, cuja exploração é de competência exclusiva da União, conforme prescreve o art. 21, X, da CF). Se a hipótese for relacionada com outras espécies de transmissão de informações, como o caso do fac-símile ou mesmo o uso da *internet*, então estas exigências tornar-se-ão desnecessárias e mesmo absurdas, na medida em que não se prestarão, de forma nenhuma, para comprovar a autenticidade do documento produzido (da cópia obtida na estação receptora). Para estes casos específicos, a única forma de atestar-se a autenticidade do documento obtido será submetê-lo (bem como o original, que no caso específico deverá ser trazido aos autos) à verificação em juízo e ao reconhecimento pelos sujeitos do processo.[445]

---

443 Como pondera Pontes de Miranda, "as estações telegráficas, radiográficas, ou quaisquer outras têm de exigir que o transmitente assine o original. Seria de graves conseqüências que se não pudesse apurar quem, na verdade, passou o telegrama, ou o radiograma, ou outro meio de transmissão. Pode acontecer que o assinante, mesmo na presença do empregado da expedidora, não tenha posto o seu nome, mas sim o de outrem, ou que o transmitente tenha usado de alguém para levar ao telégrafo, ou a qualquer expedidora, o original devidamente assinado por ele, ou com o nome de outrem. Mais ainda: que o transmitente seja pessoa jurídica e conste do original o nome que seria o de algum órgão, ou representante, e não fosse verídica a assinatura. Por aí se chega a muitos problemas que se referem à força probatória dos telegramas, radiogramas e outros meios de transmissão" (Francisco Cavalcanti Pontes de Miranda, *Comentários ao Código de Processo Civil* cit., t. IV, p. 371).

444 Cf. Luigi Paolo Comoglio, Corrado Ferri e Michele Taruffo, *Lezioni sul processo civile* cit., p. 674.

445 Neste sentido, com efeito, aponta o disposto no art. 4.º da Lei 9.800/1999, ao dizer: "Art. 4.º Quem fizer uso de sistema de transmissão torna-se responsável pela qualidade e fidelidade do material transmitido, e por sua entrega ao órgão judiciário. Parágrafo único. Sem prejuízo de outras sanções,

Tirante a situação acima aventada, para os casos em que a transmissão se faça por terceiro, prevê o Código uma forma de *autenticar-se* o documento expedido. Estabelece a legislação que a assinatura do remetente (e, portanto, do autor das informações encaminhadas pelo documento) pode ser reconhecida por tabelião, devendo, neste caso, permanecer na estação expedidora o original contendo esta verificação do tabelião. Neste caso, para que se tenha também a cópia obtida (na estação receptora) como "autenticada", a transmissão deverá enviar não apenas o documento, mas também a informação de que o documento existente na estação remetente está devidamente autenticado.

Em qualquer hipótese, em havendo questionamento sobre a conformidade do telegrama, radiograma etc., com o documento original, sempre será possível requisitar o documento original, que ficou arquivado na estação expedidora (ou sua cópia, que deve ficar lá guardada, caso não se possa manter ali o original), para fins de confrontação.[446] Esta, aliás, é a solução hoje adotada pelo novo Código Civil brasileiro, em seu art. 222, ao prever que "o telegrama, quando lhe for contestada a autenticidade, faz prova mediante conferência com o original assinado".

3. Valor probante dos meios de transmissão de dados

Considerando-se que o documento obtido com o uso destas técnicas de encaminhamento de informações é tido, pelo direito, como uma cópia do original, em que pesem as cautelas já indicadas, poderá sempre ser esta peça questionada em juízo. Por isso mesmo estará o seu valor probatório – da mesma forma como ocorre em relação às cópias dos documentos particulares em geral (cf. arts. 422, 423 e 424) – na dependência da verificação desta reprodução em juízo pelas partes, e do seu reconhecimento (art. 411, III) pelos interessados. Poderá, então, o sujeito interessado ou afetado pela juntada deste documento em juízo questionar-lhe a conformidade com o original, impugnando sua autenticidade, caso em que deverá instaurar-se o incidente de verificação.

Em relação ao caso específico dos documentos obtidos por fac-símile, outra situação possível, semelhante ao reconhecimento, será naturalmente gerada pela própria determinação da lei, no sentido de que o original do documento transmitido deve ser juntado aos autos, em cinco dias (art. 2.º e seu parágrafo da Lei 9.800/1999). Neste caso, poderão as partes, e deverá o escrivão, proceder à conferência do original com a cópia apresentada, levantando eventuais

---

o usuário do sistema será considerado litigante de má-fé se não houver perfeita concordância entre o original remetido pelo fac-símile e o original entregue em juízo".

446 Cf. Enrico Tullio Liebman, *Manuale di diritto processuale civile* – Principi cit., p. 363.

divergências existentes para a apreciação judicial e aplicação das consequências pertinentes.

Art. 414. O telegrama ou o radiograma presume-se conforme com o original, provando as datas de sua expedição e de seu recebimento pelo destinatário.

1. Presunção de conformidade

Estabelece a regra aqui examinada a presunção (relativa) de conformidade entre o original e a cópia obtida pela via de transmissão de dados. Deveras, na lição de Gentile, a eficácia probatória de um telegrama não está na singela verificação do resultado existente em mãos do destinatário, mas no confronto entre esta cópia e o original, constante da estação expedidora.[447] Esta regra tem nítida aplicação subsidiária, na medida em que se subordina, antes de qualquer outra coisa, ao atendimento das prescrições contidas no artigo antecedente e, mais que isto, ao reconhecimento pelas partes em juízo (conforme dito no item 3 dos comentários ao artigo anterior).[448]

Com isso, é preciso atentar que somente terá incidência a regra se o documento, expedido por via telegráfica, radiográfica ou por qualquer outro meio, tenha sido assinado na estação emissora (com as ressalvas já feitas no artigo precedente). Outrossim, esta presunção subordina-se à ausência de impugnação da autenticidade do documento, ou mesmo do seu contexto (art. 411, III, do CPC, e art. 222, do CC), pelas partes interessadas em juízo. Em verdade, somente quando ocorrentes estes dois pressupostos é que terá incidência a regra aqui investigada. Caso contrário, em faltando a assinatura no órgão expedidor, nenhuma eficácia direta poderá ser dada ao documento (que, porém, poderá ser utilizado como indício) e, se impugnada a autenticidade do documento, necessário será instaurar o devido incidente de falsidade, a fim de bem examinar o objeto.

Seja como for, ainda que se aplique a presunção imposta na lei, não se pode deixar de observar que se trata, sempre, de presunção *iuris tantum*, a admitir prova em contrário, que venha a negar a conformidade entre o original e a cópia. Esta

---

447 Francesco Silvio Gentile, *La prova civile* cit., p. 204.

448 Indicando esta orientação, é expresso o art. 2.706 do CC italiano, ao dizer que "a reprodução do telegrama consignada ao destinatário se presume, até prova em contrário, conforme ao original".

prova, normalmente, será obtida mediante a simples conferência da cópia com o original, avaliando da fidelidade da resultante. Em não havendo o original para ser comparado, qualquer meio de prova será hábil a questionar a conformidade, competindo à parte interessada no questionamento o ônus da sua produção.

2. Recepção por terceiro

Preocupa-se a doutrina[449] com a parte final do dispositivo, em que consta a exigência de que a presunção incide desde que se confrontem a data da expedição e a do recebimento *pelo destinatário*. Como bem se sabe, nem sempre o recebimento do documento se dá pela pessoa do seu destinatário, sendo hoje muito comum que terceiras pessoas recebam o documento transmitido em nome daquele. Com efeito, ensina Moniz de Aragão, em sua vasta experiência, que, "nas empresas, repartições públicas, escritórios, é sempre o funcionário quem passa o recibo da entrega (mesmo em casas de moradia pode ser a empregada). Isso tem levado pessoas inescrupulosas a negarem o recebimento, fiadas em que o comprovante em poder do órgão não contém sua assinatura; magistrados ingênuos, ou formalistas, têm aceitado essa desculpa, que reputam demonstração hábil a derrubar a presunção, esquecidos de que eles próprios não passam recibo dos telegramas, e similares, enviados a seu juízo, o que é normalmente feito por funcionário. A regra de experiência aponta em sentido contrário ao do formalismo em tal assunto".[450]

A situação descrita é, efetivamente, preocupante, e a solução alvitrada pelo mestre merece aplauso. Aliás, pode-se dizer que a solução tem aplicação a todos os documentos obtidos por quaisquer meios de transmissão de dados. Em todos eles, o expediente mais comum é o recurso a semelhante tática, que deveria receber, por parte do Judiciário, atenção mais crítica e profunda. A mera alegação da falta de assinatura no recibo, por si só, não pode gerar a presunção (quase que absoluta) de que a missiva não foi entregue, até porque a prova de que o fora é praticamente impossível. Esta arguição deve vir respaldada em elementos seguros, a fim de torná-la plausível, sob pena de prestar-se como escudo a incontáveis abusos.

449 V. Egas Dirceu Moniz de Aragão, *Exegese do Código de Processo Civil* cit., vol. 4, t. I, p. 252.

450 Idem, ibidem. E, em conclusão, acrescenta o processualista que, "ademais, torna-se extremamente difícil ao remetente do telegrama demonstrar que a assinatura existente no comprovante da entrega corresponde à do empregado que costuma receber a correspondência. Por isso mesmo, conjugando a disposição do texto comentado com a do art. 335, deve-se rigorizar o exame da desculpa de, à vista de não ser do destinatário a assinatura lançada no recibo de entrega em poder do correio, o telegrama não ter sido recebido" (idem, p. 353).

Art. 415. As cartas e os registros domésticos provam contra quem os escreveu quando:

I - enunciam o recebimento de um crédito;

II - contêm anotação que visa a suprir a falta de título em favor de quem é apontado como credor;

III - expressam conhecimento de fatos para os quais não se exija determinada prova.

1. Documentos unilaterais

Peculiar, para o direito brasileiro (assim como também acontece em relação a vários sistemas do direito comparado), é a situação de certos documentos, unilateralmente formados, e que, por esta particular situação, merecem atenção especial do ordenamento.

Especificamente, refere-se o Código às cartas e aos registros domésticos, aplicando a eles presunção decorrente de máxima da experiência, e outorgando-lhes crédito na medida em que formem prova contra quem os escreveu. Esta máxima que, como lembra Carnelutti,[451] tem a mesma origem da presunção gerada com a confissão, justifica-se porque é de se ter por verdadeiro o escrito feito por alguém, afirmando fato contrário a seu interesse, já que seria ilógico pensar que qualquer pessoa faria tal coisa sem estar calcado na veracidade do ocorrido.

Todavia, e ainda na lição de Carnelutti,[452] quando se diz que estes documentos fazem prova "contra quem os escreveu", na verdade a única interpretação possível desta assertiva caminha no sentido de dizer-se que os fatos ali representados, *e que sejam contrários ao interesse do autor do documento*, consideram-se provados. São reputados provados, porém, não apenas em relação a algum processo em que o autor do documento seja parte, mas em qualquer processo, tendo por sujeitos quaisquer pessoas; faz, portanto, prova *contra todos*.[453] Realmente, outra solução conduziria ao absurdo de ter-se o documento como elemento válido de prova (e

451 Francesco Carnelutti, *Sistema de derecho procesal civil* cit., p. 518.

452 Idem, ibidem.

453 "Que a escritura privada faça prova 'contra seu autor' é exato, no sentido de que faz prova do 'fato contrário ao (interesse do) autor', mas não ao invés quando se quisesse significar que faz prova sempre e somente quando 'seja produzida (no processo) contra o autor'. A verdade é que *do fato contrário ao interesse do autor* a escritura privada faz prova *contra todos*" (Francesco Carnelutti, *Sistema de derecho procesal civil* cit., p. 519).

bastante por si só) para provar certo fato, em determinado processo em que o autor do documento fosse parte, mas insuficiente em outro, no qual o autor não o fosse. Observe-se que, *se é o fato que é prejudicial àquela pessoa*, e se este fato é considerado como verídico, sê-lo-á em qualquer demanda, seja ela proposta contra este sujeito, seja quando não o for.

Assim, é preciso tomar com certa cautela a dicção da lei, a fim de não lhe negar eficácia que a boa lógica confere.

2. Cartas e registros domésticos

A regra aqui comentada trata de dois tipos diversos de documentos: as cartas (missivas) e os escritos domésticos. Em relação às cartas, seu sentido vulgar é conhecido, e representado pela noção de correspondência, destinada a levar ao conhecimento de pessoa determinada certos fatos. Para o direito, entretanto, esta noção exige uma maior precisão, a fim de abarcar todas as características de que deve forrar-se este específico documento. Na definição de Moacyr Amaral Santos, carta é "um instrumento pelo qual um indivíduo transmite a outrem, que se acha ausente, suas ideias ou sua manifestação de vontade".[454] É perfeita esta definição, à medida que inclui, além da manifestação de ideias no conteúdo da carta, também a manifestação da vontade; poder-se-ia, porém, apenas tomar como mais correta a exclusão à referência da ausência do destinatário, já que, para a caracterização de um documento como carta, bastam os demais requisitos, como formação unilateral da epístola, sendo irrelevante que o sujeito a quem ela se destina esteja presente ao ato ou não (bem como que tenha ou não conhecimento da existência da carta).

Forçoso reconhecer, destarte, que, para caracterizar uma carta, será imprescindível que se tenha um documento *formado unilateralmente* e destinado a certo sujeito específico, cujo conteúdo vise informar este destinatário sobre certos fatos, ideias ou manifestações de vontade. De resto, pouco importa a sua forma, o assunto de que trata ou quem a entrega ao destinatário (podendo mesmo ser o seu próprio autor).

Já os escritos domésticos merecem conceito bem mais singelo, e basicamente sua definição equivale àquela que a experiência comum lhe confere. Consideram-se domésticos todos os escritos lançados em qualquer suporte de uso particular e destinado ao acompanhamento, pelo seu autor, de fatos ligados à sua vida cotidiana. São, por sua própria essência, elementos destituídos de formalidades, pois são criados apenas para o registro de certos fatos relevantes para a pessoa (sejam

454 Moacyr Amaral Santos, *Prova judiciária no cível e comercial* cit., vol. 4, p. 219.

fatos ligados à sua situação econômica, familiar, social, pessoal, profissional etc.) e destinados simplesmente ao acompanhamento pessoal destes fatos, ou como fonte de fixação do fato, para recordação futura.[455]

3. Confronto do preceito com o art. 408

Outra observação que tem pertinência neste tópico diz respeito à correta interpretação da regra, no que atine à sua adequada aplicação aos escritos particulares. Mais especificamente, faz-se necessário ler o dispositivo em exame com os olhos também atentos à redação do art. 408 do CPC,[456] segundo a qual as declarações constantes de documento particular presumem-se verdadeiras em relação ao signatário.

Ora, uma análise mais afoita do art. 415 conduziria à conclusão de que a regra é desnecessária, porque a mesma previsão já estaria inserta no Código, por via da norma do art. 408. Isto, porém, não é verdade.

O estudo atento do dispositivo e a aplicação da máxima de hermenêutica, segundo a qual não se deve dar a uma regra interpretação tal que lhe negue qualquer função, induzem à compreensão de que os textos legais tratam de situações distintas. O art. 415, em verdade, *somente alude aos documentos particulares* (*cartas e registros domésticos*) não assinados pelo seu autor. Aqueles documentos outros, sejam cartas ou registros domésticos, ou ainda outros tipos de documentos particulares quaisquer, uma vez assinados por seu autor, têm as declarações neles

---

455 Não se pode concordar, nesta medida, com as definições oferecidas a *registros domésticos* por Moacyr Amaral Santos, em função da estreiteza da noção dada pelo jurista e do formalismo que tenta ele imprimir à figura. Segundo este autor, "*registros domésticos* são livros convenientemente encadernados, com certo caráter de fixidez e nos quais uma pessoa escritura sucessivamente ou faz escriturar, em forma contábil ou não, os atos de sua administração doméstica, suas receitas e despesas, suas compras e vendas" (Moacyr Amaral Santos, *Comentários ao Código de Processo Civil* cit., vol. 4, p. 180). E, ao lado desta figura, justapõe o mesmo autor a noção de *papéis domésticos*, que seriam "todos os escritos e notas, reunidos em caderno, de maneira permanente, ou mesmo em folhas soltas, assinados ou não, que a pessoa, sem estar a isso obrigada, redige a intenção de os conservar, para fixar a lembrança de fatos ou quaisquer acontecimentos" (idem, ibidem). Parece mais correta a orientação seguida no texto, que amplia o conceito de registros domésticos, dispensando destes qualquer requisito formal. Isto parece correto, na medida em que os atos domésticos, normalmente, não seguem nenhum padrão formal para serem produzidos; ao contrário, a experiência demonstra que o que os peculiariza é, realmente, esta liberdade e esta falta de comprometimento com qualquer função predeterminada. De mais a mais, se o objetivo almejado pelo Código é utilizar estes escritos como fonte de prova *contra quem os redigiu*, é certo que estas provas podem estar encartadas em um caderno ou não, sendo este fato irrelevante.

456 Cf. Moacyr Amaral Santos, *Comentários ao Código de Processo Civil* cit., vol. 4, p. 179.

inseridas reputadas verídicas (sejam elas contra ou a favor do autor), não em função da aplicação da regra em viso, mas do art. 408.

Em suma, o presente artigo apenas incidirá, com a presunção que traz em seu bojo, para os escritos particulares, caracterizados como cartas ou registros domésticos, que não estejam assinados. Caso contrário, o tema será tratado por regra específica, com consequências e particularidades próprias.

4. Eficácia probante dos documentos unilaterais

A eficácia probatória das cartas e dos escritos domésticos, segundo estabelece a lei brasileira – e na mesma linha do que faz a legislação estrangeira, a exemplo da italiana (art. 2.707 do CC italiano) – aponta para a prova contra o autor do documento, mas apenas nos casos arrolados no texto legal. Forma-se, neste caso, presunção relativa de veracidade, que pode ser elidida mediante prova qualquer em contrário.

Para todas as situações, exige a lei que o documento (carta ou registro doméstico) tenha sido redigido pelo próprio prejudicado. Todavia, entende-se como mais correto dizer que esta regra, embora deva exercer predomínio quase absoluto, permite atenuações. Considere-se o caso em que o documento, embora não lavrado de próprio punho pelo prejudicado, tenha sido elaborado a seu mando por pessoa de sua confiança ou subordinada a ele (como é o caso da secretária). Para tais hipóteses, não há dúvida de que, conquanto o documento não tenha origem imediata no prejudicado, por ter ele ordenado a sua confecção, considera-se ele como o autor *mediato* da declaração, razão pela qual a presunção aqui fixada tem também aplicação.

Desta forma, inicialmente, prevê a regra que tais documentos fazem prova contra o seu autor quando enunciarem o recebimento de um crédito (art. 415, I). Segundo parcela considerável da doutrina, a fim de que tais escritos possam prestar-se à prova deste pagamento, devem os atos revestir-se de mínimas formalidades legais.[457] Não parece, entretanto, que esta seja a intenção do Código. Note-se que a natureza própria das cartas e especialmente dos escritos domésticos é ser um documento essencialmente informal: ninguém que escreve algo apenas para guardá-lo consigo estará preocupado nas formalidades com que maneja as informações que lá coloca. Assim, exigir-se formalidades para a eficácia probatória deste tipo de

457 Neste sentido, manifesta-se Moacyr Amaral Santos que "deve a enunciação *ser formalmente* feita, isto é, em termos precisos e não equívocos. Não há necessidade de expressão ou fórmulas sacramentais, mas a menção liberatória precisa ser clara, de modo que não possa haver dúvida de que o devedor foi realmente liberado" (idem, p. 182).

figura pode importar, no mais das vezes, a impossibilidade de utilização do meio em juízo. De regra, o que basta para que tais documentos possam comprovar o recebimento do crédito (o ato liberatório da obrigação) é que fique claro, aos olhos do magistrado, pelo texto ou pelo contexto do escrito, a manifestação da intenção de declarar tal fato, pouco importando se formalidades específicas foram seguidas. Demais disso, a alusão a "crédito", contida no dispositivo, deve ser entendida em seu sentido amplo, como forma extintiva de qualquer obrigação, e não apenas da obrigação pecuniária.[458]

No segundo inciso (art. 415, II), trata o Código de figura inversa à primeira. Se na primeira hipótese pensava o legislador em situação de documento oriundo do credor, aqui a intenção é tratar de escrito originário do devedor, que contenha anotação tendente a suprir a falta de título em favor do suposto credor. Novamente as observações acima feitas são aqui totalmente aplicáveis. É desnecessário que este documento se revista de formalidades legais, bastando que fique claro ao magistrado que represente ele a "confissão" da existência da obrigação.

Pode-se pensar aqui em situação particular, decorrente do teor da regra. O dispositivo fala em "título", dizendo que a carta ou o escrito doméstico pode suprir a falta dele. Com isso alguém poderia supor que o escrito doméstico ou a carta poderia, na ausência de algum título executivo extrajudicial (ou eventualmente judicial), suprir a sua falta para fins de execução forçada. Não é, porém, obviamente, esta a intenção legal. A expressão "título", aqui, é utilizada como sinônimo de origem da obrigação, sem que a este vocábulo possa emprestar-se, neste contexto, a noção própria dos títulos executivos. A falta destes títulos impede o uso da via executiva, e o máximo a que o escrito particular poderá conduzir é ao uso da ação monitória (art. 700, do CPC). Nesse sentido, aliás, é hoje clara a previsão contida no art. 223, parágrafo único, do Código Civil brasileiro, ao prever que "a prova não supre a ausência do título de crédito, ou do original, nos casos em que a lei ou as circunstâncias condicionarem o exercício do direito à sua exibição".

Em relação ao inciso terceiro, observa-se que aí o legislador inseriu cláusula geral, de fechamento da regra, dizendo que também estes documentos são hábeis a comprovar o conhecimento de quaisquer fatos que não exijam para sua prova alguma forma predeterminada. Certamente, a presença deste dispositivo permite entender que as situações ali previstas abrangem as demais hipóteses, mas também se voltam para reger qualquer hipótese que não demande prova específica. A exceção determinada justificar-se-ia, ainda que ausente no corpo da regra examinada, pela

458 Cf. Carlos Lessona, *Teoría general de la prueba en derecho civil*, 3. ed., Madrid: Reus, 1930, vol. 3, p. 37. V. também, a respeito, os comentários ao art. 416.

interpretação sistemática do Código e pela aplicação do art. 406, que expressamente contempla o problema. Vale dizer, se o direito material exige, para a validade do ato jurídico, forma previamente estabelecida, qualquer outra prova que se pudesse utilizar para comprovar o ato seria inútil, na medida em que seria imprestável para demonstrar que o fato constituído é válido perante o direito.[459] Se não for este o caso, mesmo em razão do princípio da persuasão racional do juiz, então qualquer prova será apta a apontar para a existência do fato, razão pela qual não se poderia mesmo excluir os escritos domésticos e as cartas de lograr este intento.

5. Problemas particulares

Pode-se pensar em duas situações específicas, capazes de representar algum problema para a aplicação da regra aqui examinada.

Em primeiro lugar, é possível figurar a hipótese em que uma carta, ou um registro doméstico, contenha informações que não se insiram nas previsões de nenhum dos incisos do artigo. Por exemplo, uma carta que enuncia não o *conhecimento de fato*, mas sim a *vinculação da vontade*. Teria, neste caso, aplicação o art. 415? Este documento teria algum valor probatório?

A resposta deve trilhar pela afirmativa. De qualquer forma, o escrito particular, ainda que não represente nenhuma das hipóteses tratadas diretamente pela lei (ou ainda encontre respaldo na previsão do art. 416), e mesmo que não preencha qualquer formalidade legal (como é o caso das cartas e dos registros domésticos), merece ser levado em consideração, pelo menos, como indício da prática de certo ato. Assim, ainda que em favor do conteúdo deste documento não prevaleça a presunção decorrente do art. 415, é certo que as informações gravadas nestes escritos merecem ser consideradas em juízo, recebendo pelo magistrado a valoração apropriada, segundo os parâmetros que norteiam o exame da prova crítica no processo.

Outra questão, também de importância inegável, diz com as cartas e registros domésticos que enunciam fatos *favoráveis* ao seu autor. Merecem estes documentos alguma força probante? Dir-se-á, com apoio na doutrina pacífica, que não é possível extrair provas destas declarações, uma vez que não se pode admitir que o autor de um documento crie, sozinho, prova em seu próprio benefício.[460] Entretanto, novamente, não se pode deixar de considerar a possibilidade de que este

459 Para uma análise mais profunda do problema, consultem-se os comentários formulados ao art. 406 do CPC.

460 Cf. Luigi Paolo Comoglio, Corrado Ferri e Michele Taruffo, *Lezioni sul processo civile* cit., p. 666; Luigi Mattirolo, *Tratado de derecho judicial civil* cit., vol. 3, p. 286-287.

escrito se preste como indício da efetiva ocorrência do fato que interessa ao autor do documento.[461] Com efeito, a forma, a idade do documento, a sua harmonia com o restante da prova dos autos, enfim, tudo isto poderá indicar para a conclusão de que, efetivamente, o fato que interessa ao autor do documento aconteceu realmente. Neste caso, não há dúvida, embora o documento tenha sido utilizado como mero indício da existência do fato, é certo que seu uso é admitido e pode, até mesmo, prestar-se para formar o convencimento judicial.

Art. 416. A nota escrita pelo credor em qualquer parte de documento representativo de obrigação, ainda que não assinada, faz prova em benefício do devedor.

Parágrafo único. Aplica-se essa regra tanto para o documento que o credor conservar em seu poder quanto para aquele que se achar em poder do devedor ou de terceiro.

1. Eficácia probatória das notas do credor no título de obrigação

Seguindo na mesma linha do imposto pela regra anterior, novamente o legislador, aqui, busca conferir, para fins de prova, a declaração escrita por algum credor em documento (representativo de obrigação), que lhe seja prejudicial, eficácia semelhante à da confissão. Embora não seja tecnicamente correto equiparar as duas coisas, é certo, de todo modo, que neste documento consta, por escrito, uma declaração contrária ao interesse de quem a redigiu e favorável ao seu adversário. A hipótese bem poderia estar incluída como mais um inciso do artigo antecedente, ou ainda como ampliação do inciso I daquele artigo. Preferiu o legislador, entretanto, tratar do tema em regra apartada, dando maior destaque à situação. Convém lembrar, apesar disso, que ontologicamente a previsão é semelhante às situações anteriores, razão pela qual as observações lá esboçadas aplicam-se também aqui.

Do texto legal, em comparação com o preceito contido no art. 415, I, observa-se que a distinção essencial entre os dispositivos está em que, no artigo antes estudado, a presunção somente militará contra o autor do documento caso se trate de carta ou registro doméstico e se a declaração for liberatória da obrigação; já na regra em foco exige-se que a anotação seja feita no próprio documento da obrigação,

461 Assim, Francesco Silvio Gentile, *La prova civile* cit., p. 214.

valendo, porém, qualquer tipo de informação contrária ao credor (e não apenas a menção de recebimento da obrigação).

Ainda, da expressa previsão da lei, pouco importa em posse de quem esteja o documento que contenha a inscrição. Esteja ele em poder do credor como em mãos do devedor, ou ainda de terceiro, a eficácia sua é a mesma, bastando que o escrito seja efetivamente oriundo do credor e que as declarações levadas a cabo sejam prejudiciais a ele. De outra parte, também é desnecessário que tais declarações estejam assinadas pelo credor, sendo suficiente que se possa identificar como sua a escrita ali vazada.

Enfim, também será irrelevante definir a quem pertence o título, quem o apresenta em juízo, qual o seu conteúdo (se exprime declaração de ciência ou de vontade), bem como se contém ou não assinatura do credor ou data da declaração. Servirá para constituir presunção contra o credor o documento se os escritos nele apostos tiverem origem certa naquela pessoa. Alguém pode supor que isto é injusto, porque se cria liberalidade excessiva em tema de vinculação do credor. A objeção, todavia, não procede, já que o que faz a lei é apenas criar uma presunção relativa, que pode ser vencida por qualquer meio de prova produzido pela parte interessada. Ora, a função desta presunção é, somente, a de permitir tratamento diferenciado ao ônus da prova, retirando este ônus de quem apresente alguma verossimilhança em suas alegações. Vale dizer que esta presunção limita-se a impor à outra parte (prejudicada pelas declarações constantes no documento) o ônus de demonstrar que tais declarações são inverídicas (ainda que a regra tradicional do ônus da prova não apontasse para isto), tendo em vista que a presença destas declarações faz verossímeis as alegações da parte contrária.

2. Notas feitas por terceiros

Caso particular, que merece análise, situa-se na hipótese em que as declarações constantes do título não tenham sido feitas pelo credor, pessoalmente, mas por outro sujeito a ele ligado. Terão estas declarações alguma função probatória no processo?

Correta, a este respeito, é a consideração feita por Moniz de Aragão, lecionando que "escrevem alguns autores que o princípio também se aplica ao caso de a anotação ter sido escrita por alguém em nome do credor, pois interpretam a locução 'escrita pelo credor' como 'de autoria do credor', exprimindo declaração de sua vontade. A tese é certa se se tratar de procurador e tiver poderes; duvidosa nos demais casos. Se o terceiro não tiver mandato, mas gerir negócios do credor ou for seu administrador, feitor, preposto, e habitualmente agir em seu nome, com anuência ou ratificação, nesse caso a anotação feita também terá eficácia. Mas aí surge problema novo: o da prova deste último requisito. Cumpre distinguir: se o documento estiver em poder do devedor, é necessário demonstrar que o terceiro tinha autoridade para lançar a nota; a prova incumbe ao beneficiário; se o documento estiver em poder do credor, presume-se que o terceiro agiu em seu nome e com sua autoridade. No primeiro caso, portanto, a nota prova em favor do devedor na medida em que o credor a aceite ou o devedor comprove que o terceiro tinha poderes ou estava por qualquer forma autorizado; no segundo caso presume-se a autorização e o beneficiário da nota nada precisará provar".[462]

De fato, a ideia central foi magnificamente exposta pelo mestre. A prova, nestes casos, não pode prescindir da análise do contexto em que o documento foi apresentado e das informações que este ambiente fornece. A posse do documento pelo credor (contendo informações prejudiciais a si) e sua apresentação em juízo certamente conduzirão a uma prova ainda mais forte de que tais dados são verídicos, tornando quase impossível a prova em contrário. Em caso contrário, a presunção permanece, mas a prova em contrário é, obviamente, mais simples.

> **Art. 417.** Os livros empresariais provam contra seu autor, sendo lícito ao empresário, todavia, demonstrar, por todos os meios permitidos em direito, que os lançamentos não correspondem à verdade dos fatos.

1. Força probante dos livros empresariais

Ainda neste artigo, de modo similar ao que fez nos dois anteriores, permanece o Código aplicando a máxima da experiência, segundo a qual o documento escrito por alguém faz prova contra seu autor. Especificamente, na regra observada, trata da legislação processual da eficácia probatória dos livros empresariais.

Como é sabido, a grande maioria desses livros não se costuma assinar, razão pela qual sua eficácia probatória não poderia ser extraída do art. 408 do Código. Partindo dessa premissa, encontra a legislação, como ponto de partida (a conjugar-se com as normas dos arts. 418 e 419), na presunção contrária ao autor, a solução particularmente ideal em relação ao caso.

O Código menciona os livros empresariais, sem esclarecer, com precisão, a quais livros se refere. A interpretação que se coaduna com o espírito da lei, entretanto, autoriza que se empreste entendimento suficientemente amplo à dicção, a fim de abranger qualquer livro utilizado pelo empresário no exercício de suas

462 Egas Dirceu Moniz de Aragão, *Exegese do Código de Processo Civil* cit., vol. 4, t. I, p. 257.

funções, seja ele obrigatório ou não, regular ou não, correta ou incorretamente escriturado.[463] Assim deve ser porque estes livros (e de regra os escritos comerciais) equivalem aos registros domésticos, na medida em que se prestam para documentar e registrar toda a vida da empresa e do comerciante, ficando ali arrolados todo o seu patrimônio, seus deveres, encargos, obrigações, bem como seus créditos e haveres. Sendo desta forma, é de se presumir que as anotações lançadas nestes documentos efetivamente refletem a realidade fática, motivo pelo qual é merecida a presunção de verdade que paira sobre estas informações.

Não obstante, é certo que estas declarações não se podem prestar como prova segura dos fatos que são favoráveis ao empresário, à medida que foram elaboradas unilateralmente. Por isso, a incidência da presunção somente se justifica quando os fatos constantes dos registros comerciais forem prejudiciais ao empresário (como, aliás, acontece com os demais documentos, anteriormente vistos).

2. Força probante dos livros empresariais e confissão

Considera a doutrina, a partir de estudo promovido sobre o tema por Tullio Ascarelli,[464] e com ulteriores observações lançadas do punho de Carnelutti,[465] que as declarações contidas nos livros comerciais não podem equiparar-se a uma confissão. E isto não propriamente porque as informações contidas nestes registros divirjam de declarações (como pretendia Ascarelli, dizendo que quando o comerciante promove estes registros não tem a vontade expressa de declarar nada), mas, sobretudo porque, como bem observou Carnelutti, a informação inserta em livros empresariais não tem um destinatário específico (declaração receptícia), fato este que caracteriza o testemunho, inclusive da parte, e, consequentemente, a confissão.[466]

Efetivamente, não se podem infirmar as conclusões a que chegou Carnelutti. Constituem, realmente, situações diversas a confissão e a declaração aposta em

---

463 Cf. Luigi Paolo Comoglio, Corrado Ferri e Michele Taruffo, *Lezioni sul processo civile* cit., p. 666. Em sentido contrário, entendendo que apenas os livros obrigatórios são fonte de prova, v. Carlos Lessona, *Teoría general de la prueba en derecho civil*, 3. ed., Madrid: Reus, 1929, vol. 2, p. 544.

464 Registrazione nei libri di commercio e confessione, *Rivista di Diritto Processuale*, Padova: Cedam, 1930, I, p. 338 (também na mesma revista, 1931, I, p. 342).

465 Francesco Carnelutti, *Documento e testimonianza* cit., p. 283 e ss.

466 "Provavelmente a diferença entre documento e testemunho está aqui; e portanto a diferença entre o registro de um pagamento no livro comercial e a quitação. A quitação é uma confissão (e então um testemunho) escrita, isto é, o documento da confissão; o registro, não; mas não já porque não seja uma declaração, mas sim porque não é uma *declaração receptícia*" (Francesco Carnelutti, *Documento e testimonianza* cit., p. 285-286). Neste sentido também é a opinião de Liebman (*Manuale di diritto processuale civile* – Principi cit., p. 365).

registro empresarial. Entretanto, e como bem ponderava o próprio Carnelutti,[467] no aspecto prático, estas considerações mostrar-se-ão de pequena utilidade. Isto porque, ainda que não se possa tecnicamente equiparar as duas figuras, é certo que a lei confere, ao menos às declarações constantes de registro comercial *contrárias ao comerciante*, presunção de verdade.[468] E, para que esta presunção de verdade possa ser elidida pelo empresário, é necessário obter prova robusta, capaz de desconstituir o valor que a lei, e mesmo a razão, confere a tais declarações.

3. Presunção relativa dos escritos empresariais

Admite a regra comentada que a presunção fixada é apenas relativa (*iuris tantum*). Assim o faz ao admitir que, contra a presunção de verdade nascida das declarações constantes em registro empresarial contrários ao comerciante, possa ele insurgir-se, valendo-se de qualquer meio de prova admitido em direito.

Não se nega, concretamente, esta possibilidade. Apenas é necessário convir que dificilmente conseguirá o empresário ilidir a presunção de verdade aqui analisada, a menos que prove que tais declarações foram lá inseridas por abuso de confiança de sócio ou empregado seu, diante de completa impossibilidade de ocorrência dos fatos representados. Caso contrário, a presunção fará prova *quase que* plena, já que parte da afirmação da própria pessoa do empresário, sujeito mais interessado em que tais fatos não tivessem ocorrido (porque prejudiciais a ele).

Por fim, atento ao direito material, salienta Pontes de Miranda que esta presunção se forma contra o empresário e ainda contra seus sucessores, acrescentando que "aí a sucessão pode ser *inter vivos* ou *causa mortis*. Quem comprou a empresa, ou a incorporou à sua, ou a trocou pela sua, assume a responsabilidade pelo que consta dos livros comerciais. Qual a natureza do que consta dos lançamentos não importa: pode tratar-se de qualquer outro ramo jurídico e não só do comercial (e.g., o que o comerciante adquiriu de quem não era comerciante, o que se refere a empréstimo feito à pessoa que não é comerciante). Quanto aos sucessores, veja-se o art. 23, I, do Código Comercial".[469]

O reparo é, realmente, válido. Todavia, observando com atenção a previsão mencionada pelo autor, seria possível concluir que a determinação daquela legislação referia-se apenas aos livros comerciais mencionados no art. 11 do CCo derrogado (Livro Diário e Livro Copiador de cartas, este último de uso não mais obrigatório,

467 Documento e testimonianza cit., p. 286.

468 Isto, aliás, é também sublinhado pela regra do art. 226, parte inicial, do Código Civil.

469 Francisco Cavalcanti Pontes de Miranda, *Comentários ao Código de Processo Civil* cit., t. IV, p. 380.

a partir do Decreto-lei 486/1969), e que preencham os requisitos legais. Por isso, é preciso, antes de aceitar integralmente a lição de Pontes de Miranda, refletir um tanto mais sobre a questão. É necessário pensar sobre a eficácia que ainda poderia ter o dispositivo mencionado, do Código Comercial, diante do regime atual probatório oferecido pelo direito processual. Esta reflexão certamente conduzirá à conclusão de que, mesmo tendo em vista aquela determinação legal, a solução oferecida pelo jurista não se empalidece. Isto porque a presunção de que os escritos empresariais fazem prova contra o empresário e seus sucessores, posta anteriormente no Código Comercial, parece bem se harmonizar com o preceito (aqui estudado) do Código de Processo Civil. Note-se que o fundamento para todas estas presunções é o mesmo: a declaração constante de livro empresarial, desfavorável ao empresário, feita por ele, presume-se verdadeira. Ora, esta presunção não pode alterar sua natureza pela simples alteração dos titulares da empresa, pela aquisição dela por outras pessoas, pela sua incorporação a outra empresa etc. O fato de que a empresa primitiva agora está em mãos de outra pessoa não torna algo, presumivelmente verídico, falso, ou abala a presunção já verificada; o que importa é que a declaração existente foi realizada por quem, na época em que ocorreu, era comerciante. Com efeito, a presunção incide no momento em que a escrituração é elaborada, sendo irrelevantes alterações subsequentes da titularidade da empresa, ou mesmo o local (tipo de livro empresarial) em que aquela declaração está registrada.

Art. 418. Os livros empresariais que preencham os requisitos exigidos por lei provam a favor de seu autor no litígio entre empresários.

1. Prova dos livros mercantis a favor do empresário

Em princípio, como visto na regra anterior, os registros empresariais fazem prova contra o empresário, ainda quando não atendam aos requisitos legais.[470] Podem, entretanto, tais escritos fazer também prova em favor dele, desde que obedecidas as determinações próprias, impostas por lei. Este comando, aliás, é, em boa medida, reprodução da dicção do art. 226, do Código Civil, que prevê que "os livros e fichas dos empresários e sociedades provam contra as pessoas a que pertencem, e, em seu favor, quando escriturados sem vício extrínseco ou intrínseco, forem confirmados por outros subsídios".

Novamente, tentando refletir o regramento dado aos livros empresariais pelo Direito Empresarial, a legislação processual insere a presente regra, à semelhança

470 Hugo Alsina, op. cit., p. 457.

do preceito contido no art. 23, n. 2 e 3, do CCo derrogado. Em verdade, tomado em conjunto com o dispositivo anterior, praticamente o Código de Processo Civil repete, em síntese, o tratamento dado à eficácia probatória dos livros empresariais pela legislação mercantil.[471]

Bem observadas as regras processuais e comerciais sobre o tema, notam-se de pronto algumas variações acidentais, capazes de imprimir alguma dificuldade na harmonização dos dispositivos. Todavia, ainda assim, é certo que a intenção do legislador processual foi a de recepcionar a influência já existente no direito mercantil, adaptando-a, apenas, a novas peculiaridades e a novas tendências do direito mais moderno.

Ao contrário do previsto no artigo anterior - que dispensava o atendimento, pelo livro comercial, de qualquer formalidade legal para fazer prova contra o comerciante (em nítida oposição à prescrição existente no Código Comercial, que deve ser tida como revogada já diante da regra idêntica existente no CPC/1973) - aqui o Código exige que, para que a escrituração comercial possa produzir prova *em favor* do comerciante, deva ela atender a todas as determinações legais pertinentes, *sejam ou não atinentes ao direito empresarial.*[472]

Em relação às exigências contidas especificamente na legislação mercantil, arrola Moacyr Amaral Santos[473] dois diferentes critérios de formalidades: as *condições* e as *circunstâncias*. Segundo o mestre, "as *condições*, que se referem aos livros, são as seguintes: 1.ª, preencherem os livros as formalidades extrínsecas e intrínsecas; 2.ª, ausência de vícios ou defeitos; 3.ª, perfeita harmonia entre todos os livros. As *circunstâncias* dizem respeito aos registros e assentos, a saber: 1.ª, estes devem referir-se a documentos existentes, que mostrem a natureza das transações; 2.ª, deve haver prova documental de que o comerciante não deixou de dar em tempo

471 "Art. 23. Os dois livros mencionados no art. 11, que se acharem com as formalidades prescritas no art. 13, sem vício nem defeito, escriturados na forma determinada no art. 14, e em perfeita harmonia uns com os outros, fazem prova plena: 1. contra as pessoas que deles forem proprietários, originariamente ou por sucessão; 2. contra comerciantes, com quem os proprietários, por si ou por seus antecessores, tiverem ou houverem tido transações mercantis, se os assentos respectivos se referirem a documentos existentes que mostrem a natureza das mesmas transações, e os proprietários provarem também por documentos, que não foram omissos em dar em tempo competente os avisos necessários, e que a parte contrária os recebeu; 3. contra pessoas não comerciantes, se os assentos forem comprovados por algum documento, que só por si não possa fazer prova plena".

472 Podendo, por exemplo, além das regras de direito comercial, ter incidência previsões do direito alfandegário, administrativo, fiscal etc. (cf. Pontes de Miranda, *Comentários ao Código de Processo Civil* cit., t. IV, p. 380).

473 *Comentários ao Código de Processo Civil* cit., vol. 4, p. 189.

competente os avisos necessários e que a parte contrária os recebeu".[474] Dando a devida atenção às regras constantes do direito empresarial, nota-se que as exigências catalogadas acima efetivamente são pertinentes, mas apenas para os casos em que o litígio posto em juízo discuta relações, exclusivamente, entre empresários (conforme preconizava o art. 23, n. 2, do CCo derrogado).

Se a controvérsia judicial envolver, em um dos polos da relação processual, um empresário, e, no outro, alguém não empresário, então tais requisitos mostram-se excessivos, na forma como acima exposta, à medida que a determinação de lei, para tal caso, apenas exigirá o preenchimento das *condições*, sendo desnecessário o atendimento concomitante às *circunstâncias* (art. 23, n. 3, do CCo derrogado).

Desta feita, é necessário distinguir os requisitos legais (presentemente dispostos no Código Civil) conforme os sujeitos da demanda proposta. No caso de litígio envolvendo apenas empresários, então tais exigências abrangerão as condições e as circunstâncias, seguindo-se a lição de Moacyr Amaral Santos. Se, porventura, o litígio envolver empresário e particular (ou, ainda, particular em oposição a particular), será, aqui, inexigível o preenchimento das circunstâncias, bastando o atendimento às condições. Poderá alguém argumentar que tais determinações estão superadas diante da regra do Código Civil. De fato, o art. 226 do Código Civil apenas exige (para que o livro comercial prove em favor do empresário) que ele esteja escriturado sem vício extrínseco ou intrínseco. Todavia, o argumento não procede, já que a própria regra adianta-se em prever que, além da ausência daqueles vícios, a escrituração deve ser confirmada por outros subsídios (art. 226, *in fine*).

Lembre-se, por oportuno, que a prova em favor do empresário não é dada apenas pelos livros a que se refere o art. 11 do CCo derrogado (Livro Diário e Livro Copiador de cartas, este de uso obrigatório abolido pelo art. 11 do Decreto-lei 486/1969). Qualquer livro, obrigatório ou facultativo, utilizável pelo empresário, ou ainda ficha de seu uso regular (art. 226, do Código Civil), é apto a prestar de prova, *tanto contra como a favor*, desde que, para este último caso, preencha os requisitos legais.[475]

2. Controvérsia entre empresários e força probante dos livros mercantis

Se a controvérsia, assim, vincular-se apenas a empresários, a solução a ser dada deve observar, ainda, o que dispunha o art. 23, n. 2, do CCo derrogado, e a prova

474 Idem, ibidem.

475 V. apenas exemplificativamente, o Decreto 1.102, de 1903 (art. 7.º); a Lei 4.728/1965 (arts. 32, § 1.º, e 40, parágrafo único); o Decreto-lei 305/1967 (art. 1.º, § 1.º); e a Lei 6.404/1976 (art. 100 e ss.).

em favor do empresário – titular dos livros comerciais, é evidente – somente se fará, caso além de formalmente perfeita, a escrituração comercial atender às determinações de que os assentos refiram-se a documentos existentes que demonstrem a natureza das transações, e que os titulares da escrituração confirmem, com outros meios de prova, que não se omitiram na prática de atos exigíveis (emitir avisos necessários, que foram recebidos pela parte contrária).

Preenchidos todos estes requisitos, então poderá a documentação mercantil fazer prova em favor do comerciante que a apresenta em juízo, em detrimento de outro empresário.

É claro que esta prova jamais será plena (o que, com efeito, vem reafirmado pela parte final do art. 226, do CC). Aliás, como bem lembra Pontes de Miranda,[476] porque a hipótese somente trata de litígios envolvendo empresários, é claro que a outra empresa, presente no polo oposto da relação processual, também poderá apresentar seus livros mercantis, os quais, se tiverem atendido às mesmas prescrições do direito material, hão de prestar-se como prova em favor deste litigante.

Neste caso, como de resto em todos os demais, a regra somente poderá configurar-se em elemento indicativo de operacionalização da atividade judicial. Terá sempre aplicabilidade subsidiária (para o caso em que somente uma empresa apresente tais livros, omitindo-se a outra de fazer o mesmo). Afinal, se ambos os empresários apresentarem a documentação mercantil, deverá o magistrado, usando da regra do art. 371 do CPC, valorar individualmente cada uma delas, atribuindo a eficácia que entender adequada a cada um destes elementos. E, se apenas uma empresa apresentar tal documentação e a outra deixar de impugnar esta prova, então a presunção aposta no art. 411, III, terá incidência, reputando-se verdadeiro o contexto das informações insertas no escrito comercial.

Ademais, não se pode perder de vista a disposição expressa do art. 25 do CCo derrogado, que estipulava que "ilide-se a fé dos mesmos livros, nos casos compreendidos no n. 2 do art. 23, por documentos sem vício, por onde se mostre que os assentos contestados são falsos ou menos exatos". Em seu teor, esta regra já indicava para o caminho aqui apontado (da presunção relativa), permitindo ao magistrado valorar adequadamente a prova para ele produzida e utilizar os livros comerciais como mero parâmetro indicativo. Este indício, certamente, há de receber maior evidência especialmente no caso de apresentação do livro por uma empresa sem que a outra se prontifique a fazer o mesmo, ou, ao menos, a apresentar prova que ilida a

476 Francisco Cavalcanti Pontes de Miranda, *Comentários ao Código de Processo Civil* cit., t. IV, p. 380-381.

eficácia daquela documentação. Ainda nesse campo, mesmo aquele dispositivo legal (o art. 25 do CCo) merecia certa cautela, na medida em que a contraprova, feita em relação ao livro mercantil, não se pode limitar apenas a documento, como sugere o texto legal. Ao contrário, pela aplicação do art. 371 do CPC é imperioso entender que qualquer meio de prova será hábil a negar à documentação empresarial seu valor probatório desde que, mediante aquela outra prova, se convença o magistrado (fundamentadamente) por negar eficácia à escrituração mercantil.

3. Força probante dos livros mercantis e litígio entre empresário e não empresário

Se a lide se estabelecer entre empresário e não empresário, ou somente entre particulares não empresários, o uso da escrituração mercantil também pode fazer prova em favor do autor daqueles livros. Mas, para que isto ocorra, além da obediência aos requisitos de forma - estabelecidos, há muito, nos arts. 11, 13 e 14 (e, ainda, 12, já que trata especificamente dos requisitos do Livro Diário) do CCo derrogado - será necessário que os assentos insertos na escritura sejam comprovados por documento, que só por si não possa fazer prova plena (art. 23, n. 3, do CCo derrogado, e art. 226, *in fine*, do Código Civil).

Tais livros mercantis, então, farão prova semelhante àquela relativa ao chamado "início de prova escrita". Deverão, para prestar-se como prova contra o particular, vir acompanhados de outra prova, insuficiente para gerar certeza ao magistrado quanto à veracidade do assento.

Significa isto dizer que, em relação aos particulares, os livros mercantis poderão prestar-se como prova indiciária da verdade dos fatos neles representados. Jamais, porém, caberá considerá-los como prova absoluta - o que, diante do sistema de valoração da prova, adotado pelo Código de Processo Civil, jamais aconteceria em qualquer caso - ou mesmo impossibilitar seu questionamento por outros meios de prova.

É lógico que, apresentado o livro empresarial em juízo, e quedando silente a parte contrária em impugná-lo, é possível aplicar-se a presunção do art. 411, III, tornando a prova insuficiente em elemento bastante para o convencimento judicial. Por outro lado, também é certo que, a esta prova (e mesmo com a apresentação conjunta do "documento" a que aludia o art. 23, n. 3, do CCo derrogado), poderá a parte contrária opor-se fazendo uso de qualquer meio de prova (art. 25, *in fine*, do CCo derrogado), a fim de demonstrar a inexatidão ou mesmo falsidade dos assentos lançados no livro comercial.[477] Terá, neste caso, o

477 Por isso mesmo, perante o direito brasileiro, é inviável dizer que os registros mercantis formam prova semiplena (*semiplena probatio*), como pretendia Chiovenda em relação ao direito italiano (Giuseppe Chiovenda, *Instituições de direito processual civil* cit., vol. 3, p. 158).

magistrado ampla liberdade para emprestar a cada prova o valor que lhe pareça adequado, acolhendo uma ou outra como verossímil, devendo, em todo caso, justificar sua opção.

4. Força probante dos escritos mercantis e prova solene

Por derradeiro, não é demais lembrar que, à vista do que dispunha o art. 24 do CCo derrogado, "fica entendido que os referidos livros não podem produzir prova alguma naqueles casos, em que este Código exige que ela só possa fazer-se por instrumento público ou particular". Mais uma vez, o comando é repetido pelo Código Civil, quando prevê, no parágrafo único do art. 226, que "a prova resultante dos livros e fichas não é bastante nos casos em que a lei exige escritura pública, ou escrito particular revestido de requisitos especiais, e pode ser ilidida pela comprovação da falsidade ou inexatidão dos lançamentos".

Embora já se pudesse intuir esta conclusão do teor do art. 406 do CPC, é certo que, ainda que os livros mercantis atendam a todas as prescrições legais, e mesmo diante da previsão do art. 418, em exame, a presença destes livros jamais poderá suprir a falta de prova específica, que seja da própria substância do ato. Valem, aqui, as mesmas ponderações já anteriormente formuladas quanto à inutilidade desta prova, na medida em que a forma específica, para os negócios solenes, não é apenas a prova de sua ocorrência, mas é, mesmo, requisito intrínseco de validade do ato.

Art. 419. A escrituração contábil é indivisível, e, se dos fatos que resultam dos lançamentos, uns são favoráveis ao interesse de seu autor e outros lhe são contrários, ambos serão considerados em conjunto, como unidade.

1. Indivisibilidade da escritura contábil

A fim de completar o sistema da avaliação probatória dos livros mercantis, estabelece o Código de Processo Civil esta última previsão, atinente à *indivisibilidade da escrituração contábil.* Embora, como já visto anteriormente, não se possa equiparar a figura da documentação mercantil à confissão, é certo que em muitos temas (em razão de igualdades funcionais) seus tratamentos específicos comunicam-se, a exemplo do que ocorre com o art. 419.

À semelhança, então, do que se prescreve no art. 395, a respeito da indivisibilidade da confissão, também aqui – porque, identicamente ao que acontece em relação ao depoimento pessoal, podem conviver assentos favoráveis e desfavoráveis ao comerciante – prevê a lei que as informações registradas na escrituração empresarial devem entender-se como um todo, incindível. Assim, é impraticável que a parte que pretenda invocar esta prova em juízo valha-se da parcela que lhe favorece, descartando o restante.

Justifica-se a previsão, já que, observando as determinações constantes da legislação registrária, os livros contábeis devem, sempre, seguir uma sequência cronológica, registrando-se neles todos os fatos ocorridos e relevantes para a empresa. Tome-se, por exemplo, a figura do Livro Diário: "Nele, segundo a regra do Direito Comercial, registrará o comerciante, *dia por dia*, e daí a denominação que lhe é dada, todos os *fatos econômicos e financeiros*, que se tenham verificados em seu estabelecimento, resultantes de seus negócios ou de quaisquer operações que tenha realizado, não importa a que título".[478] Naturalmente, portanto, os livros empresariais hão de apresentar certa homogeneidade, característica da forma peculiar como são confeccionados, sendo certo que este conjunto pode mostrar-se relevante, por si só, como prova de certos atos. Seria, portanto, inaceitável desconsiderar esta natureza própria dos livros mercantis, permitindo que certas informações fossem retiradas do seu contexto, e utilizadas desta forma para interferir no convencimento judicial.[479]

Por isso, válida é a determinação de lei que impõe a consideração conjunta dos escritos lançados em livros comerciais. Somente assim, possuindo a visão do conjunto e do contexto em que a informação foi inserida, é possível ao magistrado apreender a riqueza do cotidiano de uma empresa e, com isso, compreender melhor a situação exposta em juízo.

Desta forma, não se admite que a parte, que pretenda valer-se em juízo de informações constantes de livros mercantis (e especialmente da escrituração

---

478 De Plácido e Silva, *Noções práticas de direito comercial*, 12. ed., Rio de Janeiro: Forense, 1965, vol. 2, p. 247. E, na sequência, registra o autor que "é, pois, por esse motivo, dada a sua função de repositório autêntico de todos os fatos ocorridos no estabelecimento, constantes das mais variadas operações e negócios realizados ou promovidos pelo comerciante, que a lei o exige rigorizado em forma legal e ordena que nele se lancem com fidelidade, clareza e precisão, em ordem cronológica, todas as operações mercantis, que se tenham executado, e todas as ocorrências relativas ao seu movimento comercial" (idem, ibidem).

479 Afirma Lessona, sobre a questão, que "é lógico que não se pode aceitar como verdadeiro um fato atestado pelo livro, senão aceitando aquelas qualidades ou aquelas adições que o modificam ou destroem; é justo que aquele que invoca como prova a declaração do adversário deva tomá-la como esteja" (Carlos Lessona, *Teoría general de la prueba en derecho civil* cit., vol. 2, p. 545).

contábil, onde a peculiaridade acima apontada se mostra ainda mais evidente), possa aceitar estes documentos na parte que lhe interessa, rejeitando-os no restante.

2. Indivisibilidade da escrituração contábil e prova a favor e contra o empresário

Prontamente, uma questão desponta como principal: observados os arts. 417 e 418 do CPC, nota-se que, para que a documentação empresarial (aí incluída a escrituração contábil) faça prova contra o empresário, não se exige que esteja ela realizada em atenção às prescrições legais. Porém, para que possa fazer prova *em favor* do empresário, este requisito é indispensável. Tomando, por hipótese, que certo livro contábil, escriturado irregularmente (fora das determinações legais) contenha informações favoráveis e desfavoráveis ao empresário, tendo este livro sido apresentado em juízo por outrem, como poderá valer-se o empresário das informações favoráveis, sem que isto afronte a previsão expressa do art. 418?

Novamente a única solução que se mostra plausível para o impasse será considerar ambas as regras como mero rumo para a indecisão do juiz. Deverá o magistrado, diante do conflito entre estas duas determinações, observar o conjunto probatório dos autos, a fim de convencer-se se os fatos *favoráveis* ao empresário, inseridos na escrituração irregular, devem ser tidos por verdadeiros, em face do princípio aqui tratado, da *indivisibilidade da escrituração contábil*, ou se, ao contrário, exatamente em função das irregularidades detectadas na escrituração, mesmo diante do princípio, este deverá ceder ante a desobediência dos ditames legais. Tudo, enfim, há de tomar em conta a prova dos autos como um todo, sendo impossível estabelecerem-se regras rígidas, impostas aprioristicamente, já que estas são sempre insensíveis à realidade do caso concreto.

Ainda assim, a resposta aqui aventada poderá estar apenas mascarando o problema real, que é a situação em que, mesmo diante do conjunto dos autos, permaneça o juiz em dúvida quanto ao fato específico. Neste caso, a quem deve imputar-se o ônus da não prova? Em circunstâncias normais, em que apenas uma das regras tenha aplicação, a formação da presunção dela decorrente permitirá atribuir o ônus da prova (de que a presunção não merece ser adotada) à outra parte, a quem aquela não beneficia. Porém, quando a situação concreta permite a incidência de ambas as regras, e, portanto, de ambas as presunções, como se fará a distribuição do ônus da não prova, se cada uma delas aponta para sentido diferente, impondo este ônus a pessoa distinta?

A única saída será recorrer aos princípios que norteiam a resolução dos conflitos entre presunções (cf. exposto na introdução a estes comentários). Têm-se, aqui, duas presunções legais relativas. Possuem elas, assim, o mesmo peso legal, razão pela qual não se pode, *a priori*, fazer com que uma se sobreponha à outra. Competirá, então, ao magistrado, apreciando as peculiaridades do caso concreto e valendo-se de seu prudente arbítrio, impor o ônus da não prova àquela parte a quem este ônus menos prejudique ou, então, a quem, pelo seu comportamento e em vista das demais circunstâncias dos autos, pareça contar com o menor grau de plausibilidade em suas alegações.[480] Poderá, então, o magistrado pender seu convencimento para qualquer uma das presunções (do art. 418 ou do art. 419), conforme lhe comande seu juízo racional, sendo, porém, em qualquer hipótese, necessário que justifique especificamente o motivo que o levou a afastar uma presunção em homenagem à outra. Também poderá, dentro deste mesmo quadro, compreender que o conflito de presunções permite a anulação de ambos, restituindo-se o ônus da prova à situação originária (como se não houvesse presunções postas pela lei em benefício de nenhuma das partes).

3. Presunção relativa de indivisibilidade

De toda sorte, vale sempre ponderar que a presunção de indivisibilidade da escrituração contábil é relativa. Admite-se, portanto, que a parte comprove, através de qualquer meio em direito admitido, que determinado fato, constante na documentação, não ocorreu, seja ele favorável ou não ao empresário.

Esta constatação, com efeito, tem ainda maior relevo e importância se os dados insertos na escrituração referirem-se a fatos totalmente distintos, sem nenhuma correlação. Neste caso em especial, não terá aplicação a presunção de indivisibilidade – cabendo aqui a aplicação de ideia semelhante à que norteia o princípio da indivisibilidade da confissão – sendo perfeitamente dissociáveis os fatos. Será, então, permitido ao magistrado (ou à parte) compreender como verídica a escrituração no que respeita a determinado fato, desconsiderando ou rejeitando a mesma prova em outro ponto, que com aquele não tenha nenhuma vinculação direta e imediata.

Enfim, a este respeito bem pondera Moniz de Aragão que "a presunção de veracidade decorrente da incindibilidade da escrituração mercantil, porém, não é absoluta; qualquer das partes poderá impugná-la. Mas em tal caso incumbir-lhe-á o ônus de provar cabalmente a impugnação. Afrontando a regra da indivisibilidade, pode a parte aceitar o que lhe convém e impugnar o que lhe é prejudicial. Em tal caso, porém, inverte-se a regra que disciplina o ônus da prova: o impugnante fica

480 Em sentido semelhante, v. Francisco Augusto das Neves e Castro e Francisco Cavalcanti Pontes de Miranda, *Theoria das provas e sua applicação aos actos civis* cit., p. 466.

com o encargo de demonstrar cabalmente a inveracidade de todos os fatos que impugnar, mesmo aqueles que, em outras condições, cumpriria ao antagonista demonstrar. A incindibilidade, portanto, é atacável desde que o ônus da prova seja integralmente assumido por quem a impugna. A não ser assim, a presunção decorrente da incindibilidade seria absoluta, *iuris et de iure*, o que não está no texto nem no espírito da lei, que a fez presunção *iuris tantum*".[481]

Art. 420. O juiz pode ordenar, a requerimento da parte, a exibição integral dos livros empresariais e dos documentos do arquivo:

I – na liquidação de sociedade;

II – na sucessão por morte de sócio;

III – quando e como determinar a lei.

1. Incidente de exibição de documentos empresariais

Tem-se, na regra em exame, tratamento à hipótese especial de exibição de documento, que, mesmo versando sobre documento específico (livros empresariais e documentos do arquivo), estaria melhor se reunida ao campo destinado pelo Código para analisar a questão da exibição de documento ou coisa (seção VI deste capítulo).[482] O deslocamento tópico do dispositivo, de qualquer maneira, não lhe altera a substância, e a figura aqui prevista também há de seguir os mesmos princípios (e procedimento) indicados pela legislação processual para o incidente de exibição, na linha do que estabelecem o art. 396 e seguintes.

Diante destas considerações, não se pode negar a natureza de incidente processual à figura referida neste preceito, sendo certo que a parte interessada na exibição integral dos livros mercantis (ou de documentos presentes em arquivos) deve apresentar petição específica, atendendo aos requisitos do art. 397. Será ainda necessário garantir-se o contraditório do adversário (na forma do art. 398), culminando-se o procedimento com decisão do magistrado, passível de agravo (art. 1.015, VI).

Vale ainda lembrar que a exibição destes específicos documentos pode também ser requerida de forma preventiva (cf. Súmula 390 do Supremo Tribunal

481 Ergas Dirceu Moniz de Aragão. *Exegese do Código de Processo Civil* cit., vol. 4, t. I, p. 265-266.

482 Remete-se o leitor, para maiores informações, aos comentários respectivos.

Federal),[483] em ação autônoma, anterior à propositura da ação principal, na forma da produção antecipada de prova (arts. 381 e ss.).

2. Exibição integral dos documentos empresariais

Neste artigo, o Código trata exclusivamente da exibição *integral* dos livros mercantis e dos documentos insertos no arquivo da empresa. Aqui, portanto, a intenção da parte deverá ser a apresentação completa e absoluta de todos os livros (e documentos vinculados) da empresa, para os fins admitidos pela lei para tanto. O objetivo, portanto, não se limita necessariamente a determinado livro ou registro,[484] mas pode mesmo abranger *toda* a escrituração mercantil da pessoa, autorizando-se o interessado a ter acesso pleno e irrestrito a tais documentos.[485]

Claro está que são circunstâncias especialíssimas as que autorizam esta devassa completa na "vida privada" do empresário. Assim deve ser na medida em que estes livros ficarão à disposição do juízo, durante o curso da ação, deixando ao desabrigo o sigilo da empresa e dificultando a utilização destes documentos e a escrituração da firma.[486] Os casos ficam presos, sempre, a situações expressamente previstas em lei, como bem se observa do teor específico do rol do art. 420. São, como bem pondera Moacyr Amaral Santos, "casos em que se considera de necessidade inda-

483 "A exibição judicial de livros comerciais pode ser requerida como medida preventiva."

484 Não obstante, é de se ter como correta a manifestação de Egas Moniz de Aragão, quando leciona: "Mas de a lei prevê-la integral não se segue que só possa ser feita integralmente; que o interessado não possa pedi-la, ou o juiz delimitá-la, em relação à parte apenas da escrituração, ou dos livros. Aplica-se ao caso o disposto no art. 356, II, que prescreve ao requerente o ônus de esclarecer 'a finalidade da prova', o que habilita tanto seu antagonista quanto o magistrado a ponderar o interesse na exibição e a ela se opor (aquele) ou indeferi-la o juiz no todo ou na parte que exceder ao interesse demonstrado. Em suma: a exibição só se justifica naquilo em que for essencial ao julgamento da causa; o magistrado é que medirá a conveniência, proporcional ao interesse do requerente, de ser parcial (e determinará a parte que deve ser exibida), ou total" (*Exegese do Código de Processo Civil* cit., vol. 4, t. I, p. 270).

485 Por esta razão parece inaplicável à figura regida por este dispositivo a Súmula 260 do Supremo Tribunal Federal ("O exame de livros comerciais, em ação judicial, fica limitado às transações entre os litigantes"). Embora este paradigma seja plenamente aceitável em relação à exibição de que trata o art. 421, dissente do espírito do instituto versado no art. 420, na medida em que, para este, a exibição deve (ou, ao menos, pode) ser plena, já que assim normalmente o exige a espécie de demanda que o autoriza. Poderia alguém argumentar que mesmo aqui tem pertinência a limitação da exibição, já que se busca preservar o sigilo contábil da empresa. Todavia é mister observar que, diante da posição específica do litigante (que é autorizado a este pleito), é impossível objetar a ele com este sigilo, uma vez que tem ele algum direito em relação a todo o patrimônio jurídico da empresa (sócio na liquidação, herdeiro de sócio em razão da morte deste etc.).

486 Cf. Fábio Ulhoa Coelho, *Manual de direito comercial*, 10. ed., São Paulo: Saraiva, 1999. p. 43.

gar de todo o estado patrimonial do comerciante, bem como do movimento dos seus negócios",[487] e ainda assim decorrentes de específica situação do interessado. Não é por outra razão que o Código Comercial derrogado, dispondo sobre o tema em questão em seu art. 18, assim preceituava: "A exibição judicial dos livros de escrituração comercial por inteiro, ou de balanços gerais de qualquer casa de comércio, só pode ser ordenada a favor dos interessados em gestão de sucessão, comunhão ou sociedade, administração ou gestão mercantil por conta de outrem, e em caso de quebra".

Assim, em todos os casos descritos no Código, haverá mais que o simples interesse direto na verificação de todo o patrimônio jurídico da empresa (ou de sua movimentação negocial) – mesmo porque este interesse poderá ser também invocado por qualquer credor da empresa, que manifeste receio no não pagamento de seu crédito ou na insolvência futura do comerciante, ou ainda por aquele que pretenda estabelecer com a empresa algum negócio de grandes proporções. De fato, além disso, deverá o sujeito encontrar-se em particular posição frente a este patrimônio, que, *de regra*, o habilite a reivindicar parcela deste, de modo direto, e que, *sempre*, estará inserta em algum dispositivo legal.

De pronto observa-se que a previsão em tela afronta a regra anteriormente prevista no art. 17 do CCo derrogado. Entretanto, já o dissera João Eunápio Borges, "os livros comerciais fazem prova contra o seu dono, que, em certos casos, é obrigado a exibi-los, ou apresentá-los ao adversário a fim de que este possa extrair deles, integral ou parcialmente, os elementos de que necessita para a prova de seu direito. Isso não contraria a regra contida no art. 17 do CCo. Esta visou impedir que, sob pretexto de verificar se o comerciante tem livros e os escritos, pudesse qualquer 'autoridade, juiz ou tribunal' violar ou comprometer, a seu arbítrio, aquele segredo do qual os comerciantes são tão ciosos, porque tradicionalmente considerado como a alma do negócio".[488] Ademais, e de modo ainda mais eloquente, não fosse este singelo argumento, seria de se considerar como revogada a disposição do Código Comercial, em vista da regra do Código de Processo Civil – que, no particular, repete o contido no art. 381, do CPC/1973 – e que disciplina o mesmo tema de forma distinta.

3. Exibição de ofício. Sanção pelo descumprimento. Exibição contra terceiro

Três questões essenciais apresentam-se como mais importantes, no exame da regra em comento. A primeira, de evidente repercussão, é a dúvida sobre a possi-

487 *Comentários ao Código de Processo Civil* cit., vol. 4, p. 193.

488 João Eunápio Borges, *Curso de direito comercial terrestre*, 5. ed., Rio de Janeiro: Forense, s/d., p. 244.

bilidade de o juiz poder, *de ofício*, determinar a exibição integral da escrituração mercantil da empresa, valendo-se do art. 420 ou mesmo do art. 396. A segunda, de não menor importância, refere-se à sanção aplicável pelo magistrado em caso de descumprimento da ordem de exibição. Por fim, poderá alguém ainda questionar da viabilidade ou não de se ordenar, com base nos arts. 420 e 421, a exibição de documentação mercantil de terceiro que não componha a relação processual.

Em relação à primeira questão, o problema surge em função de que o texto legal é expresso em dizer que o juiz poderá determinar a exibição de que ali se trata "a requerimento da parte". Teria, então, a norma excluído a possibilidade da atuação própria do magistrado?

Tem-se de concluir que sim. Efetivamente, o magistrado somente poderá ordenar esta exibição se houver pedido da parte neste sentido. Esta conclusão, com efeito, é referendada pelo exame do artigo subsequente, no qual se prescreve que o magistrado pode, *de ofício*, ordenar a exibição parcial de livros e documentos comerciais. Ora, tomando-se o Código como um sistema, não se pode analisar uma regra sem também deitar os olhos sobre a outra; e se, em uma, a lei refere-se especificamente ao requerimento da parte e, na outra, alude à atuação *ex officio* do magistrado, a única resposta viável caminha no sentido de atribuir sentido à diversa dicção legal, na forma como desejado pelo legislador. De outra parte, é bom lembrar que a Comissão Revisora do Código de Processo Civil de 1973 havia sugerido emenda ao texto de artigo idêntico ao art. 420, do CPC atual, propondo que se acrescentasse à expressão "a requerimento da parte" os termos "de ofício, ou". Tendo esta proposta sido rejeitada, ilegítimo é pretender que a interpretação conduza à solução previamente excluída pelo Legislativo.

É preciso, pois, compreender que a exibição de que trata este dispositivo somente poderá ser determinada se houver requerimento da parte neste sentido. Caso contrário, somente a exibição admitida pelo art. 421 é que se mostrará viável. Tal resposta justifica-se diante da singular condição (e função) desta exibição, em que não apenas um fato específico (conflituoso) poderá vir à tona, mas também toda a vida da empresa, o que nem sempre é conveniente para os litigantes e mesmo para os fins do direito.

Quanto ao segundo problema aventado, a questão é ainda mais complexa. O cerne da dúvida reside em saber qual a sanção decorrente do descumprimento da ordem judicial que determina a exibição dos livros empresariais. O tema não é tratado pelo art. 420, exigindo a busca de resposta para esta indagação em outro campo. Como já visto, a figura descrita neste artigo não deixa de ser uma forma especial de exibição de documento ou coisa, razão pela qual se aplica o regime próprio capitulado pelos arts. 396 a 400. Com este entendimento, parece que a resposta aflui de maneira simples: aplica-se, em caso de inobservância da ordem de exibição, a sanção prevista pelo art. 400, que preconiza que "ao decidir o pedido, o juiz admitirá como verdadeiros os fatos que, por meio do documento ou da coisa, a parte pretendia provar". Realmente, esta solução pode satisfazer a grande maioria de situações criadas para a exibição de livros empresariais em sua integralidade.

Contudo, não será difícil imaginar que a sanção imposta pelo art. 400 seja inadequada, e mesmo insuficiente, para a finalidade objetivada pela parte, ao requerer a exibição de que trata o art. 420. Pense-se, por exemplo, no caso do sócio que, na liquidação parcial da sociedade, pretende a apuração de seus haveres e, para tomar ciência de toda a situação da empresa, pleiteia a exibição integral, a fim de que possa determinar o *quantum* a que tem direito (art. 599, II). Ora, sem ter acesso direto aos livros mercantis da empresa, o sócio não poderá sequer (muitas vezes) estimar o importe de seus haveres frente ao patrimônio da empresa. Neste caso – como em diversos outros – a sanção do art. 400, *caput*, mostrará sua completa inutilidade, sendo necessário recorrer a mecanismos que efetivamente imponham a exibição. Deverá, portanto, incidir o parágrafo único, do art. 400, do código, que autoriza ao juiz o emprego de qualquer medida de indução ou de sub-rogação para que o documento seja exibido.

Logicamente, porém, a incidência desse parágrafo único está condicionada à *inefetividade* da aplicação da consequência padrão: a presunção de veracidade. Se a presunção for suficiente, não há sentido no emprego das técnicas de indução e de sub-rogação descritos no art. 400, parágrafo único. Entretanto, diante da imprestabilidade da sanção comum, essas técnicas devem incidir de modo a exigir do requerido a colaboração exigida também pelo art. 379, III, do CPC.

Finalmente, dando atenção ao último dos problemas aventados, a questão se põe nos seguintes termos: pode a parte, a fim de fazer prova em juízo, requerer a exibição (integral ou mesmo parcial) de livros comerciais de terceiro não pertencente a um dos polos da relação processual?

De modo superficial, pode-se argumentar, em favor da resposta negativa, com a Súmula 260 do Supremo Tribunal Federal, a dizer que "o exame de livros comerciais, em ação judicial, fica limitado às transações entre os litigantes". Ora, se somente transações envolvendo os litigantes permitem a exibição da documentação mercantil, então é certo que não pode ela ser requerida contra terceiro.[489]

489 Neste sentido é a conclusão a que chega Rubens Requião (*Curso de direito comercial*, São Paulo: Saraiva, 1971, p. 81).

Entretanto, é preciso notar a diferença existente entre dizer que a exibição se limita "às transações entre os litigantes" e que ela só é admissível em ação que envolva o titular do livro comercial como parte. Com efeito, é possível que, embora a transação se verifique entre os litigantes, o titular do livro comercial não esteja no processo, ainda que esta sua documentação refira-se àquela transação. Assim pode acontecer com a hipótese do art. 420, II ("sucessão por morte de sócio"), em que, podendo tratar-se de situação de jurisdição voluntária, sequer se cogitaria da existência de partes (e muito menos de dizer-se que a empresa seja ré na ação). Neste caso, porventura, não seria admissível a exibição contra a empresa da qual o *de cujus* era sócio?

Outro argumento em favor da tese negativa decorre da dicção expressa do art. 421, que se refere à exibição parcial. O artigo expressamente alude à exibição *pela parte*, dando a entender que exclui a possibilidade de que este incidente se faça contra terceiro. Ora, se o regime previsto para a exibição parcial somente admite esta providência contra a parte, *a fortiori* (por configurar hipótese mais grave) a mesma restrição deverá ser feita na exibição integral.

Esta, entretanto, não parece ser a melhor solução para o caso. Como visto, no exemplo acima (da situação refletida pelo art. 420, II), a normalidade indicará caso em que a exibição se fará contra pessoa que não é *parte* no processo, já que dificilmente haverá espaço para que a empresa entre com esta condição no processo. Ainda assim não parece haver dúvida de que, mesmo em tais casos, a exibição seja o caminho natural (senão único) para se avaliar o montante do patrimônio da empresa a que fazem jus os herdeiros do falecido.

Partindo-se desta constatação prática, não se pode deixar de agregar a ela o princípio vetor, que orienta todo o sistema probatório do direito brasileiro, segundo o qual *ninguém* se exime do dever de colaborar com o Judiciário para a descoberta da verdade (art. 378). Se a lei fala em *ninguém*, certamente não se refere apenas às partes, mas abrange a todos quantos possam colaborar para este fim, criando para estes verdadeiro *dever* em prestar auxílio.

Claro que a este dever de colaboração poderia objetar com a preservação do sigilo do comerciante, que excluiria aquela imposição, no objetivo de preservar outro princípio também relevante para o ordenamento nacional. Ocorre, porém, que este sigilo não pode se impor como princípio absoluto, a impedir a tutela de direitos garantidos pela mesma ordem jurídica. É preciso, sempre, cotejar os princípios em confronto, ao escopo de, à luz do princípio da proporcionalidade, verificar, diante do caso concreto, qual deve ceder.[490]

490 Sobre o tema, vejam-se os comentários aos arts. 388 e 404.

De outra parte, é certo que o Código, nos arts. 420 e 421, não se preocupa, efetivamente, com a exibição contra terceiro, mas nem seria isto necessário, na medida em que isto já foi objeto de disciplina pelos arts. 401 a 404. Ou seja, a ação incidental de exibição de documento ou coisa já é apta a, sozinha, disciplinar todo o tema da exibição (parcial ou integral, conforme estabelece o parágrafo único do art. 404) de qualquer que seja o documento ou a coisa, aí se incluindo a escrituração comercial de uma empresa. Consequentemente, se esta ação incidental é regida por tais dispositivos, as causas de exclusão do dever de exibir deverão adequar-se a uma das hipóteses de exclusão capituladas pelo art. 404; fora destas situações, este terceiro tem o dever de exibir a documentação, não podendo alegar, para eximir-se desta determinação, *simplesmente* o sigilo de suas informações.[491] Aqui, para que este terceiro possa liberar-se do dever de exibir, será necessário que o magistrado, ponderando a situação concreta, observe a presença de causa grave a legitimar a preservação do sigilo, em detrimento do interesse daquele que solicita a apresentação da documentação (art. 404, V).

Portanto, em conclusão, tem-se que é viável a solicitação de exibição (parcial ou integral) de livros comerciais e documentos de arquivo de pessoa, natural ou jurídica empresária, não inserta em um dos polos da relação processual. Para tanto, deverá a parte interessada socorrer-se da ação incidental de exibição, devendo o magistrado, para admitir ou não o pleito, valer-se da aplicação do princípio da proporcionalidade ao caso concreto e do exame das causas de exclusão, enumeradas no art. 404 do CPC.

Art. 421. O juiz pode, de ofício, ordenar à parte a exibição parcial dos livros e dos documentos, extraindo-se deles a suma que interessar ao litígio, bem como reproduções autenticadas.

1. Exibição parcial de documentos mercantis

Se o dispositivo anterior falava da exibição integral dos livros e registros empresariais, este aqui trata especificamente da exibição parcial daquela documentação. A separação do tema em dois artigos justifica-se na medida em que, como já observado, a exibição integral é medida excepcional, fundada apenas em certas

491 Poderia fazê-lo, se comprovasse que a documentação diz respeito apenas a negócios da vida própria da família, como indica o art. 404, I, ou, ainda, se pudesse formular outra situação, também albergada por aquele preceito.

circunstâncias específicas e diante de certa posição da parte requerente frente ao requerido. Precisamente por conta desse fundamento especial, e dessa condição particular do requerente da prova, aquela exibição (integral) somente pode ser determinada se houver requerimento da parte neste sentido.

Já a exibição parcial, porque vai referir-se tão só a ponto específico do litígio, determinado, circunstanciado e limitado no tempo e no espaço, não sofre as mesmas restrições, tendo regime bem mais liberal. Ainda assim, por faltar ao dispositivo específica regulamentação quanto ao modo do exercício do direito à exibição, aplicam-se-lhe as regras comuns, trazidas pelos arts. 396 e seguintes, CPC.

Com isso, tem-se que a exibição parcial pode, ao contrário do que ocorre com a integral, ser determinada de ofício pelo magistrado, podendo também, evidentemente, ser requerida pela parte interessada. Imprescindível será sempre, porém, a restrição do conteúdo da exibição ao ponto controvertido da demanda, conforme, aliás, já estava previsto no art. 19 do CCo derrogado.[492] O CPC, nesse aspecto, repete a exigência expressamente, ao consignar que do documento apresentado será extraída a "suma que interessar ao litígio".[493] Vale dizer que a exibição parcial dos livros e documentos mercantis somente é admitida em relação à parcela desta documentação que seja, efetivamente, relevante para a solução da controvérsia.

No restante, permanece esta documentação sigilosa e fora do alcance das partes. Por esta razão determina o Código que da parte pertinente à solução da causa se extraia resumo ou então reprodução autenticada, que fará parte dos autos, ficando a documentação mercantil de posse de seu titular. Para a extração desta suma (ou das cópias) deverá ser obedecido procedimento idêntico àquele preconizado pelo art. 404, parágrafo único,[494] cabendo a extração de cópia da parte que interessa, lavrando-se de tudo auto circunstanciado.

Quanto ao mais, valem, para a exibição parcial, as mesmas considerações já feitas em relação à exibição integral.[495]

---

492 "Art. 19. Todavia, o juiz ou Tribunal do Comércio, que conhecer de uma causa, poderá, a requerimento da parte, ou mesmo de *ex officio*, ordenar, na pendência da lide, que os livros, ou de qualquer ou de ambos os litigantes sejam examinados na presença do comerciante a quem pertencerem e debaixo de suas vistas, ou na de pessoa por ele nomeada, para deles se averiguar e *extrair o tocante à questão*" – grifamos.

493 Ainda, neste mesmo diapasão, é a já aludida Súmula 260 do STF: "O exame de livros comerciais, em ação judicial, fica limitado às transações entre os litigantes".

494 A cujos comentários se remete o leitor.

495 Especialmente, sobre a questão da exibição parcial de documentos mercantis contra terceiros, consulte-se os comentários insertos no item 3, do artigo anterior.

Art. 422. Qualquer reprodução mecânica, como a fotográfica, a cinematográfica, a fonográfica ou de outra espécie, tem aptidão para fazer prova dos fatos ou das coisas representadas, se a sua conformidade com o documento original não for impugnada por aquele contra quem foi produzida.

§ 1° As fotografias digitais e as extraídas da rede mundial de computadores fazem prova das imagens que reproduzem, devendo, se impugnadas, ser apresentada a respectiva autenticação eletrônica ou, não sendo possível, realizada perícia.

§ 2.° Se se tratar de fotografia publicada em jornal ou revista, será exigido um exemplar original do periódico, caso impugnada a veracidade pela outra parte.

§ 3.° Aplica-se o disposto neste artigo à forma impressa de mensagem eletrônica.

1. Provas documentais não escritas

Conforme já salientado no início destes comentários, a noção de prova documental não pode reduzir-se, exclusivamente, ao conceito de prova escrita. Abrange, sem dúvida nenhuma, todas as coisas capazes de representar diretamente um fato, estando aí incluídas as fotografias, DVDs, CDs etc.

O Código de Processo Civil brasileiro, embora tenha dado (seguindo a tradição já sedimentada) significativa preponderância ao tratamento das provas documentais escritas, não olvidou a amplitude que se deve dar a esta espécie de prova, dedicando-se também a regulamentar o uso de outros tipos de documentos, concebidos pela evolução tecnológica para o registro de informações. Iniciou este regime, a propósito, possibilitando o uso, em juízo, de qualquer meio de reprodução mecânica de fatos, seja ele composto de imagens, de sons ou de ações.

A regra trata, indistintamente, de qualquer meio de reprodução mecânica, muito embora seja certo que situações diferentes poderão apresentar-se, a exigir, então, aperfeiçoamento do conceito utilizado pelo Código. Por reprodução mecânica seria possível entender todo e qualquer mecanismo capaz de reproduzir sons, imagens e ações. Todavia é certo que, mesmo diante das normas estabelecidas pelo Código de Processo Civil, no referente à prova documental, definição tão ampla como essa não pode ser aceita.

Desde logo se pode dizer que fica fora do tratamento do art. 422 o regime dado às cópias xerográficas (ou obtidas por outro meio de repetição). Estas, como já visto, são equiparadas pela legislação processual às cópias, estando seu regramento em outro local (arts. 423, 424 e 425). Há diversas peculiaridades no tratamento destas cópias, que autorizam a sua disciplina em apartado, razão pela qual não se lhes pode aplicar, ao menos não *in totum*, o preceito aqui comentado.

É certo que, mesmo quanto a este tipo especial de cópia, o sistema de valoração da prova não dissente muito daquele previsto para as reproduções em geral (aqui tratado). Entretanto, algumas particularidades permitem excluir do conceito de reprodução mecânica a cópia xerográfica (ou obtida por meio semelhante). Prontamente, pode-se dizer que a possibilidade de que esta cópia seja autenticada pelo oficial público seja elemento inicial que aponta para a diferença. Ao contrário do que ocorre com fotografias, filmes e semelhantes, a cópia reprográfica pode estar autenticada por escrivão, que atestará a sua autenticidade e a sua conformidade com o original (arts. 423 e 424): esta circunstância permite outorgar à cópia presunção (*iuris tantum*) de legitimidade, autenticidade e conformidade, competindo à outra parte comprovar que esta presunção não corresponde à verdade. O mesmo seria impensável em relação a fotografias e filmes, que jamais poderiam ser autenticados, não se lhes aplicando, consequentemente, a modificação do *onus probandi* mencionado.

Por esta diferença essencial, parece correto compreender que a ideia que se pretende transmitir, ao aludir a reproduções mecânicas, equivale à noção dada por Carnelutti, a *provas diretas*. Ou seja, estes mecanismos são capazes de reproduzir, direta e imediatamente, o fato a ser provado.[496] As cópias reprográficas (fotocópias), ao contrário, não representam diretamente o fato a ser provado, *mas sim outra prova*, que se pretende utilizar para conseguir aquele efeito.[497] Seria possível dizer, mesmo, que as cópias xerográficas (ou obtidas por outro meio de reprodução) seriam equivalentes a *fotografias de documentos escritos*.[498]

---

496 "A diferença entre os dois tipos de prova está na *coincidência* ou na *divergência do fato a provar* (objeto da prova) e do *fato percebido pelo juiz* (objeto da percepção); assim a prova indireta apresenta o destaque do *objeto da prova* do objeto da percepção: o fato submetido à percepção do juiz não serve se não de meio para o conhecimento dele" (Francesco Carnelutti. *La prova civile*. 2. ed. Roma: Ateneo, 1947. p. 64-65).

497 Novamente recorre-se à lição de Carnelutti, que explica que "o fato representado no documento pode ser *o documento mesmo*; então se tem aquilo que se poderia chamar de o *documento do documento* e tecnicamente recebe o nome de *cópia* (do documento) em contraposição ao documento *original*, determinado da noção negativa que o fato nele representado *não é um outro documento*" (Idem, p. 215).

498 Cf. Idem, ibidem.

Por consequência, poder-se-ia concluir que o presente preceito trata de todas as reproduções mecânicas – documentos reprodutivos – de fatos (imagens, coisas, sons e ações), exceto das reproduções de documentos.[499] Nota-se, imediatamente, que se trata de conceito suficientemente aberto, a permitir que todos os meios que a tecnologia puder conceber, para a reprodução de fatos (que não documentos) possam estar ali regulados. Não tão amplo, porém, a ponto de incluir também as reproduções de documentos escritos.

De outro lado, cabe sempre lembrar que certos tipos de reproduções são tratados por regulamentos próprios, a exemplo do que ocorre com o fac-símile ou, recentemente, com o uso da *internet* para a prática de atos processuais.[500]

2. Valor probatório das reproduções mecânicas e eletrônicas. Conformidade

Definido o espectro de abrangência da figura tratada no dispositivo, impõe-se atentar para o conteúdo da regra. Prevê-se que as reproduções mecânicas fazem prova dos fatos e coisas representadas, uma vez que sua conformidade não tenha sido impugnada pela parte contrária.

A noção de *conformidade*, em relação às reproduções mecânicas, tem função semelhante àquela determinada pela lei para a *autenticidade*, em relação às provas escritas. Ambas se prestam para outorgar, de regra, eficácia probatória à prova documental produzida. Entretanto, em relação às reproduções, a verificação da *conformidade* tem papel mais amplo do que o desempenhado pela *autenticidade*. Por meio dela atesta-se não apenas a origem da reprodução, mas, mais precisamente, a adequação entre o registro (da imagem, da coisa, do som ou da ação) e o fato reproduzido. Assim, se a ideia de autenticidade limita-se a indicar a procedência das informações gravadas no documento, a noção de conformidade vai além, já que aponta para a adequação fática entre o reproduzido e o ocorrido.

Expressa a lei que, para que a reprodução mecânica possa fazer prova dos fatos e das coisas representadas, é necessário que a outra parte, contra quem o documento é produzido, não impugne a sua conformidade. Esta admissão (expressa ou tácita), em vista da própria conceituação de conformidade, há de tomar em

499 Neste mesmo sentido: "Com a denominação 'documentos reprodutivos' podem designar-se todas as provas documentais que têm em comum a função de *reproduzir* qualquer coisa. Aquilo que vem reproduzido é em muitos casos um documento escrito, e então o documento reprodutivo é uma *cópia*; em outros casos aquilo que vem reproduzido é uma *coisa*, um *fato* ou um *comportamento*, e então o documento é uma *reprodução mecânica*" (Luigi Paolo Comoglio; Corrado Ferri; Michele Taruffo. *Lezioni sul processo civile* cit., p. 671).

500 A respeito, confira-se os comentários na parte inicial desta seção.

conta, por sua própria essência, não apenas o aspecto extrínseco do documento – ou seja, o suporte da reprodução, que não pode estar adulterado – mas ainda o seu conteúdo específico – devendo-se aferir a adequação do reproduzido com os acontecimentos e, ainda, a *completude* da reprodução (vale dizer, a integralidade dos fatos efetivamente ocorridos, sem que se admita que a reprodução deixe de conter ideias relevantes para examinar a realidade em sua inteireza). Desta feita, a fim de comprovar a conformidade do documento, não basta que a reprodução efetivamente se refira a fatos acontecidos; é necessário que os tenha reproduzido de maneira a não omitir informações ou a não deformar a realidade. Se a reprodução – pelo ângulo da fotografia, pelos cortes em imagem, pela edição da gravação etc. – não é fiel ao ocorrido *e ao seu contexto*, cabível será a alegação de desconformidade, desfazendo-se a presunção de prova dos fatos e coisas representadas.

Haverá, porém, prazo para a formulação desta impugnação? Moniz de Aragão[501] sugeria, na vigência do CPC/1973, que se utilizasse, à mingua de previsão expressa pelo dispositivo em exame, a regra do art. 372, daquele código, que previa prazo de 10 dias para o incidente de verificação (bem como para a arguição de falsidade). Parece que, no sistema atual, raciocínio semelhante deve ser prestigiado. Assim, deve-se conceder à parte o prazo de 15 dias para a impugnação da reprodução oferecida (arts. 430 e 437, § 1.°, CPC). Havendo admissão expressa ou omissão da parte em impugnar o documento no prazo, há de se supor a conformidade.

Superado o prazo, portanto, sem a manifestação da parte, presume-se aceito o conteúdo da reprodução, incidindo a presunção (relativa) de veracidade dos fatos e coisas representadas. Seria mesmo desnecessário dizer que a presunção que incide sobre as reproduções, em função da anuência na conformidade dela, é apenas *iuris tantum*. Não vincula, por isso mesmo, a compreensão do magistrado, que pode – se houver motivos para tanto, e desde que fundamente adequadamente seu juízo (art. 371) – concluir que tais representações não apreendem perfeitamente a realidade, retirando o crédito que lhes fora atribuído pelo art. 422 em questão. Deverá o magistrado, entretanto, em tais casos, estar lastreado em prova contrária segura, capaz de negar valor àquela reprodução mecânica. Caso contrário, de regra, por se tratar de prova direta, merece esta prevalecer.

3. Impugnação da reprodução e verificação da conformidade

Segundo previa o art. 383, parágrafo único, do CPC/1973, sobrevindo a impugnação, deveria o juiz ordenar a realização de perícia sobre a reprodução. Em verdade, o que pretendia a regra é que, uma vez impugnada a conformidade da

501 Egas Dirceu Moniz de Aragão. *Exegese do Código de Processo Civil* cit., vol. 4, t. I, p. 276.

reprodução com os fatos, promovesse o magistrado a verificação da adequação. Esta poderia fazer-se por meio de prova pericial, quando o suporte do documento tivesse sido alterado (ou falsificado), editado ou suprimido, ou ainda, eventualmente, quando a montagem estivesse não no suporte, mas no próprio conteúdo, a fim de forjar fatos que não aconteceram. Havia situações, porém, em que esta prova pericial seria inútil para a verificação da desconformidade, o que impunha que o magistrado, em tais casos, buscasse outros meios de prova, a fim de perscrutar a realidade fática. Assim, se a impugnação versasse, por exemplo, sobre o contexto, que a reprodução omitiu, é certo que a prova pericial, imposta por aquele preceito, seria de pouca ajuda para o esclarecimento dos fatos. Muito mais pertinente seria, nesse caso, o recurso à prova testemunhal, por exemplo, capaz de esclarecer circunstâncias ou aspectos específicos, insuscetíveis de serem apreendidos pelos meios de reprodução mecânica (v. g., em gravações, as cenas que não estão presentes; em fotografias, as circunstâncias que rodeiam a imagem retratada etc.).

Mais que isto, ponderava Moniz de Aragão, também na vigência daquela regra, que "a impugnação da cópia, ou reprodução, pode versar sobre a conformidade entre ela e o original nela reproduzido, ou abranger a inautenticidade do próprio original. Nesta segunda hipótese, a reprodução poderá estar conforme ao original, mas este não merecer fé. O problema deixa de ficar subsumido à norma comentada e passa a ser objeto da disposição contida no art. 372. Neste caso, porém, deverá ser exigida a exibição do original para ser impugnado, ou poderá a impugnação da autenticidade do próprio original ser feita com base na cópia exibida? Dependendo das circunstâncias ambas as hipóteses poderão ocorrer. Se for possível examinar a autenticidade do original por meio da observação da cópia, nada impede que seja feita a impugnação desde logo".[502]

Parece que essas considerações merecem ser transpostas para o regime atual. Embora o Código de 2015 não repita a mesma regra da lei anterior, é evidente que, havendo impugnação de conformidade da reprodução, deve o juiz analisar a insurgência, permitindo às partes a prova da idoneidade ou não daquela reprodução. A prova poderá ser feita por meio de perícia ou por qualquer outro meio admissível, a depender da espécie de impugnação feita.

4. Reproduções fonográficas e interceptação telefônica

Especificamente no que se relaciona com a reprodução fonográfica, o tema conduz ao estudo das hipóteses que autorizam a gravação de conversas, espe-

502 Idem, p. 277.

cialmente a chamada interceptação telefônica. A questão já foi objeto de extensa digressão, na parte inicial destes comentários, razão pela qual se dispensa maiores considerações.

Apenas para sintetizar o que lá se concluiu, vale lembrar que a noção de interceptação há de tomar em consideração a gravação de conversa por terceira pessoa não inserida no diálogo. Apenas aí é que se deve considerar efetivamente ocorrente a interceptação e, portanto, a prova ilícita, imprestável para o processo. Quanto à fotografia, de regra, a fim de que ela não viole a intimidade da pessoa, é necessário que tenha ela sido obtida com o consentimento do fotografado ou, então, em local público, onde o conceito de intimidade assume outra conotação.[503]

5. Fotografia digital e mensagens eletrônicas

Ciente de que a fotografia tradicional – que emprega negativos fotográficos – praticamente desapareceu, o código substitui o tratamento dessa prova (presente no art. 385, §§ 1.º e 2.º, CPC/1973) pela disciplina da fotografia digital. De modo idêntico, acrescenta o código um preceito para tratar da prova decorrente de mensagens eletrônicas.

Essas regras, efetivamente, fazem mais sentido do que a manutenção do tratamento da fotografia tradicional, que praticamente não é mais empregada no direito nacional. A evolução tecnológica impacta o tema da prova e acrescenta instrumentos antes não imaginados, que exigem um tratamento mínimo. Por outro lado, a introdução do regime da "ata notarial" no código (art. 384) diminui sensivelmente o impacto do tratamento da fotografia digital e das mensagens eletrônicas, como se verá a seguir.

É fato que o Código Civil havia tentado, antes do CPC/2015, dar tratamento ao tema (ainda que de forma genérica), ao prever, em seu art. 225, que "as reproduções fotográficas, cinematográficas, os registros fonográficos e, em geral, quaisquer outras reproduções mecânicas ou eletrônicas de fatos ou de coisas fazem prova plena destes, se a parte, contra quem forem exibidos, não lhes impugnar a exatidão". O preceito, porém, claramente não se encontra em condições de reger a matéria, já que sua aplicação é restrita à hipótese em que não surja controvérsia a respeito da integridade da prova. Realmente, se não surgir qualquer impugnação a respeito do teor da fotografia exibida, nenhum problema surgirá, tendo aplicação inquestionável o comando apontado. Todavia, surgindo polêmica sobre a fotografia

503 A respeito do tema, confira-se Sérgio Cruz Arenhart. *A tutela inibitória da vida privada*. São Paulo: Ed. RT, 2000.

digital (sendo alegada sua montagem, questionando-se sua veracidade etc.), não se pode mais recorrer à solução legal, embora seja precisamente neste caso que se impõe a orientação do legislador.

À vista da insuficiência daquela regra, o CPC/2015 buscou oferecer tratamento mais completo ao problema. Nos termos do art. 422, § 1.°, essas fotografias – digitais ou extraídas da rede mundial de computadores – fazem prova de seu teor, o que obviamente implica a inexistência de impugnação por parte daquele contra quem a prova é utilizada. Todavia, havendo impugnação, "deverá ser apresentada a respectiva autenticação eletrônica ou, não sendo possível, realizada perícia".

Não obstante mais completa, a regra parece absolutamente divorciada da realidade e da prática comum.

Ora, será razoável exigir a autenticação eletrônica de fotografia obtida na rede mundial de computadores? E de que servirá a prova pericial nesse tipo de caso? E mesmo no caso de fotografia digital, como se logrará a sua autenticação?

Pior do que isso, é sabido que comumente, uma vez impressa a fotografia digital, é hábito apagar a memória da máquina (ou o cartão de memória), para ser reutilizada. E, embora seja possível valer-se de técnicas periciais para buscar informações que tenham sido apagadas desse tipo de mídia, fato é que esse procedimento pode ser impossível, havendo também mecanismos que inviabilizam essa recuperação. Assim, comumente, não se terá esse meio físico disponível para ser eventualmente periciado (valendo ainda considerar o elevado custo desse meio físico e a impropriedade de manter-se a máquina fotográfica ou o cartão de memória retido nos autos até final solução da causa, seja porque não se tem, ali, como guardar adequadamente o equipamento, seja pelo despropósito dessa manutenção). Recorde-se, também, que é comum hoje o emprego de programas de informática para corrigir defeitos de fotografias digitais, o que não implica reconhecer que estas correções importem manipulação ilícita da imagem. Por fim, ainda se deve mencionar que, neste caso, o meio físico não é garantia absoluta de que a imagem não foi manipulada, pois, como já se viu, é extremamente fácil alterar a imagem digital, dificultando enormemente, quando não impedindo, a constatação da presença e da extensão dessas modificações.

Esta circunstância – que trata com a normalidade da conduta humana – não pode ser esquecida pelo aplicador do direito, quando do exame das condições para admissibilidade desta prova. Logicamente, havendo a possibilidade de arrecadar-se a memória da máquina (ou o cartão de memória dela), submetendo-a à perícia, ter-se-á maiores elementos para verificar a idoneidade da prova. Todavia, a impossibilidade de se obter este meio físico, ou a inconclusividade da perícia realizada, não podem ser elementos que impossibilitem o uso da prova no processo. Isto porque, se é normal que se apague esta memória, ou se é difícil que a perícia possa detectar a alteração da imagem, tais questões não podem ser simplesmente desconsideradas pelo legislador.

Em tais casos, diante da impossibilidade de se ter outra solução, não parece razoável a solução que apontaria para a vedação do emprego dessa prova no processo. Ao contrário, parece mais correto autorizar a sua produção, sujeitando-a ao livre critério de valoração do juiz. Tocará a ele, diante das demais circunstâncias do processo, da harmonia entre a prova fotográfica (digital) e o conjunto probatório dos autos, a conduta regular da parte (ao desfazer-se do meio físico de registro) e até eventuais elementos indicativos da perícia (possivelmente realizada sobre a fotografia) examinar o caso e, justificadamente, apontar o convencimento que esta prova lhe traz.

Esta solução, embora não permita juízo seguro a respeito da utilidade da prova, é a única que se amolda às particularidades de cada situação, permitindo que se observe a conduta da parte e o conjunto dos autos como elementos importantes na definição do valor instrutório da prova em questão.

O mesmo raciocínio deve valer para mensagens eletrônicas. Porque não raras vezes será difícil periciar o meio físico em que ela consta, caberá ao juiz, ponderando a praxe e as possibilidades do caso concreto, bem como a harmonia da prova com o restante do conjunto probatório, avaliar o valor a ser dado a essa evidência.

De tudo isso, evidentemente, deverá haver a devida justificação judicial, nos termos do que preceitua o art. 489, § 1.º, CPC.

Art. 423. As reproduções dos documentos particulares, fotográficas ou obtidas por outros processos de repetição, valem como certidões sempre que o escrivão ou o chefe de secretaria certificar sua conformidade com o original.

1. Cópias de documentos particulares

O art. 423, CPC trata do valor probante das cópias de documentos particulares. Não se deve confundir esse regime com aquele atribuído às reproduções mecânicas, de que trata o art. 422, do código.

Versa a regra, então, exclusivamente sobre a reprodução de *documentos* (e especificamente de documentos particulares, já que as cópias de documentos públicos são tratadas, quanto a este aspecto, pelo art. 425, III), estabelecendo a eficácia probatória típica desta figura.

Esclarece a lei que estas cópias têm valor de certidão, se o escrivão ou o chefe de secretaria atestar a sua conformidade com o original. Muita polêmica tem suscitado a questão de saber quem é que pode dar fé a tais cópias, para que estas sirvam em juízo com a força de certidões. Moniz de Aragão,[504] na defesa de interpretação restritiva ao dispositivo legal (sustentando que apenas o escrivão em processo civil poderia dar fé a tais documentos, na forma do art. 422), argumenta que o Código de Processo Civil é regra que não visa a reger o serviço público em geral, mas, ao contrário, aplica-se apenas ao processo civil; ademais, diz o mestre, o vocábulo *escrivão* (ou, hoje, também o chefe de secretaria) tem definição precisa, que não pode ser menosprezada pelo intérprete. Em sentido diametralmente oposto é a opinião de Moacyr Amaral Santos,[505] que afirma que a dicção legal não pode limitar-se apenas à figura do escrivão, mas abrange todo oficial público. Para embasar sua conclusão, finca-se em decisão do Des. Marcelino Gonzaga e em lição de Oliveira Machado, que constatam que a função certificadora (de portar fé pública a documentos) não é exercida exclusivamente pelo escrivão, mas por vários agentes públicos, cada qual com atribuições específicas em suas respectivas áreas, de forma que seria inviável pretender a lei que somente alguns destes funcionários pudessem outorgar fé a certos documentos, aos quais poderiam mesmo não ter acesso.

Parece mais razoável a segunda opinião, embora não se possa negar a força dos argumentos do primeiro jurista. Com efeito, é certo que a regra processual, concebida para tratar de relações internas do processo, é clara em restringir a autenticação à figura do escrivão ou do chefe de secretaria. Todavia, também é certo que nem sempre o texto legal, gramaticalmente interpretado, conduz à solução adequada, ou pelo menos razoável, para o trato de certa matéria – aliás, esta é a razão da crítica tão ferrenha que atualmente se projeta em relação ao critério de hermenêutica literal, buscando-se dar maior atenção aos demais métodos (sistemático, histórico, teleológico etc.).[506] Na interpretação de uma regra, assim, é preciso situá-la em determinado contexto, apurando ainda o(s) seu(s) possível(is)

504 Egas Dirceu Moniz de Aragão. *Exegese do Código de Processo Civil* cit., vol. 4, t. I, p. 280.

505 *Comentários ao Código de Processo Civil* cit., vol. 4, p. 198.

506 Neste sentido, vale lembrar, a ideia de sistema projeta toda a sua força. Eisler, ao defini-la, apresentando uma de suas facetas, que é a noção de sistema objetivo, explica ser este "um conjunto global de coisas, processos ou partes, no qual o significado de cada parcela é determinado pelo conjunto supra-ordenado e supra-somatizado" (Rudolf Eisler. *Wörterbuch der philosophischen Begriffe*. 4. ed. Berlim, 1930. vol. 3, vocábulo "System").

objetivo(s). Ora, o próprio Código de Processo Civil, em outras passagens (v.g., o art. 425, III), faz referência à figura da autenticação e da fé pública, relacionando-as a qualquer *oficial público*. Sabe, portanto, a lei que todo oficial público, ao menos dentro dos limites de sua competência administrativa (art. 407), tem atribuições para conferir autenticidade e, por conseguinte, fé pública, a documentos. Se é assim, não há sentido na restrição pretendida no artigo em exame, na medida em que, mesmo que se interprete esta regra de forma restritiva, isto não terá o condão de negar a fé pública aos demais documentos, autenticados por outros oficiais públicos (no exercício de suas competências). E isto porque a presunção de legitimidade e de veracidade do ato administrativo – que reveste os atos praticados por todos os agentes públicos e não apenas pelo escrivão ou pelo chefe de secretaria – não decorre (exclusivamente) da previsão do art. 423, mas tem origem no próprio princípio da legalidade, que permeia toda a atuação administrativa (art. 37, *caput*, CF). Vale dizer: mesmo que se pretendesse dar interpretação restritiva ao artigo aqui estudado, a fé pública sobre reprodução fotográfica de documento particular, concedida por outro agente público (que não o escrivão ou o chefe de secretaria), permaneceria tendo esta presunção de legitimidade e de veracidade (conformidade), porque esta fé decorre da própria essência da Administração Pública.

Por esta razão é de se entender que a previsão legal, que condiciona o valor das reproduções à autenticação por escrivão ou por chefe de secretaria, refere-se não apenas a esses sujeitos, mas a qualquer agente administrativo *no exercício de suas funções públicas*.

2. Valor probante das cópias de documentos particulares

Quanto ao valor probatório da reprodução mecânica, estabelece a norma que, quando verificada a sua conformidade com o original por escrivão ou chefe de secretaria (*rectius*, por oficial público), valerá esta cópia como certidão daquele.

Neste ponto, a expressão da lei parece tentar identificar o regime previsto para estes documentos particulares e aquele imposto para os registros públicos (art. 425, III). Ao tratar de documentos públicos, determina o Código que têm a mesma força probante que estes documentos "as reproduções dos documentos públicos, desde que autenticadas por oficial público ou conferidas em cartório com os respectivos originais". Se assim acontece com os documentos públicos, realmente não haveria razão para ser de modo diverso em relação aos documentos particulares.

Assim, seguindo este raciocínio, a regra em comento apenas reflete a disciplina já conferida pelo Código a documento semelhante, outorgando-lhe a mesma eficácia do original, desde que a cópia seja objeto de autenticação por oficial público (que lhe ateste a conformidade com o original).

Contudo, cabe lembrar que o documento, seja público ou particular, seja cópia ou original, tem eficácia probatória própria (como, aliás, acontece com qualquer prova). Apenas quando se questiona da integridade formal do documento (suporte), ou da veracidade de seu conteúdo é que precisa o magistrado socorrer-se de regras como esta. Em não havendo impugnação sobre o documento, sequer deve o juiz preocupar-se com estes detalhes formais – salvo se, por alguma razão, ele mesmo duvide da perfeição do suporte ou do conteúdo do documento –, já que para tais situações não se polemiza sobre aquela prova, que passa a adquirir força autônoma.

Regras como o art. 423 apenas incidirão no caso de impugnação sobre o documento (pela parte interessada ou por manifestação *ex officio* do juiz). Aí, sim, será necessário utilizar-se de critérios para apurar a validade do documento, e entre estes critérios encontra-se a via das presunções fixadas pelo Código e estudadas até agora. Para tais casos é que será necessário produzir-se *prova da prova*, a fim de assegurar-se ao magistrado da utilidade deste meio de prova, valendo estas presunções como elemento de distribuição do ônus da prova, quanto à prova questionada.

Em suma, o que se quer dizer é que a regra do art. 423 não se impõe de pronto, inutilizando qualquer cópia de documento particular apresentada no processo que não tenha fé pública de escrivão, de chefe de secretaria ou de outro oficial público. Ao contrário, ela somente terá aplicação para o caso de questionamento sobre esta cópia, caso em que, havendo a fé portada, incumbirá o ônus da prova (de que o documento não é conforme o original) àquele contra quem a prova é produzida; caso contrário, em não estando a cópia acompanhada da fé do oficial, a prova de que o documento é conforme o original caberá à parte interessada na produção (e, portanto, na força probatória) daquela prova.

Art. 424. A cópia de documento particular tem o mesmo valor probante que o original, cabendo ao escrivão, intimadas as partes, proceder à conferência e certificar a conformidade entre a cópia e o original.

1. Força probante das cópias de documentos particulares

No art. 424, o Código prossegue na normativa da cópia de documento particular, estabelecendo – agora para todas as espécies de cópias (e não apenas àquelas obtidas por processos de reprodução) –, sua eficácia probatória e a particular forma de verificação desta peça.

Na esteira do que havia a lei proposto para as reproduções fotográficas, e a fim de manter a homogeneidade no tratamento da força probante das cópias, estabelece-se aqui que qualquer outra cópia merece também o mesmo crédito que o documento original. Ao fim e ao cabo retorna-se àquela ideia, exposta nos comentários ao artigo anterior, de que os documentos – sejam públicos ou particulares, originais ou cópias – têm valor probatório, de regra,[507] independente do atendimento a qualquer formalidade. A investigação sobre a satisfação de certas formalidades (v.g., a autenticação, a conferência, a forma pública etc.) somente terá sentido, e função, no caso de haver algum questionamento sobre a validade do documento ou sua adequação com a realidade fática. Apenas nestes casos é que a observância de certas garantias legais poderá importar em situação mais ou menos confortável para a parte que se pretende valer da prova ou, ao contrário, para o seu adversário. Isto porque, em tais hipóteses, o atendimento a certos requisitos (como a forma pública, a autenticação etc.) poderá impor o ônus da prova – da validade ou da invalidade do documento, da adequação ou inadequação do seu conteúdo à realidade fática – à parte contrária (a quem a prova prejudica), assim como a sua não observância poderá implicar esta imposição à parte interessada na produção da prova.

Assim sendo, o documento particular, apresentado por cópia em juízo, tem sempre (até que sobrevenha a impugnação pela parte contrária ou por própria iniciativa do juiz) valor idêntico ao original, mesmo que dispensada a conferência de que trata a parte final do art. 424, *caput*. Esta conferência, na verdade, somente terá razão de existir se, apresentada a cópia, for sua conformidade questionada, caso em que esta verificação será necessária.[508]

Por isso mesmo é que se disse que a presente regra não trata apenas da força probante das cópias (em geral, já que as reproduções fotográficas têm esta força determinada pelo artigo anterior). Traz, antes de qualquer outra coisa, o procedimento adequado a ser utilizado para o caso em que a conformidade da cópia com o original venha a ser questionada. E, diante da ausência de regra específica para a verificação de conformidade entre o original e a reprodução fotográfica (de que trata o art. 423), a conferência em cartório também poderá aplicar-se àqueles casos, especialmente se aquela fotocópia não portar a fé de oficial público.

---

507 Tirante os casos em que a própria lei estabelece de forma distinta (como é o caso das provas solenes, em que a forma específica é requisito de validade do próprio ato jurídico).

508 Nessa linha, aliás, considera o art. 223, CC, que "a cópia fotográfica de documento, conferida por tabelião de notas, valerá como prova de declaração da vontade, mas, impugnada sua autenticidade, deverá ser exibido o original".

Esta conferência, portanto, não é pressuposto para a apresentação da cópia em juízo. Será, apenas, o meio utilizado para lidar com o impasse surgido, quando alguma das partes questione a conformidade entre o original e a cópia, caso em que o escrivão, verificando ambos, atestará ou não a conformidade, submetendo a questão então ao juiz para a valoração da prova. Em havendo esta impugnação, portanto, competirá ao escrivão, na presença das partes (devendo todas elas, então, ser intimadas para comparecer em cartório para o ato), verificar a adequação entre o original e a cópia, lavrando de tudo ata circunstanciada, com a sua opinião sobre a conformidade ou não. Neste caso, a propósito, deverá o escrivão apontar as divergências encontradas.[509] Se, ainda assim, uma das partes não estiver satisfeita com a conclusão do escrivão, poderá suscitar, posteriormente, a arguição de falsidade, a seguir sua tramitação própria.[510]

Somente terá aplicação, portanto, a parte final do *caput* do art. 424 quando haja impugnação sobre a conformidade entre a cópia e o original, por iniciativa do próprio juiz ou da parte interessada.

Art. 425. Fazem a mesma prova que os originais:

I – as certidões textuais de qualquer peça dos autos, do protocolo das audiências ou de outro livro a cargo do escrivão ou do chefe de secretaria, se extraídas por ele ou sob sua vigilância e por ele subscritas;

II – os traslados e as certidões extraídas por oficial público de instrumentos ou documentos lançados em suas notas;

III – as reproduções dos documentos públicos, desde que autenticadas por oficial público ou conferidas em cartório com os respectivos originais;

IV – as cópias reprográficas de peças do próprio processo judicial declaradas autênticas pelo advogado, sob sua responsabilidade pessoal, se não lhes for impugnada a autenticidade;

V – os extratos digitais de bancos de dados públicos e privados, desde que atestado pelo seu emitente, sob as penas da lei, que as informações conferem com o que consta na origem;

509 Cf. Moacyr Amaral Santos. *Comentários ao Código de Processo Civil* cit., vol. 4, p. 202.

510 Com efeito, se uma das partes, assistindo à verificação de conformidade, já ali se manifestar no sentido da discordância com as conclusões do escrivão (que deverão ser lavradas na ata naquele momento), manifestando a sua intenção em suscitar a arguição de falso, será conveniente, e mesmo recomendável, que o escrivão guarde, em sua posse, o documento original, que será confrontado com a cópia no incidente a ser promovido, podendo mesmo ser objeto da perícia que lá se conduzirá.

VI – as reproduções digitalizadas de qualquer documento público ou particular, quando juntadas aos autos pelos órgãos da justiça e seus auxiliares, pelo Ministério Público e seus auxiliares, pela Defensoria Pública e seus auxiliares, pelas procuradorias, pelas repartições públicas em geral e por advogados, ressalvada a alegação motivada e fundamentada de adulteração.

§ 1.° Os originais dos documentos digitalizados mencionados no inciso VI deverão ser preservados pelo seu detentor até o final do prazo para propositura de ação rescisória.

§ 2.° Tratando-se de cópia digital de título executivo extrajudicial ou de documento relevante à instrução do processo, o juiz poderá determinar seu depósito em cartório ou secretaria.

1. Classificação das cópias

A presente regra equipara, para fins probatórios, os documentos originais a suas cópias, certidões, traslados e reproduções, desde que obedecidas as formalidades legais. Em suma, a regra exposta (ao menos no que toca aos incs. I e II) é idêntica àquelas presentes nos arts. 216[511] e 217[512] do CC.

É comum fazer-se a distinção dos documentos em *originais* e *cópias*. A definição do primeiro é praticamente tautológica, na medida em que se tem por original o documento genuíno, formado inicialmente. Já as cópias são os documentos confeccionados para representar a existência de outros documentos.[513] Por esta razão, não se pode considerar como cópia a formação de vários documentos sobre um mesmo fato. Estes documentos todos, formados sobre um único fato – e não para demonstrar a existência de um *documento sobre o fato* – são originais, e não se confundem com a ideia de cópias.[514]

---

511 "Art. 216. Farão a mesma prova que os originais as certidões textuais de qualquer peça judicial, do protocolo das audiências, ou de outro qualquer livro a cargo do escrivão, sendo extraídas por ele, ou sob a sua vigilância, e por ele subscritas, assim como os traslados de autos, quando por outro escrivão consertados."

512 "Art. 217. Terão a mesma força probante os traslados e as certidões extraídos por tabelião ou oficial de registro, de instrumentos ou documentos lançados em suas notas." V. também o art. 161 da Lei 6.015/1973 (Lei de Registros Públicos).

513 Cf. Francesco Carnelutti. *Sistema de derecho procesal civil* cit., t. II, p. 421.

514 V. a respeito, Francesco Carnelutti. Documento e negozio giuridico. *Rivista di Diritto Processuale Civile*, v. 3, Padova, Cedam, 1926. Parte I-II, p. 196.

Costuma-se classificar as cópias em diversas categorias, conforme aspectos intrínsecos específicos, formalidades determinadas ou peculiaridades próprias - assim é que se fala em traslado, certidão, pública-forma, registro, extrato etc.[515] A classificação tem segura função notarial, mas carece de utilidade específica em termos processuais. Para o processo, basta que a cópia exibida preencha as formalidades legais, tendo sido expedida dentro dos parâmetros regulares, para que se lhe possa outorgar a validade e a eficácia peculiares.

2. Valor probante das reproduções

Expressa o Código que as reproduções obtidas de documentos originais têm a mesma eficácia probatória que a peça original. A regra, que em substância repete o teor do art. 365, CPC/1973, constitui avanço claro em relação a seu equivalente no Código de 1939. O preceito similar do CPC/1939 (art. 226) estabelecia que "as certidões e traslados extraídos de registos, autos, livros de notas e de outros documentos públicos, pelos escrivães, tabeliães e oficiais de registo, terão por si a presunção de autenticidade". A regra, porém, pouco dizia em termos eficaciais, já que a presunção (*iuris tantum*) de origem do documento não poderia jamais autorizar que se lhe concedesse o mesmo valor da prova original. E, mais que isso, tratando-se de presunção relativa,[516] poderia esta ser elidida por qualquer meio de prova, tornando praticamente inútil a determinação então existente.

Outrossim, também aquele mesmo Código exigia (art. 225) a conferência, pelo escrivão, em cartório, da cópia com o original, previsão esta hoje inexistente. Também esta previsão foi abolida corretamente pelo código de 1973, e mantida na atual legislação. E assim deve ser. Afinal, como adverte Sérgio Sahione Fadel,[517] as novas técnicas de reprodução e de montagem de imagens, bem como os novos artifícios empregados para a falsificação, rasura e emenda de peças, tornam praticamente impossível detectar, exceto para os olhos de um *expert*, a adulteração do documento, motivo pelo que a conferência seria figura inútil.

3. Condicionantes do valor probatório da cópia

Do modo como atualmente se rege a questão, as cópias de documentos públicos terão sempre o mesmo valor probatório que o original, seja quando se

515 Por uma classificação adequada e análise detida das espécies de cópias, v. Moacyr Amaral Santos. *Comentários ao Código de Processo Civil* cit., vol. 4, p. 153-154; Clóvis Beviláqua. *Código Civil dos Estados Unidos do Brasil*. 5. tir. Rio de Janeiro: Rio, 1955. vol. 1, p. 401-402.

516 Francisco Cavalcanti Pontes de Miranda. *Comentários ao Código de Processo Civil*, cit., t. IV, p. 361.

517 Sérgio Sahione Fadel. *Código de Processo Civil comentado*. 2. tir. Rio de Janeiro: Konfino, 1974. t. II, p. 226.

trate de documento relativo à atividade judicial (assim como peças processuais ou elementos inseridos em livros mantidos sob a guarda do escrivão), seja de documentos guardados pelos cartórios extrajudiciais (certidões e traslados), seja ainda de documentos públicos outros, não arquivados em cartórios.

Em relação aos documentos mantidos pelos cartórios judiciais, exige a lei que as cópias deles extraídas (certidões) sejam sempre textuais – ou seja, completas, e não parciais –[518] e que sejam elaboradas pelo escrivão, pessoalmente ou sob sua vigilância, devendo ainda ser subscritas por este. É certo que este rigor excessivo merece ser atenuado. Embora a regra tenha origem já no Código Civil anterior (tendo sido repetida no art. 216 do CC), não se justifica que a certidão somente possa ser extraída pelo escrivão ou ainda que este deva assistir a um funcionário seu redigir tal peça. Basta que o escrivão – ou outra pessoa que tenha semelhantes poderes – confira os termos da certidão, subscrevendo-a.[519] A regra do Código de Processo Civil, ainda, dispensa o concerto da cópia (traslado) por outro escrivão, exigência contida no Código Civil (art. 216). Não se justifica a manutenção, no Código Civil, do preceito existente no anterior (art. 137, CC/1916). Nesse passo, a regra do CPC parece ajustar-se melhor ao sistema de fé pública, de que gozam as autoridades, havendo claro retrocesso no comando da Legislação Civil. Por conta disso, e ainda diante do princípio da persuasão racional que governa a atividade do juiz no processo, a norma do atual Código Civil deve ser considerada como resquício inoportuno e inútil. Dessa forma, andou bem o CPC/2015 quando, ao repetir o contido no art. 365, CPC/1973, extirpou a exigência imposta no CC, revogando aquele preceito nesse particular.

Quanto aos traslados e certidões de documentos mantidos nos cartórios extrajudiciais, sua extração deve obedecer aos requisitos legais, traçados pela legislação específica. Novamente, pode-se dizer que a lei não exige que o oficial público, pessoalmente, proceda à lavratura do traslado ou da certidão. Como ponderava Carvalho Santos, tratando da previsão idêntica existente no antigo Código Civil (art. 138), "não é precisão que sejam extraídas pelo próprio oficial. Podem

518 Cf. João Manuel Carvalho Santos. *Código Civil brasileiro interpretado*. 11. ed. São Paulo: Freitas Bastos, 1980. vol. 3, p. 184.

519 Assim também é a opinião de João Manuel Carvalho Santos. *Código Civil brasileiro interpretado* cit., vol. 3, p. 186. Mais rigorosa é a opinião de Pontes de Miranda. Segundo ele, "a lei exige que o escrivão extraia a certidão, ou que outrem, ligado ao serviço, o faça, sob a sua vigilância, e subscrita por ele. Se, no momento, por força maior, não está presente pessoa que tenha tal função, pode ele indicar qualquer pessoa, a cujo trabalho assista, com a responsabilidade que tem. A subscrição é essencial" (Francisco Cavalcanti Pontes de Miranda. *Comentários ao Código de Processo Civil*, cit., t. IV, p. 359).

ser escritas pelos escreventes e auxiliares ou mesmo datilografadas. Admitem-se também certidões em parte impressas. O que é essencial é que sejam extraídas sob as suas vistas e que o oficial as subscreva".[520]

A terceira hipótese tratada pelo dispositivo alude às reproduções de documentos públicos, que gozam da mesma força eficacial dos originais, desde que autenticados por oficial público ou conferidos em cartório com os originais. O anteprojeto do Código de Processo Civil de 1973 continha, neste porém, uma restrição, mencionando que este tratamento somente seria outorgado às reproduções fotográficas. Mais arrojado, o legislador suprimiu aquela restrição, dando espaço aos novos meios de reprodução (mesmo àqueles que a tecnologia ainda possa inventar) e admitindo o seu uso em juízo, desde que haja a conferência da cópia pelo escrivão ou desde que sejam autenticados por oficial público.

Sempre houve quem entendesse que as reproduções, de que trata o inc. III do art. 425 do Código de Processo Civil (equivalente ao art. 365, III, CPC/1973), não incluem o trato das reproduções mecânicas ou xerográficas, mas se limitam a reger as públicas-formas e similares, porque aquelas estariam tratadas em outro lugar, pelo art. 422 (o art. 423 trata de reproduções de documentos particulares). Não há sentido na restrição. A uma, porque, como já visto, o teor da regra, conforme o anteprojeto do Código, trazia em seu bojo expressamente a referência às reproduções fotográficas (que não é uma pública-forma), tendo ademais esta referência sido suprimida em virtude dos avanços tecnológicos que poderiam ainda advir.[521] A duas, esta restrição fica sem sentido, na medida em que a previsão do art. 383 exige a concordância da outra parte e esta - do específico teor daquele dispositivo - somente tem cabimento quando a cópia não tenha sido autenticada por oficial público, já que, em sendo este o caso, a concordância da conformidade fica suprida pela fé pública outorgada pelo oficial.

O inc. IV do dispositivo trata das cópias de autos judiciais. Segundo o preceito, deve-se dar a essas cópias o mesmo valor do original sempre que o *advogado* atestar sua autenticidade. A lei refere-se exclusivamente ao advogado porque os outros

520 João Manuel Carvalho Santos. *Código Civil brasileiro interpretado* cit., vol. 3, p. 187-188.

521 "Não se deve restringir às reproduções fotográficas, as chamadas fotocópias, o valor de substituir o original. Este código não está sendo feito apenas para hoje, mas sim, para durar, no mínimo o tempo a que o atual resistiu. Antes obtinha-se a reprodução apenas pelo processo tradicional da fotografia, hoje, máquinas as mais diversificadas nos fornecem centenas, senão milhares, de cópias idênticas ao original, por minuto, sem os inconvenientes e as despesas da fotografia. (...) A redação proposta abrangerá toda e qualquer reprodução de documentos, quaisquer que sejam os processos adotados para sua obtenção" (Alexandre de Paula. *Código de Processo Civil anotado*. 5. ed. São Paulo: Ed. RT, 1992. vol. 2, p. 1.473).

sujeitos que atuam no processo (juízes, Ministério Público e servidores do Poder judiciário) devem enquadrar-se no inc. III. Com isso, tem-se que tanto advogados (públicos ou privados), como juízes e agentes do Ministério Público podem atribuir fé a cópias de documentos. No entanto, se a declaração do advogado a respeito da autenticidade for questionada, desaparece a presunção oferecida pela regra, sendo necessário que o advogado comprove que a cópia corresponde ao original. O mesmo não se passa com cópias certificadas por magistrado ou pelo Ministério Público. Em face da fé pública que têm, caberá à parte contrária a demonstração da inidoneidade da cópia.

O inc. V trata das cópias digitais presentes em bancos públicos ou privados. Exige a lei, nesse caso, que seja "atestado pelo seu emitente, sob as penas da lei, que as informações conferem com o que consta na origem". A exigência soa estranha, porque supõe que, sem essa menção, estaria autorizada a extração de cópia falsificada. De todo modo, a hipótese não diverge das situações antes analisadas. Assim, se o emitente é agente público, que goze de fé pública, a cópia por ele extraída presume-se conforme com o original, cabendo àquele contra quem a prova é produzida a prova da divergência. Se, ao contrário, o emitente é um particular (que não detenha fé pública), então a impugnação a respeito da conformidade da cópia afasta a presunção de idoneidade, competindo àquele que trouxe a cópia a demonstração de sua fiabilidade.

Por fim, o inc. VI destina-se a dar conta da juntada de documentos (*rectius*, cópias de documentos) em autos digitais de processos. Segundo o preceito, a anexação dessas cópias por qualquer dos agentes que intervêm no processo faz presumir a conformidade da cópia. Poderá, porém, outro sujeito do processo impugnar essa conformidade, justificando as razões que levam à suposição da divergência. Nesse caso, caberá à parte que produziu o documento trazer o original para conferência, razão pela qual tais originais devem ser guardados até o final do prazo para o ajuizamento de ação rescisória, tal como prevê o art. 425, § 1.º, CPC.

Caso particular é o gerado pelas cópias de documentos microfilmados. Segundo previsão contida no art. 1.º, § 1.º, Lei 5.433/1968, "os microfilmes de que trata esta Lei, assim como as certidões, os traslados e as cópias fotográficas obtidas diretamente dos filmes produzirão os mesmos efeitos legais dos documentos originais em juízo ou fora dele". Observe-se que a Lei nada diz a respeito da necessidade de autenticação desta espécie específica de cópia, o que faz presumir, aparentemente, a sua dispensa. Semelhante entendimento, todavia, não parece exato, e merece atenção mais detida. Observe-se que a Lei em exame não faz qualquer referência à forma pela qual se dá a extração das certidões, dos traslados ou mesmo das cópias; cinge-se a dizer que tais reproduções têm o mesmo valor que os originais microfilmados, o que já seria de se concluir pela leitura dos arts. 422, 423 e 425 do CPC. Isto, porém, não dispensa estas cópias da necessidade de que sua extração se dê segundo as regras e formalidades vigentes. Assim, mesmo diante da previsão em exame, é certo que as certidões, os traslados e as cópias daqueles microfilmes deverão adequar-se aos parâmetros fixados no art. 425 do CPC, para adquirirem a mesma força dos originais; caso contrário, terão a força que o prudente arbítrio judicial lhes conferir, na forma dos arts. 422 e 423 do *Codex*. Entendimento diverso levaria à absurda conclusão de que um documento, pelo simples fato de ter sido microfilmado, passará a ser reputado verdadeiro, independentemente de sua conferência, de sua autenticidade etc.

4. Ressalva quanto à concordância do valor probante da cópia

Nunca é demais lembrar que, em verdade, embora a regra pretenda equiparar o documento original às suas cópias, esta equivalência jamais será atingida em sua plenitude. A prática sempre se encarregará de demonstrar que ao original se dá maior valor do que à sua cópia.[522] E isto só acontece por uma razão bastante simples: a cópia exige a interferência de um outro sujeito (o oficial público, o escrivão etc.) na formação do novo documento, o que implica dizer que haverá então a intervenção de uma nova vontade no conhecimento judicial do fato reproduzido. Esta intervenção *poderá*, sempre, alterar algo no fato reproduzido, imprimindo-lhe suas impressões pessoais ou menosprezando aspectos contidos no original; a simples conferência da cópia com o original, procedida pelo escrivão, já poderá ter este condão.[523] Assim, embora a equiparação legal tenha sentido, também não se pode negar que, psicologicamente, a trazida do original sempre possa gerar um grau de cognição mais forte do que o fornecido pela cópia. Por isso mesmo, não se pode retirar a razão de Pontes de Miranda, quando afirma que "a fotocópia de instrumentos públicos será, ainda após a conferência, *minus* em relação aos instrumentos; de modo que não se justifica que junte fotocópia quem poderia tirar outra ou outras certidões".[524] Aliás, Carnelutti já se havia adiantado

522 Neste sentido também é a opinião de João Abrahão (O valor probatório das reproduções mecânicas. *RePro*, n. 20, São Paulo: Ed. RT, 1980. p. 131).

523 "Pelo fato de dependerem da conferência pelo escrivão do processo, ou por outro escrivão, nomeado pelo juiz para a conferência, ou por tabelião, as públicas-formas, ou mesmo os extratos e cópias, podem ter algum valor probatório, pois que o Código adotou o princípio da livre convicção do juiz (art. 131). Mas o documento mesmo é que prima" (Francisco Cavalcanti Pontes de Miranda. *Comentários ao Código de Processo Civil* cit., t. IV, p. 362).

524 Idem, ibidem.

a esta observação, dizendo que as cópias podem ser equiparadas ao testemunho indireto (de referência).[525]

5. *Fac-símile*

Quanto às reproduções obtidas por fac-símile, ou por procedimento semelhante, o assunto já foi analisado inicialmente. Já se disse que o tema vem perdendo interesse, na medida em que se disseminam outras formas de comunicação que dispensam a "impressão de cópia", tal como faz o fac-símile. No entanto, dado que a figura ainda existe, impõem-se algumas palavras sobre seu regime.

Nesse ponto, subsiste a dúvida em saber se a cópia juntada aos autos por reprodução de fac-símile precisa ou não ser autenticada ou de qualquer forma conferida pelo escrivão. Conforme já visto anteriormente, a Lei 9.800/1999 autoriza o uso de sistema de transmissão de dados para a prática de atos processuais. Em linhas gerais, autoriza-se o uso de equipamentos de transmissão, desde que os originais sejam juntados aos autos em cinco dias do encerramento do prazo fixado para a prática do ato processual.

Com estas considerações, parece ser certo que, em sendo juntado aos autos uma petição instruída de documentos encaminhados todos via fac-símile, não se há de cogitar da autenticação das cópias, uma vez que o documento original não está disponível para a verificação, nem sendo possível a transmissão de algum tipo de autenticação. Também pelas mesmas razões não se pode pensar em conferência pelo escrivão do cartório, entre a cópia e o original (ao menos para o momento).

Assim, tem-se que a Lei criou uma forma de "suspensão temporária" das regras relativas às formalidades legais que regem a instrução probatória documental, autorizando que a cópia produzida por fac-símile possua, temporariamente, a mesma força probante do original, ainda que sem autenticação ou conferência. Apenas após a juntada dos originais (no prazo fixado pela Lei – art. 2.°) é que se poderá conferir a adequação da cópia com o original – pelo escrivão, em cartório – com a eventual adoção das providências pertinentes. Até então, a cópia apresentada equipara-se ao original, salvo quando o juiz verifique que, por circunstâncias do caso concreto, aquela reprodução não merece crédito.

Art. 426. O juiz apreciará fundamentadamente a fé que deva merecer o documento, quando em ponto substancial e sem ressalva contiver entrelinha, emenda, borrão ou cancelamento.

525 Francesco Carnelutti. *Sistema de derecho procesal civil* cit., t. II, p. 421.

1. Valor probante de documentos defeituosos

Não há dúvida de que a prova depende, para atender sua finalidade, da fé que se lhe possa emprestar. A mera suspeita de que um documento tenha sido falsificado, contrafeito ou adulterado, já é capaz de retirar-lhe todo o potencial probatório, pondo em dúvida a credibilidade da prova. Por isso mesmo preocupa-se o Direito com a mais remota possibilidade de adulteração do documento, sendo esta a origem da presente regra.

A presença, em documento (público ou particular), de elementos estranhos, que comprometam a harmonia do registro, coloca em suspeita a integridade da peça, abalando, consequentemente, a força probante deste meio, já que pode traduzir a manipulação do suporte ou do conteúdo. Por esta razão prevê o Código que a presença de qualquer entrelinha, emenda, borrão ou cancelamento no documento, *sem ressalva expressa* deste elemento, pode comprometer a eficácia probatória do escrito, tornando-o suspeito aos olhos da lei.[526] Vale dizer que a presença destes corpos estranhos no documento inibe a aplicação das regras normais sobre seu vigor probante, impedindo a formação de quaisquer presunções (como, por exemplo, as constantes nos arts. 405, 408 e 412) sobre ele, que seriam aplicáveis em condições normais.

Assim, constando do documento, público ou particular, qualquer rasura, emenda, entrelinha, borrão, cancelamento ou, enfim, qualquer defeito[527] que possa importar a conclusão da supressão ou adição parcial do suporte do documento ou de seu conteúdo, deve este elemento estar expressamente ressalvado no texto do escrito. Esta ressalva, a propósito, deve ser feita com a indicação precisa do elemento adicionado e com a subsequente assinatura de todos aqueles que assinaram (ou deveriam assinar) o conteúdo inicial do documento. Esta afirmação (a *ressalva*) passa a fazer parte do documento, permitindo ao magistrado, quando

---

526 Neste sentido, é expresso o Código Civil português, ao estabelecer que, "se o documento contiver notas marginais, palavras entrelinhadas, rasuras, emendas ou outros vícios externos, sem a devida ressalva, cabe ao julgador fixar livremente a medida em que esses vícios excluem ou reduzem a força probatória do documento" (art. 376, n. 3).

527 Anotam, com efeito, Neves e Castro e Pontes de Miranda que os antigos incluíam no rol dos defeitos capazes de invalidar a eficácia probatória do documento a variação na tinta da escritura. E, conquanto admitam os mesmos autores que a influência deste defeito passou a ser diminuta, "em todo caso, apesar de sua pouca importancia, apparecendo este defeito juntamente com algum dos outros, é violento indício de falsificação, com especialidade sendo em alguma das partes essenciaes do documento. Entretanto, deve haver grande escrupulo na apreciação dos effeitos, que podem resultar da diversidade de tinta" (Francisco Augusto Neves e Castro; Francisco Cavalcanti Pontes de Miranda. *Theoria das provas e sua applicação aos actos civis* cit., p. 297).

da avaliação da escritura, ter certeza de que aquele defeito é *original*, não tendo sido ali incluído posteriormente, por terceiro ou mesmo por uma das partes que intervieram na formação da prova (de maneira unilateral).

Presente a *ressalva*[528] no documento – assinada por todos os participantes da confecção do escrito original –, não terá incidência o art. 426, valendo em relação à prova as regras normais de valoração do documento público ou particular, conforme o caso. Em tal hipótese, permanecem íntegros tanto o suporte (se o defeito verificar-se aqui) como o conteúdo (caso seja neste elemento que o elemento estranho se apresenta), motivo pelo qual não se há de tomar por defeituoso o documento.

Obviamente, a existência do defeito no documento será de regra hábil a viciá-lo, salvo quando ficar claro que ele foi introduzido por alguém que intencionalmente tinha interesse na inutilização da prova.[529] Em sendo esta a hipótese (e ficando isto provado nos autos), evidentemente não se há de negar a eficácia típica ao documento, sob pena de se proteger o interesse daquele que age de má-fé, e busca destruir a prova que existe em seu desfavor.

2. Documentos defeituosos sem ressalva

Em havendo tais defeitos, tanto no aspecto *extrínseco* do documento – rasgos, desaparecimento de caracteres, chamuscos, raspados etc. – como no seu elemento *intrínseco* – a exemplo de adição ou supressão de palavras, correção de frases, observações –, sem a devida ressalva, então perde o escrito a sua força probante original, submetendo-se à avaliação crítica do magistrado. Poderá, neste caso, o juiz, valorar o documento, atribuindo-lhe a eficácia que entender pertinente, desde que o faça justificadamente.

Para que isto aconteça, porém, exige a lei que este defeito seja encontrado em ponto substancial do documento. Ou seja, o vício deve estar contido em passagem do texto do documento que seja relevante para aquilo que esta prova representa, devendo incidir sobre ponto essencial da representação (como a assinatura, a declaração manifestada, a indicação do autor etc.).[530] Não basta, portanto, que o

528 Equivale à ressalva a inutilização de espaço em branco, eventualmente inserido no documento.

529 Cf. Clóvis Beviláqua. *Theoria geral do direito civil* cit., p. 322.

530 Eventualmente pode acontecer que certos elementos do documento sejam essenciais ou não, conforme o objeto da demanda. Assim ocorre com a data, por exemplo. Em ação em que se discuta a ocasião em que certo negócio jurídico tenha sido celebrado, pode a rasura sobre a data do documento importar sobremaneira na resolução da controvérsia e, via de consequência, o defeito excluir qualquer valor sobre a prova apresentada. Se, ao contrário, o litígio se estabelecer sobre alguma cláusula contratual, de negócio representado por este mesmo documento, a alteração da

documento se encontre rasgado para que isto lhe retire qualquer valor; é preciso que esta rasgadura haja suprimido elemento importante para a demonstração daquilo que constituiu a finalidade da elaboração do específico documento. A adição ou a supressão de informações decorrente do vício, portanto, deve, para fazer incidir a regra em comento, ser de tal importância a impedir o *perfeito* conhecimento do fato (ou ato) retratado no documento.

Por esta mesma razão, se o documento registra dois ou mais fatos (ou atos), independentes entre si, e se o defeito apenas atinge a representação de um deles, somente quanto a este a regra do art. 426 é aplicável. O restante do documento, por permanecer íntegro na representação da ideia respectiva, deverá ser considerado como se fosse outro documento, mantendo a sua força probatória integral (como documento público ou particular, conforme o caso). Assim, em caso de documento representativo de mais de um fato, cada fato deverá ser isoladamente considerado, para os fins a que se refere o presente artigo, sendo certo que os vícios que se sobrepõem à representação de um não se transferem às demais representações, salvo quando estes outros fatos estejam também umbilicalmente vinculados ao primeiro.

Todavia, presente a mácula sobre o documento, e relativamente à informação isolada que aquele documento representa, fica inteiramente ao alvedrio do magistrado conferir-lhe a fé que mereça (art. 371). Ainda assim, seja qual for o crédito que o juiz atribua a este documento viciado, deverá ele justificar expressamente o motivo que o levou a considerar desta forma, excluindo outra valoração para esta prova.

Art. 427. Cessa a fé do documento público ou particular sendo-lhe declarada judicialmente a falsidade.

Parágrafo único. A falsidade consiste em:

I – formar documento não verdadeiro;

II – alterar documento verdadeiro.

1. Falsidade documental

Ainda tratando da força probante do documento, dá o Código um salto na disciplina que vinha imprimindo, para tratar da questão da falsidade do documen-

data será de pouca importância para o processo, razão pela qual esta rasura poderá assumir mínima influência no exame da prova pelo magistrado.

to. A previsão da regra é intuitiva e mesmo dispensável, podendo ser extraída de conceitos do direito material (especialmente do penal) e do princípio da convicção motivada, adotado pela lei brasileira. Entretanto, com a dicção peremptória da regra fica ainda mais claro que, em sendo o documento (público ou particular) declarado judicialmente como falso, todo o seu valor probante – disciplinado na forma dos artigos anteriores – se perde.

A noção de falsidade é já antiga, estando inserida no entendimento leigo. Para o direito, entretanto, algumas especificações devem ser feitas, para que bem se compreenda o assunto, com as várias peculiaridades que podem surgir. Desde o início destes comentários tem-se insistido na função da prova, vital para o processo de conhecimento, já que permite ao magistrado convencer-se da veracidade ou não da situação fática descrita pelas partes, o que lhe conduzirá a bem aplicar o direito abstrato. As provas, por assim dizer, são os olhos do magistrado para a realidade fática denunciada no processo. E, conforme a visão que este juiz logre alcançar por meio destes olhos, terá condições de aplicar, corretamente ou não, o direito ao caso concreto. Decorre daí a constatação de que, conforme a qualidade da prova produzida no processo, melhor ou pior será a cognição do juiz. Eis aí a importância do exame da qualidade da prova e, portanto, do tema da falsidade do documento.

Conforme lecionava Carnelutti, "falamos de provas *verdadeiras* e *falsas*, querendo indicar com isto as provas que são idôneas para fundar um juízo verdadeiro ou falso. O problema da bondade (*bondad*) e, por conseguinte, antes de tudo, da verdade das provas, coloca o estudioso frente ao árduo conceito de falsidade; precisamente a eliminação do perigo de falsidade é o objetivo em direção ao qual tende esta segunda ordem de medidas que constituem a disciplina jurídica das provas. A falsidade é obra do homem destinada a provar um juízo infundado e, portanto, à formação de provas falsas; por isto consiste na *inmutatio naturae*, isto é, na modificação, direta ou indireta (por representação ou por indicação) da ordem natural das coisas".[531] Realmente, regular preventivamente toda a questão da falsidade documental, buscando evitar que ela ocorra no processo, é a função a que se dedica o Código em inúmeros dispositivos. A imposição das formalidades constantes neste campo tem por função específica minimizar o risco de que uma prova falsa venha a ser utilizada em juízo. Todavia, se mesmo com estas precauções não se atinge o objetivo, será necessário socorrer-se de outras vias, tendentes

531 Francesco Carnelutti. *Sistema de derecho procesal civil* cit., vol. 2, p. 458.

a impedir que este elemento falso possa viciar a cognição do juiz, facilitando-se a retirada desta prova dos autos.

Persistindo na lição do mesmo mestre,[532] tem-se que a eliminação da prova falsa do processo dá-se por dois caminhos distintos: *direto* e *indireto*. O primeiro sucede pela substituição do estado de coisas resultante da falsificação pelo estado de coisas verdadeiro, destruindo-se a prova falsa e reconstituindo a situação primitiva. A eliminação *indireta*, ao invés de operar no plano físico, atua no plano intelectual, seja pela declaração de falsidade da prova, seja pela produção de contraprova, capaz de infirmar a força daquela falsa.[533]

A preferência da legislação brasileira recai sobre a eliminação indireta da falsidade, seja pela produção da contraprova, quando a falsidade se refira ao conteúdo específico do documento, seja pela via da declaração de falsidade, concebida, em regra, para a situação em que o questionamento se dê quanto à própria formação da prova em dúvida.

Em havendo a segunda hipótese, determina a lei que, uma vez declarada a falsidade do documento, perde ele a fé que tinha, como documento público ou como documento particular.

2. Modalidades de falsificação

Por várias formas se pode conceber a ideia de falsificação. Ela pode incidir sobre a ideia registrada no documento, ou sobre o próprio documento (sobre o conteúdo ou o seu suporte). Pode ainda ocorrer que a falsificação resulte da formação de documento falso, mas que reproduza fato verdadeiro. Conforme se estabeleça cada qual destas hipóteses, será o falso considerado *material* ou *ideológico*, na denominação hoje corrente perante o Direito Penal.

A distinção entre estas figuras encontra seguro rumo nas palavras de Magalhães Noronha, que acentua que "distinguem-se, então, o falso material e o ideológico. No primeiro, o agente imita a verdade, quer contrafazendo, quer alterando, mas dando sempre a aparência de autenticidade ou genuinidade. Falsifica-se um selo, moeda, papel de crédito, vale postal, bilhete, sinal público, etc., dando-lhes a aparência de autênticos. Na falsidade ideológica, nada disso se passa. O documento é

532 Idem, p. 462.

533 Como informa Carnelutti, "sem dúvida a eliminação direta da falsidade é mais eficaz, mas também mais perigosa em ordem a uma eventual falta de certeza em torno à falsidade; sob este aspecto, é sem dúvida preferível a eliminação indireta que, por não tirar fisicamente do meio o estado de fato em que consiste a falsidade, não constitui uma situação irreparável para a hipótese de que o juízo de falsidade pode dar lugar a dúvidas" (idem, ibidem).

perfeito, em seus requisitos extrínsecos, em sua materialidade, forma, etc., porém, falso é o fato que constitui seu teor, falso é o que ele diz ou encerra. A falsidade material prova-se pelo confronto feito com o documento verdadeiro, com o exame pericial; a ideológica, por outro gênero de provas que estabeleçam a verdade e concomitantemente a mentira que aquele contém".[534]

A alteração da ideia fixada no documento importa, pois, a sua falsificação ideológica; já a alteração do suporte do documento (seja ou não a ideia falsa)[535] implicará a sua falsidade material. Obviamente, o texto legal, na regra aqui comentada, trata apenas da falsidade material – e apenas de documentos escritos –, sem ainda se preocupar com a ideológica, que é objeto de análise crítica pelo magistrado (art. 371, CPC). Em relação à alteração do suporte do documento, é precisa a lição de Nélson Hungria, que, apesar de dirigir-se ao Direito Penal, tem plena aplicação ao Direito Processual. Segundo o penalista, "a falsificação pode consistir na contrafação total (formação *ex novo et ex integro*) ou parcial do documento, ou na alteração de preexistente documento *verdadeiro* (não é crime a alteração de documento falso). A contrafação parcial ocorre quando se apresentam *atos acessórios falsos* (registro, endosso, quitação, fiança, aval etc.) acrescidos a documento verdadeiro (acréscimo que pode ser feito pelo próprio autor do documento ou terceiros), ou quando alguém, deparando papel firmado por outrem em branco ou contendo declaração de vontade sem assinatura, preenche aquele com uma confissão de dívida (não confundir com o caso em que o falsário tem a *faculdade* de preencher o papel e o faz em desacordo com o pactuado, o que constitui falsidade ideológica) ou apõe, no segundo caso, a imitada assinatura de quem escreveu a declaração (investindo-se, ou a terceiro, na situação de portador ou titular do crédito). Da contrafação parcial difere a *alteração*, pois esta opera sobre a materialidade mesma de documento verdadeiro (isto é, emanado, realmente, de quem nele figura como seu autor) já completo, de modo a introduzir ou substituir, no seu contexto, letras ou palavras modificadoras, em ponto essencial ou relevante, do *id quod actum aut conventum est*. A alteração deve consistir em trocar *aliud pro alio*, pois se redunda em *suprimir* dizeres (essenciais ou relevantes) do documento, o crime passa a ser o do art. 305. A rasura ou cancelamento de uma palavra ou frase será o crime de alteração ou de supressão, conforme seja, ou não, colocada outra palavra ou frase no trecho rasurado ou cancelado".[536]

534 Edgar de Magalhães Noronha. *Direito penal*. 2. ed. São Paulo: Saraiva, 1965. vol. 4, p. 204.

535 É preciso advertir que, para o Direito Penal, se a ideia é verdadeira, pouco importa que o suporte tenha sido adulterado, não haverá crime, já que falta o potencial ilusório à figura.

536 Nélson Hungria. *Comentários ao Código Penal* cit., vol. 9, p. 262-263.

O texto da lei (parágrafo único) parece desconhecer a lição acima apontada, dizendo que a falsidade do documento consiste apenas em formar documento não verdadeiro ou alterar documento verdadeiro. Aparentemente, portanto, teria a lei, ao silenciar sobre a hipótese de supressão do documento, excluído esta situação de configurar-se como caso de falsificação. O entendimento, porém, não é correto. Não há dúvida de que a supressão de dizeres do documento verdadeiro ou de parcela do próprio documento constitui uma forma específica de alteração do documento, razão pela qual o caso já está abrangido pelo inc. II do parágrafo único. A supressão total do documento, de outra parte, certamente não entra como forma de falsificação, já que, neste caso, nada se cria para influir no convencimento do juiz: apenas se subtrai da possibilidade de seu convencimento certa prova que poderia ser usada para aquele fim, o que, não obstante, jamais poderá ser equiparado à falsificação. *Quid inde*, se a adulteração não se dá em documento verdadeiro, mas em documento já falso? Será isto hipótese de falsificação?

Como visto na lição de Nélson Hungria, acima citada, o fato não constitui crime. Mas para fins processuais civis terá esta situação *status* de falsificação? Parece que a resposta caminha no mesmo sentido daquela oferecida pelo Direito Penal. Não haverá, em semelhante caso, falsificação também para efeitos processuais civis. Isto porque a falsificação do documento já falso nada acrescenta para o direito processual que já não estivesse presente no documento originalmente falso. Ou seja, a falsificação decorre, imediatamente, da formação (e apresentação em juízo) do documento falso, sendo totalmente irrelevantes alterações que este documento falso venha a sofrer, pois nada de novo será trazido.

Será necessário retornar ao tema quando se analisar a questão do incidente de falsidade documental. Todavia, de posse destes conceitos elementares já é possível considerar com atenção a regra em comento.

3. Valor probante do documento falso

Prontamente se pode observar que a eficácia probatória típica da prova documental (expressa, basicamente, pelo conjunto de presunções em seu favor, arroladas nos artigos precedentes) cede com a declaração de falsidade do documento. Observe-se, porém, que somente com a *declaração de falsidade*, e não apenas com a arguição do vício, é que este efeito se opera.

De qualquer forma, uma vez operado este efeito, será possível retirar todo e qualquer valor probatório ao documento inquinado como falso?

Note-se que a falsidade, como já visto, pode referir-se a documento que tenha o seu suporte adulterado ou modificada a ideia registrada em seu conteúdo. Não há dúvida de que, para a segunda hipótese – em sendo viciada a ideia contida no documento – nenhuma utilidade se poderá extrair do documento, uma vez que a sua finalidade, que era a de representar uma ideia, já não se atinge mais. Entretanto, pode-se imaginar que, em incidindo o falso sobre o suporte do documento (com a alteração, supressão ou mesmo a fabricação deste elemento), nem sempre este defeito conduzirá, *ipso facto*, à conclusão de que também o seu conteúdo seja inexistente ou inverídico. Se o documento foi fabricado, falsamente, para a reprodução de uma ideia que era genuína, pode-se conceder algum valor à figura? Perderá, em tal hipótese, a fé que normalmente lhe é atribuída?

Seria possível responder pela afirmativa na medida em que, em tal caso, o autor do falso, embora estivesse com a verdade, vale-se de expediente ilícito e imoral para demonstrá-la em juízo. Todavia, também seria sustentável, em princípio, dizer que pouco importa para o Direito o elemento que demonstra ao juiz a existência da verdade, bastando, no processo, que se possa convencer o magistrado de que um fato é realmente verdadeiro.

Não se pode, porém, concordar com esta segunda assertiva. A verdade, conforme se apreciou no início destes comentários, é algo de difícil (senão impossível) verificação concreta, e não pode guiar, por si só, os rumos do processo de conhecimento. A função da prova, antes de demonstrar a verdade de um fato, é de convencer os sujeitos do processo (em especial o magistrado) de que certa afirmação de fato, feita pelas partes, é verossímil, resultando em sua aquiescência, pelo Direito, como componente do suporte fático da norma a incidir. Para este convencimento dialético, entretanto, exige a lei o respeito a certos critérios argumentativos, entre os quais o respeito a ditames preestabelecidos em lei, para o debate judicial. Impõe-se, aí, a observância da regra do art. 369, a proibir o uso, no processo, da prova ilícita e moralmente ilegítima, vedação em que, certamente, a presente prova, se enquadraria. Sendo assim, fica pré-excluída a faculdade de, com base nesta prova, o magistrado formar seu convencimento, considerando um fato como verossímil. Não poderá, então, ainda que repute o fato registrado como verdadeiro, lastrear-se naquela prova para decidir: deverá a parte buscar outro meio para convencer o juiz da veracidade do fato, por forma que não tenha o vício apresentado por aquela específica prova. Nem mesmo será possível que o juiz se valha deste documento como indício (favorável ao interessado) para a sua decisão. A prova contaminada não tem prestabilidade, nem como prova documental nem como outro tipo de prova de diferente origem. As presunções, pois, incidentes sobre a prova documental não têm aplicação ao documento reconhecido como falso.

Assim, em conclusão, pode-se dizer que o documento que tem a sua falsidade reconhecida judicialmente (falsidade material e também ideológica, com exceção feita à situação particular da declaração judicial de inautenticidade, a que se refere a próxima subseção) perde não apenas a sua fé própria (de prova documental), mas ainda qualquer fé, não podendo sustentar a decisão judicial. O uso do documento falso, todavia, poderá constituir-se em indício contrário à parte que utiliza o documento em juízo, sendo viável supor que a conduta da parte que, conscientemente, se vale de documento falso, é argumento em favor da ausência de razão de sua postulação.

Não obstante, se somente em relação a parcela do documento é que se tem reconhecida a falsidade (o que deverá acontecer, no caso de alteração de documento verdadeiro), somente em relação àquela parte é que perderá o documento sua fé própria. No mais, continuará produzindo seus efeitos normais, com a aplicação das presunções incidentes sobre a espécie. Apenas no caso de a parcela adulterada ser essencial para todo o documento – sem que este possa sobreviver sem aquela parcela – é que toda a peça será inutilizada pela contaminação de sua parcela.

Art. 428. Cessa a fé do documento particular quando:

I – for impugnada sua autenticidade e enquanto não se comprovar sua veracidade;

II – assinado em branco, for impugnado seu conteúdo, por preenchimento abusivo.

Parágrafo único. Dar-se-á abuso quando aquele que recebeu documento assinado com texto não escrito no todo ou em parte formá-lo ou completá-lo por si ou por meio de outrem, violando o pacto feito com o signatário.

1. Cessação da fé de documentos particulares

Prossegue o Código atribuindo aos documentos situações que fazem com que sua fé pereça. Neste artigo, porém, ao contrário do que ocorre com o anterior, as hipóteses são exclusivas e típicas do documento particular, o que justifica o tratamento em separado recebido.

Entretanto, de pronto se observa regra aparentemente contraditória com a previsão anterior. Como se tem do inc. I deste artigo, em relação aos documentos particulares, estes perderão a fé se for impugnada a autenticidade, ficando sua eficácia probante suspensa até que se lhe comprove a veracidade. Já o artigo precedente determinava que cessaria a fé do documento (público ou particular) quando fosse judicialmente declarada a sua falsidade. Note-se que este último preceito exige *declaração judicial* para que o documento perca a sua fé, enquanto o outro dispositivo limita-se a colocar como requisito para a suspensão da eficácia do documento a existência de *mera impugnação* sobre a autenticidade do documento. Não há dúvida de que, por exemplo, a inserção de assinatura de outrem, em documento (seja público ou particular) implica uma forma de falsidade documental, que poderá mesmo ser arguida na via da ação incidental de falsidade documental. Todavia, se o documento for público, a fé deste documento, cuja subscrição é tida como falsa, somente é elidida com a declaração judicial. Ao contrário, se o documento for particular, ainda que não haja declaração judicial a respeito, a força probante específica dele desmorona pela simples impugnação da autenticidade. A piorar mais a situação, a lei, no artigo anterior, falava não apenas em documento público, mas também em documento particular, o que faz concluir, *nos termos do art. 427*, que somente a declaração judicial (de que a assinatura não é do titular e, portanto, de que o documento é falso) é capaz de negar fé ao documento. Já pelos termos do art. 428, I, a mera impugnação é suficiente para ensejar aquele efeito, ao menos até a comprovação da veracidade (e, então, até a declaração judicial sobre a questão). Como resolver esta contradição?

Ao que parece, a única solução será tomar a presente regra como dispositivo especial, tendo a anterior como previsão geral. O art. 427, assim, seria aplicável para os documentos particulares em todas as hipóteses em que a falsidade documental não dissesse respeito à adulteração, supressão ou confecção de assinatura no documento. Quando este fosse o caso, então aquela regra geral cederia, e entraria em cena o disposto no art. 428, retirando (ou melhor, suspendendo) a fé do documento imediatamente, a partir do questionamento.

Será, contudo, razoável ou justificável a distinção promovida? Haverá algum motivo ponderável para que o legislador estabeleça critérios diversos para o tratamento de situações de falsidade documental? É de se considerar que a razão utilizada para a discriminação tem em mente a relevância da figura da subscrição para a prova documental. Como já observado, a subscrição do documento é a sua alma, na medida em que, em princípio, quem assina um escrito, reputa-se pai das informações ali contidas (*qui subscribit scripsisse videtur*). Assim, a contestação da assinatura põe em dúvida absolutamente *tudo* no documento, do seu suporte ao seu conteúdo, questionando a própria essência deste meio de prova. Se, ao contrário, é algum outro elemento o objeto da falsificação, então a situação se modifica, já que o subscritor do documento efetivamente produziu o registro de alguma informação, a qual pode ter sido adulterada. Tem-se, portanto, como razoável o elemento de distinção, havendo motivo para o regime especial submetido por esta regra.

Se assim é, porém, em relação às diversas formas de falsificação de documentos particulares, como se explicaria a distinção feita em relação aos documentos públicos? Ou seja, se no documento público for questionada a assinatura lá aposta, como ficaria a questão do momento em que se desfaz a força probante deste escrito? Aparentemente, aqui teria o legislador andado mal, no diferençar o tratamento dado ao documento particular e ao público. Ora, se, em relação ao particular, a mera contestação da assinatura já enseja a suspensão de sua eficácia, porque o mesmo não deve ocorrer com os documentos públicos? A aparente ofensa à isonomia, porém, novamente se justifica. Note-se que o documento público tem presunção de legitimidade e de fé pela sua própria essência. Não haveria razão para que o mero questionamento sobre a sua autenticidade permitisse, de pronto, a cessação de seus efeitos típicos, sendo necessário (e exigível) algo mais. Por isso mesmo aqui o critério distintivo se impõe com ainda maior validade. O documento público, pelo simples fato de ser público (e de sobre ele recaírem vários atributos específicos), merece maior respeito e maior grau de imunização: somente deve ceder a sua fé se houver declaração judicial que assim o determine.

Por derradeiro, é de se observar que há, sim, fundamento para o tratamento distinto. Se a lei efetivamente logrou este intento, isto é tema para o tópico seguinte.

2. Suspensão da fé do documento pela impugnação da assinatura

Desta forma, em relação ao inc. I, a fé do documento particular fica suspensa, em havendo impugnação da autenticidade, até a verificação da veracidade (*rectius*, da autenticidade do escrito).

Ora, se é a subscrição o elemento do documento que permite identificar o seu autor (art. 410, I e II), é certo que, em havendo impugnação sobre este elemento, todo o mais fica prejudicado.

Entretanto, um aspecto específico merece, no particular, exame mais detido. Observe-se que a determinação legal estipula que a fé deste documento fica em suspenso até que seja comprovada a veracidade (da assinatura, já que a regra fala em autenticidade). Qual o sentido disso? Lembre-se que sobre esta suspensão da fé do documento importa dizer que o documento perde a sua eficácia própria, ou seja, *deixam de incidir as presunções legais*, apresentadas nos artigos anteriores, sobre o escrito, o que virá a modificar o critério de distribuição do ônus da prova quanto ao fato demonstrado pelo documento. Tais presunções, porém, deixarão de incidir até que seja verificada a veracidade da assinatura, sendo certo que esta verificação deve ocorrer antes do momento de ser proferida a sentença na causa. Se é assim, existirá algum sentido na determinação? Pense o leitor que da impugnação da assinatura duas hipóteses podem resultar: a) fica suspensa a eficácia do documento, sendo depois confirmado que a assinatura constante não pertence ao suposto autor; b) suspende-se a força do documento, mas, posteriormente, verifica-se a veracidade da assinatura, atribuindo-a realmente ao seu suposto autor.

Diante destas duas hipóteses, quais as consequências concretas para efeito de prova? No primeiro caso, negada a assinatura pela parte, e posteriormente confirmada a negativa, tem-se que o documento realmente não merece, *e nunca deveria ter merecido*, fé, reputando-se como se não tivesse sido produzido. No segundo caso, com a impugnação, mas a confirmação de que a assinatura efetivamente pertencia ao suposto autor, a conclusão vai em sentido contrário, devendo-se considerar que o documento merece fé, *e sempre deveria tê-la merecido*.

Enfim, de posse destas respostas, e considerando que o efeito das presunções vinculadas à prova documental (atribuição de ônus de prova de fatos, diante da apresentação de documentos) há de incidir no momento em que o juiz sentencia a causa (atribuindo o ônus da não prova a quem a determinação legal não beneficia), pode-se extrair a inusitada conclusão de que, em qualquer hipótese, e sempre, o que valerá para o fim de negar ou atribuir fé aos documentos particulares será, incondicionalmente, a declaração judicial, sobre a autenticidade ou não do documento. A impugnação, em si mesma, nada acrescenta a isto, na medida em que sempre deverá ser confirmada por declaração judicial subsequente.

Em suma, a regra do inc. I do art. 428 em nada altera o regime do art. 427, valendo sempre a decisão judicial sobre a autenticidade ou não do documento, sendo irrelevante a impugnação (e seu momento). Ficar suspensa a força probante do documento enquanto se discute a veracidade ou não da assinatura não opera qualquer efeito, na medida em que aquela força vai atuar exclusivamente na sentença, determinando a quem se imputa o ônus da demonstração ou não dos fatos, diante das presunções criadas em favor do documento.

3. Abuso de folha em branco

Em relação ao inc. II deste artigo, a previsão trata da figura chamada de "abuso de folha em branco". A figura disciplina a hipótese em que alguém assina documento, parcial ou totalmente em branco, para depois ser preenchido; neste preenchimento, porém, aquele a quem se incumbiu esta tarefa abusa da confiança a ele outorgada, fazendo inserir no texto elementos (alguns ou todos) que lá não deveriam constar. E ali não deveriam constar porque extrapolam o pacto realizado – entre o signatário e a pessoa encarregada de preencher o documento.

No parágrafo único do artigo pretende o Código definir o que se deve considerar por "abuso de folha em branco". Como se sabe, toda regra que pretende exprimir um conceito é problemática, na medida em que pode acontecer (e não raro acontece) que a definição alcançada pelo legislador não descreva perfeitamente a figura, indo aquém ou além daquilo que a prática poderia recomendar diante do caso concreto. De toda sorte, tendo a lei imposto, expressamente, uma definição, insta considerá-la, a fim de buscar o verdadeiro alcance que pode ter o instituto.

Propõe a lei conceito assaz restrito do que se pode entender por "abuso de folha em branco". Apenas acarretará o abuso se alguém receber documento assinado (exclui-se, portanto, a possibilidade de aplicar-se a regra a outras formas de documentos, como os documentos fonográficos, cinematográficos etc.), mas sem conteúdo específico, ou ao menos com lacunas no escrito, preenchendo os claros deixados de maneira diversa daquilo que havia sido combinado.

Trata-se, no fundo, de caso especial de abuso de direito, voltado exclusivamente à questão de preenchimento de folhas de papel assinadas, mas sem que estejam plenamente completas com texto.

O abuso de direito[537] consiste no desvio do exercício de direito regularmente assegurado, tornando a atitude inicialmente lícita - porque respaldada pelo Direito - em ilícita, diante da forma pela qual aquela faculdade é atuada diante do caso concreto. Sobre esta noção disserta Paulo Dourado de Gusmão[538] que "o abuso do direito, como o compreendemos, constitui um modo antissocial do direito, no qual o titular excede os limites do direito dinâmico (*jus vivens*), que vive em estado latente na consciência coletiva, direito ainda não materializado nas formas legislativas, mas real e vigente, porque todos que participam da vida coletiva sentem a necessidade deste direito, reconhecendo-se sua *exigibilidade*, impondo-se às condutas históricas, bem como já acentuara Durkheim, bem como todos os sociólogos modernos, a consciência coletiva condiciona as consciências individuais, sendo as ideias, os sentimentos, as representações individuais uma mescla de fatores individuais e sociais".

537 Para um exame da questão do abuso de direitos processuais, especialmente na América Latina, v. a obra coordenada por José Carlos Barbosa Moreira. *Abuso dos direitos processuais*. Rio de Janeiro: Forense, 2000.

538 Paulo Dourado de Gusmão. Pressupostos filosóficos da noção do abuso de direito. *Revista Forense*, v. CXX, Rio de Janeiro, Forense, 1948, p. 376.

Ricardo Luis Lorenzetti,[539] estudando a figura em tela, conclui por constituir abuso de direito o uso do direito com o só propósito de causar dano a outrem, ou sem interesse nenhum, ou com culpa, ou contrariando os fins que a lei teve em mente, quando o reconheceu. Neste sentido, aponta a doutrina nacional basicamente quatro critérios para determinar a situação de abuso de direito: a intenção de prejudicar, o defeito na atuação do direito, a falta de interesse e o desvio do direito de sua função social.[540]

Quanto às consequências do ato cometido com abuso de direito, evidente que este se equipara ao ato ilícito.[541] E é exatamente por configurar situação contrária ao direito (diante do abuso) que a lei equipara a figura à falsificação do documento. Aquele que extrapola os limites do combinado, fazendo inserir em documento elementos que ali não deveriam constar, perfaz conduta semelhante àquela de quem falsifica o documento.[542]

Por isso, tem-se dois pressupostos para a ocorrência do "abuso da folha em branco". Em primeiro lugar, põe-se a necessidade da posse do papel em branco, pouco importando em que condição se apresente este possuidor.[543] O outro pressuposto para a existência da figura é a prévia existência de um pacto (art. 388, parágrafo único),[544] em que o signatário combina com a pessoa encarregada de preencher o documento o que ali deve ser inserido (em todo o documento, ou nos espaços vazios deixados). São os limites deste pacto que determinarão os casos em que o documento foi preenchido de maneira regular, dentro das estipulações combinadas, ou não.

---

539 Nuevas fronteras del abuso de derecho (situaciones jurídicas lesivas de libertades. Tutela del mercado y amparo). *RT*, vol. 723, São Paulo: Ed. RT, jan./1996, p. 60.

540 Guilherme Fernandes Neto. O abuso de direito no Projeto 634-B. *Revista de Informação Legislativa*, n. 106, Brasília: Centro Gráfico do Senado Federal, abr.-jun./1990, p. 175.

541 Neste sentido, veja-se Orlando Gomes. *Introdução ao direito civil*. 12. ed. Rio de Janeiro: Forense, 1996. p. 134. Como adverte o grande civilista, contudo, não se confundem as noções de abuso de direito e ato ilícito. "No ato ilícito, o agente infringe a lei frontalmente. No *abuso de direito*, viola o princípio geral de que os direitos devem ser exercidos com certos limites, a fim de que seja atingida a finalidade em vista da qual se conferem e tutelam" (idem, p. 135).

542 Como bem lembrou Carnelutti, embora se assemelhe à falsificação, a figura do "abuso de folha em branco" com ela não se confunde. Afinal, como leciona o processualista, "que subscreveu é realmente autor do documento, o qual foi formado por conta dele e se na formação foi traída a sua confiança, isto não exclui que ele tenha assumido a sua paternidade" (Francesco Carnelutti. *Teoria del falso*. Padova: Cedam, 1935. p. 164).

543 Francesco Carnelutti. *Teoria del falso* cit., p. 166.

544 Cf. Moacyr Amaral Santos. *Comentários ao Código de Processo Civil* cit., vol. 4, p. 214.

Todavia, como bem pondera Pontes de Miranda,[545] nem sempre um pacto prévio estará presente. Com efeito, poderá acontecer que aquele que preenche o documento mantenha alguma relação de confiança com o signatário, mas haja traído esta confiança. Porém também não se pode olvidar a possibilidade de que o documento, assinado em branco, possa vir a ser roubado, e preenchido por terceiro, que nem mesmo conhecia o signatário, caso em que dificilmente se poderá falar em existência de um pacto e na sua violação subsequente. Mais que isto, ainda, na lição do genial jurista, "pode acontecer que nenhum pacto tenha havido. Tratar-se-ia, por exemplo, apenas de promessa ao público (e.g., para quem viesse subscrever-se em negócio jurídico), ou de simples intenção do signatário de levar a alguém, que ainda não sabia quem pudesse ser, o documento (e.g., assinou a nota promissória, ou a pessoa que lhe emprestaria o dinheiro, ou a quem compraria o que desejava comprar a prazo, com o título cambiário)".[546]

Em semelhantes casos, será possível falar-se em "abuso de folha em branco", aplicando-se a regra em comento?

Não há dúvida de que a resposta deve ser afirmativa. A ideia de pacto, aqui referida, e constante expressamente do texto legal, deve ser entendida em sua acepção ampla, não como um negócio jurídico bilateral, mas sim como *vinculação da vontade*. Ao assinar um documento em branco, certamente o signatário tem alguma *intenção* nisso: fá-lo para que ali se registre algum dado que era sua *intenção* fazer documentar. Apondo sua assinatura em uma folha em branco, o subscritor manifesta (e vincula) sua vontade em tornar indelével alguma informação (declaração de ciência ou de vontade) e, ainda que o documento não esteja preenchido, esta sua *intenção* já aponta para o sentido da assinatura. É esta acepção que deve nortear a interpretação do "pacto" a que se refere a lei, como a *intenção* de manifestação de declaração que tinha o subscritor ao apor sua assinatura naquele documento.[547] Este direcionamento da vontade está presente sempre, e é o que caracteriza o abuso de que aqui se trata. Independe ele, então, para a configuração do "abuso de folha em branco", da existência de verdadeiro negócio jurídico (mandato, por exemplo) entre signatário e executor.

---

545 Francisco Cavalcanti Pontes de Miranda. *Comentários ao Código de Processo Civil* cit., p. 391.

546 Idem, ibidem.

547 Por outras palavras, na lição precisa de Carnelutti, no abuso de folha em branco verifica-se o contraste entre *o documento e a vontade do subscritor* ou, então, entre *o documento e a obrigação daquele que deve preenchê-lo* (Francesco Carnelutti. *Teoria del falso* cit., p. 164).

4. Momento da cessação da fé do documento produzido com abuso de folha em branco

Enfim, conforme expressa a determinação legal, verificado o "abuso de folha em branco", perde fé o documento público.

Novamente, o texto do Código merece alguma atenção. A dicção do dispositivo faz parecer que a fé deste documento, abusivamente preenchido, cessa no momento em que ocorrer o preenchimento que extrapola os limites do "pacto". Assim, porém, não se dá. Novamente, o momento em que o documento tem cassada a sua eficácia probatória é a ocasião em que é verificado o abuso na elaboração do texto em juízo. Somente após deliberação judicial é que o documento apresentado tem retirada a sua eficácia, deixando de gerar os efeitos (presunções enquanto prova) típicos de sua existência. Até aquele momento, sequer se pode pensar em abuso de folha em branco, já que não há parâmetro ou árbitro para esta avaliação.

Art. 429. Incumbe o ônus da prova quando:

I – se tratar de falsidade de documento ou de preenchimento abusivo, à parte que a arguir;

II – se tratar de impugnação da autenticidade, à parte que produziu o documento.

1. Ônus da prova na arguição de falsidade documental

Como regra de fechamento do sistema, disciplina a lei, diante da arguição de falsidade documental (por qualquer de seus modos) o tema do ônus da prova. Justifica-se o tratamento diferente, apartado da regra básica do art. 373, porque aqui certas peculiaridades podem influir na questão, e impor distribuição diversa deste ônus, decorrente da própria estruturação da controvérsia *sub examen*.

Seria possível dizer, em linhas gerais, que os dois incs. do art. 429 tratam, cada qual, das duas hipóteses que a lei arrola para a cessação de fé de documentos. O primeiro inc. refere-se ao art. 427 e o segundo ao art. 428. Imediatamente, porém, diante desta assertiva, um ponto específico vem à tona: em relação ao inc. II, o Código trata apenas da impugnação de autenticidade; qual a disciplina do ônus da prova para a arguição de abuso de folha em branco?

É certo que esta hipótese não pode equiparar-se à impugnação da autenticidade, já que disso não se trata (ao contrário, no caso de abuso de folha em branco, o impugnante reconhece como sua a assinatura, ou, de modo mais geral, a autenticidade, contestando o próprio conteúdo do documento). Também, como demonstrou Carnelutti,[548] é inviável considerar, tecnicamente, o "abuso de folha em branco" como um caso de falsificação. Aparentemente, portanto, nenhum dos preceitos regeria esta figura.

Claro que esta omissão não se pode conceber. A solução deve encontrar-se pela equivalência (embora tecnicamente incabível) entre a situação do "abuso de folha em branco" com a hipótese de falsificação.[549] Além de ser esta a resposta logicamente mais adequada, é certo que este caso assemelha-se muito mais a um caso de falsificação, do que à contestação de assinatura. Ademais, a aplicação de outra solução (preconizada pelo inc. II, com a atribuição do ônus a quem produziu o documento) deixaria sem resposta a questão quando aquele que preencheu abusivamente o documento não fizesse parte da relação processual – o que, diga-se, não é raro.

Desta forma, ainda que tecnicamente não se possa equiparar a situação do "abuso de folha em branco" à falsidade, não há dúvida de que, em função da semelhança apresentada por ambas as figuras, caberá, caso aquela situação seja invocada em juízo, a aplicação por analogia da regra sobre ônus da prova prevista para a última, atribuindo-se este ônus a quem fez a arguição.

2. Impugnação de assinatura reconhecida por autoridade pública

Outra situação que também não foi tratada especificamente pela lei, mas que merecia disciplina, é aquela em que alguém alega que não é verdadeira a assinatura constante de documento, muito embora tenha este sido objeto de reconhecimento de firma por tabelião ou pelo escrivão.[550]

Egas Moniz de Aragão, atento ao defeito da legislação, detém-se em examinar a questão. Na sua precisa solução a este problema, "o ônus da prova não incumbira a quem o exibir, mas a quem contestar a assinatura, legalmente presumida verdadeira. (...) O Código Civil português é expresso a respeito: 'Se a parte contra quem o documento é apresentado arguir a falsidade do reconhecimento presencial da letra e da assinatura, ou só da assinatura, a ela incumbe a prova desta falsidade' (art. 375, 2), norma esta perfeitamente aplicável à hipótese aventada, pois, todos os fatos legalmente presumidos verdadeiros estão dispensados de prova, nos termos do art. 334, IV, que incide no caso da arguição de falsidade documental, porque a

548 Francesco Carnelutti. *Teoria del falso* cit., p. 164. V. também os comentários ao artigo precedente.

549 Mesmo Carnelutti, em obra mais recente, admitiu esta equiparação, ainda que tenha sido o responsável por demonstrar que as duas situações não se confundem (v. Francesco Carnelutti. *Sistema de derecho procesal civil* cit., vol. 2, p. 535).

550 Cf. Francisco Cavalcanti Pontes de Miranda. *Comentários ao Código de Processo Civil* cit., p. 392.

disposição comentada afasta somente a incidência da regra geral exposta no art. 333. Em tal hipótese pode a arguição versar sobre a falsidade somente do reconhecimento presencial (o que não interessa), ou, também, da assinatura. Se assim proceder e se ficar demonstrada a primeira parte, afastada por isso a presunção decorrente do art. 369, a prova da autenticidade da assinatura devolve-se a quem exibira o documento, aspecto que pode adquirir grande relevo para o julgamento da arguição, se resultar provada a falsidade do reconhecimento, mas nada ficar provado quanto à assinatura. Se o reconhecimento foi feito por semelhança, a contestação da assinatura não inverte o ônus da prova, que ficará mesmo com quem exibiu o documento. Afora essa hipótese, ou outras em que a lei também presuma a autenticidade da assinatura, o ônus da prova seguirá a regra lançada no inciso comentado".[551]

Com efeito, as presunções fixadas na legislação processual em favor da prova documental – em especial do documento público ou daquele outro, cuja firma é reconhecida por oficial público – geram esta particularidade em relação ao ônus da prova (quanto à legitimidade deste reconhecimento). E, a prevalecer o art. 429 sobre tais presunções, então estas desaparecem, e ficam totalmente sem sentido todos os preceitos arrolados no Código, e já analisados, sobre o tema.

3. Distribuição do ônus da prova na arguição de falsidade conforme seu fundamento

No mais, a regra é bastante clara. Em todos os casos em que se impugne um documento, alegando a sua falsidade, o ônus da prova desta falsidade incumbirá a quem arguir o defeito, *salvo se o fundamento da falsidade for a impugnação de autenticidade*. Em sendo esta última a hipótese, então incidirá o inc. II do art. 429, impondo este ônus à parte que produziu o documento.

Quanto a este último caso, a dicção da regra pode deixar alguma dúvida: o Código determina que o ônus da prova seja atribuído a quem "produziu o documento". Mas qual o sentido desta expressão? Produzir, aqui, significa confeccionar o documento ou produzi-lo em juízo, oferecendo-o para avaliação do juiz?

Caso se acolha a primeira opinião, tem-se que o termo "produziu" foi utilizado na lei por sua acepção leiga; já a segunda solução toma o vocábulo em seu conceito técnico-jurídico, com a ideia de produção do documento como uma das fases da instrução judicial. Considera-se que o legislador empregou o termo, no presente artigo, em seu sentido técnico. Aliás, nem poderia ser de forma diversa, já que não pode o juiz saber, *a priori*, quem confeccionou o documento no passado, podendo mesmo ser imaginado que esta tarefa competiu a ambas as partes, ou ainda a um

551 Egas Dirceu Moniz de Aragão. *Exegese do Código de Processo Civil* cit., vol. 4, t. I, p. 293.

terceiro, que não figura na relação processual. Ademais, parece evidente que o texto somente assume sentido se interpretado desta forma, já que, seja no plano lógico, seja diante da regra-padrão sobre ônus da prova (art. 373), esta carga - em caso de contestação da assinatura, e, portanto, de impugnação da autenticidade da prova - deve incidir sobre quem apresenta a prova em juízo e que será, no mais das vezes, o interessado em sua validade e eficácia.

Subseção II
Da arguição de falsidade

1. Considerações iniciais

Conforme já ressaltado anteriormente, no tocante ao tema da prova, não há aspecto mais relevante do que indagar da fidelidade da prova que se produz em juízo. Se a prova é o elemento em que se deve basear o magistrado para a fixação do(s) fato(s) controvertido(s), então é certo que, diante da qualidade da prova que se logra produzir no processo, melhor ou pior será a decisão do juiz, já que tanto mais próximo (ou mais longe) da realidade do ocorrido estará ele.

Em relação à prova documental, a importância que se dá ao tema é tamanha que a lei brasileira concebe várias formas de alegação da falsidade da prova em juízo. A presente subseção trata apenas de uma das vias, mas é certo que por outros caminhos poderá o interessado aventar a imprestabilidade da prova, perante o Judiciário. Deveras, basicamente por três vias poderá este interessado indagar da falsidade ou não de prova documental em juízo:[552] a) inicialmente, pela via direta, propondo *ação principal*, cujo objeto específico seja propriamente a declaração de falsidade ou não de documento (art. 19, II, ou ainda art. 966, VI); b) poderá ainda manifestar esta pretensão por via incidental, figura tratada por esta subseção, levantando a questão no curso de ação outra, que tem objeto pedido distinto deste tema, sendo que a controvérsia (sobre esta falsidade) vem a surgir no transcorrer dos atos processuais daquela outra demanda; c) por fim, pode o tema ser arguido em outro campo, na esfera criminal, sendo a decisão lá obtida posteriormente

552 Cf. José Manoel Arruda Alvim. *Tratado de direito processual civil.* São Paulo: Ed. RT, 1990. vol. 1, p. 438.

transposta para o juízo cível, como prejudicial ao resultado da demanda (art. 315), ou mesmo em ação rescisória (art. 966, VI).

A subseção aqui estudada apenas se refere à segunda das possibilidades, pelo que as regras aqui contidas apenas subordinam a verificação do falso para estes casos. Nas demais hipóteses, regras próprias regerão *o procedimento*, muito embora o tema de fundo seja, em essência, o mesmo, recebendo idêntico tratamento (ressalvada a situação particular da questão criminal, onde o enfoque da falsidade poderá assumir contornos outros).[553] Ou seja, as noções já antecipadas, a respeito da falsidade, não deverão variar (dentro dos aspectos cíveis da questão); mas o procedimento, este sim deverá variar conforme o tema se apresente na via incidental (arguição *incidenter tantum*) - a outra demanda proposta, com objeto autônomo - ou na via principal (arguição *principaliter,* em ação própria comum ou rescisória).

2. Natureza da arguição incidental da falsidade documental

Quanto à natureza jurídica do incidente em exame, a leitura do Código parece retratar que ele se inclina por sujeitar essa natureza à forma como se faz essa alegação. Se a parte alega simplesmente a matéria como defesa em relação à prova, o tema será decidido como questão incidental. Se, porém, houver requerimento expresso da parte, no sentido de que a matéria seja resolvida como questão principal, então a matéria será examinada pelo magistrado no dispositivo da sentença final, de modo que incidirá sobre essa solução a autoridade da coisa julgada (arts. 430, parágrafo único, e 433).

Vale dizer que a leitura dos dispositivos colocados na subseção em exame dá a impressão de que o Código escolheu sujeitar esse incidente ao regime quer de ação incidental, quer de simples incidente processual, a depender da intenção do sujeito que faz a alegação. Em havendo requerimento específico - equiparado, então, a verdadeiro pedido de tutela jurisdicional, nos moldes do art. 19, II - haverá uma cumulação de ações no processo, acarretando a necessidade de o magistrado decidir especificamente sobre o tema. Do contrário, a questão será resolvida incidentalmente, como qualquer outra alegação feita no curso do processo.

553 Já lembrava, a este respeito, Hugo Simas, na vigência do Código de 1939, que a falsidade, no âmbito criminal, visa à pessoa, enquanto na esfera cível, dirige-se apenas ao documento questionado (Hugo Simas. *Comentários ao Código de Processo Civil.* 2. ed. atual. João Vicente Campos. Rio de Janeiro: Forense, 1962. vol. 8, t. II. p. 238). Assim também ensinava, perante o direito italiano, Mortara, dizendo que "a questão sobre o falso, enquanto é tema de uma disputa em sede civil, dirige-se verdadeiramente contra o ato, não *contra o culpável,* tende a obter *a declaração de invalidade daquele, não a punição deste*" (Lodovico Mortara. *Manuale della procedura civile.* 8. ed. Torino: Utet, 1916. vol. 1, p. 445).

O grande problema dessa interpretação é o choque dela com o contido no art. 503, § 1.º. De fato, a leitura desse último dispositivo demonstra que o Código expressamente estende a coisa julgada à decisão de questões prejudiciais - e não há dúvida de que aqui se está diante de questão prejudicial - independentemente de requerimento expresso da parte ou de quem quer que seja, desde que o tema seja pressuposto para o exame de mérito, que tenha havido contraditório e que o juiz tiver competência para examinar a matéria. Ora, assim, se aplicada essa regra, a decisão sobre a falsidade ou não de certo documento, mesmo quando examinada como questão prejudicial, também se sujeitará à coisa julgada, independentemente de qualquer requerimento da parte. Já se considerado apenas o teor do art. 433 c/c o art. 430, parágrafo único, para que incida a coisa julgada é preciso que haja pedido expresso da parte, até para que a questão se transforme em "questão principal".

Ao que parece, sujeitar a situação em exame a um regime diferente de qualquer outra questão prejudicial seria um absoluto contrassenso. De fato, nada justificaria que a apreciação de qualquer questão prejudicial pudesse estar acobertada pela coisa julgada, nos termos do art. 503, § 1.º, do CPC, à exceção, apenas, da matéria da falsidade ou da autenticidade de documento. Assim, parece que uma interpretação sistemática do Código indica a conclusão de que a análise sobre a falsidade ou autenticidade de documento sempre se sujeitará à coisa julgada, independentemente de requerimento da parte, exceto quando não puderem ser observadas as condições do art. 503, §§ 1.º e 2.º.

Por isso, a regra será a sujeição do "incidente" de arguição de falsidade documental à coisa julgada, independentemente de qualquer pedido da parte, exceto quando o juiz não tiver competência para examinar a matéria, quando não for possível a realização de contraditório pleno sobre a questão (por exemplo, por restrições à cognição judicial) ou ainda quando o tema não constitua, efetivamente, questão prejudicial para o exame do mérito. Diante dessas exceções, o tema até poderá ser examinado incidentalmente, mas não haverá coisa julgada sobre essa decisão.

3. Objeto da arguição de falsidade

Outro tema que merece ser precisado é o do âmbito de debate (e de cognição) que se permite no incidente. Como é curial, a denominação de incidente de falsidade gera a impressão de que neste momento se pode deduzir qualquer pretensão que diga respeito a sustentar que as informações contidas no documento não sejam verdadeiras. Este, porém, não é o caminho adequado para este tipo de discussão, nem teria cabimento debater-se, neste foro, a veracidade ou não das informações registradas no documento.

De fato, se um documento, materialmente verdadeiro, reflete fato que efetivamente não ocorreu, ou então que ocorreu de forma diversa, *normalmente* a questão se resolverá em termos de provas (e contraprovas) produzidas no processo, sendo desnecessário recorrer à via deste incidente para solucionar a controvérsia. De regra, portanto, a apresentação de documento ideologicamente falso em juízo acarretará a *impugnação do seu contexto* pela parte contrária (art. 411, III), com a conveniente apresentação de contraprova por esta e a formação da convicção judicial fincada no exame de ambas as hipóteses. A necessidade, então, do incidente a que o Código aqui se refere não se mostrará, e formar-se este espaço no processo, exclusivamente para contrapor-se provas, seria, sem dúvida, um desprestígio à ideia de celeridade do processo.

Não é, pois, para a discussão sobre a verdade do conteúdo do documento que este incidente se presta.

A finalidade do incidente somente pode ser compreendida se ele for interpretado à luz do que diz o art. 19, II, do CPC. No preceito, consta a específica menção de que o incidente se presta à *declaração da falsidade ou da autenticidade do documento*. Quando o Código, portanto, utiliza-se da noção de falsidade, o faz em oposição ao conceito de *autenticidade*, e é exclusivamente este o campo de perquirição a que se destina este incidente.

O incidente de falsidade documental visa, apenas, à verificação da autenticidade - da autoria, da proveniência - do documento, sem se preocupar se as informações contidas ali são realmente procedentes (verdadeiras) ou não.[554] Como já se viu, a fé de um documento está na direta e imediata proporção da fé que merece o seu autor; por isso, preocupa-se a lei em oferecer um espaço adequado para a investigação da autoria do documento, a fim de avaliar da prestabilidade do uso deste documento como prova no processo.

A este respeito, já ensinava Pontes de Miranda, tratando da ação declaratória de falsidade, na vigência do Código de Processo Civil de 1973, que "o documen-

554 Segundo Redenti (*Diritto processuale civile*, vol. 2, p. 249), a função da querela de falsidade é a de retirar a eficácia probatória de documentos capazes de fazer *prova plena* (da mesma opinião, partilham Salvatore Satta e Carmine Punzi, *Diritto processuale civile* cit., p. 401). Realmente, uma vez negada a autoria do documento (que pudesse ter a virtude de produzir prova vinculante para o magistrado), esta força desaparece, sendo possível ao juiz atribuir à prova o valor que entender pertinente. No direito brasileiro, a prova documental não é apta a produzir prova plena; todavia, ainda assim, o raciocínio permanece o mesmo, na medida em que, negada a autoria do documento, perde-se toda a consistência da prova, relegando-se a peça praticamente à inutilidade.

to pode ser autêntico e não serem verdadeiras as declarações nele contidas. As declarações de vontade e de conhecimento podem ser verdadeiras, ou falsas, e não ser autêntico o documento, ou não ser falso. Não está em exame, nas espécies do art. 4.º, II, a relação jurídica, mas pode acontecer que se proponham cumuladamente as duas ações, a de autenticidade ou de falsidade do documento e a declarativa de existência da relação jurídica ou a da inexistência da relação jurídica (art. 292 e § 1.º)".[555]

O tema, pois, da veracidade ou não do conteúdo do documento (das declarações nele inseridas) não comporta discussão pela via da arguição, devendo solucionar-se no debate instrutório, pelas regras normais de valoração da prova, tendo aí o magistrado ampla liberdade para dar (ou negar) maior crédito a uma prova ou a outra (art. 371).[556] Além disso, é certo que, caso se pretenda invalidar um documento, em função daquilo que nele conste, não é a ação declaratória a via adequada para o exercício desta pretensão, mas sim a desconstitutiva.[557]

Por outro lado, também é relevante notar que nem todo documento é suscetível de ser submetido ao incidente de falsidade. É irrelevante o fato de ser o documento público ou privado; ambos podem ser objeto desta ação declaratória incidental, indiferentemente.[558] Entretanto, a simples circunstância de poder uma coisa ser considerada como documento não é suficiente para, por si só, permitir-

555 Francisco Cavalcanti Pontes de Miranda. *Comentários ao Código de Processo Civil* cit., t. I, p. 156; assim também, José Manoel Arruda Alvim. *Tratado de direito processual civil* cit., vol. 1, p. 439. Observe-se, porém, que a referência do autor, quanto à cumulatividade da ação declaratória de falsidade (ou autenticidade) do documento, com a de existência ou inexistência da relação jurídica refletida nele, somente é válida para a ação declaratória de falsidade principal (do art. 19, II), sem que o mesmo raciocínio possa ser aplicável ao incidente de que presentemente se trata.

556 Assim também conclui Moacyr Amaral Santos, dizendo que "uma coisa é declarar falso um documento, outra considerá-lo desmerecedor de fé. Para declarar falso um documento, há de necessariamente haver um pedido nesse sentido, sobre o qual cumpre que o juiz decida. O objeto aí é uma declaração de falsidade documental. Já na apreciação da fé que possa merecer o documento, o juiz é livre, como é livre na apreciação de toda e qualquer prova, atentos os fatos e circunstâncias constantes dos autos, ainda que não alegados pela parte" (*Prova judiciária no cível e comercial* cit., vol. 4, p. 574-575).

557 "Se os fatos que se mencionam no documento, mesmo se instrumento público, não correspondem ao que nele se diz, não se pode pensar em falsidade do documento, mas sim em invalidade, se alguma das figuras de nulidade ou de anulabilidade se compõe. Ainda assim, tem-se de acentuar que se trata de conteúdo do documento, do ato jurídico, e não do documento, que é envolutório" (Francisco Cavalcanti Pontes de Miranda. *Tratado das ações*. Atual. Vilson Rodrigues Alves. Campinas: Bookseller, 1998. t. II, p. 111).

558 V. por todos, Antônio Carlos Muniz, Incidente de falsidade cit., p. 29.

-lhe a condição de objeto deste incidente. A propósito, clara é a lição de Pontes de Miranda, em relação à ação declaratória de falsidade de documento em geral: "algumas vezes, no Código de Processo Civil, documento só abrange os instrumentos, os papéis; outras vezes, os documentos e as peças probatórias juntáveis aos autos; outras vezes, os documentos e as peças probatórias que têm de ser arquivadas. É no último sentido que a palavra *documento* se acha no art. 4.º, II? Posso ter interesse em pedir a declaração da autenticidade ou falsidade da mesa que se diz ter pertencido a Pedro I, ou da autenticidade ou falsidade dos exemplares de certo livro editado; mas documento, no art. 4.º, II, é só o instrumento ou o documento peça probatória, em que alguém pode ser apontado como autor (autenticidade) aparente e real, ou somente real ou somente aparente (falsidade)".[559]

Segundo Arruda Alvim, esta restrição de objeto deve ser ainda mais específica, limitando-se ao questionamento da *prova literal*.[560] Não parece ser correto exagerar na restrição ao campo de arguição do incidente de falsidade. Reduzir o campo de aplicação desta ação apenas à prova literal é, não apenas, estabelecer campo por demais exíguo, mas, principalmente, impor barreira que não tem sustentação na lei brasileira. Como já observado, o incidente se destina a questionar a falsidade ou autenticidade do documento. É, pois, de sua natureza específica, somente se prestar a documentos que sirvam como prova no processo (já que se pretende estabelecer a fé que potencialmente carregam). Entretanto, todos os documentos (que se destinam à prova) têm por detrás um autor, sendo possível verificar quem ele seja. Desde que, portanto, se trate de documento destinado à prova e em sendo possível encontrar o seu autor (autenticidade) é cabível o incidente.

4. Arguição de falsidade material e ideológica

O que já se disse a respeito do falso permanece aplicável ao incidente de falsidade documental. Também aqui é possível utilizar a diferença entre o falso ideológico e o material. Esta distinção, com efeito, pode assumir relevante importância neste contexto, na medida em que a doutrina, tradicionalmente, somente

559 *Comentários ao Código de Processo Civil* cit., t. I, p. 154.

560 "Certamente, atribui o legislador à palavra *documento* a significação de sinônimo de *prova literal*, mesmo porque os fatos da *autenticidade* (= qualidade) e da *falsidade* (= vício) são, de um lado, atributo do documento, e, de outro, defeito do documento, que sempre tem sido entendido como sinônimo de prova literal. Assim, os outros significados da palavra, conquanto conhecidos em doutrina, refogem ao âmbito de nossas considerações específicas, no momento. Ademais, o legislador acolheu o sentido de *documento*, exclusivamente, como sendo o de prova literal nos arts. 364 *et seq.*" (José Manoel Arruda Alvim. *Tratado de direito processual civil*. 2. ed. São Paulo: Ed. RT, 1990. vol. 1, p. 437).

admite a arguição de falsidade *material*, pela via do procedimento estabelecido nos arts. 430 *et seq.* do CPC.

A restrição[561] tem por fundamento a disciplina do incidente, a apontar para a obrigatoriedade da submissão do documento questionado à prova pericial (art. 432, *caput*), o que seria impossível na arguição do falso ideológico - em que se deve demonstrar que a ideia retratada no documento não é verdadeira.[562] Ora, é bem sabido que a prova pericial apenas poderá indicar a ocorrência de falsidade material; quanto ao falso ideológico, este se prova por outros meios de prova, admitidos em direito.[563]

O argumento mais importante, todavia, em prol desta corrente restritiva, decorre da constatação da natureza da decisão que decide o incidente. Diz-se que esta decisão somente pode ter conteúdo *declaratório*, jamais *constitutivo*. Todavia, a arguição de vício da vontade sobre declarações contidas em documento (autenticidade intelectual) torna esta declaração passível de anulação (por erro, dolo ou coação), o que somente se obtém pela via constitutiva e não por decisão com eficácia preponderantemente declaratória.[564] Logo, imprestável seria esta via

561 V. por todos, José Manoel Arruda Alvim. *Tratado de direito processual civil* cit., vol. 1, p. 451-453.

562 Neste sentido, entre outros, Antônio Carlos Muniz, Do incidente de falsidade. *RT*, v. 541, São Paulo, Ed. RT, novembro de 1980, p. 27-28; João Carlos Pestana de Aguiar. *Comentários ao Código de Processo Civil* cit., p. 212; José Frederico Marques. *Manual de direito processual civil*. 6. ed. Rio de Janeiro: Forense, 1981. vol. 3, 2. parte, p. 79-80; José Manoel Arruda Alvim. Ação incidental de falsidade ideológica de laudo pericial - Preclusão - Sentido da palavra "documento". *RePro*, n. 54, São Paulo, RT, abr.-jun. 1989, p. 227.

563 Como já lembrava Nélson Hungria, "na falsidade material, o que se falsifica é a materialidade *gráfica, visível* do documento (e, portanto, simultânea e necessariamente, o seu teor intelectual); na falsidade ideológica, é apenas o seu teor ideativo. Diversamente da primeira, a última não pode ser averiguada por inspeção pericial ou direta, senão por outros elementos de convicção, coligíveis *aliunde*" (*Comentários ao Código Penal* cit., p. 272).

564 Apenas como exemplo desta opinião, confira-se a lição de Hugo Simas, ainda em relação ao Código de 1939, acolhido, neste particular, pela atual doutrina: "Não é o processo incidente de falsidade meio próprio para a prova dessa falsidade ideológica do documento. A simulação, tanto como o erro, ambos traduzindo uma inverdade, provam-se pelos meios comuns em direito, (...)" (Hugo Simas. *Comentários ao Código de Processo Civil* cit., p. 239). E, perante o Código de 1973, também nesta mesma linha argumentava Arruda Alvim, dizendo que "assim referimo-nos à autenticidade do ponto de vista material, dado que existe, também a autenticidade do ponto de vista intelectual a qual exige que o documento não padeça de qualquer vício ideológico. No entanto, os problemas relacionados com a autenticidade intelectual são respeitantes à ação constitutiva, pois dão margem à anulação de negócio jurídico e documento que o retrata, fundado em erro, dolo, coação etc. É assim, problema estranho à declaratória, de que estamos a tratar" (José Manoel de Arruda Alvim. *Código de Processo Civil comentado*. São Paulo: Ed. RT, 1978. vols. 1 e 2, p. 361).

para obter esta finalidade, uma vez que a eficácia específica da decisão que pode ser proferida neste incidente não comporta a finalidade que se pretende obter.

Todavia, embora esta concepção restritiva da função da arguição da falsidade documental pareça ser a mais acertada, não se pode negar a presença de parcela respeitável da doutrina, que sempre pensou em sentido contrário. Autores como Moacyr Amaral Santos,[565] Ovídio Baptista da Silva[566] e Celso Barbi,[567] entre outros, defendem o uso da medida para a arguição do falso material ou ideológico, mesmo porque não se pode distinguir situações onde a própria lei não discerniu. Ademais, é certo que esta corrente contou com o apoio dos tribunais brasileiros, em especial dos Tribunais Superiores, na vigência do CPC de 1973.[568] A questão, portanto, exige exame mais apurado.

Não há dúvida de que, como regra, a declaração de falsidade documental, fundada em falso ideológico, não terá nenhuma função. Realmente, se para o processo civil não importa a *punição* daquele que produz o documento falso – ou se esta punição é, pelo menos, incidental e secundária, na forma do art. 80, II – é necessário centrar o interesse sobre a prova (o documento) produzida, avaliando a sua utilidade para o processo. O que importa para o direito processual civil é, somente, atestar a fé que pode vir a merecer o documento oferecido em juízo, e este é o precípuo objetivo da arguição de falsidade. Esta alegação, normalmente, virá calcada na afirmação de que a assinatura aposta no documento é falsa, ou é falso todo o documento produ-

565 *Prova judiciária no cível e comercial* cit., vol. 4, p. 549, nota de rodapé 33-A.

566 Ovídio A. Baptista da Silva. *Comentários ao Código de Processo Civil*. São Paulo: Ed. RT, 2000. v. 1, p. 58.

567 Celso Agrícola Barbi. *Ação declaratória principal e incidente*. 7. ed. Rio de Janeiro: Forense, 1996. p. 90. Salienta o autor, aliás, que o falso ideológico pode ser analisado pela via do incidente de falsidade, mas não o abuso de folha em branco, o qual, este sim, demandará a propositura de ação constitutiva negativa e não declaratória (idem, p. 91).

568 Cf., entre outros, *RSTJ* 37/545, *RTJ* 90/936; REsp 9.197-SC (*DJU* 11.11.1991, p. 16.145). Do primeiro acórdão citado, com efeito, lê-se a síntese deste pensamento, no sentido de que: "Sem descer ao exame da influência ou desinfluência desse documento, que se inquina de falsidade em seu conteúdo, para instruir o pedido de falência, até porque de tal não cogita o acórdão e nem o próprio recurso, tenho que, não obstante insusceptível de exame pericial o documento dito ideologicamente falso, possível é o processo incidental de falsidade, previstos nos arts. 390 a 395 do Código de Processo Civil, para essa apuração, ainda de simples falsidade ideológica, porque, embora a regra do art. 392 possa induzir em contrário, é certo que outras provas poderão ser produzidas em desfavor do contexto, no próprio incidente, como está no art. 391, parte final, além de que norma o art. 372, ao fazer remessa ao art. 390, para que a parte contra quem produzido o documento alegue '(...) se lhe admite ou não a autenticidade da assinatura e *a veracidade do contexto*' (grifamos)". É, pois, do sistema, a possibilidade de ser arguida a falsidade, tanto a material quanto a ideológica – veracidade do contexto – de documento produzido no curso da lide.

zido (especialmente no caso de documentos públicos). Tais questões são típicas de arguição de falso material, não tendo relação com o falso ideológico.

Entretanto, é possível imaginar a hipótese em que o falso – e observe-se novamente que o presente incidente não se destina a apurar a verdade das declarações contidas no documento, mas apenas a sua *autenticidade* (proveniência, autoria) – venha embasado na assertiva de que, por exemplo, o documento público produzido em seu nome não tenha sido mandado confeccionar por ele (tendo outra pessoa assumido sua identidade e se apresentado perante o oficial público para lavrar a declaração).[569] Neste caso, certamente, haverá situação de falso ideológico, que refletirá na questão da autenticidade do documento. Para tais situações, em surgindo a necessidade da arguição do falso ideológico, como questionamento da inautenticidade de documento, será cabível o recurso à ação prevista pelos arts. 430 *et seq.*, ou não?

Ao que parece, a melhor solução vem oferecida pelo raciocínio arguto de Humberto Theodoro Júnior, ao dissertar sobre o tema.[570] Inicialmente, lembra o processualista que ambas as correntes inicialmente expostas apresentam argumentos legítimos, mas também, na mesma proporção, exageros. Posteriormente, calcado na distinção de Carnelutti, entre documentos *narrativos* e documentos *constitutivos*, busca o mestre mineiro tratar do tema segundo as particularidades de cada qual. Realmente, como diz o autor, "a corrente restritiva do cabimento da declaratória de falsidade para o falso ideológico está correta enquanto se analisa o documento constitutivo, que somente através de ação constitutiva pode ser atacado; o excesso cometido foi o de generalizar a restrição a todos os casos de falso ideológico, já que não haveria razão para negar cabimento ao incidente quando a falsidade se referisse apenas a documento narrativo ou testemunhal; aliás, *in casu*, o que será difícil de justificar, é mesmo a ação constitutiva, já que inexistirá relação jurídica material a desconstituir".[571] De outro lado, pondera o mesmo jurista, "a corrente ampliativa, que preconizava sempre o cabimento da declaratória de falsidade, pouco importando fosse o falso material ou ideológico, também pecou pelo excesso, já que, se não se deve *a priori* recusar a declaração do falso produzido por desvio intelectual no contexto do documento, força é reconhecer também que o incidente de falsidade não deve mesmo ser desviado para aquelas situações em que

569 Também seria possível imaginar a situação em que, naqueles documentos que não se costuma assinar (art. 410, III), atribui-se a sua autoria a pessoa que afirma não ter mandado confeccioná-lo.

570 Humberto Theodoro Júnior. Ação declaratória e incidente de falsidade: falso ideológico e intervenção de terceiros. *RePro*, n. 51, São Paulo: Ed. RT, jul.-set. 1998, p. 32 e ss.

571 Humberto Theodoro Júnior. Ação declaratória e incidente de falsidade: falso ideológico e intervenção de terceiros. cit., p. 37.

se reclama a desconstituição ou a anulação do ato jurídico simulado".[572] Buscado o equilíbrio, dentro destas observações, pode-se extrair, com razoável segurança, alguma definição.

Em conclusão, segundo estas diretivas, pode-se tomar, na esteia das conclusões de Humberto Theodoro Júnior, que o incidente de falso caberá *sempre* em relação às falsidades materiais; quanto às falsidades intelectuais, será necessário distinguir: se se tratar de documento *narrativo*, também a arguição pelo incidente será viável, já que se pretende apenas declarar o documento como inábil para a prova de certo fato; se o documento, ao contrário, for *constitutivo*, então será necessário propor ação própria, que objetive à desconstituição do ato jurídico (representado pelo documento) viciado.[573] Por outras palavras, se o interesse da parte limitar-se a buscar a negativa de valor do documento *como prova no processo*, questionando sua autenticidade apenas, então ficará aberta a via do incidente; se, porém, seu interesse for além, pretendendo questionar a própria relação jurídica refletida pelo documento, então a questão assume estrutura e feição próprias, o que exigirá a propositura de ação autônoma, destinada a desconstituir aquela relação jurídica.

Art. 430. A falsidade deve ser suscitada na contestação, na réplica ou no prazo de 15 (quinze) dias, contado a partir da intimação da juntada do documento aos autos.

Parágrafo único. Uma vez arguida, a falsidade será resolvida como questão incidental, salvo se a parte requerer que o juiz a decida como questão principal, nos termos do inciso II do art. 19.

572 Idem, ibidem.

573 O Superior Tribunal de Justiça, vale lembrar, adotou expressamente esta posição, no julgamento do REsp 19.920-PR (4.ª Turma, rel. Min. Sálvio de Figueiredo Teixeira, *RSTJ* 57, p. 240 e ss.), que tem como ementa: "PROCESSUAL CIVIL. FALSIDADE IDEOLÓGICA. DOCUMENTO NARRATIVO. APURAÇÃO PELA VIA INCIDENTAL, ART. 390, CPC. DISCIPLINA NO CPP. RECURSO PROVIDO. 1. A falsidade ideológica, salvo nas hipóteses em que o seu reconhecimento importe em desconstituição de situação jurídica, pode ser argüida como incidente, máxime quando sua apuração dependa unicamente da análise de prova documental". Do corpo do acórdão, com efeito, extrai-se as seguintes passagens do voto do relator: "Tais considerações mostram-se necessárias na medida em que a falsidade ideológica só se apresenta apurável por incidente, como visto, quando seu reconhecimento não importar em desconstituição de situação jurídica. (...) Narrativo o documento, não há, portanto, como descortinar óbice à apreciação do incidente de falsidade suscitado, máxime em se considerando que sua solução, em princípio, depende unicamente da análise da prova documental já produzida".

1. Momento da arguição do incidente de falsidade

A arguição de falsidade sobre qualquer documento – juntado nos autos como prova, e de cuja autenticidade se duvide – pode ser suscitada no processo, em qualquer tempo ou grau de jurisdição. Pouco importa, então, o estado do processo, a juntada de documentos probatórios ensejaria, sempre, a formulação do incidente sobre eles.

Em verdade, todavia, não é precisamente correto dizer que o incidente pode ser suscitado em qualquer tempo. Neste sentido, é clara a prescrição contida no art. 221 do CPC italiano ao estabelecer que este incidente somente tem cabimento "enquanto a verdade do documento não tenha sido declarada [*accertata*] por sentença transitada em julgado",[574] sentença esta que tanto pode ter *decidido* a questão da falsidade no âmbito penal como no civil. Realmente, se já houver decisão reputando autêntico o documento, desde que esta declaração se revista de coisa julgada perante as partes do processo em que se pretende usar o documento, o questionamento a respeito da falsidade ou autenticidade desta prova não mais poderá ser feita.

Será necessário, por outro lado, considerar que a impugnação deve submeter-se ao prazo preclusivo, previsto neste artigo.[575] Este prazo, como se tem por evidente da simples leitura do dispositivo, pode estabelecer-se de duas formas: a ocasião da resposta do réu (para os documentos à inicial) ou da réplica (para documentos juntados pelo réu) ou no espaço de quinze dias, contados da intimação da juntada aos autos do documento questionado.

A primeira hipótese será a regra, já que, em princípio, toda a prova documental apresentada pela parte autora deverá instruir a petição inicial e aquela trazida pelo réu será juntada com a resposta (art. 434). Em sendo este o caso, deverá o réu suscitar o incidente no prazo que se lhe concede para a contestação. Este prazo, obviamente, dependerá do tipo de procedimento e das circunstâncias da causa (presença ou não de litisconsórcio com pluralidade de advogados, participação da Fazenda Pública etc.). Outrossim, é certo que não apenas os documentos apresentados *com a petição inicial* submetem-se ao questionamento neste prazo; também

574 Neste sentido, v. Giuseppe Chiovenda. *Instituições de direito processual civil* cit., vol. 3, p. 161; Enrico Redenti. *Diritto processuale civile* cit., vol. 2, p. 250.

575 V. por todos, José Manoel Arruda Alvim. Ação incidental de falsidade ideológica de laudo pericial – Preclusão – Sentido da palavra "documento" cit., p. 226; ou, do mesmo autor, *Tratado de direito processual civil* cit., vol. 1, p. 442-443.

aqueles outros documentos, apresentados no processo *antes de determinada a citação do réu* ingressam nesta mesma hipótese.[576]

Demais disso, é certo que a apresentação do incidente independe do oferecimento de contestação. Ainda que o réu permaneça silente em defender-se (sofrendo os efeitos materiais da revelia), poderá ele deduzir a arguição de falsidade, em relação a documentos oferecidos pelo autor na petição inicial.

Quanto ao outro prazo, será ele utilizado por exclusão, para as hipóteses que não se enquadrem na situação prevista inicialmente, ou seja, para os documentos que não sejam apresentados com a petição inicial ou antes da citação do réu, nem com a resposta do réu. Para este prazo (assim como para o outro, com maior razão), ainda que não haja previsão específica a respeito, aplica-se a causa de ampliação, prevista pelo art. 229 do CPC.[577]

Especificamente no que diz respeito ao tema do prazo para o oferecimento do incidente, duas questões podem ser postas, de maior relevância: a) o que acontecerá se o conhecimento da falsidade somente se dê depois de decorrido o prazo? b) e se não for oposta a arguição no prazo legal, ter-se-á por autêntico o documento?

Indubitavelmente, o prazo legal aqui fixado é preclusivo. Isto, porém, não pode gerar absurdos teratológicos, a ponto de exigir que o magistrado tome por apto um documento visivelmente falsificado (não autêntico) apenas porque a parte omitiu-se em oferecer o incidente de falsidade na época oportuna, ou porque notou a falsidade tarde demais.

Pense-se na primeira hipótese: como bem lembra a doutrina,[578] a intimação a que se refere o art. 437 (a oportunidade para manifestar-se sobre documento juntado) é dirigida ao advogado da parte, sendo certo que este não tem, de regra, conhecimento do documento, devendo diligenciar junto a seu cliente sobre a prova. Certo é que este procedimento – de consulta ao cliente pelo advogado – não raro demanda tempo, seja porque nem sempre o cliente está disponível (pode estar viajando, por exemplo) ou pela dificuldade em examinar com o representado o documento, já que o advogado tem, muitas vezes, de ir a juízo, extrair cópia do documento a ser questionado, levá-lo ao patrocinado e discutir com ele sobre a prova. Daí resulta que nem sempre será possível, em prazo razoável, formular a arguição, caso que tende a tornar-se frequente no foro. Como lidar com a situação?

---

576 É o caso de documentos apresentados no aditamento à petição inicial pelo próprio autor (art. 321), pelo denunciado à lide (art. 127) etc.

577 Cf. Egas Dirceu Moniz de Aragão. *Exegese do Código de Processo Civil* cit., vol. 4, t. I, p. 299.

578 V. a respeito, Egas Dirceu Moniz de Aragão. *Exegese do Código de Processo Civil* cit., vol. 4, t. I, p. 301.

Ao que parece, tem plena aplicação na espécie a previsão contida na parte final do art. 223 do CPC, que ressalva da preclusão a hipótese em que a omissão se dê por justa causa ("decorrido o prazo, extingue-se, o direito de praticar ou de emendar o ato processual, independentemente de declaração judicial, ficando assegurado, porém, à parte provar que não o realizou por justa causa"). Realmente, não se pode negar que estas circunstâncias, acima apontadas, *eventualmente*, podem considerar-se como *justa causa* (desde que não se verifique desídia da parte ou do seu representante judicial).[579] Especialmente demonstrando que o conhecimento da falsidade sobreveio, apenas, após o escoamento do prazo legal, tem-se como irretorquível a situação que a regra do art. 223 pretende colocar a salvo. E, para tais hipóteses, é de se conceber que o magistrado devolva o prazo para que a parte possa ofertar o incidente de falsidade, mesmo porque é interesse da Justiça desvendar quais provas são hábeis ou não para fundamentar uma decisão judicial. Todo o processo de conhecimento se constrói para esta finalidade, e seria um contrassenso entender que a preclusão pudesse fazer com que o magistrado tomasse por idôneo um documento seguramente falso.

Sobretudo, e pelo mesmo fundamento, impõe-se a conclusão de que, mesmo que não oferecida a arguição de falsidade no prazo legal - e, portanto, ainda que preclusa a faculdade de oferecê-la no processo - não gera este fato a necessária conclusão de que o juiz há de considerar como autêntico o documento não impugnado. A preclusão, em ocorrendo, apenas gera a consequência de causar a perda do direito de oferecer a ação incidental de falsidade pela parte, sem que isto se tome como conclusão inabalável de autenticidade do documento.[580] É regra clara do Código de Processo Civil a determinação de que o magistrado tem autonomia para conferir à prova o valor que merecer, segundo o seu prudente arbítrio (art. 371), não ficando ele, obviamente, vinculado à inação da parte neste particular. Assim, se o julgador, mesmo sem que se tenha alegado o vício no documento pelo incidente aqui examinado, concluir que o documento não merece fé porque tem dúvida quanto à sua autenticidade, negará eficácia probante a esta prova, apoiando-se em

579 Aliás, ainda que não se acolhesse esta concepção, a solução outra seria de pouca utilidade. Isto porque, é certo, a parte interessada, ainda que não apresentando o incidente, poderia aventar a questão em ação autônoma (art. 419, II) ou mesmo após o trânsito em julgado da sentença, em ação rescisória (art. 966, VI). Assim, mesmo que se pretendesse ser rígido quanto a este prazo, o fato é que o resultado imaginado não seria atingido, porque as outras vias ficariam sempre abertas para a discussão do tema.

580 Mais que isto, como visto anteriormente gera esta preclusão apenas a perda do direito de oferecer a *arguição de falsidade documental incidentalmente a outro processo*, pois sempre será possível averiguar o problema por outras vias.

outros elementos de prova para elaborar o seu julgamento. Em todo caso, havendo ou não o oferecimento do incidente, será sempre exigível do juiz a justificação de sua conclusão a respeito do valor dado à prova.

2. Legitimidade e interesse para o incidente

Outro tema que merece destaque é o da legitimidade para o incidente. Quanto à legitimidade ativa, o problema oferece menor complexidade. Nos termos da lei, poderá oferecer a impugnação a *parte contra quem o documento foi produzido*. Sujeito ativo desta ação incidental, portanto, poderá ser qualquer uma das partes, *autor ou réu*, contra quem tenha sido produzido o documento no processo. Esta parte, assim, deve ter sido prejudicada pela prova resultante do documento (interesse), sendo este o pressuposto indispensável para atribuir-lhe legitimidade ativa para o incidente.

Neste conceito de parte, obviamente, não entram as figuras de intervenção de terceiros em que o sujeito interveniente não assume a condição de parte no processo. Especificamente, não tem legitimidade para a propositura do incidente o *assistente simples*[581] (embora o assistente litisconsorcial possa fazê-lo, já que é considerado como parte pela ampla maioria da doutrina, sujeitando-se inclusive à coisa julgada). Por outro lado, os intervenientes que, ingressando no processo, passam a ter condição de parte (como o denunciado à lide e o chamado ao processo), porque adquirem este *status*, têm plena possibilidade de oferecer a impugnação. Recorde-se que o opoente, no CPC de 2015, deixou de ser uma forma de intervenção de terceiro para ter sua pretensão veiculada por procedimento próprio; assim, o opoente é claramente autor de uma demanda, de modo que certamente se legitima ao incidente de falsidade.

A distinção tem óbvio sentido: se a legitimidade se confere a quem tem a prova produzida *contra si*, e se o terceiro (que permanece no decorrer do processo com esta condição), por não ser parte, jamais terá prova contra si produzida, incabível é que possa ele ter interesse que justifique, por si, o oferecimento da arguição.[582]

---

581 Em sentido genérico, sobre a ilegitimidade do assistente para propor a ação declaratória incidental, v. Celso Agrícola Barbi. *Ação declaratória principal e incidente*. 7. ed. Rio de Janeiro: Forense, 1996. p. 171.

582 Não obstante, sempre ficará aberta para estas pessoas o caminho da ação declaratória autônoma (art. 19, II). Em sentido contrário, entendendo que o terceiro tem sempre legitimidade para propor a demanda incidental de falsidade, v. Jônatas Milhomens. *A prova no processo*. Rio de Janeiro: Forense, 1982. p. 427.

Da mesma forma, pode acontecer que o litisconsorte daquele contra quem foi apresentado o documento seja admitido a oferecer a impugnação. Isto somente ocorrerá se o documento possa vir a influenciar, de alguma maneira, o seu específico interesse na demanda, afetando a situação de sua pretensão ou de sua defesa. Não poderá, portanto, o litisconsorte daquele a quem prejudica o documento oferecer o incidente, se esta prova não gera nenhum reflexo para a sua própria situação processual.

Enfim, pode também suscitar o incidente o Ministério Público, nos casos em que atue como parte ou também como fiscal da ordem jurídica.[583] Esta possibilidade decorre diretamente da atribuição dada a este órgão de formular diligências tendentes à descoberta da verdade (art. 179, II, do CPC).

Questiona a doutrina da possibilidade de o próprio sujeito que trouxe aos autos o documento venha a suscitar o incidente. Moniz de Aragão inclina-se pela resposta afirmativa,[584] afirmando que não se deve excluir *a priori*, sem o exame das particularidades da questão, esta hipótese de legitimação. Diz que, se a finalidade da prova é convencer o magistrado da veracidade do ocorrido, não pode interessar a ninguém que a reconstrução do fato se faça por elementos que não merecem fé para influenciar a cognição judicial. Esta, com efeito, deve ser a solução a ser adotada. Qualquer posição radical, neste contexto, seria inviável e inútil, especialmente em função da previsão de outras vias para a arguição da matéria (ação rescisória, ação autônoma etc.). O exame do caso concreto, portanto, é que poderá permitir observar a realidade e as matizes da situação posta e, admitida a legitimidade da parte, considerar principalmente o seu interesse na propositura da demanda incidental.

Já quanto ao polo passivo da demanda, parece inegável que será ele preenchido pelo sujeito que apresentou o documento em juízo. Não importa, para a fixação deste polo, a existência de litisconsórcio na posição jurídica daquele que apresentou o documento; somente o sujeito que ofereceu a prova em juízo é que responderá passivamente ao incidente de falsidade, ficando os demais litisconsortes excluídos desta específica demanda.[585]

Poderia, ainda, alguém pensar na possibilidade de se ter, na demanda incidental de falsidade, a presença do autor material do documento. Assim, por exemplo, seria imaginável que alguém pretendesse incluir, na demanda de arguição da falsidade,

583 Cf. Egas Dirceu Moniz de Aragão. *Exegese do Código de Processo Civil* cit., vol. 4, t. I, p. 302.

584 Egas Dirceu Moniz de Aragão. *Exegese do Código de Processo Civil* cit., vol. 4, t. I, p. 302.

585 Poderão, eventualmente, se demonstrarem interesse jurídico, ingressar neste processo incidental ou na ação incidental formada, na condição de assistentes.

a pessoa do oficial público que lavrou a escritura cuja assinatura se questiona no incidente. Seria razoável concluir que este sujeito fosse também demandado neste incidente? Novamente, a resposta que se impõe é pela negativa. É certo que o Código fala em "produção" do documento, o que poderia gerar a falsa impressão de que o réu do incidente seria a pessoa que confeccionou a prova. Todavia, a arguição de falsidade documental se propõe *em face da parte que ofereceu o documento para ser juntado aos autos*, e somente em relação a este. Outras pessoas que tenham interesse em que o documento permaneça nos autos ou em que o documento não seja tido como falso poderão, eventualmente, participar do litígio na condição de assistentes, mas jamais como rés. Com efeito, a noção de produção da prova, a que alude o Código no presente artigo, deve ser tomada em seu sentido técnico, como ideia de produção da prova *no processo*, e não na sua acepção larga (como quem elaborou o documento). Ora, no processo, a produção da prova se dá, geralmente, por iniciativa da parte e é em face desta que esta arguição deve ser proposta.

Ainda quanto à legitimidade de parte, por fim, permanece a possibilidade de uma indagação: e se o documento foi juntado aos autos por iniciativa do juiz (que determinou a produção desta prova de ofício)? Indubitavelmente, quanto à legitimidade ativa, qualquer das partes da relação processual, desde que se sinta prejudicada pela prova, poderá arguir a falsidade do documento. O grande problema se põe em relação ao polo passivo da demanda. Neste caso, o sujeito responsável pela produção da prova no processo foi o juiz, mas seria difícil imaginar a propositura deste incidente em face dele. Realmente, nesta situação, o réu da ação não pode ser o magistrado (ainda que tenha ele tomado a iniciativa da produção da prova). Esta legitimidade passiva há de atribuir-se àquele a quem beneficia a prova, ficando este responsável por, querendo, defender a sua idoneidade. Afinal, a ele interessa a produção (e a valoração) desta prova e, mesmo que não tenha sido o agente responsável pela presença do documento nos autos, é, em princípio, quem se opõe à pretensão de negar valor probante à coisa. Aqui, porém, uma particularidade resultará da arguição de falsidade: é vedado ao réu pretender retirar a prova dos autos, a fim de evitar o prosseguimento do incidente (art. 432, parágrafo único). Isto porque não foi ele quem introduziu o documento nos autos, logo, não pode ser ele a determinar o seu desentranhamento.

3. Processos em que é cabível o incidente

Será cabível o incidente em qualquer espécie de processo? Poderia a parte valer-se da figura na execução, ou em procedimentos especiais?

A resposta a tais perguntas exige o exame particularizado de cada hipótese.

No passado, era polêmico o assunto no que tangia ao processo cautelar. Havia quem defendesse a aplicação do instituto neste processo,[586] sob o argumento de que nada há, dentre os requisitos de admissibilidade desta ação, que obstasse seu uso nesta via. Ademais, afirmava-se, ou a prova é hábil para formar o convencimento do magistrado ou não é. E se não o for, haverá a necessidade do uso de mecanismos que permitam extirpar do processo a prova imprestável.[587]

Na época, sustentamos que, embora fosse necessário convir da plausibilidade desta vertente, não se poderia esquecer que, tecnicamente analisado o assunto, seria de todo inviável aceitar tais conclusões. O processo cautelar, pela sua própria natureza - e porque se satisfazia a reconhecer a mera aparência do direito alegado (*fumus boni iuris*) - não comportava cognição exauriente sobre a matéria nele versada. A decisão judicial naquele tipo de processo não dispunha de carga declaratória suficiente para permitir que este efeito preponderasse, inviabilizando, pois, que este processo resultasse em sentença de cunho declaratório, apto a gerar coisa julgada material. Ora, como se sabe, é essencial ao provimento declaratório sua capacidade de produzir coisa julgada material; sem esta possibilidade, a decisão declaratória é inútil, na medida em que nada *accerta* de forma definitiva.[588] Assim, se o processo cautelar não comportava a emissão de um provimento declaratório útil (porque definitivo), em razão do grau de cognição que permite e, consequentemente, da inviabilidade de gerar coisa julgada material (em regra), não poderia ele suportar uma demanda que tem, como preciso objetivo, a prolação de uma decisão declaratória sobre a falsidade ou autenticidade de documento.[589] Logo,

---

586 V. no sentido desta possibilidade, Mariulza Franco, É admissível a ação incidental de declaração de falsidade de documento no processo cautelar? *RePro*, n. 50, São Paulo, RT, abr.-jun. 1988, p. 216 e ss.

587 "Portanto, no processo cautelar, o documento há que ser capaz de influir na concessão ou denegação da medida pleiteada. Em outras palavras, ou se trata de documento que comprova os fatos circunstanciais da situação de perigo que a parte pretende evitar (*periculum in mora*) ou se trata de documento que se refere ao próprio direito alegado pelo requerente (*fumus boni iuris*). Neste último caso, o documento se refere à lide principal. E se for ele, o documento, declarado falso, terá acautelado o direito do requerido na ação cautelar, na hipótese de ser ele o argüente do incidente" (Mariulza Franco. É admissível a ação incidental de declaração de falsidade de documento no processo cautelar? cit., p. 218).

588 Afinal, como lembra Ovídio Baptista da Silva, "a função da ação declaratória, portanto, é fundamentalmente a eliminação de incerteza em torno da existência ou inexistência de uma determinada relação jurídica" (*Curso de processo civil*. 4. ed. São Paulo: Ed. RT, 1998. vol. 1, p. 162-163). E, se não se pode eliminar este estado de incerteza de forma definitiva, o estado permanecerá, razão pela qual não se pode conceber tutela declaratória útil, que não seja definitiva.

589 Não se pode seguir adiante sem antes prestar atenção à lição de Ovídio Baptista da Silva, sobre o tema. Disserta o mestre gaúcho que "(...) Daí por que a demanda de *declaração de falsidade documental*, proposta em procedimento ordinário, não poderá, jamais, ser cautelar. Aliás, a me-

concluíamos que, na ação cautelar, o questionamento sobre a falsidade de algum documento jamais poderia ensejar, em seu bojo, a propositura da então chamada ação declaratória incidental de falsidade. O tema poderia ser ventilado em ação própria ou no curso da ação principal – podendo mesmo ser causa para que o juiz, no processo cautelar, tendo por verossímil a alegação da falsidade, entendesse por negar a tutela pretendida, por ausência de *fumus boni iuris* –, mas não poderia autorizar a formação desta ação incidental em seu corpo.[590]

Embora atualmente não se cogite mais de um processo cautelar autônomo, é possível transpor essas ideias para o regime do requerimento *antecedente* de tutela provisória. Se a parte postula essa medida antes de iniciar o "processo definitivo" (arts. 303 e 305), eventualmente pode surgir o interesse em desqualificar a prova documental anexada ao requerimento, adjetivando-a como falsa. Embora essa discussão efetivamente possa surgir, ela nunca assumirá – nesse momento – a natureza de arguição de falsidade, sobretudo diante da impossibilidade de um juízo definitivo a respeito desse tema naquela fase. O tema, portanto, será oferecido

---

lhor prova que o juiz da demanda cautelar teria para recusar este tipo de tutela processual seria a constatação de que a pretensão em causa concilia-se com a ordinariedade. A compatibilidade com o rito ordinário torna evidente a inexistência do *periculum in mora*. Somente será possível a invocação deste pressuposto, a que denominamos 'iminência de dano irreparável' ao interesse para cuja proteção se invoca a tutela cautelar, se pudermos demonstrar a *urgência* de uma resposta jurisdicional que a ordinariedade, por definição, não seria capaz de oferecer.(...)

"Pouco importa que a ação declaratória (ordinária) de falsidade documental seja preventiva e possa servir de *instrumento* em relação a outra demanda subseqüente que o demandado poderia promover valendo-se do documento falso. O que cabe ao processualista averiguar é se a sentença *apenas assegura* contra o dano iminente ou se, ao contrário, ao decidir sobre o falso com força de coisa julgada, outorga, já, proteção definitiva, atendendo a uma pretensão reconhecida pelo ordenamento jurídico, portanto *normada*, que o juiz satisfaz (realiza) e não apenas assegura, para, em momento subseqüente, satisfazer.

(...) Pode-se dizer que o juízo de mera plausibilidade do direito para cuja proteção se invoca a tutela de segurança, é não apenas pressuposto mas igualmente limite desta modalidade especial de atividade jurisdicional. Com efeito, a proteção cautelar não pressupõe somente a simples *aparência* do direito a ser tutelado, mas exige que ele não apareça ao julgador como uma realidade evidente e indiscutível" (Ovídio Araújo Baptista da Silva. *Do processo cautelar*. 2. ed. Rio de Janeiro: Forense, 1999. p. 69).

590 O Supremo Tribunal Federal, diga-se, já teve a oportunidade de apreciar tangencialmente a questão, posicionando-se pela impossibilidade de se arguir esta ação declaratória incidental na via de ação cautelar (v. RE 91.249-BA, 1.ª Turma, rel. Min. Thompson Flores, *RTJ* 93/1.311). O acórdão tem a seguinte ementa: "Incidente de falsidade documental. Preclusão. (...) II. Se nos processos que precederam ao ajuizamento da causa (interpelação e protesto, este seguido de depósito preparatório), onde foi suscitado o incidente de falsidade, era, por sua própria índole, defeso às partes a discussão sobre a falsidade, incabível seria invocar a preclusão. Exegese dos arts. 390, 810 e 473 do CPC. III. Recurso extraordinário conhecido e provido".

como causa para a negativa de aparência do direito pretendido e só nesse limite será decidido. Qualquer outra indagação mais profunda deverá ser apresentada depois de instalado o processo pleno ou em via autônoma.

Por razões idênticas, já que inexistente pronunciamento judicial com carga de julgamento sobre o conteúdo, não se há de admitir a arguição de falso na medida de asseguração de prova (produção antecipada de prova). Afinal, se o juiz não se pronuncia sobre eventual prova ali colhida, apenas quando essa prova vier a ser efetivamente *produzida* no processo a que se destina é que tem cabimento a arguição de falso.

Em relação à execução ou ao cumprimento de títulos judiciais, a resposta também merece caminhar para o mesmo sentido. Note-se que, em princípio, o documento mais importante que existe no processo de execução é o título executivo que, por definição, não tem, neste processo, função probatória (ao menos não principal). Ora, como o incidente de falsidade somente pode operar-se sobre elementos probatórios (como já visto anteriormente), seria inviável tentar usar deste expediente para invocar a falsidade do título. Esta matéria deverá ser deduzida em embargos à execução, pois esta é a sede adequada para tal tipo de debate. Com efeito, o processo de execução não se destina, a rigor, ao conhecimento dos fatos, nem tem por objetivo conduzir a uma sentença, que venha a declarar a incidência de uma norma jurídica. A cognição judicial é meramente eventual e o exame das questões fáticas tende a ser exclusivamente pontual e específico. Diante destas características próprias do processo de execução, porque ele não está preparado para receber uma sentença de conhecimento, difícil seria imaginar a presença da arguição aqui tratada.

Ainda que se objetasse à conclusão acima apontada com a alegação de que nem só o título executivo é documento que se apresenta na execução (o que é verdade, já que também ali geralmente se há de provar, dentre tantas outras coisas, a idoneidade do bem oferecido à penhora – art. 847, §§ 1.º e 2.º), mesmo assim parece quedar inabalável a resposta aqui oferecida. Realmente, não se pode esquecer que o processo de execução não foi pensado como foro para a discussão sobre o conhecimento de fatos. Para isto existe a figura dos embargos, aparelhada especificamente para este fim. No processo de execução se deve realizar o direito do titular que se apresenta na condição privilegiada de possuidor de título; tudo aquilo que possa atrapalhar esta finalidade deve ser extirpado de seu seio, e remetido a outra via. Não possui, pois, o processo de execução, carga de cognição suficiente para gerar sentença com declaratividade suficiente, motivo pelo qual não se deve permitir este tipo de incidente no seu ventre. Ademais, é certo que a regra do art. 853, parágrafo único, ao dispor que o juiz deve decidir *de plano* as dúvidas suscitadas pela nomeação de bens, indica, certamente, a intenção da lei no sentido de que não se abram incidentes (com instrução e alongamento do procedimento) para este tipo de debate no processo de execução. Estes incidentes, se necessários, deverão ser resolvidos em outra seara, a dos embargos.

Incabível, assim, o uso da arguição de falsidade em outro tipo de processo que não o de conhecimento. Qualquer tipo de procedimento, comum ou especial, poderá conter uma arguição incidental de falsidade, por mais diverso que o rito se mostre – mesmo porque não pode haver interesse, no processo de conhecimento, em induzir o magistrado a apoiar seu convencimento em prova falsa. Até mesmo o mandado de segurança, cuja celeridade é dada pela estreiteza da fase probatória, admite a ação declaratória incidental de falsidade documental. Neste procedimento, o oferecimento desta incidental causará a alteração do rito, que não mais seguirá para imediata sentença, mas, suspendendo o curso normal do feito, aguardará a decisão sobre a falsidade ou autenticidade do documento questionado.

4. Questão incidental e questão principal

Afirma o parágrafo único do art. 430 que a discussão sobre a falsidade será decidida como questão incidental, salvo se a parte requerer – nos termos do art. 19, II – que se resolva o tema como "questão principal".

Já se disse, anteriormente, do desacerto completo desse parágrafo, que é totalmente conflitante com o contido no art. 503, do CPC. Recorde-se que o Código atual não exige qualquer espécie de requerimento para que uma questão prejudicial seja examinada como questão principal e, assim, para que a solução da questão se revista de coisa julgada. Salvo quando houver restrição de cognição, quando ausente o contraditório prévio, ou ainda quando o juízo for absolutamente incompetente, toda declaração judicial a respeito de questão prejudicial implica decisão apta a estabilizar-se.

Aparentemente, porém, o preceito em exame põe uma exceção a esse comando, exigindo que haja requerimento expresso – a ser feito na forma do art. 19, II, do CPC – para que a decisão sobre a falsidade seja elevada a uma "decisão sobre questão principal" e, consequentemente, receba a imutabilidade da coisa julgada.

Por certo, porém, como já se esclareceu, essa antinomia não pode ser aceita. Nada há que justifique o tratamento diferente da discussão sobre a falsidade documental e sobre qualquer questão prejudicial.

Diante disso, é de se concluir que não depende de requerimento da parte o tratamento da falsidade documental como questão principal. Depende, sim, do preenchimento dos requisitos gerais, expostos pelo art. 503, §§ 1.º e 2.º, do CPC. Satisfeitos esses elementos, a decisão sobre a falsidade ou a autenticidade de documento revestir-se-á da autoridade da coisa julgada, com seus consequentes efeitos. Do contrário, haverá simples decisão sobre questão incidental, a oferecer mera preclusão interna.

Daí também a razão pela qual perde qualquer interesse a discussão sobre se a arguição de falsidade é um simples incidente ou uma ação incidental. Porque o regime de coisa julgada, nesse caso, independe do prévio requerimento específico, o tema não tem mais qualquer relevância.

Art. 431. A parte arguirá a falsidade expondo os motivos em que funda a sua pretensão e os meios com que provará o alegado.

1. Procedimento do incidente de falsidade

A arguição de falsidade documental tem início através de requerimento, dirigida ao juiz da causa, em que deve o postulante demonstrar as razões que fundam a sua pretensão à declaração de falsidade e as formas pelas quais pretende provar tais afirmações.

Eventualmente, poderá o incidente ter início por petição não escrita, mas oralmente. Tal será o caso da impugnação ocorrida em audiência, quando ali o documento for juntado e pretender a parte contrária manifestar-se imediatamente. De regra, porém, o oferecimento da ação incidental dar-se-á por petição escrita.

O requerimento do incidente, por certo, não depende da satisfação dos requisitos expostos pelo art. 319 ou 320, do CPC. Não se trata de petição inicial – em que pese, mais uma vez, a equivocada referência contida no art. 430, parágrafo único, já estudada.

Não obstante isso, até para o controle da incidência das consequências descritas no art. 503, do CPC, é necessário que estejam satisfeitas as tradicionais condições da ação. Já se apreciou o tema da legitimidade das partes alhures, bem como a questão da adequação da via processual (componente do interesse de agir) para a arguição do incidente.

Em relação ao *interesse de agir*, para o oferecimento desta impugnação, algumas reflexões se impõem. A questão foi esboçada anteriormente, quando do exame da legitimidade para a demanda, nos comentários ao artigo anterior. Colocada agora em foco, o essencial é notar que a parte somente terá interesse em oferecer o incidente quando puder identificar algum objetivo específico para a medida.[591] Vale dizer que, a fim de que possa a parte oferecer a ação incidental de que aqui se trata, não basta a presença de dúvida objetiva (ou mesmo certeza) quanto à falsidade do documento inserto nos autos; é preciso que, aliado a isto, a solução do incidente possa acarretar algum *resultado para o processo*. Este resultado será sentido quando a prova, de que se trata, puder exercer alguma influência no julgamento da causa, ou seja, quando o documento versar sobre ponto controvertido e relevante da lide.[592] Caso contrário, a declaração sobre a autenticidade ou falsidade do documento será indiferente ao resultado do processo, já que aquela prova não tende a influenciar a cognição do magistrado na solução da controvérsia.

Certo que, especialmente quando o documento for oferecido antes da citação do réu, dando ensejo ao incidente no momento da contestação, não terá ainda o magistrado condições de proceder a semelhante avaliação. Eventualmente, antes da réplica do autor, não tem o juiz ainda o perfeito quadro da lide e, portanto, não pode ainda fixar os pontos controvertidos do processo. Neste caso, estando ainda incompleto o aporte do conflito para o processo, não poderá o magistrado realizar, com segurança, esta avaliação sobre a relevância da prova, motivo pelo qual, nestes casos, difícil será detectar a falta de interesse na medida.

Finalmente, quanto à possibilidade jurídica do pedido – embora tenha ela, no CPC de 2015, perdido sua autonomia anterior, e seja até mesmo discutível sua inclusão como condição da ação –, é possível dizer que a matéria jamais suscitou maiores problemas. Sempre que se tenha um documento, de qualquer espécie, e que sobre ele se pretenda a declaração de falsidade ou autenticidade, será juridicamente possível o pedido.

591 Observe-se que este raciocínio é válido para a ação incidental de falsidade documental, mas não para a ação autônoma. Somente aqui é que este *plus* será exigível, já que para a arguição *principaliter* bastará a dúvida objetiva, sem necessidade de se aludir a reflexos do uso do documento em outra ação, que poderá nem mesmo existir.

592 Assim pondera Egas Moniz de Aragão, dizendo que "certo é, porém, que se o documento não for relevante, ou se o exame de sua autenticidade ou falsidade tornar-se desnecessário por outra qualquer razão, faltará interesse ao suscitante e o juiz poderá indeferi-lo, liminarmente, ou não se pronunciar quanto ao mérito ao final, por falta de interesse" (*Exegese do Código de Processo Civil* cit., vol. 4, t. I, p. 303). Em sentido semelhante, mas na mesma essência, é a visão de Carnelutti, ao dizer que é admissível o questionamento sobre a falsidade ou autenticidade de uma prova "quando a prova se relacione à razão de uma pretensão e em respeito a esta haja uma contestação" (Francesco Carnelutti. *Teoria del falso* cit., p. 98).

Art. 432. Depois de ouvida a outra parte no prazo de 15 (quinze) dias, será realizado o exame pericial.

Parágrafo único. Não se procederá ao exame pericial se a parte que produziu o documento concordar em retirá-lo.

1. O processamento do incidente

Apesar do que se tem da aparente rigidez do procedimento disciplinado para o incidente no art. 432, é certo que o rito ali descrito não corresponde com exatidão àquilo que aqui pode acontecer.

Desde logo, pode-se dizer que, apesar do que indica a leitura do art. 432, poderá o magistrado deixar de processar o incidente, rejeitando-o liminarmente. Com efeito, a simples propositura desta arguição não gera, por si só, o dever de o magistrado pronunciar-se sobre o seu mérito ou mesmo ter de conduzi-la por todo o rito determinado em lei para, somente ao final, poder deixar de apreciar o pleito.

Como já visto, o pedido de falsidade deve adequar-se ao regime das condições da ação e (*a fortiori*) dos pressupostos processuais. Assim, nada impede que o magistrado, verificando a ausência de qualquer um destes requisitos, rejeite liminarmente o pleito, vislumbrando imediatamente a impossibilidade de chegar a alguma decisão útil no incidente. Também poderá determinar, aplicando por analogia o contido no art. 321, do CPC, que seja esclarecido ponto da arguição, para que possa ter maior noção da extensão e das consequências do pedido.

2. Oitiva do arguido

Admitido o incidente, determina o Código, em obediência ao princípio do contraditório, que seja a parte contrária ouvida, no prazo de quinze dias.

Não há aqui nova citação, mas simples intimação para que a parte possa manifestar-se no prazo legal.

Como já sublinhado, o incidente apenas se dirige contra quem produziu o documento em juízo (*rectius* aquele que requereu a produção da prova representada pelo documento questionado), sendo este o único a ser convocado para manifestar--se. Outras pessoas poderão intervir no feito, mas somente quem juntou aos autos o documento é, verdadeiramente, chamado nos termos do art. 432.

A respeito dos documentos cuja juntada foi determinada de ofício pelo magistrado, já se tratou nos comentários ao art. 430. Apenas reiterando as conclusões lá expostas, será preciso recorrer aos princípios gerais de legitimação passiva compreendendo-se que devem ser convocados para manifestar-se no incidente *todos aqueles a quem o documento beneficia*, em litisconsórcio necessário unitário (para o caso de haver mais de um beneficiário). São eles, de fato, os interessados na manutenção da autenticidade do documento suspeito; somente eles poderão, então, legitimamente, promover a defesa da permanência do documento nos autos.

Claro está que o incidente na hipótese acima aventada, por suas diversas particularidades, deverá submeter-se a certas regras próprias. Sobretudo, será imperioso ao magistrado observar que a formação do polo passivo atende a uma presunção de benefício; nada, porém, obriga estes supostos beneficiários a defender a manutenção da integridade do documento. Pode ocorrer que também estes supostos beneficiários concordem com a inautenticidade do documento, conectando-se à pretensão do autor. Será, por isso, meramente facultativa a opção destes beneficiários presumidos em defender o documento ou não. De outra parte, embora isto possa parecer incongruente, ainda que este(s) requerido(s) esteja(m) de acordo com a pretensão do autor, não poderão as partes, ainda que todas concordem com isto, solicitar o desentranhamento da peça dos autos (art. 432, parágrafo único). Isto porque, ainda que estes beneficiários respondam pelo documento, não foram eles os responsáveis pela sua juntada aos autos. Somente o sujeito que propôs a produção de certa prova é que goza, perante o sistema brasileiro, de certo poder de disponibilidade sobre esta prova. Neste caso, quem tomou a iniciativa da produção daquela prova documental foi o juiz; este, porém, diante de sua função especial no processo (busca ele, apenas, esclarecer-se sobre os fatos da causa), não possui qualquer disponibilidade sobre tais provas, mas, ao revés, deve examiná-las todas. Será, assim, sempre inaplicável o parágrafo único do dispositivo em exame, jamais se podendo permitir, ainda que todos estejam de acordo, a retirada do documento dos autos.

3. Convocação do arguido e respostas oponíveis

Intimado, o arguido dispõe de quinze dias para oferecer sua resposta. Aplicam-se a este prazo as regras gerais, atinentes aos prazos processuais, especialmente as diretrizes dos arts. 180, 183, 186 e 229, do Código. Como já visto, embora a formação de litisconsórcio seja, de regra, anormal, haverá ao menos uma situação em que ela será admissível (no caso da produção de ofício da prova documental averiguada) e, neste caso, será contado em dobro o prazo para a resposta se os litisconsortes tiverem advogados distintos.

O prazo em questão será contado na forma comum, com aplicação, dentre outros, do art. 219. Tratando-se de prazo processual, sequer haveria motivo para supor outro regime.

Quanto ao conteúdo da resposta, poderá o requerido oferecer defesas quanto ao mérito do incidente ou bem defesas processuais, atinentes à regularidade da formação do incidente. Mais que isto, incumbirá ao defendente instruir sua resposta com as provas documentais destinadas a respaldar as suas afirmações, bem como requerer a produção de outras provas que, a seu juízo, sejam relevantes para a instrução do incidente.

Eventualmente, poderá o arguido também oferecer um "contraincidente", que a rigor nada mais é do que o requerimento de instauração de novo incidente de falsidade, suscitado a partir do que se verificar na instrução do primeiro incidente. Imagine-se que o requerente da ação incidental, para comprovar a falsidade do documento questionado, fizesse juntar à sua manifestação outro documento (que demonstraria a inautenticidade do objeto da impugnação), sendo este documento, aos olhos do requerido, falso. Neste caso, ao oferecer a resposta à arguição de falsidade, poderia o demandado arguir, também ele, a nova falsidade, matéria esta, aliás, prejudicial ao próprio exame do mérito da primeira arguição.

Oferecida a resposta do arguido, eventualmente, será necessário examinar a sequência a ser dada ao incidente. Nem sempre se poderá, ao contrário do que afirma o art. 432, partir desde logo para a instrução. No caso aventado acima – de novo pedido de incidente sobre documento anexado para instruir o primeiro incidente – evidentemente será necessário oportunizar a manifestação do suscitante inicial. Também, aventadas defesas processuais em relação ao primeiro incidente, impõe-se a prévia oitiva do requerente original, na linha do que preceituam os arts. 9.º e 10, do CPC.

4. Contumácia do arguido

Por outro lado, poderá a parte deixar de responder ao incidente. Ao não oferecer resposta alguma à arguição incidental, quais as consequências que daí poderão advir?

O tema é polêmico e merece atenção redobrada. Na vigência do Código de Processo Civil de 1973, Moacyr Amaral Santos considerava que, diante da inércia da parte em responder ao incidente, deveria ela ser considerada revel, assumindo os ônus desta sua inação. Conforme ensinava o processualista, esta medida, na época qualificada como ação incidental, segue o regime normal de qualquer outra ação, não se justificando exceção alguma. Assim, deixando o requerido de oferecer sua defesa no incidente, seria ele revel, reputando-se verdadeiros os fatos afirmados pelo autor. Em apoio às suas conclusões, trazia o mestre a lembrança do preceito inserto no art. 372, daquele Código, pelo qual se deveria presumir verdadeiro o documento particular, quando não houvesse impugnação da autenticidade ou do contexto.[593]

593 Moacyr Amaral Santos. *Comentários ao Código de Processo Civil* cit., vol. 4, p. 219-220.

Opondo-se a esta conclusão, ainda perante o Código Buzaid, Pestana de Aguiar[594] entendia que, no caso específico, a omissão do requerido deveria entender-se por resistência à pretensão, tornando incabível a aplicação do regime típico da revelia ao caso. Também neste sentido, traduzindo as razões que motivavam esta posição, dissertava Antônio Carlos Muniz, afirmando que a aplicação do instituto e dos efeitos da revelia não seria cabível, devendo proceder-se à instrução do feito incidental, "dada a gravidade que envolve a falsidade de um documento, não bastando a simples omissão da parte contrária para o juiz declarar a falsidade e também porque, nas palavras de Mattirolo, citado por Hugo Simas, 'Il falso di un documento sia cosa, per se stessa e per gli effetti che produce, di tale gravità da non potersi dichiarare dal magistrado senza l'osservanza di tutte quelle cautele che la legge ritiene necessarie perché lo si abbia regolarmente ad accertare' (ob. cit., p. 231)".[595]

Embora perante o CPC de 1973 concordássemos com a primeira opinião, já que não havia razão para negar incidência à revelia na "ação declaratória incidental de falsidade documental", parece que essa solução não mais se harmoniza com a lei atual. É certo que a alusão à gravidade do incidente, mencionada acima, não deve ser confundida com a imaginada consequência criminal da falsidade. A eterna confusão entre a função do reconhecimento do falso para o processo civil e para o processo penal não pode anuviar a exata compreensão do instituto deste incidente e sua aplicabilidade. O objetivo deste incidente no processo civil não é reprimir conduta censurável, mas evitar que o magistrado se impressione por prova viciada e somente isto.

Realmente, o tema de falsidade é de importância indiscutível para o Direito. O plano de debate, porém, desta relevância não é o processo civil, mas o campo do direito penal. Ali, sim, será possível censurar a conduta daquele que faz uso de documento falso, mas para o processo civil, a ótica do problema é muito mais prática, voltada apenas à formação do convencimento do magistrado. Destarte, a "declaração de falsidade" de um documento, que deve "cercar-se de todas as cautelas legais", como queria Mattirolo, é apenas aquela obtida no processo penal, que tem por objetivo a punição de alguém; quanto ao processo civil, para este interessa apenas o uso do documento para a convicção judicial, sendo todo o restante da discussão impertinente. Ademais, é bom lembrar que, se fosse verdade que o processo civil se importa, de maneira especial, com a declaração de falsidade ou autenticidade de documento na via incidental, jamais permitiria a lei o desentranhamento do documento pela vontade das partes (art. 432, parágrafo único).

594 João Carlos Pestana de Aguiar. *Comentários ao Código de Processo Civil* cit., p. 225.

595 Do incidente de falsidade cit., p. 32.

No modelo atual, porém, a gravidade da questão se coloca em outro espaço. Ela está precisamente nas consequências decorrentes da decisão de falsidade. Como já se sublinhou anteriormente, é aplicável a esta arguição de falsidade o regime do art. 503, do CPC. E, nesse contexto, é sabido que, diante da contumácia da parte, não se opera a coisa julgada a respeito da questão prejudicial examinada (art. 503, § 1.º, II, do CPC).

Assim, a contumácia do requerido no incidente de falsidade implicará a valoração motivada da arguição feita, sem que, contudo, se possa extrair a intangibilidade da coisa julgada dessa decisão. Somente quando houver efetivo contraditório é que a decisão a respeito da falsidade ou autenticidade de documento poderá forrar-se da autoridade da coisa julgada.

5. Exame pericial sobre o documento

Oferecida a resposta pelo arguido, impõe a lei que o juiz determine a realização de exame pericial sobre o documento questionado. Duas ordens de observações são aqui relevantes.

Inicialmente, é certo que o exame pericial somente deverá realizar-se quando esta prova possa ser, de alguma maneira, útil e necessária para o deslinde da controvérsia.[596] Vale dizer que a imposição legal, em verdade, vai além do razoável e merece ter seu tom categórico amainado. A realização de prova pericial, assim como acontece com todos os demais meios de prova disciplinados pelo Código, somente deve ser determinada, em razão do princípio da economia processual, se dela for possível auferir algum proveito. Caso a prova não seja necessária - porque, por exemplo, pode ser apurada mediante a simples comparação do documento com outro paradigma ou ainda nos casos de falsidade ideológica, em que a prova pericial nada acrescentará –, não há sentido em alongar ainda mais o incidente apenas para cumprir formalidade despropositada.

Algo semelhante se dirá em relação à hipótese de contumácia no incidente. Com o silêncio do requerido, caberá ao juiz avaliar a necessidade e a utilidade em instruir o feito. Poderá, é certo, o magistrado entender como necessária a realização de instrução da causa (inclusive podendo determinar a realização de prova pericial sobre o documento). Poderá, porém, à vista da conduta processual do requerido e dos outros elementos presentes no processo, entender por suficientemente convencido e examinar o incidente à luz do material de que já dispõe.

596 Em sentido contrário, defendendo a obrigatoriedade da realização da prova pericial, independentemente de qualquer aspecto, v. Antônio Carlos Muniz (Do incidente de falsidade cit., p. 33).

Sob outro aspecto, embora o Código expressamente se refira à prova pericial, isto não deve ser interpretado como exclusão de outras modalidades de prova no incidente. O incidente de falsidade admite todo tipo de prova, e não apenas a prova pericial.[597] Aliás, como visto, às vezes a prova pericial será mesmo imprestável, tornando necessário o recurso a outros meios de prova (como o testemunhal, o documental ou ainda a inspeção judicial).

E, se este for o caso, novamente deverá o procedimento descrito na lei sofrer adaptações, a fim de compatibilizar sua tramitação com as necessidades de cada qual das provas a serem produzidas. Assim, se for necessária a realização de prova oral (seja testemunhal, seja do depoimento das partes), deverá o magistrado designar audiência para a colheita dessa prova. Em havendo a juntada de documentos pelo requerido, terá o requerente direito a vista destas provas, na forma do art. 437. Mesmo em caso de realização de prova exclusivamente pericial, não se deve descartar a possibilidade de realização de audiência, já que o próprio procedimento previsto em lei para a realização desta prova admite a designação de audiência para o esclarecimento do laudo pericial (art. 477, § 3.º).

Questiona a doutrina sobre a possibilidade (ou mesmo necessidade) de ouvir-se no incidente de falsidade o serventuário ou o oficial público, responsável pela confecção do documento impugnado. Perante o Código de 1939, o art. 718 era expresso em determinar esta oitiva, bem como a das testemunhas instrumentárias do ato. Atualmente (e desde o Código de 1973), a lei é omissa em impor esta ouvida, ficando em aberto a questão da necessidade ou não desta providência. A doutrina majoritária, acertadamente, dispensa esta diligência como obrigatória. É certo que poderá o juiz ouvir estas pessoas, seja a requerimento das partes, seja por iniciativa própria. Esta providência, porém, deve sujeitar-se ao critério do magistrado, de avaliação da prova necessária e útil, não podendo ser considerada impositiva. Será, com efeito, no mais das vezes conveniente ouvir-se, na condição de testemunha, aquele que elaborou o documento questionado, bem como as testemunhas que estiveram presentes ao ato. Mas daí a entender-se como obrigatória a diligência vai um longo caminho, sendo certo que esta prova se sujeita ao prudente arbítrio do juiz.

6. Retirada do documento dos autos e conclusão do incidente

Conforme prevê o parágrafo único do dispositivo em vista, será dispensada a realização de exame pericial sobre o documento quando a parte requerida do incidente propuser a retirada do documento dos autos.

597 Sobre a questão, perante o direito italiano, v. Luigi Mattirolo. *Tratado de derecho judicial civil* cit., t. III, p. 97e ss.

Trata-se de forma de autocomposição do conflito, em que o magistrado deverá extinguir o incidente por hipótese semelhante à transação. Concordando as partes – partes aqui somente aquelas envolvidas na arguição – com a retirada do documento dos autos, não se procederá a instrução do incidente, devendo ele ser extinto. Com isso, encerra-se a polêmica criada em torno à prova documental questionada, retomando a marcha normal do processo. O requerido, para que tal solução se apresente, deverá, no momento indicado para a sua resposta, manifestar-se no sentido da retirada do documento dos autos – além, é óbvio, de apresentar a sua defesa (se quiser), em função do princípio da eventualidade.

O Código de 1973 exigia, ademais, que a parte contrária não se opusesse à retirada do documento. Embora o Código atual não repita essa exigência textualmente, é evidente que a mesma regra continua incidindo. O princípio da comunhão da prova indiscutivelmente incidirá aqui, de modo que, anexada uma prova aos autos, ela deixa de ser da parte que a juntou, tornando-se prova do processo. Por isso, é evidente que a manifestação do requerente da arguição (no sentido de se opor à retirada da prova) faz com que não tenha incidência o art. 432, parágrafo único, exigindo, por conseguinte, decisão judicial a respeito da falsidade.

E quanto a eventuais sujeitos outros, não participantes da controvérsia incidental, mas pertencentes à relação jurídica processual principal (os litisconsortes, os terceiros intervenientes da ação principal), deverão eles também ser ouvidos para a extinção do incidente ou não?

Como visto, estas pessoas não integrarão a discussão incidental de falsidade na qualidade de sujeitos principais (podendo, eventualmente, ingressar neste na condição de assistentes). Ao que parece, porém, em função ainda do princípio da comunhão da prova, não se pode permitir a extração de prova dos autos (em que aquele documento serve como prova dos fatos ali interessantes) sem que todos os sujeitos deste processo estejam de acordo. Embora possa parecer estranho – já que se dá poder a terceiros de interferir no andamento de discussão na qual não são partes –, é certo que, porque a solução dessa questão pode implicar até mesmo coisa julgada, a sua sorte pode ser influenciada por outras pessoas, mormente que tenham interesse (ainda que eventual) na permanência desta prova para a demonstração dos fatos a que alude o feito principal. É claro que este raciocínio somente será aplicável para quando o documento questionado puder, *em tese*, influenciar na decisão da causa (principal) existente em relação a este sujeito (que se opõe); caso contrário, ainda que com sua discordância, é viável o desentranhamento e a consequente conclusão do incidente.[598] Assim, é preciso entender com cuidado a previsão do parágrafo único aqui estudado: somente haverá a conclusão do incidente se houver a propositura do desentranhamento do documento questionado e se houver a aquiescência *de todos os demais sujeitos da ação principal* (e não apenas do requerente do incidente de falsidade).

Se algum destes outros sujeitos – seja o autor da arguição de falsidade, seja qualquer outra *parte* da demanda principal – se opuser ao desentranhamento, então deverá o incidente prosseguir com a fase instrutória, ou com o julgamento imediato, se o juiz já estiver convencido sobre o cerne do incidente ou ainda quando verifique ele a ocorrência de alguma causa preliminar que o autorize a decidir imediatamente a controvérsia.

Seria possível ao juiz da causa manifestar-se contrariamente à extração do documento dos autos? A resposta parece indicar, ao mesmo tempo, que sim e que não. Conforme decorre da legislação processual penal, é dever da autoridade judicial requisitar a instauração de inquérito policial, quando tiver ciência de um crime (art. 5.º, II, CPP). A notícia da falsidade de documento encartado nos autos enseja, certamente, a caracterização de fato típico, que merece ser analisado, na medida em que constitui indício de crime. Dessarte, se de um lado o magistrado não pode opor-se ao *encerramento do incidente* – o qual ocorrerá com o acordo de vontade das partes, no sentido da retirada do documento dos autos –, de outro lado, em tendo notícia da eventual ocorrência de crime é dever do magistrado comunicar o fato às autoridades competentes para as providências necessárias. Desta forma, entendendo o juiz que o documento impugnado efetivamente manifesta indícios da ocorrência de crime, *deverá*, se assim concordarem as partes, na forma do parágrafo único aqui estudado, encerrar o incidente de falsidade, mas *não poderá* permitir que o documento seja desentranhado e entregue a quem o produziu no processo. Neste caso, deverá retirar o documento dos autos, encaminhando-o, juntamente com a requisição de instauração de inquérito policial, à autoridade competente.

7. Arguição de falso perante o tribunal

Eventualmente, ainda, é possível que a arguição de falsidade seja proposta diretamente perante tribunal. É óbvio que, sempre que a arguição de falsidade for

598 Ou seja, este sujeito (da demanda principal, que não participa da arguição de falsidade) poderá opor-se ao desentranhamento do documento questionado no incidente, desde que possa demonstrar que este documento poderá influenciar o julgamento da ação principal de seu específico interesse. Caso contrário, o princípio da comunhão da prova não se lhe aplica, sendo viável a retirada do documento mesmo diante da oposição deste sujeito.

apresentada em primeiro grau de jurisdição, perante este mesmo juízo deverá a questão ser processada e decidida.

Todavia, uma vez proferida a sentença sobre a causa principal, o juiz conclui sua atuação (de conhecimento). A partir deste momento, então, a arguição da falsidade documental deverá ser feita diretamente ao tribunal do recurso, não detendo mais o magistrado *a quo* competência para apreciar o incidente.

Mais que isto, ainda que o documento inquinado tenha sido oferecido em primeiro grau, surgindo a impugnação apenas após a prolação da sentença, o incidente não poderá ser decidido pelo magistrado singular, devendo ser encaminhado para apreciação do tribunal.[599] Nem poderia ser diferente, na medida em que se há de considerar que o juiz, uma vez proferida a sentença, não deve mais atuar, de forma normal, no processo, senão para encerrá-lo ou encaminhá-lo à segunda instância.

Quando oferecido no tribunal, o incidente de falsidade deve processar-se perante o relator, observando-se não apenas o disposto no art. 432, mas todo o regramento atinente a esta subseção e, no que forem cabíveis, as demais disposições do Código de Processo Civil e do regimento interno do específico tribunal. Assim, por exemplo, a realização da instrução do incidente poderá ser delegada a juiz do primeiro grau, em sendo ela necessária (aí se incluindo a realização de prova pericial, conforme determina o art. 432).

Importa salientar que o *processamento* do incidente deve tramitar perante o relator. Isto, porém, não significa que seja o relator o órgão competente para o *julgamento* desta questão. Bem ao contrário, esta competência é atribuída ao tribunal, sendo o relator apenas o órgão responsável pelo preparo da discussão para julgamento. E, mais que isto, dentro do tribunal, a competência para julgar o incidente é do órgão a quem compete decidir o recurso da causa principal (ou da própria causa principal, no caso de ação originária).[600]

Art. 433. A declaração sobre a falsidade do documento, quando suscitada como questão principal, constará da parte dispositiva da sentença e sobre ela incidirá também a autoridade da coisa julgada.

599 Neste sentido, João Carlos Pestana de Aguiar. *Comentários ao Código de Processo Civil* cit., p. 229; Egas Dirceu Moniz de Aragão. *Exegese do Código de Processo Civil* cit., vol. 4, t. I, p. 311.

600 Cf. Francisco Cavalcanti Pontes de Miranda. *Comentários ao Código de Processo Civil* cit., t. IV, p. 406.

1. Coisa julgada e declaração de falsidade

O art. 433, do CPC, liga-se umbilicalmente ao art. 430, parágrafo único, de modo a completar o regime dual suposto para o incidente de falsidade.

Assim, supostamente, caso houvesse requerimento de declaração de falsidade, haveria pronunciamento sobre o assunto em sentença, de modo que a decisão judicial estaria acobertada pela coisa julgada. Do contrário, caso a questão fosse decidida independentemente de requerimento, a deliberação judicial implicaria mera "decisão interlocutória", sujeita apenas a preclusão.

Embora seja clara a intenção da regra, como já dito, ela não faz nenhum sentido quando olhado o Código como um sistema.

O art. 503, do CPC/2015 teve o claro propósito de abolir a figura da ação declaratória incidental, existente no Código de 1973. E fez isso permitindo que incidisse a coisa julgada também sobre a decisão de questão prejudicial, *independentemente de qualquer requerimento expresso da parte*, bastando que estivessem preenchidos os requisitos ali descritos.

E essa intenção deve refletir-se também para a antiga ação declaratória incidental de falsidade documental. Aliás, a exposição de motivos do CPC de 2015 é clara nesse sentido, ao afirmar que "Não há mais a ação declaratória incidental nem a ação declaratória incidental de falsidade de documento, bem como o incidente de exibição de documentos".

Diante disso, deve-se tomar os arts. 430, parágrafo único, e 433, do CPC como simples lapsos legislativos, sob pena de descaracterizar a unidade do sistema e estabelecer exceção sem qualquer justificativa ou razoabilidade.

Segue daí que a coisa julgada – a respeito da decisão sobre falsidade documental – não depende, ao contrário do que fazem supor os arts. 430, parágrafo único, e 433, do Código, de requerimento da parte e muito menos de requerimento que expressamente afirme que lhe interessa que a questão seja examinada "como questão principal".

Obviamente, pode haver ação de falsidade documental, nos termos do art. 19, II, do CPC. Todavia, a inexistência dessa ação – e, portanto, de pedido a respeito dessa falsidade – é totalmente irrelevante se o foco de preocupação é o regime da coisa julgada.

Nos termos do art. 503 do CPC, independentemente de qualquer requerimento, haverá coisa julgada sobre a decisão de questão prejudicial – e aí deve inserir-se também a decisão sobre a falsidade documental – desde que o contraditório tenha sido garantido, seja o juízo absolutamente competente e que não haja restrição de cognição ou probatória.

Diante disso, evidencia-se a inutilidade do art. 433, em análise. Não é ele que disciplina a coisa julgada sobre a decisão a respeito da falsidade ou autenticidade de documento. É o art. 503 que, ao disciplinar o tema de modo mais geral e amplo, dá o tom do regime a ser aplicado.

2. Requerimento e contumácia

A única utilidade que se poderia extrair da previsão em comento – e que parece razoável que se extraia – diz respeito à hipótese excepcional em que o arguido entenda por não se manifestar a respeito da questão da falsidade.

Nos termos do art. 503, § 1.º, II, ausente o contraditório efetivo (aí incluída a hipótese de revelia), tem-se como inocorrente a possibilidade de coisa julgada sobre a decisão de questão prejudicial.

No entanto, caso tenha havido requerimento expresso de declaração de falsidade, parece que essa restrição não tem cabimento. Tinha o arguido ciência da intenção do requerente e, ainda assim, optou por permanecer silente. Seu silêncio, nesse caso, deve ser interpretado como uma escolha efetiva, de modo a afastar a limitação mencionada e atribuir ao caso regime semelhante ao da revelia no caso de ação "principal" de falsidade.

Assim, em tal caso, a decisão importará coisa julgada, a despeito da inércia do requerido do incidente.

3. Abrangência subjetiva da coisa julgada

Segundo Chiovenda, a falsidade, ainda que declarada incidental, tem necessariamente de ter eficácia *erga omnes* porque "a declaração, enfim, da *falsidade* de um documento, contida numa sentença civil ou penal, prevalece, com maior razão, relativamente a todos, sem distinção possível entre sentença e sentença, visto como a declaração de falsidade corresponde à atribuição de uma qualidade efetivamente incompatível com uma afirmação subsequente da verdade do documento".[601] Também partidários desta ideia, trilhando a lição de Chiovenda, são Vittorio Denti[602] e Virgilio Andrioli,[603] acrescentando este último que, não obstante a regra geral atribua à coisa julgada eficácia somente *inter partes*, esta seria uma exceção

601 Giuseppe Chiovenda. *Instituições de direito processual civil* cit., vol. 3, p. 162.

602 Vittorio Denti. Querela di falso. *Novissimo digesto italiano.* Torino: Utet, 1967. t. XIV, p. 662-663.

603 Virgilio Andrioli. *Commento al Codice di Procedura Civile* cit., vol. 2, p. 166-169.

à previsão genérica, confirmada diante do preceito do art. 216 do CPC italiano, que confere às escrituras judicialmente declaradas como autênticas a eficácia de escritura de comparação.[604]

Contrária a esta opinião é a ideia defendida por Carnelutti. Segundo este, a eficácia da coisa julgada é sempre limitada às partes da contenda, não havendo sentido (ou fundamento legal) para, neste caso específico, alterar-se a regra padrão.[605] Segundo ele, "dizer que a declaração da falsidade não pode não valer em relação a todos porque diz respeito à qualidade de uma coisa, não à existência de um direito e uma coisa não pode ser verdadeira e falsa em relação a diversas pessoas, é um discurso de tudo superficial. De uma parte, não é verdade, como já observei, que a declaração do falso não tenha por objeto uma relação jurídica (*supra*, n. 49); porque tal declaração não se possa fazer senão em ordem a um direito, em relação ao qual o falso seja relevante, é como em todos os outros casos, declaração de uma relação em respeito de um fato ou, em termos inversos, de um fato em respeito a uma relação; de outro canto em todos os casos a limitação da eficácia do julgado se traduz ou ao menos pode traduzir-se em aquilo que um mesmo fato possa ser verdadeiro em relação a algum e não ser em relação a outro, ou melhor ser ou dever ser acreditado por algum e não por outro".[606]

Perante o direito brasileiro, não se pode conceber outra solução que não esta última, ainda que com certas adaptações. O reconhecimento de falsidade documental (seja incidental ou não) apenas opera coisa julgada entre as partes que figuram na relação processual em que a sentença é dada. Esta conclusão decorre expressamente do contido no art. 506 do CPC, que não deixa margem de dúvida sobre o tema, limitando expressamente às partes a coisa julgada.

Poderia alguém objetar, com a orientação de Chiovenda acima expressada, que não haveria lógica em compreender-se um documento como verdadeiro para um processo e não para outros, mesmo porque uma coisa não pode ser autêntica para certa demanda e falsa para outra. A objeção é pertinente, mas não diz respeito, propriamente, à coisa julgada, senão aos efeitos da sentença.

---

604 Assim também concluem Luigi Paolo Comoglio, Corrado Ferri e Michele Taruffo. *Lezioni sul processo civile* cit., p. 664. Segundo estes autores, como a função deste incidente é declarar de modo definitivo e *objetivo* a falsidade do documento e, por isso, não poderia a sua eficácia limitar-se apenas às partes do incidente.

605 V. Francesco Carnelutti. *Teoria del falso* cit., p. 102 e ss.

606 Idem, p. 103-104.

Como se sabe, a coisa julgada material é a qualidade do efeito declaratório da sentença, que é tornado imutável.[607] Neste sentido, manifesta-se Pontes de Miranda, dizendo que "o que se há de entender por eficácia de coisa julgada material é a eficácia que o elemento declarativo da sentença produz, chamada força (se prepondera), ou efeito (se se junta à força específica da sentença). *Consiste em vincular as partes à declaração.* Tal o conceito científico, claríssimo em Konrad Hellwig (*Wesen und subjektive Begrenzunf der Rechtskraft*, 1,s; *System*, I, 764)".[608] Já por efeitos da sentença, é necessário entender todos os efeitos que a sentença pode produzir (declaratório, condenatório, constitutivo, mandamental ou executivo). Estes efeitos, como é cediço, não estão subordinados necessariamente à coisa julgada, podendo operar-se mesmo antes do advento do trânsito em julgado da sentença (como ocorre, por exemplo, com a execução provisória ou a atuação imediata do despejo etc.).

Somente as partes é que ficam vinculadas pela coisa julgada. Embora terceiros possam sofrer efeitos da sentença de procedência, é certo que a autoridade da coisa julgada não lhes atinge.[609] Como remata Liebman, "pode-se, assim, à guisa de conclusão, (...), lembrar a já referida explicação prática que deu Carnelutti da sua teoria: 'para a consecução dos escopos do processo, a saber, da sentença justa, fia-se a lei do contraditório das partes', e observar que é verdadeira, mas até *certo ponto*. A lei, justamente, não teve essa ilimitada fé nas partes, não quis confiar a sorte dos direitos dos terceiros à atividade única desenvolvida sem controle pelas partes, e, consequentemente, não sujeitou os terceiros à imutabilidade dos efeitos do processo, no que propriamente consiste a autoridade da coisa".[610]

As partes, porque tiveram a oportunidade de debater sobre o conflito em juízo, apresentando todos os seus argumentos e provas, devem submeter-se, em determinado momento, à indiscutibilidade da decisão judicial. Para estas, é certo que a partir de determinado instante (por opção política do legislador, que não pretende a eternização das polêmicas) encerre-se o embate judicial, solucionando o Estado de maneira definitiva o conflito posto à sua apreciação. Isto é válido e mesmo desejável em relação àqueles que participaram do processo judicial. Para outras pessoas, porém, esta imunização poderia mostrar-se injusta, na medida em que não foram convocadas para manifestar-se sobre o conflito, não podendo

607 Ovídio Baptista da Silva. *Sentença e coisa julgada*. 2. ed. Porto Alegre: Fabris, 1988. p. 98.

608 Francisco Cavalcanti Pontes de Miranda. *Comentários ao Código de Processo Civil*. 3. ed. Rio de Janeiro: Forense, 1997. t. V, p. 157.

609 Conforme lição antiga, advinda do direito romano, "*res inter alios iudicata aliis non praeiudicare*" (D. 42.1.63; 44.2.1).

610 Enrico Tullio Liebman. *Eficácia e autoridade da sentença*. Trad. Alfredo Buzaid e Benvindo Aires. Rio de Janeiro: Forense, 1945. p. 101.

esta discussão (e a consequente decisão do Estado) passar como imutável para elas. Assim, *desde que apresentem alguma razão (interesse) que os permita discutir esta deliberação jurisdicional*, estes sujeitos não podem ser atingidos pela coisa julgada havida no processo (é, por assim dizer, *res inter alios*). Não há dúvida de que a sentença gera efeitos em relação a terceiros – assim, mesmo a coletividade que não participa da ação de divórcio haverá de considerar, após a sentença judicial, os antigos cônjuges como agora divorciados, sendo certo que isto representa o efeito da sentença agindo sobre estes terceiros – e de que estes efeitos podem mesmo ser imutáveis; esta imutabilidade, porém, não decorre da coisa julgada, mas sim da falta de legitimidade destes terceiros para discutir a decisão judicial pronunciada. Sobre o tema, leciona Ovídio Baptista da Silva que "o que alcança o terceiro é realmente a eficácia natural da sentença, que é sempre imutável para os terceiros que não se legitimem à intervenção, o que só ocorre quando haja conexão de relações jurídicas, o que significa, quando haja *eficácia reflexa*".[611] A questão da imutabilidade, para os terceiros, portanto, resume-se, como reconhece o próprio mestre gaúcho, a um problema de legitimação frente à causa.

Se este terceiro puder revestir-se de alguma situação particular que lhe outorgue legitimidade e interesse para discutir a resposta jurisdicional havida *inter alios* (ainda que com coisa julgada) é certo que aqueles efeitos gerados pela primeira sentença não atuarão sobre ele, ao menos se se dispuser a discutir aquele julgado. Não há, portanto, coisa julgada para aquele terceiro, capaz de demonstrar algum prejuízo em face do primeiro julgado, e para ele, os efeitos da primitiva sentença não são imutáveis. Esta lição, com efeito, é mesmo de Chiovenda, que esclarece que "todos estão obrigados a reconhecer a sentença *entre as partes*; mas não podem ser *prejudicadas* por ela".[612]

Transpondo estas noções para o campo que aqui interessa, tem-se de concluir que o efeito declaratório da sentença incidente de falsidade estende-se para todos (*erga omnes*). Porém, o mesmo não ocorre com a coisa julgada; esta ficará limi-

611 Ovídio Baptista da Silva. *Sentença e coisa julgada* cit., p. 128.

612 Giuseppe Chiovenda. *Principios de derecho procesal civil*. Trad. José Casáis y Santalo. Madrid: Reus, 1925. t. II, p. 430. Logo a seguir, acrescenta o processualista, em relação às sentenças sobre estado da pessoa (mas em lição que vale para todos os demais provimentos), que "a sentença que se produz entre os sujeitos do estado jurídico que se questiona, isto é, entre os *legítimos contraditores* (por exemplo entre pai e filho a sentença sobre qualidade de filho; entre cônjuges a sentença sobre a existência de um matrimônio) faz que todos devem reconhecer o estado de filho, do matrimônio etc., declarados na sentença. Esta não é mais que a aplicação da regra geral, e não um caso excepcional de *res judicata erga omnes*. Mas a sentença não prejudicará a qualquer outro *legitimus contradictor*: não impedirá que um terceiro se afirme por exemplo cônjuge de uma das partes" (idem, p. 431).

tada às partes entre as quais a decisão é dada.[613] Para as partes do processo, será inquestionável a decisão sobre a falsidade daquele documento (seja para aquele feito, seja para outro ainda, que envolva as mesmas partes).[614] Caso, porém, outra pessoa necessite valer-se daquele documento (ou pretenda rejeitá-lo) em outra demanda, não estando atingida pela coisa julgada da primeira ação, poderá fazê-lo livremente, uma vez que tem legitimidade para isto, bastando que demonstre interesse jurídico para esta arguição.[615]

Ultima ratio, bem observada a ideia de Chiovenda a respeito do problema, nota-se que também ele (embora a confusão entre coisa julgada e efeito da sentença) concorda com esta solução. Como escreve o processualista, tratando da ação declaratória de falsidade documental, "isto não importa em nenhuma exceção aos princípios sobre os limites subjetivos da coisa julgada (*supra*, vol. I, n. 133), visto que a coisa julgada *como julgado entre as partes* prevalece invariavelmente com respeito a todos, enquanto e desde que as relações jurídicas dos terceiros *não sejam prejudicadas*. Ora, quando não for o caso de declarar uma relação jurídica *própria das partes*, mas de declarar o modo como a lei em concreto considerará as qualidades de uma coisa, é natural que o julgado, que declara essa vontade da lei com referência às qualidades próprias de uma coisa, possa declará-la genericamente e não apenas com respeito às partes em causa. Compreende-se que as partes em causa tenham de demonstrar ao juiz seu interesse de agir e contradizer (*supra*, vol. I,

613 Neste sentido, v. Corrado Vocino, L'opposizione di terzo contro la sentenza dichiarativa di falso. *Rivista di Diritto Processuale* v. 2, Padova, Cedam, 1947, parte I-II, p. 121 e ss.

614 Ao que parece, não tem razão Moacyr Amaral Santos (*Comentários ao Código de Processo Civil* cit.,v. 4, p. 225), quando pretende vincular a imutabilidade da decisão do incidente para as partes ao fundamento da decisão – entende o autor que "para nós, julgada improcedente a argüição, os efeitos em relação ao documento podem ser de duas ordens: ou ficou provado que o documento é *verdadeiro* ou não ficou provado se o documento é falso ou verdadeiro. No primeiro caso, a sentença declarará a *autenticidade* do documento; no segundo, limitar-se-á a declarar a improcedência da argüição ...". Segundo parece mais acertado, em ambas as hipóteses, *para as partes da ação incidental*, a declaração do magistrado, de procedência ou não da pretensão declaratória vinculará estas partes, devendo-se reputar, em relação a elas, o documento sempre autêntico ou falso, não havendo outra conclusão. Ao que parece, embora Moacyr Amaral Santos se tenha filiado à noção de Carnelutti, sobre os efeitos da coisa julgada, caiu na tentação de Chiovenda a respeito da eficácia *erga omnes* do julgado e aí reside a sua preocupação com a ressalva que faz.

615 Neste sentido, v. tb., Enrico Tullio Liebman, *Manuale di diritto processuale civile* – Principi cit., p. 383. Segundo o autor, "dever-se-á dizer que a declaração da verdade ou da falsidade de um documento tem eficácia para todos, mas com autoridade de julgado limitada apenas às partes, de forma que a sentença é oponível também pelo terceiro, ou contra ele, mas o terceiro – se é titular de um direito que seria prejudicado pela sentença – é admitido a impugná-la seja com a oposição de terceiro, seja com a demonstração, em qualquer sede, da injustiça da sentença".

n. 40); *e isso obsta a que estranhos provoquem uma sentença sobre a verdade de um documento em prejuízo dos interessados*".[616] Em outras palavras, como se observa da parte final do discurso de Chiovenda, toma ele por pressuposto que os sujeitos envolvidos na demanda de falsidade documental sejam os *legítimos contraditores*, ou seja, as únicas pessoas legitimadas a questionar daquela falsidade.[617] Para este caso, tem razão o autor, já que, se todos aqueles que dispusessem de legitimidade e interesse para questionar sobre a falsidade ou autenticidade do documento já estivessem incluídos na demanda declaratória sobre tal, não restaria mais ninguém apto a esta discussão, razão pela qual esta deliberação judicial seria imutável em relação a todos.[618]

Enfim, recorde-se que o art. 506 do CPC expressamente autoriza que terceiros possam *favorecer-se* da coisa julgada formada *inter alios*. Desse modo, reconhecida em uma demanda a falsidade de documento produzido por alguém, é certo que, em eventual demanda seguinte, caso a mesma parte resolva apresentar novamente aquele documento, o terceiro que agora litiga contra ele pode opor a coisa julgada, de modo a tornar indiscutível a falsidade daquela prova.

Subseção III
Da produção da prova documental

Art. 434. Incumbe à parte instruir a petição inicial ou a contestação com os documentos destinados a provar suas alegações.

Parágrafo único. Quando o documento consistir em reprodução cinematográfica ou fonográfica, a parte deverá trazê-lo nos termos do caput, mas sua exposição será realizada em audiência, intimando-se previamente as partes.

616 Giuseppe Chiovenda. *Instituições de direito processual civil* cit., v. 3, p. 161 – o grifo final não consta do original.

617 Cf. Virgilio Andrioli, *Commento al Codice di Procedura Civile* cit., v. 2, p. 169.

618 Com a ressalva de que seria imutável em relação às partes, em função da coisa julgada, mas imutável em relação a terceiros, em face da ilegitimidade destes (ou da sua falta de interesse) que os habilitasse a propor alguma ação em relação ao tema.

1. Produção da prova documental

A produção da prova documental reveste-se de peculiaridade interessante. Em relação a ela, as fases de propositura e produção confundem-se em um único momento. De fato, em relação a este meio de prova, não se verifica [ao contrário do que ocorre com as demais figuras probatórias] um momento inicial em que o interessado manifesta a sua vontade no aporte de certa prova para o processo, solicitando ao magistrado a autorização para iniciar o processo de sua produção, nem esta produção se submete a uma anterior análise pelo juiz, a fim de verificar a sua admissibilidade. Ao contrário, versando sobre a prova documental, determina a lei que a parte traga, de regra já na fase postulatória, os documentos que pretende usar como prova, e nesta juntada se materializa a produção deste meio probatório. De outro lado, a admissão da prova, neste caso, apenas acontecerá posteriormente, por análise do magistrado, após a manifestação da parte contrária (art. 437) ou, eventualmente, por ocasião de impugnação formal (art. 411, III) ou de incidente de falsidade (art. 430 *et seq.*).[619] Ocorre, então, em relação à prova documental, verdadeira inversão do procedimento normal de produção das provas: primeiramente se requer e se produz a prova, para somente após ser ela admitida e passar a ter eficácia probatória nos autos. Seria possível compreender que, sob certa perspectiva, em verdade, a produção da prova realmente fica em suspenso, até o exame pelo magistrado do cabimento ou não do uso de tais documentos.

Em princípio, estabelece o Código que o oferecimento de documentos, de que a parte pretenda fazer uso para corroborar as alegações que faz na fase postulatória, deverá ocorrer concomitantemente com a apresentação das razões de ação e de defesa, pelas respectivas partes. Em regra, portanto, incumbe ao autor trazer, com a petição inicial, os documentos que se referem aos fatos que descreveu na petição inicial e ao réu o ônus de instruir a sua defesa[620] com os documentos que entende relevantes para a demonstração dos fatos que alega.

619 Há, mesmo, quem exclua a possibilidade de que, em relação à prova documental, exista alguma fase de admissão da produção da prova. Sustenta-se, normalmente, que, como não há, relativamente à prova documental, dispêndio de energia processual, sem nenhum obstáculo à economia processual, não haveria sentido em questionar-se, preventivamente, da possibilidade [ou não] da produção daquela prova. Esta ideia, todavia, é falsa, na medida em que o controle da produção do documento é absolutamente imprescindível, seja para impedir o aporte ao processo de prova ilícita, seja mesmo para evitar que nele se incluam provas desnecessárias, supérfluas ou inúteis, que somente viessem a conturbar o normal andamento do feito (v., por todos, Franco De Stefano, *L'istruzione della causa nel nuovo processo civile*, Padova: Cedam, 1999, p. 286-289).

620 A reconvenção, ainda que hoje seja formalmente "fundida" à peça de defesa, é verdadeira ação, motivo pelo qual há de inserir-se na primeira das hipóteses narradas (petição inicial). A questão tem utilidade, sobretudo, acadêmica, já que ainda que ela fosse qualificada como defesa, o momento

Evidentemente, porém, como lembra Sérgio Bermudes, "não estão as partes obrigadas à juntada de documentos que não podem ser contidos nos autos, pelo volume ou dimensão, ou daqueles aos quais não têm acesso".[621] Neste caso, será suficiente que a parte descreva, com a inicial, o documento que pretende ver produzido posteriormente, dando-se aí por satisfeito o requisito legal.

2. Prova documental e documentos indispensáveis à propositura da ação

Um alerta merece destaque em relação à interpretação do presente dispositivo: a hipótese descrita no artigo em exame não se confunde com aquela, disciplinada pelo art. 320 do CPC.

O art. 320 determina ao autor que instrua a petição inicial com os documentos "indispensáveis à propositura da ação". Ora, a prova documental - como simples meio de prova que é - dificilmente pode ser reconhecida como algo "indispensável à propositura da ação". Bem ao contrário, é cediço que a produção da prova é mero "ônus" da parte, que deve ter interesse em demonstrar a ocorrência dos fatos que afirma em juízo terem ocorrido.[622]

É evidente que quando a lei impõe o "dever" [e não mais o ônus] de a parte instruir a petição inicial com os documentos indispensáveis à propositura da ação, pretende ela significar outra coisa, que não se confunde com a mera prova documental. Vale lembrar que a infração a este "dever" [imposto pelo art. 320] pode resultar na aplicação do art. 321, inclusive com o indeferimento da petição inicial. Ora, seria inimaginável que pudesse o juiz simplesmente indeferir a petição inicial porque a parte não juntou, com a petição inicial, os documentos que pretendia utilizar para demonstrar as suas alegações. Como mero meio de prova, estes documentos poderão ser, posteriormente, substituídos por outros tipos de prova - a testemunhal, por exemplo - capaz de suprir a omissão inicial e demonstrar a ocorrência dos fatos alegados pelo autor.[623]

A falta de atendimento à determinação do art. 434 importa, apenas e em regra, em preclusão da produção da prova documental (em relação aos fatos narrados na petição inicial); já o descumprimento do preceito do art. 320 gera a incidência da determinação do art. 321, com a possível extinção imediata da ação, pelo in-

processual para produção não se alteraria, sobretudo em razão da alocação formal dos dois atos em um único momento processual.

621 Sérgio Bermudes. *Direito processual civil* – Estudos e pareceres, 2.ª série, São Paulo: Saraiva, 1994, p. 57.

622 A respeito da questão, e por todo o problema, v. José Joaquim Calmon De Passos, *Comentários ao Código de Processo Civil*, 8. Ed. Rio de Janeiro: Forense, 1998, vol. 3, p. 167.

623 Neste sentido, José Joaquim Calmon de Passos, *Comentários ao Código de Processo Civil*, cit., p. 166.

deferimento da petição inicial. A primeira hipótese, como sói ser evidente, jamais poderá ensejar o indeferimento da petição inicial ou a extinção do feito sem exame do mérito; apenas importará a ausência de prova quanto a algum fato alegado pelo autor, o que poderá fazer incidir sobre ele o ônus do art. 373, considerando-se inexistente o fato não provado.

Tem-se, então, duas situações necessariamente distintas, que merecem tratamento diversificado. Esta distinção reside, exatamente, na noção do que sejam documentos indispensáveis à propositura da ação – cuja não apresentação com a petição inicial pode gerar a extinção imediata do feito – e o que sejam apenas provas documentais – capazes de, no máximo, impor à parte autora o ônus da não-prova.

Antes de tudo, tem-se como indispensável à propositura da demanda a prova da capacidade processual [de ser parte e de estar em juízo] do autor. Assim, a prova da regular constituição da empresa demandante, ou dos poderes de representação que exerce o seu representante legal [e que o autoriza a, em nome da empresa, manifestar a vontade desta na propositura da demanda], é documento que, ausente, não permite a propositura da demanda, uma vez que subtrai do magistrado o poder de avaliar da capacidade de ser parte ou de estar em juízo do postulante. Também entra nesta mesma hipótese a prova do mandato judicial, que deve instruir necessariamente a petição inicial, a fim de demonstrar que o advogado realmente representa a parte autora em juízo (arts. 104 do CPC e 5.º da Lei 8.906/1994). É certo que este documento tem regime especial, mas ainda assim sua função no processo certamente o coloca como documento indispensável à propositura da demanda. Especificamente em relação a este documento, vale lembrar que a própria lei autoriza a prática de atos urgentes pelo advogado sem procuração, desde que se comprometa a juntar o instrumento de mandato em quinze dias, prorrogável por igual período (arts. 104, *in fine*, do CPC e 5.º, § 1.º, da Lei 8.906/1994).

Identicamente, devem considerar-se documentos essenciais aqueles cuja apresentação é pressuposto para a utilização de determinado tipo específico de procedimento ou para determinada variação procedimental.[624] Assim, por exemplo, para a propositura de ação monitória, deve a parte instruir a petição inicial com prova escrita sem eficácia de título executivo de qualquer modalidade de obrigação (art. 700). Para a ação de consignação em pagamento, é necessário instruir a petição inicial com prova do depósito e da recusa (art. 539, § 3.º). Em todos estes exemplos observa-se que a lei submete o uso de certo tipo de procedimento específico à satisfação de determinado requisito: a prova, com a inicial, de certos fatos

624 Cf. José Joaquim Calmon de Passos, *Comentários ao Código de Processo Civil*, cit., p. 166.

por via documental. Sem esta prova específica, não se pode, à semelhança do que ocorre com a situação anterior, propor aquele tipo de demanda.

Do mesmo modo, poder-se-ia pensar no caso da tutela provisória a que alude o art. 311, III, do CPC; para essa decisão provisória, exige-se prova documental do contrato de depósito, de modo que o emprego dessa variação do procedimento exige essa prova específica para ocorrer.

Outro caso em que será indispensável a juntada de documento com a petição inicial, será quando este documento represente o próprio objeto da ação. Pense-se na hipótese da ação declaratória (*principaliter*) de falsidade documental. Aqui, o documento questionado não é apenas a prova da alegação feita pela parte, mas é o próprio objeto da demanda. Sem ele não se pode sequer cogitar da possibilidade de exercer a pretensão. É, então, este documento, essencial à propositura da ação.

Por fim, também se considera documento indispensável à propositura da demanda a prova do ato que seja da sua própria substância.[625] Como lembra Calmon De Passos,[626] não se pode propor ação reivindicatória de imóvel sem a prova do domínio, a qual somente pode ser feita por escritura pública ou particular regularmente transcrita no Cartório de Registro de Imóveis. Da mesma forma, segundo o autor, não se pode pensar em ação de divórcio sem a prova da existência do casamento, a qual só é feita com o registro civil de casamento. Em todos estes casos, novamente, não se pode sequer pensar na propositura da demanda sem a demonstração *prima facie* destes elementos, porquanto, "assim como ocorre com as demais situações aventadas", revestem-se eles da condição de elemento de demonstração da própria existência das condições da ação (ou de pressupostos processuais) para o caso.

É bom lembrar que este mesmo raciocínio aplica-se à figura do réu. Também a ele, embora a lei não trate especificamente da questão, imputa-se o "dever" de apresentar alguns documentos com a sua peça de defesa. Apenas a título exemplificativo, vale lembrar que o réu não pode defender-se nos autos sem a prova da sua constituição regular e da legitimidade da representação, ou "presentação", de quem a expressa (em caso de pessoa jurídica), ou também sem a prova do mandato do advogado constituído.

Tirante estas hipóteses, os demais documentos constituem apenas prova documental dos fatos. Estes documentos também devem estar presentes na petição inicial,

625 Cf. José Joaquim Calmon de Passos, *Comentários ao Código de Processo Civil*, cit., p. 166. Diz o autor que, "nestas hipóteses, é o próprio fato título da demanda que está em jogo, porquanto sua prova se vincula, de modo essencial, ao documento que o manifesta".

626 Idem, ibidem.

mas não sob pena de ensejar o indeferimento liminar daquela peça e, consequentemente, da ação. Estando ausentes estes documentos, "relativos aos fatos alegados pela parte autora na petição inicial", de regra tem-se como preclusa a faculdade de produzir este meio de prova, ficando a parte no ônus de demonstrar aqueles fatos alegados por outra via probatória.[627] A imposição desta preclusão, além de decorrer expressamente de texto legal (art. 223), prestigia o princípio da não surpresa.[628] Não fosse assim, sempre, mesmo depois da sentença, seria possível à parte apresentar documento qualquer, alterando completamente o andamento do feito. Embora isto, até mesmo, pudesse ser admitido para questões que versem sobre direitos indisponíveis, para direitos disponíveis afrontaria nitidamente a ideia do princípio dispositivo.

Diante destas considerações, não se pode acolher a lição de Moacyr Amaral Santos, que entende que somente precisam instruir a petição inicial os documentos fundamentais, tidos como indispensáveis à prova dos fatos articulados. Os demais, segundo o autor, "não indispensáveis à prova das alegações da ação ou a da resposta, e sem os quais uma e outra teriam existência normal, isto é, documentos que apenas se prestam para corroborar ou elucidar afirmações secundárias, conquanto significativas, será exigência descabida para o cumprimento rigoroso da regra. Tais documentos, conquanto a lei também deseje o seu oferecimento com a inicial ou a resposta, poderão muito bem ser apresentados em outra fase do processo, desde que então apareça a necessidade de sua produção".[629]

Não parece acertada esta interpretação. A correta hermenêutica a ser conferida ao art. 434 exclui de seu regramento os documentos essenciais: estes estão regidos pelo art. 320. O art. 434 impõe às partes o ônus de apresentar, com a petição inicial e a resposta, os documentos [probatórios] relativos aos fatos articulados em suas razões iniciais. Em relação a estes fatos, salvo raras exceções contempladas em lei, o não oferecimento da prova documental, concomitantemente com o oferecimento destas alegações preliminares, importa preclusão da oportunidade do uso deste meio de prova - sendo possível, porém, ainda, à parte comprovar as suas alegações por outros meios de prova, como a testemunhal, o depoimento das partes etc., desde que obedecidas as formalidades legais, v.g., o art. 319, VI –. A prova documental, a ser juntada em momento posterior no processo, somente poderá ser utilizada

627 Para exceções a este princípio, v. os comentários ao artigo seguinte.

628 A respeito da incidência, "para as partes", da preclusão em matéria de prova, v. Manoel Caetano Ferreira Filho, *A preclusão no direito processual civil*, Curitiba: Juruá, 1991, p. 90 e ss. Ainda a respeito da preclusão probatória, v. Heitor Vitor Mendonça Sica. *Preclusão processual civil*, 2ª ed., São Paulo: Atlas, 2008, *passim*.

629 Moacyr Amaral Santos, *Comentários ao Código de Processo Civil*, cit., vol. 4, p. 227-228.

em relação a alegações outras [não contidas na petição inicial ou na resposta, v.g., nas hipóteses dos arts. 342 ou 350] ou, ainda, em face de fatos novos (art. 435) ou, ainda, sendo os documentos, em si, novos.

3. Produção de reprodução cinematográfica e fonográfica

O parágrafo único do art. 434 impõe regime específico para a produção da prova consistente em reprodução cinematográfica ou fonográfica. Embora a juntada dessa prova ocorra no momento tradicional, a que alude o *caput* do art. 434 (petição inicial ou contestação, de regra), a sua efetiva produção – ou seja, a materialização do ingresso desse elemento como prova no processo – se dá em audiência especificamente designada para a exposição de seu conteúdo, com a intimação das partes para participação.

Por outras palavras, a efetiva produção da prova só se dará com a exibição dessa prova em audiência, a ser realizada preferencialmente na presença das partes. Eventualmente, a depender do conteúdo dessa prova, será possível a restrição da publicidade, no intuito de preservar valores fundamentais, a exemplo das garantias da honra, da intimidade ou do sigilo.

Art. 435. É lícito às partes, em qualquer tempo, juntar aos autos documentos novos, quando destinados a fazer prova de fatos ocorridos depois dos articulados ou para contrapô-los aos que foram produzidos nos autos.

Parágrafo único. Admite-se também a juntada posterior de documentos formados após a petição inicial ou a contestação, bem como dos que se tornaram conhecidos, acessíveis ou disponíveis após esses atos, cabendo à parte que os produzir comprovar o motivo que a impediu de juntá-los anteriormente e incumbindo ao juiz, em qualquer caso, avaliar a conduta da parte de acordo com o art. 5.º.

1. Documentos novos

Como visto, em regra geral, a prova documental deve instruir as peças iniciais (petição inicial e resposta do réu), sob pena de preclusão. Esta regra, porém, comporta exceções, dentre as quais as mais importantes contidas no presente artigo.

Nos termos do que prescreve o dispositivo, a parte poderá produzir prova documental – além dos momentos normais, na fase postulatória, com as peças iniciais –, em qualquer outro momento do processo, em duas circunstâncias básicas: para comprovar fatos ocorridos posteriormente àquela fase inicial ou para contrapor tais documentos novos a outros, produzidos no processo (na forma, basicamente, do art. 435).

É cediço que normalmente os fatos sobre os quais versa o conflito de interesses, objeto da atividade jurisdicional, são expostos e delimitados pelas partes no momento introdutório da demanda judicial, ou seja, na petição inicial ou na resposta do réu. Entretanto, admite a lei a possibilidade de que novos fatos sejam introduzidos no conteúdo fático da demanda, buscando compatibilizar o princípio da estabilidade da relação processual com as necessidades de busca de verdade [no afã de aproximar-se o mais possível do ideal de justiça] e da economia processual. Neste sentido, é expresso o Código de Processo Civil em autorizar o ingresso de novos fatos no objeto da atuação jurisdicional (v.g., os preceitos contidos nos arts. 342, 329, II, 493 ou 933), que possam interferir no resultado do julgamento. Contudo, permitir a dedução de fatos novos sem reabrir a oportunidade para comprovar estes fatos equivaleria, de forma oblíqua, a proibir-se a alegação destes fatos (já que os fatos não provados são presumidos inexistentes). Assim, quando a lei admite que a parte possa aportar fatos novos ao processo, necessariamente deve também, em função dos princípios da ação (art. 5.º, XXXV, do CF) e da ampla defesa (art. 5.º, LV, do CF), permitir à parte que possa demonstrar a efetiva ocorrência dos fatos aludidos, e é precisamente isto que se tenta fazer no presente caso.

Desta forma, tem-se que a previsão inserta no presente artigo nada mais é do que o necessário complemento da possibilidade, admitida pela lei, da inserção de fatos novos no fundamento fático da demanda.

Quanto à outra situação versada no preceito aqui examinado, também ela não foge do mesmo raciocínio, mas em base ao princípio do contraditório. Novamente, considerando-se que o direito pátrio admite o princípio da bilateralidade da audiência – bilateralidade esta permeada de paridade em relação aos instrumentos de que dispõem as partes para manifestar-se e influenciar a decisão judicial (*Waffengleichheit*) –, não se pode conceber que possa a parte opor-se a alguma alegação da parte adversa sem que, concomitantemente, seja este sujeito autorizado a demonstrar concretamente a ocorrência de razão em sua oposição. Se aquele que alega tem direito a demonstrar ao magistrado as evidências que sustentam e convencem o julgador da procedência de suas razões, também é de se dar à parte contrária, que se defende contra aquelas alegações, a oportunidade de apresentar elementos que sejam aptos a influenciar o convencimento do juiz.

2. Momento da juntada dos documentos novos

As considerações acima esboçadas prestam-se para determinar a extensão que se pode conferir à regra aqui analisada. Tais observações parecem bem demonstrar que, em essência, a regra em exame nada acrescenta que não pudesse ser extraído normalmente do sistema processual brasileiro de introdução dos fatos do conflito na causa e dos princípios constitucionais que regem o processo civil.

Daí extrai-se que, substancialmente, não há regra nova, mas apenas desdobramento da regra anterior (art. 434), adaptado às peculiaridades da dedução de fatos novos. De posse de tais elementos, parece ser possível enfrentar aquela que, quiçá, constitua a mais difícil indagação a respeito do tema: a dicção do Código faz presumir que, em relação a fatos novos (ou mesmo à contraprova), não há prazo preclusivo para a juntada dos documentos. Ao aludir o Código a "em qualquer tempo", dá a entender que, ao contrário do que prevê ele no artigo anterior, os documentos a que se refere o art. 435 poderiam ser juntados em qualquer momento, e em qualquer grau de jurisdição. Seria esta interpretação realmente correta?

Se é verdade aquilo que se expôs anteriormente, a resposta será necessariamente pela negativa. E, com efeito, nem seria lógico admitir que, em relação a fatos existentes no início do processo, a prova documental somente poderia ser produzida na fase inicial do processo, pena de preclusão, supondo que os demais fatos (ocorridos posteriormente, ainda que se tenham verificado no dia seguinte ao da propositura da ação), não seguiriam esta mesma regra, podendo a sua prova documental vir a qualquer momento da demanda. Como visto anteriormente, o comando do art. 434 tem por objetivo evitar a surpresa da parte contrária, o que incitaria estado de permanente insegurança e de deslealdade processual, em que algum sujeito poderia esconder até o último instante alguma prova relevante e, ao apresentá-la, desmoronar toda a tese da parte adversa. Se este princípio norteia a previsão do art. 434, não há razão para que também não se veja refletir no art. 435.

Se a regra aqui estudada é, deveras, apenas expressão diversa da norma anterior, ditada no interesse do mesmo pressuposto do qual esta última deriva, não se pode imaginar que, para o art. 435, não haverá preclusão quanto ao momento de juntada desta prova. Também no caso presente, a norma pretende que o sujeito apresente o documento na primeira oportunidade em que puder falar sobre o fato novo [se a prova já estiver disponível, como se verá adiante] ou no primeiro instante em que possa opor-se às alegações da parte contrária (situação da contraprova), sob pena de preclusão. A expressão "em qualquer tempo", na verdade, destina-se apenas a significar que o uso da prova documental não fica inibido, após a fase das peças iniciais, desde que presente fato novo ou como elemento de contraposição às alegações do adversário. Ainda assim, surgida a ocasião apropriada – em que se possa deduzir o fato novo, ou em que se possa manifestar sobre os argumentos da parte contrária – é também esta a oportunidade para a produção da prova documental relativa a tais novas situações, sob pena de preclusão.

3. Outros momentos da produção da prova documental

Poderia haver, todavia, situação em que a parte, mesmo depois do momento apropriado – fase inicial, em relação a fatos iniciais, ou outra ocasião, em caso de fatos novos ou como elemento de contraposição-, pudesse produzir prova documental, sem ofensa à preclusão incidente?

A resposta obviamente está na afirmativa. Embora os instantes tratados pelos arts. 434 e 435 sejam prazos preclusivos,[630] não são estas regras as únicas que tratam de prazos para a juntada de documentos nos autos.

É para essas situações que se dirige o parágrafo único do art. 435, do CPC. O preceito pretende equiparar à ideia de prova nova outras situações que seriam semelhantes.

Dessarte, por exemplo, é de se imaginar a situação do documento que não esteja em posse da parte que faz a alegação. Neste caso, embora a ocasião apropriada fosse a fase inicial (art. 434) ou a ocorrência das situações versadas no art. 435 (fato novo ou contraprova), será impossível à parte apresentar naquelas oportunidades o documento, uma vez que dele não dispõe. Neste caso específico, tem incidência as previsões do art. 438 (se aquele que tem o documento é repartição pública) ou dos arts. 396 *et seq.* (se a prova estiver em posse da parte contrária ou de terceiro). Em todas estas hipóteses, a parte fará alusão ao documento em sua petição, se for necessário, solicitando ao magistrado, conforme o caso [e segundo as formalidades específicas para cada situação], a providência adequada para o aporte do documento aos autos. Nestes casos, a juntada do documento ocorrerá após os momentos descritos nos arts. 434 e 435, sem que, porém, se possa cogitar de preclusão. Tecnicamente falando, não há aí fato novo; porém, a ciência ulterior deve permitir que a parte junte o documento depois dos momentos legalmente estabelecidos, tendo em conta sobretudo a impossibilidade concreta de cumprir tais termos.

---

630 Lembre-se, novamente, que os documentos a que se refere o art. 320 não estão aqui abrangidos, tendo regime próprio. Para estes "documentos essenciais à propositura da ação" a sua não apresentação inicial não gera a preclusão da oportunidade de sua juntada; ao contrário, como estabelece o art. 321, na ausência destes documentos, deve o juiz determinar "que o autor, no prazo de 15 (quinze) dias, a emende [a petição inicial] ou a complete" e somente se não atendida a ordem neste prazo é que se terá como preclusa a faculdade de apresentação destes documentos, com o consequente indeferimento da petição inicial.

Pode-se ainda imaginar inúmeras causas outras que, por razões de lógica, determinam a impossibilidade de apresentação do documento nas ocasiões a que se referem os arts. 434 e 435. Tal a hipótese em que a parte (ou seu advogado) não tenha ciência da existência do documento, ou ainda o caso em que, embora sabendo de sua existência, não possa apresentar o documento porque ele se encontra em local momentaneamente inacessível.

Para estes casos, novamente a preclusão deve ceder, por questão de lógica e em vista do contido no art. 435, parágrafo único, do CPC. Poder-se-ia até mesmo aplicar para cá o conceito de justa causa, que autoriza superar a preclusão e reabrir ensejo para a prática de ato processual (art. 223, §§ 1.º e 2.º). De fato, tais circunstâncias constituem causa suficiente para tornar injusta a imposição da preclusão e para reabrir o prazo para a prática do ato processual.

Em síntese, aplicando-se o conceito legal de justa causa, parece certo que poderá ela verificar-se, entre outros casos: a) quando o documento somente for conhecido pela parte interessada após o encerramento da oportunidade propícia para sua juntada aos autos; b) quando o documento, embora de ciência da parte, não possa ser obtido [porque sua obtenção demanda procedimento prévio, por estar em lugar ermo, por estar encartado em outro processo, cujo acesso é demorado etc.] em tempo hábil para ser juntado no momento correto nos autos; c) quando o documento, embora seja de conhecimento e de posse pela parte, não pode chegar às mãos do advogado em tempo para que seja juntado nos autos até a ocasião adequada. A par desses casos, também se pode inserir na hipótese descrita pelo art. 435, parágrafo único, como caso de justa causa para a não apresentação anterior, o caso em que a juntada do documento, no tempo oportuno, constituir atitude temerária, porque, por exemplo, se duvida da sua autenticidade e se está procedendo a uma verificação preventiva. Todas estas hipóteses são meramente exemplificativas, apesar da aparência peremptória da redação do art. 435, parágrafo único. O que é importante para a autorização para juntada posterior de documentos é a ocorrência de justa causa para o retardamento da faculdade probatória, tornando lícito à parte produzir a prova posteriormente.[631]

Em todas estas situações, suscita algum problema a prova da existência da justa causa. Afirma a parte final do art. 435, parágrafo único, que cabe à parte demonstrar a justa causa que impediu a parte de juntar o documento anteriormente. Ora, pode acontecer que sujeitos processuais inescrupulosos busquem manipular este permissivo legal, tentando amainar sua desídia em atender aos prazos fixados

631 De forma semelhante, arrolando também causas como as presentes para justificar o oferecimento da prova documental em momento posterior, v. Jaime Guasp, *Derecho procesal civil*, cit., t. I, p. 371.

em lei. Não obstante, parece ser razoável supor que estes casos serão excepcionais e, normalmente, se há de confiar na prudência do magistrado para avaliar a prova realizada pela parte interessada, no sentido de demonstrar a efetiva ocorrência da justa causa que deve relevar a imposição da preclusão. É, de qualquer forma, exato entender que, em não apresentando o documento na oportunidade própria (art. 434 ou 435), para que a parte possa oferecer esta prova posteriormente, deverá ela comprovar a ocorrência da justa causa, sob pena de inviabilizar-se o afastamento da pena de preclusão. Ademais, deve o juiz considerar essas justificativas com base no princípio da boa-fé – que deve ser presumida – e à luz das circunstâncias do caso concreto.

De outra banda, é certo que, em qualquer das situações tratadas pela lei, seja pelo art. 434, seja pelo art. 435, não incidirá a preclusão, *jamais*, para a atuação do juiz, de ofício, na produção da prova.[632] Para o magistrado, quer em relação aos fatos iniciais da causa, quer no tocante a outros fatos, ocorridos posteriormente, poderá sempre ele determinar as medidas necessárias para formar sua convicção, não sofrendo ele, no particular, preclusão *pro iudicato*.

Art. 436. A parte, intimada a falar sobre documento constante dos autos, poderá:

I – impugnar a admissibilidade da prova documental;

II – impugnar sua autenticidade;

III – suscitar sua falsidade, com ou sem deflagração do incidente de arguição de falsidade;

IV – manifestar-se sobre seu conteúdo.

Parágrafo único. Nas hipóteses dos incisos II e III, a impugnação deverá basear-se em argumentação específica, não se admitindo alegação genérica de falsidade.

1. Conteúdo da oitiva da parte contrária

O código de 1973 afirmava que, juntado um documento, deveria o juiz ouvir a seu respeito a parte contrária no prazo de cinco dias (art. 398, do CPC/1973).

A redação pouco precisa daquele comando dava margem a dúvidas sobre o conteúdo dessa manifestação. Sabia-se que esse prazo (de cinco dias) não era

632 Neste sentido, Manoel Caetano Ferreira Filho, *A preclusão no direito processual civil*, cit., p. 81.

o prazo para a arguição de falsidade, nem para o incidente de verificação, que gozavam do prazo de dez dias para serem provocados (arts. 372 e 390, do CPC). Por isso, a regra era pouco adequada e absolutamente incorreta. Não se sabia com exatidão aquilo que deveria ser feito no prazo de cinco dias, ou o que estaria reservado para prazo maior.

O comando atual, evidentemente, teve o escopo de superar aquele problema, afirmando que na oportunidade que a parte tem para falar sobre documento juntado aos autos, tanto poderá manifestar-se sobre o cabimento da prova, como sobre a sua forma ou o seu conteúdo.

Assim, no prazo que tem a parte para manifestar-se sobre um documento, poderá manifestar-se sobre: a) a impertinência, irrelevância, desnecessidade ou impossibilidade da juntada daquela prova documental, pretendendo que o juiz não admita a sua produção; b) a veracidade do contexto do documento; c) o conteúdo do documento, esclarecendo seu alcance, significado e interpretação.

A primeira hipótese trata de situação em que se pretende impedir a produção (*a posteriori*, como sói ser peculiar à produção da prova documental) daquele específico documento em juízo, obstando-se, via de consequência, que o magistrado possa valorá-lo e tomá-lo como base para o seu pronunciamento (sendo mesmo cabível o desentranhamento do documento). Os demais casos incidem já sobre a valoração do documento, tentando influenciar o convencimento do juiz sobre as informações registradas no documento.

Em todas estas situações – como, de regra, aconteceria com as demais hipóteses, não tratadas pelo artigo em comento – não se admite apenas a *manifestação* da parte contrária: ser-lhe-á também permitido, em homenagem ao princípio da ampla defesa, a produção de contraprova (art. 435), a fim de influenciar a convicção do magistrado em sentido oposto àquele induzido pelo documento questionado.

Apenas uma observação merece ser feita. Não obstante a redação do dispositivo do CPC/2015 seja evidentemente melhor do que a do anterior, fato é que ainda não é perfeita a sua previsão. Isso porque o prazo para essa "impugnação" do documento será, de regra, o da fase postulatória ou o de quinze dias a contar da juntada do documento (art. 437, *caput* e § 1.º); poderá, porém, esse prazo ser dilatado diante das circunstâncias do caso (art. 437, § 2.º).

No entanto, essa ampliação do prazo não tem correspondente no regime da arguição de falso (art. 430), de onde se pode questionar se também seria possível que o magistrado ampliasse o prazo previsto neste último dispositivo, para que a parte pudesse arguir a falsidade do documento, valendo-se subsidiariamente dos arts. 436 e 437, § 2.º, do Código. Embora a questão revele interesse mais acadêmico do que prático – porque, como se viu, é absolutamente irrelevante na sistemática do código a efetiva "arguição" ou a simples alegação de falsidade – a redação peremptória do art. 430 pode suscitar alguma dúvida.

Substancialmente, partindo da premissa da irrelevância da arguição do falso como questão principal ou incidental, não haveria razão para se negar a ampliação do prazo, na forma do art. 437, § 2.º.

Caso, porém, ao contrário do aqui sustentado, efetivamente se pretenda fazer essa distinção, então a conclusão deverá ser diversa: o prazo para a arguição de falso (como questão principal) seria preclusivo e não admitiria a ampliação de que trata o art. 437, § 2.º. Esta dilatação só autorizaria – nesse caso – a alegação de falso como questão incidental.

2. Fundamentação da impugnação

Afirma o art. 436, parágrafo único, que a impugnação da autenticidade do documento e a arguição de falsidade – "com ou sem deflagração do incidente de arguição de falsidade" – não admite alegação genérica. Deve-se, nesses casos, segundo o texto legal, apresentar argumentação específica, que demonstre essas condições.

A previsão é absolutamente desnecessária. Obviamente, "toda" alegação – e *a fortiori*, toda impugnação – há de ser sempre específica, não tendo cabimento qualquer defesa genérica, exceto quando expressamente autorizado por lei à vista das circunstâncias do caso concreto (art. 341, parágrafo único).

A argumentação específica, que aponta os fatos e as circunstâncias concretas que embasam certa alegação é essencial para a preservação da boa-fé processual (art. 5.º, do CPC) e está em harmonia com o art. 77, II e III, do código.

Assim, toda impugnação, fundada em qualquer dos incisos do art. 436 (e não apenas nos seus incisos II e III) deve estar adequadamente fundamentada, com argumentação específica que justifique essa impugnação.

Do contrário, tratando-se de impugnação genérica – em qualquer dos casos do art. 436 – deve-se tomar a conduta como litigância de má-fé, na forma do que prevê o art. 80, IV, V e VI, do CPC.

Art. 437. O réu manifestar-se-á na contestação sobre os documentos anexados à inicial, e o autor manifestar-se-á na réplica sobre os documentos anexados à contestação.

§ 1.º Sempre que uma das partes requerer a juntada de documento aos autos, o juiz ouvirá, a seu respeito, a outra parte, que disporá do prazo de 15 (quinze) dias para adotar qualquer das posturas indicadas no art. 436.

§ 2.º Poderá o juiz, a requerimento da parte, dilatar o prazo para manifestação sobre a prova documental produzida, levando em consideração a quantidade e a complexidade da documentação.

1. Contraditório na produção da prova documental

A previsão aqui contida traduz a expressão do contraditório em relação à prova documental. Determina-se que, toda vez que houver a juntada de documentos no processo, deva o magistrado, antes de admiti-los, ouvir a parte contrária.

A propósito dessa regra, deve-se notar que a lei estabelece *dois* prazos distintos para a manifestação quanto à juntada de documentos. Em primeiro lugar, estabelece-se o prazo da resposta do réu ou da réplica, para as situações em que os documentos tenham sido anexados, respectivamente, à inicial ou à contestação. Para todos os outros casos, juntados documentos em outras oportunidades, a lei fixa, em princípio, prazo de quinze dias para que a parte contrária possa manifestar-se (nos termos do art. 436) a respeito dessa prova.

Também convém dizer que o prazo fixado no § 1.º do presente artigo é daqueles que admite a aplicação de causas de incremento, como aquelas previstas pelos arts. 180, 183, 186 e 229, do CPC. Logo, por exemplo, desde que haja situação de litisconsórcio, com distintos procuradores, o prazo para a manifestação sobre os documentos juntados será computado em dobro. Obviamente o prazo modificado somente será aplicável para quando os litisconsortes devam manifestar-se sobre documento juntado pela outra parte. Caso seja a parte contrária quem deve pronunciar-se sobre provas trazidas por algum dos litisconsortes, não se justifica a dilatação do prazo. Da mesma maneira, se só um dos litisconsortes deve manifestar-se sobre o documento, não há razão para a aplicação do prazo ampliado.

Da mesma forma, não há razão para supor a ampliação do prazo previsto no *caput* do art. 437. Aqui, eventualmente, o que ocorrerá é a modificação do prazo para a apresentação da manifestação (da contestação ou da réplica), o que repercutirá no prazo para a manifestação a propósito dos documentos.

No prazo legal, deve a parte apresentar toda a impugnação que tiver em relação à documentação analisada, na forma do que prevê o art. 436, do CPC. Observe-se, porém, que o prazo diferenciado, do § 2.º, do art. 437, não tem aplicação para a arguição de falsidade documental, ainda que a questão tenha exclusivo interesse acadêmico, como se viu nos comentários ao artigo anterior.

2. Ampliação judicial do prazo

Diz o art. 437, § 2.º, que o juiz pode aumentar o prazo para manifestação, à vista da quantidade ou da complexidade da documentação anexada.

Obviamente, o texto legal é claro em afirmar que o juiz pode aumentar o prazo, mas não pode diminui-lo. O espírito da regra é ampliar a garantia de participação, permitindo que a parte possa defender-se melhor quando os documentos anexados apresentarem quantidade ou complexidade incompatível com o prazo legal, de quinze dias, para sua adequada análise e impugnação.

Merece crítica o dispositivo, na medida em que também pode suceder que a documentação juntada seja extremamente simples, de modo que os quinze dias se tornem exagerados. *De lege ferenda*, seria melhor que se outorgasse ao magistrado poderes mais amplos de adequação do prazo para manifestação quanto aos documentos juntados, sempre tendo em vista a quantidade e a complexidade da prova a ser discutida.

De todo modo, nos termos atuais, a ampliação do prazo só pode ocorrer diante da complexidade ou da quantidade de documentos a ser examinada. Não há, evidentemente, nem poderia haver, o estabelecimento de um parâmetro para isso. Cabe ao juiz, à vista das circunstâncias do caso concreto, decidir sobre esse prazo. Note-se que a decisão não comporta recurso por agravo, de modo que, eventualmente, o tema poderá voltar - como violação ao contraditório - apenas em preliminar de apelação (art. 1.009, § 1.º, CPC).

3. Ausência de contraditório e nulidade

Não havendo a abertura à parte contrária da oportunidade de que cuida o art. 437 (em particular, do seu § 1.º), poderá daí advir a ocorrência de nulidade do feito.

É claro, porém, que a sanção de nulidade, que decorreria naturalmente da ausência de observância do direito de contraditório, para alguns sem sequer a possibilidade de ser sanada,[633] merece atenuações necessárias. Certo é que o desrespeito ao contraditório é ofensa a comando constitucional, motivo pelo qual não se há de

633 Neste sentido, considerando que a sanção de nulidade se impõe sempre, v. João Carlos Pestana de Aguiar, *Comentários ao Código de Processo Civil*, cit., p. 241; José Manoel de Arruda Alvim, A nulidade da sentença por infração ao art. 398 do Código de Processo Civil, *RePro*, n. 3, São Paulo: Ed. RT, jul.-set. 1976, p. 220.

questionar da efetiva nulidade do processo em que esta falta ocorre. Todavia, não se pode olvidar a máxima que preside o regime da nulidade no sistema brasileiro – especialmente hoje, quando se evidencia tanto a preocupação com a questão da instrumentalidade do processo –, segundo a qual não se deve declarar a nulidade de um ato processual se dele não resulta prejuízo às partes (*pas de nullité sans grief*), conforme, aliás, expressamente contempla o CPC, no art. 282, § 1.º. Considerando esta previsão, desde que não haja prejuízo à parte, não é de se declarar a nulidade do desrespeito ao preceito do art. 437. Esta ausência de nulidade, com efeito, poderá verificar-se quando o documento for irrelevante para a instrução do feito, quando o fato por ele representado for incontestável pela parte a quem prejudica (quando este sujeito não seja capaz de deduzir manifestação que possa abalar as conclusões do documento juntado) ou ainda quando a parte possa manifestar-se a respeito do documento de forma eficaz (inclusive produzindo contraprova, se necessário) antes da decisão judicial.

O primeiro caso representa curial hipótese de ausência de nulidade: se o documento é irrelevante, se não faz diferença para a decisão da causa a sua presença ou não nos autos – ou porque é impertinente ao *thema decidendum*, ou porque a prova por ele expressada também é feita por outros meios, contidos nos autos etc. –, a não oitiva da parte contrária é desnecessária, na medida em que não será ela, jamais, prejudicada pela existência daquela prova no processo. Ofenderia qualquer critério de justiça ou mesmo de lógica defender-se a decretação de nulidade, e a repetição de atos processuais, em nome deste defeito.

Também a segunda hipótese configura situação em que a nulidade não se justificaria. Se a parte contrária, a quem prejudica a prova inserta nos autos, não poderia deduzir contra aquela prova qualquer defesa séria (não tendo contra ela argumentos ou contraprovas a produzir) a invalidação do ato processual seria completamente inócua e prestigiaria apenas a demora do feito. Realmente, anulando-se o processo até aquele instante, seria permitido à parte prejudicada falar sobre o documento juntado, mas ela não poderia dizer nada, eis que nada teria a dizer. Seria, então, anular o processo sem que disso pudesse resultar nenhum benefício às partes ou ao seguimento do feito em si. Novamente faltaria o pressuposto do prejuízo, a permitir a nulidade do ato viciado.

Por fim, a última hipótese representa concreta aplicação do princípio estatuído no art. 277 do CPC. Podendo a parte manifestar-se sobre o documento juntado posteriormente, e sendo esta manifestação apta a influenciar a decisão do magistrado [que apreciará a questão à qual o documento se refere], é certo que a finalidade a que se destina a previsão do art. 437 foi atingida, impedindo-se, via de consequência, a declaração de nulidade sobre o ato.

Art. 438. O juiz requisitará às repartições públicas, em qualquer tempo ou grau de jurisdição:

I – as certidões necessárias à prova das alegações das partes;

II – os procedimentos administrativos nas causas em que forem interessados a União, os Estados, o Distrito Federal, os Municípios ou entidades da administração indireta.

§ 1.º Recebidos os autos, o juiz mandará extrair, no prazo máximo e improrrogável de 1 (um) mês, certidões ou reproduções fotográficas das peças que indicar e das que forem indicadas pelas partes, e, em seguida, devolverá os autos à repartição de origem.

§ 2.º As repartições públicas poderão fornecer todos os documentos em meio eletrônico, conforme disposto em lei, certificando, pelo mesmo meio, que se trata de extrato fiel do que consta em seu banco de dados ou no documento digitalizado.

1. Exibição de documento pelo Poder Público

Conforme já foi observado, o tema objeto de disciplina pelo presente artigo configura verdadeiro desdobramento das figuras tratadas entre os arts. 396 e 404. A presente norma regula a figura da exibição de documento, quando o sujeito passivo da ordem seja o Poder Público.

Não obstante fosse preferível que o Código tivesse versado sobre a presente questão conjuntamente com o regime normal da exibição,[634] mantém-se atualmente a tradição do código anterior, em tratar essa forma de exibição em conjunto com a produção da prova documental. Essa localização tópica do dispositivo, porém, não lhe retira a sua natureza específica, devendo considerar-se esta regra como extensão da disciplina anteriormente fixada.

Isto posto, tirante as particularidades que envolve a requisição de informações (certidões e procedimentos administrativos) junto a órgãos públicos, é de aplicar-se à figura aqui analisada, *mutatis mutandis* e subsidiariamente, as determinações genéricas inseridas na seção relativa à exibição de documento ou coisa. Assim, a solicitação de exibição (*rectius*, de requisição) das certidões e de procedimentos administrativos deverá ser precedida de pedido da parte – podendo, como já se disse oportunamente, ser também determinada de ofício pelo magistrado – que obede-

634 Como, aliás, faz o CPC italiano (art. 213), o CPC português (art. 436, n. 2) e o CPC francês (arts. 138-141).

ça aos requisitos delineados no art. 397. Da mesma forma, caso a Administração Pública se recuse a apresentar a certidão, e com maior razão ainda o procedimento administrativo, será possível ao magistrado aplicar as consequências descritas nos arts. 400 ou 403 - conforme a pessoa jurídica de direito público se apresente no processo na condição de parte ou de terceiro;.[635] Quanto às escusas previstas no art. 404, tem-se que, de regra, não serão elas oponíveis à ordem judicial, no caso concreto, em virtude da própria natureza destas hipóteses. Todavia, não se pode descartar que, eventualmente, estas causas incidirão, liberando a Administração Pública do dever de apresentar a documentação (assim, por exemplo, acontecerá com a solicitação da parte na requisição de processo administrativo impertinente ao objeto da lide).

2. Fundamento do dever de colaboração da Administração Pública

O dever de colaboração dos órgãos públicos no esclarecimento dos fatos que estão à sua disposição (com especial ênfase em relação aos órgãos notariais) decorre não apenas da legislação processual civil (arts. 378, 380 e 438, do CPC, Lei 9.051/95, Lei 9.507/97 etc.), mas, preponderantemente, do texto da Carta Constitucional. Efetivamente, conforme se tem do estabelecido no art. 5.º, XXXIII, "todos têm direito a receber dos órgãos públicos informações de seu interesse particular, ou de interesse coletivo ou geral, que serão prestadas no prazo da lei, sob pena de responsabilidade, ressalvadas aquelas cujo sigilo seja imprescindível à segurança da sociedade e do Estado". Nesta mesma linha segue o art. 5.º, XXXIV, *b*, da Lei Maior, a dizer que a todos é assegurado, independentemente do pagamento de qualquer taxa, "a obtenção de certidões em repartições públicas, para defesa de direitos e esclarecimento de situações de interesse pessoal".

De regra, portanto, toda e qualquer informação que possa ser útil para que alguém defenda em juízo seus interesses pode, e deve ser, por expressa determinação legal, fornecida por órgão público que dela disponha. Limitações a isto somente poderão ser opostas por outras normas de mesma hierarquia constitucional. Neste contexto, a regra é que qualquer informação disponível por toda sorte de órgão

635 É de se ressalvar que, em assumindo a repartição pública condição de terceiro em relação ao feito, e sendo o objeto da requisição uma certidão, de nada adiantará o magistrado determinar a busca e apreensão do documento (certidão), uma vez que a recusa da Administração Pública implicará a não confecção da certidão. Neste caso, então, será preciso adaptar a sanção aplicável, cabendo ao magistrado impor outra sanção (com base no art. 403, parágrafo único, ou seja, o emprego de medidas de indução) capaz de compelir o servidor público responsável a expedir a certidão ou, então, estabelecer e determinar a adoção de medidas aptas a reunir as informações que a certidão deveria retratar.

público [da Administração Pública direta ou de autarquias e fundações públicas] deve ser fornecida a quem invoque – e apresente suficientes razões para tanto – dela necessitar para a defesa de seus interesses particulares, bem como do interesse coletivo ou geral, e para o esclarecimento de sua situação pessoal. Óbices a esta diretriz deverão estar necessariamente insertos no texto constitucional, sob pena de constituírem interdições ilegítimas, passíveis de proteção na via do *habeas data* (art. 5.º, LXXII e Lei 9.507/1997) ou mesmo incidentalmente, na ação que pretende propor (na forma do estabelecido pelo artigo em exame).

Como exceções a esta determinação, portanto, pode-se colher, por exemplo, a hipótese de sigilo imprescindível à segurança da sociedade e do Estado (art. 5.º, XXXIII, *in fine*) ou as informações contidas em processos que devem correr em segredo de justiça (art. 93, IX).

Discute-se muito sobre o uso dos bancos de dados existentes em repartições públicas de caráter fiscal. Em especial, é frequente ouvir-se que as informações contidas na base de dados das Receitas Federal, Estadual e Municipal não podem ser acessadas, senão mediante ordem judicial, e para fins exclusivamente criminais, na medida em que paira sobre estas informações o chamado sigilo fiscal.[636]

Com efeito, a ideia de restrição ao acesso às informações particulares já vem sinalizada pelo próprio Código Tributário Nacional, em seu art. 198, ao estabelecer que "sem prejuízo do disposto na legislação criminal, é vedada a divulgação, para qualquer fim, por parte da Fazenda Pública ou de seus funcionários, de qualquer informação, obtida em razão do ofício, sobre a situação econômica ou financeira dos sujeitos passivos ou de terceiros e sobre a natureza e o estado dos seus negócios ou atividades" – embora o parágrafo único deste mesmo artigo excetue da regra a hipótese em que houver regular requisição da autoridade judiciária, expedida no interesse da Justiça.[637]

Previsões como essa certamente impõem severa limitação ao acesso aos dados fiscais de contribuintes, restrição esta que se justifica, enquanto dirigida à preservação da vida privada de alguém (pessoa física ou jurídica), em atenção ao

636 Neste sentido, v. por todos, Antonio Vital Ramos de Vasconcelos, Requisição de informações à receita federal. *Revista de Direito Administrativo*, n. 181-182, Rio de Janeiro, Renovar, jul.-dez. 1990, p. 440 e ss.

637 No mesmo sentido o art. 54 da Lei 3.470/1958, que diz que "nenhuma informação poderá ser dada sobre a situação fiscal e financeira dos contribuintes, sem que fique registrado, em processo regular, que se trata de requisição feita por magistrado no interesse da Justiça ou por chefes de repartições federais, diretores da Prefeitura do Distrito Federal e Secretários da Fazenda dos Estados, no interesse da Administração Pública". Também nessa mesma linha, a Lei Complementar 105/2002 estabelece rígido procedimento para a quebra do sigilo bancário.

contido no art. 5.º, X, da CF. Porém, o que se observa atualmente é um desmesurado agigantamento da garantia constitucional a abarcar situações certamente não desejáveis de proteção e insuscetíveis de abrigo sob o manto do sigilo. Deveras, é de se ver que, com supedâneo no art. 5.º, XII, que protege o sigilo das comunicações, pretende-se defender a ideia de que qualquer banco de dados é protegido por esta garantia, sendo inacessível senão pelo Judiciário e, exclusivamente, para fins de investigação criminal e ação penal.[638] Ora, basta a simples leitura do artigo mencionado para se notar que esta regra, em hipótese nenhuma, protege as bases de dados. A sua proteção limita-se à *comunicação de dados* e não à manutenção destes em arquivo. Portanto, pretender estabelecer que qualquer dado, inserto em base pública ou privada, fica inacessível a todo e qualquer interessado, salvo ao Judiciário, mas somente para fins penais, é incluir na regra algo que ela não contém, e, portanto, limitar indevidamente o alcance de outras previsões constitucionais (art. 5.º, XXXIII e XXXIV).

É certo que as informações existentes em bancos de dados, de caráter pessoal e íntimo, estão protegidas constitucionalmente. Esta proteção, porém, é conferida pelo art. 5.º, X, que assegura a inviolabilidade da intimidade e da vida privada, e não por aquela outra regra anteriormente invocada. Ora, dados cadastrais de pessoa física ou jurídica (como o seu endereço, profissão, identificação etc.) certamente não podem ser considerados como informações sigilosas, podendo e devendo, então, ser livremente divulgadas pelos detentores deste material. E, quanto às informações realmente sigilosas (porque pertinentes à esfera privada da pessoa, aí sendo possível incluir, ao menos segundo a orientação dominante hoje, as informações sobre as dívidas da pessoa, sua situação financeira e fiscal), estas estão escudadas pela garantia do art. 5.º, X. De todo modo, porque esta última previsão constitucional pode chocar-se com outra regra de igual hierarquia (como, por exemplo, o art. 5.º, XIV, XXXIII, XXXIV e mesmo XXXV), será preciso avaliar o caso concreto, a fim de determinar qual a garantia constitucional que deve prevalecer e qual deve ceder.[639] Mesmo para estes casos, em que se pretenda obter informação realmente pertencente à esfera privada de alguém, pois, a preservação do sigilo, determinada constitucionalmente, não se pode considerar como absoluta. E não pode simplesmente porque também há, do outro lado, diversas determinações constitucionais a proteger a situação do postulante. Assim, diante do conflito entre regras constitucionais, *somente o exame atento do caso concreto*,

638 Neste sentido, v. Antonio Vital Ramos De Vasconcelos, *Requisição de informações à receita federal*, cit., p. 441-442.

639 A propósito do conflito do direito à vida privada e à intimidade com outros direitos constitucionais, v. Sérgio Cruz Arenhart, *A tutela inibitória da vida privada*, São Paulo: Ed. RT, 2000.

segundo critérios de preponderância, permitirá ao intérprete lidar adequadamente com o tema, fazendo predominar o interesse que, na perspectiva da sociedade, para aquela situação específica, deve ser tido como mais relevante.[640]

Em conclusão, parece desacertada a defesa irrestrita (e alheia ao exame das particularidades do caso concreto, como o tipo de informação solicitada e o conflito de interesses em jogo) da preservação do sigilo pessoal, em detrimento de outras garantias também constitucionais. Semelhante solução pode mesmo impossibilitar o acesso à Justiça, princípio de ordem constitucional e tido, hoje, como verdadeiro corolário dos demais princípios processuais.[641] Dessarte, quando se diz que não é viável, em processo de execução, requisitar dados cadastrais do executado, tal radicalismo - que se faz em defesa da preservação da intimidade ou da vida privada -, pode estar frustrando, em outro vértice, diversa garantia também fundamental do cidadão, que é o próprio acesso à Justiça. É preciso, então, considerar a situação concreta, a fim de que esta última garantia não seja *sempre* a relegada, autorizando que o sacrifício concreto do interesse seja justamente distribuído, segundo a ponderação dos interesses em jogo e segundo critérios de justiça que apareçam mais razoáveis ao caso específico.[642]

3. Função subsidiária da regra

É óbvio que, para os fins aqui versados, a atuação do Judiciário em relação à requisição de documentos de órgãos públicos será sempre subsidiária. Poderá ocorrer apenas quando a parte não puder, pessoal e diretamente, receber da repartição pública própria os documentos que lhe interessam.[643] Caso contrário, seria mesmo absurdo pudesse a parte, sob o abrigo do art. 438, pretender que o

---

640 Para um completo exame do tema da colisão de direitos fundamentais e análise de critérios mais claros para a sua solução, v. Robert Alexy, *Teoría de los derechos fundamentales*. Madrid: Centro de Estudios Constitucionales, 1993. p. 89 e ss.

641 Aplicando esta ponderação dos princípios constitucionais em tema conexo ao presente, v. José Carlos Barbosa Moreira, A constituição e as provas ilicitamente obtidas. *Temas de direito processual*, Sexta série, São Paulo: Saraiva, 1997. p. 107 e ss.

642 E a respeito dos critérios para esta avaliação já lembrava, em lição histórica, o brilhante juiz da Suprema Corte norte-americana Benjamin Nathan Cardozo que, "se vocês perguntarem como ele [o juiz] deve saber quando um interesse sobrepuja um outro, eu somente posso responder que ele deve obter seu conhecimento simplesmente como o legislador o faz, através da experiência e estudo e reflexão; em suma, da vida em si mesma." Benjamin Nathan Cardozo, *The nature of the judicial process*, New Haven: Yale University Press, 1991, p. 113.

643 Neste sentido, v. Francisco Fernandes de Araújo, Requisição de informações pelo poder judiciário, *RePro*, n. 38, São Paulo, RT, abr.-jun. 1985, p. 217.

magistrado se prestasse como pesquisador seu, com o dever de solicitar a todos os órgãos os documentos de interesse dela para a instrução da demanda.

Em regra, compete à parte trazer estes documentos, e somente quando não lhe sejam eles fornecidos é que há lugar para a requisição judicial. Para que esta venha a acontecer, portanto, é necessário que a parte justifique (e comprove) que tentou obter o documento, mas foi frustrada em seu intento, diante da negativa do órgão específico em expedir a certidão ou emprestar-lhe o procedimento administrativo.

Se, porém, a parte solicitou a certidão, mas esta não ficou pronta em prazo hábil para ser juntada nos autos na fase inicial do processo, desnecessário será recorrer ao instituto aqui tratado, já que será possível para a própria parte fazer o aporte do documento posteriormente, na forma do prescrito no art. 435 (v. respectivos comentários).

Outrossim, é bom lembrar que a solicitação da parte para que o juiz requisite os documentos arrolados nos incisos I e II deste artigo podem, eventualmente, não acontecer na fase inicial do processo. De regra, é este o momento para que haja este requerimento (sob pena de preclusão), já que a solicitação das provas que a parte deseja produzir no processo deve acompanhar a petição inicial (art. 319, VI) e a resposta do réu (art. 336). Porém, quando a necessidade desta prova venha a surgir só posteriormente, no curso da demanda, ou quando sequer se tinha notícia da existência desta prova, ou ainda quando ela se destine a provar fato novo, será possível que a formulação do pedido de requisição se faça posteriormente, em qualquer estado do processo (cabíveis, no particular, os comentários insertos no art. 435). É certo, também, que além das partes também o Ministério Público (quando atue na condição de *custos legis*) poderá solicitar esta requisição, sendo ainda possível que venha ela a ser determinada de ofício pelo magistrado.

Para que seja viável o pedido de requisição, bastará que a prova que se busque seja *possível* de ser exibida (não viole, como visto anteriormente, sigilo ou outra condição pertinente) e ainda *necessária* e útil à decisão da causa. Vale dizer que, além de ter de ser admissível pelo ordenamento jurídico a requisição daquela espécie de informação para incorporar-se ao processo determinado, é preciso que esta informação venha a ser necessária para a solução do litígio, não podendo ser substituída por outro meio de prova.

Especificamente para o caso previsto no inciso II do art. 438 (requisição de procedimentos administrativos), é preciso notar que o cabimento da requisição ficará na dependência de que o órgão público (União, Estados, Municípios e suas entidades da administração indireta) tenha algum interesse no feito. Normalmente seria necessário dizer que este interesse, a legitimar a requisição, haveria de ser algum *interesse jurídico* (que autorizasse a participação deste ente público no processo, ao menos na condição de assistente simples). Todavia, em face da Lei 9.469/1997 (em especial de seu art. 5.º e respectivo parágrafo único) – alterada pela Lei 13.140/2015, é preciso entender que basta mero interesse *econômico* para legitimar o ingresso destas pessoas no processo e, consequentemente, aquelas requisições.

De toda sorte, como pondera Moniz de Aragão, não haverão de submeter-se *integralmente* ao regime da requisição as pessoas jurídicas da Administração Pública indireta, que gozem de regime jurídico de direito privado. Efetivamente, "quanto às empresas públicas e sociedades de economia mista, dadas as suas peculiaridades, é conveniente distinguir em sua atuação aquilo em que agem como órgão do Poder Público, integrando a Pública Administração, e aquilo em que possam agir como entidade privada. Neste último caso surgirá óbice ao emprego da norma inscrita na disposição comentada; prevalecerão, sim, as regras alusivas à exibição de documento ou coisa".[644]

4. Procedimento da requisição de documentos à Administração Pública

À mingua de tratamento específico sobre o problema, é imperioso pensar sobre a forma pela qual se operacionalizará esta requisição.

Como já dito anteriormente (item 1), caso pretenda a parte a requisição de documentos, deverá ela apresentar requerimento escrito (que pode estar inserto em outra peça processual, como a petição inicial ou a contestação), com a observância dos requisitos expressos no art. 397.

Deferido o pedido (ou quando a ordem partir da própria vontade do julgador) o comando judicial será comunicado à repartição – a quem compete a expedição da certidão ou onde esteja arquivado o processo administrativo de interesse do processo – mediante ofício. Neste deverá constar prazo razoável para o cumprimento da determinação.[645] Segundo Moacyr Amaral Santos,[646] enquanto pendente o cumprimento da requisição, deve o processo ficar suspenso, sem que se possa nele praticar validamente qualquer ato – salvo quando o documento requisitado não for fundamental à ação ou à resposta. Não parece, todavia, que seja este o entendimento mais razoável. A pendência da requisição apenas obsta a prolação de decisão final sobre o litígio, mas não o seguimento do feito com seus trâmites regulares. Observe-se que, uma vez juntado o documento aos autos, terá a parte

644 Egas Dirceu Moniz de Aragão. *Exegese do Código de Processo Civil*, cit., vol., 4, t. I, p. 328-329.

645 Neste sentido, Moacyr Amaral Santos, *Comentários ao Código de Processo Civil*, cit., vol. 4, p. 235, com apoio no art. 177 do CPC/1973.

646 Idem, ibidem.

prejudicada o direito de manifestar-se sobre ele, na forma do art. 437, inclusive podendo solicitar a realização de contraprova. A suspensão do feito, até o encaminhamento do procedimento ou da certidão (em especial desta última), enquanto outras provas independentes poderiam ser realizadas, opõe-se ao princípio da celeridade processual e faz o processo protelar-se indevidamente. Assim, mesmo que pendente o atendimento à requisição, poderá o processo seguir seu curso normal, salvo se do conteúdo do documento depender o encaminhamento do feito.

Não cumprida a determinação no prazo fixado, caberá ao magistrado adotar as consequências previstas no art. 403 do CPC, além de comunicar o fato ao chefe hierárquico do servidor negligente, para as providências administrativas cabíveis, e à autoridade policial ou ao Ministério Público, para a adoção das pertinentes medidas de ordem criminal e de improbidade.

Em havendo justo motivo para o desatendimento da requisição,[647] deverá o funcionário ordenado comunicar o fato ao magistrado (preferencialmente antes de escoado o prazo), a fim de que o juiz avalie a razão do descumprimento e, se for o caso, reitere a ordem ou conceda dilação no lapso temporal outorgado. Quando o juiz, apreciando as circunstâncias da recusa no cumprimento da determinação – no caso em que esta recusa esteja devidamente fundamentada, e calcada em alguma ressalva legal (já que, em caso contrário, haverá, prontamente, de ser tida como recusa ilegítima) –, entender a omissão como indevida, competirá a ele, em não se convencendo com estas razões como causa suficiente para a não exibição, reiterar sua ordem, esclarecendo à autoridade que os motivos que ela aventa não legitimam a sua conduta. Somente com este segundo esclarecimento é que será possível ter-se, neste caso (em que há envolvimento de interpretação de Direito), o funcionário como agindo de má-fé, o que dará ensejo à aplicação das punições acima descritas.[648]

Não há dúvida de que o magistrado, ao determinar a requisição, já fez, certamente, a ponderação sobre a viabilidade ou não da expedição da ordem. Assim, claramente qualquer renitência por parte do agente público em cumprir o

647 Como ensina Moacyr Amaral Santos, há três hipóteses que justificariam o desatendimento à ordem de requisição: "1.ª, impossibilidade material de a requisição ser atendida no prazo fixado; 2.ª, impossibilidade material, por não haver o que certificar; 3.ª, impossibilidade jurídica, por ser vedado o fornecimento da certidão. No primeiro caso, a repartição oficiará ao juiz, justificando-se, pedindo prorrogação de prazo. No segundo caso, informará que deixa de satisfazer ao requisitado por não constar dos seus livros, arquivos, assentos ou autos a peça da qual se reclama a certidão. O terceiro caso – em que se dá a impossibilidade jurídica de obedecer à ordem judicial – envolve discussão quanto ao *direito à certidão*" (idem, p. 236).

648 Neste sentido, Moacyr Amaral Santos, Idem, p. 237.

comando judicial já se poderia caracterizar como atitude ilegítima, dando ensejo imediato à incidência das sanções respectivas. Porém, tendo em conta as graves consequências que a desobediência à ordem judicial enseja, parece aconselhável dar ao funcionário - que pode, até, em sua inobservância, estar imbuído de espírito de colaboração, tentando indicar ao magistrado a questão do sigilo que poderia ter passado desapercebido a este - outra oportunidade para, diante da reafirmação da ordem pelo juiz, atendê-la (demonstrando a sua boa-fé e espírito de colaboração) ou permanecer inerte, caso em que ficará patente a intenção deste servidor, sendo então perfeitamente cabível a adoção das providências cabíveis, nas esferas administrativa, criminal e na ordem de improbidade.[649]

5. Cópias dos documentos e restituição dos originais

Por último, em relação aos parágrafos do artigo em observação, impõe o Código que, no que toca aos procedimentos administrativos - porque podem ainda estar sendo utilizados pela repartição própria -, serão eles apresentados em juízo, a fim de que deles sejam extraídas cópias ou certidões das parcelas que interessam à demanda, devolvendo-se, posteriormente, o documento ao órgão de origem.

Prevê a lei que o procedimento administrativo permaneça à disposição do juízo por prazo máximo de um mês, após o que deverá o documento ser devolvido. Este prazo, desde que não haja prejuízo ao trâmite do próprio procedimento administrativo na esfera específica, poderá certamente ser excedido, uma vez que não cause prejuízo à Administração Pública ou aos demais interessados.

Neste período, cumprirá ao julgador dar vista do procedimento às partes, para que estas indiquem as peças das quais serão extraídas certidões ou fotocópias. Com a manifestação das partes, e mais a indicação de outras peças que o próprio magistrado entenda relevante ao exame do litígio, determinará o juiz ao escrivão que proceda à extração das certidões ou das fotocópias, permitindo, posteriormente, às partes, a sua conferência. Após, ficando estas reproduções ou certidões nos autos, será o procedimento administrativo restituído à sua origem.[650]

---

649 É sempre certo, porém, que, para a expedição da ordem de busca e apreensão (fundada no art. 403), quando for ela cabível, será dispensável a reiteração da determinação, já que esta não tem em vista punir o servidor, mas apenas fazer atuar o comando judicial. A propósito das medidas de que o juiz, no direito comparado, pode socorrer-se, para compelir a repartição competente a encaminhar o documento requisitado, v. Angelo Dondi, *Effettività dei provvedimenti istruttori del giudice civile*, Padova: Cedam, 1985.

650 Situação especial ensejará a extração de cópias (ou mesmo a requisição do procedimento) relativas ao processo administrativo de inscrição de dívida ativa (art. 41 da Lei 6.830/1980). Aqui, os autos do procedimento serão mantidos na repartição competente, extraindo-se lá as cópias necessárias

Em sendo imprescindível, poderá o juiz requisitar novamente o procedimento administrativo, caso já se tenha excedido o prazo de trinta dias, ou quando novas circunstâncias aconselhem esta providência, para nova apreciação ou extração de cópias. Se isto acontecer, o rito será mais uma vez o mesmo, sem nenhuma alteração.

Por fim, de modo a evitar a necessidade de disponibilizar esses autos administrativos por longo período, estabelece o art. 438, § 2.º, que os órgãos públicos podem oferecer ao juízo os documentos – autos de processos administrativos ou mesmo as certidões a que alude o inc. I, do art. 438 – por meio eletrônico, assegurada a autenticidade dessas cópias.

Sem dúvida, essa é a tendência, tanto pela facilidade que representa para o processo judicial – que deve tramitar preferencialmente por meio eletrônico – como para a Administração Pública, que poupará a tramitação burocrática de certidões e não será privada dos autos de processos administrativos.

Seção VIII

Dos documentos eletrônicos

Art. 439. A utilização de documentos eletrônicos no processo convencional dependerá de sua conversão à forma impressa e da verificação de sua autenticidade, na forma da lei.

1. Prova eletrônica e a dificuldade de seu tratamento

Não há dúvida da necessidade de a legislação processual oferecer regramento a respeito dos documentos eletrônicos. Figura que já faz parte do cotidiano das pessoas, e cujo emprego é paulatinamente mais frequente nos negócios, o documento eletrônico possui características que afastam o emprego do regramento tradicional sobre a prova documental.

(conforme indicação das partes, Ministério Público e juiz), que serão enviadas ao juízo. Poderá, na forma do que prevê o parágrafo único do mesmo artigo, o processo todo ser exibido em juízo, mas em hora e dia marcados para tanto, "pelo funcionário para esse fim designado, lavrando o serventuário termo da ocorrência, com indicação, se for o caso, das peças a serem trasladadas".

Como se sabe, o valor particular que a prova documental recebe decorre da estabilidade de seu suporte. Ou seja, porque as informações, na prova documental, são registradas em um meio tradicionalmente físico, sabe-se que é difícil realizar uma alteração das informações registradas sem que isso deixe algum tipo de marca ou sinal. É essa dificuldade de alteração – aliada à percepção direta do fato pelo juiz[651] – que faz com que a prova documental receba a credibilidade comumente dada a ela.

No caso dos documentos eletrônicos, porém, a situação é diversa. O meio em que a informação é registrada é um meio eletrônico, virtual ou digital. Isso faz com que haja mais facilidade na adulteração da informação registrada, sem que isso deixe vestígio, ou ao menos tornando muito mais difícil a verificação dessa modificação.

Por isso, seria extremamente necessário que a lei processual brasileira desse tratamento a esse tipo de prova. Dificilmente seria possível assimilar, *simpliciter*, a prova eletrônica à prova documental. A variação da qualidade do suporte e as características acima apontadas não o recomendariam. Por outro lado, também não há elementos para qualificar essa prova na forma de nenhuma outra prova típica conhecida.

Por essa razão, seria desejável um tratamento mais minucioso dessa prova.

O Código de Processo Civil, porém, fracassa nessa tentativa, oferecendo pálido regime a esse instituto, que nem de longe é suficiente para dar tratamento adequado ao tema.

2. A cópia da prova eletrônica

No primeiro dispositivo legal que trata da prova eletrônica, o Código subordina a eficácia dessa prova à sua conversão à forma impressa e à verificação de sua autenticidade (art. 439). Na contramão de todas as tendências do processo civil brasileiro – que se encaminha, cada vez mais, para o processo eletrônico – o CPC exige que aquele que possui um documento eletrônico o imprima, depois certifique sua autenticidade, para, finalmente, transformá-lo novamente ao meio digital em que virá ao processo eletrônico. Enfim, um redobrado esforço, sem nenhuma vantagem, seja para a estabilidade da informação, seja para a facilitação da autenticidade do documento.

Mais grave do que isso: o código confunde a prova eletrônica *com a sua cópia*. Afinal, é inquestionável que a conversão da prova à sua "forma impressa" significa, na realidade, a criação de uma cópia da prova original.

651 V., sobre isso, os comentários gerais, no início da Seção VII.

Desse modo, segundo o código, a prova eletrônica, em princípio, só tem valor se ela for carreada aos autos por meio de sua cópia. É como se a lei dissesse que a prova original não tem valor; só a sua cópia é que pode ser valorada.

Entende-se essa preocupação, atrelada, como se expôs antes, à necessidade de dar estabilidade ao suporte que veicula a informação. Certamente, a apresentação da cópia da prova eletrônica oferece estabilidade à informação contida no suporte dessa reprodução.

Todavia, essa solução apresenta o grave defeito de não enxergar que a adulteração da prova eletrônica pode ter-se dado *antes* da confecção da cópia.

Assim, a solução legal simplesmente não oferece nenhuma segurança de credibilidade à prova eletrônica.

3. Valor probante da prova eletrônica

Diante desse insuficiente tratamento da prova eletrônica, parece razoável permanecer tratando essa prova como *prova atípica.*

Realmente, não havendo disciplina sobre a produção dessa prova e de seu valor probante, em que pesem as regras trazidas pelo código, parece ainda tratar essa prova da maneira como sempre feito: como atípica.

Isso, evidentemente, não é nenhum demérito para tal meio de prova, cuja valoração permanece exigindo a devida fundamentação judicial e a justificação pormenorizada dos elementos que levam o magistrado a dar o valor atribuído àquele meio de prova.

Art. 440. O juiz apreciará o valor probante do documento eletrônico não convertido, assegurado às partes o acesso ao seu teor.

1. Documentos eletrônicos não convertidos

Prosseguindo no tratamento estéril do valor probante das provas eletrônicas, afirma o art. 440 que, sempre que não for possível a conversão do documento à sua cópia física, deve o juiz apreciar o seu valor probante, assegurado às partes o acesso ao seu teor.

Novamente, um preceito sem qualquer valor. Afinal, sempre cabe ao juiz a avaliação do valor probante de todas as provas, sendo também inquestionável que as partes devem ter direito de acessar as fontes de prova realizadas até para que possam exercer o contraditório.

Ademais, a questão fundamental é saber qual o valor que deve ser dado à prova em tais casos (ou em quaisquer outros).

Partindo-se da premissa apontada nos comentários ao artigo anterior, tem-se que nem a cópia do "documento eletrônico", nem o próprio "documento eletrônico" não convertido tem valor pré-determinado. Por isso, o valor probante de ambas as figuras será aquele dado pelo magistrado, a partir da ponderação e da justificação adequadas, em fundamentação analítica.

Art. 441. Serão admitidos documentos eletrônicos produzidos e conservados com a observância da legislação específica.

1. Legislação específica sobre documentos eletrônicos

O art. 441, do CPC, afirma que são aceitos os documentos produzidos com a "observância da legislação específica". Ora, soa no mínimo inusitado que uma lei legitime o emprego de documentos produzidos segundo os critérios estabelecidos por outra lei. Mas, a par disso, é claro que essa previsão não diz absolutamente nada a respeito do valor probante que devem receber os documentos eletrônicos.

De toda sorte, a remissão posta no texto legal parece visar à disciplina da ICP--Brasil. Segundo esse modelo, os documentos elaborados segundo os critérios da Medida Provisória 2.200-2/2001, são admitidos com a mesma eficácia probatória de documentos comuns no processo. Nesse sentido, afirma o art. 10, da medida provisória, que "Consideram-se documentos públicos ou particulares, para todos os fins legais, os documentos eletrônicos de que trata esta Medida Provisória". Assim, um documento elaborado por agente público [no exercício de suas funções], que respeite as diretrizes da medida provisória, deve ser considerado como documento público. Do contrário, provindo de outra pessoa esse documento, será ele tratado como documento particular.

O art. 10, § 1.º, dessa medida provisória, estabelece que "As declarações constantes dos documentos em forma eletrônica, produzidos com a utilização de processo de certificação disponibilizado pela ICP-Brasil, presumem-se verdadeiros em relação aos signatários, na forma do art. 131 da Lei 3.071/1916 – Código Civil". O dispositivo, como se vê, dá aos documentos elaborados na forma da medida provisória o valor da prova documental particular, de maneira idêntica ao que faz o art. 408, do CPC. Obviamente, porém, tomando como premissa o que afirma o art. 10, *caput*, da medida provisória em questão, o valor probante mencionado só se aplica aos documentos eletrônicos *tidos como particulares*. Os documentos eletrônicos qualificados como *públicos* deverão ter o valor probante comum a eles atribuído, ou seja, aquele exposto pelo art. 405, do CPC.

Enfim, segundo essa lógica, a disciplina dos documentos eletrônicos elaborados em conformidade com as diretrizes da ICP-Brasil, deve ser exatamente aquela atribuída aos documentos públicos e particulares "físicos", sem qualquer peculiaridade.

2. Outras leis específicas

Também aludem aos documentos eletrônicos, exemplificativamente, a Lei 11.419/2006, o Código Civil (art. 225) e a Instrução Normativa RFB 2.022/2021. Já decidiu o Superior Tribunal de Justiça que "é tranquila a jurisprudência desta Corte no sentido da impossibilidade de se questionar a autenticidade dos documentos que são enviados eletronicamente ou digitalizados, ambos em obediência à forma prevista na Lei 11.419/2006".[652]

Do mesmo modo, concluiu-se que "segundo o § 2.º do art. 11 da Lei 11.419/2006, os documentos digitalizados, ou seja, aqueles que possuíam suporte físico inicial e foram, posteriormente, vertidos na forma de documentos eletrônicos, possuem a mesma força probante dos originais físicos e dos documentos com assinatura digital que foram produzidos diretamente de forma eletrônica".[653]

Seção IX
Da prova testemunhal

Por meio da prova testemunhal obtém-se, através das declarações de alguém estranho à relação processual, determinada versão de como se passaram certos fatos importantes para a definição do litígio. As testemunhas são sempre pessoas que não se confundem com os sujeitos principais do processo. Assim, não podem ostentar essa condição aqueles que, no processo, assumem a função de parte (como

652 STJ, Corte Especial, SEC 9.853/EX, rel. Min. Luis Felipe Salomão, *DJe* 28.10.2014.

653 STJ, Corte Especial. SEC 8.810/EX, rel. Min. Humberto Martins, *DJe* 16.10.2013. Esta decisão ainda cita como julgados semelhantes, do próprio Superior Tribunal de Justiça, Corte Especial, SEC 7.811/EX, rel. Ministra Eliana Calmon, *DJe* 15.8.2013; Corte Especial, SEC 7.878/EX, rel. Ministra Eliana Calmon, *DJe* 1.º.7.2013; Corte Especial, SEC 6.647/EX, rel. Ministro João Otávio de Noronha, *DJe* 12.6.2013; Corte Especial, SEC 7.124/EX, rel. Ministro Napoleão Nunes Maia Filho, *DJe* 10.5.2013.

seria o caso do chamado ao processo, do opoente, do denunciado da lide e do assistente litisconsorcial). O assistente simples poderia, em tese, ser testemunha, não fosse sua vinculação à causa, que determina sua suspeição (art. 447, § 3.º, II, do CPC).

Do ponto de vista objetivo, a prova testemunhal incide sobre *fatos* ordinários (não técnicos ou qualificados). Em regra, a testemunha depõe em juízo sobre o que presenciou. Contudo, a testemunha pode presenciar o que não vê, mas apenas ouve, como, por exemplo, os ruídos provenientes da casa do vizinho. Nenhuma utilidade se extrai, em geral, do depoimento referencial, ou seja, *daquele em que a testemunha narra que ouviu de alguém algo sobre fato que interessa para o processo.* Todavia, esse tipo de depoimento, embora não se preste como prova testemunhal, pode configurar indício. Seja como for, o depoimento da testemunha deve referir-se a fatos presenciados, não tendo qualquer relevância suas *opiniões* ou *pareceres* sobre os fatos.

Ou seja, a testemunha deve narrar o fato, sem se preocupar em qualificá-lo tecnicamente, ou ainda em demonstrar o seu significado. Em outras palavras, não cabe à testemunha dizer que a não realização de uma obra, em uma perspectiva de engenharia civil, foi fundamental para a ocorrência do evento. Isso é questão que deve ser elucidada por perito. Nesse exemplo, a testemunha deve apenas declarar se a obra foi ou não realizada. A prova testemunhal não constitui meio hábil para levar ao processo dados técnicos ou análises técnico-científicas; isto se faz por meio da prova pericial, motivo pelo qual, se for essa a intenção da parte, a prova testemunhal deve ser indeferida.

Subseção I
Da admissibilidade e do valor da prova testemunhal

Art. 442. A prova testemunhal é sempre admissível, não dispondo a lei de modo diverso.

1. Objeto da prova testemunhal

A declaração testemunhal sempre recai sobre algo já acontecido. Mesmo que o objetivo da parte seja a prova de um fato futuro, o que pode ser evidenciado mediante a declaração testemunhal é apenas uma circunstância passada que pode demonstrar que o fato objeto da prova provavelmente poderá ocorrer no futuro.

Por outro lado, alguns documentos dependem para a sua validade da presença de determinadas pessoas. Trata-se das chamadas *testemunhas instrumentárias*, que devem apor a sua assinatura para que o documento *tenha validade.*

Há situação diversa quando alguém é chamado a presenciar um fato para a eventualidade da sua discussão no futuro. Nesse caso, a pessoa pode ou não ter conhecimento técnico a respeito do tema a ser presenciado. Como é óbvio, somente há razão para convocar pessoa dotada de conhecimento técnico quando o fato o requer, mas nada impede que alguém seja chamado a presenciar um fato que não exija qualquer qualificação técnica. Como dito, a importância do testemunho, nessa hipótese, decorre da possibilidade da discussão do fato no futuro. Contudo, o comum é que alguém tenha presenciado um fato circunstancialmente, sem ser chamado a presenciá-lo.

A pessoa que teve contato com o fato, de forma intencional ou circunstancial, pode ter conhecimento técnico ou não. Quando não tem conhecimento técnico deve prestar depoimento testemunhal; quando possui conhecimento técnico pode ser nomeada perito ou ouvida como testemunha. Note-se que a forma de contato com o fato, intencional ou circunstancial, somente tem importância para a aferição da credibilidade da pessoa como testemunha ou como perito.

O que não é possível, como é óbvio, é que uma mesma pessoa preste depoimento testemunhal e exerça a função de perito. De qualquer forma, a diferença entre a função da prova pericial e da prova testemunhal não pode ser ignorada. A testemunha *declara o que viu*, enquanto o perito *analisa* (embora possa ter visto) *para declarar*. O perito não se limita a narrar, ainda que em dimensão técnica, a um fato que presenciou, devendo analisar tecnicamente as particularidades e a qualidade de tal fato.

Não há como aceitar a ideia de que somente há juízo na prova pericial, e não na prova testemunhal. Ora, é óbvio que a declaração testemunhal também envolve juízo que resta na dependência, entre outros pontos, do conhecimento técnico do depoente. Ou seja, não há como eliminar o conhecimento ou a formação da pessoa que se propõe a descrever um fato.

O fato deve ser objeto de perícia quando for necessário para o seu esclarecimento uma análise técnica, ou seja, quando não bastar uma mera declaração sobre o fato, ainda que baseada em conhecimento técnico. Não é possível, porém, que a testemunha declare sobre as consequências técnicas de um fato, ainda que possuindo conhecimento para tanto. É que nesse caso a testemunha não estará relatando um fato (ou declarando sobre ele), mas sim estabelecendo uma inferência entre o fato presenciado e outro que dele pode advir, e, portanto, fazendo uma análise técnica para concluir sobre um fato não presenciado.

Eventualmente, pode-se cogitar da perícia simplificada (art. 464, §§ 2.º, 3.º e 4.º, do CPC), que ocorre com a simples inquirição do perito, a respeito dos fatos que tenha previamente examinado. Isso, porém, só reforça a diferença entre a prova testemunhal e a pericial: nesta, há fato técnico e há garantias na colheita da prova que não existem em relação à prova testemunhal.

2. Testemunha referencial

Não é raro, na prática, arrolar-se testemunha que tem ciência do fato a partir do que lhe foi relatado por outra pessoa. Nesse caso, como é evidente, a testemunha apenas poderá declarar que um terceiro lhe relatou como o fato se passou. Em outras palavras, tal depoimento não prova o fato, mas apenas que alguém o relatou.

O valor probante, portanto, a respeito do fato é mediado por dois sujeitos: aquele que presenciou o fato e aquele que presenciou o *relato de outrem sobre o fato*.

3. Exclusão da prova

Afirma o *caput* do art. 442 que "a prova testemunhal é sempre admissível, não dispondo a lei de modo diverso". O art. 442 não precisaria ter feito essa observação, pois é evidente que a prova testemunhal não é admissível quando a lei a exclui.

4. Limitação da prova exclusivamente testemunhal

O direito brasileiro conhece situações em que a lei exclui a possibilidade do emprego da prova exclusivamente testemunhal. Assim, por exemplo, prevê o art. 55, § 3.º, da Lei 8.213/1991, que a comprovação de tempo de serviço para fins previdenciário não pode ser feita por "prova exclusivamente testemunhal", salvo diante de força maior ou caso fortuito.

O Código de Processo Civil de 1973 tinha previsão também limitativa, afirmando que não seria admissível o emprego de prova exclusivamente testemunhal para a prova de contratos em valor superior a dez salários-mínimos. O preceito era similar ao art. 2.721 do Código Civil italiano. De acordo com essa última norma, a prova testemunhal não é admissível quando o valor do objeto do contrato supera cinco mil liras, embora o juiz possa admiti-la além desse limite ao considerar a qualidade das partes, a natureza do contrato, além de outras circunstâncias. Proto Pisani critica a fixação desse valor como critério delineador da admissibilidade da prova testemunhal, lembrando que a desvalorização monetária elimina a sua racionalidade.[654]

A limitação da prova exclusivamente testemunhal em razão do valor do contrato não existe mais no direito brasileiro.

De todo modo, nos casos em que há essa restrição, o que se veda é o emprego da prova *exclusivamente* testemunhal, permitindo, portanto, que a prova testemunhal seja admitida em conjunto com outras provas. Dessa forma, se a prova testemunhal tem caráter complementar ao de outra, não pode ser indeferida.

Ademais, como observado anteriormente, o art. 2.721 do Código Civil italiano afirma que o juiz pode admitir a prova testemunhal, ainda que o valor do objeto do contrato seja superior ao limite legal, considerando a qualidade das partes, a natureza do contrato e qualquer outra circunstância. No direito brasileiro, na vigência do código anterior, não havendo disposição semelhante à existente no direito italiano, não estaria o juiz autorizado a considerar tais elementos para admitir prova exclusivamente testemunhal nos casos vedados em lei. Contudo, na vigência do Código de Processo Civil de 1973, e examinando a regra que não autorizava a produção de prova exclusivamente testemunhal em relação a contratos superiores a certo valor, o Superior Tribunal de Justiça já teve a oportunidade de decidir que "o dispositivo infraconstitucional que não admite 'prova exclusivamente testemunhal' deve ser interpretado *cum grano salis*. Ao juiz, em sua magna atividade de julgar, caberá valorar a prova, independentemente de tarifação ou diretivas infraconstitucionais. No caso concreto, a contestação se primou por ser abstrata e não houve contradita das testemunhas. Ademais, o dispositivo constitucional, para o 'boia-fria', se tornaria praticamente infactível, pois dificilmente alguém teria como fazer a exigida prova material".[655]

Parece que nas hipóteses legais ainda hoje existentes, em que se restringe o emprego de prova exclusivamente testemunhal, a mesma orientação merece ser prestigiada, autorizando o emprego apenas dessa prova em casos nos quais seja inviável exigir outra modalidade de prova.

Art. 443. O juiz indeferirá a inquirição de testemunhas sobre fatos:

I – já provados por documento ou confissão da parte;

654 Andrea Proto Pisani, *Lezioni di diritto processuale civile*, Napoli: Jovene, 1994. p. 464.

655 *Revista do Superior Tribunal de Justiça* 62/417.

II – que só por documento ou por exame pericial puderem ser provados.

1. Dispensa da prova testemunhal e fatos confessados

Como já foi dito, confessa a parte que admite como verdadeiro um fato ou mesmo um conjunto de fatos desfavoráveis à sua posição processual, mas favoráveis à pretensão do seu adversário (art. 389 do CPC).

Ocorrendo a confissão, no processo ou fora dele, não há que se admitir prova a respeito do fato objeto da confissão (art. 443, I, do CPC). Melhor explicando: ocorrendo a confissão, fica aquele que alegou o fato dispensado de produzir prova tendente a demonstrá-lo e impossibilitada a parte adversária de requerer prova respeitante ao fato confessado.

Na verdade, como a regra processual sempre deve ser pensada à luz do princípio constitucional da efetividade, existindo a confissão e, portanto, não sendo mais controverso o fato, não há razão para se alongar desnecessariamente o tempo do processo, principalmente quando se sabe que todos têm direito constitucional a uma resposta jurisdicional em um tempo razoável.

2. Dispensa da prova testemunhal sobre fatos já provados documentalmente

Se o fato já foi provado por documento, pela mesma razão exposta anteriormente não há que se pensar em prova testemunhal. Nem mesmo aquele que teve a sua posição prejudicada pela prova documental, e não arguiu a sua falsidade, poderá produzir prova testemunhal. Como já foi explicado, o documento que, por exemplo, contém a declaração testemunhal antecipada prova apenas a declaração testemunhal, e não a afirmação de fato que tal declaração pretende provar. A prova testemunhal antecipada permite a dedução da veracidade da afirmação do fato a partir da declaração testemunhal, constituindo fonte secundária da prova.[656] O testemunho é ato humano que serve para demonstrar uma afirmação de fato, enquanto o documento é uma coisa (embora também produto da atividade humana) que representa um fato. O testemunho, como ato humano, não demonstra, por si só, um fato, enquanto o documento, que é uma coisa, é suficiente para representar um fato. Ora, se o documento é suficiente para demonstrar um fato, a não arguição de sua falsidade torna o fato incontroverso, descabendo à parte prejudicada pelo documento requerer prova testemunhal para tentar demonstrar o fato em contrário.

656 Francesco Carnelutti, *La prova civile*, Roma: Ateneo, 1947. p. 139 e ss.

A aplicação do preceito, todavia, pressupõe que, com base no documento já oferecido, o juiz esteja satisfeito com o módulo de prova obtido. Essa suficiência, portanto, torna dispensável a delonga natural da produção da prova testemunhal, que serviria apenas para reafirmar fato já suficientemente demonstrado nos autos.

3. Fatos que só podem ser provados por outros meios de prova

Há fatos que somente podem ser provados por meio de documento, hipóteses em que não há como admitir a prova testemunhal, aplicando-se o art. 443, II, do CPC. O fato de o art. 406 do CPC afirma que "quando a lei exigir instrumento público como da substância do ato, nenhuma outra prova, por mais especial que seja, pode suprir-lhe a falta" ele não está se referindo propriamente a uma prova, mas sim a um requisito para a própria validade do ato. Trata-se de caso em que a forma (documental) é elemento intrínseco de validade do ato jurídico. Nesse caso, não existindo o documento, o ato é inválido; nessa linha a prova testemunhal, obviamente, não pode ser aceita, porque seria inútil para demonstrar a existência de um ato válido.

Obviamente, porém, seria de ser admissível a prova testemunhal para a demonstração da *invalidade* do ato (se for necessário), da sua inexistência ou de algum outro defeito, já que aí não se trata de exigir o *requisito de validade* da forma do ato jurídico.

Outros fatos não se contentam com prova diferente da pericial. Deve-se frisar que a prova pericial somente é necessária quando requer conhecimento técnico e, ao mesmo tempo, uma *análise técnica* para a verificação do fato a ser esclarecido.

Portanto, quando for necessária apenas a descoberta do fato que foi presenciado, ainda que por pessoa dotada de conhecimento técnico, não há porque não admitir a prova testemunhal. O que se pode dizer é que a declaração da testemunha, por ser feita a partir de um juízo técnico, pode ser confrontada com uma prova pericial. Nesse caso, a testemunha irá declarar, ainda que de maneira técnica, sobre o fato e o perito, que obviamente não pode ter presenciado o fato, irá fazer apenas uma análise técnica a respeito do fato. Deixe-se claro, portanto, que um fato apenas pode ser provado mediante perícia quando exigir uma *análise técnica*, e não simplesmente uma *descrição técnica*.

A prova testemunhal vale quando se busca elucidar um fato que pode ser descrito, ainda que tecnicamente. Nessa situação é possível questionar a visão técnica do depoente por meio de prova pericial. Mas isso não significa que a prova testemunhal não possa ser admitida ou que o seu lugar deva ser necessariamente ocupado pela prova pericial, embora seja necessário aferir com rigor a credibilidade do testemunho, especialmente a idoneidade profissional e acadêmica do depoente.

Quando um fato não pode ser demonstrado por meio de documento ou de testemunha, constituindo um fato que somente possa ser esclarecido mediante análise técnica, a prova pericial não pode ser dispensada.

Frise-se que a situação posta no art. 375, in fine, *do CPC, é outra, pois essa norma trata das regras de experiência.* Embora o art. 375 diga que a prova pericial deve ser ressalvada quando o juiz pode julgar com base nas regras de experiência técnica, é importante lembrar que as regras de experiência são regras de juízo. Elas servem apenas para o juiz aferir a credibilidade de uma prova ou para analisar uma presunção, servindo de ponte entre a prova do fato indiciário e o fato probando. Nessa situação é que o juiz pode se valer dos seus conhecimentos.

Observe-se, porém, que o senso comum pode produzir versões sobre questões técnicas, e nesse caso há regras de experiência comum. Essas regras decorrem da observação do que ordinariamente acontece no manuseio de algumas técnicas. As regras de experiência técnica, ao contrário, são provenientes da comunidade científica, ainda que conhecidas pela coletividade e pelo juiz. Existindo dúvida sobre uma regra de experiência comum sobre o manuseio de uma técnica, é preciso verificar se não existe uma regra de experiência técnica a respeito. Nessa hipótese, havendo discordância entre tais regras, obviamente prevalecerá a de experiência técnica.

Embora exista diferença entre regras de experiência técnica conhecidas pela coletividade e regras de experiência comum que constituem versões de questões técnicas, a circunstância de que as primeiras devem ser do conhecimento da coletividade não significa que o juiz não possa recorrer ao auxílio de um perito para esclarecê-las. Ora, se as regras de experiência técnica jamais pudessem requerer o auxílio de um perito, elas seriam apenas aquelas absolutamente evidentes.

O auxílio do perito não deriva da necessidade de se estabelecer uma "certeza" sobre a questão científica, pois isso seria absurdo. É claro que uma questão ainda controvertida pelos cientistas não pode ser solucionada por um perito judicial. Nesse caso, a função do perito é explicar a posição da comunidade científica sobre o conteúdo da questão. Ou seja, a prova pericial não se presta para superar a dúvida sobre a questão técnica, mas sim para apontar o estado atual da questão diante da comunidade científica.

É nesse sentido que o art. 375 ressalva a prova pericial diante da regra de experiência técnica. Nessa hipótese, a questão técnica que importa para a adoção de uma regra de experiência pode ser objeto de prova pericial, mas não necessariamente.

Para que o juiz, em tais situações, possa dispensar a prova pericial, a questão técnica deve ser perceptível a ele e à coletividade, considerando-se, assim, o conhecimento técnico que é comum ao "juiz médio". Ora, o princípio do contraditório impede que o juiz que possui conhecimento técnico que não é comum aos outros juízes dispense a prova pericial. É bom lembrar, aliás, que o conhecimento técnico e, assim, o exame técnico, deve informar não só o julgador de primeiro grau de jurisdição, mas também aqueles que posteriormente vierem a julgar a causa em grau de recurso. Se o conhecimento técnico que é peculiar a um juiz pudesse dispensar a prova pericial, estar-se-ia diante de uma hipótese de ciência privada.

Assim, se o juiz, por hipótese, também é formado em engenharia, não é por isso que poderá dispensar a prova pericial quando a questão técnica possa ser compreendida por alguém que é dotado dessa especialidade. Como afirmou o Tribunal de Alçada do Paraná, "não pode o magistrado valer-se de conhecimentos pessoais, de natureza técnica, para dispensar a perícia".[657]

Porém, o inciso em exame trata dos casos em que os fatos apenas podem ser demonstrados mediante prova pericial, enquanto que, no caso das regras de experiência, a prova pericial é excepcional, pois somente deve ser produzida quando for preciso esclarecer o seu conceito perante a comunidade científica. Mas, quando isso for necessário, evidentemente não será possível substituir a prova pericial pela testemunhal.

4. Inexistência de cerceamento de defesa no indeferimento da prova testemunhal

O que deve ficar claro, portanto, é que a prova testemunhal deverá ser indeferida quando o fato só puder ser demonstrado por meio de prova documental ou de prova pericial. Nessa situação, é óbvio que não se pode pensar em cerceamento de defesa.

Não há cerceamento de defesa se o indeferimento da prova se dá por ser ela inútil ou desnecessária.

Art. 444. Nos casos em que a lei exigir prova escrita da obrigação, é admissível a prova testemunhal quando houver começo de prova por escrito, emanado da parte contra a qual se pretende produzir a prova.

657 *RT* 606/199.

1. Documento proveniente de qualquer das partes

A presente norma é similar às inscritas nos arts. 1.347 e 1.348 do CC francês e no art. 2.724 do CC italiano. Segundo esse último artigo, qualquer escrito, *proveniente da pessoa contra a qual é dirigida a demanda ou de seu representante*, reputa-se começo de prova escrita (art. 2.724, 1).[658]

Porém, o art. 444, do CPC, trata melhor da questão, pois afirma que, para a caracterização de começo de prova escrita, o documento deve emanar "*da parte* contra a qual se pretende produzir a prova". Com isso, fica claro que não é apenas o documento emanado *do réu ou de seu representante* que pode constituir prova escrita, e sim o documento emanado *de qualquer das partes*. O art. 444, ao aludir a "documento emanado da *parte*", é expresso no sentido de que o réu também pode produzir prova testemunhal quando há começo de prova escrita proveniente do autor.[659]

2. Começo de prova escrita e probabilidade

Quando o art. 444 alude a "*começo* de prova por escrito", refere-se a uma prova que seja capaz de trazer ao juiz uma convicção de que o fato afirmado é verossímil e, além disso, que a sua convicção para a definição do litígio poderá se formar a partir da prova testemunhal.[660] Sublinhe-se, aliás, que o art. 2.724, 1, do CC italiano, diz expressamente que o começo de prova por escrito deve tornar verossímil o fato alegado ("che faccia apparire verosimile il fatto allegato").

A alusão a *começo* de prova evidencia que a parte ainda deve cumprir o ônus de provar, embora possa se desincumbir desse ônus mediante a produção de prova testemunhal.

---

658 Art. 2.724, 1, do CC italiano: "La prova per testimoni è ammessa in ogni caso: 1) quando vi è un principio di prova per iscritto: questo è costituito da qualsiasi scritto, proveniente dalla persona contro la quale è diretta la domanda o dal suo rappresentante, che faccia apparire verosimile il fatto allegato".

659 Como corretamente já foi decidido, "o começo da prova por escrito emanado da parte contra quem se pretende utilizar o documento como prova supre a proibição da prova testemunhal contida no art. 401 do CPC. Declarações unilaterais produzidas pelo interessado evidentemente não podem ser consideradas como começo de prova por escrito exigido no art. 402, I, do CPC. (TJMT, Apelação 9.546, 1.ª Câm., rel. Des. Carlos Avallone, j. 08.05.1978, Ac. unânime, *Anais Forenses* 43/378)" (Alexandre de Paula, *O processo civil à luz da jurisprudência*, Rio de Janeiro: Forense, 1983, vol. 5, p. 9).

660 O Primeiro Tribunal de Alçada Civil de São Paulo já decidiu da seguinte forma: "Prova – Testemunha – Começo de prova por escrito – Admissibilidade – Irrelevância de valor de contrato. Qualquer que seja o valor do contrato, é admissível a prova testemunhal quando há começo de prova por escrito. Há um dever de lealdade que pesa sobre as partes" (*RT* 481/124).

3. Começo de prova escrita e documento

Portanto, o "começo de prova escrita", que admite a prova testemunhal ao seu lado para que a parte se desincumba do ônus da prova, não pode ser equiparado a um documento em sentido estrito. Isso pela simples razão de que o documento em sentido estrito é suficiente para demonstrar o fato quando não haveria qualquer sentido em falar em *começo* de prova e em prova *que deve ser conjugada à prova testemunhal*. Na verdade, *se começo de prova escrita fosse sinônimo de documento, sequer haveria razão para pensar na admissibilidade da prova testemunhal*. Deixe-se claro, assim, que começo de prova escrita nada tem a ver com *documento em sentido estrito*.

Quando a norma alude a "começo de prova", indica que essa prova não é suficiente para que a parte fique livre de seu ônus de provar. E aqui vale repetir que o Código Civil italiano diz expressamente que essa prova deve gerar convicção de verossimilhança em relação ao fato alegado.

Por outro lado, embora o art. 444 utilize a expressão "prova por *escrito*", não há racionalidade em supor que essa prova deva ser grafada por escrito. Ou seja, quando se pensa em qualquer escrito emanado da parte, não há motivo que justifique o entendimento de que o começo de prova deva ser proveniente de um *escrito*, no sentido que é peculiar à palavra. Ao contrário, tudo que emane da parte, *ainda que não seja por escrito*, mas que seja suficiente para demonstrar a verossimilhança da afirmação do fato, deve ser admitido como "começo de prova por escrito".

4. Começo de prova escrita e terceiro

O que importa, portanto, é que a prova emane da parte, seja por escrito ou não (reprodução de uma conversa). Isso quer dizer que tal prova não pode ser proveniente de terceiro. Vale dizer, a declaração escrita por terceiro não pode ser considerada "começo de prova por escrito". Nesse caso, aliás, existiria um verdadeiro "começo de prova testemunhal documentada", e a sua admissão significaria admitir prova exclusivamente testemunhal. Advirta-se que a declaração de terceiro, quando admitida, deve ser complementada, sob o signo do contraditório, pela prova testemunhal propriamente dita. Essa prova tem natureza testemunhal, embora seja documentada. Ora, a declaração de terceiro sobre um fato sempre será depoimento testemunhal. A circunstância dessa declaração ser documentada apenas a enfraquece, pois é conferida à distância do contraditório, isto é, do controle da outra parte.

Art. 445. Também se admite a prova testemunhal quando o credor não pode ou não podia, moral ou materialmente, obter a prova escrita da obrigação, em casos como o de parentesco, de depósito necessário ou de hospedagem em hotel ou em razão das práticas comerciais do local onde contraída a obrigação.

1. Impossibilidade moral ou material de obtenção de prova escrita

O art. 445 refere-se ao credor que não pode ou não podia, "moral ou materialmente, obter a prova escrita da obrigação, em casos como o de parentesco, de depósito necessário ou de hospedagem em hotel" ou ainda diante das práticas comerciais do lugar em que contraída a obrigação.

A norma fala em credor que não pode ou não podia, "*moral ou materialmente*, obter a prova escrita da obrigação". Não há dúvida, por isso, que a impossibilidade pode ser *material ou moral*.

Há impossibilidade material quando a exigência da comprovação não seria racional nas circunstâncias do caso concreto e, por isso, não seria normalmente pedida, sendo justificável a sua dispensa. É o caso, por exemplo, do depósito consequente ao incêndio.[661]

Existe impossibilidade moral quando o fato diz respeito a duas pessoas unidas por um vínculo de amizade ou parentesco, quando a sua existência, por si só, substituiria a comprovação por escrito.

Art. 446. É lícito à parte provar com testemunhas:

I – nos contratos simulados, a divergência entre a vontade real e a vontade declarada;

II – nos contratos em geral, os vícios de consentimento.

661 "Considera-se caso de impossibilidade material todo aquele em que não se poderia razoavelmente exigir da pessoa que pedisse documento comprovador do ato, porque tal atitude contrariaria o que normalmente acontece em situações tais. É o que sucede com o depósito conseqüente a certos infortúnios, como incêndio, naufrágio etc., em que, dadas as circunstâncias em que o fato ocorre, é impossível pensar na elaboração de documento" (Egas Dirceu Moniz de Aragão. *Exegese do Código de Processo Civil*, Rio de Janeiro: Aide, 1984, vol. 4, t. II, p. 34-35).

1. Fatos sempre comprováveis por testemunhas

Afirma-se que é lícito à parte provar com testemunhas, nos contratos simulados, a divergência entre a vontade real e a vontade declarada e, nos contratos em geral, os vícios do consentimento.

O art. 167, § 1.º, do CC, afirma que há *simulação*, nos negócios jurídicos quando: (i) aparentarem conferir ou transmitir direitos a pessoas diversas daquelas às quais realmente se conferem, ou transmitem; (ii) contiverem declaração, confissão, condição ou cláusula não verdadeira; e (iii) os instrumentos particulares forem antedatados, ou pós-datados.

Ademais, o Código Civil também deixa claro que "são anuláveis os negócios jurídicos, quando as declarações de vontade emanarem de *erro* substancial que poderia ser percebido por pessoa de diligência normal, em face das circunstâncias do negócio" (art. 138 do CC); que os negócios jurídicos são "anuláveis por *dolo*, quando este for a sua causa" (art. 145 do CC), e que "a *coação*, para viciar a declaração da vontade, há de ser tal que incuta ao paciente fundado temor de dano iminente e considerável à sua pessoa, à sua família, ou aos seus bens" (art. 151 do CC).

A norma ora em comentário frisa a possibilidade do uso da prova testemunhal nos casos antes referidos. Na verdade, o preceito pretende dizer que, independentemente da existência de início de prova por escrito ou de qualquer outra circunstância, a prova testemunhal deve sempre ser admissível nos casos do art. 446.

Por outras palavras, o art. 446 tem apenas a intenção de viabilizar a tutela do direito diante da simulação e dos vícios do consentimento, a qual depende, em termos de efetividade processual, da prova testemunhal.

2. Prova testemunhal na simulação

A simulação é uma das situações mais difíceis de se provar. Trata-se, como diz o art. 446, de provar a "divergência entre a vontade real e a vontade declarada". Por isso mesmo, o art. 446, do CPC, afirma que a simulação pode ser provada com testemunhas. Essa norma deseja deixar clara a possibilidade do uso da prova testemunhal em face de qualquer contrato simulado, pouco importando o seu valor.

Contudo, para se provar que alguém desejou algo e declarou coisa diversa, não é possível dispensar a prova de fatos que circulam ao redor da afirmação de simulação. Admitindo-se a prova desses fatos, o juiz fica investido do poder de formar o seu juízo a partir dela, isto é, da prova indiciária.

3. "Lícito" à parte provar mediante testemunhas

A leitura do art. 446 pode fazer surgir algumas dúvidas. A norma afirma que a "parte" pode provar com testemunhas, dando a primeira impressão de que apenas a *parte no contrato* pode provar com testemunhas. O art. 105 do primitivo Código Civil prescrevia que "poderão demandar a nulidade dos atos simulados os terceiros lesados pela simulação, ou os representantes do poder público, a bem da lei, ou da Fazenda". O art. 168 do atual Código Civil admite que qualquer interessado ou o Ministério Público - quando lhe couber intervir - alegue a simulação. Desse modo, não é apenas a parte do contrato que pode alegar o defeito, mas sim qualquer interessado ou o Ministério Público. Ora, o terceiro e o Ministério Público podem ser vistos somente como partes em sentido processual.[662]

4. Princípio da contagiação e cindibilidade do negócio jurídico

Segundo o art. 184 do CC, "respeitada a intenção das partes, a invalidade parcial de um negócio jurídico não o prejudicará na parte válida, se esta for separável; a invalidade da obrigação principal implica a das obrigações acessórias, mas a destas não induz a da obrigação principal".

Há quem diga que o negócio jurídico, por ser em princípio uno, leva à presunção de que o vício que atinge um de seus objetos se comunica ao todo. Trata-se da teoria da contagiação, segundo a qual, cabe a quem afirma a validade parcial o ônus de provar que o todo não foi contagiado. Pontes de Miranda, com efeito, afirma que "o ônus da prova incumbe a quem afirma não estar prejudicado o resto; mas só após ter alegado e provado o outro interessado que há parte nula. Se esse mesmo circunscreve a alegação à nulidade parcial, o que sustenta a validade do resto está eximido do ônus de alegar e provar".[663]

Cabe saber, entretanto, se o direito brasileiro não acolhe exatamente o princípio contrário, no sentido de que deve haver a cindibilidade do negócio jurídico que concerne a vários objetos, incumbindo à parte que afirma a contagiação do todo o ônus de assim provar, pois o que se deve presumir - em face dos termos do próprio art. 184, que prevê expressamente a cindibilidade do ato - é a não contagiação do todo.

Ora, o art. 184 do CC afirma a cindibilidade do ato jurídico e a possibilidade, que lhe é consequente, de o vício atingir apenas parte do negócio jurídico. Por isso,

662 Ver Egas Dirceu Moniz de Aragão, *Exegese do Código de Processo Civil* cit., vol. 4, t. II, p. 42.

663 Francisco Cavalcanti Pontes de Miranda, *Tratado de direito privado*, Rio de Janeiro: Borsoi, 1970, vol. 4, p. 51.

a parte que alega que o todo está viciado tem o ônus de prová-lo, faltando razão, nesse ponto, a Pontes de Miranda. Não há dúvida que o ônus da prova recai sobre aquele que afirma a invalidade. Mas, como a invalidade pode ser parcial ou total, tal ônus incide nos limites do alegado. Alegando-se que o vício atinge parte do negócio jurídico, o ônus da prova diz respeito a essa parte. Porém, quando o autor afirma que o todo está viciado, o ônus da prova pesa sobre ele na mesma proporção.

Art. 447. Podem depor como testemunhas todas as pessoas, exceto as incapazes, impedidas ou suspeitas.

§ 1.º São incapazes:

I – o interdito por enfermidade ou deficiência mental;

II – o que, acometido por enfermidade ou retardamento mental, ao tempo em que ocorreram os fatos, não podia discerni-los, ou, ao tempo em que deve depor, não está habilitado a transmitir as percepções;

III – o que tiver menos de 16 (dezesseis) anos;

IV – o cego e o surdo, quando a ciência do fato depender dos sentidos que lhes faltam.

§ 2.º São impedidos:

I – o cônjuge, o companheiro, o ascendente e o descendente em qualquer grau e o colateral, até o terceiro grau, de alguma das partes, por consanguinidade ou afinidade, salvo se o exigir o interesse público ou, tratando-se de causa relativa ao estado da pessoa, não se puder obter de outro modo a prova que o juiz repute necessária ao julgamento do mérito;

II – o que é parte na causa;

III – o que intervém em nome de uma parte, como o tutor, o representante legal da pessoa jurídica, o juiz, o advogado e outros que assistam ou tenham assistido as partes.

§ 3.º São suspeitos:

I – o inimigo da parte ou o seu amigo íntimo;

II – o que tiver interesse no litígio.

§ 4.º Sendo necessário, pode o juiz admitir o depoimento das testemunhas menores, impedidas ou suspeitas.

§ 5.º Os depoimentos referidos no § 4.º serão prestados independentemente de compromisso, e o juiz lhes atribuirá o valor que possam merecer.

1. Condição subjetiva da testemunha

O art. 447 restringe a possibilidade de depor na qualidade de testemunha. Com efeito, afirma-se que podem depor como testemunhas todas as pessoas, exceto as incapazes, impedidas ou suspeitas.

Objetiva-se, com essa norma, que a declaração testemunhal sempre corresponda àquilo que efetivamente ocorreu. Deseja-se evitar que a declaração testemunhal esteja viciada, ou que a declaração não corresponda à realidade.

Além disso, impede-se o depoimento em razão da qualidade pessoal do depoente, que pode não apenas ser tentado a falsear a verdade para auxiliar uma das partes, mas também se sentir constrangido, diante de uma delas, ao revelá-la.

No direito alemão, e, especialmente, no direito anglo-americano, possibilita-se a qualquer pessoa depor na qualidade de testemunha, dando-se ao juiz o poder de valorar tais depoimentos e deferindo-se à pessoa chamada a depor o poder de se recusar, evidentemente, motivando a sua recusa.

Porém, tanto esses sistemas, quanto o brasileiro, objetivam permitir um julgamento que se aproxime ao máximo da "verdade" e, ao mesmo tempo, evitar que a obrigação de depor se torne uma fonte propícia para a discórdia e os conflitos.

Note-se que o art. 247 do CPC italiano, que foi declarado inconstitucional pela Corte Constitucional por meio da Sentença 248, de 23.07.1974,[664] afirmava que não podem depor o cônjuge, ainda que separado, os parentes, os afins em linha reta, e aqueles que são ligados a uma das partes por vínculos de filiação, salvo se a causa versar sobre questões de estado, de separação ou forem relativas a relações de família.[665]

Observou a Corte Constitucional italiana que a vedação contida no art. 247 não tinha relação alguma com o direito controvertido, mas apenas com a qualidade da parte envolvida no litígio. Tratava-se, assim, de um juízo apriorístico que não mostrava uma razão válida de ser diante dos ordenamentos jurídicos modernos, inspirados no princípio do livre convencimento. A Corte Constitucional italiana,

664 De acordo com a Sentença 278 da Corte Constitucional italiana, "è illegittimo, per violazione dell'art. 24 Cost., l'art. 247 cod. proc. civ., che sancisce il divieto di testimoniare per il coniuge, ancorché separato, i parenti e affini in linea retta e coloro che sono legati ad una delle parti da vincoli di affiliazione. È infondata, in riferimento agli artt. 3 e 24 Cost., la questione di costituzionalità dell'art. 246 cod. proc. civ., che prevede l'incapacità a testimoniare delle persone aventi nella causa un interesse che potrebbe legittimare la loro partecipazione al giudizio" (Giurisprudenza selezionata e commentata, *Rivista di Diritto Processuale*, 1975, p. 99).

665 Art. 247: "Divieto di testimoniare. – [1] Non possono deporre il coniuge ancorché separato, i parenti, o affini in linea retta e coloro che sono legati a una delle parti da vincoli di affiliazione, salvo che la causa verta su questioni di stato, di separazione personale o relative a rapporti di famiglia".

por isso, invocando o direito de ação e de defesa, garantidos pelo art. 24 da Constituição da República,[666] declarou inconstitucional o art. 247, argumentando que esse negava ou restringia o direito à prova, sabidamente um direito constitucional que é corolário dos direitos de ação e de defesa.[667]

O que se pretende demonstrar é que a tendência dos ordenamentos jurídicos modernos é não restringir o depoimento das pessoas que podem declarar como testemunhas, deferindo ao juiz uma maior extensão de poder para a valoração da prova testemunhal.

Nessa linha, o Código Civil brasileiro deu um passo adiante em relação ao Código de Processo Civil de 1973. Do mesmo modo, o atual Código de Processo Civil aboliu várias das restrições ao emprego da prova testemunhal, seguindo a linha da tendência inaugurada pela lei civil.

Por outro lado, é preciso estar atento às modificações impostas no tratamento do tema pelo Estatuto da Pessoa com Deficiência (Lei 13.146/2015), que constituem importante complicador na análise das incapacidades no direito atual.

2. Estatuto da Pessoa com Deficiência e incapacidade para depor como testemunha

O Código Civil brasileiro, em seu art. 3.º, arrolava como absolutamente incapazes "os que, por enfermidade ou deficiência mental, não tiverem o necessário discernimento para a prática desses atos" e "os que, mesmo por causa transitória,

666 Assim estabelece o art. 24 da Constituição da República Italiana:
"Tutti possono agire in giudizio per la tutela dei propri diritti e interessi legittimi.
La difesa è diritto inviolabile in ogni stato e grado del procedimento.
Sono assicurati ai non abbienti, com appositi istituti, i mezzi per agire e difendersi davanti ad ogni giurisdizione.
La legge determina le condizioni e i modi per la riparazione degli errori giudiziari".

667 Cf. Roberto Beghini, *La prova per testimoni nel rito civile*, Padova: Cedam, 1997, p. 149. Como disse Achille Saletti, comentando o julgado da Corte Constitucional italiana, "un giudizio sulla decisione con cui la Corte ha dichiarato l'incostituzionalità dell'art. 247 cod. proc. civ., non può che essere positivo. In primo luogo per il contenuto specifico della sentenza: l'art. 247, infatti, era stato ripetutamente criticato in quanto retaggio di un metodo aprioristico di valutazione delle prove, non più adeguato ai tempi. La Corte ha fatto proprie tali critiche caducandolo e rendendo così il sistema più conforme al dettame dell'art. 116 cod. proc. civ., nonché alle tendenze evolutive manifestatesi, in analoga materia, sia nel nostro ordinamento, sia in quelli stranieri. Ma, su un piano più generale, la decisione va soprattutto approvata per aver riaffermato il diritto alla prova, quale essenziale espressione del diritto di azione e difesa garantito dall'art. 24 Cost., diritto negli ultimi tempi oggetto di pronunzie contrastanti" (Achille Saletti, La dichiarazione di incostituzionalità dell'art. 247 cod. proc. civ.: prospettive e problemi, *Rivista di Diritto Processuale*, 1975, p. 101).

não puderem exprimir sua vontade". Qualificava, por outro lado, como relativamente incapazes, "os que, por deficiência mental, tenham o discernimento reduzido" e "os excepcionais, sem desenvolvimento mental completo".

Em razão dessa qualificação, o seu art. 228 dizia que não poderiam servir como testemunhas – seriam, portanto, incapazes – "aquele que, por enfermidade ou retardamento mental, não tiverem discernimento para a prática dos atos da vida civil" e "os cegos e surdos, quando a ciência do fato que se quer provar dependa dos sentidos que lhes faltam".

Em 6 de julho de 2015, foi editado o Estatuto da Pessoa com Deficiência (Lei 13.146/2015), que impôs uma série de alterações em relação a esses temas. Em primeiro lugar, essa lei revogou os incs. do art. 3.º, do CC, de modo a estabelecer como absolutamente incapaz apenas o menor de dezesseis anos. Da mesma forma, o art. 4.º, do CC, passou a prever como relativamente incapazes apenas "os maiores de dezesseis e menores de dezoito anos; os ébrios habituais e os viciados em tóxicos; aqueles que, por causa transitória ou permanente, não puderem exprimir sua vontade; e os pródigos".

Eliminou-se, com isso, a incapacidade "automática" daqueles que, por enfermidade ou deficiência mental, não tiverem o necessário discernimento para a prática dos atos da vida civil – eventualmente, estes podem ser considerados como relativamente incapazes, se não puderem exprimir sua vontade por causa transitória ou permanente. Eliminou-se também a incapacidade dos "excepcionais, sem desenvolvimento mental completo". Por outro lado, alterou-se de absoluta para relativa a incapacidade decorrente da impossibilidade de expressão da vontade, por causa permanente ou transitória.

Diante dessa alteração, esse Estatuto também modificou substancialmente as incapacidades (*lato sensu*) para depor como testemunha, previstas no CC. O art. 228, desse Código, então, passou a estabelecer que "Não podem ser admitidos como testemunhas: I – os menores de dezesseis anos; IV – o interessado no litígio, o amigo íntimo ou o inimigo capital das partes; V – os cônjuges, os ascendentes, os descendentes e os colaterais, até o terceiro grau de alguma das partes, por consanguinidade, ou afinidade". Ou seja, a Lei 13.146/2015 retirou das hipóteses de vedação a funcionar como testemunha a situação daqueles que "por enfermidade ou retardamento mental, não tiverem discernimento para a prática dos atos da vida civil" e "os cegos e surdos, quando a ciência do fato que se quer provar dependa dos sentidos que lhes faltam".

Por outras palavras, esse Estatuto passou a autorizar o depoimento de pessoas com deficiência, física ou mental, na condição de testemunha. Tanto assim é que o art. 228, § 2.º, do CC (com a redação dada pelo Estatuto mencionado) afirma que "a pessoa com deficiência poderá testemunhar em igualdade de condições com as demais pessoas, sendo-lhe assegurados todos os recursos de tecnologia assistiva". Na mesma linha, o art. 80 desse Estatuto prevê que "Devem ser oferecidos todos os recursos de tecnologia assistiva disponíveis para que a pessoa com deficiência tenha garantido o acesso à justiça, sempre que figure em um dos polos da ação ou atue como testemunha, partícipe da lide posta em juízo, advogado, defensor público, magistrado ou membro do Ministério Público".

Ocorre, porém, que, não obstante a inovação trazida pelo Estatuto da Pessoa com Deficiência, o atual CPC reproduz, em substância, o contido no antigo art. 228, do CC. Ou seja, qualifica como incapaz para depor o interdito por demência; aquele que, por enfermidade ou debilidade mental, não podia discernir os fatos ao tempo em que ocorreram ou não pode transmiti-lo ao tempo do depoimento; e o cego e o surdo, quando a ciência do fato depender dos sentidos que lhes faltam.

Surge, assim, um imenso problema: saber qual dos regimes deve ser aplicado. O Estatuto da Pessoa com Deficiência é de 6 de julho de 2015; o Código de Processo Civil é de 16 de março do mesmo ano. Porém, o Código de Processo Civil entrou em vigor um ano depois da data de sua publicação, enquanto o Estatuto da Pessoa com Deficiência passou a vigorar depois de 180 dias, contados de sua publicação. Não obstante o Código de Processo Civil de 2015 ter entrado em vigor depois da Lei 13.146/2015 – e, portanto, se possa cogitar da superação do regime oferecido pelo Estatuto pela regulamentação apresentada pelo Código de Processo –, parece certo que a lei especial deve aí prevalecer.

Isso porque é o Estatuto da Pessoa com Deficiência que efetivamente se debruçou em tratar da promoção da igualdade dessas pessoas, eliminando antigas restrições. Ademais, esse Estatuto também aparelhou o ordenamento jurídico com novas formas de suprir a incapacidade ou as limitações das pessoas com deficiência, bem como impôs a adoção de tecnologias capazes de permitir a participação dessas pessoas como testemunhas.

Assim, de rigor, a existência de certa deficiência da pessoa não é, por si só, impedimento a que possa depor como testemunha em processo judicial. Cabe ao juiz avaliar a extensão da deficiência e o comprometimento que isso possa gerar à capacidade de conhecimento dos fatos ou de expressão do seu conhecimento e, segundo essas circunstâncias, dar a essa prova o valor correspondente. De todo modo, a partir dessa lei, as pessoas com deficiência não podem mais enquadrar-se como "incapazes" para a colheita de prova testemunhal.

Obviamente, algumas situações de deficiência continuarão a importar a inviabilidade do depoimento. Assim, por exemplo, a situação do cego e do surdo, quando a ciência dos fatos depender do sentido que lhes falta, embora não mais prevista na legislação nacional, continua a importar em incapacidade. Mais do que isso, nesse caso, tem-se verdadeira inadequação do depoimento, já que, simplesmente, o sujeito *não tem o conhecimento necessário do fato* para prestar o depoimento. Se lhe falta a visão ou a audição, certamente não poderá depor sobre o que *não* viu ou sobre o que *não* ouviu.

De toda sorte, o fundamental da previsão contida no Estatuto, e que agora rege a maioria dos casos de incapacidade, é a conclusão de que caberá ao juiz avaliar o grau de comprometimento da cognição da pessoa ou de sua capacidade de transmitir os fatos de que tem ciência, para só então avaliar se o depoimento deve ou não ser admitido, bem como o peso que pode ter. Tudo isso, evidentemente, deve ser justificado de forma minuciosa, nos autos.

Lembre-se que a admissão do depoimento testemunhal deve passar pela aferição da credibilidade da testemunha. Portanto, é evidente que o juiz pode ouvir o doente mental para verificar a sua capacidade de discernimento na época em que os fatos ocorreram. Em caso positivo, decidindo pela credibilidade da testemunha, deve admitir o seu depoimento.

Descobrindo-se apenas mais tarde que o depoimento não poderia ter sido prestado, seja porque ao tempo em que ocorreram os fatos o depoente não podia discerni-los, seja porque ao tempo em que foi chamado para depor não estava habilitado a transmitir as suas percepções, a prova testemunhal não poderá ser valorada nem pelo juiz de primeiro grau de jurisdição, nem pelo tribunal. Isso não quer dizer que o juiz não possa ouvir o depoente para depois decidir sobre a sua capacidade. Nesse caso, contudo, o juiz não estará valorando a prova testemunhal, mas sim a própria capacidade do depoente prestar o depoimento. Note-se que o juiz, para valorar a prova testemunhal, deve ter passado pelo teste a respeito da credibilidade da testemunha. O depoimento daquele que, em razão de uma das condições antes expostas, não poderia prestá-lo, não pode ser valorado como prova testemunhal e, assim, ser valorado em conjunto com as demais provas produzidas pelas partes.

3. Depoimento de menor

O art. 248 do CPC italiano estabelecia que "os menores de quatorze anos podem ser ouvidos somente quando a sua inquirição é considerada necessária por particulares circunstâncias. Esses não prestam juramento".[668]

668 Art. 248: "I minori degli anni quattordici possono essere sentiti solo quando la loro audizione è resa necessaria da particolari circostanze. Essi non prestano giuramento".

Essa norma também foi declarada inconstitucional pela Corte Constitucional italiana. Como no âmbito do processo penal não há tal restrição, não se exigindo "particulares circunstâncias" para a admissão do testemunho do menor de quatorze anos, entendeu-se faltar racionalidade na distinção formulada pelo legislador entre o processo civil e o processo penal.[669]

Não há dúvida que o depoimento do menor de dezesseis anos pode contribuir para o juiz proferir uma decisão de maior qualidade, ou fundada em declaração que lhe permita uma melhor aferição dos fatos. Se essa declaração pode conter algum vício, encobrindo a "verdade", isso poderá ser aferido pelo julgador mediante o seu poder de livremente valorar as provas.

Frise-se que o Tribunal de Justiça de São Paulo, muito antes do Código Civil entrar em vigor, assim decidiu: "Depoimento em ação de indenização – Admissibilidade – Recurso provido. Menor com 12 anos de idade pode prestar depoimento, como informante".[670] Nessa ocasião advertiu o Tribunal de Justiça de São Paulo que "as testemunhas não são as que se quer, mas as que se possui, o que não aconselha a recusa sistemática do depoimento do menor, conquanto muitas sejam as cautelas no seu acolhimento, pois, pelo menos em tese, uma criança pode perfeitamente prestar depoimento útil".[671]

---

669 "Del pari, è stato ritenuto costituzionalmente illegittimo (Corte cost., 11 giugno 1975, n.139, in Giust. civ., 1975, III, p. 269) per violazione dell'art. 3 cost., l'art. 248 CPC, secondo cui i minori di quattordici anni possono essere sentiti come testi solo quando la loro audizione è resa necessaria da particolari circostanze. L'illegittimità, secondo la motivazione della sentenza, deriva dal fatto che non appare razionale la distinzione operata dal legislatore ai fini dell'ammissione della prova testimoniale dei minori di anni quattordici tra processo civile e penale" (Paola Marzocchi, La prova testimoniale, *Rivista di Diritto Processuale*, Padova: Cedam, 1977. p. 448). "Caberia meditar sobre a razão de ser da subsistência, em nosso ordenamento jurídico, de certas restrições e limitações que, a meu ver, parecem francamente desprovidas de bases sólidas. Eu mencionaria um exemplo relativo à prova testemunhal, que é a vedação de colher-se depoimento de menor de 16 anos; confronte-se esta regra com a vigente no processo penal, em que é possível até ouvir depoimento de um menor de 14 anos, apenas com a peculiaridade de que não se lhe defere o compromisso. Parece-me um contra-senso que o juiz possa eventualmente condenar o réu a uma pena com fundamento na palavra de um menor de 14 anos e não possa decidir um litígio civil à luz do depoimento de um menor de 16 anos. Devo até mencionar entre parênteses que, se não está errada a fonte em que bebi, a 'Corte Costituzionale' italiana declarou inconstitucional o art. 248 do 'Codice di Procedura Civile', exatamente por não encontrar razão suficiente para esse contraste entre a disciplina da prova testemunhal, com referência o mesmo tópico, no processo civil" (José Carlos Barbosa Moreira, Os poderes do juiz, in: Luiz Guilherme Marinoni (coord.), *O processo civil contemporâneo*, Curitiba: Juruá, 1994. p. 93-94).

670 *RT* 526/93.

671 *RT* 526/94. Existiam outras decisões seguindo a mesma orientação: "Sendo objeto do litígio a guarda e proteção dos filhos menores, disputados pelos ex-cônjuges, não obstante as pesquisas

Mas, o novo Código Civil brasileiro não abriu oportunidade para o juiz valorar livremente o depoimento do menor de dezesseis anos, *admitindo esse depoimento apenas em relação aos fatos que sejam de seu exclusivo conhecimento* (art. 228, § 1.º, do CC). Ou seja, o avanço apresentado por aquela lei, em relação ao depoimento dos menores, foi tímido, uma vez que, conforme demonstrado, seria melhor dar ao juiz a possibilidade de valorar o depoimento do menor sem se importar se os fatos por ele declarados são conhecidos por outras pessoas ou não.

Seria de se esperar, portanto, que o Código de Processo Civil de 2015 trouxesse substancial alteração nessa disciplina. Porém, não é isso o que se verificou.

O Código de Processo Civil, aliás, esbarra na boa técnica, uma vez que, embora qualifique o menor de dezesseis anos como "incapaz" para depor, afirma, no § 4.º do art. 447, que o juiz pode admitir o depoimento de testemunhas menores sempre que necessário. Ora, como se sabe, a incapacidade é defeito objetivo, que inviabiliza de forma absoluta o depoimento. Se o depoimento do menor é admitido em algumas circunstâncias, então é evidente que ele deixa de ser incapaz para sujeitar-se a um regime específico.

Seja como for, poderá o juiz admitir o depoimento de menores de dezesseis anos, sempre que entender necessário ao esclarecimento dos fatos.

Logicamente, só se justifica essa admissão mediante a devida fundamentação judicial.

4. Impedimento

O impedido está no gozo perfeito da sua capacidade. Porém, presume-se que algumas pessoas têm interesse em mascarar a "verdadeira" versão dos fatos. Por isso, o art. 447, § 2.º, do CPC, afirma que são impedidos: "I – o cônjuge, o compa-

---

psicológica e psicossocial existentes nos autos, nada impede que sejam inquiridas informalmente as menores, nenhum prejuízo maior lhes advindo dessa providência, pelo contrário, acauteladora de seus interesses e sobre os quais gira a controvérsia jurídica. (TJRS, Agr. 36.217, 3.ª Câm., rel. Des. Gervásio Barcellos, j. 02.10.1980, Ac. Unânime, *Revista de Jurisprudência do TJRS* 85/252)" (Alexandre de Paula, *O processo civil à luz da jurisprudência*, Rio de Janeiro: Forense, 1982, vol. 4, p. 12). Contudo, também haviam julgados no seguinte sentido: "Não há cerceamento de defesa se o juiz não permite o depoimento do incapaz, menor de dezesseis anos, que não pode servir como testemunha, consoante dispõe o inc. III, do § 1.º, do art. 405 do CPC. (TJRJ, Apel. 2.301, 2.ª Câm., rel. Des. Rubem Rodrigues Silva, j. 27.07.1976, Ac. unânime)" (Alexandre de Paula, *O processo civil à luz da jurisprudência* cit., vol. 4, p. 12). Porém, como bem já observou o Tribunal de Justiça do Rio Grande do Sul, "não se deve expor menor a falar contra os pais, seja o pai ou seja a mãe, quanto mais poupada a criança melhor, para que não emita juízo de valor sobre o conflito existencial de seus pais; não deve servir a filha menor do casal de instrumento da vindita" (*Revista de Jurisprudência do TJRGS* 169/216).

nheiro, o ascendente e o descendente em qualquer grau e o colateral, até o terceiro grau, de alguma das partes, por consanguinidade ou afinidade, salvo se o exigir o interesse público ou, tratando-se de causa relativa ao estado da pessoa, não se puder obter de outro modo a prova que o juiz repute necessária ao julgamento do mérito; II – o que é parte na causa; III – o que intervém em nome de uma parte, como o tutor, o representante legal da pessoa jurídica, o juiz, o advogado e outros que assistam ou tenham assistido as partes".

5. Cônjuge, ascendente, descendente e colateral

O art. 228, V, do CC, afirma que não podem ser admitidos como testemunhas "os cônjuges, os ascendentes, os descendentes e os colaterais, até o terceiro grau de alguma das partes, por consanguinidade, ou afinidade", mas que qualquer um deles pode depor para a prova de fatos que só eles conheçam (art. 228, § 1.º). A diferença em relação ao art. 447 está em que, segundo o Código de Processo Civil, o depoimento pode ser excepcionalmente prestado se o exigir o interesse público, ou, tratando-se de causa relativa ao estado da pessoa, não se puder obter de outro modo a prova que o juiz repute necessária ao julgamento do mérito no caso, enquanto que o art. 228 permite que tais pessoas prestem depoimento para a prova de fatos que sejam apenas do seu conhecimento.

Perceba-se que estão impedidos de depor o ascendente e o descendente e o colateral, até o terceiro grau, de alguma das partes, por consanguinidade ou afinidade.[672]

No caso de divórcio, não há proibição de alguém depor no processo em que for parte o antigo cônjuge ou seus parentes. Não só porque o divórcio dissolve o vínculo do casamento, mas, também, porque com o divórcio desaparece o presumível interesse de o depoente beneficiar a parte, interesse esse que seria presumível no caso do cônjuge ou seus parentes, isto é, no caso de casamento ou de qualquer união a ele equiparada. Note-se, aliás, que não teria sentido admitir o depoimento no processo em que é parte o antigo cônjuge divorciado e não admitir o depoimento em processo em que é parte parente do ex-cônjuge divorciado.

Deixe-se claro, ainda, que a norma também atinge a união que esteja equiparada ao casamento, vedando-se o depoimento do homem ou da mulher em processo em que um dos dois ou um dos parentes de seu consorte seja parte.

672 Note-se, porém, que o Tribunal de Alçada do Rio Grande do Sul já afirmou que "o requerimento de depoimento pessoal de quem não é parte no processo, caso da esposa do autor, que era condutora do veículo acidentado, deve ser tomado como incluído no rol de testemunhas, se necessário para melhor elucidação da causa" (*Julgados do Tribunal de Alçada do Rio Grande do Sul* 86/276).

Note-se, por outro lado, que não está vedado o depoimento de primo, na qualidade de testemunha. O primo é parente em quarto grau e, assim, não está incluído na vedação da disposição ora comentada, que proíbe apenas o depoimento de colateral até o terceiro grau. Como já decidiu o 2.º Tribunal de Alçada Civil de São Paulo, "o primo é parente em quarto grau. O impedimento para servir de testemunha só atinge o 3.º [terceiro] grau".[673]

O Tribunal de Justiça de Minas Gerais já julgou que pode depor na qualidade de testemunha a irmã de ambas as partes. Afirmou-se, em ementa, que "o que tanto a lei substantiva como a adjetiva falam, no tocante ao impedimento para testemunhar em Juízo, é apenas o parentesco com uma das partes litigantes, razão pela qual, se uma testemunha venha a ser irmã de ambas as partes, não há que se falar em impedimento em tal caso, porque a interpretação diversa implicaria em distinguir onde a lei não distingue".[674] Nesse caso, não há como admitir a presunção de a testemunha alterar a verdade dos fatos; a testemunha, contudo, contrariará uma das partes, o que pode lhe trazer transtornos familiares. Considerando-se esse motivo, ou seja, a necessidade de proteger a pessoa do próprio depoente, não haveria como se admitir o depoimento testemunhal.[675] Acontece que tal depoimento pode contribuir para o juiz melhor julgar, ou para um juízo mais perto da realidade. É preciso, assim, balancear a vantagem e a desvantagem do depoimento no caso concreto.

6. Admissão do depoimento do cônjuge, do companheiro, do ascendente, do descendente e do colateral

De acordo com o art. 447, § 2.º, I, do CPC, o cônjuge, o companheiro, o ascendente, o descendente e o colateral, até o terceiro grau, de alguma das partes, por consanguinidade ou afinidade, podem prestar depoimento como testemunha se o exigir o interesse público, ou, tratando-se de causa relativa ao estado da pessoa, não se puder obter de outro modo a prova que o juiz repute necessária ao julgamento do mérito. O art. 228, § 1.º, do CC, permite que essas pessoas prestem depoimento como testemunha para a prova de fatos que *só elas conheçam*.

673 *RT* 494/137.

674 *RT* 33/256.

675 Como disse Carnelutti, "più di una volta, in certi processi, egli deve scegliere tra il rischio della punizione se dice il falso e altri rischi, che possono essere ben gravi, se dice il vero" ("mais de uma vez, em certos processos, ele deve escolher entre o risco da punição por dizer a mentira, e outros riscos, que podem ser bem mais graves, se diz a verdade"). (Francesco Carnelutti, Il testimonio, questo sconosciuto!, *Rivista di Diritto Processuale*, 1957, p. 180).

É certo que o art. 228, § 1.º, do CC, não deve ser tido como revogado pela previsão do atual art. 447, do CPC. As regras devem ser tomadas de forma harmonizada, como um conjunto. Atualmente, portanto, além de admitir-se prova testemunhal para a prova de fatos que apenas elas conheçam, ela também deve ser admitida nos casos do art. 447, § 2.º, I, do CPC.

Diante disso, importa saber qual é a exigência de interesse público que tornaria lícito o depoimento testemunhal daqueles em princípio proibidos. É claro que tal interesse público nada tem a ver com a participação no processo de pessoa jurídica de direito público, ou mesmo alguma relação com as chamadas questões de estado, pois para estas existe previsão especial no final do próprio inc. I do § 2.º do art. 447. O interesse público, dessa forma, é aquele que expressa um interesse da própria sociedade.

Tratando-se de causa relativa ao estado da pessoa, poderão prestar depoimento, na qualidade de testemunha, aqueles em princípio proibidos, se não for possível obter de outro modo a prova que o juiz repute necessária ao julgamento do mérito. A impossibilidade de se obter de outra forma a prova, portanto, não é necessária quando se evidencia o interesse público. Por outro lado, como já adiantado, conjugando-se o Código Civil com o Código de Processo Civil, tais pessoas podem depor para a prova de fatos que só elas conheçam *em qualquer causa*, e não apenas *em "causa relativa ao estado da pessoa"*.

7. Impedimento da parte e de pessoas diretamente ligadas aos sujeitos principais do processo

Também estão impedidos de depor como testemunha a parte (art. 447, § 2.º, II), o que intervém em nome de uma parte, como o tutor, o representante legal da pessoa jurídica, o juiz, o advogado e outros, que assistam ou tenham assistido as partes (art. 447, § 2.º, III).

Não obstante o entendimento de parcela da doutrina,[676] no sentido de que a parte e outros interessados no resultado do processo devem ser admitidos a depor como testemunha, o certo é que o Código de Processo Civil afirme-os impedidos.

676 "Il soggetto meglio informato della fattispecie dedotta in giudizio è, normalmente, la parte. Di molti fatti, soltanto la parte può avere notizia. La finalità, perseguita in quasi tutti gli ordinamenti civili dal legislatore con norme prescriventi la necessità, ad substantiam o ad probationem tantum, della forma documentale, una finalità di serietà nella negoziazione e di certezza nei rapporti, non può riferirsi né a tutti gli atti giuridici ed alle loro vicende, né soprattutto ai fatti illeciti. Appare evidente l'insufficienza di un ordinamento, nel quale tutti quei fatti, che siano noti soltanto alla parte o che per ragioni a questa non imputabili non si possano provare convenientemente con prove diverse dalla dichiarazione rappresentativa della parte, dovessero ineluttabilmente esser considerati in

Por outro lado, não há sentido em presumir que qualquer pessoa que "assista ou tenha assistido a parte" possa alterar a verdade dos fatos. Só não pode ser testemunha a pessoa que, tendo prestado assistência à parte, deve depor sobre fato que essa praticou em virtude de sua exclusiva orientação, ou sobre fato que se verificou em razão da sua exclusiva participação. Perceba-se, contudo, que a pessoa que assistiu a parte só não pode depor sobre fato que lhe comprometa, moral ou juridicamente.[677]

8. Suspeição do condenado por falso testemunho e daquele que, por seus costumes, não é digno de fé

O § 3.º do art. 405, do CPC/1973, afirmava como suspeitos para depor o condenado por crime de falso testemunho mediante sentença transitada em julgado e aquele que, por seus costumes, não é digno de fé.

A regra não foi repetida pelo Código atual – e nem constava no Código Civil.

E, realmente, a restrição do testemunho desses sujeitos não se justificava. Embora se pudesse duvidar da credibilidade dos testemunhos prestados por

---

giudizio come insussistenti. Di qui la inderogabile necessità, sentita da tutti gli ordinamenti civili, di utilizzare le parti come fonti di prova" (Mauro Cappelletti, *La testimonianza della parte nel sistema dell'oralità*, Milano: Giuffrè, 1962, vol. 1, p. 3). No mesmo sentido o ilustre professor posicionou-se em Congresso de Direito Processual Civil que foi realizado em Curitiba: "Também no processo deve ter lugar aquela grande revolução cultural que, desde Galileu, Bacon e Newton, caracteriza a modernidade do saber, com o abandono de esquemas redutivos ou de probabilidades artificialmente transformadas em verdades absolutas, em normas vinculantes. Assim, por exemplo, a probabilidade de que a parte pudesse estar sendo impulsionada a alterar a verdade se transformava em norma de exclusão do seu testemunho. Todavia, partes e outros sujeitos interessados no desfecho do processo, que por muitos séculos foram excluídos do banco das testemunhas no processo civil (salvo casos especiais como o do 'juramento decisório'), vêm sendo agora admitidos em quase todos os ordenamentos modernos, como naqueles da *common law* após as grandes reformas de inspiração benthamiana, do século passado e, na Europa, mediante a expansão de instrumentos processuais como a *Parteivernehmung*, a *comparation personalle des parties*, o interrogatório informal (possível também no Brasil!) etc. Sem ter sido jamais carneluttiano, devo reconhecer que Carnelutti, na sua explêndida obra de 1914 sobre as provas, já não hesitava em falar de 'testemunho da parte'. Todavia, nos anos cinqüenta, quando Carnelutti preparava os dois volumes sobre Testimonianza della parte nel sistema dell'oralità foi acusado de heresia e advertido de que, com tal posição, não poderia jamais aspirar à Cátedra". (Mauro Cappelletti, Problemas de reforma do processo civil nas sociedades contemporâneas, in: Luiz Guilherme Marinoni (coord.), *O processo civil contemporâneo*, Curitiba: Juruá, 1994, p. 13-14).

677 Já decidiu o 2.º Tribunal de Alçada Civil de São Paulo que "não está impedida de servir como testemunha a pessoa que, indicada como assistente técnico da parte, não chegou a prestar compromisso" (*RT* 631/185).

esses sujeitos, fato é que isso é tema para a valoração da prova testemunhal por eles prestada. Não deve, porém, ser erigido a hipótese de vedação ao depoimento.

Por isso, corretamente, o Código atual aboliu essa previsão, de modo que esses sujeitos podem prestar testemunho, cabendo ao juiz valorar adequadamente a força probante desses depoimentos, inclusive à vista de circunstâncias como a condenação anterior do depoente por falso testemunho ou a vida pregressa do sujeito.

9. Inimigo e amigo íntimo

O inc. I do § 3.º do art. 447, ao estabelecer os casos de suspeição, se refere ao "inimigo da parte" e ao seu "amigo íntimo". Os tribunais têm dito que "não basta o rompimento da amizade, nem a simples inimizade, para configurar-se suspeição; é essencial que a testemunha seja inimiga capital da parte".[678] A inimizade que realmente pode impedir alguém de depor é aquela que pode levar a alteração dos fatos. Aferir a intensidade da inimizade, de modo a se poder concluir pela inadmissibilidade do depoimento, é tarefa que somente pode ser cumprida no caso concreto.

O mesmo se pode dizer quanto à chamada "amizade íntima". É certo que é necessária uma amizade que possa alterar inconscientemente, ou mesmo conscientemente, a impressão do depoente sobre os fatos, mas não há como estabelecer, em abstrato – isto é, sem a consideração do caso concreto –, quando há amizade íntima.

10. Interessado no litígio

Complementando os casos de suspeição, fala o art. 447, § 3.º, II, daquele que tem interesse no litígio. Esse interesse pode ser jurídico, moral ou mesmo econômico. O interesse no sucesso de uma das partes deve ter como causa algo que traga benefício ao depoente. Ou seja, o interesse que aqui importa é o que tem como consequência um benefício ao depoente. Sem a demonstração da relação entre o interesse e o benefício não há como se dar alguém por suspeito.

Já se decidiu, na vigência do Código anterior, que "não é suspeito o empregado, exceção feita a elemento concreto que o faça interessado na solução da lide (art. 405, § 3.º, IV)".[679] Com efeito, o empregado, em princípio, não possui qualquer interesse no litígio. Mas não é raro o empregado ser intimidado pelo patrão para depor em determinado sentido. Portanto, é de estranhar que o Código de Processo Civil não tenha atentado para esse dado. De qualquer forma, o juiz deve valorar se o empregado não está sendo intimidado a depor em certa

678 *RT* 523/189.

679 *Julgados do Tribunal de Alçada do Rio Grande do Sul* 83/396.

direção, ou se não está alterando a "verdade" apenas para agradar ao patrão ou não perder o emprego.

Também já se julgou que "o fato de as testemunhas, arroladas pela ré, também estarem sendo demandadas pelo autor em processo executivo, por si só, não é suficiente para afastar a tomada de seus compromissos, pois tal circunstância não evidencia a parcialidade dos depoentes com relação aos fatos a serem comprovados na presente ação de cobrança".[680] O fato de a pessoa arrolada como testemunha estar sendo demandada por uma das partes não a torna interessada no litígio, nos termos do § 3.º, II, do art. 447. Na verdade, alguém menos avisado poderia pensar que a testemunha, por estar sendo demandada por uma das partes, seria suspeita por inimizade. Entretanto, conforme já foi esclarecido, o depoente apenas se torna suspeito no caso de "inimizade" flagrante (capital, como dizia o código anterior), ou seja, quando essa inimizade for capaz de prejudicar a imparcialidade do depoimento prestado. Ora, não se pode afirmar que a pessoa que litiga com uma das partes seja sua "inimiga" nesse sentido.

11. Depoimento na qualidade de informante

De acordo com o art. 447, § 4.º, do CPC, "sendo necessário, pode o juiz admitir o depoimento das testemunhas menores, impedidas ou suspeitas". Esses depoimentos, segundo o § 5º do mesmo preceito, serão prestados independentemente de compromisso e o juiz deve atribuir-lhes o valor que entenda adequado. Por outro lado, como já referido, o art. 228, § 1.º, do CC admite que as pessoas descritas nos seus incisos sejam ouvidas "para a prova de fatos que só elas conheçam".

Por outras palavras, esses sujeitos – o menor, o impedido e o suspeito – nos casos em que seja necessária a colheita de seu depoimento, prestarão seu testemunho na condição de informantes. Não prestarão o compromisso de dizerem a verdade e, porque, por consequência, não estão sujeitos às sanções criminais decorrentes, terão maior margem de liberdade para prestar as informações que tenham. Decorre daí que o juiz dará a esses depoimentos o valor adequado, sopesando essa circunstância e a ausência de consequências prejudiciais para quem depõe como informante.

A parte pode invocar a incapacidade, o impedimento ou a suspeição da testemunha desde o momento em que foi arrolada até logo depois da sua qualificação. De acordo com o art. 457 do CPC, "antes de depor, a testemunha será qualificada, declarará ou confirmará seus dados e informará se tem relações de parentesco com a parte ou interesse no objeto do processo". Após esse momento, segundo

680 *Julgados do Tribunal de Alçada do Rio Grande do Sul* 97/351.

o art. 457, § 1.º, a parte tem o direito de contraditar a testemunha, arguindo a sua incapacidade, impedimento ou suspeição. Assim, a parte não pode invocar a suspeição ou o impedimento se o depoimento testemunhal já iniciou ou foi prestado. Com efeito, conforme já decidiu o 1.º Tribunal de Alçada Civil de São Paulo, "a alegação de suspeição de testemunha, posteriormente e fora do termo de seu depoimento, não pode ser acolhida, pois nos termos do art. 414, § 1.º, do CPC, a contradita deve ser realizada na assentada, logo após a sua qualificação".[681] Mas, a incapacidade pode ser invocada em qualquer momento, pois o incapaz não pode depor nem mesmo como informante. Lembre se que o menor, o impedido e o suspeito podem prestar depoimento na qualidade de "informantes", ao contrário dos outros incapazes, que não podem prestar depoimento algum.

Contudo, o juiz pode, de ofício, entender que alguém que está depondo, ou já prestou o seu depoimento, é impedido, suspeito ou incapaz. Essa possibilidade não viola o princípio do contraditório, bastando se permitir às partes a devida participação no processo.

O § 4.º do art. 447 afirma que, "sendo necessário", o juiz ouvirá pessoas menores, impedidas ou suspeitas. O juiz possui "necessidade" de ouvir alguém impedido ou suspeito quando depender dessa ouvida para formar o seu convencimento. De fato, conforme já foi decidido, "o juiz ouvirá testemunha impedida ou suspeita quando entender *estritamente necessário à solução do litígio*".[682] Caso contrário, não haverá "necessidade", embora esse conceito obviamente dependa do caso concreto.

Note-se que o art. 228, § 1.º, do CC, pode ser visto como mais limitativo do que o art. 447, § 4.º, do CPC, pois enquanto o primeiro só admite o depoimento para a prova de fato de exclusivo conhecimento do depoente, o segundo permite o depoimento quando "necessário". Ora, essa necessidade pode existir ainda que o fato seja do conhecimento de outras pessoas. Imagine-se que um fato, conhecido por outras pessoas, também seja conhecido por um menor de dezesseis anos. Não há como negar que, havendo dúvida a respeito dos depoimentos prestados sobre o fato, o menor poderá contribuir para o seu esclarecimento, deixando-se ao juiz, é claro, o poder de adequadamente valorar o seu depoimento.

Porém, nesses casos não haverá compromisso. Isso quer dizer, apenas, que o depoente não presta o compromisso de testemunha, e não, como é óbvio, que esteja autorizado a alterar a "verdade". Como já se decidiu, "a necessidade do depoimento

681 *RT* 756/248.
682 *RT* 500/181.

de pessoas impedidas ou suspeitas não lhes retira a qualidade, daí serem ouvidas sem o compromisso a que alude a lei processual".[683]

Se o depoente não prestou o compromisso de testemunha, tendo sido ouvido na qualidade de "informante", o juiz não pode deixar de atentar para essa particularidade na sentença, explicando o valor que atribuiu ao depoimento, conforme a parte final do § 4.º do art. 447.

Art. 448. A testemunha não é obrigada a depor sobre fatos:

I – que lhe acarretem grave dano, bem como ao seu cônjuge ou companheiro e aos seus parentes consanguíneos ou afins, em linha reta ou colateral, até o terceiro grau;

II – a cujo respeito, por estado ou profissão, deva guardar sigilo.

1. Regras de exclusão. Cônjuge, companheiro, parentes e amigos íntimos

O art. 448, I, afirma que a testemunha não é obrigada a depor de fatos que lhe acarretem grave dano, bem como ao seu cônjuge, companheiro, ou aos seus parentes consanguíneos ou afins, em linha reta, ou na colateral em terceiro grau.

A exclusão do dever de depor, para a testemunha, havia sido substancialmente ampliada pelo Código Civil. O art. 229 desse último Código excluía o dever de depor sobre fatos: "I – a cujo respeito, por estado ou profissão, deva guardar segredo; II – a que não possa responder sem desonra própria, de seu cônjuge, parente em grau sucessível, ou amigo íntimo; III – que o exponha, ou às pessoas referidas no inciso antecedente, a perigo de vida, de demanda, ou de dano patrimonial imediato". O preceito, porém, foi revogado pelo atual Código de Processo Civil, de modo que os excessos inseridos naquele dispositivo – e altamente criticados pela doutrina na época – agora são irrelevantes.

De todo modo, a testemunha pode recusar-se a prestar depoimento não apenas quando esse puder lhe trazer dano grave, mas também quando puder expor seu cônjuge, companheiro, parente em grau sucessível ou amigo íntimo. A inclusão do companheiro no rol dessa regra de exclusão tem o nítido propósito – correto, diga-se – de equiparar a situação do casado e a do convivente. A equiparação já era oferecida pela jurisprudência, mas sua previsão em lei é salutar.

683 *RT* 525/223.

2. Sigilo profissional

Afirma-se, ainda, que a testemunha não é obrigada a depor sobre fatos cujo respeito, por estado ou profissão, deva guardar sigilo (art. 448, II, do CPC). O dever de sigilo decorre da necessidade de se preservar determinadas profissões e estados, bem como do interesse daquele que confessa.

Com efeito, certas profissões – como a de médico e advogado – e estados – como o de padre – têm o seu sucesso umbilicalmente ligado à confiança. A confiança, por sua vez, repousa na certeza de que os fatos que lhes são revelados estarão guardados em sigilo. Só assim, quem procura o profissional ou, por exemplo, o padre, terá a tranquilidade necessária para revelar as suas intimidades.

Pode escusar-se de depor aquele que, depondo, praticará o crime de violação de sigilo, tal como definido pelo art. 154 do CP, que estabelece que comete o crime aquele que revelar, sem justa causa, "segredo, de que tem ciência em razão de função, ministério, ofício ou profissão, e cuja revelação possa produzir dano a outrem".

Como é óbvio, aquele que pode praticar o crime deve, e não pode, escusar-se de depor. Mas, caso o julgador – que é quem vai definir se a escusa do depoente é válida – entenda que o depoimento deve ser prestado, há evidentemente justa causa, não incidindo o crime. Esse depoimento perderá a sua validade se a decisão do juiz de primeiro grau, que insistiu no depoimento, for reformada pelo tribunal, mas isso, obviamente, jamais implicará em que o depoimento prestado configura crime.

Também há justa causa quando a revelação do segredo tiver amparo no interesse público. O médico, por exemplo, está autorizado a revelar o segredo se o interesse público o exigir. No processo civil, o interesse público se concretizará quando a revelação do segredo for necessária para evitar um dano.

Fala-se muito em sigilo bancário que se constitui na obrigação, de que são portadores os bancos, de não revelar, salvo, evidentemente, justa causa, as informações que obtenham em razão de sua atividade profissional. Tal sigilo, como é óbvio, igualmente não é absoluto; cede diante do fisco e das comissões parlamentares de inquérito e sempre que um interesse superior o exigir.

3. Limitação da exclusão do dever de depor ao fato específico

Como o juiz deve decidir, por ocasião do saneamento, quais são os fatos controvertidos, ninguém pode ser indagado sobre fato não fixado como controvertido.

Por outro lado, como o depoimento pode recair, em tese, sobre vários fatos controvertidos, a testemunha só poderá escusar-se de depor a respeito do fato específico que possa lhe acarretar grave dano, ou ao seu cônjuge, companheiro, parentes sucessíveis e amigos íntimos, ou a cujo respeito, por estado ou profissão, deva guardar sigilo.

4. Exclusão do dever de depor e informante

Cabe dizer, ainda, que a testemunha pode recusar-se a depor, ainda como informante, sobre os fatos referidos nos incisos do art. 448.

Já se decidiu que o "médico que acompanhou a gestação da parte é testemunha meramente impedida (CPC/1973, art. 405, § 2.º, III), podendo ser ouvida pelo juiz (CPC/1973, art. 405, § 4.º), a ela cabendo escusar-se de responder sobre fatos que por dever profissional entenda que deva guardar sigilo (CPC/1973, art. 406, II)".[684]

Na verdade, o médico que acompanhou a gestação da parte não é, apenas por isso, impedido (ver comentários ao art. 447). Contudo, é preciso salientar que o médico pode recusar-se a depor, como testemunha ou como informante, sobre fato que entenda que deva guardar sigilo. Não teria sentido alguém depor sobre fato que deva guardar sigilo apenas porque está sendo ouvido, no aspecto técnico-jurídico, como "informante".

Art. 449. Salvo disposição especial em contrário, as testemunhas devem ser ouvidas na sede do juízo.

Parágrafo único. Quando a parte ou a testemunha, por enfermidade ou por outro motivo relevante, estiver impossibilitada de comparecer, mas não de prestar depoimento, o juiz designará, conforme as circunstâncias, dia, hora e lugar para inquiri-la.

1. Provas que devem ser feitas em audiência e provas que podem ser complementadas em audiência

O depoimento pessoal e a prova testemunhal, em regra, devem ser realizados em audiência. Por sua vez, a prova pericial pode ser *eventualmente complementada* na audiência, quando o perito e os assistentes técnicos forem intimados a nela prestar esclarecimentos, conforme o art. 477, § 3.º, do CPC.

Com efeito, o art. 361 do CPC é bastante claro a respeito da ordem das provas na audiência: (i) respostas do perito e assistente técnicos aos quesitos de esclarecimentos; (ii) depoimentos das partes; e (iii) inquirição de testemunhas.

---

684 *Revista de Jurisprudência do TJRGS* 161/237.

2. O princípio da oralidade

É correto dizer que da regra geral do art. 449 deflui a ideia de oralidade, ou melhor, decorre a intenção de que o processo seja marcado pelos benefícios da imediatidade do contato do juiz com as provas e da concentração dos atos processuais.

Lembre-se que a oralidade é ligada a imediatidade, pois pressupõe o *contato direto* do juiz com as provas. Esse contato, como é evidente, permite uma melhor apreensão dos fatos.

Porém, a importância da imediatidade está relacionada com a *proximidade* entre tal contato e o momento do julgamento, pois o tempo entre o conhecimento dos fatos e a sentença pode trair a memória do juiz. Por essa razão, é também fundamental o cumprimento de regras como as dos arts. 365, parágrafo único, e 366, do CPC, a exigir o mais próximo julgamento, depois de encerrada a instrução.

A imediatidade e a concentração têm a nítida finalidade de facilitar a adequada valoração das provas e, assim, permitir o correto convencimento do juiz, o que obviamente é fundamental para a qualidade da prestação jurisdicional.

3. Exceções ao dever de prestar depoimento pessoal em audiência

O art. 449, *caput*, é expresso no sentido de que existem exceções à regra de que a prova deve ser prestada em audiência. Basta lembrar, por exemplo, as disposições dos arts. 453 e 454 do CPC, que excepcionam a ideia de que a testemunha deve depor na audiência de instrução e julgamento.

Contudo, o parágrafo único desse artigo vai além, dispondo que, quando a parte, ou a testemunha, por enfermidade, ou por outro motivo relevante, estiver impossibilitada de comparecer à audiência, mas não de prestar depoimento, o juiz designará, conforme as circunstâncias, dia, hora e lugar para inquiri-la.

Trata-se de hipótese em que a parte ou a testemunha não pode comparecer na audiência, mas está apta a depor. Isso significa que esse parágrafo único não se aplica quando há impossibilidade de prestar depoimento, porém quando, sendo esse possível, não há como comparecer na audiência. Em suma, a impossibilidade é de comparecer e não de depor.

A impossibilidade de comparecimento na audiência se justifica, segundo a regra, quando houver "enfermidade" ou "outro motivo relevante". Como a lei não pode prever as várias situações que podem justificar o não comparecimento, confere-se ao juiz a possibilidade de analisar, diante das circunstâncias de cada caso concreto, a existência de "motivo relevante" capaz de justificá-lo. A interpretação de "motivo relevante" deve ser orientada pela ideia de que a participação das partes e a produção das provas são fundamentais para a qualidade da prestação jurisdicional. Assim, na dúvida quanto à possibilidade de comparecimento, o juiz deve admitir a justificativa, designando dia, hora e lugar para a inquirição.

4. Não comparecimento à audiência sem justificativa prévia

Entretanto, não se pode excluir a possibilidade de que algum motivo *imprevisível*, ocorrido momentos antes da audiência, impeça o comparecimento da parte ou da testemunha. Assim, se houve qualquer sintoma súbito de doença grave ou mesmo um acidente, há motivo capaz de justificar o não comparecimento.

A diferença, nesse caso, dirá respeito à prova, que deverá se preocupar em evitar a possibilidade de o depoente forjar a situação indicada como "justo motivo". Por isso, é preciso maior cuidado na valoração dos documentos utilizados para tentar demonstrá-lo, assim como maior rigor na punição da sua eventual falsidade, uma vez que se percebe, na prática, que os atestados médicos vêm sendo analisados como se dotados de validade absoluta, e não apenas como algo que pode constar a simples opinião de um profissional - a qual, inclusive, pode ser falsa.

5. A questão do depoimento antecipado

Não é possível confundir o motivo para não comparecer na audiência com a razão justificativa do depoimento antecipado.

Lembre-se que, no caso do art. 449, é possível prestar o depoimento, embora não seja viável comparecer. Enquanto isso, a asseguração de prova tem ligação mais próxima com a existência de motivo razoável que faça supor "tornar-se impossível ou muito difícil a verificação de certos fatos na pendência da ação" (art. 381, I), ou ainda com motivos que possam justificar ou evitar o ajuizamento da demanda ou buscar outra via de solução da controvérsia.

Como é pouco mais do que evidente, a asseguração de prova - sobretudo na hipótese do inc. I, do art. 381 - tem a ver com a impossibilidade, ou com justo receio da impossibilidade, *de prestar depoimento*, e não com a inviabilidade de *comparecer na audiência*. Tanto é verdade que o requerente desse procedimento deve demonstrar as razões que justificam a *antecipação do depoimento*.

Aliás, no caso de antecipação do depoimento, este é formado antecipadamente, *o que não significa que a prova foi produzida*. Frise-se que, em tese, não há garantia de que um depoimento formado antecipadamente vá ser aceito, e assim produzido, em processo posterior. Lembre-se da hipótese em que o depoimento é prestado perante juiz absolutamente incompetente para conhecer da causa a que o depoimento deveria servir.

Ou seja, o deferimento da *produção* da prova *formada antecipadamente* é circunscrito ao processo em que a prova deve ser utilizada.

Subseção II
Da produção da prova testemunhal

1. Saneamento do processo e fixação dos pontos controvertidos

De acordo com o art. 357 do CPC, ao sanear o processo, não tendo chegado as partes até aqui à conciliação ou a outra forma de solução da controvérsia, cabe ao juiz proferir – por escrito ou oralmente – decisão de saneamento e de organização do processo. Nela, dentre outras coisas, deve o juiz "delimitar as questões de fato sobre as quais recairá a atividade probatória, especificando os meios de prova admitidos".

Como já dissemos em outro lugar,[685] se é no saneamento que o juiz fixa os pontos controvertidos, esse parece ser o melhor momento para se decidir sobre a incontrovérsia de parte do pedido ou de um dos pedidos cumulados, ou ainda sobre eventual pretensão que esteja em condições de imediato julgamento (art. 356, do CPC).

Em primeiro lugar, porque a possibilidade do julgamento parcial de mérito coloca as partes em posição de igualdade frente ao tempo do processo, desestimulando a resistência meramente dilatória, ou mesmo a tentativa de conciliação fundada na troca de vantagem econômica pelo tempo do processo.

Em segundo lugar, porque, não obtida a conciliação, o juiz deverá passar a fixar, preferencialmente por meio de diálogo com as partes, os pontos controvertidos, o que torna o momento adequado para a definição da não contestação, para o acolhimento do reconhecimento jurídico parcial do pedido, para a conclusão de que parcela daquilo que é postulado pelo autor não é mais controvertido ou, enfim, para a verificação de que parcela dos pleitos deduzidos tem condições de ser imediatamente decidida.

685 Luiz Guilherme Marinoni, *Tutela antecipatória e julgamento antecipado*, 5. ed., São Paulo: Ed. RT, 2003.

Porém, a definição de que um fato é incontroverso não só abre oportunidade para o julgamento parcial de mérito como também impede a produção de prova sobre o fato que foi considerado *incontroverso*. Embora isso pareça ser mera decorrência lógica, corre-se o risco de que, deferida a prova testemunhal, possa a parte indagar à testemunha sobre o fato controverso e também sobre o fato incontroverso, razão pela qual o juiz deverá fazer o controle sobre as perguntas formuladas. Ou seja, a definição dos pontos controvertidos torna mais objetivo o trabalho do juiz, contribuindo para aprimorar a qualidade da prestação jurisdicional.[686]

2. Direito à produção da prova deferida

No procedimento comum, as provas devem ser requeridas na petição inicial e na contestação, embora a prática tenha atenuado o rigor das normas processuais que assim determinam.

O problema surge, na verdade, quando o juiz defere a prova requerida e, mais tarde, indefere a sua produção, e quando o juiz não a admite e, posteriormente, utilizando os seus poderes instrutórios, determina a sua realização.

Como o deferimento da prova gera, para a parte que a requereu, um direito a sua produção, o juiz não pode indeferir a sua produção. Como já decidiu o Tribunal de Justiça de Minas Gerais, tendo sido a prova deferida, o juiz fica impedido de voltar atrás em "decorrência do princípio da preclusão".[687]

Contudo, a preclusão não atinge o indeferimento do requerimento da prova. Se o juiz concluiu pela sua necessidade, embora a sua anterior inadmissão, deve determinar a sua produção, pois não há racionalidade em pensar que a parte que pode ser eventualmente prejudicada pela prova, e que nesse sentido foi beneficiada pelo seu não deferimento, pode impedir o juiz de buscar a devida elucidação dos fatos.

Art. 450. O rol de testemunhas conterá, sempre que possível, o nome, a profissão, o estado civil, a idade, o número de inscrição no Cadastro de Pessoas Físicas, o número de registro de identidade e o endereço completo da residência e do local de trabalho.

686 Como já disse o Tribunal de Alçada do Rio Grande do Sul, "pelo sistema vigente, cabe à parte requerer a prova e ao juiz exercer o controle, de sorte a indeferir as inúteis e dispendiosas, sem correspondente resultado prático, sem que isso viole o direito de ampla defesa. Cabe à parte, para tal, indicar os fatos que pretende provar, de forma especificada, inclusive para permitir que o juiz atenda ao disposto no art. 407, parágrafo único, do CPC" (*Julgados do Tribunal de Alçada do Rio Grande do Sul* 85/165).

687 Alexandre de Paula, *O processo civil à luz da jurisprudência* cit., vol. 4, p. 1.

1. Requerimento da prova testemunhal

O rol de testemunhas pode ser apresentado por qualquer sujeito que tenha legitimidade para produzir provas no processo. Por isso, podem requerer a ouvida de testemunhas os litisconsortes, todos aqueles que recebem a designação de parte, o assistente simples, o Ministério Público e o próprio juiz no uso de seus poderes instrutórios.

Como o autor e o réu podem indicar, cada um, no máximo dez testemunhas (art. 357, § 6.º, do CPC), todos os litisconsortes ativos podem indicar no máximo dez testemunhas, assim como os litisconsortes passivos.

O assistente simples, diante da sua função de colaborador da parte, apenas pode complementar o rol de testemunhas por ela indicado. Assim, se a parte indica oito testemunhas, ao assistente simples é possível indicar somente mais duas.

Como já dito, o Ministério Público, na qualidade de fiscal da ordem jurídica, e o juiz também podem pretender a ouvida de testemunhas. Conforme já frisou o Tribunal de Justiça do Rio Grande do Sul, o juiz pode ouvir testemunhas arroladas fora do prazo "na busca da verdade substancial, desde que a instrução processual não a tenha esclarecido. Esta providência constitui reserva do juiz, posta na criteriosa avaliação de conveniência e oportunidade à obtenção de uma prova suficientemente razoável na construção de seu livre convencimento para decidir".[688]

Se o juiz pode determinar a ouvida de testemunha de ofício, não é possível esquecer que a parte, por ter o direito de contraditá-la, deve ter ao seu dispor o prazo adequado. Portanto, embora possa indicar as testemunhas em qualquer momento do processo, o juiz deve arrolá-las em prazo que viabilize a efetivação do contraditório.[689]

Já se decidiu que o juiz pode ouvir testemunhas de ofício somente quando o litígio diz respeito a direito indisponível, como acontece, por exemplo, no caso de ação de investigação de paternidade.[690] Com efeito, há quem entenda que, embora o juiz não deva limitar-se a assistir inerte à produção de provas, pois em princípio pode e deve assumir a iniciativa destas, nos casos de *direitos disponíveis* pode satisfazer-se com a "verdade formal", limitando-se a acolher o que as partes

688 *Revista de Jurisprudência do TJRGS* 151/347.

689 Como já disse o Superior Tribunal de Justiça, "o princípio do contraditório, com assento constitucional, vincula-se diretamente ao princípio maior da igualdade substancial, sendo certo que essa igualdade, tão essencial ao processo dialético, não ocorre quando uma das partes se vê cerceada em seu direito de produzir ou *debater a prova que se produziu*" (*RT* 734/287).

690 *RT* 613/162.

levaram ao processo e eventualmente rejeitar a demanda ou a defesa por falta de elementos probatórios. Porém, não há razão para a atuação do juiz na instrução da causa ser associada à natureza do direito material em litígio. A instrução da causa é aspecto inerente ao processo, instrumento por meio do qual é realizado o poder do Estado, e em que os seus interesses predominam independentemente de ser disponível ou não a relação jurídica de direito material. Entender que nos casos de direitos disponíveis o juiz pode se limitar a acolher o que as partes levaram ao processo é o mesmo do que concluir que o Estado não está muito preocupado com o que se passa com os direitos disponíveis, ou que o processo que trata de direitos disponíveis não é o mesmo processo que é instrumento público destinado a cumprir os fins do Estado.[691]

2. Arbitramento do prazo pelo juiz

Caso o juiz, ao sanear o processo, decida por deferir a produção de prova testemunhal, deverá fixar prazo, não superior a quinze dias, para a apresentação do respectivo rol de testemunhas (art. 357, § 4.º, do CPC). Embora o Código diga que esse prazo é para que as "partes" possam apresentar seu rol, como já dito, o prazo se refere a todos aqueles que integram os polos da relação processual, incidindo, portanto, também aos litisconsortes, assistentes e denunciados à lide.

O prazo é comum, e não sucessivo, de modo que correrá para todos os sujeitos, concomitantemente.

O prazo haverá de tomar em consideração a complexidade do ato e outros elementos, a seguir examinados.

Apenas quando esse prazo não for fixado, incidirá o prazo legal, estabelecido pelo art. 218, § 3.º, do CPC, ou seja, o prazo de cinco dias.

Ou seja, o prazo para a apresentação do rol de testemunhas deve ser criteriosamente fixado pelo juiz no momento em que for designada a data da audiência. Somente em caso de omissão judicial quanto ao prazo é que será necessário recorrer ao prazo legal comum, ou seja, o prazo de cinco dias.

Recorde-se que, salvo disposição judicial em sentido contrário, os prazos – inclusive este – serão contados apenas em dias úteis (art. 219), de modo que mesmo os cinco dias do prazo geral do Código, na prática, equivalerá a um lapso temporal próximo a dez dias. Esse prazo, normalmente, é mais do que razoável para a juntada do rol, sendo aliás o prazo existente no Código anterior para esse mesmo ato processual.

691 Luiz Guilherme Marinoni, *Novas linhas do processo civil*, 4. ed., São Paulo: Malheiros, 2000, p. 123.

3. Critérios para a fixação do prazo

Segundo prevê o art. 218, § 1.º, do CPC, sempre que a lei for omissa, "o juiz determinará os prazos em consideração à complexidade do ato". Assim, o primeiro critério a ser ponderado pelo juiz para a fixação do prazo para o aporte do rol de testemunhas há de ser a complexidade e o tempo despendido para a intimação das testemunhas. Além disso, o juiz também deve considerar a dificuldade para o oferecimento das contraditas às testemunhas arroladas, diante de eventuais obstáculos na pesquisa de elementos que possam torná-las incapazes, impedidas ou suspeitas.

Analisando esses critérios, o juiz poderá chegar ao prazo adequado ao oferecimento das testemunhas. Claro está que o prazo em questão deve guardar relação lógica de razoabilidade, não podendo ser fixado de maneira aleatória.

Por isso, seria possível cogitar se o juiz poderia, em casos excepcionais, extrapolar o prazo máximo de quinze dias, fixado pelo Código. Parece razoável supor que, à vista de especial circunstância, isso seja também possível. Efetivamente, diante de uma excepcional dificuldade em localizar ou qualificar as testemunhas, por exemplo, seja viável designar prazo superior ao legal para a trazida do rol.

Em todo caso, é também certo que, diante do acordo entre as partes, o prazo pode ser superior aos quinze dias fixados em lei.

4. Saneamento em audiência e rol de testemunhas

Quando o saneamento do processo se dá de forma cooperativa, em audiência (art. 357, § 3.º), não se aplica o prazo antes indicado, para que se possa trazer o rol de testemunhas.

Como prevê o art. 357, § 5.º, do CPC, nesse caso "as partes devem levar, para a audiência prevista, o respectivo rol de testemunhas".

Se o saneamento se faz em colaboração, estando todos os sujeitos presentes, então será melhor que o rol de testemunhas seja desde logo apresentado. Assim, já se permite examinar a forma de convocação da testemunha e se consegue, desde logo, apurar eventual causa de incapacidade, impedimento ou suspeição que possa afetar o depoimento.

5. Qualificação da testemunha

Na qualificação da testemunha, além dos dados habituais – nome, profissão, estado civil e idade – devem constar, sempre que possível, o número de inscrição no cadastro de Pessoas Físicas (CPF) e o número de registro de identidade, de modo a evitar a convocação de homônimos. Também deve constar, sempre que disponível, o endereço de residência e o local de trabalho da testemunha. É providência salutar, na medida em que facilita a intimação da testemunha, caso isso seja necessário. Recorde-se que, de regra, cumprirá ao advogado trazer a testemunha – caso em que esses endereços serão desnecessários. Porém, caso surja a necessidade de intimação judicial da testemunha, tais informações serão imprescindíveis para a localização do depoente e para sua convocação para depor em juízo.

Logicamente, a falta dessas informações não inviabiliza, necessariamente, a convocação da testemunha ou a possibilidade de se obter seu depoimento. Trata-se de informações relevantes, que devem ser trazidos para que se tenha a maior precisão no sujeito que haverá de depor, permitindo, se for o caso, a sua convocação judicial, bem como o exercício da contradita pelos outros sujeitos.

6. Unidade da audiência

Frise-se que a audiência é una, e assim não importa o seu desdobramento, não se abrindo novo prazo para a indicação ou para a livre substituição de testemunhas. Conforme já afirmou o Tribunal de Justiça de Santa Catarina, "em face dos termos do art. 455 do CPC, a audiência é una e contínua, e, havendo interrupção, seu prosseguimento não é nova audiência, sendo impossível a ratificação do rol de testemunhas apresentado a destempo".[692]

Se o interessado, por exemplo, ao invés de arrolar dez, indica cinco testemunhas no prazo adequado, não poderá arrolar posteriormente mais cinco testemunhas apenas porque a audiência foi desdobrada para nova data.

7. Desistência da testemunha arrolada

Deixe-se claro, ainda, que aquele que arrolou uma testemunha somente pode desistir da sua ouvida se todos os demais interessados, inclusive o juiz, estiverem de acordo.[693] Ora, a testemunha importa para o descobrimento da "verdade", e assim não se constitui em fonte que pode servir apenas a uma das partes.

8. Limite do número de testemunhas

Segundo o art. 357, § 6.º, o número de testemunhas arroladas não pode ser superior a dez, autorizando-se no máximo três para a prova de cada fato.

---

692 *RT* 613/213. "A audiência é única, irrelevante o seu desdobramento temporal. Não utilizado o prazo do art. 407 do Código de Processo Civil para oferta do rol, tanto acarreta a preclusão ao interessado" (*Revista de Jurisprudência do TJRGS* 170/219).

693 "A desistência de ouvida de testemunha arrolada exige concordância da parte contrária" (TARGS, *Julgados do Tribunal de Alçada do Rio Grande do Sul* 86/276).

Isso quer dizer que a parte, querendo, pode oferecer no máximo dez testemunhas, mas o juiz pode dispensar, *considerando cada fato*, as testemunhas que excederem a três. Consoante já afirmou o Superior Tribunal de Justiça, "pode o juiz limitar as testemunhas a serem inquiridas ao número de três para cada fato, consoante preceitua o parágrafo único do art. 407 do CPC. Destarte, não configura cerceamento de defesa a dispensa de testemunhas quando o julgador, sentindo-se convencido com a prova colhida, inclusive testemunhal, entender desnecessária a oitiva das demais testemunhas arroladas face à inexistência de controvérsia acerca do fato probante".[694]

Deixe-se claro que o juiz somente pode indeferir a colheita do depoimento das testemunhas excedentes *que conhecerem o mesmo fato*. Se a testemunha conhece outro fato, que não o já demonstrado, ou conhece dois fatos, incluindo o já demonstrado, não há razão para a sua dispensa. Porém, a testemunha que conhece dois fatos não precisa ser indagada sobre um fato já reputado demonstrado. Mas, caso entenda necessário, é óbvio que o juiz poderá ouvir mais de três testemunhas em relação a cada fato, em que pese o caráter peremptório da dicção da parte final do art. 357, § 6.º.

Por isso, é necessário que o juiz considere o fato sobre o qual a testemunha deve depor. Não tendo tal conhecimento, pode ouvir a testemunha e mais tarde afirmar na sentença que o depoimento serviu apenas para reafirmar o que já havia sido demonstrado. O que não é possível é que, na dúvida, o juiz dispense a testemunha ou indefira a colheita de seu depoimento, sem saber exatamente o conteúdo e a extensão daquilo sobre que ela pode depor. Como já decidiu o Tribunal de Justiça de São Paulo, "não pode o juiz limitar a três o número de testemunhas para cada litigante *antes de estar convencido do fato jurídico pelos depoimentos dessas três*, havendo, assim, inutilidade em ouvir outras".[695]

Art. 451. Depois de apresentado o rol de que tratam os §§ 4.º e 5.º do art. 357, a parte só pode substituir a testemunha:

I – que falecer;

II – que, por enfermidade, não estiver em condições de depor;

III – que, tendo mudado de residência ou de local de trabalho, não for encontrada.

694 *Revista do Superior Tribunal de Justiça* 68/292.

695 *RT* 514/95.

1. Preclusão em caso de substituição de testemunha arrolada

A substituição de testemunhas colocadas no rol só pode ocorrer nos casos previstos no art. 451. Todavia, havendo substituição fora desses casos, é necessário que a parte contrária se oponha tempestivamente. Do contrário, não há nulidade, já que não se vê prejuízo nessa substituição.

Segundo o entendimento do Superior Tribunal de Justiça, "se o autor substitui o rol de testemunhas oferecido com a petição inicial, sem oportuno protesto do réu, e as testemunhas são ouvidas em audiência de instrução e julgamento, ocorre a preclusão, o que impede seja o tema depois suscitado".[696]

2. Substituição de testemunha falecida

A substituição de pessoa falecida pressupõe que o falecimento seja posterior à sua inclusão no rol ou, ao menos, que não tenha havido ciência prévia do óbito.

Por isso, quando a pessoa indicada para testemunhar já era há muito falecida no momento da apresentação do rol, a parte não pode pretender substitui-la. A situação é diferente quando a testemunha faleceu após ter sido arrolada. Na primeira hipótese, não houve diligência necessária sobre a situação da testemunha, ao passo que, na segunda, ocorreu um evento imprevisto. Conforme já declarou o Tribunal de Justiça do Rio Grande do Sul, "não se tratando de 'substituir uma testemunha quando ela faleceu', mas de reabrir prazo para apresentação de novo rol por ter sido arrolada testemunha há muito falecida, o pedido de substituição deve ser indeferido".[697]

Note-se, contudo, que se for possível ter como razoável a ignorância da parte sobre o falecimento da testemunha, por ela ter falecido pouco tempo antes da apresentação do rol, é racional aceitar a sua substituição.

3. Enfermidade no momento do depoimento

A testemunha só pode ser substituída quando, em razão de enfermidade, não estiver em condições de depor *na data designada* para a audiência, não bastando estar adoentada ou sem condições de testemunhar em momento que a antecede – tratando-se de enfermidade passageira.

O parágrafo único do art. 449 afirma que "quando a parte ou a testemunha, por enfermidade ou por outro motivo relevante, estiver impossibilitada

---

696 *Revista do Superior Tribunal de Justiça* 32/305.

697 *Revista de Jurisprudência do TJRGS* 186/399.

de comparecer, *mas não de prestar depoimento*, o juiz designará, conforme as circunstâncias, dia, hora e lugar para inquiri-la". Isso quer dizer que a substituição depende da impossibilidade de a testemunha *prestar depoimento* e não de *comparecer à audiência*.

É preciso verificar, ainda, se não é o caso de produção antecipada de prova, ou seja, se não é necessário antecipar o depoimento em razão de que a testemunha, diante da sua doença, provavelmente estará impossibilitada de depor na data designada para a audiência, embora possa prestar depoimento imediatamente.

4. Mudança de endereço da testemunha

No caso de testemunha que mudou de endereço, é preciso que seja impossível a sua intimação, e isso deve ser demonstrado pelo interessado. Portanto, não é suficiente a simples mudança de endereço, sendo necessário que o oficial de justiça justifique a impossibilidade de encontrá-la, logicamente após ter empregado todos os meios que estão a sua disposição.

5. Substituição de testemunha no prazo para a apresentação do rol

Se a parte indicou as testemunhas antes do término do prazo para a apresentação do rol, nada impede a sua substituição. Ora, a razão desse prazo deriva da necessidade de se dar tempo à administração da justiça para intimar as testemunhas e à parte adversa para providenciar eventuais contraditas.[698]

6. *Ratio* do art. 451

Como foi dito no comentário ao art. 450, aquele que arrolou uma testemunha somente pode desistir da sua ouvida se todos os demais interessados estiverem de acordo, inclusive o juiz. Para que a parte não desista livremente da ouvida da testemunha, mediante a simples indicação de outra em seu lugar, a substituição só pode ocorrer nas hipóteses do art. 451.

Não basta a simples alegação de falecimento, enfermidade ou mudança de endereço, não só porque a parte que arrolou a testemunha deve caracterizar uma dessas situações para poder substitui-la, mas também porque o juiz e os demais interessados podem ter eventual interesse na sua ouvida.

698 "Se a substituição se formula com antecedência, isto é, antes dos cinco dias anteriores à audiência, não existe razão para que seja indeferida, pois não prejudicará a parte contrária e nem afetará o princípio do contraditório, mesmo fora dos casos mencionados no art. 408 do CPC" (*RT* 579/123).

Art. 452. Quando for arrolado como testemunha, o juiz da causa:

I – declarar-se-á impedido, se tiver conhecimento de fatos que possam influir na decisão, caso em que será vedado à parte que o incluiu no rol desistir de seu depoimento;

II – se nada souber, mandará excluir o seu nome.

1. Juiz da causa como testemunha

Como é óbvio, o juiz que conhece os fatos da causa não deve julgá-la, pois a função de julgador não pode ser exercida por quem tem conhecimento privado do conflito.

2. Afastamento do juiz arrolado como testemunha

O juiz, uma vez arrolado como testemunha, deve analisar se conhece fatos que podem influir no julgamento da causa. Em caso positivo, deverá se afastar do processo, declarando-se impedido.

3. Impossibilidade de desistência da oitiva do juiz que se afasta para ser testemunha

Nesse caso, a parte que incluiu o juiz no rol não poderá desistir do seu depoimento. O objetivo dessa regra é evitar que alguém tente afastar o juiz do processo e, ao mesmo tempo, eliminar a possibilidade de que os fatos sejam esclarecidos. Ora, se a parte tem o direito de impedir que a sua demanda seja julgada por um juiz que conhece os fatos, evidentemente não tem o direito de impedir que o juiz que se declarou impedido os esclareça.

4. Juiz que não conhece os fatos

Caso o juiz conclua que não conhece os fatos, deverá mandar excluir o seu nome do rol de testemunhas.

É preciso advertir que uma parte, destituída de ética, pode alegar que o juiz conhece os fatos apenas para tentar afastá-lo do processo. É para casos assim que serve o preceito em análise também.

Logo, cumpre ao juiz examinar a utilidade de seu depoimento para o processo. Verificando que, efetivamente, presenciou fatos relevantes e, portanto, pode constituir em prova importante para o processo, deve aplicar o inc. I, do dispositivo, afastando-se da condição de magistrado da causa. Do contrário, seja porque não conhece os fatos, seja porque, embora os conheça, são fatos irrelevantes e incapazes de influir na decisão, seja ainda porque verifica que o comportamento da parte em arrolá-lo almeja apenas afastá-lo da função jurisdicional, deve excluir seu nome, prosseguindo como presidente do processo (art. 452, inc. II, e art. 142, do CPC).

Art. 453. As testemunhas depõem, na audiência de instrução e julgamento, perante o juiz da causa, exceto:

I – as que prestam depoimento antecipadamente;

II – as que são inquiridas por carta.

§ 1.º A oitiva de testemunha que residir em comarca, seção ou subseção judiciária diversa daquela onde tramita o processo poderá ser realizada por meio de videoconferência ou outro recurso tecnológico de transmissão e recepção de sons e imagens em tempo real, o que poderá ocorrer, inclusive, durante a audiência de instrução e julgamento.

§ 2.º Os juízos deverão manter equipamento para a transmissão e recepção de sons e imagens a que se refere o § 1.º.

1. Princípios da oralidade e da imediatidade

Como é sabido, o princípio da oralidade, que permite o contato direto do juiz com as partes, as testemunhas, o perito e os assistentes técnicos e, enfim, com a prova, contribui muito para uma melhor decisão.

Portanto, o ideal é que o juiz tenha contato direto com a testemunha, sentindo-a por assim dizer, e não que seja obrigado a formar o seu juízo a partir de termos processuais ou de declarações documentadas prestadas pelas testemunhas.

2. Recepção da prova testemunhal

As testemunhas mencionadas no inc. I do art. 453 devem ser ouvidas pelo próprio juiz que vai proferir a sentença – obviamente que na medida do possível.

As testemunhas referidas no inc. II, de regra, têm que ser ouvidas por outro juiz, expedindo-se a competente carta. Podem, porém, ser ouvidas pelo juiz da causa, por meio de videoconferência ou outro meio tecnológico de transmissão de som e imagem (art. 453, § 1.º). A identidade física do juiz é sempre privilegiada na colheita do depoimento e deve preferir outras técnicas, a exemplo da expedição de carta.

3. Testemunhas ouvidas antecipadamente

Se a testemunha deve ser ouvida antecipadamente, mediante produção antecipada de prova, ela certamente não pode ser ouvida na audiência de instrução e julgamento.

Outrossim, embora o Código afirme que não há prevenção do juízo da asseguranca da prova em relação ao juízo da "ação principal", sempre que possível é melhor que coincidam na mesma pessoa os órgãos jurisdicionais responsáveis pela colheita da prova e pela prolação da sentença. Isso porque a identidade física do juiz favorece a melhor percepção da credibilidade da testemunha e, assim, estimula a mais adequada valoração da prova.

4. Testemunha impossibilitada de comparecer na audiência

Como já foi dito, inclusive quando do comentário ao art. 451, o parágrafo único do art. 449 afirma que quando a parte, ou a testemunha, por enfermidade, ou por outro motivo relevante, estiver impossibilitada de comparecer à audiência, mas não de prestar depoimento, o juiz designará, conforme as circunstâncias, dia, hora e lugar para inquiri-la.

Como está claro, é necessário que a testemunha possa depor, mas que, por enfermidade, ou por outro motivo relevante, não possa comparecer à audiência.

5. Teleconferência

Com a evolução da tecnologia, deve-se tornar natural a possibilidade de trabalhar no processo por meio de novos recursos tecnológicos como, por exemplo, mediante a denominada "teleconferência". No caso em que a testemunha está em outro local, essa tecnologia permite que os advogados formulem as suas perguntas na presença do julgador, e esse indague à testemunha por intermédio da "teleconferência", devendo a resposta ser dada instantânea e diretamente, ficando a testemunha sempre sob o olhar do julgador e dos advogados das partes.

Tal recurso não deverá ser admitido apenas nas hipóteses de urgência, mas também como alternativa para a ouvida de alguém que está distante do juiz que deve julgar. Lembre-se, aliás, que a oralidade, que propicia um melhor julgamento por permitir – entre outras coisas – o contato direto do juiz com a testemunha, não é considerada quando a testemunha é ouvida por juiz diverso daquele que irá proferir o julgamento, de modo que, nessa perspectiva, o depoimento testemunhal via "teleconferência" é ainda mais recomendável, pois possibilitará ao juiz que julgará o litígio um contato mais efetivo com o depoente.[699]

Por isso, sempre que possível, estimula-se a colheita do depoimento por videoconferência (art. 453, § 1.º), ou por outro meio tecnológico de transmissão de som e imagem, dispensando-se a expedição de carta precatória para tanto.

Art. 454. São inquiridos em sua residência ou onde exercem sua função:

I – o presidente e o vice-presidente da República;

---

699 "O resgate das provas orais envolve também, por força, a modificação substancial dos meios de registro e documentação dos depoimentos. Decididamente não podemos continuar a dar-nos por satisfeitos com as caricaturas às vezes grotescas, e na melhor hipótese insípidas, que nos fornecem os termos datilografados insertos nos autos. A ninguém passará despercebido quão infiéis eles costumam ser na reprodução das declarações prestadas. Essa infidelidade, não há como deixar de reconhecê-lo, deve-se com freqüência, pelo menos em certa medida, aos juízes mesmos, que, ao ditarem o que acabaram de ouvir, cedem à tentação de 'aprimorar' os dizeres da parte ou da testemunha, substituindo-lhes o palavreado por outro tido como mais 'próprio', suprimindo de modo arbitrário por menores nem sempre irrelevantes, eliminando ou atenuando contradições percebidas. Semelhante proceder confirma o vetusto adágio sobre o material de que está calçado o caminho para o inferno... Adotando-o, priva-se o juiz – e priva os órgãos a que competirá rever-lhe a decisão – de subsídios inestimáveis e insubstituíveis na valoração do depoimento assim desfigurado. Ainda quando não se incorra em semelhantes erros – aos quais o datilógrafo raramente se furta a ajuntar sua contribuição pessoal... –, a transcrição pura e simples das declarações nada revela do tom em que se expressou o depoente, da ênfase que pôs (ou deixou de pôr) nesta ou naquela afirmação, do tempo que gastou para responder, das alterações de voz e de fisionomia que assinalaram as respostas. Ora, tudo isso é igualmente precioso para a aferição do valor da prova. Eis por que não se pode enxergar solução plenamente satisfatória do problema no emprego da taquigrafia e da estenotipia, por maior avanço que represente em confronto com o uso até agora predominante. A própria gravação sonora do depoimento em fita magnética, se permitirá ao juiz reouvir o depoente – e aos julgadores de segundo grau, eventualmente, ouvi-lo – não ministrará, nem a um nem a outros, a respectiva imagem visual. Só o *video tape* parece, a esta altura, prometer resultado compensador, enquanto o ilimitável progresso da técnica não nos brinda com invenção mais perfeita. Sabemos todos que, ante a realidade econômica da hora presente, mesmo em países de maior desenvolvimento, é puro sonho pensar na gravação em *video tape* dos depoimentos, como prática rotineira. Cumpre, no entanto, ter sempre em mente que é nesse sentido que devemos caminhar, por mais distante que se nos afigure a meta". (José Carlos Barbosa Moreira, Alguns problemas atuais da prova civil, *Temas de direito processual* – Quarta série, São Paulo: Saraiva, 1989, p. 152-153).

II – os ministros de Estado;

III – os ministros do Supremo Tribunal Federal, os conselheiros do Conselho Nacional de Justiça e os ministros do Superior Tribunal de Justiça, do Superior Tribunal Militar, do Tribunal Superior Eleitoral, do Tribunal Superior do Trabalho e do Tribunal de Contas da União;

IV – o procurador-geral da República e os conselheiros do Conselho Nacional do Ministério Público;

V – o advogado-geral da União, o procurador-geral do Estado, o procurador-geral do Município, o defensor público-geral federal e o defensor público-geral do Estado;

VI – os senadores e os deputados federais;

VII – os governadores dos Estados e do Distrito Federal;

VIII – o prefeito;

IX – os deputados estaduais e distritais;

X – os desembargadores dos Tribunais de Justiça, dos Tribunais Regionais Federais, dos Tribunais Regionais do Trabalho e dos Tribunais Regionais Eleitorais e os conselheiros dos Tribunais de Contas dos Estados e do Distrito Federal;

XI – o procurador-geral de justiça;

XII – o embaixador de país que, por lei ou tratado, concede idêntica prerrogativa a agente diplomático do Brasil.

§ 1.º O juiz solicitará à autoridade que indique dia, hora e local a fim de ser inquirida, remetendo-lhe cópia da petição inicial ou da defesa oferecida pela parte que a arrolou como testemunha.

§ 2.º Passado 1 (um) mês sem manifestação da autoridade, o juiz designará dia, hora e local para o depoimento, preferencialmente na sede do juízo.

§ 3.º O juiz também designará dia, hora e local para o depoimento, quando a autoridade não comparecer, injustificadamente, à sessão agendada para a colheita de seu testemunho no dia, hora e local por ela mesma indicados.

1. Oitiva de autoridades

As autoridades mencionadas nos incs. do art. 454 podem depor em suas residências ou nos locais em que exercem as suas funções. Isso enquanto estão ocupando os seus cargos ou seus mandatos pendem. Fora daí não é possível qualquer interpretação que estenda tal benefício, inclusive a terceiros não contemplados pela lei.

2. Procedimento para a colheita do depoimento de autoridade

O § 1.º do art. 454 afirma que "O juiz solicitará à autoridade que indique dia, hora e local a fim de ser inquirida, remetendo-lhe cópia da petição inicial ou da defesa oferecida pela parte que a arrolou como testemunha.".

Como se vê, é a autoridade que designa dia, hora e local, cabendo ao juiz apenas solicitar tal indicação, remetendo-lhe cópia da petição inicial ou da defesa oferecida pela parte que a arrolou como testemunha.

A autoridade não pode se recusar a depor, pois também tem o dever legal de colaborar com o Poder Judiciário. Pode afirmar que não conhece os fatos que envolvem o mérito, mas sempre prestando depoimento.

Como já decidiu o Superior Tribunal de Justiça, apreciando recurso em mandado de segurança, "constitui ofensa a direito líquido e certo de Deputado Federal a declaração de insubsistência da prerrogativa referida no art. 32, § 7.º , da Carta Anterior, de ser o parlamentar convidado para, em dia, hora e local previamente ajustados com o Juiz, prestar depoimento como testemunha, se não há prova de que o convite foi, efetivamente, recebido pelo destinatário".[700]

É inegável que a autoridade possui o privilégio de prestar depoimento em dia, hora e local por ela previamente designados. Porém, o envio do ofício para a autoridade assim proceder deve estar expresso nos autos mediante o denominado "AR" (aviso de recebimento), que é a prova de que a carta foi recebida.

De toda sorte, realizada a devida comunicação à autoridade, a fim de que não se aguarde indefinidamente pelo seu depoimento, diz o Código que, não havendo resposta em um mês, deva o juiz designar, *sponte propria*, dia, hora e lugar – preferencialmente na sede do juízo – para a tomada do depoimento. O mesmo sucederá se a autoridade marcar dia, hora e lugar para o depoimento e não comparecer ao ato.

A solução do Código – inexistente na legislação anterior – prestigia a autoridade judicial e a duração razoável do processo, enaltecendo o dever de colaboração com

700 *Revista do Superior Tribunal de Justiça* 10/210.

o Poder Judiciário. O único problema daí resultante é a inexistência de sanções à autoridade faltante, que poderá também não comparecer ao ato designado pelo juiz, sem qualquer consequência especificamente atribuída.

Pode, em todo caso, essa autoridade – diante desse não comparecimento injustificado ao ato designado pelo juiz – incidir em ilícito criminal ou até mesmo em sanção administrativa. Sem dúvida, em todo caso, deve ser responsabilizada pelas despesas dos atos processuais praticados.

Art. 455. Cabe ao advogado da parte informar ou intimar a testemunha por ele arrolada do dia, da hora e do local da audiência designada, dispensando-se a intimação do juízo.

§ 1.º A intimação deverá ser realizada por carta com aviso de recebimento, cumprindo ao advogado juntar aos autos, com antecedência de pelo menos 3 (três) dias da data da audiência, cópia da correspondência de intimação e do comprovante de recebimento.

§ 2.º A parte pode comprometer-se a levar a testemunha à audiência, independentemente da intimação de que trata o § 1.º, presumindo-se, caso a testemunha não compareça, que a parte desistiu de sua inquirição.

§ 3.º A inércia na realização da intimação a que se refere o § 1.º importa desistência da inquirição da testemunha.

§ 4.º A intimação será feita pela via judicial quando:

I – for frustrada a intimação prevista no § 1.º deste artigo;

II – sua necessidade for devidamente demonstrada pela parte ao juiz;

III – figurar no rol de testemunhas servidor público ou militar, hipótese em que o juiz o requisitará ao chefe da repartição ou ao comando do corpo em que servir;

IV – a testemunha houver sido arrolada pelo Ministério Público ou pela Defensoria Pública;

V – a testemunha for uma daquelas previstas no art. 454.

§ 5.º A testemunha que, intimada na forma do § 1.º ou do § 4.º, deixar de comparecer sem motivo justificado será conduzida e responderá pelas despesas do adiamento.

1. Convocação da testemunha

No sistema do Código de Processo Civil de 2015, como regra geral, cabe ao advogado providenciar a comunicação à testemunha do dia, hora e local designados para a audiência. Por outras palavras, não há intimação judicial à testemunha, pelo menos em regra, no processo civil brasileiro. Cria-se, assim, verdadeiro ônus processual para a parte, que deve providenciar a comunicação à testemunha, para que seu depoimento possa ser colhido e, assim, a prova deferida possa ser efetivamente produzida.

Desse modo, deferida a produção de prova testemunhal, cabe ao advogado do sujeito que arrolou a testemunha providenciar seu comparecimento em juízo. Isso pode ser feito de duas formas diversas.

Pode o advogado comprometer-se a levar a testemunha independentemente de intimação (art. 455, § 2.º).

A comunicação à testemunha também pode ocorrer por carta com aviso de recebimento (art. 455, § 1º). Nesse caso, deve o advogado providenciar essa carta e fazer juntar aos autos a cópia da correspondência encaminhada e do comprovante de recebimento, com antecedência mínima de três dias da data de audiência.

2. Consequências da ausência da testemunha intimada por advogado

Quando o advogado se compromete a levar a testemunha, independentemente de qualquer comunicação, caso esta deixe de comparecer, *sem justificativa razoável*, presume-se que a parte desistiu de sua oitiva. A presunção que dispensa o depoimento da testemunha que não compareceu é *iuris tantum*, podendo, obviamente, o interessado provar que houve justo motivo para a testemunha não comparecer.

Também se presume a desistência da oitiva se o advogado deixar de intimar a testemunha por carta com aviso de recebimento, na forma preconizada pelo art. 455, § 1.º.

Recorde-se, porém, que a simples desistência da testemunha não implica necessariamente sua não oitiva. Em razão do princípio da comunhão da prova, uma parte não pode simplesmente desistir da oitiva de uma testemunha sem a anuência da outra. Por isso, pode a parte contrária, o Ministério Público, os terceiros intervenientes ou mesmo o magistrado, de ofício, insistir na colheita do depoimento, caso em que – se o juiz entender o depoimento relevante – designará outra ocasião para a tomada do testemunho.

Por outro lado, caso regularmente intimada pelo advogado a testemunha, tem ela o dever de comparecer à audiência designada. Não comparecendo, sem justificativa, será conduzida, respondendo pelas despesas do adiamento da audiência (art. 455, § 5.º). Note-se que a testemunha apenas será conduzida e arcará com as despesas do adiamento quando não apresentar motivo justificado.

Quando não houver motivo justificado, a testemunha responde não só pelas despesas da audiência não realizada e daquelas necessárias para a sua condução, mas também pelas despesas acarretadas a testemunhas que tiveram os seus depoimentos adiados em virtude do não comparecimento da testemunha faltosa.

Lembre-se que, segundo o art. 462, "A testemunha pode requerer ao juiz o pagamento da despesa que efetuou para comparecimento à audiência, devendo a parte pagá-la logo que arbitrada ou depositá-la em cartório dentro de 3 (três) dias."

Por outro lado, se a testemunha não compareceu apesar do compromisso da parte, mas a audiência é desdobrada, devendo reiniciar em nova data – evidentemente que por outro motivo que não o simples não comparecimento das testemunhas –, a parte anteriormente comprometida pode proceder a nova comunicação para as testemunhas de modo que compareçam no prosseguimento da audiência. A pena que se impõe pelo não comparecimento das testemunhas tem o objetivo de evitar o procrastinamento do processo, de modo que não tem sentido penalizar a parte que não levou as testemunhas à audiência quando essas, ainda que presentes, não poderiam ter prestado os seus depoimentos. Como corretamente decidiu o Tribunal de Justiça de São Paulo, na vigência do Código anterior, "não há disposição legal que impeça a parte que se comprometeu a trazer testemunhas a uma audiência de reclamar a intimação delas para outra que venha a se realizar em continuação".[701]

3. Intimação judicial de testemunha

No Código de 2015, a intimação judicial de testemunha passa a ser residual. Por outras palavras, só ocorrerá nos casos do art. 455, § 4.º, do CPC ("§ 4.º A intimação será feita pela via judicial quando: I – for frustrada a intimação prevista no § 1.º deste artigo; II – sua necessidade for devidamente demonstrada pela parte ao juiz; III – figurar no rol de testemunhas servidor público ou militar, hipótese em que o juiz o requisitará ao chefe da repartição ou ao comando do corpo em que servir; IV – a testemunha houver sido arrolada pelo Ministério Público ou pela Defensoria Pública; V – a testemunha for uma daquelas previstas no art. 454").

701 *RT* 515/88.

Se a testemunha é intimada judicialmente e não comparece, sem apresentar justificativa, sujeita-se a condução coercitiva, bem assim às despesas decorrentes do adiamento, na forma já prevista no item 2, *supra*.

Ressalvados esses casos, deve o advogado proceder à intimação (comunicação) da testemunha, seja por carta com aviso de recebimento, seja comprometendo-se a levá-la à audiência.

4. Requisitos do mandado de intimação

O art. 412 do CPC/1973 previa determinados requisitos que deveriam obrigatoriamente constar no mandado de intimação da testemunha para prestar depoimento. Eram eles: dia, hora e local da audiência, bem como os nomes das partes e a natureza da causa. O art. 455 do CPC em vigor não contém semelhante preceito, talvez porque trata a intimação judicial de forma excepcional.

Ainda assim, sempre que for necessária a intimação judicial da testemunha, tais requisitos continuam sendo exigíveis, seja para que a testemunha possa ter ciência de quando e onde deve depor, seja para que possa ter mínimo conhecimento do conteúdo da questão a ser esclarecida, seja ainda para que possa previamente verificar algum comprometimento (suspeição ou impedimento) que possa ter em relação ao caso.

5. Requisição de servidor público como testemunha

Afirma o art. 455, § 4.º, inc. III, que sempre que a testemunha for servidor público civil ou militar, deve ele ser requisitado "ao chefe da repartição ou ao comando do corpo em que servir".

O juiz requisitará o servidor público ou o militar ao chefe da repartição ou ao comandante do corpo em que servir para dar a esses a devida oportunidade para a indicação de outra pessoa para ocupar o lugar da requisitada. Evidentemente que a requisição não será necessária, sendo suficiente a intimação, quando a testemunha estiver em disponibilidade, aposentada ou reformada, de férias ou licenciada.

Em caso de não comparecimento da testemunha requisitada sem motivo justificado, aplicam-se as mesmas sanções que podem ser impostas à testemunha que foi intimada por advogado ou por via judicial (art. 455, 5.º).

Art. 456. O juiz inquirirá as testemunhas separada e sucessivamente, primeiro as do autor e depois as do réu, e providenciará para que uma não ouça o depoimento das outras.

Parágrafo único. O juiz poderá alterar a ordem estabelecida no caput se as partes concordarem.

1. Oitiva separada das testemunhas

O juiz inquirirá as testemunhas separada e sucessivamente, diz o art. 456. Isso quer significar que as testemunhas não podem ser ouvidas coletivamente, ou melhor, uma na presença da outra.

Objetiva-se, com isso, evitar que as testemunhas sejam influenciadas ou que possam desvirtuar os seus depoimentos. O que se deseja é um depoimento isento e espontâneo.

2. Isolamento das testemunhas

É por essa razão que o juiz deve "providenciar" para que uma testemunha não ouça o depoimento da outra. No local ou no recinto em que está sendo realizada a audiência, só deve entrar, para prestar o seu depoimento, uma testemunha por vez, zelando-se para que a testemunha que ficou do lado de fora, geralmente em um corredor ou em um pátio, não ouça o depoimento que está sendo prestado.

3. Ordem de oitiva das testemunhas

Afirma-se que o juiz inquirirá primeiro as testemunhas do autor e depois as do réu. Se de acordo com o art. 373 do CPC incumbe ao autor provar o que alega, isto é, o fato constitutivo do seu direito, e ao réu provar os fatos impeditivos, modificativos ou extintivos, cabe ao autor provar antes o fato constitutivo para que só depois o réu deva provar os fatos impeditivos, modificativos ou extintivos.

No caso em que o réu não articula fato impeditivo, modificativo ou extintivo, limitando-se a negar o próprio fato constitutivo, é racional que as testemunhas do réu, que objetivam apenas demonstrar em contrário o fato afirmado, sejam ouvidas por último.

No passado, decidiu o Tribunal de Alçada do Rio Grande do Sul, que "não é viável inverter a ordem de inquirição das testemunhas sem concordância do réu, em relação ao artigo 413 do CPC, pena de nulidade".[702] Mas, se os interessados – inclusive o juiz – estão de acordo com a inversão da ordem de ouvida das testemunhas, não há que se pensar em nulidade. Aliás, se o interessado não impugna,

702 *Julgados do Tribunal de Alçada do Rio Grande do Sul* 97/191.

na primeira oportunidade ao seu alcance, a inversão da ordem de ouvida das testemunhas, isso não poderá mais ser feito.[703]

Art. 457. Antes de depor, a testemunha será qualificada, declarará ou confirmará seus dados e informará se tem relações de parentesco com a parte ou interesse no objeto do processo.

§ 1.º É lícito à parte contraditar a testemunha, arguindo-lhe a incapacidade, o impedimento ou a suspeição, bem como, caso a testemunha negue os fatos que lhe são imputados, provar a contradita com documentos ou com testemunhas, até 3 (três), apresentadas no ato e inquiridas em separado.

§ 2.º Sendo provados ou confessados os fatos a que se refere o § 1.º, o juiz dispensará a testemunha ou lhe tomará o depoimento como informante.

§ 3.º A testemunha pode requerer ao juiz que a escuse de depor, alegando os motivos previstos neste Código, decidindo o juiz de plano após ouvidas as partes.

1. Qualificação das testemunhas

Antes de prestar o seu depoimento, a testemunha será qualificada, declarando ou confirmando seus dados, a exemplo do seu nome por inteiro, da profissão, da residência e do estado civil, esclarecendo ainda se tem relações de parentesco com a parte, ou interesse no objeto do processo.

Como está claro, antes de depor a testemunha deve ser "qualificada", nome jurídico que se dá à declaração ou à confirmação dos seus dados. Deve também esclarecer se possui relações com as partes ou interesse no processo.

A qualificação se presta à verificação da capacidade, do impedimento ou da suspeição da pessoa chamada a depor. Nesse momento o juiz analisará se o depoimento pode ser produzido e, em caso positivo, se o depoente pode prestá-lo na qualidade de testemunha ou de informante.[704]

---

703 V. *Julgados do Tribunal de Alçada do Rio Grande do Sul* 81/168.

704 Como advertiu Carnelutti, "l'obbligo del testimonio, come ognuno sa, non è soltanto di rispondere alle interrogazzioni del giudice, ma di rispondere secondo verità" ("a obrigação do testemunho,

2. Contradita da testemunha

É facultado ao interessado – e não apenas à parte, como equivocadamente afirma o § 1.º do art. 457 – contraditar a testemunha, arguindo-lhe a incapacidade, o impedimento ou a suspeição.

Contradita é o nome dado à impugnação que o interessado pode oferecer à testemunha, seja no sentido de arguir a sua incapacidade, o seu impedimento ou a sua suspeição. A contradita deve ser feita oralmente, logo a seguir da "qualificação". Como já disse o Tribunal de Justiça do Rio de Janeiro, "a contradita há de ser feita logo em seguida à qualificação das testemunhas, arguindo-se a sua incapacidade ou impedimento. Depois de tomados os depoimentos a contradita oposta vem a destempo".[705]

Deixe-se claro, porém, que se no depoimento surgirem novos fatos indicadores de impedimento ou de suspeição, o interessado pode arguir um ou outro após o início do depoimento. Contudo, a incapacidade pode ser invocada em qualquer momento, ainda que na ausência de novos fatos, pois essa elimina a própria possibilidade de "depoimento".

De qualquer forma, o juiz sempre pode atuar de ofício, mesmo após o início do depoimento, não estando submetido ao prazo para a contradita e a fatos novos. Na verdade, se o juiz verificar, no momento da qualificação ou no do depoimento testemunhal, causa de incapacidade, impedimento ou suspeição, a pessoa convocada a depor deve assim ser declarada – ouvidos os interessados e respeitado o contraditório. Em outras palavras, não é preciso que o juiz aguarde a contradita ou a iniciativa do interessado.

3. Prova da contradita

Apresentada a contradita, o juiz ouvirá a testemunha e os interessados. Concluindo, de plano, que a arguição tem ou não procedência, o julgamento será imediato, afastando-se ou não o depoimento testemunhal.

Caso a contradita não possa ser solucionada de plano, a parte poderá provar a contradita com documentos ou com testemunhas – até três – apresentadas no ato e inquiridas em separado.

---

como sabe qualquer um, não é somente a de responder às indagações do juiz, mas a de responder segundo a verdade") (Francesco Carnelutti, *Il testimonio, questo sconosciuto!* cit., p. 179).

705 *RT* 637/162.

4. Contradita acolhida e ouvida na qualidade de informante

Provados ou confessados os fatos, o juiz dispensará a testemunha, ou lhe tomará o depoimento, observando o disposto no art. 447, § 4.º.[706]

Como já dito, não há como ouvir pessoa incapaz, à exceção do menor. Porém, na hipótese de menor, de impedido ou suspeito e sendo o depoimento "estritamente necessário", o juiz ouvirá esta pessoa na qualidade de "informante". Essa não tem que prestar compromisso, mas evidentemente não se livra do dever de dizer a verdade.

5. Exclusão do dever de depor

O § 3.º do art. 457 afirma que a testemunha pode requerer ao juiz que a escuse de depor, alegando os motivos de que trata o art. 448.

Em relação a esse ponto, remete-se o leitor aos comentários ao art. 448. Acrescente-se, apenas, que em virtude da necessidade de contraditório, o juiz somente pode decidir após ouvir os interessados sobre o pedido de escusa.

Art. 458. Ao início da inquirição, a testemunha prestará o compromisso de dizer a verdade do que souber e lhe for perguntado.

Parágrafo único. O juiz advertirá à testemunha que incorre em sanção penal quem faz afirmação falsa, cala ou oculta a verdade.

1. Advertência à testemunha de dizer a verdade

Ficou demonstrado na parte inicial do vol. VI destes Comentários que a verdade é algo inatingível, porém que o juiz deve procurar se convencer da verdade para proferir a sentença. Aliás, mesmo quando o juiz pode proferir a sentença mediante a

706 Como escreveu Carnelutti, "ma il vero è che come il delitto è un uomo, che lo commette, così la testimonianza è un uomo che la presta. Perciò essa tanto vale quanto vale l'uomo, che fa da testimonio. E come per giudicare l'imputato il giudice ha bisogno di conoscere non solo il fatto ma l'uomo, così dovrebbe essere per il testimonio, il quale non è meno soggetto dell'imputato al giudizio del giudice" ("mas a verdade é a de que, como o criminoso é um homem que o comete, a testemunha também é um homem, que presta o testemunho. Portanto, esta vale tanto quanto vale o homem, que presta o testemunho. E como para julgar o criminoso o juiz tem a necessidade de conhecer não apenas o fato, mas o homem, assim deveria ser para a testemunha, que não é menos sujeito do que criminoso ao juízo do juiz") (Francesco Carnelutti, *Il testimonio, questo sconosciuto!* cit., p. 179).

redução do módulo da prova (por exemplo, relação de consumo) ou está autorizado pela própria lei processual a decidir com base em convicção de verossimilhança (como se tem nos casos de tutela provisória, definidos pelo Código), isso não quer dizer que, na medida do possível, não deva tentar se convencer da verdade.[707]

Por isso, é importante a idoneidade da prova com base na qual o juiz forma o seu convencimento. Recorde-se que, como disse Carnelutti, a testemunha também deve ser julgada,[708] sendo fundamental, por isso, analisar a sua credibilidade. É por essa razão que o art. 458 impõe a necessidade de a testemunha prestar o compromisso de dizer a verdade.

2. Conteúdo da advertência dirigida à testemunha

De acordo com o parágrafo único do art. 458, o juiz advertirá à testemunha que incorre em sanção penal quem faz afirmação falsa, cala ou oculta a verdade.

---

707 "Não existe verdade, pois a verdade está no campo do impossível. A verdade varia de acordo com a subjetividade de cada um. A certeza seria a manifestação subjetiva de alguém a respeito de um dado, de onde pode surgir a verdade para ela, mas não para os outros ou para todos. Esta certeza – mesmo porque a subjetividade do próprio ser cognoscente pode mudar – não existe, ou existirá, como absoluta, nem àquele que um dia a afirmou. Toda certeza, pois, não passa de mera verossimilhança. Mas o juiz, não obstante, deve procurar encontrar, por assim dizer, a certeza do 'caso concreto'. A certeza acerca da afirmação de um fato. Dizemos certeza sobre a afirmação porque o fato não pode ser qualificado de verdadeiro ou falso. O fato só adquire significação no campo cultural ou jurídico a partir do momento em que é afirmado. A respeito da afirmação do fato, portanto, é que o juiz deve formar sua convicção de 'certeza'. A 'certeza do caso concreto', porém, não é a certeza da lógica tradicional, isto é, não necessita apenas da presença de motivos convergentes em relação à afirmação realizada. Ao contrário, o juiz deve conviver mesmo com os motivos divergentes, o que quer significar, sem dúvida, embora aqui em outro sentido, que a certeza jurídica sempre representará um certo grau de probabilidade. Exemplificando: deverá o juiz, em uma ação de investigação de paternidade, exigir 100% de probabilidade para julgar o pedido procedente, ou poderá contentar-se com 90%? Ora, o juiz, na busca de seu juízo de certeza, não pode estrangular o direito subjetivo material. O que importa, efetivamente, é que o juiz procure descobrir a sua verdade, até mesmo determinando provas de ofício, mas sem exigir um grau de probabilidade que torne impossível a demonstração da existência do direito. Vivemos em uma sociedade formalizada, em que o princípio da aparência preside todas as relações sociais, e a complexidade da vida de certa forma transformou o processo em um instrumento de orientação na escolha de alternativas legítimas. O cidadão, desorientado frente aos seus valores e à complexidade da sociedade de massa, acaba por pedir uma orientação ao juiz, que não pode deixar de lado a sua responsabilidade social para querer aplicar regras matemáticas sobre valoração probatória" (Luiz Guilherme Marinoni, *Novas linhas do processo civil* cit., 4. ed., p. 107-108).

708 Francesco Carnelutti, *Il testimonio, questo sconosciuto!* cit., p. 185.

Fazer afirmação falsa, nessa perspectiva, é o mesmo que calar ou ocultar a verdade. Diante da alusão da lei às proibições de calar e de ocultar a verdade, a distinção que pode ser feita entre uma e outra é a de que a testemunha que cala é a que nada fala, enquanto que a testemunha que oculta verdade é a que fala tangenciando o fato que deve ser esclarecido e é de seu conhecimento.

Art. 459. As perguntas serão formuladas pelas partes diretamente à testemunha, começando pela que a arrolou, não admitindo o juiz aquelas que puderem induzir a resposta, não tiverem relação com as questões de fato objeto da atividade probatória ou importarem repetição de outra já respondida.

§ 1.º O juiz poderá inquirir a testemunha tanto antes quanto depois da inquirição feita pelas partes.

§ 2.º As testemunhas devem ser tratadas com urbanidade, não se lhes fazendo perguntas ou considerações impertinentes, capciosas ou vexatórias.

§ 3.º As perguntas que o juiz indeferir serão transcritas no termo, se a parte o requerer.

1. Conteúdo do depoimento

O modelo atual, constante do CPC, prevê a possibilidade de os advogados formularem perguntas *diretamente* à testemunha. Aboliu-se, com isso, o regime antigo, pelo qual as perguntas eram dirigidas pelo advogado ao juiz, que as redirigia à testemunha. O regime atual aperfeiçoa o sistema anterior, não apenas por evitar repetições inúteis de perguntas, mas ainda por evitar o risco de o juiz formular outra pergunta - no sentido de pergunta diversa - à testemunha.

Atualmente, portanto, cabe aos advogados das partes - em primeiro lugar, àquele que arrolou a testemunha, depois os advogados dos litisconsortes daquele que a arrolou, então os advogados do polo contrário e, finalmente, o Ministério Público, se intervier no feito - formular as perguntas à testemunha. O papel do juiz, nesse momento, é, sobretudo, o de controlar o conteúdo das perguntas, indeferindo perguntas que possam induzir respostas, que sejam impertinentes ou que já tenham sido respondidas. Inserem-se nas hipóteses de impertinência as perguntas que estejam fora dos limites dos fatos controvertidos, tal como fixados no saneamento do processo. Também devem ser indeferidas perguntas capciosas ou vexatórias (art. 459, § 1.º).

Embora o Código não o diga expressamente, também deve o juiz controlar - advertindo à testemunha que não tem o dever de responder - perguntas que possam estar abrangidas pelas hipóteses do art. 448, do CPC.

Com o objetivo de formar o seu juízo sobre o fato controvertido, cabe ao juiz também interrogar a testemunha. O juiz, que indagará à testemunha antes, durante ou depois dos demais interessados, não pode perguntar sobre fato que, no saneamento, não foi fixado como controvertido. Se o juiz pudesse indagar sobre fato que não foi definido como controvertido apenas porque tem o poder de determinar prova de ofício, estaria novamente plantando a controvérsia em torno de fato que o próprio processo sepultou para dar mais objetividade à atividade das partes e ao seu próprio trabalho.

2. Dever de respeito à testemunha

A possibilidade de contraditar a testemunha ou de verificar a sua capacidade e credibilidade não quer dizer que a testemunha possa ser tratada com desrespeito e falta de educação. Ou seja, ao lado da necessidade de aferição da credibilidade da testemunha está o seu direito de ser tratada com urbanidade.

Veda-se, nessa linha, perguntas ou considerações impertinentes, capciosas ou vexatórias.

3. Indeferimento de perguntas à testemunha

Afirma-se, finalmente, que as perguntas que o juiz indeferir, se a parte o requerer, serão obrigatoriamente transcritas no termo.

Como o juiz tem o poder de indeferir as perguntas formuladas pelos advogados e pelo membro do Ministério Público, o interessado, reputando-se prejudicado, pode requerer a sua transcrição no termo. Com isso resta possível demonstrar eventual ilegalidade no indeferimento de pergunta e, assim, violação do contraditório.

Não é preciso dizer que o juiz não pode se negar a atender o requerimento da parte para a pergunta indeferida constar no termo.

Art. 460. O depoimento poderá ser documentado por meio de gravação.

§ 1.º Quando digitado ou registrado por taquigrafia, estenotipia ou outro método idôneo de documentação, o depoimento será assinado pelo juiz, pelo depoente e pelos procuradores.

§ 2.º Se houver recurso em processo em autos não eletrônicos, o depoimento somente será digitado quando for impossível o envio de sua documentação eletrônica.

§ 3.º Tratando-se de autos eletrônicos, observar-se-á o disposto neste Código e na legislação específica sobre a prática eletrônica de atos processuais.

1. Registro do depoimento

Em regra, o depoimento prestado por testemunha – e também aquele prestado por outros sujeitos que depõem em audiência – é registrado por meio de gravação. A gravação, preferencialmente, deve dar-se por meio de sistema de som e imagem, já que assim se permite a melhor percepção da qualidade do depoimento prestado.

Se não for possível o emprego de gravação de som e imagem, então se deve empregar a gravação de som.

Somente quando inviável a gravação é que se pode empregar o registro do depoimento por digitação, taquigrafia, estenotipia ou outro meio de documentação.

Afirma o § 2.º da norma ora comentada que "Se houver recurso em processo em autos não eletrônicos, o depoimento somente será digitado quando for impossível o envio de sua documentação eletrônica". Supõe-se, portanto, que o depoimento, como regra, não precisa ser datilografado e, ainda, que o tribunal não é obrigado a ler a partir de registro taquigráfico ou de outro que não seja o datilográfico. O objetivo da versão datilográfica, diante do recurso, é a de não dificultar o acesso do tribunal aos depoimentos. Porém, sempre que possível, deve-se oferecer ao tribunal a imagem mais completa do depoimento prestado. Por isso, prefere o texto legal que se envie ao tribunal a "documentação eletrônica", vale dizer, o registro de som e imagem (ou, ao menos, o de som) gravado durante a audiência.

2. Outras formas de registro do depoimento

Se não for possível o registro das declarações da testemunha por meio de registro de som e imagem (ou, ao menos, de som) o depoimento poderá ser registrado por taquigrafia, estenotipia[709] ou – segundo a dicção do art. 460 – outro meio idôneo de documentação.

Como se vê, a referência que o artigo faz aos meios de documentação é exemplificativa, bastando que seja "meio idôneo". Por meio idôneo deve-se tomar o meio estável, capaz de armazenar o conteúdo do depoimento, e, na medida mais ampla possível, de permitir o acesso ao teor da declaração da forma mais ampla e precisa viável.

3. Autenticação do depoimento

O § 1.º do art. 460 afirma que o depoimento digitado, registrado por taquigrafia, estenotipia, ou outro meio de documentação idôneo, será autenticado pelo juiz, pelo depoente e pelos procuradores. Obviamente, se estiver presente ao ato, também deve ser autenticado pelo representante do Ministério Público.

O texto legal não alude à hipótese de gravação do depoimento. Embora nesse caso não haja forma de "autenticação" da gravação, devem o juiz, o depoente e os procuradores (bem assim o Ministério Público, se for o caso) firmar termo de comparecimento da testemunha, com sua qualificação e o compromisso, de modo também a registrar o comparecimento e a condição do depoimento prestado.

4. Gravação da audiência pelos interessados

Faculta-se aos interessados (partes e terceiros) a gravação de qualquer ato da audiência e, portanto, não apenas do depoimento.

Art. 461. O juiz pode ordenar, de ofício ou a requerimento da parte:

I – a inquirição de testemunhas referidas nas declarações da parte ou das testemunhas;

II – a acareação de 2 (duas) ou mais testemunhas ou de alguma delas com a parte, quando, sobre fato determinado que possa influir na decisão da causa, divergirem as suas declarações.

§ 1.º Os acareados serão reperguntados para que expliquem os pontos de divergência, reduzindo-se a termo o ato de acareação.

709 Sobre a estenotipia, v. Sidnei Agostinho Beneti, A estenotipia no Judiciário, *Revista de Jurisprudência do Tribunal de Justiça do Estado de São Paulo*, vol. 76, p. 29 e ss.

§ 2.º A acareação pode ser realizada por videoconferência ou por outro recurso tecnológico de transmissão de sons e imagens em tempo real.

1. Poderes instrutórios do juiz

Como já demonstrado, o juiz tem o poder de determinar prova de ofício para melhor formar sua convicção sobre o litígio. O grande problema que repousa sobre essa questão diz respeito à possibilidade de o juiz "supor" que uma das partes tem razão (para não se falar no juiz arbitrário) e procurar elucidar os fatos apenas na perspectiva do que ela afirma, ainda que imaginando que está buscando somente o aprofundamento do seu conhecimento.

De qualquer forma, essa é uma das questões que dependem da conclusão a respeito da oportunidade de se dar maior poder ao juiz. É certo que o juiz pode abusar ou usar mal o seu poder. No presente caso, de nada adianta dizer que o juiz não sabe o resultado da produção da prova e, por isso, quando a determina de ofício, não pode estar vinculado a qualquer das partes. Isso é falso, pois o juiz sabe que o resultado da produção de uma prova, em alguns casos, apenas poderá beneficiar uma das partes.

Porém, também é inegável que uma grande variedade de situações não terá solução adequada, caso o juiz não possa determinar prova de ofício. Nessa linha, em um processo em que não há razão para presumir que o poder do juiz pode ser utilizado contra as partes, é melhor acreditar em um juiz que não se deixará iludir de plano por uma melhor argumentação de uma das partes.

Portanto, a possibilidade de o juiz determinar, de ofício, a ouvida de testemunha *referida* nos depoimentos das partes ou das testemunhas e a *acareação* de duas ou mais testemunhas ou de alguma delas com a parte, insere-se na dimensão de poder necessária para o juiz poder se convencer adequadamente sobre os fatos.

2. Testemunha referida

A testemunha ou a parte podem fazer referência, em seu depoimento, a outra pessoa, também conhecedora dos fatos que estão sendo narrados no depoimento.[710]

710 Assim, por exemplo, decidiu o Tribunal de Justiça do Rio Grande do Sul: "É amplo o poder do juiz no sentido de completar as provas, em busca da verdade real. Código de Processo Civil, arts. 130 e 418, I. É considerada testemunha referida aquela que houver sido mencionada no depoimento da representante legal da menor impúbere autora da ação de investigação de paternidade" (TJRGS, AI

A testemunha referida não é apenas a que contou ao depoente como os fatos se passaram, mas também a que pode ter tido com eles contato direto.

Se o fato for pertinente, e importar para a formação do juízo, o depoimento da testemunha referida deve (e não pode) ser determinado de ofício pelo juiz. Com efeito, o juiz deve, presentes as condições para tanto, determinar o depoimento da testemunha referida, sem que para isso seja necessário requerimento do interessado (parte, terceiro ou Ministério Público).[711]

O Tribunal de Alçada do Rio Grande do Sul decidiu que "a lei faculta - não obriga - ao juiz, a inquirição de testemunha referida, devendo-se entender essa regra em consonância com aquela que dá ao juiz o poder de deferir prova necessária ou indeferir as inúteis".[712] Como também já afirmou o 2.º Tribunal de Alçada Civil de São Paulo, não há que se falar em cerceamento de defesa, "se o juiz, já convencido pelo conjunto probatório acerca dos fatos relevantes para a decisão da causa, indefere pedido de oitiva de testemunhas referidas".[713] Porém, *o juiz não tem alternativa quando a ouvida da testemunha referida é essencial para esclarecer fato pertinente.*

A parte, ao requerer a ouvida de testemunha referida, deve demonstrar o trecho em que o depoimento prestado alude à testemunha referida, e que o fato em questão é pertinente e ainda não foi devidamente esclarecido.

O depoimento da testemunha referida será prestado em nova audiência, para tanto designada, sujeitando-se às formalidades que acompanham o depoimento de qualquer testemunha, inclusive a arguição de incapacidade, impedimento e suspeição.

Caso a testemunha faça referência a outra em depoimento que esteja sendo tomado por juiz deprecado, e a testemunha referida resida na comarca em que o juiz deprecado exerce competência, esse deverá de ofício, ou atendendo ao requerimento formulado pelo interessado, determinar a ouvida da testemunha referida, evitando, assim, a expedição de nova carta precatória.

586060683, 1.ª Câm. Civ., rel. Des. Athos Gusmão Carneiro, j. 05.05.1987, *Revista de Jurisprudência do TJRGS* 124/231).

711 Segundo Roberto Beghini, "o art. 257 do Código de Processo Civil italiano prevê que se qualquer testemunha refere-se a outras pessoas, como conhecedoras dos fatos, o juiz pode determinar de ofício que elas sejam convocadas a depor" (*La prova per testimoni nel rito civile* cit., p. 296).

712 *Julgados do Tribunal de Alçada do Rio Grande do Sul* 65/181.

713 *RT* 752/247.

Diante do depoimento da testemunha referida, o juiz não pode admitir indagação a respeito de fato que não seja aquele que, segundo o depoimento prestado anteriormente, é conhecido pela testemunha referida. Se a testemunha referida conhece outro fato, que também é importante, o juiz *deve indagá-lo de ofício*.

Sublinhe-se, ainda, que o juiz pode determinar, de ofício, a renovação de depoimento já prestado, seja porque há nulidade em virtude de não ter sido observada determinada regra, seja porque há a necessidade de melhor esclarecimento dos fatos.

3. Acareação

O juiz também pode determinar, de ofício ou a requerimento da parte, a acareação de duas ou mais testemunhas ou de alguma delas com a parte, quando, sobre fato determinado, que possa influir na decisão da causa, divergirem as suas declarações.[714]

Tal acareação nada mais é do que um confronto entre testemunhas ou entre uma delas e a parte. Muito embora o art. 461, II, admita expressamente o confronto entre a declaração prestada pela testemunha e a prestada pela parte, o Código só deveria admitir tal procedimento se conferisse valor testemunhal ao depoimento da parte. Registre-se que, segundo relato de Roberto Beghini, a Corte de Cassação italiana já decidiu que a acareação não é admissível entre *uma testemunha e uma parte*.[715]

Por outro lado, cabe frisar que a divergência deve recair sobre fato que "possa influir na decisão da causa". Assim, está correto o Tribunal de Justiça de São Paulo ao decidir que "se o fato é inócuo ou insuscetível de influir no julgamento da causa, pela própria maneira vaga como foi relatado, pode o juiz, como condutor da prova, indeferir legitimamente o pedido de acareação, inútil e igualmente protelatório".[716]

Contudo, quando houver divergência sobre fato que possa influir no julgamento, o juiz não pode indeferir requerimento de acareação sob pena de violação do contraditório. Aliás, quando tal divergência existir, e nada for requerido, o juiz deve – e não pode – determinar a acareação de ofício.

---

714 Como afirma Roberto Beghini, de acordo com o art. 254 do CPC italiano, "quando há divergências entre os depoimentos de duas ou mais testemunhas, o juiz, a requerimento da parte ou de ofício, pode determinar que estes sejam colocados em confronto" (*La prova per testimoni nel rito civile* cit., p. 295).

715 Idem, ibidem.

716 *RT* 676/93.

A acareação pode ser requerida oralmente na própria audiência de instrução. Deve incidir sobre o fato sobre o qual os depoimentos divergiram, embora o juiz, de ofício, possa indagar sobre outro fato pertinente e relevante.

Se um dos depoimentos divergentes foi prestado perante outro juiz mediante carta precatória, cabe ao juiz da causa realizar a acareação, confrontando os depoimentos divergentes.

Como esclarece o § 2.º do art. 461, para realizar a acareação, com a maior brevidade, pode o juiz empregar técnicas como a videoconferência ou outro meio de comunicação, em tempo real, à distância disponível. Obviamente, o emprego dessas técnicas é uma faculdade, e deve ser empregada sempre que o juiz não veja a necessidade da presença física do depoente e da confrontação pessoal dos sujeitos cujas declarações são divergentes.

Art. 462. A testemunha pode requerer ao juiz o pagamento da despesa que efetuou para comparecimento à audiência, devendo a parte pagá-la logo que arbitrada ou depositá-la em cartório dentro de 3 (três) dias.

1. Pagamento de despesas da testemunha

A testemunha tem o direito de ser reembolsada pela despesa que efetuou para comparecer à audiência, devendo a parte pagá-la logo que arbitrada, ou depositá-la em cartório dentro de três dias.

As despesas da testemunha, qualquer que seja o fato a ser provado em juízo, devem ser pagas pela parte que a arrolou. O valor que deve ser pago à testemunha não inclui o que deixou de ganhar, mas apenas o que efetivamente gastou para comparecer à audiência.

Contudo, como a testemunha em regra desconhece esse direito, é conveniente que o juiz, por ocasião do depoimento, faça a comunicação a respeito do benefício constante do art. 462.

Art. 463. O depoimento prestado em juízo é considerado serviço público.

Parágrafo único. A testemunha, quando sujeita ao regime da legislação trabalhista, não sofre, por comparecer à audiência, perda de salário nem desconto no tempo de serviço.

1. Depoimento como *munus* público

O depoimento testemunhal, diante da sua relevância para o julgamento e por ser de interesse da coletividade e do Estado, é considerado um serviço público. Assim, não teria cabimento que aquele que se ausenta do seu trabalho pudesse sofrer perda de salário, determinada pelo empregador, ou desconto no tempo de serviço.

Também a condição de "serviço público" faz com que a testemunha não possa recusar-se a depor. Ademais, também nessa linha, tanto empregado (sujeito à legislação trabalhista) como empregador estão sujeitos a sanções caso se recusem, sem motivo, a depor ou oponham embaraço injustificado ao depoimento a ser prestado (arts. 729 e 730, da CLT).

Seção X
Da prova pericial

1. A colaboração técnica para a formação do juízo

As partes e os terceiros, como é sabido, têm direito ao juiz natural. Contudo, muitas vezes o juiz necessita do auxílio de um técnico, chamado de perito, para bem compreender os fatos que estão envolvidos no litígio.

A prova pericial advém da necessidade de se demonstrar no processo fato que dependa de conhecimento especial que esteja além dos saberes que podem ser exigidos do homem e do juiz de cultura média. Não importa que o magistrado que está tratando da causa, *em virtude de capacitação técnica individual e específica (porque é, por exemplo, formado em engenharia civil)*, tenha qualificação para analisar a situação concreta. Se a capacitação requerida por essa situação não estiver dentro dos parâmetros daquilo que se pode esperar de um juiz, não há como dispensar a prova pericial, ou seja, a elucidação do fato por prova em que participe um perito – nomeado pelo juiz – e em que possam atuar assistentes técnicos indicados pelas partes, a qual deve resultar em laudo técnico-pericial que, por essas, poderá ser discutido. O fato que requer conhecimento técnico não interessa apenas ao juiz, mas fundamentalmente às partes, que têm o direito de discuti-lo de forma adequada mediante, se for o caso, a indicação de assistentes técnicos. Em poucas palavras: a legitimidade do resultado da prova pericial requer que as partes tenham tido a devida possibilidade de participar em contraditório da sua formação.

Ademais, dentro do sistema brasileiro, os casos podem ser levados, em regra, a dois órgãos jurisdicionais, o que arreda, definitivamente, a dispensa de prova pericial pelo motivo de o juiz – que teve contato inicial com a causa – ter qualificação técnica especial. Ora, se um outro juiz deve analisar a situação de fato, não há como supor que essa análise possa ser feita de forma adequada quando a questão técnica for de conhecimento apenas do primeiro julgador. Na verdade, se o conhecimento técnico que é peculiar a um juiz, mas não pertence ao comum dos julgadores, pudesse dispensar a prova pericial, estar-se-ia diante de uma hipótese de *ciência privada*. Enfim, como corretamente já disse o Tribunal de Alçada do Paraná, "não pode o magistrado valer-se de conhecimentos pessoais, de natureza técnica, para dispensar a perícia".[717]

Note-se que o perito traz ao processo uma análise técnica e científica a respeito dos fatos. Assim, é fácil distinguir a prova testemunhal e a prova pericial: enquanto a primeira se destina a aportar ao processo apenas uma versão leiga sobre os fatos, a segunda tem por objetivo tomar do perito as impressões técnicas ou juízos especializados. Por isso mesmo, a prova pericial somente será admitida se for possível e necessária para o esclarecimento dos fatos da causa e, ainda, se a prova de um específico fato depender de conhecimento especial (art. 464, § 1º, do CPC, *a contrario sensu*).

Por outro lado, não é correta a afirmação de que na prova testemunhal não há juízo. É óbvio que a testemunha também faz juízo sobre o fato. É bom não esquecer que a testemunha, em razão de seu juízo próprio, pode supor (e declarar) que viu fato que na realidade não aconteceu. Por essa razão, é inegável que toda testemunha narrará o fato influenciada por sua formação – que pode ser técnica. Perceba-se, porém, que em tal caso a testemunha deve se limitar a declarar sobre a ocorrência do fato, mas jamais emitir juízos sobre as suas eventuais causas ou consequências.[718]

717 *RT* 606/199.

718 Exemplificando: a testemunha pode declarar o estado em que o prédio estava quando desabou; mas não pode declarar que o prédio desabou em virtude das rachaduras que eram existentes.

Aliás, quando o próprio relato do fato puder ser influenciado por uma questão técnica controvertida, a prova pericial não poderá ser dispensada. O perito pode ter presenciado o fato, mas a sua função não é a de, simplesmente, relatá-lo, porém, sim, a de demonstrar a sua ocorrência - ou não - a partir de critérios eminentemente técnicos.

2. O perito e os assistentes técnicos

A prova pericial é realizada por perito. Chama-se assim a pessoa - física ou jurídica - que, contando com a confiança do juiz, é convocada para, no processo, esclarecer algum ponto que exija conhecimento técnico especial.

Acima de tudo, o perito deve ter idoneidade moral e, assim, ser da confiança do juiz. Note-se que o juiz julga com base no laudo técnico, e o jurisdicionado tem direito fundamental a um julgamento idôneo. Se é assim, não deve o juiz julgar a partir de laudo pericial assinado por pessoa que não mereça confiança, já que estaria entregando à parte prestação jurisdicional não idônea. O juiz, quando precisa de laudo pericial, não deve deixar que a definição de um fato seja feita por qualquer pessoa (perito), como se lhe não importasse a qualidade e a idoneidade da resposta jurisdicional.

Além de idoneidade, o perito deve contar com conhecimento técnico suficiente.[719] Se a prova pericial exigir conhecimento de tema que esteja dentro da chamada área universitária, o perito deve ser escolhido entre profissionais legalmente habilitados (art. 156, § 1.º, do CPC). De regra, a habilitação legal se dá em razão da formação do perito, muitas vezes se exigindo nível superior e inscrição no conselho respectivo. De todo modo, somente a verificação do conhecimento necessário no caso concreto é que poderá determinar a "habilitação legal" que deve ostentar o perito para que possa funcionar em juízo.

No caso em que o exame técnico tiver por objeto a autenticidade ou a falsidade de documento (art. 478 do CPC), ou for de natureza médico-legal, o perito deve ser escolhido, de preferência, entre os profissionais vinculados a órgãos oficiais especializados (Instituto de Criminalística e Instituto Médico-Legal). Quando, na localidade em que se há de fazer a perícia, não houver profissional que atenda

719 Nada impede – quando o caso recomendar – que pessoa jurídica funcione como perito do juízo ou mesmo assistente técnico, não sendo necessário que a nomeação recaia sobre pessoa física. Ainda na vigência do CPC/73, o Superior Tribunal de Justiça já havia afirmado que "não veda o sistema processual vigente que pessoa jurídica possa servir como assistente técnico, sobretudo após a edição da Lei 8.455/1992" (*Revista Forense* 325/155). Perante o CPC/2015, essa possibilidade é evidente, já que o próprio código faz alusão à nomeação de órgãos técnicos ou científicos (art. 156, § 1º) para a condição de peritos.

a esses requisitos, o perito será de livre escolha pelo juiz, *respeitando-se o conhecimento técnico necessário* (art. 156, § 5.º, do CPC). Entre esses profissionais, o magistrado deve escolher o que merece maior confiança técnica e moral, o que não significa que não possa recorrer a profissionais de outras localidades, obviamente, quando necessário e mediante a devida motivação. Ademais, tratando-se de perícia complexa, que requeira conhecimento especializado em mais de uma área de conhecimento técnico ou científico, pode o juiz nomear mais de um perito (art. 475 do CPC).

O perito deve ser substituído na hipótese de carecer de conhecimentos técnicos suficientes para enfrentar a questão e quando, sem motivo justo, deixar de apresentar o laudo pericial no prazo estabelecido (art. 468 do CPC). Essa última causa constitui infração grave, exigindo comunicação ao respectivo órgão de fiscalização profissional, e impondo multa ao perito faltoso, a qual deve ser fixada em vista do valor da causa e do possível prejuízo decorrente do atraso no processo (art. 424, § 1º, do CPC).

As partes podem indicar auxiliares para representá-las na formação da prova pericial. Estes são vinculados às partes com quem contribuem, recebendo a designação de "assistentes técnicos". A eles não se aplicam as causas de impedimento e de suspeição, e a sua nomeação ou destituição não fica na esfera de decisão do magistrado. No caso da chamada "perícia complexa" (art. 475, do CPC), o juiz pode nomear mais de um perito e as partes indicar mais de um assistente técnico. A "perícia complexa", exatamente por abranger mais de uma área de conhecimento especializado, pode exigir mais de um perito e, assim, abre oportunidade para a indicação de mais de um assistente técnico.

3. O direito ao perito competente e imparcial

O juiz, não raramente, não tem outra alternativa a não ser confiar na solução do perito para resolver o litígio. Entretanto, o perito – assim como acontece com a testemunha –[720] antes de tudo, deve ser "julgado" – ou ter a sua credibilidade aferida – pelo juiz.

Ora, se as partes têm direito a um juiz imparcial, obviamente, também têm direito a um perito imparcial. É fundamental que o perito seja técnica, e moralmente, idôneo para que o juiz possa formar um convencimento adequado a respeito dos fatos; e para que as partes, por consequência lógica, sejam realmente atendidas

720 Sobre a necessidade de o juiz "julgar" a própria testemunha, ver Francesco Carnelutti. *Il testimonio, questo sconosciuto!* cit., p. 177 e ss.

por um juiz imparcial. É nesse sentido que se diz que o juiz deve, antes de julgar o litígio, julgar o próprio perito.[721]

Aplicam-se ao perito – no intuito de assegurar a sua imparcialidade – as mesmas causas de impedimento e suspeição atinentes ao juiz (arts. 148, II, e 467, do CPC). Por isso, o perito deve declarar-se suspeito diante de qualquer um dos motivos dos incs. dos artigos 144 e 145. Caso assim não proceda, a parte deverá arguir o impedimento ou a suspeição "em petição fundamentada e devidamente instruída, na primeira oportunidade em que lhe couber falar nos autos" (art. 148, § 1º, do CPC). Apontado o impedimento ou a suspeição, determinará o juiz a autuação da petição em separado e, sem suspender a causa, ouvirá o perito no prazo de quinze dias, facultando a prova quando necessária para, então, julgar o pedido (art. 148, § 2.º, do CPC).

4. A prova estatística

A legislação brasileira, não raras vezes, vale-se de estatísticas para certas decisões ou para a incidência de certos comandos.[722] Os dados estatísticos, portanto, têm relevância jurídica em diversos campos, sendo certo que sua relevância também pode ser notada no âmbito probatório. Por isso, tem-se tornado frequente no foro o emprego, como instrumento ou argumentos de prova, de estatísticas, oficiais ou não. Aliás, bem vistas as coisas, pode-se concluir que até mesmo os testes de

721 Como já dissemos em outro lugar, "o trabalho dos auxiliares da Justiça, principalmente o dos oficiais de justiça e dos peritos, deveria merecer maior atenção dos juízes. Algumas causas, como é sabido, são praticamente definidas pelo trabalho do perito. O juiz, portanto, ao nomear um perito, deve realmente estar preocupado com o seu conhecimento técnico e, principalmente, com a sua conduta ética e moral. Enquanto os oficiais de justiça praticam pequenas corrupções, alguns peritos, lamentavelmente, têm envergonhado a Justiça com grandes corrupções. O juiz, assim, não pode simplesmente nomear o perito e esperar o laudo, abandonando o processo à sorte de um estranho, como se não fosse de sua responsabilidade a idoneidade do laudo pericial e a realização da justiça. Julgar com justiça não é simplesmente julgar com base no laudo do perito, mas julgar com base em um laudo íntegro, firmado por um profissional competente e de moral ilibada. O cidadão, que tem direito ao juiz natural, não pode ficar ao sabor de qualquer perito, como se esse fosse insubstituível. Ao menor sinal de parcialidade, o juiz deve ordenar a realização de nova perícia" (Luiz Marinoni Guilherme. *Novas linhas do processo civil* cit., 4. ed., p. 85).

722 Assim, por exemplo, diz o art. 22, § 3º, da Lei n. 8.212/91 que "o Ministério do Trabalho e da Previdência Social poderá alterar, com base nas estatísticas de acidentes do trabalho, apuradas em inspeção, o enquadramento de empresas para efeito da contribuição a que se refere o inciso II deste artigo, a fim de estimular investimentos em prevenção de acidentes". Também a legislação sobre entrega de correspondência regula a entrega domiciliar a partir da população da localidade, tomada a partir dos dados angariados pelo Instituto Brasileiro de Geografia e Estatística (arts. 2º e 3º, da Portaria n. 311/1998, do Ministério das Comunicações).

DNA - tidos como uma das provas mais seguras atualmente em uso - nada mais são do que provas estatísticas, de resultados probabilísticos.[723] O tema tem particular interesse em matéria de litígios complexos,[724] em que a prova é mais complicada, mas certamente tem aplicação em diversos campos do Direito brasileiro.

A prova estatística corresponde a particular modalidade de prova científica, em que o método estatístico é empregado para, a partir da avaliação de um universo de elementos - inteiramente ou por amostragem - extrair conclusões que possam servir como argumentos de prova no processo civil.

Embora o tema ainda seja pouco tratado no sistema brasileiro, cabe referir que, em certos ordenamentos, o emprego da prova estatística é até mesmo regulado expressamente, tamanha a importância que se vê em seu emprego. É o caso dos Estados Unidos, em que o *Manual for Complex Litigation* (editado pelo *Federal Judicial Center*) expressamente alude ao emprego da técnica (item 11.493, p. 102). Segundo aquela orientação, a estatística frequentemente pode estabelecer, com graus de precisão específicos, as características de uma "população" ou "universo" de eventos, transações, atitudes ou opiniões, pela observação de amostragem de uma população. Seu emprego, conforme se pensa naquele ordenamento, além de poupar tempo e recursos, é capaz de permitir acesso (razoavelmente confiável) a informações que seriam desconhecidas por outros meios. Ademais, a regra 703, das *Federal Rules of Evidence*, expressamente autoriza, naquele sistema, peritos a expressarem opiniões, desde baseadas em resultados de pesquisas, o que de certa forma autoriza o oferecimento de opiniões pessoais fundamentadas em análises estatísticas.[725]

A jurisprudência norte-americana, por outro lado, há muito permite o emprego de prova estatística para evidenciar fatos que, por outra maneira, não

723 Também nesse sentido, v. GRECO, Leonardo. "A prova no processo civil: do código de 1973 ao novo código civil". *Scientia iuris*. Revista eletrônica, v. 5/6, 2001/2002, p. 119.

724 GIUSSANI, Andrea. "La prova statistica nelle 'class actions'". *Rivista di diritto processuale*. Padova: CEDAM,1989, *passim*. No direito brasileiro, aliás, em interessante argumentação, Edilson Vitorelli defende o uso da prova estatística como um dos instrumentos hábeis a perquirir a vontade de um grupo, de modo a refleti-la em processos coletivos (VITORELLI, Edilson. *O devido processo legal coletivo - dos direitos aos litígios coletivos*. São Paulo: RT, 2016, p. 497 e ss.).

725 Regra 703: "An expert may base an opinion on facts or data in the case that the expert has been made aware of or personally observed. If experts in the particular field would reasonably rely on those kinds of facts or data in forming an opinion on the subject, they need not be admissible for the opinion to be admitted. But if the facts or data would otherwise be inadmissible, the proponent of the opinion may disclose them to the jury only if their probative value in helping the jury evaluate the opinion substantially outweighs their prejudicial effect."

seriam demonstráveis. Um dos casos mais relevantes desse emprego é *Castaneda* v. *Partida*, julgado pela Suprema Corte dos Estados Unidos em 1977.[726] O caso envolvia possível discriminação racial na escolha de júri para a avaliação de caso criminal perante o Condado de Hidalgo, localidade próxima à fronteira sul do Texas. Rodrigo Partida, de ascendência mexicana, havia sido indiciado por crime de arrombamento de uma residência, com intenção de estupro. Condenado, Partida recorreu, sustentando discriminação na seleção dos jurados, apontando dados estatísticos que apoiariam essa conclusão. Negado seu recurso (sobretudo porque se entendeu que a maioria dos órgãos de governo do local eram de ascendência mexicana, o que afastaria qualquer discriminação) impetrou *habeas corpus* também sustentando essa discriminação, tendo então o caso chegado à Suprema Corte dos Estados Unidos. Por maioria de cinco magistrados, aquela Corte concluiu, com base nos dados estatísticos oferecidos, que realmente havia a discriminação alegada. Entendeu, com base nos dados estatísticos disponíveis, que embora 79% da população local fosse de origem mexicana (65%, se considerada apenas a população alfabetizada), aquele grupo representava apenas 39% dos escolhidos para atuação em júris, considerando um período de onze anos. Na época, havia 180.525 pessoas aptas a participarem de júris, dos quais 142.675 eram de origem mexicana. Porém, das 851 pessoas escolhidas para atuar em júris, apenas 341 tinham ascendência mexicana, o que indicava estatisticamente uma sub-representação do grupo. A decisão foi muito debatida entre os magistrados da Corte, sobretudo em relação à interpretação dos dados estatísticos oferecidos e a possíveis imprecisões dessas informações. Ainda assim, trata-se de importante precedente no emprego da prova estatística naquele modelo.

Outro caso de ampla notoriedade naquele ordenamento é *McCleskey* v. *Kemp*,[727] que é também referência no debate sobre a pena de morte nos Estados Unidos. Warren McCleskey, negro, havia sido acusado de roubo e homicídio de um policial, no Condado de Fulton-Georgia. Condenado à pena de morte, McCleskey recorreu, alegando que a condenação derivava de discriminação racial. Para subsidiar seu argumento, valeu-se ele de estudo estatístico realizado por David Baldus, Charles Pulaski e George Woodworth, que tratava da influência da con-

726 *Castaneda* v. *Partida* 430 U.S. 482 (1977). Antes desse caso, também é relevante a discussão havida sobre o mesmo tema (discriminação racial na escolha de sujeitos que integrarão o júri) o caso *Norris* v. *Alabama* 294, U.S. 587 (1935), no qual se concluiu, com base no censo de 1930 do Condado de Jackson-Alabama, e com provas testemunhais que indicavam que, até então, nenhum negro havia sido selecionado para atuar no júri, pela ocorrência de discriminação.

727 *McCleskey* v. *Kemp*, 481 U.S. 279 (1987).

dição racial na determinação de penas de morte nos Estados Unidos.[728] Segundo esse estudo, pessoas acusadas de matar "brancos" no Estado da Georgia tinham 4,3 mais chances de obter pena de morte do que aqueles acusados de matar "negros". A maioria da Suprema Corte, todavia, entendeu que esse estudo – embora aceitável como evidência judicial – não era prova suficiente para conduzir à absolvição do réu ou para modificar a pena aplicada, sobretudo pela falta de demonstração da efetiva ocorrência de discriminação no caso concreto, mantendo a condenação à pena de morte. Não obstante, no caso, a prova estatística tenha sido inútil para os fins almejados, foi ela amplamente considerada no julgamento, demonstrando seu importante papel nas Cortes norte-americanas.[729]

Na União Europeia, o emprego da prova estatística também vem sendo expressamente admitida, sobretudo em relação à demonstração de casos de discriminação. As Diretivas 2000/43/CE e 2000/78/CE, tratando do combate à discriminação e da igualdade de acesso ao emprego e à atividade profissional, estabelecem, ambas, em seus arts. 15 a possibilidade do emprego da prova por estatística para a demonstração da condição de discriminação. Seguindo a orientação, a Bélgica, na Lei de 10 de maio de 2007 (de combate à discriminação), afirma em seu art. 28, § 3º a possibilidade da prova por estatística para a demonstração seja da situação do grupo a que pertence a vítima de discriminação, seja do tratamento

---

728 BALDUS, David C., PULASKI, Charles, WOODWORTH, George. "Comparative review of death sentences: an empirical study of the Georgia experience". *Journal of criminal law and criminology*. Northwestern University School of Law, vol. 74, n. 3, 1983.

729 Afirma o julgamento que "this Court has accepted statistics in the form of multiple-regression analysis to prove statutory violations under Title VII of the Civil Rights Act of 1964. Bazemore v. Friday, 478 U.S. 385, 400-401 (1986) (opinion of BRENNAN, J., concurring in part). But the nature of the capital sentencing decision, and the relationship of the statistics to that decision, are fundamentally different from the corresponding elements in the venire selection or Title VII cases. Most importantly, each particular decision to impose the death penalty is made by a petit jury selected from a properly constituted venire. Each jury is unique in its composition, and the Constitution requires that its decision rest on consideration of innumerable factors that vary according to the characteristics of the individual defendant and the facts of the particular capital offense. See Hitchcock v. Dugger, post, at 398-399; Lockett v. Ohio, 438 U.S. 586, 602-605 (1978) (plurality opinion of Burger, C.J.). Thus, the application of an inference drawn from the general statistics to a specific decision in a trial and sentencing simply is not comparable to the application of an inference drawn from general statistics to a specific venire-selection or Title VII case. In those cases, the statistics relate to fewer entities, and fewer variables are relevant to the challenged decisions. Another important difference between the cases in which we have accepted statistics as proof of discriminatory intent and this case is that, in the venire-selection and Title VII contexts, the decisionmaker has an opportunity to explain the statistical disparity" (p. 296-298).

desfavorável sofrido.[730] O Tribunal Europeu de Direitos Humanos, em mais de uma ocasião, aludiu à possibilidade do emprego da prova estatística, sendo conhecida a decisão tomada no caso Hoogendijk vs. Holanda (decisão de 06.01.2005), no qual se entendeu que "quando um demandante é capaz de mostrar, com base em estatísticas oficiais incontestáveis, a existência da indicação *prima facie* de regra específica (mesmo formulada de forma neutra) que afeta de fato percentual claramente maior de mulheres do que de homens, cabe ao Governo demandado provar que isso é resultado de fatores objetivos sem relação com qualquer tipo de discriminação sexual".

A Colômbia, mais próxima à realidade brasileira, expressamente admite o emprego da prova estatística em ações coletivas, ciente da utilidade desse meio de prova naquele campo, especialmente diante da dispersão e da complexidade das lesões normalmente ali ocorridas.[731]

Não obstante a admissão expressa em diversos ordenamentos, trata-se de fonte de prova bastante controversa, havendo quem se oponha veementemente a seu emprego, sobretudo de forma generalizada, ou ao menos que duvide da viabilidade de que essa prova seja hábil a demonstrar a veracidade de alguma afirmação.[732] Talvez

730 Art. 28. § 1er. Lorsqu'une personne qui s'estime victime d'une discrimination, le Centre ou l'un des groupements d'intérêts invoque devant la juridiction compétente des faits qui permettent de présumer l'existence d'une discrimination fondée sur l'un des critères protégés, il incombe au défendeur de prouver qu'il n'y a pas eu de discrimination. § 2. Par faits qui permettent de présumer l'existence d'une discrimination directe fondée sur un critère protégé, sont compris, entre autres, mais pas exclusivement: 1° les éléments qui révèlent une certaine récurrence de traitement défavorable à l'égard de personnes partageant un critère protégé; entre autres, différents signalements isolés faits auprès du Centre ou l'un des groupements d'intérêts; ou 2° les éléments qui révèlent que la situation de la victime du traitement plus défavorable est comparable avec la situation de la personne de référence. § 3. Par faits qui permettent de présumer l'existence d'une discrimination indirecte fondée sur un critère protégé, sont compris, entre autres, mais pas exclusivement: 1° des statistiques générales concernant la situation du groupe dont la victime de la discrimination fait partie ou des faits de connaissance générale; ou 2° l'utilisation d'un critère de distinction intrinsèquement suspect; ou 3° du matériel statistique élémentaire qui révèle un traitement défavorable.

731 Afirma o art. 28, da Lei Colombiana 472, de 1998, que "El juez podrá ordenar o practicar cualquier prueba conducente, incluida la presentación de estadísticas provenientes de fuentes que ofrezcan credibilidad".

732 Assim, por exemplo, TRIBE, Laurence H. "Trial by mathematics: precision and ritual in the legal process". *Harvard law review*. Vol. 84, n. 6, abril, 1971, *passim*; THOMSON, Judith Jarvis. "Liability and individualized evidence". *Law & contemporary problems*. Vol. 49, n. 3. 1986, *passim*; BRIGGS, William M. "The crisis of evidence: why probability & statistics cannot discover cause", *passim*. Disponível em https://arxiv.org/pdf/1507.07244.pdf, acessado em maio de 2018; SÁNCHEZ-RUBIO, Ana. "Los peligros de la probabilidad y la estadística como herramientas para la valoración jurídico-probatoria" *Revista brasileira de direito processual penal*. Porto Alegre, vol. 4, n. 1, jan./abr.-2018, *passim*. Também

a mais importante crítica a respeito do seu emprego esteja ligada à ideia de que, embora ela seja sem dúvida útil para a determinação da probabilidade de que algo venha a ocorrer, em razão da frequência com que ocorre em determinada população ou conjunto de casos, tendo assim claro papel *prospectivo*, dificilmente se tem como tão óbvia sua finalidade em descrever fatos pretéritos. Como se afirma, não parece haver grande ligação entre a frequência com que certo fato ocorreu no passado e a específica ocorrência daquele mesmo fato em uma determinada situação.[733] Em razão disso, muitos autores negam a possibilidade do uso da prova estatística, na medida em que ela não é capaz de oferecer a devida relação de causalidade, que atribuiria alguma consequência a determinado fato.[734]

Realmente, análises estatísticas não têm por foco o indivíduo ou situação individual; ao contrário, destinam-se a tratar com universos, buscando padrões e uniformidades de casos ou de situações.

Em que pese a relevância da crítica, e o fato de que ainda há resistência – e, muitas vezes, até desconhecimento – quanto ao emprego da prova estatística, parece curioso que outros meios de prova (tão imprecisos ou mais imprecisos do que dados estatísticos) são naturalmente admitidos como prova, a demonstrar a ausência de racionalidade na seleção dos critérios que admitem ou não algo como prova em juízo. Prova disso, aliás, é a já lembrada prova de DNA: não há dúvida de que o instrumento é amplamente aceito em diversos sistemas, quase com valor absoluto; ainda assim, não deixa de ser esse exame uma prova estatística, apta apenas a oferecer a probabilidade de compatibilidade entre duas cadeias de DNA e, consequentemente, a probabilidade de relação entre dois sujeitos.[735]

é interessante referir as críticas ao seminal texto de Judith Jarvis Thomson, mencionado, feitas, entre outros, por Richard Schmalbeck ("The trouble with statistical evidence". *Law and contemporary problems*. Vol. 49, n. 3, 1986, *passim*).

733 No mesmo sentido, v. TARUFFO, Michele. "Notes about statistical evidence". *Teoria jurídica contemporânea*. N. 1, PPGD-UFRJ, jan-jun/2016, p. 162.

734 WRIGHT, Richard B. "Causation, Responsibility, Risk, Probability, Naked Statistics, and Proof: Pruning the Bramble Bush by Clarifying the Concepts". *Iowa law review*, n. 73, 1988. Por uma análise ampla e com farta bibliografia de várias críticas feitas ao uso da prova estatística, e em particular sobre a intenção de separar provas especificamente relacionadas a um determinado caso e provas "generalizadas", capazes apenas de indicar a probabilidade de algo ocorrer em um universo (o que seria típico da prova estatística), v. ENOCH, David, FISHER, Talia. "Statistical evidence: the case for sensitivity", disponível em: [https://www.law.utoronto.ca/utfl_file/count/users/mdubber/CAL/13--14/Fischer-Paper-The%20Case%20for%20Sensitivity.pdf], acessado em maio de 2018.

735 V., assim, ponderando sobre as razões pelas quais se confere tanto valor a certas provas estatísticas, enquanto outras acabam menosprezadas, ENOCH, David, FISHER, Talia. "Statistical evidence: the case for sensitivity", p. 2-4.

Com efeito, é inegável que dados estatísticos – ao preverem padrões de comportamento ou de dados – podem contribuir para oferecer resposta melhor no âmbito do processo judicial. Afinal, se o processo precisa evitar erros na determinação dos fatos, desde que bem fundamentados, dados estatísticos podem ser tão úteis como qualquer outra prova direta. Além disso, há situações em que o direito autoriza consequências apenas diante da existência de *risco* na ocorrência de alguma situação. Se o fato não pode, normalmente, ser demonstrado pela prova estatística, sem dúvida o risco (maior ou menor) de que algo possa gerar certa consequência pode. E, ainda que fosse só por isso, essa fonte de prova tem, sem dúvida, lugar no cenário jurídico.

Na realidade, a mecânica que influi no uso da prova estatística é em tudo semelhante àquela que governa o emprego da prova indiciária. Toma-se fatos conhecidos – colhidos por técnicas de recenseamento ou de pesquisa – a fim de deles inferir a ocorrência de fatos que são relevantes para o processo. A viabilidade dessa prova, portanto, está assentada sobretudo na qualidade da inferência realizada, somada à qualidade das informações que foram efetivamente colhidas.

Mais uma vez utilizando como argumento o exame de DNA, essa é precisamente a situação. A qualidade da conclusão tomada a partir do emprego dessa prova é balizada pela adequação da colheita do material realizada e pela segurança na inferência decorrente do teste científico operado sobre esse material. A depender de defeitos no recolhimento das informações ou no teste aplicado, tem-se a maior ou menor confiabilidade da prova resultante.

Por isso, não há sentido em se negar valor à prova estatística. Constitui ela importante ferramenta – desde que bem conduzida – para a instrução processual civil.

5. Classificação da prova estatística

A doutrina[736] costuma classificar as espécies de prova estatística a partir, basicamente, de dois critérios: a) a origem das informações coletadas (se derivam apenas de declarações verbais, ou decorrem da observação, medição ou contagem do universo a ser pesquisado); e b) o percentual do grupo efetivamente examinado (se o exame se refere a todos os membros do grupo, ou apenas a parte dele).

Conforme esses critérios, considera-se a existência de quatro categorias de provas estatísticas:

a) O censo que envolve declarações dos sujeitos pertencentes ao universo examinado.

736 V., por todos, ZEISEL, Hans. "Uniqueness of survey evidence". *Cornell law review*. Vol. 45, n. 2, inverno de 1960, p. 323.

b) O censo que não envolve declarações ou impressões pessoais dos membros do universo pesquisado;

c) a pesquisa por amostragem envolvendo declarações ou impressões pessoais dos sujeitos pertencentes ao universo pesquisado;

d) a pesquisa por amostragem não envolvendo declarações ou impressões pessoais dos sujeitos pertencentes ao universo pesquisado.

A relevância desta classificação está, em primeiro lugar, em avaliar o universo pesquisado. Logicamente, pesquisas que consideram a totalidade do universo relevante tendem a oferecer visão mais precisa do que uma análise por amostragem. Na mesma linha, em pesquisas por amostragem, a qualidade e o percentual da amostra avaliada podem, seguramente, influir na precisão da resposta oferecida.

Por outro lado, a necessidade ou não de valer-se das impressões pessoais ou das declarações dos sujeitos que participam do universo a ser investigado influi seguramente no grau de exatidão das conclusões obtidas. Sistemas como o norte-americano, por exemplo, em que se veda, em regra, o depoimento por ouvir dizer (*hearsay*) restringem severamente provas estatísticas baseadas em impressões ou declarações de terceiros. Salvo em casos pontuais, normalmente regrados, aqueles sistemas tendem a não aceitar essa prova *sobre a verdade de fatos ocorridos* nos mesmos casos em que não admite o depoimento por ouvir dizer, justamente porque ela implicaria burla indireta à vedação à produção desse tipo de prova. Por outras palavras, naqueles sistemas, tende-se a admitir essa prova quando ela se destina a demonstrar o *sentimento* ou a *opinião* de um determinado grupo a respeito de algo; todavia, não se presta, naqueles sistemas, essa prova baseada em impressões ou declarações para a demonstração da veracidade do fato eventualmente ocorrido.[737]

Também se usa classificar as estatísticas em *descritivas* ou *inferenciais*.[738] As primeiras são aquelas que se limitam a resumir e processar dados a fim de obter informações. Já as estatísticas inferenciais são as que se valem dessas informações a fim de realizar previsões ou estimativas, transformando a informação em conhecimento. Como é intuitivo, as estatísticas descritivas, porque limitadas à apresentação das informações e das conclusões tomadas a partir daquelas, evita o

---

737 Como afirma o *Manual for Complex Litigation* (item 11.493, p. 104), "When the purpose of a survey is to show what people believe – but not the truth of what they believe – the results are not hearsay. In the rare situation where an opinion survey involves inadmissible hearsay, Federal Rule of Evidence 703 nevertheless allows experts to express opinions based on the results of the survey".

738 Nessa linha, v., RUEDA, Alvaro de Jesús Yáñes, SERRANO, Cristian Eduardo Laguardo. "La prueba estadística ante los tribunales internacionales". *Revista academia & derecho*. Cúcuta: Universidad Libre Seccional Cúcuta, n. 9 (ano 5), jul-dez., 2014, p. 118.

campo especulativo, deixando de realizar qualquer especulação para o futuro. Por isso, tem maior uso para o Direito, prestando-se amplamente para fins probatórios.

6. Condições para a admissão da prova estatística e sua valoração

Não há dúvida de que a prova estatística deve, ao menos em tese, ser admitida no modelo nacional, como prova atípica, nos moldes do que autoriza o art. 369, do CPC. Nada obsta seu emprego, havendo circunstâncias que só poderão ser demonstradas mediante recurso a esse instrumento. A par disso, como já se disse várias vezes, a própria prova de DNA – tão empregada no Brasil, sobretudo em casos de reconhecimento de paternidade – é uma prova estatística, cujo emprego jamais foi questionado.

Por outro lado, como já se disse anteriormente, em termos de sua valoração, a prova estatística não deixa de valer-se da mesma metodologia própria das presunções judiciais.[739] Embora aqui a inferência conte com a colaboração de algum técnico, que realiza a análise dos dados e oferece uma conclusão em relação a eles, cumpre ao juiz também verificar as condições em que esses dados foram colhidos, bem como a força da inferência realizada a partir da coleta das informações. Deve haver, em outras palavras, um controle judicial, pautado em critérios científicos, a respeito do número dos casos ou sujeitos analisados, em relação a determinado universo, bem como em relação ao método utilizado para o levantamento e para a análise das informações coligidas.[740]

O *Manual for Complex Litigation*, norte-americano, recomenda que em pesquisa que tome em conta dados coletados em determinado universo, leve-se em conta, além de outros fatores: a) se a população foi adequadamente escolhida e definida; b) se a amostra eleita é representativa da população; c) se as informações colhidas foram corretamente descritas; e d) se as informações foram analisadas de acordo com os princípios estatísticos admitidos.[741] Já, em se tratando de pesquisa de opinião por amostragem, ou de análises sobre observações, ações, atitudes, crenças ou motivações, considera-se que a prova só demonstra a percepção pública a respeito de algo. Por isso, os quatro critérios acima apontados devem ser aplicados sempre tendo em

739 V. sobre isso, *supra*, item 10. No mesmo sentido, KAYE, David H. "Is proof of statistical significance relevant?". *Washington law review*. N. 61, 1986, *passim*; IORRA, Alice Kramer. "A prova científica no processo civil brasileiro: DNA e estatística". *Juris rationis*. Universidade Potiguar. n. 1, ano 6, out.2012/mar. 2013, p. 20-21.

740 TARUFFO, Michele. "Prova scientifica (dir.proc.civ)". *Enciclopedia del diritto – Annali* II. Milano: Giuffrè, t. 1. 2008, p. 971.

741 Ob. cit., p. 103.

vista o objetivo da pesquisa ou da análise realizada. Em razão disso, deve o magistrado, ainda, tomar em conta os seguintes fatores: a) se as questões foram respondidas de forma clara e espontânea; b) se a pesquisa foi conduzida por agentes qualificados, que seguiram as regras devidas para o procedimento de entrevista; c) se o processo foi conduzido de forma objetiva, ou seja, se a pesquisa foi realizada antes do litígio e por pessoas ligadas às partes ou por pessoas cientes da finalidade do litígio.[742]

Esses critérios também podem e devem balizar o emprego da prova estatística no direito brasileiro. Deve o magistrado, ao admitir esse meio de prova ponderar eventuais deficiências na metodologia aplicada, no universo recortado ou mesmo nos dados obtidos. Deve também ponderar eventual margem de erro inerente à pesquisa feita,[743] sendo certo que a correta determinação e apresentação desses critérios eleva em muito a confiabilidade da estatística apresentada.[744] E à luz desses e de outros critérios que possam eventualmente influir na conclusão chegada, avaliar - sempre de forma justificada e mediante o devido contraditório - o valor a ser dado a essa prova.

Sua admissibilidade deve condicionar-se aos mesmos requisitos que informam a admissibilidade de qualquer prova. Assim, deve o juiz avaliar a pertinência e a potencial eficácia da prova a ser colhida. Deve-se tomar em conta a viabilidade, em tese, de o resultado da prova estatística demonstrar o fato probando ou, ao menos, demonstrar fatos instrutórios que possam permitir a inferência do fato probando. Essa análise deve ainda estender-se à avaliação do tipo de prova estatística a ser empregada, bem como à metodologia a ser aplicada e ao universo a ser pesquisado. O controle prévio desses fatores é essencial para conduzir a uma prova efetivamente útil, que seja capaz de realmente influir na convicção judicial.

Por outro lado, normalmente, essa prova estatística virá ao processo de modo documentado. Ou seja, trata-se de estatística *anteriormente realizada* - para o objetivo do litígio ou para outra finalidade - e que será exibida no intuito de demonstrar algum fato. É o que ocorre, por exemplo, com censos públicos e pesquisas realizadas por órgãos públicos em relação a certas informações relevantes (*v.g.*, dados sobre a criminalidade, sobre a população carcerária, sobre a evasão escolar, sobre a evolução de preços de certos bens). Nesses casos, a admissão da prova se fará ao mesmo tempo que sua valoração, como, aliás,

742 *Idem, ibidem.*

743 MELLO, Maurício Correia de. "A prova da discriminação por meio da estatística". *Revista do Tribunal Regional do Trabalho da 10ª Região.* Brasília, vol. 15/18, 2006/2009, p. 163-164.

744 V., amplamente sobre esses critérios, LIDDLE III, Thomas H. "Mathematical and statistical probability as a test of circumstantial evidence". *Case western reserve law review.* Vol. 19, 1968, *passim.*

ocorre com as provas documentadas em geral. Aí, então, esses critérios acima apontados acabarão por impactar, ao mesmo tempo, tanto a admissão, como a valoração da prova exibida.

De todo modo, na valoração dessa prova, a par dos critérios recém indicados, deve-se o magistrado pautar por aqueles critérios indicados no *Manual for Complex Litigation* antes referidos. A avaliação da qualidade do levantamento realizado, da metodologia efetivamente empregada, do universo pesquisado e, eventualmente, da adequação da inferência realizada na pesquisa. Ademais, também como já dito, essa prova trabalhará com a mesma lógica das provas por presunção judicial (prova indiciária), de sorte que, à luz dos dados reunidos, será necessário, normalmente, que o juiz proceda a juízos de inferência, justificados, que o levem a concluir pela ocorrência ou não do fato relevante para o processo.

Tudo isso, seria desnecessário dizer, há de ocorrer dentro de ambiente em que se assegure o contraditório efetivo dos interessados e por meio de decisões adequadamente justificadas.

Observadas essas condições, porém, a prova estatística pode ter importante papel no ambiente jurisdicional. Ademais, é certo que, se em teoria, pode haver muito debate sobre a validade ou não da admissão (e da valoração) dessa prova no processo, em circunstâncias concretas há amplo espaço para que essas pesquisas tenham sua utilidade submetida ao debate das partes e à justificada valoração judicial, o que incrementa significativamente sua utilidade para o processo.[745]

Art. 464. A prova pericial consiste em exame, vistoria ou avaliação.

§ 1.º O juiz indeferirá a perícia quando:

I – a prova do fato não depender de conhecimento especial de técnico;

II – for desnecessária em vista de outras provas produzidas;

III – a verificação for impraticável.

§ 2.º De ofício ou a requerimento das partes, o juiz poderá, em substituição à perícia, determinar a produção de prova técnica simplificada, quando o ponto controvertido for de menor complexidade.

745 BROOK, James. "The use of statistical evidence of identification in civil litigation: well-worn hypotheticals, real cases, and controversy". *Saint Louis University law journal*. Vol. 29, 1984-1985, *passim*.

§ 3.º A prova técnica simplificada consistirá apenas na inquirição de especialista, pelo juiz, sobre ponto controvertido da causa que demande especial conhecimento científico ou técnico.

§ 4.º Durante a arguição, o especialista, que deverá ter formação acadêmica específica na área objeto de seu depoimento, poderá valer-se de qualquer recurso tecnológico de transmissão de sons e imagens com o fim de esclarecer os pontos controvertidos da causa.

1. Modalidades de prova pericial

De acordo com o *caput* do art. 464, "a prova pericial consiste em exame, vistoria ou avaliação". Não há uniformidade, na doutrina, quanto ao significado dos vocábulos exame e vistoria. Frederico Marques, por exemplo, afirma que exame é a inspeção realizada por perito para cientificar-se da existência de algum fato ou circunstância que interesse à solução do litígio, podendo incidir sobre móveis, semoventes, livros comerciais, documentos e papéis em geral, e pessoas. Já a vistoria – segundo esse processualista – é a perícia que recai sobre *bem imóvel*.[746]

Para Moniz de Aragão, embora a palavra "exame" possa significar a própria prova pericial ou determinada atividade pericial (como a prova realizada sobre documentos), *o exame também pode incidir sobre bem imóvel* (art. 976 do CPC/1973). A "vistoria" seria "vocábulo destinado a indicar a atividade de quem vê; por isso, é reservada para denominar a observação pelo perito de coisas, móveis ou imóveis".[747]

Essa discordância é reflexo de a legislação processual utilizar, muitas vezes, inadequada, e irrefletidamente, tais vocábulos em suas normas. Não há base para distinguir os dois vocábulos supondo o seu objeto, e afirmando, sem nenhuma base normativa, *que a vistoria recai sobre imóvel e o exame não*. Também não procede, para o efeito da pretendida diferenciação, afirmar que a vistoria é a atividade de quem vê, pois no exame ocorre o mesmo; aquele que vê, e relata algo – seja na forma oral ou por escrito – realiza exame ou vistoria. Como o Código de Processo Civil utiliza, sem significação precisa, as duas expressões, é melhor requerer,

746 José Frederico Marques. *Manual de direito processual civil*. São Paulo: Saraiva, 1974. vol. 2, p. 225-226.

747 Egas Moniz de Aragão. *Exegese do Código de Processo Civil* cit., p. 145-146.

simplesmente, prova pericial, precisando-se o objeto sobre o qual deve recair e a sua finalidade.

Por fim, cabe dizer que a "avaliação" tem o objetivo de estabelecer o valor de determinada coisa – obrigação, direito, serviço – corpórea ou incorpórea, embora possa ser denominada, ainda, de "arbitramento".

2. Rejeição da prova técnica

Como já dito, o juiz, para definir um litígio, pode depender de uma valoração técnica a respeito de um fato. Embora o resultado da prova pericial constitua um juízo do perito e dos assistentes técnicos a respeito de determinada questão, esse juízo deve ser transmitido ao juiz, que deve valorar tal prova, confrontando-a, ainda, com as demais produzidas no processo.

A prova pericial somente deve ser produzida quando a demonstração do fato depender de conhecimento especial de técnico (art. 464, § 1º, inc. I). Disse, por exemplo, o Tribunal de Justiça de São Paulo, que "em tema de marca de indústria e comércio, sendo jurídicos os conceitos de imitação, reprodução ou confusão, de todo inútil a realização de perícia se a contrafação é facilmente perceptível e não depende, portanto, de conhecimento técnico especial, aplicando-se o disposto no art. 420, parágrafo único, do CPC".[748]

Além disso, afirma o art. 464, § 1º, inc. III, que a perícia também deve ser indeferida quando a "verificação for impraticável". Porém, no caso de controvérsia a respeito da inviabilidade da verificação mediante prova pericial, essa, obviamente, deverá ser produzida ainda que apenas para concluir que a verificação é impraticável.

Ademais, estando o fato já devidamente provado, não há porque deferir a produção da prova pericial (art. 464, § 1º, inc. II). Entretanto, se a afirmação de fato ainda puder ser demonstrada no sentido contrário, a parte interessada poderá requerer – e logicamente ver deferida – a prova pericial.

De todo modo, é certo que a enumeração do art. 464, § 1º, é meramente exemplificativa. Por isso, nada impede que o juiz indefira a produção da prova pericial fundado em outro critério, que não um daqueles dos incisos do art. 420, § 1º (por exemplo, quando observar que a perícia não poderá esclarecer o fato em relação ao qual deverá incidir).

---

748 *RT* 625/67.

3. Exigibilidade da submissão à prova pericial

O Código Civil afirma que "aquele que se nega a submeter-se a exame médico necessário não poderá aproveitar-se de sua recusa" (art. 231) e que "a recusa à perícia médica ordenada pelo juiz poderá suprir a prova que se pretendia obter com o exame" (art. 232). Isso quer dizer que, atualmente, a recusa injustificada de uma parte (comportamento processual) implica em presunção em favor da outra.[749]

Porém, a questão complica-se quando se percebe que a recusa do terceiro não pode gerar presunção. Veja-se, por exemplo, que se a ação de investigação de paternidade cumulada com petição de herança for endereçada contra a mãe do afirmado pai - que já faleceu -, o seu irmão, ainda vivo, embora não deva ser citado como réu, tem que participar do exame. Por isso mesmo, não há sentido em afirmar que estranho ao processo não deve participar de exame tendente à descoberta da paternidade. É verdade que já foi decidido pelo Tribunal de Justiça de São Paulo que "a prova da paternidade deve restringir-se às partes envolvidas no processo. Quem não é parte na ação não pode ser compelido a submeter-se ao exame da paternidade, para o que não há amparo legal".[750] Entretanto, essa decisão quer apenas dizer que um estranho ao processo não pode ser submetido a exame para ser considerado pai na ação em que não é parte, o que é pouco mais do que óbvio.

A falta de colaboração não gera automática impossibilidade de realização da perícia. O sistema processual atualmente confere ao magistrado vários instrumentos para lograr convencer o terceiro a cumprir a decisão judicial. Para coagir a parte ao exame pericial, pode o juiz valer-se de várias medidas coercitivas, como a multa, ou sub-rogatórias, a exemplo da condução (art. 380, parágrafo único, do CPC).

Ademais, o art. 77, IV, do CPC, estabelece que as partes, assim como qualquer pessoa que participe do processo, têm o dever de "cumprir com exatidão as decisões jurisdicionais, de natureza provisória ou final, e não criar embaraços à sua efetivação". Em consequência à desobediência a esse comando, prevê o § 2º, do mesmo art. 77, a imposição de multa de até vinte por cento do valor da causa, de acordo com a gravidade da conduta, a par de outras sanções civis, criminais e processuais adequadas.

Esse arsenal de instrumentos que podem ser empregados pelo juiz demonstra, claramente, a possibilidade de se impor ao terceiro a submissão ao exame pericial.

---

749 *Revista de Jurisprudência do Tribunal de Justiça do Rio Grande do Sul* 162/233.

750 *RT* 715/140.

Evidentemente, essa submissão exige, por vezes, a ponderação entre os valores fundamentais envolvidos. De fato, não raro, poderá suceder que a imposição de alguém submeter-se à prova técnica esbarre em eventual violação a princípios fundamentais, a exemplo da privacidade ou da liberdade pessoal. Porém, quando essa prova for imprescindível para a solução de certa controvérsia, haverá nítida colisão de valores fundamentais, a ser solvida pelo juiz diante do caso concreto e à luz da devida fundamentação (art. 498, § 2.º, do CPC).

4. Terceiros estranhos ao processo e impugnação contra a imposição de prova pericial

Diga-se, ademais, que o estranho ao processo, que por isso não participou em contraditório, poderá discutir a legalidade da decisão por meio de mandado de segurança – quando, evidentemente, possuir prova para tanto – ou de ação de conhecimento.

5. Prova técnica simplificada. Perícia informal

Os §§ 2º a 4º do art. 464 disciplinam a chamada prova técnica simplificada, também chamada de perícia informal. Trata-se de mecanismo inspirado no regime dos juizados especiais, em que a prova pericial dispensa seu alongado e complexo procedimento, sendo substituído pela simples inquirição ao perito sobre as questões técnicas que sejam relevantes para o processo.[751]

É certo que o especialista que presenciou um fato acidentalmente pode prestar depoimento – como testemunha – suficiente para convencer o juiz e, assim, dispensar a prova pericial. Entretanto, quando o especialista não presenciou o fato, porém foi chamado para examiná-lo, a situação é outra, pois não se trata de ouvir um especialista que presenciou o fato, mas, sim, a de receber informações de um especialista que foi convocado para esclarecê-lo.

No primeiro caso deve-se levar em conta não somente a simplicidade da demonstração do fato, mas, igualmente, a circunstância de o especialista ter

751 Como dizia Athos Gusmão Carneiro, em relação ao código de 1973, "desde que compatível com a natureza do fato a perícia poderá realizar-se através de simples e informal inspeção do perito e dos assistentes, (se houver) nas coisas (ou pessoa) objeto da lide, prestando a este respeito informações em audiência (art. 421, § 2.º, nova redação). Dispositivo semelhante está na Lei 7.244, de 7 de novembro 1984 – Lei dos Juizados de Pequenas Causas –, art. 36, com bons resultados práticos" (Athos Gusmão Carneiro, A nova sistemática da prova pericial. In: Sávio de Figueiredo Teixeira (coord.). *Reforma do Código de Processo Civil*. São Paulo: Saraiva, 1996. p. 552).

presenciado a sua ocorrência. No segundo, porém, a dispensa da prova pericial deve se fundar *apenas na possibilidade de o depoimento ser suficiente para explicar tecnicamente o fato, e por isso ser capaz de dispensar a perícia.*

A perícia informal pode dar-se apenas para colher informações técnicas do perito, ou, pode ainda, envolver a análise prévia de uma pessoa ou uma coisa, seguida dessa inquirição. Vale dizer: pode a perícia informal ter por objetivo apenas o esclarecimento de questões técnicas, atinentes a uma área específica; ou pode também ter por finalidade a análise pelo especialista de pessoa ou coisa – na própria audiência ou em momento anterior –, prestando-se seu depoimento para que ele possa apresentar suas impressões (técnicas) a respeito daquilo que foi examinado.

Com efeito, o depoimento do perito e dos assistentes técnicos poderá substituir a prova pericial *apenas quando a simplicidade da constatação do fato o permitir.* Para dispensar a prova pericial, o juiz deve estar seguro de que a constatação do fato é simples. Como é óbvio, o dispositivo não pretende que a prova pericial seja substituída pelo depoimento de um especialista que teve *conhecimento superficial* do fato a ser esclarecido. Quando a prova pericial pode ser substituída pelo depoimento do especialista, esse, obviamente, deve ter conhecimento *aprofundado* – e não *superficial* – do fato. Por outro lado, é bom deixar claro que a inquirição do especialista sempre será *formal. A informalidade – repita-se – está ligada à simplicidade da constatação do fato, e não ao conhecimento do especialista, à profundidade da análise do fato ou à forma da sua inquirição.*

Por isso, deve o juiz medir, de forma adequada – e devidamente fundamentada – o cabimento e a utilidade da perícia informal, de modo a só empregá-la quando se mostrar efetivamente viável e útil ao deslinde da questão técnica. Por outro lado, quando bastar a perícia informal, não deve o juiz designar prova pericial tradicional, sob pena de violar o princípio da duração razoável do processo e elevar, desnecessariamente, os custos da causa.

Afirma o art. 464, § 4.º, que o especialista poderá, para elucidar o ponto técnico ou científico, valer-se de qualquer recurso tecnológico de transmissão de sons e imagens. A ideia é permitir que, nesse ambiente mais informal, e que dispensará a elaboração de laudo escrito, possa o perito expressar, da melhor forma possível, a análise feita e as conclusões obtidas. O emprego desses mecanismos se destina a permitir às partes entender de forma adequada os aspectos técnicos ou científicos da questão, até para que possam melhor compreender o trabalho desenvolvido pelo perito e a solução dada à controvérsia.

Por fim, é conveniente lembrar que a declaração do especialista em audiência deve ser devidamente fundamentada, até porque o juiz irá se basear na sua inquirição para proferir a sua decisão, a qual deve ser, por exigência constitucional, adequadamente motivada.[752]

Art. 465. O juiz nomeará perito especializado no objeto da perícia e fixará de imediato o prazo para a entrega do laudo.

§ 1.º Incumbe às partes, dentro de 15 (quinze) dias contados da intimação do despacho de nomeação do perito:

I – arguir o impedimento ou a suspeição do perito, se for o caso;

II – indicar assistente técnico;

III – apresentar quesitos.

§ 2.º Ciente da nomeação, o perito apresentará em 5 (cinco) dias:

I – proposta de honorários;

II – currículo, com comprovação de especialização;

III – contatos profissionais, em especial o endereço eletrônico, para onde serão dirigidas as intimações pessoais.

§ 3.º As partes serão intimadas da proposta de honorários para, querendo, manifestar-se no prazo comum de 5 (cinco) dias, após o que o juiz arbitrará o valor, intimando-se as partes para os fins do art. 95.

§ 4.º O juiz poderá autorizar o pagamento de até cinquenta por cento dos honorários arbitrados a favor do perito no início dos trabalhos, devendo o remanescente ser pago apenas ao final, depois de entregue o laudo e prestados todos os esclarecimentos necessários.

§ 5.º Quando a perícia for inconclusiva ou deficiente, o juiz poderá reduzir a remuneração inicialmente arbitrada para o trabalho.

§ 6.º Quando tiver de realizar-se por carta, poder-se-á proceder à nomeação de perito e à indicação de assistentes técnicos no juízo ao qual se requisitar a perícia.

752 Sobre o princípio da fundamentação, ver Juan Monroy Gálvez. *Introduccion al proceso civil*. Bogotá: Temis-De Belaunde & Monroy, 1996. t. I, p. 85 e ss.

1. Prazo para o laudo pericial e para os pareceres técnicos

O juiz, ao designar o perito, deve desde logo fixar prazo razoável para a entrega do laudo pericial. Esse prazo há de ser fixado à vista da complexidade da perícia a ser realizada e, ainda, deve tomar em consideração a data da eventual audiência de instrução e julgamento designada para a colheita da prova oral.

De acordo com o art. 477 do CPC, o perito apresentará o laudo em cartório, no prazo fixado pelo juiz, pelo menos vinte dias antes da audiência de instrução e julgamento. O primeiro objetivo dessa norma é a de possibilitar que as partes possam manifestar-se sobre esse laudo, e os pareceres dos assistentes técnicos das partes possam ser entregues, quinze dias antes dessa audiência.

2. Prazo para a apresentação de quesitos e de assistente técnico e para a impugnação do perito

As partes têm o prazo de quinze dias, após intimadas da nomeação do perito, para indicar assistentes técnicos e formular quesitos, bem como para arguir o impedimento ou a suspeição do *expert* nomeado. A fixação desse prazo, contudo, não impede a apresentação de quesitos suplementares,[753] subordinando apenas a indicação dos quesitos principais.

Se a prova pericial foi deferida, iniciando-se os trabalhos, nada impede que a parte que não formulou "quesitos principais", ou mesmo que assim procedeu fora do tempo, possa apresentar, conforme o caso, quesitos suplementares. *A parte que não apresentou assistente técnico ou formulou quesitos, evidentemente não perde o direito de participar ativamente da formação da prova pericial;* inclusive, apresentando quesitos no curso da sua realização, quando necessário para que o perito melhor esclareça um dado e, assim, possa chegar a um bom resultado. Com efeito, conforme já decidiu o 1.º Tribunal de Alçada Civil de São Paulo, "a parte que não formulou quesitos principais no prazo do art. 421, § 1.º, II, do CPC, não se encontra, a rigor, impedida de formular quesitos suplementares ao do outro litigante".[754]

Note-se, ademais, que tal prazo, ainda que preclusivo, não pode impedir a alegação de "justa causa", prevista no art. 223 do CPC, e assim viabilizar a própria apresentação de assistente técnico e de quesitos principais. Nesse sentido, advertiu o 2.º Tribunal de Alçada Civil de São Paulo que "o prazo estabelecido no

753 Ver comentários ao art. 469, adiante.

754 *RT* 687/103.

art. 421, § 1.º, do CPC é preclusivo, e inclusive, para espancar qualquer dúvida, está firmado o termo inicial de sua fruição. Obviamente, ocorrendo relevante justificativa (não impedimento legal) e ainda não se tendo iniciado a diligência, poderá o magistrado aceitar a escusa, permitindo a indicação do crítico e a formulação de quesitos".[755]

Quanto à arguição de impedimento e suspeição do perito, vale lembrar que o prazo é preclusivo, como faz ver o art. 148, § 1.º, do CPC. Assim, na primeira oportunidade em que a parte puder falar nos autos – ou seja, nos quinze dias a que alude o art. 465, § 1º – deve-se apontar o defeito do perito, sob pena de preclusão. Evidentemente, a preclusão pode ser afastada, também à luz da justa causa, nos mesmos termos acima indicados.

Recorde-se, por fim, que o prazo em questão é próprio e específico. A ele não se aplicam as causas de aumento em face de litisconsortes ou da advocacia pública, por exemplo.

3. Nomeação do perito e fixação de honorários periciais

Segundo prevê o art. 465, § 2.º, uma vez nomeado, deve o perito apresentar seu currículo, seus contatos – inclusive de endereço eletrônico, para onde serão encaminhadas as intimações pessoais – e a proposta de honorários.

Dessa proposta serão intimadas as partes – que, ao fim e ao cabo, arcarão com essa despesa – para que possam manifestar-se no prazo comum de até cinco dias. O prazo, aqui, novamente, é comum e a ele não se aplicam as causas de aumento previstas no código. Eventuais impugnações serão decididas de pronto pelo juiz, que, então, deverá fixar o valor dos honorários periciais. Poderá, então, o juiz determinar à parte que requereu a prova a antecipação do depósito do valor correspondente (art. 95, § 1.º),[756] sendo ainda possível que o juiz autorize ao perito que levante até cinquenta por cento do valor depositado no início dos trabalhos. O restante do valor, obrigatoriamente, só pode ser levantado ao final da prova pericial, ou seja, depois de entregue o laudo e prestados todos os esclarecimentos, por escrito ou em audiência.

755 *RT* 578/179. Ver, também, *Revista de Jurisprudência do Tribunal de Justiça do Estado de São Paulo* 93/266.

756 Recorde-se que o regime de antecipação do valor dos honorários periciais tem disciplina específica quando se trate de pessoa beneficiária de assistência judiciária gratuita (art. 95, §§ 3º a 5º). Também, em se tratando de ação coletiva, o regime é específico, não se aplicando as disposições do CPC a respeito do assunto (art. 18, Lei 7347/85; v., tb., entre outros, STJ, EDcl no AgRg no REsp 1423840/SP. rel. Min. Humberto Martins. *DJe* 09.05.2016).

Note-se que o texto legal afirma que o juiz *poderá* determinar o depósito do valor da perícia. Tal antecipação, portanto, somente deve ocorrer nos casos em que o magistrado suspeite que o encarregado de remunerar o perito não terá condições de fazê-lo no final da perícia, ou ainda quando a produção da prova for extremamente onerosa para o perito – o que conduzirá à liberação parcial do valor depositado no curso das diligências periciais, a fim de fazer frente às despesas decorrentes da sua realização. Nas demais hipóteses, o pagamento da prova será feito posteriormente, quando da conclusão da perícia.

4. Revisão do valor dos honorários periciais

Afirma o art. 465, § 5.º, que, quando a perícia for tida como deficiente ou inconclusiva, pode o juiz reduzir a remuneração inicialmente arbitrada ao perito.

Trata-se de regra que objetiva assegurar que o perito, efetivamente, empregue toda diligência possível na elaboração da prova. Não sendo assim, diante da qualidade insuficiente da perícia, estabelece-se a possibilidade de que a remuneração – arbitrada inicialmente à vista de certa expectativa de qualidade – possa ser posteriormente reexaminada, à luz da efetiva qualidade do trabalho apresentado.

Essa providência só se justifica se a perícia efetivamente ficar muito aquém daquilo que se esperava. Meras insuficiências poderão ser sanadas pelos esclarecimentos escritos ou orais prestados pelo perito, posteriormente. Todavia, se realmente não for aproveitável o trabalho pericial, é o caso de se impor a redução mencionada.

5. Perícia por carta

O art. 465, § 6.º alude à possibilidade de se solicitar a perícia a outro foro. Fala-se ali em "carta", que poderá ser precatória, rogatória ou de ordem. É certo, também, que a colaboração entre juízes pode dispensar as "cartas" tradicionais, dando-se em razão de mecanismos de auxílio direto ou, eventualmente, de atos concertados entre juízes cooperantes (art. 69, do CPC). Tratando-se de cartas, evidentemente, há que se observar os seus requisitos formais próprios, enumerados no art. 260, do CPC. No particular, importa recordar que a lei impõe que, em se tratando de exame pericial a ser realizado sobre documento, "este será remetido em original, ficando nos autos reprodução fotográfica" (art. 260, § 2.º).

Por outro lado, o art. 465, § 6.º, diz que a nomeação do perito e a indicação dos assistentes técnicos pode ser feita no juízo ao qual se requisitar a perícia. O desejo da norma é evidente: ao viabilizar a nomeação de perito e a indicação de assistentes técnicos residentes no local da perícia, objetiva facilitar a sua produção e torná-la mais acessível economicamente.

Art. 466. O perito cumprirá escrupulosamente o encargo que lhe foi cometido, independentemente de termo de compromisso.

§ 1.º Os assistentes técnicos são de confiança da parte e não estão sujeitos a impedimento ou suspeição.

§ 2.º O perito deve assegurar aos assistentes das partes o acesso e o acompanhamento das diligências e dos exames que realizar, com prévia comunicação, comprovada nos autos, com antecedência mínima de 5 (cinco) dias.

1. Dever de cumprimento escrupuloso da perícia

O perito não prestará compromisso, embora deva cumprir o encargo escrupulosamente depois de tê-lo aceito, demonstrando conhecimento técnico e idoneidade moral e observando, fielmente, os prazos que lhe são conferidos.

No passado, na redação original do CPC/1973, dizia o art. 422 que "o perito e os assistentes técnicos serão intimados a prestar em dia, hora e lugar designados pelo juiz, o compromisso de cumprir escrupulosamente o encargo que lhes foi cometido".

Atualmente, e como é óbvio, não é em razão de o perito e os assistentes técnicos não possuírem o dever de prestar compromisso que não têm o dever de cumprir os seus encargos de maneira adequada. Na verdade, o antigo dispositivo legal continha redundância, pois previa algo – no caso o compromisso – que era completamente dispensável para o perito e os assistentes técnicos.

As sanções decorrentes do descumprimento de tal dever podem ser encontradas no plano ético-profissional – já que a atuação indevida do perito redunda em sanção profissional –, na esfera cível – pois de acordo com o art. 158 do CPC o perito que prestar informações inverídicas, por dolo ou culpa, responderá pelos prejuízos causados à parte e ficará inabilitado a funcionar como perito em outras causas por prazo de dois a cinco anos –, bem como no âmbito criminal – uma vez que o art. 342 do Código Penal tipifica a conduta do perito que faz afirmação falsa ou que omite fato relevante no processo.

2. Parcialidade dos assistentes

Afirma-se que os assistentes técnicos são da confiança da parte e que não estão sujeitos a impedimento ou suspeição.[757]

757 Já decidiam os Tribunais: "Na realidade, ninguém contrata alguém totalmente isento para ser seu assistente técnico. Dentro das limitações legais, a crítica do assistente visa precisamente a

Isso quer dizer, em outras palavras, que se incumbe à parte designar o assistente técnico de sua confiança, não cabe à outra parte ou ao juiz afirmar que o assistente técnico é impedido ou suspeito.[758]

3. Comunicação entre o perito e os assistentes

Afirma o art. 466, § 2.º, que é dever do perito garantir aos assistentes técnicos acesso e acompanhamento às diligências e atos que realizar. Para isso, deve comunicar nos autos todas as suas atividades atinentes à perícia com antecedência mínima de cinco dias.

Evidentemente, se os assistentes têm o papel de acompanhar a perícia, representando as partes durante essa prova e avaliando a qualidade, de modo a poder traduzir para elas a adequação e acuidade das conclusões, é indispensável que possam acompanhar todas as atividades feitas pelo perito. Por isso, essa comunicação prévia é fundamental.

Não havendo essa comunicação prévia, a perícia pode ser anulada, desde que a parte comprove o prejuízo que teve em não poder acompanhar alguma diligência ou análise realizada pelo perito sem a participação do assistente.

Art. 467. O perito pode escusar-se ou ser recusado por impedimento ou suspeição.

Parágrafo único. O juiz, ao aceitar a escusa ou ao julgar procedente a impugnação, nomeará novo perito.

1. Escusa do perito

O perito tem o dever de cumprir o seu ofício, no prazo que lhe assina a lei, empregando toda a sua diligência. Pode, contudo, escusar-se do encargo alegando "motivo legítimo" (art. 157, CPC). De acordo com o art. 157, § 1.º, do CPC, a escusa

demonstrar o acerto da posição defendida pela parte contratante. A atuação processual do assistente técnico não se identifica completamente com a do perito judicial" (*RT* 620/118).

758 Na Argentina, de acordo com o art. 458 do "Código Procesal Civil y Comercial de la Nación", "la prueba pericial estará a cargo de un perito único designado de oficio por el juez, salvo cuando una ley especial establezca un régimen distinto", sendo que "cada parte tiene la facultad de designar un consultor técnico" (art. 458, parte final).

será apresentada dentro de quinze dias, contados da intimação ou do impedimento superveniente, sob pena de se reputar renunciado o direito a alegá-la.

A lei, obviamente, não define o que é "motivo legítimo", deferindo ao juiz o poder de analisar, no caso concreto, se a razão apresentada pelo perito pode legitimar a sua escusa.

Porém, em regra, o perito deverá ser dispensado ao solicitar sua escusa do encargo. Em primeiro lugar, porque haverá outros especialistas disponíveis, que terão evidente interesse em prestar a prova. Em segundo lugar, porque a contrariedade do perito é indicativo de que forçá-lo a fazer a prova redundará em perícia mal feita, cujos resultados não merecerão confiança. Mesmo assim, caso o juiz entenda que o motivo apresentado pelo perito não seja legítimo, poderá exigir que realize a prova, inclusive, sob ameaça das sanções dos arts. 77, § 2.º, e 380, parágrafo único, do CPC.

2. Impedimento e suspeição do perito

Afirma-se, ainda, que o perito poderá ser arguido como impedido ou suspeito, valendo para tanto os mesmos motivos que tornam o juiz impedido ou suspeito, alinhados nos arts. 144 e 145 do CPC.

Assim, é defeso ao perito exercer encargo no processo: "I – em que interveio como mandatário da parte, oficiou como perito, funcionou como membro do Ministério Público ou prestou depoimento como testemunha; II – de que conheceu em outro grau de jurisdição, tendo proferido decisão; III – quando nele estiver postulando, como defensor público, advogado ou membro do Ministério Público, seu cônjuge ou companheiro, ou qualquer parente, consanguíneo ou afim, em linha reta ou colateral, até o terceiro grau, inclusive; IV – quando for parte no processo ele próprio, seu cônjuge ou companheiro, ou parente, consanguíneo ou afim, em linha reta ou colateral, até o terceiro grau, inclusive; V – quando for sócio ou membro de direção ou de administração de pessoa jurídica parte no processo; VI – quando for herdeiro presuntivo, donatário ou empregador de qualquer das partes; VII – em que figure como parte instituição de ensino com a qual tenha relação de emprego ou decorrente de contrato de prestação de serviços; VIII – em que figure como parte cliente do escritório de advocacia de seu cônjuge, companheiro ou parente, consanguíneo ou afim, em linha reta ou colateral, até o terceiro grau, inclusive, mesmo que patrocinado por advogado de outro escritório; IX – quando promover ação contra a parte ou seu advogado.".

Por outro lado, reputa-se suspeito o perito: "I – amigo íntimo ou inimigo de qualquer das partes ou de seus advogados; II – que receber presentes de pessoas que tiverem interesse na causa antes ou depois de iniciado o processo, que aconselhar alguma das partes acerca do objeto da causa ou que subministrar meios para atender às despesas do litígio; III – quando qualquer das partes for sua credora ou devedora, de seu cônjuge ou companheiro ou de parentes destes, em linha reta até o terceiro grau, inclusive; IV – interessado no julgamento do processo em favor de qualquer das partes".

Note-se que, muito embora exista distinção entre prova pericial e prova testemunhal, o art. 144, I, impede que a testemunha – ou a pessoa arrolada como testemunha – seja nomeada perito.

3. Procedimento da arguição de impedimento e suspeição do perito

Sobre a arguição de impedimento ou suspeição, que deve ser processada em apenso e sem suspensão do processo, devem ser ouvidos o perito, as partes e, se for o caso, o assistente simples, conferindo-se a todos ampla oportunidade de participação.

Eventual prova poderá ser requerida no prazo de quinze dias. Se o juiz julgar procedente a arguição, nomeará novo perito, respondendo o impedido ou o suspeito pelas despesas que provocou (art. 93) e por suas responsabilidades legais.

Art. 468. O perito pode ser substituído quando:

I – faltar-lhe conhecimento técnico ou científico;

II – sem motivo legítimo, deixar de cumprir o encargo no prazo que lhe foi assinado.

§ 1.º No caso previsto no inciso II, o juiz comunicará a ocorrência à corporação profissional respectiva, podendo, ainda, impor multa ao perito, fixada tendo em vista o valor da causa e o possível prejuízo decorrente do atraso no processo.

§ 2.º O perito substituído restituirá, no prazo de 15 (quinze) dias, os valores recebidos pelo trabalho não realizado, sob pena de ficar impedido de atuar como perito judicial pelo prazo de 5 (cinco) anos.

§ 3.º Não ocorrendo a restituição voluntária de que trata o § 2.º, a parte que tiver realizado o adiantamento dos honorários poderá promover execução contra o perito, na forma dos arts. 513 e seguintes deste Código, com fundamento na decisão que determinar a devolução do numerário.

1. Substituição do perito

O perito deve ser substituído, ainda que sem requerimento do interessado, quando carecer de conhecimento técnico ou científico, ou quando, sem motivo legítimo, deixar de cumprir o encargo no prazo que lhe foi assinado.

A primeira das hipóteses é, inquestionavelmente, caso de substituição do perito. A essência da prova pericial está exatamente no conhecimento técnico especializado. Se ele não possui conhecimento sobre a matéria que envolverá a perícia, não há sentido em permitir a sua participação no processo. Quanto à segunda situação, é caso que faz presumir a incapacidade de o perito desincumbir-se de sua tarefa adequadamente. O perito, deixando de atentar ao prazo fixado, ou de entregar seu laudo dentro deste – ou ainda após a dilação autorizada pelo art. 476 –, demonstra provável incompetência para realizar a prova, razão pela qual se impõe sua substituição. Nesse último caso, porém, quando entender ainda viável o cumprimento adequado da prova pelo perito designado, o magistrado poderá deixar de substituí-lo.

Isso não quer dizer que, diante da ocorrência de outros motivos relevantes, não possa o juiz, mesmo sem requerimento, substituir o perito. É lógico que, ocorrendo algum outro motivo grave ou relevante, isto é, um motivo que possa comprometer o resultado da prova pericial, o juiz pode substituir o perito. Vale lembrar, nesse sentido, que o art. 196 do CPC italiano afirma que "o juiz sempre tem a faculdade de determinar a renovação das diligências e, por graves motivos, a substituição do consulente técnico".[759]

2. Sanções ao perito substituído

No caso previsto no inciso II do art. 468, ou de substituição do perito por "motivo relevante", o juiz deve comunicar a ocorrência à corporação profissional respectiva, podendo, ainda, impor multa ao perito, fixada tendo em vista o valor da causa e o possível prejuízo decorrente do atraso no processo.

O objetivo do art. 468, § 1.º, ao dar ao juiz o poder de impor multa ao perito substituído, é o de penalizar aquele que mal procede. Deve o juiz, ao fixar o seu valor, tomar em consideração o "prejuízo decorrente do atraso no processo", levando em conta o valor do bem discutido em juízo. Como o valor desse bem tem relação com aquele atribuído à causa, estabelece-se esse último como parâmetro para a fixação do valor da multa.

---

759 Art. 196, CPC italiano: "Il giudice ha sempre la facoltà di disporre la rinnovazio ne delle indagini e, per gravi motivi, la sostituzione del consulente tecnico".

Além dessas sanções, prevê o código o dever de o perito restituir os valores recebidos pelo trabalho (não executado), no prazo de quinze dias. Não havendo essa restituição, ficará ele impedido de atuar como perito judicial pelo prazo de cinco anos, sujeitando-se, ainda, a cumprimento de título judicial, na forma dos arts. 513 e ss., do CPC.

Não diz a lei se a proibição de atuar como perito se dá exclusivamente no âmbito do juízo em que foi faltoso ou perante todo o Poder Judiciário. O problema é abrandado porque se espera que, havendo a comunicação à corporação profissional, receba o perito punição que, *ipso facto*, já inviabilize sua participação em outras perícias. É certo que o desejo do código é inviabilizar a participação do perito em *qualquer outra perícia judicial* pelo prazo legal. A dificuldade de fiscalização dessa sanção, porém, pode torná-la inútil, caso não se faça um cadastro nacional de peritos, sendo certo que o cadastro previsto no art. 157, § 2.º, é absolutamente insuficiente para controlar esse tipo de inabilitação.

3. Impugnação pelo perito da decisão sobre seu impedimento ou suspeição

Indaga-se, contudo, como o perito pode impugnar a decisão do juiz. Ninguém discute que o perito não é parte nem terceiro – no sentido técnico-processual –, e assim não pode interpor recurso no processo. Entretanto, tem oportunidade de impetrar mandado de segurança quando tiver direito líquido e certo. Mas, como evidentemente não pode ficar sem acesso ao Poder Judiciário – que lhe é garantido constitucionalmente –, poderá propor ação de conhecimento quando necessitar de prova diferente da documental.

Art. 469. As partes poderão apresentar quesitos suplementares durante a diligência, que poderão ser respondidos pelo perito previamente ou na audiência de instrução e julgamento.

Parágrafo único. O escrivão dará à parte contrária ciência da juntada dos quesitos aos autos.

1. Quesitos suplementares

Deferida a prova pericial e iniciando-se os trabalhos, admite-se que as partes formulem quesitos suplementares, segundo a determinação expressa constante do artigo ora comentado. Tais quesitos são perguntas ulteriores formuladas ao perito, com o objetivo de esclarecer ou aprofundar o exame do objeto da perícia. Note-se que tais quesitos devem prender-se ao objeto original da perícia deferida, não se prestando para *ampliá-lo ou substituí-lo*. Podem ser apresentados até a conclusão da perícia; ou seja, até a apresentação do laudo pericial e, excepcionalmente, após a sua apresentação, mediante quesitos de esclarecimento, que devem ser respondidos pelo perito por escrito ou na audiência de instrução e julgamento, para a qual deve ser previamente intimado (art. 477, §§ 2.º a 4.º).

Por outro lado, nada impede que a parte que não formulou "quesitos principais" possa apresentar quesitos suplementares. A parte que não apresentou os chamados "quesitos principais", evidentemente, tem o direito de participar ativamente da formação da prova pericial, apresentando "quesito suplementar" quando necessário para um melhor esclarecimento do perito. Embora o quesito suplementar também possa ser apresentado por aquele que não formulou quesito principal, é claro que o juiz deve sempre analisar a pertinência do quesito suplementar.

Outrossim, ainda que não o diga expressamente o texto legal, o magistrado também pode formular quesitos suplementares sempre que entendê-los convenientes para o esclarecimento do fato que está sendo examinado.

2. Contraditório sobre os quesitos suplementares

Afirma-se, ainda, que da juntada dos quesitos aos autos o escrivão dará ciência à parte contrária. É evidente a razão de ser desse dever do escrivão, pois as partes devem participar plenamente do processo e, assim, da formação da prova.

Como é curial, a participação pressupõe informação e, no presente caso, a ciência dos quesitos da parte contrária. A possibilidade de participação efetiva encontra seu pleno desenvolvimento no contraditório,[760] entendido como o cruzamento das atividades mediante as quais cada uma das partes oferece à outra e ao juiz os

760 Como diz Cappelletti, contraditório significa direito ao conhecimento e à participação, participar conhecendo, participar agindo: ele é, em suma, a garantia que assegura a possibilidade de participação dos interessados (Mauro Cappelletti. Appunti in tema di contraddittorio. *Studi in memoria di Salvatore Satta*. Padova: Cedam, 1982. v. 1, p. 211). No mesmo sentido, adverte TROCKER que, por meio de uma análise teleológico-sistemática, a melhor parte da doutrina e da jurisprudência alemã vinculou a exigência de fundo do *rechtliches Gehör* ao princípio da participação (Nicolo Trocker. *Processo civile e costituzione*. Milão: Giuffrè, 1974. p. 370).

dados, as ideias e as razões que crê melhor representem os seus próprios interesses e manifesta-se acerca dos dados, das ideias e das razões provenientes da outra.[761]

Art. 470. Incumbe ao juiz:

I – indeferir quesitos impertinentes;

II – formular os quesitos que entender necessários ao esclarecimento da causa.

1. Quesitos impertinentes

O juiz deve indeferir os quesitos impertinentes.[762] Impertinente é o quesito que não visa a obter resposta que possa ajudar a esclarecer fato controverso. Se o fato é incontroverso, ou sequer diz respeito à causa de pedir, nenhum quesito deve recair sobre ele. Quando o quesito, ainda que relativo a fato controverso, exige resposta concernente a matéria que não é da especialidade do perito, também deve ser considerado impertinente. Porém, é comum a parte formular quesito sobre fato não controverso, e até mesmo exigir do perito uma afirmação que não é da sua especialidade, o que, evidentemente, não pode ser admitido.

Por outro lado, se o perito presenciou o fato, cabe a ele, além da análise técnica, declarar sobre tal fato na sua ótica especializada, mas sem deixar de expressar essa circunstância no seu laudo.

2. Exame do quesito impertinente em grau de recurso

Questão interessante é a de se saber se o quesito impertinente, que foi deferido em 1.º grau, pode ser considerado em grau de recurso. Como corretamente já decidiu o 1.º Tribunal de Alçada Civil de São Paulo, o quesito impertinente, se não foi indeferido no Juízo de 1.º grau, como lhe competia (art. 470, I, do CPC), deve, em grau de recurso, ser excluído ou desconsiderado, caso já tenha sido respondido.

---

761 Mario Chiavaro. *Processo e garanzie della persona*. Milão: Giuffrè, 1982. v. 2, p.140.

762 Sobre a noção de fato impertinente, ver Abraham L. Vargas, *Estudios de derecho processal*, Mendoza: Ediciones Jurídicas Cuyo, 1999. t. I, p.125. VARGAS cita lição de PEYRANO, para quem "prueba pertinente es aquella que tiende a acreditar la existencia de un hecho controvertido materia de *la litis*".

3. Quesitos formulados de ofício

Certamente o juiz pode formular, de ofício, quesito necessário ao melhor esclarecimento da matéria fática. Sendo o juiz o responsável pelo julgamento que depende de um esclarecimento fático do perito, cabe-lhe, logicamente, apresentar, ainda que sem requerimento, quesito pertinente e necessário para um esclarecimento mais adequado, conforme autorização expressa do art. 470, II, do CPC.

Art. 471. As partes podem, de comum acordo, escolher o perito, indicando-o mediante requerimento, desde que:

I – sejam plenamente capazes;

II – a causa possa ser resolvida por autocomposição.

§ 1.º As partes, ao escolher o perito, já devem indicar os respectivos assistentes técnicos para acompanhar a realização da perícia, que se realizará em data e local previamente anunciados.

§ 2.º O perito e os assistentes técnicos devem entregar, respectivamente, laudo e pareceres em prazo fixado pelo juiz.

§ 3.º A perícia consensual substitui, para todos os efeitos, a que seria realizada por perito nomeado pelo juiz.

1. Perícia consensual

O preceito em questão trata da possibilidade da "escolha" consensual pelas partes do perito, também chamada de perícia consensual.

O art. 471, do CPC, estabelece a possibilidade de as partes escolherem o perito (judicial) que será encarregado por realizar a prova técnica, desde que confluam duas condições. Em primeiro lugar, que as partes sejam absolutamente capazes. Em segundo lugar, que a causa admita autocomposição.

Admitir autocomposição, evidentemente, não é sinônimo de direito disponível. Há direitos indisponíveis cujos efeitos patrimoniais podem ser objeto de negociação. Nesse caso, sempre que se litigar sobre esses efeitos, há interesse que autoriza autocomposição e, portanto, é viável a aplicação da regra em comento.

A dicção do código dá a entender que as partes, neste caso, poderão "impor" ao juiz um perito, ainda que o magistrado não tenha nele confiança ou entenda que não é o melhor *expert* para a causa. A conclusão, porém, é absolutamente equivocada.

De um lado, porque a perícia consensual jamais poderia impedir o juiz de, diante de seus resultados, determinar de ofício a realização de outra perícia, nos termos do art. 480. Assim, caso o magistrado não se sinta convencido com as conclusões periciais chegadas pelo "perito consensual", a ideia da "imposição" a ele de um perito da confiança das partes serviu de muito pouco.

Por outro lado, é certo que, se a prova pericial não se presta apenas para a solução da controvérsia das partes, mas é pressuposto para a imposição da autoridade do Estado, então também é correto concluir que o juiz não pode estar inevitavelmente vinculado a um "negócio processual" do qual não participou e que pode comprometer a sua atividade.[763]

Desse modo, porque permanece o juiz como o destinatário final da prova e, por isso, pode, em reputando inadequado esse contrato processual, afastar as suas consequências e nomear outro profissional para a realização da prova, a aparência cogente do art. 471 não merece prevalecer.

É bem verdade que as partes podem – e devem – *sugerir* ao juiz o perito a ser indicado. Isso pode evitar discussões infrutíferas, e longas, a respeito dos honorários periciais. Pode também permitir a escolha do perito mais adequado, sobretudo, em relação a controvérsias muito específicas, referentes a áreas muito pontuais do conhecimento. Imagine-se, por exemplo, áreas muito específicas como questões complexas de propriedade industrial, de alta tecnologia etc. Sem dúvida, nessas áreas, as partes, provavelmente, têm condições de dizer quem é o maior especialista no assunto, ou quem é aquele que teria mais condições de prestar os adequados esclarecimentos sobre o tema.

Porém, essa indicação será feita em um ambiente cooperativo (art. 6.º, do CPC), no intuito de contribuir para que o magistrado encontre a melhor solução para a controvérsia e tenha condições de dar a melhor definição ao litígio.

Não se pode supor como razoável que o juiz esteja constrangido a aceitar o perito que as partes lhe impuseram e não possa, por outro lado, rejeitar as conclusões desse perito. Do contrário, estar-se-ia quando muito no campo arbitral, que tem finalidades e compromissos bem distintos da prestação jurisdicional.

Ademais, é certo que só se pode negociar sobre interesse próprio. E o interesse na produção da prova não é exclusivo das partes – sendo também do juiz. Por isso, não se pode admitir que as partes possam, por negócio processual, vincular

763 Em sentido contrário, v. Paulo Osternack Amaral. *Provas – atipicidade, liberdade e instrumentalidade*. São Paulo: Ed. RT, 2015, p. 143.

o magistrado sobre *a sua específica atividade de conhecer os fatos e julgar adequadamente a causa.*

Não há, enfim, o aparente caráter impositivo que pretende dar o art. 471, do CPC.

2. Procedimento da perícia consensual

Partindo da premissa acima indicada, o procedimento da perícia consensual não se afasta muito da perícia tradicional. Convencionando as partes a respeito do nome do perito (ou dos peritos) melhor indicado para a realização da prova técnica, indicarão este nome ao magistrado. No mesmo ato, deverão as partes indicar seus respectivos assistentes técnicos. Caso o magistrado acolha a sugestão das partes, o perito será nomeado, seguindo-se a tramitação regular para a prova pericial, nos arts. 465 e ss.

Se, no entanto, o juiz entender que o nome sugerido não é adequado – justificadamente – deverá, afastando a proposta, indicar o perito judicial segundo sua convicção, seguindo-se também o procedimento normal, tratado pelos arts. 465 e ss.

Tal como ocorre em qualquer prova pericial, o laudo do perito deve ser entregue no prazo fixado pelo juiz, seguindo-se a oportunidade para impugnação das partes e apresentação dos pareceres de seus assistentes (art. 477, § 1.º).

3. Valor probante da perícia consensual

Segundo o art. 471, § 3.º, do CPC, "a perícia consensual substitui, para todos os efeitos, a que seria realizada por perito nomeado pelo juiz".

Como se viu acima, porém, não há nenhuma razoabilidade – nem utilidade – em se admitir que as partes possam "nomear o perito judicial" sem a aquiescência do juiz. Por isso, o valor desta forma de perícia não diferirá de qualquer outra pelo simples fato de que será uma perícia realizada exatamente como qualquer outra. A única diferença é que o perito será, neste caso, nomeado segundo a sugestão das partes.

Não fosse assim, seria forçoso concluir que o juiz – que estivesse vinculado ao perito efetivamente nomeado pelas partes – estaria também vinculado às conclusões do perito. Ora, isso dificilmente explicaria a função jurisdicional que, na prática, estaria transformada em uma espécie de arbitragem institucional, em que o verdadeiro juiz da causa seria o perito nomeado pelas partes.

Logicamente, essa interpretação tornaria o dispositivo inconstitucional – por "delegar" a particulares o exercício jurisdicional, desmerecendo todos os compromissos (que vão muito além da composição da controvérsia) impostos à Jurisdição.

Por isso, a única interpretação viável dessa regra vai no sentido de tratar essa perícia como uma forma de cooperação entre as partes e o juiz na escolha do perito. Nomeado o perito sugerido pelas partes, por ato judicial, seguirá essa perícia, exatamente, o mesmo caminho de qualquer outra prova pericial.

Note-se que, até mesmo quando as partes optarem por apresentar pareceres técnicos a respeito da questão a ser elucidada (art. 472, do CPC) - o que indica que elas não têm interesse na prova pericial - pode o juiz manter seu interesse na realização da prova técnica. É exatamente por isso que o art. 472, claramente, afirma que o juiz, em tais casos, "poderá" dispensar a prova e não "deverá" dispensá-la. É certo, portanto, que não há direito das partes em conter a cognição judicial, limitando-lhe o uso da prova pericial.

Art. 472. O juiz poderá dispensar prova pericial quando as partes, na inicial e na contestação, apresentarem, sobre as questões de fato, pareceres técnicos ou documentos elucidativos que considerar suficientes.

1. Dispensa da prova pericial

Diz o art. 472 que o juiz poderá dispensar a prova pericial quando as partes apresentarem sobre as questões de fato pareceres técnicos ou documentos elucidativos.

Como é óbvio, se o juiz pode dispensar a prova pericial em razão de outras provas é porque o fato é controvertido e, assim, deve ser esclarecido. Porém, esse esclarecimento, como adverte a parte final do art. 472, deve ser "suficiente", o que equivale a dizer que o parecer técnico ou o documento deve ser capaz de convencer o juiz, fazendo-o dispensar a prova pericial.

2. Parecer técnico e dispensa da prova pericial

Contudo, é imprescindível ressaltar a grande diferença entre o "parecer técnico" e a prova pericial. As partes participam em contraditório *na formação* da prova pericial, ao passo que o parecer técnico é obtido unilateralmente por uma das partes, o que inviabiliza a participação da outra durante a sua construção. Em relação à prova pericial, as partes não têm apenas a oportunidade de falar a respeito do seu resultado, *mas, também, a possibilidade de participar, mediante a formulação de quesitos e acompanhamento de assistente técnico de sua escolha, da formação ou da elaboração do laudo técnico.* Enquanto isso, o parecer técnico é obtido unilateralmente por uma das partes, *sem que a outra tenha qualquer possibilidade de influir no seu resultado.* O contraditório, nesse último caso, é limitado à possibilidade de impugnação do parecer técnico, ainda que a parte impugnante *possa requerer o auxílio de outro especialista.*

Isso confere à prova pericial e ao parecer técnico *significados diferentes*, que não podem ser ignorados pelo julgador. Quando a parte apresenta o parecer técnico e requer a dispensa da prova pericial, o juiz deve considerar que a outra parte não teve oportunidade de participar da sua formação e, inclusive, atentar para a circunstância de que o interessado, ao encomendar o parecer técnico, *pode ter distorcido o fato para o próprio especialista.*

Diante da limitação do contraditório, a idoneidade do parecer resta subordinada à aferição da sua credibilidade e do seu conteúdo em face da impugnação – que pode contar com a ajuda de outro especialista. Essa impugnação, para obrigar o juiz a exigir uma prova pericial em substituição ao parecer, deve ser capaz de colocá-lo em "dúvida razoável". Ou seja, a impugnação, para ser procedente, deve ser capaz de retirar a própria "suficiência" do parecer ou a sua própria capacidade de dispensar a prova pericial.

Portanto, o parecer técnico deve servir somente para as questões que podem ser devidamente explicadas por um especialista merecedor de credibilidade. Se o parecer for impugnado de forma fundamentada, e assim colocado em "dúvida razoável", o juiz não pode dispensar a prova pericial, pois tem o dever de julgar com base em um laudo técnico idôneo e esclarecedor.

3. Documentos e dispensa da prova pericial

Se o fato puder ser elucidado por documento, e esse for apresentado pelo interessado, o juiz, ouvindo os demais interessados, pode dispensar a prova pericial, por ser ela desnecessária. Se o fato não puder ser elucidado por documento, ou se esse não existir, deve ser realizada a prova pericial, ainda que seja determinada de ofício pelo julgador.

Entretanto, também aqui há necessidade de distinguir. O documento, ao contrário do parecer técnico, é suficiente em relação a determinados fatos *independentemente do seu conteúdo*. Ou seja, um documento *formalmente* perfeito sempre representa algo, enquanto nem todo parecer formalmente perfeito é *suficiente* para demonstrar um fato. O parecer, para ser suficiente, sempre depende da idoneidade *do seu conteúdo*.

Por essa razão, a suficiência do parecer pode ser abalada pela impugnação do seu conteúdo, enquanto que a suficiência de um documento capaz de atestar um fato somente pode ser atingida quando é impugnada a sua forma (autenticidade da assinatura etc.), a menos que se entenda por *documento* qualquer escrito documentado, como a declaração subscrita por terceiro. Nesse caso, como é óbvio, a força do "documento" é sensivelmente diminuída, uma vez que esse nada mais é do que um testemunho documentado, que, por isso, sequer foi submetido ao crivo do contraditório.

Art. 473. O laudo pericial deverá conter:

I – a exposição do objeto da perícia;

II – a análise técnica ou científica realizada pelo perito;

III – a indicação do método utilizado, esclarecendo-o e demonstrando ser predominantemente aceito pelos especialistas da área do conhecimento da qual se originou;

IV – resposta conclusiva a todos os quesitos apresentados pelo juiz, pelas partes e pelo órgão do Ministério Público.

§ 1.º No laudo, o perito deve apresentar sua fundamentação em linguagem simples e com coerência lógica, indicando como alcançou suas conclusões.

§ 2.º É vedado ao perito ultrapassar os limites de sua designação, bem como emitir opiniões pessoais que excedam o exame técnico ou científico do objeto da perícia.

§ 3.º Para o desempenho de sua função, o perito e os assistentes técnicos podem valer-se de todos os meios necessários, ouvindo testemunhas, obtendo informações, solicitando documentos que estejam em poder da parte, de terceiros ou em repartições públicas, bem como instruir o laudo com planilhas, mapas, plantas, desenhos, fotografias ou outros elementos necessários ao esclarecimento do objeto da perícia.

1. Conteúdo do laudo pericial

A finalidade do laudo pericial é traduzir, para o leigo, o conhecimento técnico específico.

Por isso, prevê o código alguns requisitos formais que o laudo pericial deve preencher, exatamente para que possa ser adequadamente compreendido pelos sujeitos do processo, e de forma a fazer com que esse laudo não extrapole sua finalidade.

Por isso, estabelece o código que o laudo deva conter o objeto da perícia, ou seja, aquilo sobre que incidiu a prova pericial, a análise feita pelo *expert*, o método empregado e as respostas aos quesitos apresentados. Entenda-se esses requisitos como a imposição para que o perito esclareça o tema da prova pericial e a abordagem feita, esclarecendo por quais razões aquela abordagem é a melhor para a finalidade buscada. Depois disso, devem ser respondidas as perguntas formuladas (quesitos propostos) pelos vários sujeitos do processo.

Enfim, o que se espera do laudo é que, efetivamente, ele seja compreensível para o leigo, de modo a atingir a finalidade da prova.

Por isso, também, prevê-se que o perito não deva emitir opiniões que não estejam estritamente ligadas ao objeto da perícia. Ele não é testemunha, nem juiz de fato. É, simplesmente, um auxiliar do juízo, que tem por finalidade contribuir na determinação, e no esclarecimento, dos fatos técnicos e científicos relevantes para o processo.

Qualquer outro comentário ou opinião lançada pelo perito deve ser desconsiderada pelo juízo, exatamente por extrapolar os limites da prova.

2. Instrução do laudo pericial

O art. 473, § 3º, deixa claro que o perito e os assistentes técnicos devem utilizar os *meios necessários* para bem cumprir as suas funções – o que sequer precisaria ser dito. Afirma, na sequência, *ainda que de forma exemplificativa*, que, para tanto, devem ouvir testemunhas, obter informações, solicitar documentos que estejam em poder de parte ou em repartições públicas, bem como instruir o laudo com plantas, desenhos, fotografias e outras quaisquer peças.

Não se trata, evidentemente, de uma faculdade, *mas sim de um dever*. Ou seja, se a hipótese concreta exigir, o perito e os assistentes devem – e não apenas podem – solicitar documentos e juntar plantas e fotografias – por exemplo.

Perceba-se, porém, que o preceito trata, ao mesmo tempo, das necessidades de *ouvir, obter e solicitar* e da simples necessidade *de instruir* "com planilhas, mapas, plantas, desenhos, fotografias ou outros elementos necessários". No primeiro caso, é imprescindível ouvir, obter e solicitar *para se formar o raciocínio dirigido ao resultado da perícia*, ao passo que, no segundo, é preciso *instruir com elementos de justificação das conclusões*. Melhor explicando: em uma hipótese é preciso ouvir – por exemplo – para *compreender e elaborar;* enquanto, na outra, a planta ou o desenho – também por exemplo – são elementos que devem *justificar* o raciocínio ou a formação das conclusões.

3. Limitação do poder do perito e dos assistentes técnicos

Diante da evidente distinção entre o *poder de obter* informações e o *dever de fundamentar* o laudo – com plantas etc. –, resta tratar dos limites desse poder. Como é evidente, o poder outorgado ao perito e aos assistentes técnicos tem apenas o objetivo de permitir a adequada elaboração do laudo pericial. Dessa forma, tal poder deve ser utilizado quando imprescindível para que a matéria objeto da perícia possa ser devidamente analisada, devendo, por isso, ficar circunscrito aos fatos que devem ser esclarecidos.

Não é preciso dizer que o perito e os assistentes técnicos não têm poder para obrigar alguém a depor ou a entregar um documento. *Quando for necessário o uso da coerção*, devem se dirigir ao juiz, apresentando a devida justificativa. Nesse caso o juiz deve determinar a intimação da pessoa que se nega a depor ou a apresentar o documento para que essa tenha a oportunidade de expor as suas razões. Isso quer dizer que o juiz pode não acolher a justificativa do perito e, assim, deixar de ordenar a entrega do documento ou de determinar a ouvida da testemunha – uma vez que essa, por exemplo, pode ter razão para se escusar a depor.

Mas, se o juiz entender que um documento deve ser apresentado, terá de ordenar a sua entrega sob pena de multa, de acordo com os arts. 77, § 1.º, ou 380, parágrafo único, do CPC, ou se verificar que um depoimento é necessário, deverá determinar o comparecimento da testemunha sob pena de condução.

4. Defesa do terceiro diante das determinações periciais

O estranho ao processo, que dessa forma dele não participa em contraditório, poderá discutir a legalidade da decisão que lhe obriga a entregar documento ou a prestar depoimento mediante mandado de segurança – quando, evidentemente, possuir prova para isso – ou de ação de conhecimento em que possa ser utilizada qualquer prova.

5. Prova testemunhal e depoimento ao perito

Há evidente diferença entre o depoimento que pode ser colhido pelo perito e a prova testemunhal. A prova testemunhal permite a participação das partes em contraditório pleno, e mediante garantias formais que não são vistas quando o perito toma um depoimento. Como já foi dito pelo Tribunal de Alçada do Paraná, em acórdão relatado pelo Juiz Ivan Righi, "perito não é juiz e, pois, não pode assumir a produção da prova testemunhal – até porque, quando isso acontece, *o* princípio do contraditório, já aludido, deixa de ser observado".[764]

É por essa razão que o perito deve, ao menos, dar ciência aos assistentes técnicos do dia e do local em que vai ouvir determinada pessoa. Nessa ocasião, deverá registrar o nome e a qualificação – especialmente o endereço – do depoente para permitir a sua ouvida na qualidade de testemunha do juízo se necessário. Por esse mesmo motivo, deve consignar como e onde obteve outras informações e quem enviou documentos.

Art. 474. As partes terão ciência da data e do local designados pelo juiz ou indicados pelo perito para ter início a produção da prova.

1. Contraditório na prova pericial

O preceito em exame tem o propósito de explicitar a necessidade do contraditório pleno na realização da prova pericial. Ora, a produção válida de qualquer prova exige a possibilidade de que as partes possam participar da colheita do material e, consequentemente, influir na avaliação judicial dos elementos obtidos.

A redação original do art. 431-A do CPC/1973 (alterada em 1992) dizia que o juiz – uma vez admitida a produção da prova pericial e tomado o compromisso do perito e dos assistentes técnicos – deveria fixar, por despacho, "o dia, hora e lugar em que terá início a diligência". Essa previsão tinha o objetivo de assegurar a ciência do tempo e do lugar em que a perícia se iniciaria. Como dizia Moniz de Aragão, a ausência dessa fixação e ciência infringia o sistema da lei, frustrava a finalidade precípua da tarefa dos assistentes e subtraía às partes e aos interessados a possibilidade de acompanhá-los.[765]

O modelo atual segue a mesma racionalidade daquela determinação, com regra ainda mais assertiva.

Obviamente, o domínio completo de todo procedimento adotado pelo perito pode ser importante fator na avaliação (especialmente pelos assistentes) da exatidão

764 "Cumpria à apelante, isto sim, arrolar como testemunha para inquirição em audiência, na presença das partes e seus advogados, as pessoas que prestaram informação ao perito" (TAPR – 1.ª Câmara Cível – Ap. 585/85 – rel. Juiz Ivan Righi – *j.* 17.09.1985 – v.u.).

765 Egas Dirceu Monis de Aragão. *Exegese do Código de Processo Civil* cit., p. 170.

técnica dos resultados atingidos, razão pela qual impõe-se a possibilidade efetiva de participação das partes e de seus assistentes em relação às condutas praticadas pelo perito.

Por essas razões, os advogados das partes devem ser intimados – em regra por Diário da Justiça –, da data, hora e local do início da perícia.

Art. 475. Tratando-se de perícia complexa que abranja mais de uma área de conhecimento especializado, o juiz poderá nomear mais de um perito, e a parte, indicar mais de um assistente técnico.

1. Perícia complexa

O art. 475 trata da chamada perícia complexa. Ora, o perito somente tem função e utilidade quando domina determinado campo do conhecimento – inacessível ao juiz –, mas é evidente que, no caso de exames complexos – que envolvam várias áreas do conhecimento –, dificilmente, se encontrará alguém capaz de reunir as diversas especialidades necessárias. Por isso, o preceito em exame autoriza a designação de mais de um perito. Nessa perspectiva, cada um dos *experts* atuará em seu específico campo de conhecimento, reunindo-se as conclusões de cada qual para a elaboração de um laudo conjunto, que refletirá, da forma mais apurada possível, a análise técnica dos fatos submetidos ao exame.

É evidente que não se pode entender por "perícia complexa" aquela que exige grande especialidade, ou inúmeras diligências, ou ainda conhecimento de pouca difusão e restrito domínio. Em tais casos, embora se pudesse considerar a perícia complexa (na perspectiva da linguagem comum), não existiria razão para aplicar a regra em apreço.

A autorização que aqui se estuda – e, portanto, a noção de perícia complexa para os fins designados no art. 475 – só tem cabimento quando a perícia *envolva conhecimento especializado em diversas áreas técnico-científicas*. Apenas quando a prova pericial envolver fatos (e exames) ligados a mais de um ramo específico do conhecimento é que será possível recorrer ao preceito em tela, nomeando-se mais de um perito e indicando-se mais de um assistente técnico.

2. Indicação pela parte de mais de um assistente

A perícia complexa autoriza não só a nomeação de mais de um perito, mas, também, que cada uma das partes possa indicar vários assistentes técnicos. Sendo a perícia complexa, mesmo que o juiz deixe de nomear vários peritos, a parte pode indicar mais de um assistente. Alguém poderia não entender essa afirmação, argumentando que se o juiz nomeou apenas um perito, necessariamente, entendeu que a perícia não é complexa. Acontece que o juiz poderá nomear um perito que tenha conhecimento em duas ou mais áreas, e isso não elimina a dificuldade das partes em encontrar um só profissional com tais qualidades. Nessa situação, nada impede que as partes indiquem mais de um assistente técnico.

Por outro lado, o fato de o juiz ter nomeado mais de um perito não impõe às partes o dever de indicar mais de um assistente. Trata-se, obviamente, de faculdade, no objetivo de tornar mais precisa a resposta da prova pericial, mas nunca de imposição legal, até porque a parte, querendo, pode não indicar assistente algum.

Na verdade, as mesmas razões que levaram o legislador a autorizar a nomeação de mais de um perito permitem que as partes designem mais de um assistente técnico. Para tanto, na ocasião oportuna (art. 465, § 1.º, II), as partes deverão apresentar a relação dos assistentes que acompanharão a perícia, indicando a área de especialidade de cada um.

Art. 476. Se o perito, por motivo justificado, não puder apresentar o laudo dentro do prazo, o juiz poderá conceder-lhe, por uma vez, prorrogação pela metade do prazo originalmente fixado.

1. Prorrogação do prazo para entrega do laudo e motivação judicial

O perito, para requerer prorrogação do prazo para apresentar o laudo, deve fornecer ao juiz, na dicção do *caput* do art. 476, "motivo justificado". Havendo esse motivo justo, deve o juiz prorrogar o prazo para a entrega do laudo – de forma justificada – pela metade do prazo original.

Referido motivo pode ser relativo ao prazo designado – que pode ter sido fixado de maneira insuficiente diante do tempo de trabalho que deve ser gasto com a elaboração da perícia – ou ainda, por exemplo, à própria pessoa do perito, que por um "motivo justo" ficou impossibilitado de apresentar o laudo no prazo fixado. Poderá ainda referir-se a fato ocorrido no curso da perícia, diante de complexidade ulteriormente verificada ou fator impeditivo no cumprimento do prazo original.

Diante da óbvia impossibilidade de o legislador definir, abstratamente, os motivos justificados para a prorrogação da entrega do laudo, o art. 476 concedeu ao juiz o poder de analisar, diante das circunstâncias do caso concreto e de modo fundamentado, se o motivo apresentado pelo perito é justificado.

Como é óbvio, embora o preceito não o preveja, o juiz não pode simplesmente incrementar o prazo para a entrega do laudo, sem dar a devida fundamentação. Como todo ato que retarda a prestação jurisdicional, essa decisão exige a *devida e adequada justificação do caso concreto.*

Diga-se, ademais, que tal prazo pode ser prorrogado de ofício quando o juiz conhecer o "motivo justificado" sem requerimento do perito. Por outro lado, não é certo que, havendo motivo justificado, não possa o prazo ser prorrogado por mais de uma vez. Essa prorrogação dependerá das circunstâncias do caso concreto – da situação em que se encontra a produção da prova pericial, do tempo de prorrogação requerido e daquele necessário para a produção de nova prova pericial.

Do mesmo modo, embora o código fixe a maneira como deve dar-se a prorrogação – a metade do prazo original – é evidente que a regra merece ser interpretada com temperamento. Afinal, pode suceder que essa ampliação pela metade seja ou insuficiente, ou exagerada, à vista das circunstâncias do caso concreto.

Por isso, pode o juiz, desde que devidamente fundamentado, prorrogar o prazo por lapso menor ou maior do que a "metade do prazo originalmente fixado".

Art. 477. O perito protocolará o laudo em juízo, no prazo fixado pelo juiz, pelo menos 20 (vinte) dias antes da audiência de instrução e julgamento.

§ 1.º As partes serão intimadas para, querendo, manifestar-se sobre o laudo do perito do juízo no prazo comum de 15 (quinze) dias, podendo o assistente técnico de cada uma das partes, em igual prazo, apresentar seu respectivo parecer.

§ 2.º O perito do juízo tem o dever de, no prazo de 15 (quinze) dias, esclarecer ponto:

I – sobre o qual exista divergência ou dúvida de qualquer das partes, do juiz ou do órgão do Ministério Público;

II – divergente apresentado no parecer do assistente técnico da parte.

§ 3.º Se ainda houver necessidade de esclarecimentos, a parte requererá ao juiz que mande intimar o perito ou o assistente técnico a comparecer à audiência de instrução e julgamento, formulando, desde logo, as perguntas, sob forma de quesitos.

§ 4.º O perito ou o assistente técnico será intimado por meio eletrônico, com pelo menos 10 (dez) dias de antecedência da audiência.

1. Início da fluência do prazo para a juntada dos pareceres

No passado, na redação original do art. 433, parágrafo único, do CPC/73,[766] as partes deveriam zelar pelo momento da entrega do laudo pericial, passando a correr a partir dessa data – independentemente de qualquer intimação – o prazo para os assistentes entregarem os pareceres. Nesse regime a parte ficava obrigada a permanecer em estado de alerta quanto à data da entrega do laudo. Exatamente em razão dessa dificuldade, criou-se, ainda sob a vigência daquela redação, entendimento no sentido de que a dispensa de intimação de que tratava o texto legal referia-se exclusivamente ao *assistente técnico*, não se estendendo à parte.[767] Nesse sentido, ainda que fosse dispensável a intimação do assistente técnico, seria necessária a cientificação da parte, a quem caberia diligenciar para a apresentação do parecer de seu assistente em tempo oportuno. De toda sorte, a interpretação do antigo texto do art. 433 podia levar à conclusão de que não era necessária qualquer intimação para que o prazo para a entrega dos pareceres técnicos iniciasse a fluir. Em razão disso, o preceito do código de 1973 foi alterado, para consignar expressamente a necessidade de intimação para que corresse o prazo para que os pareceres pudessem ser juntados.

O mesmo se passa com o código atual. O art. 477, § 1.º, expressamente, prevê que o prazo para que os pareceres técnicos sejam juntados, assim como para que as partes possam impugnar o laudo pericial, é de quinze dias e é contado a partir da devida intimação às partes.

2. Ciência da juntada do laudo pelo advogado

A intimação da parte a respeito da juntada do laudo pericial pode ser feita na pessoa do seu advogado, por simples publicação no órgão oficial, como prevê

766 "Art. 433. [...]
Parágrafo único. Os assistentes técnicos oferecerão seus pareceres no prazo comum de 10 (dez) dias após a apresentação do laudo, independentemente de intimação" (redação do parágrafo único de acordo com a Lei 8.455/92).

767 Nesse sentido, v.: STJ, REsp 207.400-SP, 5.ª Turma, rel. Min. Gilson Dipp, *j.* 14.12.1999 – *DJU* 21.02.2000, p. 160.

o art. 272 do CPC. Note-se que o advogado, por ser o responsável pela defesa técnica, sabe sobre a necessidade e sobre o prazo para a apresentação do parecer do assistente técnico ou para a sua manifestação a respeito do laudo anexado.

Tratando-se de intimação procedida na pessoa do advogado, nas localidades em que não se proceda a intimação por publicação, e sim por mandado ou por correio (art. 273), devem ser observadas as prescrições contidas no art. 231 do CPC. Assim, o prazo a que se refere o art. 477, § 1.º, em havendo mais de um sujeito que deva manifestar-se, deve correr independentemente para cada um deles (art. 231, § 2.º).

3. Prazo comum de quinze dias para a apresentação das manifestações e dos pareceres

O prazo de quinze dias para a juntada das manifestações das partes e dos pareceres pelos assistentes técnicos é *comum* para todas as partes, não incidindo, ademais, a regra do art. 229 do CPC. Dessa forma, o prazo será sempre de quinze dias, ainda que vários sejam os autores ou os réus, e mesmo que cada um deles seja representado por procurador distinto.[768] Não há, do mesmo modo, a aplicação do art. 229, ainda que cada um dos litisconsortes tenha *assistente técnico* diverso.

Com efeito, a regra do art. 229 tem objetivo claro: a presença de litisconsortes com advogados distintos dificulta a sua participação no processo, pois quando se impõe a consulta dos autos para a prática de algum ato processual o seu exame acaba por repartir o prazo.

Mas, no presente caso isso não ocorre. Ainda que a manifestação das partes seja feita dentro do processo, a análise feita pelos assistentes tem por base as diligências periciais realizadas e os fatos investigados. Não há necessidade de ulterior – e reservada – análise dos documentos do processo para a elaboração do parecer técnico. Desde que cada assistente tenha tido condições de examinar adequadamente os fatos (objeto da perícia), bem como de acompanhar os procedimentos adotados pelo perito, não há motivo para que o prazo legal de dias seja desobedecido. Ou seja, a presença de mais de um *assistente técnico* – representando litisconsortes diversos – no mesmo polo da relação processual não justifica a aplicação do art. 229.

Desse modo, conjugando-se o art. 477, § 1.º, com o art. 231, § 2.º, tem-se que o prazo para que as partes possam manifestar-se sobre o laudo e para que possam anexar os pareceres de seus assistentes será *comum*, de quinze dias, ainda que corra de forma independente para cada sujeito, a partir de sua intimação.

768 Em sentido contrário, na vigência do CPC/1973, v. Luiz Rodrigues Wambier, Teresa Arruda Alvim Wambier. Op. cit., p. 110.

4. Prazo para a apresentação do laudo e dos pareceres técnicos e esclarecimentos prestados por escrito ou na audiência de instrução e julgamento

A parte tem a oportunidade de requerer que o laudo e os pareceres sejam esclarecidos. Isso pode ser feito, em primeiro lugar, por escrito, no prazo de quinze dias (art. 477, § 2.º). Pode a parte ainda, se subsistir dúvida, requerer esclarecimentos orais, a serem prestados em audiência de instrução e julgamento. Nesse caso, é importante harmonizar a data designada para a referida audiência com os prazos para que o perito e os assistentes prestem esclarecimentos por escrito e ainda, se for necessário, para que possam ser intimados para comparecer em audiência para os esclarecimentos orais (art. 477, § 3.º).

5. Esclarecimento escrito do perito e dos assistentes

Afirma o art. 477, § 2.º, que o perito tem o dever de, no prazo de quinze dias – da juntada das impugnações das partes (art. 477, § 1.º) – esclarecer ponto a respeito do qual exista divergência ou dúvida das partes, do juiz ou do Ministério Público ou ainda sobre o qual haja divergência com o parecer de assistente técnico.

É claro que não é qualquer espécie de divergência que autorizará o pedido de esclarecimento. É natural que haja divergência nas conclusões do laudo pericial e de, ao menos, um dos pareceres, mas nem por isso haverá a necessidade de esclarecimento do perito. Isso é questão a ser resolvida como valoração da prova e, assim, não imporá qualquer tipo de esclarecimento.

A divergência que permite o pedido de esclarecimento deve ser a divergência quanto ao conteúdo dos fatos analisados, quanto ao método empregado ou quanto ao raciocínio desenvolvido. Por outras palavras, os esclarecimentos referem-se à compreensão da coerência do laudo, permitindo a efetiva tradução para o leigo dos elementos técnicos e científicos cuja análise é necessária.

Por isso, se compreensível o laudo, não há razão para os esclarecimentos apenas porque suas conclusões são diferentes das conclusões do assistente técnico. Isso é questão que toca ao problema da valoração da prova, e deve ser feita pelo juiz, fundamentadamente.

6. Obrigatoriedade do comparecimento do perito e dos assistentes em audiência

Afirma-se que o perito e os assistentes técnicos, para que sejam obrigados a prestar esclarecimentos em audiência, devem ser intimados com pelo menos dez dias de antecedência em relação à data da audiência (art. 477, § 4.º). Por se tratar de prazo contado retroativamente, é imperioso recordar que seu termo final é o dia *anterior* ao fim do lapso temporal, de modo que, terminando o prazo em dia feriado, deve *retroagir* para o dia útil anterior.

7. Pedido de esclarecimentos sob a forma de quesitos

A parte que desejar esclarecimento do perito e do assistente técnico em audiência deve formular as suas perguntas sob a forma de quesitos. Esses quesitos devem ser pertinentes, isto é, devem fazer referência às conclusões, ou ao próprio raciocínio empregado pelo perito ou pelos assistentes técnicos.

8. Legitimados a pedir esclarecimentos

É certo que o juiz também pode pedir esclarecimento, mandando intimar o perito e os assistentes técnicos. Não há como pensar que isso somente possa ser feito pelas partes. Aliás, os esclarecimentos, igualmente, podem ser pedidos pelo assistente simples e pelo Ministério Público.

Embora o art. 477, § 2.º, I, aparente ser bastante claro a respeito dessa possibilidade, o seu § 3.º se refere exclusivamente à parte. É evidente, porém, que a referência é um equívoco da regra, sendo possível o pedido de esclarecimento em audiência por qualquer dos sujeitos do processo.

9. Quando os esclarecimentos devem ser dirigidos ao perito e quando devem ser endereçados aos assistentes

Os esclarecimentos escritos (art. 477, § 2.º) são dirigidos apenas ao perito.

No caso em que o laudo pericial é também subscrito pelos assistentes, os esclarecimentos a serem prestados em audiência somente podem ser solicitados ao perito. Mas, no caso em que um ou ambos os assistentes técnicos divergem do perito, esses esclarecimentos podem ser pedidos tanto ao perito, quanto a um ou a ambos os assistentes.

10. Novos esclarecimentos

Caso os esclarecimentos do perito ou do assistente façam surgir, na própria audiência, a necessidade de novos deslindamentos, e a sua prestação não exija outras investigações, nada impede que o juiz, as partes ou os demais interessados os solicitem.

A parte pode pedir novo esclarecimento ainda que o primeiro tenha sido solicitado pela parte adversa, pelo juiz ou pelo Ministério Público.

Entretanto, caso o juiz se depare, na audiência de instrução, com uma situação que requer esclarecimento, pode mandar intimar o perito ou o assistente técnico para um melhor entendimento da situação fática, ainda que nenhum esclarecimento tenha sido oportunamente solicitado.

Art. 478. Quando o exame tiver por objeto a autenticidade ou a falsidade de documento ou for de natureza médico-legal, o perito será escolhido, de preferência, entre os técnicos dos estabelecimentos oficiais especializados, a cujos diretores o juiz autorizará a remessa dos autos, bem como do material sujeito a exame.

§ 1.º Nas hipóteses de gratuidade de justiça, os órgãos e as repartições oficiais deverão cumprir a determinação judicial com preferência, no prazo estabelecido.

§ 2.º A prorrogação do prazo referido no § 1.º pode ser requerida motivadamente.

§ 3º Quando o exame tiver por objeto a autenticidade da letra e da firma, o perito poderá requisitar, para efeito de comparação, documentos existentes em repartições públicas e, na falta destes, poderá requerer ao juiz que a pessoa a quem se atribuir a autoria do documento lance em folha de papel, por cópia ou sob ditado, dizeres diferentes, para fins de comparação.

1. Abrangência do dispositivo

Esta regra fala de exame que tiver por objeto a autenticidade ou a falsidade de documento ou for de natureza médico-legal. Portanto, estão aí incluídos todos os exames que forem necessários para verificar a autenticidade da letra ou da assinatura ou a falsidade de documento, assim como os de natureza médico-legal.

2. Nomeação do perito

Nesses casos, o perito deve ser escolhido entre os técnicos dos estabelecimentos oficiais especializados. Mas, quando isso não for possível, o juiz poderá nomear um particular.

3. Remessa dos autos ou do material a ser examinado

Afirma-se, também, que o juiz autorizará a remessa dos autos, bem como do material sujeito a exame, ao diretor do estabelecimento a que pertencer o perito; isso, evidentemente, quando não houver sido nomeado um particular. A remessa dos autos decorre do fato de que o exame deve ser realizado no documento nele entranhado.

4. Coleta do material e realização do exame médico

É importante deixar claro que o ato de obter o material é diverso do ato de realização do exame. É possível, inclusive, que o juiz nomeie um perito para a obtenção do material e outro para realizar o exame.

No ato de coleta do material pelo perito podem estar presentes as partes e seus assistentes técnicos. Após a coleta, deve o material ser guardado sob lacre e conferido pelo perito e pelas partes e assistentes técnicos, eventualmente, presentes.

Quando for nomeado um só perito, e esse tiver competência apenas para coletar o material, a ele - ou ao diretor do estabelecimento oficial - não será possível designar outro perito para realizar o exame, pois essa tarefa incumbe ao juiz.

Nomeado perito para o exame - um técnico oficial ou um particular - o material deve ser enviado sob lacre e com toda a segurança - podendo, inclusive, ser acompanhado pelas partes e seus assistentes técnicos.

Sempre que a perícia se realizar a respeito de caso que envolva gratuidade de justiça, devem os órgãos responsáveis pela prova técnica realizá-la com preferência sobre os outros, sempre no prazo legal (art. 478, § 1.º). Não sendo viável a observância do prazo estipulado, é possível o pedido de prorrogação, desde que de forma motivada (art. 478, § 2.º). A rigor, não há aí nenhuma mudança em relação à prova pericial comum. Também em qualquer outra perícia é possível o pedido de prorrogação, que deve ser justificado, sendo deferido também mediante decisão motivada.

5. Perícia sobre a autenticidade de letra ou firma

O art. 478, § 3.º, afirma que quando o exame tiver por objeto a autenticidade da letra e firma, o perito poderá requisitar, para efeito de comparação, documentos existentes em repartições públicas; na sua falta, poderá requerer ao juiz que a pessoa, a quem se atribuir a autoria do documento, lance em folha de papel por cópia, ou sob ditado, dizeres diferentes para fins de comparação.

Contudo, o perito nomeado para tal exame poderá requerer, desde logo, que a própria pessoa a quem se atribui a autoria escreva dizeres diversos para o objetivo de comparação, dispensando a consulta das repartições públicas.

Art. 479. O juiz apreciará a prova pericial de acordo com o disposto no art. 371, indicando na sentença os motivos que o levaram a considerar ou a deixar de considerar as conclusões do laudo, levando em conta o método utilizado pelo perito.

1. Valor relativo da prova pericial

O art. 479 deixa claro que o juiz não está adstrito à prova alguma. Seu convencimento é livre dentre as provas dos autos, embora deva o juiz motivar adequadamente sua convicção. Por outras palavras, a sua convicção deve ser formada a partir do conjunto probatório.[769] É nesse sentido que o artigo diz que a convicção judicial deve ser motivada, com as razões que levaram o juiz "a considerar ou a deixar de considerar as conclusões do laudo", tomando por base sua consistência.[770]

Deixe-se claro, porém, que a prova pericial, por ser uma prova técnica e, nesse sentido, objetiva, possui maior possibilidade de convencer o juiz do que a prova testemunhal. Portanto, quando a prova pericial não se mostrar esclarecedora, o juiz não deve deixar de pedir esclarecimentos (ver art. 477, §§ 2.º e 3.º) e, se for o caso, determinar uma segunda perícia para corrigir a primeira (art. 480). Caso o problema tenha relação com a confiança no perito, o juiz deverá nomear outro perito para produzir a segunda perícia (arts. 466 e 468, I).

De qualquer forma, embora a justificativa seja uma consequência natural da valoração da prova, e assim algo imprescindível em toda e qualquer sentença, não há prejuízo em ressaltar a necessidade de o juiz explicar porque a prova pericial não foi suficiente para esclarecer os fatos e fez com que o julgamento se apoiasse nas outras provas, ou porque os esclarecimentos solicitados, ou a segunda perícia, não puderam suprir as suas imperfeições.

Art. 480. O juiz determinará, de ofício ou a requerimento da parte, a realização de nova perícia quando a matéria não estiver suficientemente esclarecida.

§ 1.º A segunda perícia tem por objeto os mesmos fatos sobre os quais recaiu a primeira e destina-se a corrigir eventual omissão ou inexatidão dos resultados a que esta conduziu.

---

769 O sistema da prova legal não é compatível com os nossos dias, constituindo o espelho de uma cultura escolástica e dogmática; ao contrário, o sistema que propõe o livre convencimento espelha uma cultura concreta, indutiva, empírica – aquela que vai à busca da verdade com o método "galileano", do "trial and error", do "provando e riprovando" (Cf. Mauro Cappelletti. *Problemas de reforma do processo civil nas sociedades contemporâneas*, cit., p. 26).

770 "O laudo pericial, como todas as provas, tem valor relativo e deve ser avaliado em harmonia com as demais" (*RT* 715/241).

§ 2.º A segunda perícia rege-se pelas disposições estabelecidas para a primeira.

§ 3.º A segunda perícia não substitui a primeira, cabendo ao juiz apreciar o valor de uma e de outra.

1. Segunda perícia

Se o juiz não está convencido com a perícia realizada – seja porque o seu método ou o seu resultado é duvidoso e não esclarecedor, seja porque o subscritor do laudo revelou-se pessoa não confiável – deve ser feita nova perícia, com o mesmo objeto e finalidade da já produzida.

A incerteza da perícia pode advir das demais provas produzidas ou dos pareceres dos assistentes técnicos. Porém, antes da segunda perícia, cabe *tentar* esclarecer a primeira na audiência de instrução. Não que o pedido de esclarecimento deva, *necessariamente*, ser requerido antes da decisão sobre a segunda perícia, pois essa pode ser determinada quando o juiz verifica que a primeira sequer pode ser complementada ou que o perito que a produziu não merece confiança. O que se deseja frisar é que não há racionalidade em gastar tempo e dinheiro com uma segunda perícia quando basta esclarecer, ou complementar, a já produzida.

A "nova perícia" pode ser requerida pela parte, pelo Ministério Público ou determinada de ofício. Há vários julgados nesse sentido, sendo oportuno destacar a seguinte decisão do Tribunal de Justiça de São Paulo: "Prova – Perícia – Renovação determinada de ofício – Admissibilidade – Juiz que não fica adstrito ao laudo pericial, tendo ampla liberdade na apreciação da perícia – Art. 437 do CPC – Recurso não provido".[771]

Como se vê, por ausência de adstrição ao laudo pericial, aqui, deve-se entender, apenas, a possibilidade de o juiz determinar uma "nova perícia" para esclarecer a anterior, e não a ideia posta no artigo 479, que frisa que o juiz pode julgar com base em todas as provas produzidas no processo.

2. Objeto da segunda perícia

A *nova* perícia, chamada pelo art. 480, § 1.º, de *segunda* perícia, deve ter por objeto os mesmos fatos em que recaiu a primeira. Por isso, essa *segunda* perícia não pode ser pensada como *outra*, no sentido de esclarecer *outro* fato.

771 *Revista de Julgados do Tribunal de Justiça de São Paulo* 111/354.

Se a *segunda* perícia deve ter por objeto os *mesmos* fatos sobre os quais incidiu a primeira, somente pode objetivar corrigir a eventual omissão ou a inexatidão dos seus resultados.

Mas, além de incidir nos *mesmos* fatos, a segunda perícia deve ter o *mesmo objetivo* que a primeira. Como dizia Pontes de Miranda, "a segunda perícia, ou outra que possa advir, tem de ter o mesmo fito que a primeira no tocante aos fatos ou objetos. Dissemos 'o mesmo fito', porque o mesmo objeto pode dar ensejo a diferentes perícias e os mesmos fatos levam a perícias diferentes, no mesmo processo ou em dois ou mais. O que estabelece a identidade são os quesitos, primeiros ou suplementares. Daí, ter a perícia posterior a finalidade da correção da inexatidão ou das inexatidões das conclusões, ou o preenchimento de pontos omissos".[772]

Frise-se, contudo, que a impossibilidade de a *segunda* perícia fugir do objeto e da finalidade da primeira está longe de significar que não possa ser produzida com base em *outro método científico de análise*. Ora, se a segunda perícia se destina a corrigir a anterior, não há razão para não admitir um novo método de investigação.

3. Descabimento da segunda perícia

Sempre que a *primeira* perícia puder ser esclarecida por escrito ou em audiência não será necessária uma *segunda* perícia. Perceba-se que a *segunda* perícia representa duplicação de despesas e de tempo, razão pela qual a sua oportunidade deve ser bem ponderada, a fim de se evitar o uso de diligências inúteis ou cujos resultados poderiam ser obtidos de maneira mais apropriada e menos custosa.

4. Segunda perícia e inspeção judicial

Ademais, se a hipótese pode ser solucionada mediante *inspeção judicial*, cabe a sua realização segundo os temos do art. 481 e seguintes do CPC, cujos *comentários* devem ser consultados.

5. Necessidade de esclarecimento de outro fato ou de prova pericial com outro fim

Mas, quando a produção da prova pericial levar a *outro fato* ou à necessidade de o mesmo fato ser investigado a partir de *uma outra perspectiva* e, assim, a uma *outra prova* pericial, e não apenas a uma *segunda prova* capaz de corrigir a primeira – ainda que mediante a utilização de um outro método de investigação –, não é o caso de se aplicar o art. 480.

---

772 Francisco Cavalcanti Pontes de Miranda. *Comentários ao Código de Processo Civil* cit., t. IV, p. 464.

Isso porque, como visto, há distinção entre a *segunda* perícia e uma *outra* perícia, uma vez que a *segunda* perícia recai sobre os *mesmos* fatos e tem a *mesma* finalidade que a *primeira*, enquanto a *outra* perícia incide sobre *outro* fato ou constitui uma prova pericial com fim *distinto* do da primeira.

A possibilidade de uma *outra* perícia não decorre do art. 480, mas, sim do poder do juiz determinar prova de ofício quando necessário para esclarecer fato relevante para o julgamento. Assim, quando a primeira perícia aponta para a necessidade de outra, e não para a sua correção, o juiz pode determiná-la com base em seus poderes instrutórios.

6. Disciplina da segunda perícia

O juiz e as partes não sofrem limitação alguma na denominada segunda perícia, pois essa é regida pelas disposições estabelecidas para a primeira. Isso quer dizer que pode ser nomeado o mesmo perito – o que, aliás, é recomendável nessa situação, quando se procura apenas corrigir eventual omissão ou inexatidão dos resultados da perícia já produzida –, embora nada descarte a possibilidade da nomeação de outro perito, especialmente, quando a capacidade e a idoneidade do primeiro tenham sido fundadamente questionadas. Ademais, como já dito, a segunda perícia pode ser feita mediante a utilização de método de análise mais preciso e sofisticado. Por isso, nada pode impedir, também, a apresentação de quesitos completamente distintos dos já formulados.

7. Coexistência de ambas as perícias

A segunda perícia não substitui a primeira, cabendo ao juiz apreciar livremente o valor de uma e de outra. A segunda perícia, ainda que sirva para melhor esclarecer a primeira, não a substitui. Ambas devem ser valoradas em conjunto, sem esquecer que o resultado dessa valoração deve ser expresso pelo juiz de maneira fundamentada.

Seção XI
Da inspeção judicial

Para o convencimento judicial, eventualmente, é necessário ao juiz ter contato imediato com a situação fática a ser esclarecida. Imagine hipótese em que se afirme que uma construção deve ser interditada por estar em estado precário. Nesse exemplo, a ida do juiz até o local da construção certamente permitirá o convencimento necessário para a boa solução do litígio.

Pensando nessas hipóteses, o CPC prevê, entre os arts. 481 e 484, a "inspeção judicial". Mediante esse procedimento o juiz está capacitado a valorar, imediatamente, coisas, pessoas ou locais, a fim de inteirar-se sobre fato relevante para o julgamento do mérito. Esse contato do juiz com o fato pode contar com os seus vários sentidos, isto é, com a visão, audição, olfato, tato e paladar.

A inspeção judicial não se confunde com a prova pericial, apesar de o juiz nela poder ser auxiliado por peritos (art. 482 do CPC), e de a inspeção poder ser direta ou indireta (ver os comentários ao art. 482, adiante).

Art. 481. O juiz, de ofício ou a requerimento da parte, pode, em qualquer fase do processo, inspecionar pessoas ou coisas, a fim de se esclarecer sobre fato que interesse à decisão da causa.

1. Inspeção judicial a requerimento da parte ou determinada de ofício

A inspeção judicial pode ser requerida pela parte, excepcionalmente, e com a devida justificação, quando o fato apenas puder ser esclarecido mediante contato direto do juiz. Nesse caso, se a parte apenas puder verificar essa excepcionalidade após a produção de todas as provas, a inspeção poderá ser requerida até o término da audiência de instrução.

Quando de ofício, a inspeção assume característica completamente distinta, e por isso pode ser determinada antes ou depois da produção de qualquer prova, mesmo após o fim da audiência de instrução. Além disso, por ter natureza de instrumento posto a serviço do juiz para se esclarecer sobre os fatos, a inspeção judicial pode ser determinada de ofício no tribunal, ainda que nessa ocasião não possa ser objeto de requerimento da parte.

2. Objeto da inspeção judicial

A inspeção judicial, segundo o art. 481, pode incidir sobre pessoas ou coisas. Se o caso recomendar – e isso não for prejudicial às partes em termos de despesas e de tempo – o juiz deve ir ao local em que está a pessoa ou a coisa para realizar a inspeção. Em outra hipótese, o juiz pode determinar a apresentação da pessoa ou coisa na sede do juízo ou em local que for mais oportuno.

A inspeção poderá recair em pessoa estranha ao processo ou em pessoa que dele participe como parte ou assistente simples, assim como em coisa cujo proprietário é parte, assistente simples ou pessoa estranha ao processo. Deve-se entender por "coisa" qualquer bem móvel ou imóvel, motivo pelo qual nada pode impedir a inspeção de locais relevantes para a formação da convicção judicial.

Há autores que sustentam que a inspeção apenas pode incidir sobre as partes (sem seu consentimento), de modo que a inspeção sobre terceiros dependeria de sua concordância.[773] Porém, a conclusão não é acertada, pois todos estão sujeitos à inspeção judicial, já que "ninguém se exime do dever de colaborar com o Poder Judiciário para o descobrimento da verdade" (art. 378 do CPC).

Não há dúvida que nos casos que se amoldam a alguma regra de exclusão (v.g., arts. 388 e 404 do CPC), nem os terceiros, nem as partes, submetem-se à inspeção – ou ainda à inspeção realizada sobre seus bens. Fora dessas hipóteses qualquer pessoa está sujeita à cláusula do art. 378 e, assim, à inspeção judicial.

3. Fundamentação da inspeção judicial

É evidente que a decisão que determina a realização de inspeção judicial deve ser fundamentada, indicando o seu objeto, finalidade e limites.

Não obstante o silêncio do CPC, tal fundamentação é decorrência óbvia da necessidade de controle da atividade judicial, permitindo às partes, além disso, efetivamente seguir os passos do juiz, fazendo-se acompanhar de técnicos ou trazendo documentos, se necessário.

4. Negativa de sujeição à inspeção

Por último, cabe analisar a eventual negativa da pessoa em submeter-se à inspeção, em apresentar a coisa para ser inspecionada, ou ainda em facultar acesso ao juiz para a averiguação. A solução dessa questão não é difícil. A negativa da parte deve redundar em presunção acerca dos fatos que se pretendia demonstrar, salvo quando essa presunção for inviável. Sendo ela inviável, poderá excepcionalmente o juiz valer-se de medidas de indução ou de sub-rogação para submeter a pessoa à inspeção (art. 400, parágrafo único, por analogia), eventualmente ponderando as garantias fundamentais envolvidas nessa conduta (v.g., o direito à privacidade ou à intimidade e o objetivo da prova).

Já em se tratando de terceiro, a recusa em se submeter à inspeção deve gerar o emprego de mecanismos de indução ou de sub-rogação, na base do art. 380, parágrafo único, do CPC.[774] Evidentemente, porém, poderá haver situações em que

773 Nesse sentido, Antonio Carlos de Araújo Cintra, *Comentários ao Código de Processo Civil.* 2. ed. Rio de Janeiro: Forense, 2003. vol. 4, p. 243.

774 De forma semelhante, leciona Egas Moniz de Aragão que "a solução mais consentânea, no que tange às partes, parece encontrar-se no CPC colombiano, cujo art. 246, 2, *in fine*, e 5, *in fine*, prevê

a imposição do terceiro à inspeção possa implicar violação a garantia fundamental (a exemplo da intimidade). Em tais casos, deverá o juiz ponderar os valores em conflito, a fim de verificar se deve prevalecer o direito à prova ou a garantia do terceiro.

Art. 482. Ao realizar a inspeção, o juiz poderá ser assistido por um ou mais peritos.

1. Auxílio de perito na inspeção judicial

Ao realizar a inspeção "direta" – diz o art. 482 –, o juiz poderá ser assistido de um ou mais peritos. A regra deriva da circunstância de que pode faltar ao juiz conhecimento técnico suficiente para examinar diretamente a pessoa ou a coisa sem o auxílio de um técnico.

Quando já foi produzida prova pericial, mas o juiz não está convencido, pode decidir inspecionar diretamente a coisa com o auxílio do próprio perito designado para a prova pericial já produzida. Porém, também quando não foi feita prova pericial, o juiz poderá decidir realizar a inspeção direta, nomeando perito e arbitrando remuneração para o seu serviço. O perito, nesse caso, está sujeito às regras gerais que estão entre os arts. 156 e 158 do CPC, podendo ser recusado pelas partes nos casos de impedimento e suspeição (art. 148, II).

Ademais, assim como ocorre no caso de perícia complexa (art. 475), o juiz poderá, quando a inspeção exigir conhecimento especializado em várias áreas, designar vários peritos para auxiliá-lo.

Como o juiz pode ser auxiliado por vários peritos, as partes também podem ser auxiliadas por assistentes da sua confiança, que podem acompanhar as diligências.

2. Inspeção direta e indireta

A inspeção judicial pode ser "direta" ou "indireta". Será direta quando o objeto for inspecionado diretamente pelo juiz, que será somente auxiliado por técnicos. Quando o juiz necessitar que um especialista inspecione diretamente a coisa ou a

---

para essa hipótese que o julgador considere a recusa como indício contrário à parte que infringir o dever (expresso neste Código nos arts. 339 e 340, II). Essa solução encontra respaldo no Brasil no que dispõem conjugadamente os arts. 332 e 335 (este quanto às 'regras de experiência comum subministradas pela observação do que comumente acontece'). Quanto aos terceiros, a não ser cabível o emprego da coerção, restará a eventual sanção penal" (*Exegese do Código de Processo Civil*, cit., p. 219).

pessoa, transmitindo-lhe imediatamente a sua informação, a prova é considerada indireta. Substancialmente, pois, a diferença reside em saber quem faz o exame da coisa ou da pessoa - se o juiz ou o *expert*.

Observe-se que mesmo na inspeção judicial *direta* o magistrado pode ser auxiliado por técnicos - aliás, é exatamente essa a previsão contida no artigo em exame. Nesse caso, porém, o juiz é *apenas auxiliado* na realização da inspeção *direta*. Na inspeção judicial *indireta*, o exame é feito por peritos, *e então reportado ao juiz*.

3. Inspeção judicial indireta e prova pericial

A tônica da distinção acima referida faz pensar sobre a diferença existente entre a inspeção *indireta* e a prova pericial. Com efeito, cabe observar que na inspeção judicial *indireta* falta o elemento mais essencial dessa figura, que é a análise, *pelo próprio juiz*, da coisa ou da pessoa. Precisamente por conta disso, seria possível confundir a inspeção indireta com a prova pericial. Parece evidente, porém, que a inspeção indireta não pode ser considerada prova pericial apenas porque uma informação técnica, constatada por um especialista, é declarada ao juiz.

A essência da distinção deve ser buscada na "forma" como se procede à prova. Se o exame indireto (feito pelo perito) reveste-se da formalidade natural à prova pericial - com elaboração de um laudo, formulação de quesitos etc. -, há verdadeira prova pericial. Ao contrário, quando a análise é realizada "imediatamente", sem a necessidade das formalidades "próprias" à prova pericial, a hipótese será de "inspeção indireta". Note-se que, na inspeção judicial (direta ou indireta), a característica da prova é a apreciação "imediata" do fato pelo juiz - ainda que por intermédio da avaliação realizada por um técnico -, enquanto na prova pericial o essencial está na análise técnica realizada.

A questão, desse modo, pode ser colocada nos seguintes termos: a inspeção judicial exige contato imediato do juiz com o fato, embora esse "contato imediato" possa ser "direto ou indireto", ao passo que a prova pericial deriva da necessidade de um "esclarecimento técnico" do fato, e não da "imprescindibilidade de um contato imediato do juiz" - que pode ser, como dito, "direto ou indireto".

Art. 483. O juiz irá ao local onde se encontre a pessoa ou a coisa quando:

I - julgar necessário para a melhor verificação ou interpretação dos fatos que deva observar;

II – a coisa não puder ser apresentada em juízo sem consideráveis despesas ou graves dificuldades;

III – determinar a reconstituição dos fatos.

Parágrafo único. As partes têm sempre direito a assistir à inspeção, prestando esclarecimentos e fazendo observações que considerem de interesse para a causa.

1. Inspeções realizadas fora da sede do juízo

A regra, em relação à inspeção judicial, é que ela se faça na sede do juízo. Especialmente em relação a bens móveis, tal regra tem aplicação quase universal. Todavia, relativamente a bens imóveis, por razões óbvias, essa mesma regra geral não tem aplicação. E, em qualquer caso [seja em relação a bens móveis ou imóveis, e também em relação a pessoas], há situações em que a inspeção deve ocorrer fora da sede do juízo.

Evidentemente, ainda que a regra não trate de modo específico do assunto, a permissão de que o juiz vá ao local (em que se encontra a pessoa ou o bem) deve ser interpretada em termos. Não há aqui autorização para que o magistrado extrapole os limites de sua competência territorial. Vale dizer que a regra em questão não autoriza o juiz a colher provas, diretamente, em outra comarca ou mesmo no exterior.[775] Observe-se que as previsões excepcionais a respeito (a exemplo do art. 255 do CPC) devem ser interpretadas restritivamente, "prestando-se exclusivamente para a comunicação de atos processuais" e nunca para a prática de outros atos.

O art. 483 apenas permite que a inspeção ocorra – dentro dos limites de competência territorial do juiz (ou seja, dentro da comarca ou da circunscrição judiciária) – fora da sede do juízo. Quando for necessário colher a prova fora dos limites territoriais da área de atuação do juiz, há que se recorrer às formas tradicionais de cooperação judicial, ou seja, à carta precatória e à rogatória.

2. Melhor verificação dos fatos

Três, em princípio, são as hipóteses invocadas pelos incisos do art. 483. A primeira delas diz respeito à necessidade de o juiz ir até o local em que se encontra a pessoa ou coisa quando reputar adequado para proferir seu julgamento.

775 Contra, em termos, admitindo que o magistrado possa realizar a inspeção em comarcas contíguas, de fácil comunicação, e naquelas pertencentes à mesma região metropolitana, v. Antonio Carlos de Araújo Cintra, *Comentários ao Código de Processo Civil*, cit., p. 246.

O juiz não pode optar, segundo a sua comodidade, entre ir ao local em que se encontra a pessoa ou o bem ou determinar que o objeto da inspeção seja apresentado na sede do juízo. Cabe-lhe ir até a coisa ou a pessoa quando for necessário para a melhor verificação do fato. Vale dizer que, quando as circunstâncias do caso concreto demonstrarem que é melhor ir até o local em que está a pessoa ou a coisa, o juiz não pode determinar o contrário.

3. Impossibilidade de apresentação da coisa em juízo

Além disso, quando a coisa não puder ser apresentada em juízo, sem consideráveis despesas ou graves dificuldades, o juiz deve ir ao seu encontro. Nesse caso, objetivou-se obrigar o juiz a ir até a coisa quando o seu deslocamento for difícil ou consideravelmente custoso. Ocorrerá a situação descrita no inciso quando as despesas ou a dificuldade para a apresentação da coisa em juízo superar o que acontece na normalidade dos casos.

Por outro lado, é até supérfluo dizer que, tratando-se de pessoa, e não de coisa, o juiz deverá ir ao seu encontro sempre que for difícil o seu deslocamento – por exemplo, por estar adoentada.

4. Reconstituição dos fatos

O último dos incisos refere-se à reconstituição dos fatos. Ainda que reconstituir um fato não seja o mesmo que inspecionar algo para se verificar um fato, o certo é que a reconstituição do fato pode permitir ao juiz concluir ou não pela veracidade da afirmação fática e, por isso, pode ser necessária para o adequado julgamento do litígio. Nesse sentido, embora não deva ser confundida com a inspeção, a reconstituição, prevista no inciso III do art. 483, constitui um importante instrumento para a formação da convicção judicial.

Em caso de reconstituição, sempre que possível, e guardadas as devidas proporções, deve-se observar o que prevê o art. 169 do CPP, que estabelece que, em se tratando de exame de local, deve-se providenciar, quando viável, que não se altere o estado das coisas, a fim de melhor obter-se a compreensão dos fatos.

5. Acompanhamento da inspeção judicial pelas partes

O parágrafo único do art. 483 afirma que as partes têm direito de assistir à inspeção, prestando esclarecimentos e fazendo observações que reputem de interesse para a causa. É claro que dentro do direito que o interessado tem de participar efetivamente do processo está o direito de, mediante advogado e assistente técnico, acompanhar a inspeção, falando, prestando esclarecimentos e impugnando o que entender impertinente ou incabível. Somente assim a inspeção será legítima. Por isso, as partes devem ser intimadas do local, dia e hora da inspeção e ter o adequado prazo para, querendo, indicar assistente técnico.

Mais que o direito de acompanhar o ato, por vezes terão as partes o dever de comparecer à diligência. Eventualmente, para o melhor esclarecimento dos fatos, poderá o magistrado impor às partes o dever de participar do ato, a fim de prestarem esclarecimentos a respeito do objeto da inspeção.

Por outro lado, excepcionalmente, em nome da proteção de outros interesses – v.g., a intimidade da pessoa a ser inspecionada –, será possível restringir a publicidade da diligência apenas ao juiz ou ao perito por ele designado – inspeção indireta –, evitando-se constrangimento desnecessário ou excessivo à pessoa a ser examinada. Essa restrição do contraditório há de ser adequadamente valorada e dosada, sendo viável quando direcionada a proteger interesse fundamental daquele que será inspecionado.

Aliás, em certas circunstâncias excepcionalíssimas, em que a própria ciência prévia da parte possa afetar a adequada verificação de alguma circunstância ou situação a ser inspecionada, será possível ao magistrado *realizar* a inspeção sem essa intimação anterior, preservando da melhor maneira possível o efetivo estado de fato a ser verificado. Posteriormente, nesses casos, lavrado o auto, dar-se-á a devida intimação às partes para que possam manifestar-se e, eventualmente, possam requerer novas diligências, que podem até mesmo incluir novas inspeções com a sua participação. Casos como esse são particularmente comuns em matéria de agressões no ambiente familiar e em questões ambientais, sendo evidente que a prévia intimação das partes para participarem da inspeção pode arruinar a prova ou mesmo inviabilizar qualquer verificação útil. Nesses casos, é evidente, só uma inspeção sem a prévia notícia será capaz de oferecer a verdadeira imagem do que efetivamente ocorre naquele local ou naquele ambiente.

Art. 484. Concluída a diligência, o juiz mandará lavrar auto circunstanciado, mencionando nele tudo quanto for útil ao julgamento da causa.

Parágrafo único. O auto poderá ser instruído com desenho, gráfico ou fotografia.

1. Auto de inspeção

Uma vez concluída a diligência, o juiz tem o dever de mandar lavrar auto em que conste tudo o que se passou, inclusive o que o interessado falou e impugnou.

Apenas dessa forma o magistrado poderá fundamentar a sua decisão, o interessado terá argumento expresso para impugná-la, e o juízo revisor poderá compreender o motivo da decisão e o fundamento do recurso.

A inspeção judicial é ato formal, não podendo ser vista como uma simples "visita" ao local da coisa ou como uma mera apreciação casual do objeto do litígio. A documentação do ato é imprescindível e, bem por isso, deve ser ele considerado "inexistente" quando não lavrado o auto demonstrando a diligência.[776] Aliás, o que não constar do auto não poderá servir para fundamentar a sentença, mesmo porque não é prova "constante dos autos" (art. 371 do CPC).

Recorde-se, ademais, que nem sempre o juiz que realizar a diligência julgará a demanda - pense na inspeção realizada por carta ou em eventual promoção do juiz. Dessa maneira, até mesmo para preservar a prova que foi realizada, é indispensável que o auto seja elaborado de forma minuciosa, contendo todas as ocorrências da diligência operada.

De outra parte, devem assinar o auto todas as pessoas que participaram da inspeção, desde o juiz, passando pelos peritos, até as partes que acompanharam o ato. Contudo, a falta de tais assinaturas - salvo a do juiz, por óbvio - constitui mera irregularidade.

2. Instrução do auto de inspeção

Não é por outra razão que, quando necessário, o auto deverá ser instruído com desenho, gráfico, fotografia ou outros acessórios necessários. Esses elementos não constituem prova documental, mas sim parte integrante do auto. Por essa razão, a eles não se aplicam as previsões específicas pertinentes à prova documental. Ou seja, tais elementos não necessitam observar formalidades especiais, devendo apenas guardar a possibilidade de instruir adequadamente o auto de inspeção.

Os meios referidos no parágrafo único do art. 484 constituem apenas exemplos. Como é evidente, devem ser anexados ao auto os meios necessários e disponíveis para espelhar o que se passou na inspeção. Assim, caso recomendável, as diligências poderão ser filmadas.

776 Cf. Francisco Cavalcanti Pontes de Miranda, *Comentários ao Código de Processo Civil*, 3. ed. Rio de Janeiro: Forense, 1996. t. IV, p. 509.

Referências Bibliográficas

ABELHA, Marcelo. Breves considerações sobre a prova nas demandas coletivas ambientais. In: LEITE, José Rubens Morato; DANTAS, Marcelo Buzaglo. *Aspectos processuais do direito ambiental*. Rio de Janeiro: Forense Universitária, 2003.

ABRAHÃO, João. O valor probatório das reproduções mecânicas. *RePro*, n. 20, São Paulo: Ed. RT, 1980.

ADAMY, Pedro. *Renúncia a direito fundamental*. São Paulo: Malheiros, 2011.

AGUIAR, João Carlos Pestana de. *Comentários ao Código de Processo Civil*. São Paulo: Ed. RT, 1974. vol. 4.

ALEXANDRE, Isabel. *Provas ilícitas em processo civil*. Coimbra: Almedina, 1998.

ALEXY, Robert. *Teoria da argumentação jurídica – A teoria do discurso racional como teoria da justificação jurídica*. Trad. Zilda Hutchinson Schild da Silva. São Paulo: Landy, 2001.

_________. *Teoría de los derechos fundamentales*. Trad. Ernesto Garzon Valdés. Madrid: Centro de Estudios Políticos y Constitucionales, 1993.

_________. *Teoría de los derechos fundamentales*. 3. reimp. Trad. Ernesto Garzon Valdés. Madrid: Centro de Estudios Políticos y Constitucionales, 2002.

ALSINA, Hugo. *Tratado teórico práctico de derecho procesal civil y comercial*. 2. ed. Buenos Aires: Ediar, 1961. t. III.

ALVES, Maristela da Silva. *O ônus da prova como regra de julgamento – Prova Cível*. Rio de Janeiro: Forense, 1999.

AMARAL, Paulo Osternack. Provas – atipicidade, liberdade e instrumentalidade. São Paulo: Ed. RT, 2015.

AMARAL SANTOS, Moacyr. *Comentários ao Código de Processo Civil*. 6. ed. Rio de Janeiro: Forense, 1994. vol. 4.

_________. *Primeiras linhas de direito processual civil*. São Paulo: Saraiva, 1990. vol. 3.

_________. *Prova judiciária no cível e comercial*. 3. ed. São Paulo: Max Limonad, 1968. vol. 3.

ANDRADE, Manuel A. Domingues de. *Noções elementares de processo civil*. Coimbra: Almedina, 1979.

_________. *Teoria geral da relação jurídica*. 7. reimp. Coimbra: Almedina, 1992. vol. 2.

ANDREWS, Neil. *Andrews on civil procedure – court proceedings*. Cambridge: Intersentia, 2013. vol. I.

ANDRIOLI, Virgilio. *Commento al Codice di Procedura Civile*. 3. ed. Napoli: Jovene, 1957. vol. 2.

_________. *Commento al Codice di Procedura Civile*. Napoli: Jovene, 1964. vol. 1 e 2.

_________. Prova. *Novissimo digesto italiano*, vol. 143. Torino: Utet.

ANTOINE, Mireille; ELOY, Marc; BRAKELAND, Jean-François. *Le droit de la preuve face aux nouvelles technologies de l'information*. (Cahiers du Centre de Recherches – Informatique et Droit, n. 7). Namur: E.Story-Scientia, 1992.

APRIGLIANO, Ricardo. *Ordem pública e processo*. São Paulo: Atlas, 2011.

ARAÚJO, Francisco Fernandes de. Requisição de informações pelo poder judiciário, *RePro*, n. 38, São Paulo: Ed. RT, 1985.

ARENHART, Sérgio Cruz. *A tutela inibitória da vida privada*. São Paulo: Ed. RT, 2000.

_________. A verdade substancial. *Revista de Direito Processual Civil*. Curitiba: Genesis, 1996.

_________. *Perfis da tutela inibitória coletiva*. São Paulo: Ed. RT, 2003.

_________. MARINONI, Luiz Guilherme. *Manual do processo de conhecimento*. 4. ed. São Paulo: Ed. RT, 2005.

ARMELIN, Donaldo. Tutelas jurisdicionais diferenciadas. In: MARINONI, Luiz Guilherme (coord.). *O processo civil contemporâneo*. Curitiba: Juruá, 1994.

ARRUDA ALVIM, José Manoel. Ação incidental de falsidade ideológica de laudo pericial – Preclusão – Sentido da palavra "documento". *RePro*, n. 54, São Paulo: Ed. RT, 1989.

_________. Anotações sobre a medida liminar em mandado de segurança. *RePro*, n. 39, São Paulo: Ed. RT, 1985.

_________. A nulidade da sentença por infração ao art. 398 do Código de Processo Civil. *RePro*, n. 3, São Paulo: Ed. RT, 1976.

_________. *Código de Processo Civil comentado*. São Paulo: Ed. RT, 1975. vols. 1 e 2.

_________. Dogmática jurídica e o novo Código de Processo Civil. *RePro*, n. 1, São Paulo: Ed. RT, 1976.

_________. *Manual de direito processual civil.* 3. ed. São Paulo: Ed. RT, 1986. vol. 2.

_________. *Tratado de direito processual civil.* São Paulo: Ed. RT, 1990. vols. 1 e 2.

ASCARELLI, Tullio. Registrazione nei libri di commercio e confessione. *Rivista di Diritto Processuale*, I, Padova: Cedam, 1930.

ASCENÇÃO, José de Oliveira. *Direito autoral.* 2. ed. Rio de Janeiro: Renovar, 1997.

ATTARDI, Aldo. Le ordinanze di condanna nel giudizio ordinario di cognizione di primo grado secondo la legge di riforma. *Giurisprudenza italiana*, 1992.

AYALA, Patryck; MORATO LEITE, José Rubens. *Direito ambiental na sociedade de risco.* Rio de Janeiro: Forense Universitária, 2002.

BAILEY, Richard. Overcoming veriphobia – learning to love truth again. *British Journal of Educational Studies*, n. 2. vol. 49. Oxford: Blackwell Publishers, jun./2001.

BALDUS, David C., PULASKI, Charles, WOODWORTH, George. "Comparative review of death sentences: an empirical study of the Georgia experience". *Journal of criminal law and criminology.* Northwestern University School of Law, vol. 74, n. 3, 1983.

BAPTISTA, Francisco de Paula. *Teoria e prática do processo civil e comercial.* São Paulo: Saraiva, 1988.

BARASSI, Lodovico. *La teoria generale delle obbligazioni.* Milano: Giuffrè, 1964.

BARBI, Celso Agrícola. *Ação declaratória principal e incidente.* 7. ed. Rio de Janeiro: Forense, 1996.

_________. *Do mandado de segurança.* Rio de Janeiro: Forense, 1966.

_________. *Do mandado de segurança.* 7. ed. Rio de Janeiro: Forense, 1993.

BARBOSA MOREIRA, José Carlos. *Abuso dos direitos processuais.* Rio de Janeiro: Forense, 2000.

_________. A Constituição e as provas ilicitamente adquiridas. *Ajuris.* vol. 68. Novembro, 1996.

_________. A Constituição e as provas ilicitamente obtidas. In: _________. *Temas de direito processual.* 6. série. São Paulo: Saraiva, 1997.

_________. A função social do processo civil moderno e o papel do juiz e das partes na direção e na instrução do processo. *RePro*, n. 37, São Paulo: Ed. RT, 1985.

_________. A garantia do contraditório na atividade de instrução. *RePro*, n. 35, São Paulo: Ed. RT, 1984.

_________. A justiça e nós. In: _________. *Temas de direito processual.* 6. série. São Paulo: Saraiva, 1997.

_________. Alguns problemas atuais da prova civil. In: _________. *Temas de direito processual.* 4. série. São Paulo: Saraiva, 1989.

_________. Antecipação da tutela: algumas questões controvertidas. In: _________. *Temas de direito processual.* 8. série. São Paulo: Saraiva, 2004.

_________. As presunções e a prova. In: _________. *Temas de direito processual.* 1. série. 2. ed. São Paulo: Saraiva, 1988.

_________. Dimensiones sociales del proceso civil. *RePro*, n. 45, São Paulo: Ed. RT, 1987.

_________. Notas sobre o problema da "efetividade" do processo. In: _________. *Temas de direito processual.* 3. série. São Paulo: Saraiva, 1984.

_________. *O novo processo civil brasileiro.* 17. ed. Rio de Janeiro: Forense, 1995.

_________. *O novo processo civil brasileiro.* 19. ed. Rio de Janeiro: Forense, 1997.

_________. Os poderes do juiz. In: MARINONI, Luiz Guilherme (coord.). *O processo civil contemporâneo*. Curitiba: Juruá, 1994.

_________. Os poderes do juiz na direção e na instrução do processo. In: _________. *Temas de direito processual.* 4. série. São Paulo: Saraiva, 1989.

_________. Privatização do processo?. *Temas de direito processual.* 7. série. São Paulo: Saraiva, 2001.

_________. Problemas de la inmediación en el proceso civil. In: _________. *Temas de direito processual.* 3. série. São Paulo: Saraiva, 1984.

_________. O neoprivatismo no processo civil. *Temas de direito processual.* 9. Série. São Paulo: Saraiva, 2007.

_________. Regras de experiência e conceitos juridicamente indeterminados. *Revista Forense*, vol. 261, Rio de Janeiro, Forense, 1978.

_________. Sobre a multiplicidade de perspectivas no estudo do processo. *Revista Brasileira de Direito Processual*, vol. 56. Rio de Janeiro: Forense, out./dez., 1987.

_________. Sobre a "participação" do juiz no processo civil. In: GRINOVER, Ada Pelegrini; DINAMARCO, Cândido Rangel; WATANABE, Kazuo. *Participação e processo.* São Paulo: Ed. RT, 1988.

_________. Sobre prazos peremptórios e dilatórios. In: _________. *Temas de direito processual civil.* 2. série. 2. ed. São Paulo: Saraiva, 1988.

_________. Tutela sancionatória e tutela preventiva. In: _________. *Temas de direito processual.* 2. série. São Paulo: Saraiva, 1980.

BARROS, Suzana de Toledo. O princípio da proporcionalidade e o controle da constitucionalidade das leis restritivas de direitos fundamentais. Brasília: Brasília Jurídica, 1996.

BARROSO, Luis Roberto. *Interpretação e aplicação da Constituição*. São Paulo: Saraiva, 1996.

_________. *O direito constitucional e a efetividade de suas normas*. Rio de Janeiro: Renovar, 1993.

BAUR, Fritz. Les garanties fondamentales des parties dans le procès civil en république fédérale d'Allemagne. In: CAPELLETTI, Mauro; TALLON, Denis. *Fundamental guarantees of the parties in civil litigation*. Milano: Giuffrè, 1973.

_________. *Tutela jurídica mediante medidas cautelares*. Porto Alegre: Fabris, 1985.

BECKER, Laércio Alexandre. *Contratos Bancários*. São Paulo: Malheiros, 2002.

_________. Sobre a incerteza e o conteúdo ético do processo civil. *Qual é o jogo do processo?* Porto Alegre: Fabris, 2012.

BEDAQUE, José Roberto dos Santos. *Poderes instrutórios do juiz*. São Paulo: Ed. RT, 1991.

_________. *Poderes instrutórios do juiz*. 2. ed. São Paulo: Ed. RT, 1994.

BEGHINI, Roberto. *La prova per testimoni nel rito civile*. Padova: Cedam, 1997.

BENETTI, Sidnei Agostinho. A estenotipia no Judiciário. *Revista de Jurisprudência do Tribunal de Justiça do Estado de São Paulo*, vol. 76, p. 29, mai.-jun. 1982.

BENJAMIN, Antônio Herman de Vasconsellos et alli. *Código Brasileiro de Defesa do Consumidor comentado pelos autores do anteprojeto*. Rio de Janeiro: Forense Universitária, 1991.

BENUCCI, Eduardo Bonasi. Atto illecito e concorrenza sleale. *Rivista Trimestrale di Diritto e Procedura Civile*. Milano: Giuffrè, 1957.

BERMUDES, Sérgio. *Direito processual civil – Estudos e pareceres*. 2. série. São Paulo: Saraiva, 1994.

BEVILÁQUA, Clóvis. *Código Civil dos Estados Unidos do Brasil*. 5. tir. Rio de Janeiro: Francisco Alves, 1955.

_________. *Theoria geral do direito civil*. 6. ed. Rio de Janeiro: Livraria Francisco Alves, 1953.

BIDART, Adolfo Gelsi. Tutela procesal "diferenciada". *RePro*, n. 44, São Paulo: Ed. RT, 1986.

BOBBIO, Norberto. *Teoria della scienza giuridica*. Torino: Giappichelli, 1950.

BONAVIDES, Paulo. *Curso de direito constitucional*. São Paulo: Malheiros, 1993.

BONNIER, Eduardo. *Tratado de las pruebas en derecho civil.* 5. ed. Trad. José Vicente y Caravantes. Madrid: Reus, 1929. vol. 2.

BORGES, João Eunápio. *Curso de direito comercial terrestre.* 5. ed. Rio de Janeiro: Forense, s/d.

BORGHESI, Domenico. L'anticipazione dell'esecuzione forzata nella riforma del processo civile. *Rivista Trimestrale di Diritto e Procedura Civile.* Milano: Giuffrè, 1991.

BRAKELAND, Jean-François; ANTOINE, Mireille; ELOY, Marc. *Le droit de la preuve face aux nouvelles technologies de l'information.* (Cahiers du Centre de Recherches – Informatique et Droit, n. 7). Namur: E. Story-Scientia, 1992.

BRIGGS, William M. "The crisis of evidence: why probability & statistics cannot discover cause", Disponível em: [https://arxiv.org/pdf/1507.07244.pdf], acessado em: maio de 2018.

BRITO, Wanda Ferraz de; SOARES, Fernando Luso; MESQUITA, Duarte Romeira. *Código de Processo Civil actualizado e anotado.* Coimbra: Almedina, 1994.

BROOK, James. "The use of statistical evidence of identification in civil litigation: well-worn hypotheticals, real cases, and controversy". *Saint Louis University law journal.* Vol. 29, 1984-1985.

BUECHELE, Paulo Arminio Tavares. *O princípio da proporcionalidade e a interpretação da Constituição.* Rio de Janeiro: Renovar, 1999.

BUZAID, Alfredo. *Do mandado de segurança.* São Paulo: Saraiva, 1989. vol. 1.

_________. Do ônus da prova. *Revista de Direito Processual Civil*, vol. 4. São Paulo: Saraiva, jul./dez., 1961.

CABRAL, Antonio do Passo. *Convenções processuais.* São Paulo. Tese apresentada como requisito para a obtenção do grau de Livre-Docência em Direito, 2015.

_________. Despolarização do processo e zonas de interesse: sobre a migração entre os polos da demanda. *Revista forense*, n. 404. Rio de Janeiro: Forense, 2009.

_________. A duração razoável do processo e a gestão do tempo no Projeto de Novo Código de Processo Civil. *Novas tendências do processo civil*, vol. II. Salvador: JusPodivm, 2014.

CADIET, Loic ; NORMAND, Jacques; MEKKI, Soraya Amrani. *Théorie générale du procès.* Paris: PUF, 2010.

_________. Les conventions relatives au procès en droit française. Sur la contractualisation du règlement des litiges. *Accordi di parte e processo.* Milano: Giuffrè, 2008.

CALAMANDREI, Piero. Conseguenze della mancata esibizione di documenti in giudizio. *Rivista di Diritto Processuale*. Padova: Cedam, 1930.

_________. *Eles, os juízes, vistos por um advogado*. Trad. Eduardo Brandão. São Paulo: Martins Fontes, 1997.

_________. Verità e verosimiglianza nel processo civile. *Rivista di Diritto Processuale*. Padova: Cedam, 1955.

CALMON DE PASSOS, José Joaquim. *Comentários ao Código de Processo Civil*. Rio de Janeiro: Forense, s/d. vol. 3.

_________. *Comentários ao Código de Processo Civil*. Rio de Janeiro: Forense, 1983. vol. 3.

_________. *Comentários ao Código de Processo Civil*. 8. ed. Rio de Janeiro: Forense, 1998. vol. 3.

_________. Confissão (Direito Processual Civil – 1). *Enciclopédia Saraiva do Direito*, vol. 18. São Paulo: Saraiva, 1977.

_________. *Inovações no Código de Processo Civil*. Rio de Janeiro: Forense, 1995.

CAMBI, Eduardo. *Direito constitucional à prova*. Dissertação de mestrado, orientação Prof. Luiz Guilherme Marinoni. Curitiba: Universidade Federal do Paraná, 1999.

CANOTILHO, José Joaquim Gomes. *Direito constitucional*. Coimbra: Almedina, 1986.

_________. *Direito constitucional e teoria da constituição*. 6. ed. Lisboa: Almedina, 2002.

CAPPELLETTI, Mauro. Acesso alla giustizia come programma di riforma e come metodo di pensiero. *Rivista di Diritto Processuale*. Padova: Cedam, 1982.

_________. Appunti in tema di contraddittorio. In: PUNZI, Carmine (coord.). *Studi in memoria di Salvatore Satta*. Padova: Cedam, 1982. vol. 1.

_________. Fundamental guarantees of the parties in civil proceedings – General report. In: CAPPELLETTI, Mauro; TALLON, Denis (coords.). *Fundamental guarantees of the parties in civil litigation*. Milano: Giuffrè, 1973.

_________. *Juízes legisladores?* Trad. Carlos Alberto Álvaro de Oliveira. Porto Alegre: Fabris, 1993.

_________. Las garantías constitucionales de las partes en el proceso civil italiano. In: CAPPELLETTI, Mauro. *Proceso, ideologías, sociedad*. Trad. Santiago Sentís Melendo e Tomás A. Banzhaf. Buenos Aires: Ejea, 1974.

_________. La “natura” delle norme sulle prove. *Rivista di Diritto Processuale Civile* – 2. série, vol. 24. Padova: Cedam, 1969.

_________. *La oralidad e las pruebas en el proceso civil.* Trad. Santiago Sentís Melendo. Buenos Aires: Ejea, 1972.

_________. *La testimonianza della parte nel sistema dell'oralità.* Milano: Giuffrè, 1962. vol. 1.

_________. Problemas de reforma do processo civil nas sociedades contemporâneas. In: MARINONI, Luiz Guilherme (coord.). *O processo civil contemporâneo.* Curitiba: Juruá, 1994.

_________; TALLON, Denis (coords.). *Fundamental guarantees of the parties in civil litigation.* Milano: Giuffrè, 1973.

CAPONI, Remo. Autonomia privata e processo civile: gli accordi processuali. *Accordi di parte e processo.* Milano: Giuffrè, 2008.

CARDOZO, Benjamin Nathan. *The nature of the judicial process.* New Haven: Yale University Press, 1991.

CARNEIRO, Athos Gusmão. Anotações sobre o recurso especial. In: TEIXEIRA, Sálvio de Figueiredo (coord.). *Recursos no Superior Tribunal de Justiça.* São Paulo: Saraiva, 1991.

_________. A nova sistemática da prova pericial. In: TEIXEIRA, Sávio de Figueiredo (coord.). *Reforma do Código de Processo Civil.* São Paulo: Saraiva, 1996.

_________. *Intervenção de terceiros.* 10. ed. São Paulo: Saraiva, 1998.

CARNELUTTI, Francesco. *Diritto e processo.* Napoli: Morano, 1958.

_________. Documento e negozio giuridico. *Rivista di Diritto Processuale Civile,* vol. 3. Padova: Cedam, 1926.

_________. Documento e testimonianza. In: _________. *Studi di diritto processuale,* vol. 3. Padova: Cedam, 1939.

_________. Documento (teoria moderna). *Novissimo digesto italiano.* Torino: Utet, 1960. t. VI.

_________. *Instituições do processo civil.* Trad. Adrián Sotero de Witt Batista. Campinas: Servanda, 1999. vol. 1.

_________. *La prova civile.* 2. ed. Roma: Ateneo, 1947.

_________. *La prova civile.* Milano: Giuffrè, 1992.

_________. Le testimoni, questo sconosciuto. *Rivista di Diritto Processuale.* Padova: Cedam, 1957.

_________. *Lezioni di diritto processuale civile.* Padova: Cedam, 1986. vol. 2 e 3.

________. Note sull'accertamento negoziale. *Rivista di Diritto Processuale Civile*, vol. 17. Padova, Cedam, 1940.

________. *Sistema de derecho procesal civil*. Trad. Niceto Alcalá-Zamora y Castillo e Santiago Sentís Melendo. Buenos Aires: Uteha, 1944. t. II.

________. *Sistema di diritto processuale civile*. Padova: Cedam, 1936.

________. Studi sulla sottoscrizione. In: ________. *Studi di diritto processuale*, vol. 3. Padova: Cedam, 1939.

________. *Teoria del falso*. Padova: Cedam, 1935.

________. *Teoria general del derecho*. Madrid: Revista de Derecho Privado, 1955.

________. *Teoria geral do direito*. Trad. Antônio Carlos Ferreira. São Paulo: Lejus, 1999.

________. Veritá, dubbio, certezza. *Rivista di Diritto Processuale*, 2. série, vol. 20. Padova: Cedam, 1965.

CARPI, Federico. Flashes sulla tutela giurisdizionale differenziata. *Rivista Trimestrale di Diritto e Procedura Civile*. Milano: Giuffrè, 1980.

CARREIRA ALVIM, José Eduardo. Tutela específica e tutela assecuratória das obrigações de fazer e não fazer na reforma processual. In: TEIXEIRA, Sálvio de Figueiredo (coord.). *Reforma do Código de Processo Civil*. São Paulo: Saraiva, 1996.

CARRERAS DEL RINCÓN, Jorge. Comentarios a la doctrina procesal civil del Tribunal Constitucional y del Tribunal Supremo. Madrid: Marcial Pons, 2002.

CARRIÓ, Genaro R. *Notas sobre derecho y lenguaje*. 4. ed. Buenos Aires: Abeledo-Perrot, 1990.

CASTRO FILHO, José Olympio de. *Abuso do direito no processo civil*. Belo Horizonte: Imprensa Oficial, 1955.

CAVALLARI, Ciaccia. *La contestazione nel processo civile*. Milano: Giuffrè, 1993. vol. 2.

CAVALLONE, Bruno. *I poteri di iniziativa istruttoria del giudice civile*. Milano: Giuffrè, 1968.

________. In difesa dela veriphobia (considerazioni amichevolmente polemiche su un libro recente di Michele Taruffo). *Rivista di diritto processuale*, n. 1. Padova: Cedam, jan.-fev. 2010.

CECCHELLA, Claudio. *Il processo civile dopo le riforme*. Torino: Giappichelli, 1992.

CENTI, Jean Pierre. Le prix de l'environnement – Une approche par l'analyse économique du droit. In: FALQUE, M.; MASSENET, M. (coords.). *Droits de propriété et environnement*. Paris: Dalloz, 1997.

CHASE, Oscar. Law, culture, and ritual – disputing systems in cross-cultural context. New York: New York University Press, 2005.

CHAVES, Antônio. Os direitos fundamentais da personalidade moral (à integridade psíquica, à segurança, à honra, ao nome, à imagem, à intimidade). *Revista de Informação Legislativa*, n. 58. Brasília: Centro Gráfico do Senado Federal, 1978.

CHIAVARO, Mario. *Processo e garanzie della persona*. Milão: Giuffrè, 1982. vol. 2.

CHIOVENDA, Giuseppe. Dell'azione nascente dal contratto preliminare. *Rivista del Diritto Commerciale*, vol. 9, 1911.

_________. *Instituições de direito processual civil*. São Paulo: Saraiva, 1965. vol. 1.

_________. *Instituições de direito processual civil*. Campinas: Bookseller, 1998. vol. 1, 2 e 3.

_________. La natura processuale delle norme sulla prova e l'efficacia della legge processuale nel tempo. In: _________. *Saggi di diritto processuale civile*, vol. 1. Milano: Giuffrè, 1993.

_________. *Principios de derecho procesal civil*. Trad. José Casais y Santaló. Madrid: Reus, 1922. t. I.

_________. *Principios de derecho procesal civil*. Trad. José Casais y Santaló. Madrid: Reus, 1925. t. II.

CINTRA, Antônio Carlos Araújo. *Comentários ao Código de Processo Civil*. 2. ed. Rio de Janeiro: Forense, 2003. vol. 4.

_________. Prova do direito estrangeiro. *Revista dos Tribunais*, vol. 485, São Paulo: Ed. RT, 1976.

_________; DINAMARCO, Cândido Rangel; GRINOVER, Ada Pelegrini. *Teoria geral do processo*. 9. ed. 2. tir. São Paulo: Malheiros, 1993.

COELHO, Fábio Ulhoa. *Manual de direito comercial*. 10. ed. São Paulo: Saraiva, 1999.

COLLIA, Filippo. L'ordinanza per il pagamento di somme non contestate nel processo del lavoro. *Rivista di Diritto Processuale*, 1994.

COMOGLIO, Luigi Paolo; FERRI, Corrado; TARUFFO, Michele. *Lezioni sul processo civile*. 2. ed. Bologna: Il Mulino, 1998.

CONSTANTINO, Giorgio. Il nuovo processo commerciale: la tutela cautelare. *Rivista di Diritto Processuale*. Padova: Cedam, 2003.

COSTA, Newton C. A. da. Conjectura e quase-verdade. In: LAFER, Celso; FERRAZ JR., Tercio Sampaio (coords.). *Direito, política, filosofia, poesia: estudos em homenagem ao Professor Miguel Reale, em seu octogésimo aniversário*. São Paulo: Saraiva, 1992.

COTTA, Sérgio. *Quidquid latet apparebit*: le problème de la vérité du jugement. *Archives de philosophie du droit*. Paris: Dalloz, 1995. t. XXXIX.

COUTURE, Eduardo J. El concepto de fé pública. In: ________. *Estudios de derecho procesal civil*. Buenos Aires: Ediar, 1949. t. II.

________. *Fundamentos del derecho procesal civil*. 3. ed. Buenos Aires: Depalma, 1958.

COVELLO, Sérgio Carlos. O sigilo bancário como proteção à intimidade. *Revista dos Tribunais*, vol. 648. São Paulo: Ed. RT, 1989.

CRESCI SOBRINHO, Elício de. O juiz e as máximas de experiência. *Revista Forense*, vol. 296. Rio de Janeiro: Forense, out./ dez., 1986.

CROZE, Hervè; MOREL, Christian. *Procédure civile*. Paris: PUF, 1988.

CRUZ E TUCCI, José Rogério. *A* causa petendi *no processo civil*. São Paulo: Ed. RT, 1993.

CUNHA, Alcides Munhoz da. *A lide cautelar no processo civil*. Curitiba: Juruá, 1992.

DALLAGNOL, Deltan Martinazzo. *As lógicas das provas no processo*. Porto Alegre: Livraria do Advogado, 2015.

DALL'AGNOL JÚNIOR, Antonio. Distribuição dinâmica do ônus probatório. *Revista Jurídica*, vol. 280, fev. 2001.

________. Os poderes do juiz. In: MARINONI, Luiz Guilherme (coord.). *O processo civil contemporâneo*. Curitiba: Juruá, 1994.

DAMASKA, Mirjan R. *The faces of justice and state authority*. New Haven: Yale University Press, 1986.

DENARI, Zelmo et alli. *Código Brasileiro de Defesa do Consumidor comentado pelos autores do anteprojeto*. Rio de Janeiro: Forense Universitária, 1991.

DENTI, Vittorio. Diritti della persona e tecniche di tutela. In: ALPA, G.; BESSONE, M.; BONESCH, L.; CAIAZZA, G. (orgs.). *L'informazione e i diritti della persona*. Napoli: Jovene, 1983.

________. *Il nuovo processo del lavoro*. Milano: Giuffrè, 1974.

________. *La giustizia civile*. Bologna: Il Mulino, 1989.

________. La natura giuridica delle norme sulle prove civile. *Rivista di Diritto Processuale*. 2. série. vol. 24. Padova: Cedam, 1969.

_________. Prova documentale (dir. proc. civ.). *Enciclopedia del diritto*. Milano: Giuffrè, 1988. vol. 37.

_________. Querela di falso. *Novissimo digesto italiano*. Torino: Utet, 1967. t. XIV.

DE PLÁCIDO E SILVA. *Noções práticas de direito comercial*. 12. ed. Rio de Janeiro: Forense, 1965. vol. 2.

DESCARTES, René. *Discours de la méthode*. Paris: GF-Flammarion, 1992.

DIAS, José Eduardo de Figueiredo. *Tutela ambiental e contencioso administrativo* (da legitimidade processual e das suas conseqüências). Coimbra: Coimbra, 1997.

DIAS, Luciana. *Decisão, motivação da sentença e discurso*. Tese de doutorado. Curitiba: UFPR, 2004.

DIDIER JR., Fredie Souza. Depoimento pessoal de pessoas jurídicas de direito público. *Revista Jurídica dos Formandos em Direito da UFBA*, vol. 1, 1996.

_________. *Regras processuais no novo Código Civil*. São Paulo: Saraiva, 2004.

DINAMARCO, Cândido Rangel. *A instrumentalidade do processo*. São Paulo: Ed. RT, 1987.

_________. *A instrumentalidade do processo*. 5. ed. São Paulo: Malheiros, 1996.

_________. *A reforma do Código de Processo Civil*. São Paulo: Malheiros, 1996.

_________. *Litisconsórcio*. 3. ed. São Paulo: Malheiros, 1994.

_________. Relativizar a coisa julgada. Revista da Procuradoria Geral do Estado de São Paulo, n. 55/56. São Paulo: Imprensa Oficial, jan.-dez. 2001.

_________; GRINOVER, Ada Pelegrini; CINTRA, Antônio Carlos Araújo. *Teoria geral do processo*. 9. ed. 2. tir. São Paulo: Malheiros, 1993.

DI PIETRO, Maria Sylvia Zanella. *Direito administrativo*. 3. ed. São Paulo: Atlas, 1993.

DONDI, Angelo. Effettività dei provvedimenti istruttori del giudice civile. Padova: Cedam, 1985.

_________. Problemi di utilizzazione delle "conoscenze esperte" come "*expert witness testimony*" nell'ordinamento statunidense. *Rivista Trimestrale di Diritto e Procedura Civile*, Milano, Giuffrè, 2001.

DWORKIN, Ronald. *Taking rights seriously*. Cambridge: Harvard University Press, 1978.

ECHANDIA, Hernando Devis. *Teoria general de la prueba judicial*. Buenos Aires: Zavalia, 1976.

_________. *Teoria general de la prueba judicial*. Buenos Aires: Fidenter, 1981.

EISLER, Rudolf. *Wörterbuch der philosophischen Begriffe*. 4. ed. Berlim, 1930. vol. 3.

EKELÖF, Per Olof. *Beweiswürdigung*. Beweislast und Beweis des ersten Anscheins: *ZZP*, 75, 1962.

ENOCH, David, FISHER, Talia. "Statistical evidence: the case for sensitivity", disponível em: [https://www.law.utoronto.ca/utfl_file/count/users/mdubber/CAL/13-14/Fischer-Paper-The%20Case%20for%20Sensitivity.pdf], acessado em: maio de 2018.

ELOY, Marc; ANTOINE, Mireille; BRAKELAND, Jean-François. *Le droit de la preuve face aux nouvelles technologies de l'information*. (Cahiers du Centre de Recherches – Informatique et Droit, n. 7). Namur: E.Story-Scientia, 1992.

ENGISCH, Karl. *Introdução ao pensamento jurídico*. Trad. João Baptista Machado. 3. ed. Lisboa: Fundação Calouste Gulbenkian, 1977.

ESPÍNOLA, Eduardo. *Sistema do direito civil*. Rio de Janeiro: Rio, 1977.

FABRÍCIO, Adroaldo Furtado. *Comentários ao Código de Processo Civil*. 5. ed. Rio de Janeiro: Forense, 1993. vol. 8. t. III.

FADEL, Sérgio Sahione. *Código de Processo Civil comentado*. Rio de Janeiro: Konfino, 1974. t. II.

FAGUNDES, Miguel Seabra. O controle dos atos administrativos pelo poder judiciário. São Paulo: Saraiva, 1984.

FERNANDES NETO, Guilherme. O abuso de direito no Projeto 634-B. *Revista de Informação Legislativa*, n. 106, abr./jun. 1990.

FERRARA, Francesco. *Trattato di diritto civile italiano*. Roma: Athenaeum, 1921.

FERRAZ, Sérgio. *Mandado de segurança*. São Paulo: Malheiros, 1992.

FERREIRA FILHO, Manoel C. *A preclusão no direito processual civil*. Curitiba: Juruá, 1991.

FERRI, Corrado; TARUFFO, Michele; COMOGLIO, Luigi Paolo. *Lezioni sul processo civile*. 2. ed. Bologna: Il Mulino, 1998.

FILOMENO, José Geraldo Brito et alli. *Código Brasileiro de Defesa do Consumidor comentado pelos autores do anteprojeto*. Rio de Janeiro: Forense Universitária, 1991.

FINK, Daniel Roberto et alli. *Código Brasileiro de Defesa do Consumidor comentado pelos autores do anteprojeto*. Rio de Janeiro: Forense Universitária, 1991.

FORNACIARI JÚNIOR, Clito. *Reconhecimento jurídico do pedido*. São Paulo: Ed. RT, 1977.

FOUCAULT, Michel. *A verdade e as formas jurídicas*. Trad. Roberto Cabral de Melo Machado e Eduardo Jardim Morais. Rio de Janeiro: Nau, 1996.

FRANCESCHELLI, Remo. Studi sulla concorrenza sleale. La fattispecie. *Rivista di Diritto Industriale*. Milano: Giuffrè, 1963.

FRANCO, Mariulza. É admissível a ação incidental de declaração de falsidade de documento no processo cautelar? *RePro*, n. 50, São Paulo: Ed. RT, 1988.

FREITAS, Juarez. *Estudos de direito administrativo*. São Paulo: Malheiros, 1995.

FRIGNANI, Aldo. L'azione inibitoria contro le clausole vessatorie (considerazioni "fuori dal coro" di un civilista). *Rivista di Diritto Processuale*. Padova: Cedam, 1997.

_________. *L'injunction nella* common law *e l'inibitoria nel diritto italiano*. Milano: Giuffrè, 1974.

FURNO, Carlo. *Contributo alla teoria della prova legale*. Padova: Cedam, 1940.

_________. Teoría de la prueba legal. Trad. S. González Collado. Madrid: *Revista de Derecho Privado*, 1954.

GADAMER, Hans-Georg. *Verdade e método* – Traços fundamentais de uma hermenêutica filosófica. Trad. Flávio Paulo Meurer. 2. ed. Petrópolis: Vozes, 1998.

GAJARDONI, Fernando da Fonseca. *Flexibilização procedimental*. São Paulo: Atlas, 2008.

GÁLVEZ, Juan Monroy. *Introduccion al proceso civil*. Bogotá: Temis-De Belaunde & Monroy, 1996. t. I.

GARBAGNATI, Edoardo. *Il procedimento d'ingiunzione*. Milano: Giuffrè, 1991.

GENTILE, Francesco Silvio. *La prova civile*. Roma: Jandi Sapi Editori, 1960.

GIANESINI, Rita. *Da revelia no processo civil brasileiro*. São Paulo: Ed. RT, 1977.

GIDI, Antonio. *Coisa julgada e litispendência em ações coletivas*. São Paulo: Saraiva, 1995.

GIULIANI, Alessandro. *Il concetto di prova (contributo alla logica giuridica)*. Milano: Giuffrè, 1971.

_________. Prova (filosofia del diritto). *Enciclopedia del diritto*. Milano: Giuffrè, 1988. vol. 37.

GIUSSANI, Andrea. "La prova statistica nelle 'class actions'". *Rivista di diritto processuale*. Padova: CEDAM,1989.

GODINHO, Robson. Negócios processuais sobre o ônus da prova no novo código de processo civil. São Paulo: Ed. RT, 2015.

GOLDMAN, Alvin I. *Knowledge in a social world*. Oxford: Clarendon Press, 1999.

GOLDSCHMIDT, James. *Derecho procesal civil.* Trad. e notas Leonardo Pietro Castro. Barcelona: Labor, 1936.

GOLDSCHMIDT, Roberto. L'azione preventiva. *Rivista di Diritto Processuale.* Padova: Cedam, 1959.

GOMES, Orlando. Direitos de personalidade. *Revista Forense*, vol. 216. Rio de Janeiro: Forense, 1966.

_________. *Introdução ao direito civil.* 12. ed. atual. Humberto Theodoro Júnior. Rio de Janeiro: Forense, 1996.

GOMES FILHO, Antonio Magalhães. *Presunção de inocência e prisão cautelar.* São Paulo: Saraiva, 1991.

GONÇALVES, Carlos Roberto. Análise da Lei de Introdução ao Código Civil: sua função no ordenamento jurídico e, em especial, no processo civil. *RePro*, n. 37, São Paulo: Ed. RT, 1985.

GONÇALVES, Luiz da Cunha. *Princípios de direito civil luso-brasileiro.* São Paulo: Max Limonad, 1951. vol. 1.

_________. *Tratado de direito civil, em comentário ao Código Civil português.* 2. ed. portuguesa e 1. ed. brasileira. São Paulo: Max Limonad, 1956. vol. 1. t. II.

GOTTWALD, Peter; ROSENBERG, Leo; SCHWAB, Karl Heinz. *Zivilproßrecht.* 15. ed. München: Verlag C.H. Beck, 1993.

GRECO, Leonardo. "A prova no processo civil: do Código de 1973 ao novo Código Civil". *Scientia iuris.* Revista eletrônica, v. 5/6, 2001/2002.

GRECO FILHO, Vicente. *Interceptação telefônica* - Considerações sobre a Lei 9.296, de 24 de julho de 1996. São Paulo: Saraiva, 1996.

GRINOVER, Ada Pellegrini. *Aspectos constitucionais dos juizados de pequenas causas.* São Paulo: Ed. RT, 1985.

_________. A tutela preventiva das liberdades: *habeas corpus* e mandado de segurança. *RePro*, n. 22, São Paulo: Ed. RT, 1981.

_________. *Liberdades públicas e processo penal.* São Paulo: Saraiva, 1976.

_________; CINTRA, Antônio Carlos Araújo; DINAMARCO, Cândido Rangel. *Teoria geral do processo.* 9. ed. 2. tir. São Paulo: Malheiros, 1993.

_________; et alli. *Código Brasileiro de Defesa do Consumidor comentado pelos autores do anteprojeto.* Rio de Janeiro: Forense Universitária, 1991.

GROSSEN, Jacques Michel. L'azione in prevenzione al di fuori dei giudizi immobiliari. *Rivista di Diritto Processuale.* Padova: Cedam, 1959.

GUASP, Jaime. *Derecho procesal civil.* Madrid: Civitas, 1998. t. I.

GUSMÃO, Paulo Dourado de. Pressupostos filosóficos da noção do abuso de direito. *Revista Forense*, vol. 120. Rio de Janeiro: Forense, 1948.

IORRA, Alice Kramer. "A prova científica no processo civil brasileiro: DNA e estatística". *Juris rationis*. Universidade Potiguar. n. 1, ano 6, out. 2012/mar. 2013.

HABERMAS, Jürgen. *Direito e democracia, entre facticidade e validade*. Trad. Flávio Beno Siebeneichler. Rio de Janeiro: Tempo Brasileiro, 1997. vol. 1.

_________. *Teoría de la acción comunicativa*. Madrid: Taurus, 1988. t. I.

HABSCHEID, Walther J. *Droit judiciaire privé suisse*. 2. ed. Genève: Librairie de L'Université – Georg & Cie. S.A., 1981.

HART, H. L. A. *The Concept of Law*. Oxford: Clarendon Press, 1993.

HAZARD JR., Geoffrey C.; JAMES JR., Fleming; LEUBSDORF, John. *Civil procedure*. 4. ed. Boston: Little, Brown and Company, 1992.

_________; TARUFFO, Michele. *American civil procedure – An introduction*. New Haven: Yale University Press, 1993.

HOYOS, Arturo. La garantía constitucional del debido proceso legal. *RePro*, n. 47, São Paulo: Ed. RT, 1987.

HUNGRIA, Nélson. *Comentários ao Código Penal*. Rio de Janeiro: Forense, 1959. vol. 9.

IORRA, Alice Kramer. "A prova científica no processo civil brasileiro: DNA e estatística". *Juris rationis*. Universidade Potiguar. n. 1, ano 6, out.2012/mar. 2013.

JAMES JR., Fleming; LEUBSDORF, John; HAZARD JR., Geoffrey C. *Civil procedure*. 4. ed. Boston: Little, Brown and Company, 1992.

JACOB, Jack. *The fabric of english civil justice*. London: Stevens, 1987.

KARAM, Munir. Ônus da prova. *RePro*, n. 17, São Paulo: Ed. RT, 1980.

KAYE, David H. "Is proof of statistical significance relevant?". *Washington law review*. N. 61, 1986.

KAYSER, Pierre. Les droits de la personnalité – Aspects théoriques et pratiques. *Revue Trimestrielle de Droit Civil*, n. 3. Paris: Sirey, jul./set., 1971.

LA CHINA, Sergio. *Diritto processuale civile, le disposizioni generali*. Milano: Giuffrè, 1991.

_________. Esibizione documentale. *Enciclopedia del diritto*. Milano: Giuffrè, 1988. vol. 15.

LARENZ, Karl. *Metodologia da ciência do direito*. Lisboa: Fundação Calouste Gulbenkian, 1989.

LASPRO, Oreste Nestor de Souza. *Duplo grau de jurisdição no direito processual civil.* São Paulo: Ed. RT, 1995.

LENT, Friedrich. *Diritto processuale civile tedesco.* Napoli: Morano, 1962.

LEONARDO, Rodrigo Xavier. O conceito de prova e a noção de objeto de prova: considerações a respeito dos juízos de fato no processo civil. *Revista de Direito Processual Civil*, vol. 14. Curitiba: Genesis, 2000.

LESSONA, Carlos. *Teoría general de la prueba en derecho civil.* 3. ed. Madrid: Reus, 1928. vol. 1.

_________. *Teoría general de la prueba en derecho civil.* 3. ed. Madrid: Reus, 1929. vol. 2.

_________. *Teoría general de la prueba en derecho civil.* 3. ed. Madrid: Reus, 1930. vol. 3.

LÉVY-BRUHL, Henri. *La preuve judiciaire, étude de sociologie juridique.* Paris: Librairie Marcel Rivière et Cie., 1964.

LEUBSDORF, John; HAZARD JR., Geoffrey C.; JAMES JR., Fleming. *Civil procedure.* 4. ed. Boston: Little, Brown and Company, 1992.

LIDDLE III, Thomas H. "Mathematical and statistical probability as a test of circumstantial evidence". *Case western reserve law review.* vol. 19, 1968.

LIEBMAN, Enrico Tullio. *Eficácia e autoridade da sentença.* Trad. Alfredo Buzaid e Benvindo Aires. Rio de Janeiro: Forense, 1945.

_________. *Manual de direito processual civil.* Trad. Cândido R. Dinamarco. Rio de Janeiro: Forense, 1984. t. I.

_________. *Manuale di diritto processuale civile* – Principi. 5. ed. Milano: Giuffrè, 1992. t. I.

_________. Questioni vecchie e nuove in tema di qualificazione delle norme sulle prova. *Rivista di Diritto Processuale.* Padova: Cedam, 1969. vol. 24.

LIPARI, F. G. Sulla indivisibilità della confessione. *Rivista di Diritto Processuale Civile,* Padova: La Litotipo, 1925 , vol. 2.

LOPES, João Batista. *A prova no direito processual civil.* São Paulo: Ed. RT, 2000.

_________. O depoimento pessoal e o interrogatório livre no processo civil brasileiro e estrangeiro. *RePro*, n. 13. São Paulo: Ed. RT, 1979.

LORENZETTI, Ricardo Luis. Nuevas fronteras del abuso de derecho (Situaciones jurídicas lesivas de libertades. Tutela del mercado y amparo). *Revista dos Tribunais*, vol. 723. São Paulo: Ed. RT, 1996.

LUCON, Paulo Henrique dos Santos. Poderes instrutórios do juiz e negócio jurídico processual. In: CABRAL, Antonio do Passo e CRAMER, Ronaldo. *Comentários ao novo código de processo civil* (coords.). Rio de Janeiro: Forense, 2015.

LUDWIG, Celso Luiz. *A alternatividade jurídica na perspectiva da libertação*: uma leitura a partir da filosofia de Enrique Dussel. Dissertação de mestrado. Curitiba: Universidade Federal do Paraná, 1993.

MANDRIOLI, Crisanto. *Corso di diritto processuale*. Torino: Giappichelli, 1991. vol. 3.

MARCHEIS, C. B. Probabilità e prova: considerazioni sulla struttura del giudizio di fatto. *Rivista Trimestrale di Diritto e Procedura Civile*, 1991.

MARINONI, Luiz Guilherme. *A antecipação da tutela*. 8. ed. São Paulo: Malheiros, 2004.

_________. *Efetividade do processo e tutela de urgência*. Porto Alegre: Fabris, 1994.

_________. La prueba en la acción inhibitoria. *La prueba (Homenage al maestro Hernando Devis Echandía)*. Bogotá: Universidad Libre, 2002.

_________. *Novas linhas do processo civil*. 4. ed. São Paulo: Malheiros, 2000.

_________. *Questões do novo direito processual civil brasileiro*. Curitiba: Juruá, 1999.

_________. *Técnica processual e tutela dos direitos*. São Paulo: Ed. RT, 2004.

_________. *Tutela antecipatória e julgamento antecipado*. 5. ed. São Paulo: Ed. RT, 2003.

_________. *Tutela cautelar e tutela antecipatória*. São Paulo: Ed. RT, 2002.

_________. *Tutela específica*. 2. ed. São Paulo: Ed. RT, 2001.

_________. *Tutela inibitória*. 3. ed. São Paulo: Ed. RT, 2003.

_________. Simulação e prova. *Revista de Direito Processual Civil*, vol. 22, Curitiba: Genesis, out./dez. 2001.

_________; ARENHART, Sérgio Cruz. *Manual do processo de conhecimento*. 4. ed. São Paulo: Ed. RT, 2005.

MARQUES, José Frederico. *Instituições de direito processual civil*. Rio de Janeiro: Forense, 1962. vol. 3.

_________. *Instituições de direito processual civil*. 4. ed. Rio de Janeiro: Forense, 1972. vol. 3.

_________. *Manual de direito processual civil*. São Paulo: Saraiva, 1974. vols. 2 e 3 [1975).

_________. *Manual de direito processual civil*. 6. ed. Rio de Janeiro: Forense, 1981. vol. 3.

_________. *Manual de direito processual civil.* Atual. Vilson Rodrigues Alves. Campinas: Bookseller, 1997. vols. 1 e 2.

MARZOCCHI, Paola. La prova testimoniale. *Rivista di Diritto Processuale*, 1977.

MATTIROLO, Luigi. *Tratado de derecho judicial civil.* Madrid: Reus, 1933. vol. 2.

_________. *Tratado de derecho judicial civil.* Madrid: Reus, 1934. vol. 3.

MELENDO, Santiago Sentís. Naturaleza de la prueba – La prueba es libertad. *Revista dos Tribunais*, vol. 462. São Paulo: Ed. RT, 1974.

MELLO, Maurício Correia de. "A prova da discriminação por meio da estatística". *Revista do Tribunal Regional do Trabalho da 10ª Região.* Brasília, vol. 15/18, 2006/2009.

MERRYMAN, John Henry. *La tradición jurídica romano-canónica.* Trad. Eduardo L. Suárez. México: Fondo de Cultura Económica, 1998.

MESQUITA, Duarte Romeira; BRITO, Wanda Ferraz de; SOARES, Fernando Luso. *Código de Processo Civil actualizado e anotado.* Coimbra: Almedina, 1994.

MICHELI, Gian Antonio. L'azione preventiva. *Rivista di Diritto Processuale.* Padova: Cedam, 1959.

_________. *La carga de la prueba.* Trad. Santiago Sentís Melendo. Buenos Aires: Ejea, 1961.

_________. *L'onere della prova.* Padova: Cedam, 1966.

_________. Teoria geral da prova. *RePro*, n. 3, São Paulo: Ed. RT, 1976.

_________; TARUFFO, Michele. A prova. *RePro*, n. 16, São Paulo: Ed. RT, 1979.

MILHOMENS, Jônatas. *A prova no processo.* Rio de Janeiro: Forense, 1982.

MITIDIERO, Daniel F. *Colaboração no processo civil.* 2. ed., São Paulo: Ed. RT, 2011.

MITTERMAIER, C. J. A. *Tratado da prova em matéria criminal.* 2. ed. Rio de Janeiro: Eduardo & Henrique Laemmert, 1879.

MONIZ DE ARAGÃO, Egas Dirceu. *Comentários ao Código de Processo Civil.* 6. ed. Rio de Janeiro: Forense, 1994. vol. 2

_________. *Exegese do Código de Processo Civil.* Rio de Janeiro: Aide, 1984. vol. 4, t. I e II.

MONTELEONE, Girolamo. Spunti per una revisione del concetto di sentenza di condanna come titolo esecutivo. In: MAZZAMUTO, Salvatore (org.). *Processo e tecniche di attuazione dei diritti.* Napoli: Jovene, 1989.

MONTESANO, Luigi. *Le tutele giurisdizionali dei diritti.* Bari: Cacucci, 1983.

_________. Sull'efficacia probatoria dell'atto pubblico convertito in scrittura privata. *Rivista di Diritto Processuale*, vol. 9. Padova: Cedam, 1954.

MORATO LEITE, José Rubens; AYALA, Patryck. *Direito ambiental na sociedade de risco*. Rio de Janeiro: Forense Universitária, 2002.

MOREL, Christian; CROZE, Hervè. *Procédure civile*. Paris: PUF, 1988.

MOREL, René. *Traité élementaire de procédure civile*. 2. ed. Paris: Recueil Sirey, 1949.

MORELLO, Augusto Mario. Las nuevas exigencias de tutela. *RePro*, n. 31, São Paulo: Ed. RT, 1983.

MORTARA, Lodovico. *Manuale della procedura civile*. 8. ed. Torino: Utet, 1916. vol. 1.

MOTA PINTO, Carlos Alberto. *Teoria geral do direito civil*. 3. ed. 11. reimp. Coimbra: Coimbra, 1996.

MUNIZ, Antonio Carlos. Do incidente de falsidade. *Revista dos Tribunais*, vol. 541. São Paulo: Ed. RT, 1980.

MUNÕZ, Luis Gálvez. La ineficacia de la prueba obtenida con violación de derechos fundamentales. Navarra: Aranzadi, 2003.

NERY, Rosa Maria Andrade; NERY JR., Nelson. *Código de Processo Civil comentado*. 3. ed. São Paulo: Ed. RT, 1997.

NERY JR., Nelson. *Princípios do processo civil na Constituição Federal*. 2. ed. São Paulo: Ed. RT, 1995.

_________. *Princípios fundamentais* – Teoria geral dos recursos. 3. ed. São Paulo: Ed. RT, 1996.

_________; NERY, Rosa Maria Andrade. *Código de Processo Civil comentado*. 3. ed. São Paulo: Ed. RT, 1997.

_________ et alli. *Código Brasileiro de Defesa do Consumidor comentado pelos autores do anteprojeto*. Rio de Janeiro: Forense Universitária, 1991.

NEVES E CASTRO, Francisco Augusto das; PONTES DE MIRANDA, Francisco Cavalcanti. *Theoria das provas e sua applicação aos actos civis*. 2. ed. Rio de Janeiro: Jacintho Ribeiro dos Santos, 1917.

NORONHA, Edgar de Magalhães. *Direito penal*. 2. ed. São Paulo: Saraiva, 1965. vol. 4.

NOVAIS, Jorge Reis. *As restrições aos direitos fundamentais não expressamente autorizadas pela Constituição*. Coimbra: Coimbra, 2003.

PATTI, Salvatore. *Prove* – Disposizioni generali. Bologna/Roma: Zanichelli – Il Foro Italiano, 1987.

_________. *Prove* – Disposizioni generali, commentario del codice civile (a cura di A. Scialoja e G. Branca). Bologna/Roma: Zanichelli – Il Foro Italiano, 1987.

PAULA, Alexandre de. *Código de Processo Civil anotado*. 5. ed. São Paulo: Ed. RT, 1992. vol. 2.

_________. *Código de Processo Civil anotado*. 5. ed. São Paulo: Ed. RT, 1992. vol. 4.

_________. *O processo civil à luz da jurisprudência*. Rio de Janeiro: Forense, 1982. vols. 4 e 5 [1983].

PEREIRA, Luis Cezar Ramos. A prova do direito estrangeiro e sua aplicabilidade. *RePro*, n. 39, São Paulo: Ed. RT, 1985.

PERELMAN, Chaïm. *Retóricas*. Trad. Maria Ermantina Galvão G. Pereira. São Paulo: Martins Fontes, 1997.

_________. *Lógica jurídica*. São Paulo: Martins Fontes, 2004.

PERLINGIERI, Pietro. *Perfis do direito civil* – Introdução ao direito civil constitucional. 3. ed. Trad. Maria Cristina de Cicco. Rio de Janeiro: Renovar, 1997.

PICARDI, Nicola. I processi speciali. *Rivista di Diritto Processuale*, 1982.

PIMENTEL, Wellington Moreira. *Comentários ao Código de Processo Civil*. São Paulo: Ed. RT, 1975.

PINTO, Teresa Arruda Alvim. *Mandado de segurança contra ato judicial*. São Paulo: Ed. RT, 1989.

PINTORE, Anna. *Il diritto senza veritá*. Torino: Giappichelli, 1996.

PISANI, Mario. Intorno alla prova come argomentazione retorica. *Rivista di Diritto Civile*, n. 4. Padova: Cedam, 1959.

PLANIOL, Marcel. *Traité élémentaire de droit civil*. 4. ed. Paris: Librairie Générale de Droit et Jurisprudence, 1906. vol. 1.

PONTES DE MIRANDA, Francisco Cavalcanti. *Comentários ao Código de Processo Civil*. Rio de Janeiro: Forense, 1974. t. IV.

_________. *Comentários ao Código de Processo Civil*. Rio de Janeiro: Forense, 1977. t. XIII.

_________. *Comentários ao Código de Processo Civil*. 4. ed. Atual. Sérgio Bermudes. Rio de Janeiro: Forense, 1995. t. I.

_________. *Comentários ao Código de Processo Civil*. 3. ed. Rio de Janeiro: Forense, 1996. t. IV e V.

_________. *Tratado da ação rescisória*. Campinas: Bookseller, 1998.

_________. *Tratado das ações*. São Paulo: Ed. RT, 1970. vol. 1.

_________. *Tratado das ações*. Atual. Vilson Rodrigues Alves. Campinas: Bookseller, 1998. t. I e II.

_________. *Tratado de direito privado*. Rio de Janeiro: Borsoi, 1954. t. IV.

_________. *Tratado de direito privado*. 2. ed. Rio de Janeiro: Borsoi, 1963. t. XLIII.

_________. *Tratado de direito privado*. Rio de Janeiro: Borsoi, 1966. t. LIII e IV [1970].

_________. *Tratado de direito privado*. 3. ed. Rio de Janeiro: Borsoi, 1970. t. I.

_________; NEVES E CASTRO, Francisco Augusto das. *Theoria das provas e sua applicação aos actos civis*. 2. ed. Rio de Janeiro: Jacintho Ribeiro dos Santos, 1917.

PORTANOVA, Rui. *Motivações ideológicas da sentença*. 2. ed. Porto Alegre: Livraria do Advogado, 1994.

PRIEUR, Michel. *Droit de l'environnement*. Paris: Dalloz, 1991.

PROTO PISANI, Andrea. *Appunti sulla giustizia civile*. Bari: Cacucci, 1982.

_________. Appunti sulla tutela sommaria (note *de iure conditio* e *de iure condendo*). *I processi special. Studi offerti a Virgilio Andreoli dai suoi allievi*. Napoli: Jovene, 1979.

_________. Breve premessa a un corso sulla giustizia civile. *Appunti sulla giustizia civile*. Bari: Cacucci, 1982.

_________. I rapporti fra diritto sostanziale e processo. *Appunti sulla giustizia civile*. Bari: Cacucci, 1982.

_________. La tutela giurisdizionale dei diritti della personalità: strumenti e tecniche di tutela. *Foro italiano*, 1990.

_________. *Le controversie in materia di lavoro*. Bologna-Roma, 1987.

_________. *Lezioni di diritto processuale civile*. Napoli: Jovene, 1994.

_________. Sulla tutela giurisdizionale differenziata. *Rivista di Diritto Processuale*. Padova: Cedam, 1980.

PUNZI, Carmine; SATTA, Salvatore. *Diritto processuale civile*. 12. ed. Padova: Cedam, 1996.

RABONEZE, Ricardo. *Provas obtidas por meios ilícitos*. São Paulo: Síntese, 1999.

RAMPAZZI, Gabriella. *Le riforme del processo civile (a cura di Sergio Chiarloni)*. Bologna: Zanichelli, 1992.

RANGEL, Rui Manuel de Freitas. *O ônus da prova no processo civil*. Coimbra: Almedina, 2002.

RAPISARDA, Cristina. Inibitoria. *Digesto delle discipline privatistiche*. 1993. vol. 9.

________. Premesse allo studio della tutela civile preventiva. *Rivista di Diritto Processuale*. Padova: Cedam, 1980.

________. *Profili della tutela civile inibitoria*. Padova: Cedam, 1987.

REALE, Miguel. *Fontes e modelos do direito*. São Paulo: Saraiva, 1994.

________. *Revogação e anulamento do ato administrativo*. Rio de Janeiro: Forense, 1968.

________. *Verdade e conjectura*. Rio de Janeiro: Nova Fronteira, 1983.

REDENTI, Enrico. *Diritto processuale civile*. 4. ed. Milano: Giuffrè, 1997. vol. 2.

REGO, Hermenegildo de Souza. Dever de sigilo e escusa de depor. *RePro*, n. 33, São Paulo: Ed. RT, 1984.

REQUIÃO, Rubens. *Curso de direito comercial*. São Paulo: Saraiva, 1971.

RICCI, Edoardo F. Il progetto Rognoni di riforma urgente del processo civile. *Rivista di Diritto Processuale*, Padova, Cedam, 1987.

________. I provvedimenti interinali e cauterali. *La riforma del processo civile*. Milano: Giuffrè, 1991.

RIGHI, Ivan. Eficácia probatória do comportamento das partes. *Revista da Faculdade de Direito da Universidade Federal do Paraná*, n. 20, 1981/1982.

RINCÓN, Jorge Carreras del. Comentarios a la doctrina procesal civil del Tribunal Constitucional y del Tribunal Supremo. Madrid: Marcial Pons, 2002.

RODRIGUES, Silvio. *Dos defeitos dos atos jurídicos*. 2. ed. São Paulo: Max Limonad, s/d. vol. 1.

ROSENBERG, Leo. *Die Beweislast auf der Gundlage des Bürgerlichen Gesetzbuchs und der Zivilprozessordinung*. 5. ed. München: Beck, 1965.

________. *La carga de la prueba*. Trad. E. Krotoschin. Buenos Aires: Ejea, 1956.

________. *Tratado de derecho procesal civil*. Buenos Aires: Ejea, 1995. vol. 2.

________; SCHWAB, Karl Heinz. *Zivilprozessrecht*. München: Beck, 1986.

________; SCHWAB, Karl Heinz; GOTTWALD, Peter. *Zivilproßrecht*. 15. ed. München: Verlag C.H. Beck, 1993.

RUEDA, Alvaro de Jesús Yáñes, SERRANO, Cristian Eduardo Laguardo. "La prueba estadística ante los tribunales internacionales". *Revista academia & derecho*. Cúcuta: Universidad Libre Seccional Cúcuta, n. 9 (ano 5), jul-dez., 2014.

SALAVERRÍA, Juan Igartua. *La motivación de las sentencias, imperativo constitucional*. Madrid: Centro de Estudios Políticos y Constitucionales, 2003.

SALETTI. Achille. La dichiarazione di incostituzionalità dell'art. 247 cod. proc. civ.: prospettive e problemi. *Rivista di Diritto Processuale*. Padova: Cedam, 1975.

SÁNCHEZ-RUBIO, Ana. "Los peligros de la probabilidad y la estadística como herramientas para la valoración jurídico-probatoria" *Revista brasileira de direito processual penal*. Porto Alegre, vol. 4, n. 1, jan./abr.-2018.

SANTO, Víctor de. *La prueba judicial, teoría y práctica*. 2. ed. Buenos Aires: Editorial Universidad, 1994.

SANTOS, João Manuel de Carvalho. *Código civil brasileiro interpretado*. 10. ed. Rio de Janeiro: Freitas Bastos, 1977. vol. 2.

_________. *Código Civil brasileiro interpretado*. 11. ed. São Paulo: Freitas Bastos, 1980. vol. 3.

SANSEVERINO, Milton. Recurso cabível no incidente de falsidade documental. *RePro*, n. 24, São Paulo: Ed. RT, 1981.

SATTA, Salvatore; PUNZI, Carmine. *Diritto processuale civile*. 12. ed. Padova: Cedam, 1996.

SCARSELLI, Giuliano. *La condanna con riserva*. Milano: Giuffrè, 1989.

SCHMALBECK, Richard. "The trouble with statistical evidence". *Law and contemporary problems*. vol. 49, n. 3, 1986.

SCHÖNKE, Adolf. *Derecho procesal civil*. Barcelona: Bosch, 1950.

SCHWAB, Karl Heinz; ROSENBERG, Leo. *Zivilprozessrecht*. München: Beck, 1986.

_________; GOTTWALD, Peter; ROSENBERG, Leo. *Zivilproßrecht*. 15. ed. München: Verlag C.H. Beck, 1993.

SICA, Heitor Vitor Mendonça. *Preclusão processual civil*, 2. ed., São Paulo: Atlas, 2008.

SICHES, Luis Recaséns. *Introducción al estudio del derecho*. México: Porruá, 1996.

SILVA, Francisco de Assis Vasconcellos Pereira da. Indeferimento liminar de incidente de falsidade – Recurso cabível. *RePro*, n. 9, São Paulo: Ed. RT, 1978.

SILVA, José Casado. Considerações sobre a prova documental. *Revista Forense*, vol. 289. Rio de Janeiro: Forense, jan./mar. 1985.

SILVA, Ovídio A. Baptista da. *Comentários ao Código de Processo Civil*. São Paulo: Ed. RT, 2000. vol. 1.

_________. *Comentários ao Código de Processo Civil*. São Paulo: Ed. RT, 2000. vol. 13.

_________. *Curso de processo civil*. Porto Alegre: Fabris, 1993. vol. 3.

_________. *Curso de processo civil*. 4. ed. São Paulo: Ed. RT, 1998. vol. 1.

_________. *Do processo cautelar*. Rio de Janeiro: Forense, 1996 e 1999 (2. ed.).

_________. *Procedimentos especiais* (*Exegese do Código de Processso Civil*). Rio de Janeiro: Aide, 1989.

_________. *Sentença e coisa julgada*. 2. ed. Porto Alegre: Fabris, 1988.

_________. Tutela antecipatória e juízos de verossimilhança. In: MARINONI, Luiz Guilherme (coord.). *O processo civil contemporâneo*. Curitiba: Juruá, 1994.

SIMAS, Hugo. *Comentários ao Código de Processo Civil*. 2. ed. atual. João Vicente Campos. Rio de Janeiro: Forense, 1962. vol. 8. t. II.

SMIT, Hans. Constitutional guarantees in civil litigation in the United States of America. In: CAPPELETTI, Mauro; TALLON, Denis (coords.). *Fundamental guarantees of the parties in civil litigation*. Milano: Giuffrè, 1973.

SOARES, Fernando Luso; BRITO, Wanda Ferraz de; MESQUITA, Duarte Romeira. *Código de Processo Civil actualizado e anotado*. Coimbra: Almedina, 1994.

SPOLIDORO, Marco Saverio. *Le misure di prevenzione nel diritto industriale*. Milano: Giuffrè, 1982.

STEFANO, Franco de. *L'instruzione della causa nel nuovo processo civile*. Padova: Cedam, 1999.

STEIN, Friedrich. *El conocimiento privado del juez*. Trad. Andrés de la Oliva Santos. Madrid: Centro de Estúdios Ramón Areces, 1990.

STUMM, Raquel Denize. Princípio da proporcionalidade no direito constitucional brasileiro. Porto Alegre: Livraria do Advogado, 1995.

SURGIK, Aloísio. *Lineamentos do processo civil romano*. Curitiba: Livro é Cultura, 1990.

SZANIAWSKI, Elimar. *Direitos da personalidade e sua tutela*. São Paulo: Ed. RT, 1993.

TÁCITO, Caio. Mandado de segurança preventivo. *Revista de Direito Administrativo*, n. 61. Rio de Janeiro: FGV, 1960.

TALAMINI, Eduardo. Pré-constituição da prova. In: CABRAL, Antonio do Passo e CRAMER, Ronaldo (coords.). *Comentários ao novo código de processo civil*. Rio de Janeiro: Forense, 2015.

TALLON, Denis; CAPPELETTI, Mauro (coords.). *Fundamental guarantees of the parties in civil litigation*. Milano: Giuffrè, 1973.

TARTUCE, Fernanda. *Igualdade e vulnerabilidade no processo civil*. Rio de Janeiro: Forense, 2012.

TARUFFO, Michele. *Cinco lecciones mexicanas*. México: Escuela Judicial Electoral, 2003.

_________. Contro la veriphobia. Osservazioni sparse in risposta a Bruno Cavallone. *Rivista di diritto processuale*, n. 5. Padova: Cedam, set.-out. 2010.

_________. Funzione della prova: la funzione dimostrativa. *Rivista di Diritto Processuale*. Padova: Cedam, 1997.

_________. *Il controllo di razionalità della decisione fra logica, retorica e dialettica*. Disponível em: [http://bdjur.stj.jus.br/dspace/handle/2011/86679]. Acesso em: 13.09.2016.

_________. Il giudizio prognostico del giudice tra scienza privata e prova scientifica In: _________. *Sui Confini – Scritti sulla giustizia civile*. Bologna: Il Mulino, 2002.

_________. La motivazione della sentenza. *Revista de Direito Processual Civil*, vol. 31. Curitiba: *Gênesis*, jan.-mar. 2004.

_________. *La motivazione della sentenza civile*. Padova: Cedam, 1975.

_________. La semplice verità – il giudice e la costruzione dei fatti. Bari: Laterza, 2009.

_________. La prova dei fatti giuridici, nozioni generali. Milano: Giuffrè, 1992.

_________. Presunzioni, inversioni, prova del fatto. *Rivista Trimestrale di Diritto e Procedura Civile*. Milano: Giuffrè, 1992.

_________. *Senso comum, experiência e ciência no raciocínio do juiz*. Conferência. Curitiba: Universidade Federal do Paraná, mar. 2001.

_________. Senso comune, esperienza e scienza nel ragionamento del giudice. *Rivista Trimestrale di Diritto e Procedura Civile*. Milano: Giuffrè, 2001.

_________. *Studi sulla rilevanza della prova*. Padova: Cedam, 1970.

_________. "Verità negoziata?". *Accordi di parte e processo*. Milano: Giuffrè, 2008.

_________. "Prova scientifica (dir.proc.civ)". *Enciclopedia del diritto – Annali II*. Milano: Giuffrè, t. 1. 2008.

_________. "Notes about statistical evidence". *Teoria jurídica contemporânea*. N. 1, PPGD-UFRJ, jan.-jun./2016.

_________; COMOGLIO, Luigi Paolo; FERRI, Corrado. *Lezioni sul processo civile*. 2. ed. Bologna: Il Mulino, 1998.

_________. "Notes about statistical evidence". *Teoria jurídica contemporânea*. N. 1, PPGD-UFRJ, jan.-jun./2016.

________; HAZARD JR., Geoffrey C. *American civil procedure* – An introduction. New Haven: Yale University Press, 1993.

________; MICHELI, Gian Antonio. A prova. *RePro*, n. 16, São Paulo: Ed. RT, 1979.

TARZIA, Giuseppe. *Lineamenti del nuovo processo civile*. Milano: Giuffrè, 1991.

________. *Lineamenti del processo di cognizione*. Milano: Giuffrè, 1991.

________. *Manuale del processo del lavoro*. Milano: Giuffrè, 1999.

TEIXEIRA, Sálvio de Figueiredo. *Código de Processo Civil anotado*. São Paulo: Saraiva, 1989.

________. *Código de Processo Civil anotado*. 4. ed. São Paulo: Saraiva, 1992.

TESSLER, Luciane. *Tutelas jurisdicionais do meio ambiente: inibitória, de remoção do ilícito e do ressarcimento na forma específica*. São Paulo: Ed. RT, 2004.

THEODORO JÚNIOR. Humberto. Ação declaratória e incidente de falsidade: falso ideológico e intervenção de terceiros. *RePro*, n. 51, São Paulo: Ed. RT, 1988.

________. *Comentários ao novo Código Civil*. 2. ed. Rio de Janeiro: Forense, 2003. vol. 3. t. II.

________. *Processo de conhecimento*. Rio de Janeiro: Forense, 1948.

THOMSON, Judith Jarvis. "Liability and individualized evidence". *Law & contemporary problems*. vol. 49, n. 3. 1986.

TISCINI, Roberta. *I* nova *del procedimento cautelare societário*: la cd. strumentalità attenuata e il cd. giudizio abbreviato. *Giurisprudenza italiana*, 2004.

TOMMASEO, Ferruccio. Intervento. In: TARZIA, Giuseppe (coord.) *Les mesures provisoires en procédure civile*. Milano: Giuffrè, 1985.

TRIBE, Laurence H. "Trial by mathematics: precision and ritual in the legal process". *Harvard law review*. vol. 84, n. 6, abril, 1971.

TROCKER, Nicolò. *Processo civile e constituzione*. Milano: Giuffrè, 1974.

TUCCI, José Rogério Cruz e. *Lineamentos da nova reforma do CPC*. 2. ed. São Paulo: Ed. RT, 2002.

TUCCI, Rogério Lauria. Confissão (Direito Processual Civil – 2). *Enciclopédia Saraiva do Direito*, vol. 18, 1977.

TWINING, William. *Rethinking evidence* – Exploratory essays. Evanston: Northwestern University Press, 1994.

________. *Theories of evidence: Bentham & Wigmore*. Stanford: Stanford University Press, 1985.

URRACA, José Rodrígues. Las facultades probatorias del juez en el Código Procesal Civil modelo para Iberoamérica. In: SCHIPANI, Sandro; VACCARELLA, Romano (coords.). *Un "codice tipo" di procedura civile per l'America Latina*. Padova: Cedam, 1990.

VARGAS, Abraham L. *Estudios de derecho processal*. Mendoza: Ediciones Jurídicas Cuyo, 1999. t. I.

VASCONCELOS, Antônio Vital Ramos de. Requisição de informações à receita federal. *Revista de Direito Administrativo*, n. 181-182. Rio de Janeiro: Renovar, 1990.

VELLOSO, Carlos Mário. Direito líquido e certo, decadência. *Mandado de Segurança*. Porto Alegre: Fabris e IAB, 1986.

VERDE, Giovanni. Poteri del giudice e poteri delle parti. In: SCHIPANI, Sandro; VACCARELLA, Romano (coords.) *Un "codice tipo" di procedura civile per l'America Latina*. Padova: Cedam, 1990.

_________. Prova (diritto processuale civile). *Enciclopedia del diritto*. Milano: Giuffrè, 1988. vol. 37.

_________. *Garanzie costituzionali del processo civile*. Milano: Giuffrè, 1973.

_________. *L'onere della prova nel processo civile*. Napoli: Jovene, 1974.

VIGORITI, Vincenzo. Prove illecite e costituzione. *Rivista di Diritto Processuale*. Padova: Cedam, 1968.

VILLEY, Michel. *La formation de la pensée juridique moderne*. 4. ed. Paris: Dalloz, 1975.

_________. *Philosophie du droit, II. Les moyens du droit*. 2. ed. Paris: Dalloz, 1984.

_________. *Réflexions sur la philosophie et le droit, les carnets*. Paris: PUF, 1995.

VITORELLI, Edilson. *O devido processo legal coletivo – dos direitos aos litígios coletivos*. São Paulo: RT, 2016.

VOCINO, Corrado. L'opposizione di terzo contro la sentenza dichiarativa di falso. *Rivista di Diritto Processuale*, vol. 2. Padova: Cedam, 1947.

VOLTAIRE. Vérités historiques & histoire: certitude de l'histoire. *Dictionnaire philosophique*. Paris: Ed. Beuchot, s/d.

VON TUHR, Andreas. *Derecho civil, teoría general del derecho civil alemán*. Buenos Aires: Depalma, 1948. vol. 3.

WALTER, Gerhard. *Libre apreciación de la prueba*. Bogotá: Themis, 1985.

WAMBIER, Luiz Rodrigues; WAMBIER, Teresa Arruda Alvim. *Breves comentários à 2.ª fase da reforma do Código de Processo Civil*. 2. ed. São Paulo: Ed. RT, 2002.

WAMBIER, Teresa Arruda Alvim; WAMBIER, Luiz Rodrigues. *Breves comentários à 2.ª fase da reforma do Código de Processo Civil*. 2. ed. São Paulo: Ed. RT, 2002.

WARREN, Samuel D. BRANDAIS, Louis D. "The right to privacy". *Harvard law review*. Vol. IV, n. 5. dez./1890.

WATANABE, Kazuo. *Da cognição no processo civil*. São Paulo: Ed. RT, 1987.

_________ et alli. *Código Brasileiro de Defesa do Consumidor comentado pelos autores do anteprojeto*. Rio de Janeiro: Forense Universitária, 1991.

WELZEL, Hans. *Das deutsche Strafrecht*. 11. ed. Berlim: Walter de Gruyter, 1969.

WRIGHT, Richard B. "Causation, Responsibility, Risk, Probability, Naked Statistics, and Proof: Pruning the Bramble Bush by Clarifying the Concepts". *Iowa law review*, n. 73.

YARSHELL, Flávio Luiz. *Tutela jurisdicional específica nas obrigações de declaração de vontade*. São Paulo: Malheiros, 1993.

ZEISS, Walter. Die Verwertung rechtswidrig erlangter Beweismittel, ZZP, 89, 1976.

ZEISEL, Hans. "Uniqueness of survey evidence". *Cornell law review*. Vol. 45, n. 2, inverno de 1960.

ZUCKERMAN, Adrian. Adjudication of civil dispute: a mimanaged public service. *Accordi di parte e processo*. Milano: Giuffrè, 2008.

Índice Alfabético-Remissivo

D

E

F

G

H

I

J

P

Q

Estrutura da Coleção

Acesse através do
QR Code abaixo

Diagramação eletrônica:
Thomson Reuters

Impressão e encadernação:
Forma Certa Gráfica Digital Ltda., CNPJ 07.691.829/0001-27